Wissensspeicher Deutsch

Herausgegeben von Gisela Beste, Albert Bremerich-Vos
und Michael Kämper-van den Boogaart

Erarbeitet von Gisela Beste, Albert Bremerich-Vos,
Michael Kämper-van den Boogaart, Andreas Klare,
Manuel Köppen, Steffen Martus, Dirk Niefanger,
Anja Rebbin, Matthias Salge, Gabriela Scherer,
Angelika Steets

VOLK UND WISSEN

Autorinnen und Autoren: Gisela Beste (S. 331 – 373), Albert Bremerich-Vos (S. 13 – 126), Michael Kämper-van den Boogaart (S. 127 – 165, 171 – 172, 237– 330), Andreas Klare (S. 181 – 188), Manuel Köppen (S. 165 – 171), Steffen Martus (S. 189 – 196), Dirk Niefanger (S. 197 – 206), Anja Rebbin (S. 381 – 396), Matthias Salge (S. 172 – 180), Gabriela Scherer (S. 207 – 236), Angelika Steets (S. 373 – 381)

Redaktion: Berit Bitter, Karin Fahlke, Elena Groß, Lioba Klaas, Franziska Klumpp, Simone Kulzer, Hannelore Prosche, Stefan Windte

Illustration: Hans Wunderlich (S. 166 f.)
Gesamtgestaltung: Wolfgang Lorenz
Layout und technische Umsetzung: Andrea Päch

www.cornelsen.de

Die Links zu externen Webseiten Dritter, die in diesem Lehrwerk angegeben sind, wurden vor Drucklegung sorgfältig auf ihre Aktualität geprüft. Der Verlag übernimmt keine Gewähr für die Aktualität und den Inhalt dieser Seiten oder solcher, die mit ihnen verlinkt sind.

Dieses Werk berücksichtigt die Regeln der reformierten Rechtschreibung und Zeichensetzung. Bei den mit R gekennzeichneten Texten haben die Rechteinhaber einer Anpassung widersprochen.

2. Auflage, 3. Druck 2013/06

Alle Drucke dieser Auflage sind inhaltlich unverändert und können im Unterricht nebeneinander verwendet werden.

Druck: H. Heenemann, Berlin

ISBN 978-3-06-060195-0

Inhalt gedruckt auf säurefreiem Papier aus nachhaltiger Forstwirtschaft.

Inhalt

TEIL 1: SPRACHE UND KOMMUNIKATION

Teil 1: Sprache und Kommunikation

Erster Abschnitt: Sprache

1 Sprache als komplexer Gegenstand

Seit der griechischen Antike, d. h. seit weit mehr als 2000 Jahren, wird über das ›Wesen‹ der Sprache gestritten. Dabei geht es u. a. darum,
- was im Einzelnen unter einem sprachlichen Zeichen zu verstehen ist;
- wie sich Denken und Sprechen zueinander verhalten;
- wie die Beziehung von darstellender Sprache und dargestellter Wirklichkeit gefasst werden kann;
- wie schriftlicher und mündlicher Sprachgebrauch aufeinander bezogen und welche Vor- und Nachteile mit beiden Gebrauchsweisen verbunden sind;
- was ›richtigen‹ und ›falschen‹, ›guten‹ und ›schlechten‹ Sprachgebrauch ausmacht;
- wie sprachlicher Wandel zustande kommt.

1.1 Sprache als System von Zeichen

Den Charakter eines **Zeichens** kann prinzipiell alles mit den Sinnen Wahrnehmbare bekommen. Das Z. wird dann als etwas aufgefasst, das für etwas anderes steht. So können (allerdings nur für ›Eingeweihte‹) bestimmte Kleidungsstücke zum Z. dafür werden, ob ihre Träger gerade ›in‹ oder ›out‹ sind, sich dieser oder jener Gruppe zurechnen.
In der **Semiotik**, der allgemeinen Z.-Theorie, werden drei Typen von Z. unterschieden: indexikalische, ikonische und symbolische.
- Bei **indexikalischen Z.** (lat. index – Anzeiger, Pl. indices) lässt sich das (An)zeichen als ***Wirkung*** bzw. ***Folge*** dessen verstehen, was es bezeichnet. So ist Rauch Anzeichen von Feuer, Fieber ein Index für Krankheit.
- Bei **ikonischen Z.** (griech. eikṓn – Abbild) fassen wir auf der Basis unseres Vorwissens die Beziehung von Bezeichnendem und Bezeichnetem vorrangig unter dem Gesichtspunkt der ***Abbildung***. Beispiele sind Landkarten, Piktogramme, einige Verkehrsschilder.
- Beim **Symbol** (griech. sýmbolon – Erkennungszeichen) beruht die Beziehung von Bezeichnendem und Bezeichnetem anders als beim Index und beim Ikon auf ***Konvention***, auf gesellschaftlicher Übereinkunft.

Sprachliche Zeichen sind Einheiten, die aus einer hörbaren bzw. sichtbaren **Form (Ausdruck, Bezeichnendes)** und einem **Inhalt (Bedeutung, Bezeichnetes)** bestehen.
Sprachliche Zeichen sind erstens **arbiträr** (lat. arbitrium – Willkür): Das Bezeichnende ist keine Wirkung bzw. Folge des Bezeichneten (wie beim Index) und auch kein Abbild

(wie im Fall des Ikons). Sprachliche Zeichen sind symbolische Zeichen. Gleiche bzw. ähnliche Inhalte können auf sehr verschiedene Weisen ausgedrückt werden.

- Ein Sprachvergleich zeigt: Die Wörter *vier, quatre* und *four* haben verschiedene Formen, bedeuten aber dasselbe. □

Zweitens sind sprachliche Zeichen **konventionell**, denn dass die Zuordnung von Form und Inhalt arbiträr ist, heißt nicht, dass der einzelne Sprecher frei wäre, Ausdrücken beliebige Inhalte zuzuweisen. In der Kommunikation mit anderen lernt er, dass die Beziehungen zwischen Ausdrücken und Inhalten recht stabil sind. Sprachliche Zeichen verdanken sich also Konventionen (in der Regel unausgesprochenen ›Abmachungen‹), die man als Einzelner nicht ungestraft missachten darf.
Sprachliche Zeichen sind drittens **linear:** Die Bestandteile einzelner Zeichen und auch Zeichenketten werden zeitlich nacheinander produziert.

Wird **Sprache als System** begriffen, fasst man sie als strukturiertes Ganzes auf, das aus einer Menge von Elementen und regelhaften Beziehungen zwischen ihnen besteht.

- So sind im Dt. nur bestimmte Lautkombinationen (*braten*, aber nicht *rbaten*), Wörter (*Sicherheit*, aber nicht *Ärgerheit*), Sätze (*Ich gehe nach Hause,* nicht *Nach ich gehe Hause*) und sprachliche Handlungen (*Ich verspreche zu kommen,* nicht *Ich verspreche, dass du geschlafen hast*) möglich. □

Die verschiedenen Aspekte des Systems sprachlicher Zeichen sind Gegenstand verschiedener Teildisziplinen der Sprachwissenschaft:
Phonetik und **Phonologie** beziehen sich auf die Lautstruktur bzw. die lautliche Dimension sprachlicher Zeichen. Objekt der **Morphologie** sind die Strukturen der Wörter. Im Rahmen der Untersuchung der **Syntax** geht es vor allem darum, wie die Formen der Wörter im Satz miteinander verknüpft werden. Die **Semantik** hat es mit der Bedeutung bzw. der Inhaltsseite von Wörtern und Sätzen zu tun. Im Rahmen der **Pragmatik** wird ermittelt, wie wir mit sprachlichen Zeichen handeln und uns miteinander verständigen.

1.2 Sprachsystem und Sprachgebrauch

Ein **Sprachsystem** (frz. langue) als strukturierte Menge von Elementen ist eine abstrakte Größe, d.h., es ist nicht einfach gegeben. Zugänglich ist zunächst nur der **Sprachgebrauch** in konkreten, raumzeitlich bestimmten Situationen (frz. parole). Vom Sprachgebrauch aus wird auf Eigenschaften des Systems geschlossen, wobei man u.a. von dialektalen und sozialen Aspekten des konkreten Sprechens absieht. Sprachgebrauch in konkreten Situationen ist ein **Prozess** in der Zeit; Sprache als System dagegen wird als (relativ stabiler) **Zustand** betrachtet.

1.3 Sprache und Denken

Wie die Beziehungen zwischen Sprache und Denken zu begreifen sind, ist seit Jahrtausenden strittig: Sind Sprache und Denken identisch, wenn nicht, vollzieht sich die Entwicklung des Denkens dann abhängig oder unabhängig von Sprache?
Für den griechischen Philosophen PLATON (427–347 v.Chr.) etwa ist das Denken nichts anderes als ein »*Gespräch der Seele mit sich selbst*«, also lautloses Sprechen. Sprechen und Denken wären demnach identisch.

Im 18. Jh. hingegen ging man eher von einem Vorrang der Sprache aus; so behauptet Johann Georg Hamann, dass *»das ganze Vermögen zu denken […] auf Sprache«* beruht, und Wilhelm von Humboldt schreibt: *»Die Sprache ist das bildende Organ des Gedankens«*. Ohne dieses Organ sind demnach keine Gedanken möglich, Sprache gilt als notwendige Bedingung des Denkens.
Andere – so der Entwicklungspsychologe Jean Piaget (1896–1980) – behaupten, Denken sei unabhängig von Sprache und gehe ihr voraus. Piaget ist der Meinung, dass sich logische Strukturen bereits im Denken von Kleinkindern nachweisen lassen, die noch gar nicht angefangen haben zu sprechen. Als etwa Einjährige verfügten sie schon über den **Begriff** der Konstanz eines Objekts.

■ Verberge man vor ihren Augen z.B. ein Spielzeug, dann bemühten sie sich darum, die verbergende Wand, den Vorhang oder dergleichen beiseitezuschieben. Sie wüssten also, dass das Objekt, obwohl nicht mehr sichtbar, noch da sein müsse.
Wenn Kinder dann sprechen lernen, kommt es u.a. oft zu so genannten Übergeneralisierungen, z.B. wenn sie die Sonne, Wollknäuel, Äpfel usw. ›unzulässig‹ als ›Ball‹ bezeichnen. Das ließe sich damit erklären, dass sie zunächst über einen **sprachunabhängigen Begriff der** (hier vergleichbaren) **Form** dieser Gegenstände verfügen. □

Andere Entwicklungspsychologen und Spracherwerbsforscher betonen viel stärker als Piaget die Bedeutung der **Kommunikation** zwischen Kindern und Erwachsenen für die Entwicklung des kindlichen Denkens.
Für die These von der Sprachunabhängigkeit des Denkens sprechen aber nicht nur Befunde aus der Entwicklungspsychologie. Man kann z.B. einen Begriff von einer Erscheinung haben, aber kein Wort dafür und umgekehrt, oder sich räumliche bzw. topografische Gegebenheiten über eine ›innere Landkarte‹ vergegenwärtigen. Spielt Sprache dabei überhaupt eine Rolle?

■ Ich erinnere mich z.B. an einen ganz speziellen Geruch, der in Kellern herrscht. Eine ›passende‹ Bezeichnung dafür fällt mir aber nicht ein. Ich könnte ihn aber ›wiedererkennen‹. Ich scheine also einen Begriff dieses Geruchs, aber kein Wort dafür zu haben. Auch der umgekehrte Fall ist geläufig: Ich verfüge zwar noch über ein Wort, z.B. *opak*, erinnere mich aber nicht mehr, für welchen Begriff es steht. □

■ Denke ich nicht auch, wenn ich versuche, mir den Weg von zu Hause zu meinem Arbeitsplatz etwa nach Art einer ›Bild‹sequenz vorzustellen? Oder wenn ich mich an das Gesicht eines Menschen erinnern will, den ich lange nicht gesehen habe? □

■ Andererseits ist uns vieles, woran wir denken können, nur in sprachlicher Form zugänglich. Wie könnten wir z.B., ohne über die **Wörter** *Freiheit, Gerechtigkeit* usw. zu verfügen, über eine freiheitliche und gerechte Gesellschaft nachdenken? □

Demnach dürfte es nicht plausibel sein, das Denken als Sprechen mit sich selbst zu begreifen, also eine Identität zu behaupten. Es wäre aber auch verfehlt, Sprache und Denken vollständig voneinander zu trennen. Dass wir beim Denken in einigen Bereichen ohne Sprache auskommen können, leuchtet ebenso ein wie die Behauptung, dass wir andere Bereiche ohne Sprache denkend gar nicht erschließen könnten.

1.4 Sprache und Wirklichkeit

Ähnlich umstritten wie das Verhältnis von Sprache und Denken ist das von Sprache und Wirklichkeit.

Der amerikanische Sprachwissenschaftler und Anthropologe Benjamin L. Whorf (1897–1941) stellte, angeregt durch seinen Lehrer Edward Sapir, die These auf, dass die verschiedenen Sprachen das Denken und die Wahrnehmung ihrer jeweiligen Sprecher determinieren, also nicht nur beeinflussen, sondern vollständig bestimmen.
Diese These bezeichnet man auch als **sprachliches** (bzw. linguistisches) **Relativitätsprinzip**; sie besagt, dass das, was wir erkennen können, relativ sei – abhängig von Wortschatz und Grammatik der jeweiligen Einzelsprache, die wir sprechen. Verschiedene Sprachen führten demnach zu *»verschiedenen Ansichten von der Welt«*.

- Whorf beschäftigte sich vor allem mit der Sprache der Hopi-Indianer in Arizona und untersuchte beispielsweise, wie dort Aspekte von Raum und Zeit ausgedrückt werden. Er kam u.a. zu dem Ergebnis, dass die Hopi über keinen dem unseren vergleichbaren Begriff der physikalischen Zeit verfügen. □

Dieser Einzelbefund ist mittlerweile ebenso widerlegt wie die These vom strengen Determinismus insgesamt.

- In einigen Sprachen gibt es z.B. sehr viele Bezeichnungen für Farben und ihre Schattierungen, in anderen nur sehr wenige. Was ins Zentrum einer einzelnen Farbe (z.B. Gelb) gehört, wird aber von allen Sprechern stabil und unabhängig davon richtig eingeschätzt, ob es in ihrer jeweiligen Sprache dafür eine Bezeichnung gibt oder nicht. □

Mit der Behauptung, dass die Sprache unsere Wirklichkeit, unser Wahrnehmen und Denken, beeinflusst, wäre die Annahme verträglich, dass verschiedene Sprachen die objektiv gegebene Wirklichkeit unterschiedlich ›genau‹ wiedergeben. Das Erkennen wäre demnach eine Art Abbildung der Wirklichkeit im Denken bzw. in der Sprache und eine wahre Aussage ein Abbild eines Sachverhalts, wie er wirklich besteht, d.h. einer Tatsache. Diese Auffassung ist sehr populär und dennoch nicht haltbar:

- Sage ich *Dieser Baum da ist grün*, dann ist diese Aussage wahr, wenn er wirklich grün ist. Davon kann ich mich, so scheint es, durch einfaches Hinsehen überzeugen. Bestreitet nun jemand diese Aussage, indem er behauptet, das sei gar kein Baum, sondern nur ein hoher Strauch, müsste ich mich mit ihm darüber **verständigen**, welcher Sprachgebrauch – ›Baum‹ oder ›Strauch‹ – in diesem Fall **angemessen** ist. □

Könnten wir unser Sprechen, wenn es wahr ist, als eine Art Abbildung begreifen, müssten wir die Möglichkeit haben, das Abgebildete zu erfassen, ohne von der Sprache Gebrauch zu machen. Nur durch Hinsehen lässt sich aber nicht entscheiden, ob etwas (noch) ein Baum oder (schon) ein Strauch ist. Deshalb ist die Abbildtheorie nicht haltbar.

1.5 Sprache und Sozialisation

Sozialisation ist die Entwicklung der Persönlichkeit aufgrund ihrer stetigen Interaktion mit der sozialen Umwelt, vor allem in der Familie, aber auch in der Schule, am Arbeitsplatz, in der Freizeit usw. Dabei wird der Einzelne mit einer Vielzahl von sozialen Erwartungen konfrontiert, wie er sich als Kind in der Familie, als Schüler, als Sportler usw. verhalten soll.
Durch diese normativen, d.h. auf ein Sollen zielenden Erwartungen werden verschiedene (soziale) **Rollen** definiert. Man lernt z.B. die Schülerrolle zu übernehmen, indem man die entsprechenden Erwartungen verinnerlicht. Dabei bleiben aber mehr oder weniger große Spielräume. Rollen werden nicht nur übernommen, sondern auch gestaltet.

Der britische Soziologe BASIL BERNSTEIN hat sich in den frühen 1970er-Jahren vor allem mit der Frage beschäftigt, welche Auswirkungen die Sozialisation in Familien aus unterschiedlichen gesellschaftlichen Schichten auf das **Sprachverhalten** von Kindern hat. Er nahm an, dass in Unterschichtfamilien der Vater bzw. die Mutter entscheidet, was jeweils zu tun ist. Dass Kinder ihre eigenen Interessen sprachlich zur Geltung bringen, dass sie für ihre Argumente belohnt werden, sei in diesem Rollensystem nicht vorgesehen. Anders in Mittelschichtfamilien: Hier würde über Entscheidungen mit den Kindern diskutiert, ihre Beiträge würden honoriert. Die Folge sei ein unterschiedlicher Sprachgebrauch. Einem **restringierten Code** der Kinder aus der Unterschicht stehe ein **elaborierter Code** der Kinder aus der Mittelschicht gegenüber, d.h.: Kinder aus der Unterschicht gebrauchten z.B. seltener Nebensätze, ihr Wortschatz sei kleiner und bezöge sich eher auf Konkretes, sie hätten weniger Möglichkeiten, ihren individuellen Standpunkt sprachlich deutlich zu machen. Weil in der Schule ein Sprachgebrauch erwartet werde, zu dem eher Mittelschichtkinder befähigt seien, ergebe sich für Schülerinnen und Schüler aus der Unterschicht eine Sprachbarriere, die allzu viele nicht überwinden könnten.
Über Bernsteins Untersuchungen wurde heftig gestritten. Einige glaubten, er hätte Kindern aus der Unterschicht die Fähigkeit zu abstraktem Denken abgesprochen. Dies ist aber nicht der Fall. Heutzutage wird über diese Thematik kaum noch geforscht, obwohl sie von großer gesellschaftlicher Bedeutung ist.

1.6 Mündlichkeit und Schriftlichkeit

Wenn wir uns **mündlich** äußern und dabei mit anderen Sichtkontakt haben, ist die Rede unverwechselbar an die Personen mit ihrer unwillkürlichen Gestik und Mimik gebunden. Der jeweilige Sprecher orientiert sich an den Verstehensmöglichkeiten des anderen, der Hörer arbeitet mit, indem er fragt, kommentiert usw. Beim Reden korrigieren wir uns oft, brechen ab und setzen neu an. Wir verfertigen unsere Gedanken beim Reden. Einmal Gesagtes ist allerdings gesagt und kann u.U. nur nachträglich ›repariert‹ werden.

■ Von der Schriftsprache aus gesehen, lassen wir beim Sprechen oft Laute (*ich mein, ich wollt, kriegste* usw.) und syntaktisch Notwendiges weg (*gefällt mir, kann man machen*). Typisch mündlich sind auch **Satzverschränkungen** wie *In Köln weiß ich, dass es eins gibt* und so genannte **Drehsätze:** *Das war der Horror war das.* Mündlich markieren wir oft Anfang und Ende von Äußerungen mit einzelnen Wörtern, Wortverbindungen und Interjektionen (↗ S. 39): *also, gut, okay, ne?.* Pausenfüller sind *mm, äh* usw. □

Äußern wir uns **schriftlich**, müssen wir auch versprachlichen, was wir sonst mimisch und gestisch ausdrücken könnten. Die Planung des Textes ist aufwändiger, soll der räumlich und zeitlich entfernte Leser ihn doch verstehen, ohne wie im Gespräch Rückfragen stellen zu können. Einmal Geschriebenes kann wieder getilgt werden. Was schriftlich vorliegt, lässt sich konservieren.
Während in schriftlosen bzw. **oralen Kulturen** Traditionen im Gedächtnis von Individuen gespeichert sein müssen, ermöglicht die Schrift eine Tradition unabhängig vom Bewusstsein einzelner Personen. Nur in schriftorientierten bzw. **literalen Kulturen** kann man sich auf die Vergangenheit als etwas Objektives berufen. Sie ›spricht‹ zu uns in Form von Texten, die nicht beliebig verstanden werden können.

▼ Es ist allerdings zu differenzieren: Wer z. B. telefoniert, kann wie der Schreiber nicht auf die Unterstützung von Gestik und Mimik setzen. Manchmal tragen wir auch vor, was wir schriftlich vorliegen haben. Dabei ist der Text hoffentlich zu einem guten Teil wie mündliche Rede geschrieben. Mit dem Internet entstehen neue Formen schriftlicher Kommunikation, in die viele Merkmale von Mündlichkeit eingehen.

■ Chatter schreiben z. B.: *Warum sagste nix?; Jetzt Party!!!,* formulieren Pausenfüller: *Jetzt ähmähm weiß ich auch nicht,* und weisen durch Großschreibung eines ganzen Wortes sogar auf Lautstärke und durch Buchstabenwiederholung auf besonders markante Betonung hin: *Süüüüüße.* □ ▽

1.7 Sprachnormen und Sprachwandel

Sprachnormen sind soziale Erwartungen im Hinblick auf korrektes, angemessenes sprachliches Handeln. Sie beziehen sich auf das sprachliche Verhalten in Institutionen und sozialen Rollen (in der Schule sollten Lehrpersonen standardsprachlich sprechen), auf Themen und Textsorten, öffentlichen und privaten, mündlichen und schriftlichen Sprachgebrauch. Sie betreffen vor allem

- Lautung (in der Standardsprache sagt man *ich gebe* und nicht wie im Rheinischen *isch jebe*);
- Wortwahl (in der Öffentlichkeit soll man ›schmutzige‹ Wörter vermeiden);
- Syntax (man sagt nicht *Gib mich einen Keks*);
- Auswahl aus dem Arsenal der Sprechakte (↗ S. 73 ff.; z. B.: Kinder sollten Erwachsenen nichts befehlen).

Was man als sprachlich richtig und angemessen ansehen soll, ist manchmal wie bei der Orthografie von einer Autorität ausdrücklich festgesetzt. Meist nimmt man aber eine stillschweigende Übereinkunft an – eine Annahme, die sich von Fall zu Fall als unzutreffend herausstellen kann.

Sprachwandel wird nicht geplant. Indem wir Sprache tagtäglich gebrauchen, ist sie ständig im Fluss. Manche Veränderungen fallen sofort auf, z. B. dann, wenn neue Schreibweisen vorgeschrieben werden wie im Rahmen der Rechtschreibreform. Andere Neuerungen ergeben sich eher gleichsam schleichend, wie man z. B. an einem Wort wie *geil* sehen kann, das früher ausschließlich in einem sexuellen Zusammenhang gebraucht wurde. Man denke auch an viele Anglizismen, die in unsere Alltagssprache einwandern (*downloaden*).

Grammatisch besonders interessant ist der Fall des *weil.*

■ Früher wurde *weil* nur als Konjunktion gebraucht, die einen Nebensatz einleitet, bei dem das finite Verb in Endstellung steht: *Ich mag sie, weil man mit ihr Pferde stehlen kann.* Heute wird *weil* oft – und zunehmend – gebraucht wie eine Konjunktion, die einen Hauptsatz mit dem finiten Verb an zweiter (Satzglied-)Stelle einleitet: *Ich mag sie, weil mit ihr kann man Pferde stehlen. Weil* funktioniert hier also wie *denn.* □

Dieser Gebrauch ist mündlich schon weit verbreitet. Ist er im Rahmen der Schriftsprache nicht korrekt, widerspricht er also der Norm? Die Unsicherheit, die hier auftreten kann, hat eben damit zu tun, dass die Sprache sich einerseits verändert und dass die Normierung andererseits dazu führt, dass man glaubt, solche Veränderungen nicht zulassen zu dürfen. (↗ Sprachgeschichte, S. 126)

1.8 Standardsprache und Varietäten

Standardsprache ist die Bezeichnung für die mündliche und schriftliche Sprachform vor allem der Mittel- und Oberschicht, die sich im Verlauf der Geschichte überregional herausgebildet hat. Im Hinblick auf Aussprache, Grammatik und Rechtschreibung ist sie über Massenmedien wie Fernsehen, Zeitungen, Zeitschriften und andere öffentliche Institutionen, in erster Linie die Schule, normiert. Deshalb bezeichnen einige sie wertend auch als ›Hochsprache‹; andere sehen sie als eine Varietät an und weisen so auf ihre Nähe bzw. Ferne zu einzelnen Dialekten bzw. Soziolekten hin.

Varietäten (lat. varietās – Verschiedenheit) haben mit dem Standard wesentliche Merkmale gemeinsam, im Hinblick auf andere Merkmale weichen sie ab. Die wichtigsten V. sind Umgangssprache, Dialekte, Soziolekte und Fachsprachen.

Umgangssprache

U. ist die Sprache des alltäglichen Verkehrs und überregional verbreitet, sie liegt nur in mündlicher Form vor. Man spricht sie, ohne sich an Normen der ›Hochlautung‹ zu halten, der man oft nur noch auf der Theaterbühne bzw. in Nachrichtensendungen nahe kommt. Die Grenzen zu den Dialekten sind fließend.

Dialekte

D., Mundarten (griech. diálektos – Redeweise), sind regionale Ausprägungen einer Sprache. Sie unterscheiden sich auf vielen Ebenen (Lautung, Wortschatz, Wortformen, Syntax) von der Standardsprache. Besonders prägnant sind die Unterschiede in Lautung und Wortschatz. Obwohl es auch Regeln für die Schreibung der D. gibt, sind sie den meisten D.-Sprechern nur mündlich zugänglich. In manchen Regionen hat der D. ein besonderes Prestige. Auch Menschen mit höherem sozialen Status sprechen ihn in eher formellen bzw. öffentlichen Situationen (›Honoratiorenschwäbisch‹) und viele Bundespolitiker lassen gern ihre D.-Herkunft erkennen. Manche Menschen sind nicht in der Lage, in formellen Situationen ihren D. weitgehend aufzugeben. Dabei handelt es sich eher um Angehörige der Unter- bzw. der unteren Mittelschicht.

Soziolekte

S. sind Gruppensprachen. Was die Einzelnen zu Mitgliedern einer Gruppe macht, kann der Beruf (↗Fachsprachen, s.u.), der Glaube, ein Hobby, eine politische Grundüberzeugung u.a. sein. Sprachlich kommt die jeweilige Gruppenzugehörigkeit vor allem im Wortschatz zum Ausdruck. Wird die soziale Lage zum Kriterium gemacht, spricht man von **schicht-**(oder auch klassen-)**spezifischem Sprachgebrauch**. Dabei wird die Schichtzugehörigkeit bestimmt aufgrund der Einkommenshöhe, des Bildungsgrades und der beruflichen Position. Behauptet wird demnach, dass Angehörige der Unterschicht einen anderen S. sprechen als Mitglieder der Mittel- und der Oberschicht (↗restringierter und elaborierter Code, S. 17).

Fachsprachen

F., auch Expertensprachen, haben in der Regel mit bestimmten Berufen zu tun. Sie sickern aber auch – wie z.B. Teile der Computerfachsprache – in die Umgangssprache ein. Der fachsprachliche Wortschatz ist manchmal sehr umfangreich und die Bedeutungen der Wörter sind streng normiert. Geschriebene F. (z.B. der Verwaltung, der Mediziner und Juristen) ist häufig durch einen Nominalstil (↗S. 95) gekennzeichnet. F. sind überregional standardisiert, ökonomisch und sie gelten als besonders exakt.

Jugendsprache

Ob man die so genannte J. als eine eigenständige Varietät ansehen kann, ist strittig. Es gibt zwar mehrere Lexika zur J., aber wenn man sie nach kurzer Zeit noch einmal liest, hat man den Eindruck, dass sie bereits zu einem guten Teil veraltet sind.

■ Verzeichnete Wörter sind z.B. *Tussi* und *Torte* (mehr oder weniger negativ für Mädchen bzw. Frauen), *superaffengeil* und *mega-cool* (als Beispiel für ein Reden im Superlativ), weiterhin finden sich Hinweise auf mit Comics verbundenes ›Lautmalerisches‹: *ächz*; *würg*, auf Anglizismen, auf ›schmutzige‹ Wörter (Fäkalsprache) usw. □

Nicht alle Jugendlichen sprechen J., und vieles, was als jugendsprachlich galt, ist längst in die Umgangssprache eingegangen.

Die Einschätzung von **Varietäten des Deutschen, die von Ausländern und Immigranten gesprochen werden**, ist schwankend. Viele mögen z.B. einen englischen Akzent in einer Musiksendung und einen französischen Ton in der Werbung. Wer dagegen ›türkisches Deutsch‹ spricht, muss nach wie vor damit rechnen, dass diese Sprechweise – grundlos – als ›niedrig‹ eingestuft wird.

2 Laut und Lautstrukturen

Mit den Lauten und ihrer Struktur beschäftigen sich Phonetik und Phonologie (griech. phṓnēma – Stimme, Ton, Laut). Phonetiker und Phonologen untersuchen die gesprochene Sprache unter jeweils verschiedenen Gesichtspunkten und mit anderen Methoden.

Die **Phonetik** befasst sich u.a. damit, wie wir Lauteinheiten produzieren, wie sie physikalisch beschaffen sind und wie sie aufgenommen werden.

Gegenstand der **Phonologie** dagegen sind nur bestimmte Eigenschaften der Lauteinheiten. Ob sie laut oder leise, hoch oder tief, schnell oder langsam gesprochen werden, bleibt beiseite. Phonologen sind vielmehr auf die bedeutungsunterscheidende Funktion von Lauten aus.

2.1 Laut und Phonem

Laute sind die kleinsten Bestandteile der gesprochenen Wörter. Dass man Wörter als eine Folge von L. verstehen kann, wird uns erst bewusst, wenn wir Lesen und Schreiben lernen. Aus der Folge der Buchstaben schließen wir auf die L.-Folge der Wörter.

▼ Wichtig ist, zwischen Lautung und Schreibung zu unterscheiden. So ist der Auslaut des Wortes, das man *Wand* schreibt, das ›t‹. ▽

Vergleicht man verschiedene gesprochene Wörter mit dem Ziel, sie in kleinste Einheiten zu zerlegen (zu **segmentieren**), dann lassen sich z. B. bei *gut* und *Garten* die gemeinsamen Einheiten ›g‹ und ›t‹ finden.
Klassifiziert werden diese Einheiten, indem man sie an ihrer Position ersetzt, wobei die anderen Einheiten davor bzw. dahinter erhalten bleiben müssen. Die Einheit, die am Anfang des Wortes steht, ist der **Anlaut**, die Einheit am Ende der **Auslaut**, alle Einheiten zwischen Anlaut und Auslaut sind **Inlaute**. Bei der vergleichenden Klassifikation ergibt sich, dass der Anlaut ›g‹ in *gut* durch ein ›m‹ ersetzt werden kann, das inlautende ›t‹ in *Garten* durch ein ›b‹. Aus *gut* wird *Mut*, *Garten* wird zu *Garben*. Allein durch den Austausch von ›g‹ und ›m‹ bzw. von ›t‹ und ›b‹ entstehen also andere Wörter. *G, m, t* und *b* haben nicht selbst Bedeutung. Sie sind aber bedeutungsunterscheidend.
Diese kleinsten bedeutungsunterscheidenden Einheiten werden als **Phoneme** bezeichnet. Paare wie *gut/Mut, Garten/Garben, rot/tot, tot/Tat, Tat/Tal,* wo der Bedeutungsunterschied jeweils durch den Austausch eines Elements an derselben Position zustande kommt, sind **Minimalpaare**. Die letzten drei Beispiele grafisch dargestellt:

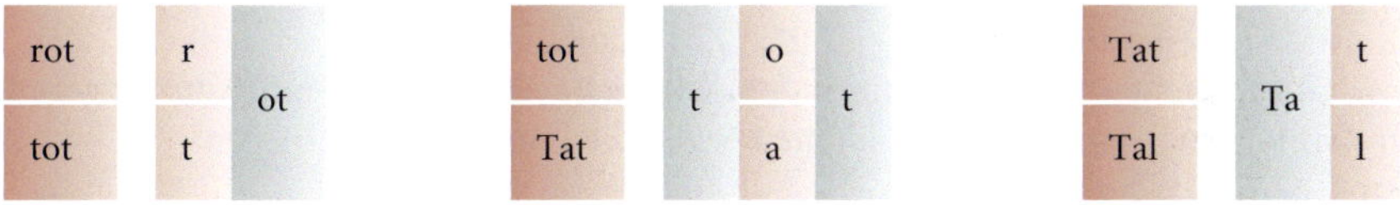

Obwohl es sich bei *ch* (wie in *acht*) und *ch* (wie in *echt*) um verschiedene Laute handelt, sind es doch keine verschiedenen Phoneme. Sie kommen nämlich niemals in derselben lautlichen Umgebung vor. Mit ihnen lassen sich also keine Minimalpaare bilden, d. h. zwei bedeutungsverschiedene Wörter, die sich nur in einer Position unterscheiden. So gibt es zwar *acht/echt, Dach/dich, Wicht/Wacht.* Hier sind aber jeweils nicht nur die *ch*-Laute verschieden, sondern auch die Vokale.

2.2 Bildung der Laute

L. unterscheidet man vor allem danach, wo und wie sie gebildet bzw. artikuliert werden, d. h. nach den **Artikulationsorten** und **Artikulationsarten**. So lassen sich alle L. – Konsonanten und Vokale – eindeutig voneinander abgrenzen.
Unser lateinisches Alphabet reicht zur genauen Wiedergabe der lautlichen Unterschiede nicht aus. Diesem Zweck dienen phonetische Schriften, deren bekannteste das **Internationale Phonetische Alphabet** (IPA) ist.

Konsonanten

K. (lat. consonāre – mitklingen), auch Mitlaute, sind Laute, bei deren Bildung es zu einer Behinderung des Luftstroms kommt.
Geht man unseren Sprechapparat von den Lippen bis zum Kehlkopf durch, dann lassen sich für die K. folgende **Artikulationsorte** ausmachen (sie durch Selbstbeobachtung beim Sprechen zu unterscheiden, ist allerdings nicht immer leicht):
Lippenlaute sind z. B. b, p und m. Es folgen Lippen-Zahn-Laute wie f und am so genannten Zahndamm gebildete (alveolare) Laute wie n, t, ʃ (sch) und r. Am vorderen, ›harten‹ Gaumen (palatum) werden Laute wie j und s gebildet, am hinteren Gaumen

(velum) g und k. Noch weiter hinten produzieren wir das Zäpfchen-ʀ, den Stimmritzenlaut h und den Knacklaut ʔ. Für den Knacklaut gibt es keinen Buchstaben. Was damit gemeint ist, wird beim Vergleich der Aussprache der beiden Wörter *verreisen* und *vereisen* klar. Bei *vereisen* ist vor dem *ei* der Knacklaut zu hören: *verʔeisen*.
Im Hinblick auf die **Artikulationsart** lassen sich K. in Verschluss- und Reibelaute, Nasale, Seiten- und Zitterlaute einteilen. Bei den **Verschlusslauten** (Plosiven) kann der Luftstrom zunächst nicht entweichen, weil der Mundraum verschlossen ist. Er wird dann abrupt geöffnet. Verschlusslaute sind z.B. b, p, d, t und k – b und d sind stimmhaft, p und t stimmlos. Bei **stimmhaften** K. schwingen die Stimmbänder im Kehlkopf, bei **stimmlosen** nicht. Berührt man den Kehlkopf während der Lautproduktion, merkt man den Unterschied. Bei **Reibelauten** (Frikativen) wie f und h wird der Luftstrom nicht angehalten, sondern durch eine Enge gepresst. Diese Enge kann an jedem Artikulationsort auftreten. Bei **nasalen** Lauten wie m und n schließt man den Mundraum und senkt das so genannte Gaumensegel, sodass die Luft nur durch den Nasenraum austreten kann. Auf spezielle Weise wird das l (l) gebildet. Der Mundraum ist in der Mitte verschlossen und die Luft strömt an den Seiten aus. Deshalb ist das l **Seitenlaut** bzw. Lateral. Die **Zitterlaute** (Vibranten) schließlich – Zungen-r und Zäpfchen-ʀ – bilden wir, indem wir mehrmals mit der Vorderzunge gegen den Zahndamm bzw. mit dem Zäpfchen gegen die Hinterzunge schlagen.

Die Konsonanten im Internationalen Phonetischen Alphabet (vereinfacht dargestellt)

Artikulationsort:	Artikulationsart				
	Verschlusslaute (Plosive)	Reibelaute (Frikative)	Nasale	Seitenlaute (Laterale)	Zitterlaute (Vibranten)
Lippenlaute (Bilabiale)	p b		m		
Lippen-Zahn-Laute (Labiodentale)		f v			
Zahndamm-Laute (Alveolare)	t d	s z ʃ ʒ	n	l	r
Vordergaumenlaute (Palatale)		ç j			
Hintergaumenlaute (Velare)	k g	x	ŋ		
Zäpfchenlaute (Uvulare)					ʀ
Stimmritzenlaute (glottale Laute)	ʔ [Knacklaut]	h			

Lesehilfe: Die folgenden Buchstaben des Internationalen Phonetischen Alphabets gibt es im lateinischen Alphabet nicht oder sie werden dort anders gebraucht: v steht für *Wasser,* s für *reißen,* z für *reisen,* ʃ für *Tasche,* ʒ für *Garage,* ç für *dicht,* x für *acht,* ŋ für *lange.*

Vokale

V. (lat. vōcālis – tönend), zu denen auch die Diphthonge (↗ unten) gehören, werden anders gebildet als Konsonanten. Hier kommt es weder zu einem Verschluss noch zu einer Enge. Die Luft kann ungehindert ausströmen. Die Unterschiede zwischen den einzelnen V. werden vor allem durch Veränderungen der Zungenlage und der Lippenstellung bewirkt.

Beim langen iː (*bieten*) z.B. hebt sich die Zunge vorn gegen den Oberkiefer, beim u hinten. Man spricht hier auch von **geschlossenen** V.

Senkt sich die Zunge und öffnet sich der Mund, dann bilden wir ein a, einen **offenen** V. Als **halbgeschlossen** gilt das eː (*beten*), als **halboffen** das ɛ (*Betten*). Beide Varianten werden vorn gebildet, das halbgeschlossene oː (*Boten*) und das halboffene ɔ (*Socken*) dagegen hinten. (Auch bei den Vokalen ist es oft schwierig, die Beschreibungen nachzuvollziehen, indem man sich selbst beim Artikulieren beobachtet.)

Bei der Bildung der **Diphthonge** (griech. dí + phthongos – zweifach tönend), auch Zwielaute, verändert sich der Grad der Öffnung des Mundes, in der zweiten Phase der Artikulation ist er jeweils kleiner als in der ersten.

Im Dt. gibt es drei Diphthonge: aʊ, aɪ und ɔɪ, geschrieben werden sie als *au*, *ei* und *eu.*

Das System der Vokale im Internationalen Phonetischen Alphabet

iː	*bieten*	yː	*hüten*	uː	*Blumen*
ɪ	*bitten*	y	*Hütten*	ʊ	*Butter*
eː	*beten*	ø	*Goethe*	oː	*Boten*
ɛ	*Betten*	œ	*Götter*	ɔ	*Socken*
ɛː	*Bär*	a	*hatten*		
		ɑː	*baten*		
		ə	*Sonne*		
aɪ	*beide*	ɔɪ	*Euter*	aʊ	*bauen*

Geht man von den Phonemen (↗ S. 21) aus, so gibt es im Dt. also nicht 5 Vokale (*a, e, i, o, u*), sondern insgesamt 19. Denn *bieten/bitten* z.B. ist ein Minimalpaar; langes iː und kurzes ɪ sind demnach zwei verschiedene Phoneme.

2.3 Silbe

Eine S. ist eine Folge von Lauten. Jedes Wort besteht aus mindestens einer S. (*so, Kraft, Pa-pa, mi-ni-mal*). S. können **betont** oder **unbetont** sein. In jeder S. gibt es einen Laut, der den **Silbenkern** bildet. Das ist meist ein Vokal.

Dem Kern kann ein Laut oder können mehrere Laute vorangehen. Was vor dem Kern liegt, ist der **Anfangsrand**. Was dem Kern gegebenenfalls folgt (ein Laut oder mehrere Laute), ist der **Endrand**. Kern und Endrand zusammen machen den (S.-)**Reim** aus.

▼ In der Literaturwissenschaft und im Alltag spricht man hingegen von einem ›Reim‹, wenn mindestens ***zwei*** Wörter vom letzten betonten Vokal an gleich klingen. ▽

Mit einem Vokal endende Silben nennt man **offen**, mit einem Konsonanten endende **geschlossen**.

■ Das Wort *so* hat also einen Anfangsrand und einen Kern, aber keinen Endrand. Das Wort *Kraft* hat einen Anfangsrand aus zwei Konsonanten, einen Kern *a* und einen Endrand, der ebenfalls aus zwei Konsonanten besteht. □

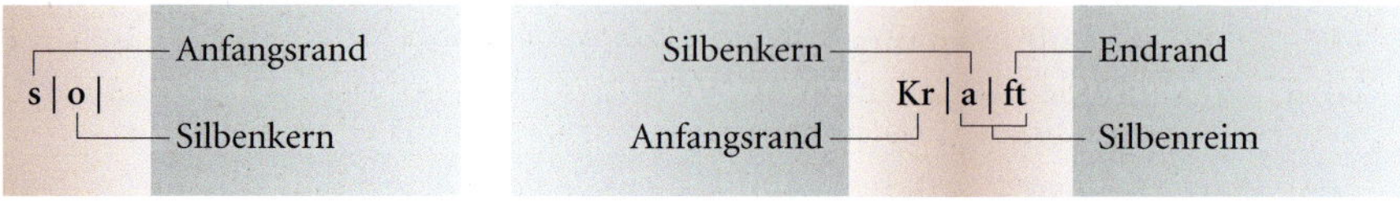

2.4 Intonation

Ein wichtiger Aspekt der I. (lat. intonāre – ertönen lassen) ist der **Akzent**, d.h. die Hervorhebung durch Veränderung der Lautstärke, der Tonhöhe und der zeitlichen Ausdehnung beim Aussprechen von Wörtern, Wortgruppen oder Sätzen.

Wortakzent

In nicht zusammengesetzten Wörtern wird meist die erste Silbe betont (↗ S. 110).

■ *Garten, Herde, Ziegel, Hose, Kumpel* □

Kommen Präfixe (↗ S. 40 f.) hinzu, wird entweder die erste Silbe des Stammes oder aber das Präfix selbst betont.

■ *verarbeiten, entfernen; abreisen, missverstehen* □

Mit der Betonung ändert sich auch die Wortbedeutung.

■ *unterstellen – unterstellen; umfahren – umfahren* □

Bei Komposita (↗ S. 40) trägt meist der erste Bestandteil die Betonung.

■ *Männermoden, Kneipenkultur, Gammastrahlen, Regenwald* □

In abgeleiteten Wörtern ziehen manche Suffixe (↗ S. 40) die Betonung auf sich.

■ *Bücherei, halbieren, Kapitalist* □

Satzakzent

S. nennt man die Verteilung der Betonung innerhalb eines Satzes. Er hängt u.a. vom jeweiligen sprachlichen Zusammenhang (Kontext) ab.

■ (*Wer ist gefahren?*) *Ich bin gefahren.* (*Bist du gefahren oder gelaufen?*) *Ich bin gefahren.* □

Die Satzart bestimmt den **Tonhöhenverlauf**. Bei Aussagesätzen z.B. fällt die Tonhöhe zum Ende hin ab, bei Fragesätzen steigt sie an (↗ S. 43).

3 Wort und Wortarten

Wörter sind Grundeinheiten der Sprache. Beim Sprechen kann man vor und nach einem Wort bewusst eine Pause machen, beim Schreiben grenzen wir die Wörter durch

Lücken voneinander ab. Dabei sind wir aber manchmal nicht sicher, ob es sich um ***ein*** Wort oder um ***mehrere*** Wörter handelt.

■ *Herz zerreißend* oder *herzzerreißend*? □

Wörter haben eine Ausdrucks- und eine Inhaltsseite (↗S. 14). Bei Wörtern wie *Haus* oder *Auto* fällt es uns nicht schwer, den Inhalt (die Bedeutung) anzugeben, bei Wörtern wie *in* oder *über* ist das anders.

Von vielen Wörtern gibt es verschiedene **Formen:** *Haus, Häuser, Hauses, Häusern.* Welche dieser Wortformen zu verwenden ist, hängt vom jeweiligen Satz ab. In einem Wörterbuch steht nur ***ein*** Eintrag für all diese Formen. Sie haben dieselbe Grundbedeutung.

Mit dem Aufbau der Wörter und ihrer Formen aus Bausteinen, den Morphemen, befasst sich die **Morphologie** (griech. morphḗ – Form, Gestalt).

Wortarten sind Klassen von Wörtern. Weil sie bestimmte Merkmale gemeinsam haben, werden Wörter in einer Gruppe zusammengefasst und von anderen Gruppen unterschieden. In einigen Fällen streiten die Grammatiker aber darüber, welche Merkmale besonders wichtig sind. Deshalb gibt es verschiedene Zuordnungen von Wörtern zu Wortarten.

(↗Wortarten im Überblick, vordere Umschlaginnenseite)

3.1 Morphem

Das M. ist die **kleinste *bedeutungstragende*** Einheit unserer Sprache. Man unterscheidet freie (ungebundene) und gebundene M., darüber hinaus Stamm-, Flexions- und Wortbildungs-M.

Freie M. treten als selbstständige Wörter mit eigener Bedeutung auf: *Luft, leer, drei.* **Gebundene M.** kommen nur in Kombination mit anderen M. vor.

Die Wortform *rennst* z. B. besteht aus dem freien M. *renn-* und dem gebundenen M. *-st.* (Man kann sagen *Renn!*). *Renn-* ist **Stamm-M.**, *-st* **Flexions-M.**: *-st* weist auf die 2. Person Singular hin. Das ist die Bedeutung dieses M. Alle Flexions-M. sind gebunden, während einige Stamm-M. frei, einige gebunden sind.

Bei der **Wortbildung** können mehrere Stamm-M. zusammentreten: *luft-leer, alt-klug, Drei-klang, Satz-glied* (↗Komposition, S. 40) oder es kommt zu neuen Wörtern durch Hinzufügen von Präfixen und/oder Suffixen (↗Derivation, S. 40 f.). Präfixe und Suffixe sind gebundene M., Präfixe werden vorn an ein Wort oder einen Stamm angefügt: *<u>ver</u>-sorgen, <u>be</u>-laden, <u>ent</u>-nehmen,* Suffixe hinten: *Prüf-<u>ung</u>, Klug-<u>heit</u>, Prüf-<u>er</u>.*

■ *Du sollst mich besuchen.*
Du (freies M.) *soll-* (Stamm-M., frei) *-st* (Flexions-M.) *mich* (freies M.) *be-* (Wortbildungs-M., gebunden) *such-* (Stamm-M., frei) *-en* (Flexions-M.). □

▼ Bezeichnen wir Präfixe und Suffixe als M., behaupten wir zugleich, dass sie eine Bedeutung haben. Eine einheitliche Bedeutung anzugeben (z. B. für das Präfix *ver-*), ist aber sehr schwer. Deshalb verbuchen einige Grammatiker Präfixe und Suffixe auch nicht als M. ▽

Es kommt häufig vor, dass Stamm-M. sich verändern, wenn Flexions-M. hinzutreten: *Haus – Häuser, helfen – hilfst.*

M. sind nicht identisch mit Silben, obwohl ihre Grenzen zusammenfallen können. Das Wort *laufen* z. B. trennt man nach Silben *lau-fen*, nach M. *lauf-en.*

3.2 Flektierbare und nicht flektierbare Wörter

Die meisten Wörter im Dt. haben verschiedene Formen. Sie sind **flektierbar** (lat. flectere – biegen, beugen), d.h. veränderlich. Setzt man z.B. in dem Satz *Der Junge ging ihr auf den Nerv* alle Wortformen, bei denen das möglich ist, in den Plural (Mehrzahl), dann ergibt sich: *Die Jungen gingen ihnen auf die Nerven.* Nur *auf* verändert sich nicht. Es gehört zu den Wörtern, die **nicht flektierbar** sind. Von ihnen gibt es nur eine Form.
Die Wörter mit verschiedenen (Flexions)formen können nicht alle in gleicher Weise verändert werden. Stellt man alle Möglichkeiten zusammen, dann ergibt sich, dass man verändern kann nach:

Numerus (Zahl)	Singular, Plural
Person	1. Person, 2. Person, 3. Person
Tempus (grammatische Zeit)	Präsens, Präteritum, Perfekt, Plusquamperfekt, Futur I und Futur II
Modus (Sageweise)	Indikativ, Konjunktiv I, Konjunktiv II, Imperativ
Genus verbi (Handlungsform des Verbs)	Aktiv, Passiv
Genus (grammatisches Geschlecht)	Maskulinum, Femininum, Neutrum
Kasus (Fall)	Nominativ, Genitiv, Dativ, Akkusativ
Komparation (Steigerung)	Positiv, Komparativ, Superlativ

Flektierbare Wörter sind Verben, Nomen/Substantive, Adjektive, Artikel und Pronomen. Die **Flexion** des Verbs nennt man **Konjugation**, die der anderen Wörter **Deklination.** Eine besondere Form der Flexion des Adjektivs (und einiger weniger Adverbien) ist die **Komparation** (Steigerung).
Nicht flektierbare Wörter sind Adverbien, Konjunktionen, Präpositionen und Interjektionen. Ob und wie Wörter flektierbar sind, spielt für ihre Zuordnung zu **Wortarten** eine zentrale Rolle. (↗ Wortarten im Überblick, hintere Umschlaginnenseite)

3.3 Flektierbare Wörter: Verb, Nomen, Adjektiv, Artikel und Pronomen

Verb

Mit einem V., Pl. Verben (lat. verbum – Wort), auch Zeitwort, drücken wir häufig aus, was jemand tut; oft bezeichnen wir damit einen Vorgang bzw. einen Prozess oder auch einen Zustand. Dementsprechend werden **Handlungs-, Vorgangs- und Zustands-V.** unterschieden. Wie man im Einzelfall zuordnen soll, ist jedoch nicht immer eindeutig.

■ *Erna schlägt Hans* (Handlungs-V.). *Es schneit schon seit Stunden* (Vorgangs-V.). *Potsdam liegt bei Berlin* (Zustands-V.). □

Bei den V. werden weiterhin Voll-, Hilfs- und Modal-V. unterschieden.
Als **Vollverben** werden solche V. bezeichnet, die allein ein Prädikat bilden können.

■ *schlafen, laufen, sprechen, geben, lachen …* □

Hilfsverben sind V. wie *haben, sein, werden* dann, wenn sie gemeinsam mit Formen von Voll-V. stehen.

■ *ich habe geweint, ich bin gelaufen, ich werde kommen* □

Modalverben wie *dürfen, können, müssen, sollen, wollen* werden mit dem Infinitiv (↗S. 28) eines anderen V. verbunden.

■ *wir mussten laufen, ich durfte bleiben, ich wollte weinen* □

Verlangt ein V. eine Verbindung mit einem Akkusativobjekt (↗S. 50), dann ist es **transitiv**; alle anderen V. sind **intransitiv**.

■ transitiv: *Ich besuche <u>meine Mutter</u>. Er baut <u>ein Regal</u>*; intransitiv: *Sie gedenken <u>der Opfer</u>. Sie hilft <u>mir</u>. Wir gehen <u>nach Hause</u>. Sein Vater lebt <u>in Brüssel</u>.* □

Reflexive V. sind mit einem Reflexivpronomen (↗S. 37) verbunden.

■ *Er brüstete <u>sich</u> mit seinen Leistungen in der Schule.* □

Zusätzlich lässt sich zwischen echten und unechten reflexiven V. unterscheiden.

■ So ist *sich brüsten* ein echtes reflexives V., *sich waschen* aber nicht. Denn ich kann zwar sagen *Ich wasche mich*, möglich ist aber auch *Ich wasche meine Socken.* □

▼ Eine Reihe von V. können wir auf verschiedene Arten gebrauchen.
Ein Schiedsrichter muss scharf sehen können (intransitiver Gebrauch). *Ein Schiedsrichter muss möglichst alles sehen* (transitiver Gebrauch). *Der Schiedsrichter sah sich getäuscht* (reflexiver Gebrauch). ▽

Flexion des Verbs

Die Art und Weise, wie die Formen der V. gebildet werden, ist die **Konjugation** (lat. coniugātiō – Verknüpfung). Fast alle V. können in der 1., 2. und 3. **Person** stehen; die Person steht entweder im **Singular** (Einzahl) oder im **Plural** (Mehrzahl).

■ *ich komm-e, du komm-st, er komm-t; wir komm-en, ihr komm-t, sie komm-en* □

V.-Formen unterscheiden sich nicht nur im **Numerus**, Pl. Numeri (lat. Zahl), sondern auch in der Zeitform, im **Tempus**.

■ *ich komme, ich kam, ich bin gekommen, ich war gekommen, ich werde kommen, ich werde gekommen sein* □

Vergleicht man die Sätze *Er sagt, dass er komm-t* und *Er sagt, dass er komm-e*, kann man behaupten, dass hier die ›Sageweise‹ unterschiedlich ist. Mit *Er sagt, dass er komme* drückt der Sprecher eine gewisse Distanz aus. *Komme* ist hier eine Form des Konjunktivs, *kommt* eine Form des Indikativs, *Komm her!* hingegen eine Form des Imperativs. Indikativ, Konjunktiv und Imperativ sind die Arten des **Modus** des Verbs.
Schließlich kann es heißen *Erna liebt Fritz* oder auch *Fritz wird von Erna geliebt.* Man formuliert einmal im Aktiv, einmal im Passiv. Der Oberbegriff für Aktiv und Passiv ist (das) **Genus** des Verbs, auch Genus Verbi.
Wenn ich also die Form *kommst* des Verbs *kommen* vor mir habe, kann ich sie so charakterisieren:

kommst	2. Person Singular Präsens Indikativ Aktiv	Person Numerus Tempus Modus Genus

Finite Verbformen

F. V. (lat. finītus – begrenzt, bestimmt), auch Personalformen, sind in der Person (1., 2. oder 3. Person) und im Numerus (Singular oder Plural) bestimmt, also konjugierte Formen. Man bildet sie auf drei Arten:

Man hängt eine Endung (Flexionsmorphem) an:		Man wandelt den Stamm ab:	Man kombiniert mit Hilfsverben:
Stamm *red-, putz-, mach-*	Endung *-e, -en, -test*	*laufen – liefen; rennen – rannten*	*bist gerannt; hast gegessen; wurdest gesehen; wird gehen*

Bei der **regelmäßigen** (bzw. schwachen) **Konjugation** bleibt der Stamm unverändert.

■ *ich mach-e, ich mach-te, ich habe ge-mach-t* □

Unregelmäßig (bzw. stark) ist die Konjugation des V. dann, wenn der Vokal im Stamm abgewandelt wird.

■ *ich find-e, ich fand, ich habe ge-fund-en* □

Infinite Verbformen

I. V. (lat. īnfinītus – unbegrenzt, unbestimmt), auch Nominalformen, sind in Person und Numerus nicht bestimmt. Es handelt sich um den Infinitiv und die Formen des Partizips.

Der **Infinitiv**, auch Grundform, ist die Form der V., die in Wörterbüchern steht: *laufen, rennen, schlafen, studieren* usw.

In dem Satz *Wir kommen an* ist der Infinitiv *ankommen. An* bezeichnet man in diesem Zusammenhang deshalb als **Verbzusatz** (↗ S. 49).

Das **Partizip I**, auch Partizip Präsens, wird aus dem Präsensstamm und der Endung *-end* bzw. *-nd* gebildet: *keuch-end, lauf-end, schnupper-nd.*

Das **Partizip II**, auch Partizip Perfekt, konstruiert man durch Anhängen eines *-t* oder *-en* und sehr häufig auch durch ein vorangestelltes *ge-* (Präfix): *ge-lauf-en, ge-atme-t.*

■ In den Sätzen *Keuchend laufen sie hinauf* und *Keuchend läuft sie hinauf* bleibt *keuchend* also, wie es ist (infinit), *laufen* wird zu *läuft* (finit). Bei *Ich bin gekommen, du bist gekommen* verhält es sich genauso: *gekommen* bleibt gleich, während sich die Formen von *sein* verändern. □

▼ Der einzelnen Wortform allein ist oft nicht anzusehen, ob sie finit oder infinit ist. In dem Satz *Sie laufen* ist *laufen* finit (3. Person Plural), bei *Sie will laufen* aber infinit. Hier ist *will* die finite Form. ▽

Tempus

T., Pl. Tempora (lat. Zeit), ist die **grammatische Zeit.** Es gibt sechs T.-Formen: Präsens, Präteritum, Perfekt, Plusquamperfekt, Futur I und Futur II.

▼ Oft spricht man statt von T. auch von Gegenwart (Präsens), Vergangenheit (Präteritum usw.) und Zukunft (Futur I und II). Das ist irreführend (↗ Präsens, S. 29). Die grammatischen Zeiten sind relativ, immer bezogen auf den Zeitpunkt, zu dem sich der Sprecher bzw. Schreiber äußert. ▽

Präsens	*Ich gehe nach Hause.*	*Er weint.*
Präteritum	*Ich ging nach Hause.*	*Er weinte.*
Perfekt	*Ich bin nach Hause gegangen.*	*Er hat geweint.*
Plusquamperfekt	*Ich war nach Hause gegangen.*	*Er hatte geweint.*
Futur I	*Ich werde nach Hause gehen.*	*Er wird weinen.*
Futur II	*Ich werde nach Hause gegangen sein.*	*Er wird geweint haben.*

Präsens

Das P. (lat. praesēns – gegenwärtig) wird aus dem Stamm und der Personalendung gebildet; manchmal bleibt der Vokal im Stamm nicht erhalten:

■ *ich stoße – du stößt, ich vergesse – du vergisst* □

Mit den Präsensformen kann man sich beziehen:

– auf die Gegenwart: *Draußen ist es kalt. Er ist fröhlich;*
– auf die Zukunft: *Morgen bin ich wieder fit. In zehn Jahren bin ich sicher Vater;*
– auf die Vergangenheit: *Kaiser Karl wird im Jahr 800 gekrönt. Da seh ich doch gestern in der Disco, wie Susanne …;*
– auf eigentlich Zeitloses: *Die Erde dreht sich um die Sonne. Ein Kreis hat keine Ecken.*

Präteritum

Das P. (lat. praeteritum – das Vorübergegangene), auch Imperfekt, wird bei regelmäßigen (schwachen) V. meist durch ein eingeschobenes *-t* gebildet.

■ *sag-t-e, kauf-t-e* □

Bei unregelmäßigen (starken) V. ändert sich der Vokal im Stamm und die 1. und 3. Person Singular haben keine Endungen.

■ *ich fiel, er fiel; ich lief, er lief* □

Mit dem P. bezieht man sich auf etwas, das vor der Sprechzeit liegt und als vergangen angesehen wird. In einigen Regionen, vor allem in Süddeutschland, kommt das P. im Mündlichen kaum noch vor. Man benutzt das Perfekt.

Perfekt

Das P. (lat. perfectus – vollkommen, vollendet) bildet man mit einer Präsensform der Hilfsverben *haben* oder *sein* und mit dem Partizip II.

■ *Ich bin gelaufen. Er hat gespült.* □

Mit dem P. können wir uns u. a. auf etwas in der Vergangenheit Liegendes beziehen, das zwar abgeschlossen ist, aber noch bis in die Gegenwart fortwirkt.

■ *Familie Müller ist weggezogen* (sie wohnt jetzt nicht mehr hier). □

Man kann das Perfekt aber auch nutzen, um auf etwas in der Zukunft Abgeschlossenes zu verweisen.

■ *Bis Montag habe ich die Arbeit erledigt. Morgen um diese Zeit sind wir schon in Italien angekommen.* □

Plusquamperfekt

Das P. (lat. plūs quam perfectum – mehr als vollendet) wird gebildet aus dem Präteritum von *haben* oder *sein* und dem Partizip II.

- *Ich hatte ihn gewarnt. Er war doch gekommen.* □
  Das P. drückt Vergangenheit aus, und zwar im Hinblick auf einen jetzt ebenfalls vergangenen Zeitpunkt.
- *Ich hatte sie angerufen. Jetzt kam sie.* □

Futur I

Das F. I (lat. futūrum – das Künftige) wird gebildet aus einer Präsensform des Hilfsverbs *werden* und dem Infinitiv.
Mit dem F. I kann man ausdrücken, was noch bevorsteht; man kann aber auch eine Vermutung äußern.

- *Ich werde gehen. Ihr werdet euch freuen. Wo ist Margret? – Sie wird noch arbeiten. Er wird morgen (wohl) unausgeschlafen sein.* □
  Es ist sogar möglich, mit dem F. I auf etwas Vergangenes hinzuweisen, genauer: auf etwas in der Vergangenheit erst noch Bevorstehendes, jetzt aber ebenfalls Vergangenes.
- *Die Mutter wollte ihn aufs Gymnasium schicken; schon ein Jahr später wird sich aber zeigen, dass dieser Wunsch abwegig war.* □

Futur II

Das F. II baut man aus einer Präsensform des Hilfsverbs *werden*, einem Partizip II und dem Infinitiv der Hilfsverben *haben* oder *sein*.

- *Ich werde gekommen sein; Ich werde geschlafen haben.* □
  Das F. II wird selten gebraucht. Man kann sich damit auf etwas beziehen, was noch vor einem liegt und zu einem späteren Zeitpunkt als abgeschlossen gilt; es ist aber auch möglich, auf diese Weise Vermutungen über Vergangenes anzustellen.
- *Dann wird er das Abitur bestanden haben. Erna wird (wohl) mit dem Zug gekommen sein.* □

Modus des Verbs

Mit der Wahl des M., Pl. Modi (lat. Art, Weise), der ›Sageweise‹, drückt der Sprecher/Schreiber aus, wie er zu dem steht, was er aussagt, d.h., ob er es für wahr hält, für unwirklich bzw. unmöglich, für unsicher, für wahrscheinlich, erwünscht oder geboten. Unterschieden werden im Dt.: Indikativ, Konjunktiv I und II und Imperativ.

Indikativ

Der I. (lat. indicātīvus – zur Aussage geeignet), auch Wirklichkeitsform, bildet innerhalb der drei Formen des Modus die Grundform. Verwenden wir den I. im Hauptsatz, haben wir normalerweise den Anspruch, etwas Wahres auszusagen. Durch die Wahl bestimmter Wörter, z.B. *vielleicht*, können wir aber auch anzeigen, dass wir uns nicht sicher sind, obwohl wir im I. formulieren.

- *Das Brandenburger Tor steht in Berlin. Hans ist ein Lügner. Vielleicht ist Hans ein Lügner. Peter kommt wahrscheinlich.* □

Konjunktiv

Den K. (lat. coniungere – verbinden), auch Möglichkeitsform, verwendet man bei indirekter Rede (↗ S. 31), oft auch zum Ausdruck eines Wunsches, einer Bitte oder Auf-

forderung. Mit dem K. können wir ebenfalls anzeigen, dass wir einen Sachverhalt als unsicher, als möglich oder auch als unmöglich ansehen.
Gebildet wird der K. auf zwei Arten, entsprechend unterscheiden wir in K. I und K. II.

Der **Konjunktiv I** entsteht aus dem Stamm (↗Morphem, S. 25) der Präsensform des Verbs.

■ *Er sagt, er habe Hunger. Sie wirft ihm vor, dass er sie missachte. Es lebe Schalke 04! Man nehme drei Eier!* □

Die Formen des K. I für *haben, sein* und *müssen* sind z. B.:

	ich habe		ich sei		ich müsse	
	du habest		du seist		du müssest	
Er sagt,	er/sie/es habe	Ärger.	er/sie/es sei	verrückt.	er/sie/es müsse	gehen.
	wir haben		wir seien		wir müssen	
	ihr habet		ihr seiet		ihr müsset	
	sie haben		sie seien		sie müssen	

Im Mündlichen, aber auch im Schriftlichen wird der K. I zunehmend seltener gebraucht. Das hat u. a. damit zu tun, dass er in vielen Formen wie der Indikativ Präsens lautet, z. B. wie oben bei *ich habe, wir haben, sie haben.* Dennoch spielt er vor allem im Rahmen der indirekten Rede eine wichtige Rolle.

■ Wer z. B. als Journalist über eine Politikerrede berichtet, drückt eine gewisse Distanz aus, wenn er schreibt *Der Minister sagt, dass er klug gehandelt habe.* – Man vergleiche die Formulierung im Indikativ: *Der Minister sagt, dass er klug gehandelt hat,* oder in direkter Rede: *Der Minister sagt: »Ich habe klug gehandelt.«* □

Der **Konjunktiv II** wird auf der Basis des Stamms im Präteritum gebildet.

■ *Er sagte, du legtest keinen Wert auf meine Anwesenheit. Sie ging davon aus, dass ihr beim Stadtfest wäret.* □

Den K. II nutzen wir wie den Konjunktiv I bei indirekter Rede.

■ *Die Poplady sagte, sie hätte immer noch keinen Lover.* □

Man bezieht sich mit dem K. II auch auf nur Vorgestelltes, aber Mögliches (**Potentialis**) und auf Vorgestelltes, aber Unmögliches (**Irrealis**).

■ *Wenn er mich gefragt hätte, hätte ich ihm meine Meinung gesagt* (Potentialis). *Wenn die Haifische Menschen wären …* (Irrealis) □

Wir fordern mit dem K. II jemanden höflich zu etwas auf oder äußern einen Wunsch.

■ *Könnten Sie/Könntest du mir die Tasse reichen? Wäre ich doch nur Millionär!* □

Auch der K. II ist nicht mehr populär. Immer öfter werden Formen mit *würde* benutzt.

■ Statt *Käme er doch!* heißt es dann: *Wenn er doch kommen würde!* □

Imperativ

Den I. (lat. imperāre – befehlen, herrschen), auch Aufforderungs-, Befehlsform, brauchen wir vor allem, um jemanden zu etwas aufzufordern, was wir wünschen bzw. für geboten halten. Ist man mit dem anderen vertraut, lässt man die Pronomen *du* und *ihr* in der Regel weg.

- *Komm (du) her! Macht keinen Lärm!* □

  Im Mündlichen bildet man den I. Singular meist nur aus dem Stamm: *geh!, lauf!* Im Schriftlichen hängt man oft ein *-e* an. Der Plural wird wie die 2. Person Plural Indikativ gebildet. Wenn man siezt, wird die 3. Person benutzt: *Bitte setzen Sie sich!*

  Der I. ist nur eine von vielen Formen, mit denen man jemanden auffordern, bitten, anweisen kann.
- *Würden Sie mir bitte den Senf geben? Ich möchte den Senf! Sie sollen mir Senf geben! Senf her!* □

Genus des Verbs

Die Genera (lat. genus – Geschlecht) des Verbs, auch Genus Verbi, Handlungsform, sind Aktiv und Passiv.

Im **Aktiv** (lat. āctīvus – tätig) wird der Handelnde bzw. der Urheber einer Handlung durch das Subjekt (↗ S. 50) gekennzeichnet.

Wird der Satz im **Passiv** (lat. pati – erdulden) formuliert, dann verändert sich die Sichtweise.

- *Die Handwerker verlegen den Boden* (Aktiv). *Der Boden wird von den Handwerkern verlegt* (Passiv). □

  Beim Passiv geht es nicht mehr um die Sicht der Handelnden, sondern jetzt steht der Gegenstand (hier: der Boden) oder oft auch der von einer Handlung Betroffene im Zentrum.
- Man vergleiche *Der Rowdy schlägt den Jungen* und *Der Junge wird von dem Rowdy geschlagen.* □

  Das Passiv wird gebildet aus einer Form des Hilfsverbs werden und dem Partizip II.
- *wird … verlegt, wird … geschlagen* (Vorgang) □

  Mit dem Passiv lässt sich nicht nur ein Vorgang (**Vorgangspassiv**), sondern auch ein Zustand darstellen. Beim **Zustandspassiv** wird eine Form des Hilfsverbs *sein* verwendet.
- *Der Boden ist verlegt.* □

  Das Passiv kann man z. B. nutzen, wenn es als unwichtig gilt, wer etwas tut. Manchmal will man auch verschweigen, wer der Täter ist.
- *Das Auto wird repariert* (wer genau das macht, ist mir als Kunde vielleicht gleichgültig). *Hans ist auf dem Schulhof wüst beschimpft worden* (ich weiß zwar, wer Hans beschimpft hat, will es aber in einer bestimmten Situation, z. B. vor einem Lehrer, nicht preisgeben). □

Nomen/Substantiv

N., Pl. Nomen oder Nomina (lat. nōmen, aus griech. ónoma – Wort, Name), auch Substantiv (lat. substantia – Wesen, Substanz), haben ein festes grammatisches Geschlecht, das **Genus**:

- <u>*der*</u> *Boden* (Maskulinum), <u>*die*</u> *Pfanne* (Femininum), <u>*das*</u> *Buch* (Neutrum) □

  N. sind nach dem **Numerus** (grammatische Zahl) bestimmt und stehen entweder im Singular oder im Plural; von einigen N. gibt es allerdings nur Singular- bzw. Pluralformen.
- *der Mann, die Männer; der Kot, das Laub* (nur Singular); *die Leute, die Ferien* (nur Plural) □

Schließlich sind N. im **Kasus** (Fall) bestimmt.

■ Nominativ *(der Apfel; die Äpfel)*, Genitiv *(des Apfels; der Äpfel)*, Dativ *(dem Apfel; den Äpfeln)*, Akkusativ *(den Apfel; die Äpfel)* □

Die Veränderung der N. in Numerus und Kasus bezeichnet man als **Deklination** (lat. dēclīnātiō – Biegung, Formveränderung).

Im Hinblick auf die Bedeutung teilt man N. in Konkreta und Abstrakta ein.

Konkreta sind N., mit denen wir uns auf Konkretes, d. h. Wahrnehmbares, beziehen; hier werden unterschieden:

- **Eigennamen:** *Luther, Platon, Aachen, Rhein, Wallstraße, Stiller Ozean;*
- **Gattungsbezeichnungen,** auch Appellativa (lat. appellātiō – Benennung): *Mensch, Vater, Tochter; Tier, Elefant, Wisent; Haus, Koffer, Bahnhof;*
- **Sammelbezeichnungen,** auch Kollektiva: *Gebirge, Familie, Herde; Anzahl, Fülle;*
- **Stoffbezeichnungen:** *Gold, Holz, Wasser.*

Abstrakta sind N. wie *Idee, Freiheit, Würde, Liebe* usw.

Numerus des Nomens

Der N., Pl. Numeri (lat. Zahl), hat zwei Ausprägungen, den **Singular** und den **Plural**. Nicht immer unterscheiden sich die Singular- und Pluralformen.

■ *der Brunnen – die Brunnen, das Opfer – die Opfer* □

Ansonsten stehen für die Markierung des Plurals mehrere Endungen (Plural-Morpheme, ↗ S. 25) zur Verfügung.

■ **-e:** *Tage, Träume;* **-er:** *Biester, Würmer;* **-s:** *Streiks, Bars;* **-en:** *Strahlen, Fürsten;* **-n:** *Leitern, Nachbarn* □

Hinzu kommt manchmal der Umlaut, wobei die Vokale *a, o* und *u* und der Diphthong *au* im Stamm zu *ä, ö, ü* und *äu* werden.

■ *Ast – Äste, Ofen – Öfen, Buch – Bücher, Bauch – Bäuche* □

Einige N. kommen nur im Singular vor, andere nur im Plural.

■ *Nähe, Fleiß, Silber* (nur Singular); *Kosten, Masern* (nur Plural) □

Kasus des Nomens

Im Dt. stehen N. immer in einem der vier Kasus (lat. cāsus – Fall, Pl. casūs) **Nominativ, Genitiv, Dativ** und **Akkusativ.**

Nominativ	*Peter ging nach Hause. Die Männer gingen nach Hause.* *Das (Ein) Tuch lag auf dem Tisch. Tücher lagen auf dem Tisch.*
Genitiv	*Die Kleider des Mannes (der Männer) waren zerfetzt.* *Vaters Kleider waren zerfetzt.*
Dativ	*Er gab Peter (den Männern) ein Trinkgeld.*
Akkusativ	*Schnell trank er den Saft (die Säfte).* *Er verfolgte den Mann (die Männer).*

Die K. kann man also nur manchmal am Nomen selbst ablesen. Deutlicher sind sie bei den Begleitern (↗ Artikel u. Pronomen, S. 35) markiert.

Manche Nomen haben einen Genitiv mit der Endung *-s* oder *-es*. Die anderen Kasus sind dann endungslos. Bei anderen Nomen gibt es sowohl im Genitiv als auch im Dativ und Akkusativ die Endung *-(e)n*. Bei einer dritten Gruppe sind alle Kasus ohne Endung.

Nominativ	*der/ein Vater*	*der/ein Junge*	*die/eine Mutter*
Genitiv	*des/eines Vaters*	*des/eines Jungen*	*der/einer Mutter*
Dativ	*dem/einem Vater*	*dem/einem Jungen*	*der/einer Mutter*
Akkusativ	*den/einen Vater*	*den/einen Jungen*	*die/eine Mutter*

Genus des Nomens

Im Dt. gibt es drei Formen des G., Pl. Genera (lat. genus – Geschlecht): **Maskulinum, Femininum** und **Neutrum.** Das grammatische Geschlecht darf nicht mit dem natürlichen verwechselt werden. So heißt es zwar *der Mann* und *die Frau,* aber auch *das Mädchen,* das natürlich nicht ›geschlechtslos‹, sondern weiblich ist.

▼ Manchmal ist das Genus unsicher (*der Filter* und *das Filter*), manchmal im Dialekt anders als in der Standardsprache (*der Butter* im Schwäbischen). Selten sind Homonyme (↗S. 65) wie *der Gehalt* (Inhalt) und *das Gehalt* (Einkommen). ▽

Adjektiv

Das A. (lat. adiectīvum – das Hinzugefügte), auch Eigenschaftswort, Wiewort, ist eine Wortart, mit der wir vor allem Eigenschaften bzw. Merkmale von Gegenständen aller Art, aber auch von Vorgängen, Zuständen, Handlungen oder Eigenschaften bezeichnen.

Die meisten A. lassen sich nach **Kasus** (Fall), **Numerus** (Zahl) und **Genus** (grammatisches Geschlecht) verändern.

In der Regel kann man A. auch steigern (**Komparation**; lat. comparātiō – Vergleich). Ausgangsform für das Vergleichen ist der **Positiv** *(schnell, heftig, kurz);* der **Komparativ** hat die Endung *-er (schnell-er, heftig-er, kürz-er),* der **Superlativ** *-st* oder *-est (schnell-st, heftig-st, kürz-est).*

Bei einigen A. werden für die Bildung des Komparativs und des Superlativs andere Wortstämme als für den Positiv gebraucht: *viel, mehr, meist-.*

Positiv	*klein*	*klug*	*weit*	*gut*
Komparativ	*kleiner*	*klüger*	*weiter*	*besser*
Superlativ	*kleinst-*	*klügst-*	*weitest-*	*best-*

Manche A. sind nicht steigerbar, bei anderen ist die Steigerbarkeit strittig und manche sind bereits gesteigert.

■ *kinderlos, unverheiratet, mündlich, schriftlich* (nicht steigerbar); *Dieses Kleid ist roter als jenes* oder *Toter als John kann man nicht sein* (strittig); *optimal, absolut, ideal, total* (bereits gesteigert) □

Eine große Zahl der A. kann im Satz auf drei Weisen gebraucht werden, **attributiv, prädikativ** und **adverbial.**

attributiv (zwischen Artikeln und Nomen bzw. vor Nomen)	*Die schnellen Autos/Schnelle Autos liebe ich besonders.*
prädikativ (als Teil des Prädikats)	*Das Auto ist schnell. Die Autos sind schnell.* Obwohl es sich einmal um den Singular und einmal um den Plural handelt, bleibt die Form des Adjektivs unverändert.
adverbial (beim Verb, beim Adjektiv oder beim Adverb)	*Das Auto fährt schnell* (beim Verb). *Die schnell wachsende Pflanze braucht viel Wasser und Licht* (beim Adjektiv). *Tief unten glänzt der See* (beim Adverb).

▼ Es gibt viele A., deren Gebrauch beschränkt ist: So kann man zwar sagen *der vordere Eingang,* aber nicht *Der Eingang ist vorder. Möglich* kann nur attributiv und prädikativ, aber nicht adverbial gebraucht werden: *eine mögliche Entwicklung, diese Entwicklung ist möglich.* ▽

▼ Es gibt auch Wörter, die gar nicht flektierbar und trotzdem zweifellos A. sind. So kann man sagen *eine prima Nummer, der Mann ist prima, das hat wirklich prima geklappt.*
Ist zweifelhaft, ob es sich um ein A. handelt, fragt man am besten, ob sich das Wort attributiv verwenden lässt. ▽

Artikel und Pronomen

A. (lat. articulus – Gelenk, Glied), auch Geschlechtswort, und P. (lat. prō – für; nōmen – Name, Benennung), auch Fürwort, sind vor allem **Begleiter** und/oder **Stellvertreter** von Nomen oder anderen Wörtern und Wortgruppen.
Sie sind also im Wesentlichen durch ihre Funktion (Aufgabe) bestimmt. Mit Nomen und Adjektiven bezeichnen wir etwas, mit P. verweisen wir.
A. und P. sind **deklinierbar:** Sie passen sich in **Genus** und **Numerus** an das Bezugswort bzw. die Bezugswörter an, zusätzlich im **Kasus**, wenn sie Begleiter sind.

Begleiter	Stellvertreter
Gib mir das Buch!	*Gib mir das!*
Mein Koffer ist mir auf der Rückreise gestohlen worden.	*Meiner ist mir auf der Rückreise gestohlen worden.*
Alle Leute wollen etwas von mir.	*Alle wollen etwas von mir.*
Welche Hose gefällt dir besser?	*Welche gefällt dir besser?*

Bestimmter und unbestimmter Artikel

Bestimmte A., auch definite A., sind *der, die, das* (Pl. *die*). Der b. A. kennzeichnet das Genus des Nomens. Wir brauchen ihn normalerweise, wenn das Nomen (bzw. die Wortgruppe), vor dem er steht, als bereits bekannt vorausgesetzt wird. Der b. A. steht aber auch oft, wenn man verallgemeinern will.

- *Der DAX ist heute gefallen. Er hat sich ein Moped gekauft; die Maschine hat 5 PS* (als bekannt vorausgesetzt). *Der Löwe gilt als der König der Tiere* (Verallgemeinerung). □

Unbestimmte A., auch indefinite A., sind *ein, eine, ein.* Wir setzen sie ein, wenn der betreffende ›Gegenstand‹ noch unbekannt ist bzw. gerade eingeführt wird; man kann mit dem u. A. aber auch verallgemeinern.

- *Es war einmal eine kleine Hexe* (unbekannt, wird eingeführt). *Mit einem Rottweiler ist nicht zu spaßen* (Verallgemeinerung). □

Personalpronomen

P., auch persönliche Fürwörter, sind *ich, du, er/sie/es, wir, ihr, sie.* Sie sind niemals Begleiter.

- Zwar kann man z. B. sagen: *Ihr Flaschen!* Das ist aber eine Abkürzung für: *Ihr seid Flaschen!* □

Eigentliche Stellvertreter sind nur die Formen der 3. Person Singular und Plural; sie stehen für Wörter bzw. Wortgruppen, die vorher im Text verwendet wurden.

- *Das Kind weinte. Es lief dann fort* bzw. *Kinder weinten. Sie liefen dann fort.* □

Anders verhält es sich mit der 1. und 2. Person Singular und Plural. Mit ihnen verweisen wir auf Sprecher und Angesprochene.

- Ich kann zwar sagen *Ich, Albert Bremerich-Vos, danke Ihnen.* Das *Ich* ersetzt hier aber nicht den Eigennamen. □

Die Genitivformen des P. sind heute kaum noch üblich.

- Die meisten sagen nicht mehr *Ich erinnere mich seiner/ihrer/eurer,* sondern *Ich erinnere mich an ihn/an sie/an euch.* □

Demonstrativpronomen

Mit einem D., auch hinweisendes Fürwort, weisen wir auf jemanden oder etwas hin und heben ihn bzw. es damit hervor. Beispiele sind *der, die, das, dieser, diese, dieses, jener, jene, jenes.* Diese Pronomen werden vor allem als Begleiter gebraucht. Anders als die bestimmten Artikel *der, die, das* betonen wir die gleich klingenden D. meist beim Sprechen. Stehen die D. allein, ist oft ein Nomen mitgedacht.

- *Der Eimer ist schön, dieser (Eimer) aber ist hässlich.* □

Possessivpronomen

P., auch besitzanzeigende Fürwörter, sind meist Begleiter. Mit P. wie *mein, dein, sein, unser, euer, ihr* drücken wir einen Besitz, eine Zugehörigkeit oder eine Beziehung aus.

- *Mein Heft* (Besitz), *meine Mannschaft* (Zugehörigkeit), *mein Freund* (Beziehung) □

Stehen P. allein, gibt es oft Varianten.

- *Das ist mein Freund; das ist meiner/der meine/der meinige.* □

Indefinitpronomen

Mit einigen I., auch unbestimmte Fürwörter, beziehen wir uns auf etwas, was nicht näher bestimmt ist oder nicht näher bestimmt werden kann bzw. soll: *einige, etliche, etwas, mehrere, irgendwelche* usw.

▼ Die Bezeichnung ist aber etwas irreführend. Sage ich z. B. *Erna, Paul und Anna: alle sind durchgefallen,* dann beziehe ich mich mit *alle* auf genau drei Personen. Trotzdem zählen auch Wörter wie *alle, niemand, nichts, kein, jeder* zu den I. ▽

▼ Wörter wie *viel, wenige, einzelne, übrige, zahlreiche* sind keine I. Man sollte sie zu den Adjektiven (↗S. 34f.) zählen. Das ergibt eine **Artikelprobe:**

■ *die vielen Leute, das wenige Geld, die einzelnen Flaschen* □
Bei echten I. klappt diese Probe nicht. So kann man z.B. nicht sagen *die irgendwelchen Leute.* ▽

Interrogativpronomen

I., auch Fragepronomen, -wörter, sind die Wörter bzw. die Formen von *wer, was, welcher, welche, welches* und (zusammengesetzt) *was für ein/eine/einer/eines.* I. können Begleiter oder auch Stellvertreter sein.

■ *Welches Buch liest du gerade?* (Begleiter). *Wen siehst du?* (Stellvertreter) □

▼ Nicht alle Fragewörter sind Pronomen. Wörter wie *wo, wieso, wann, warum* sind ja unveränderlich. Deshalb werden sie hier zu den Adverbien (↗S. 38f.) gezählt. ▽

Reflexivpronomen

R., auch rückbezügliche Fürwörter, beziehen sich meist auf das Subjekt (↗S. 50) des Satzes. Eine eigene Form gibt es nur für die dritte Person Singular und Plural: *sich.* Die übrigen Formen entsprechen denen des Personalpronomens (↗S. 36).

■ *Ich wasche mich. Die Leute schämen sich nicht einmal.* □

▼ Im strengen Sinn ist ein R. kein Stellvertreter.

■ Ersetze ich z.B. in dem Satz *Der Mann wäscht sich* das R. durch *den Mann,* dann resultiert ein Satz mit anderer Bedeutung. Man glaubt, es gehe um zwei Männer. □ ▽
(↗reflexive Verben, S. 27)

Relativpronomen

R., auch bezügliche Fürwörter, sind *der, die, das, welcher, welche, welches, wer* und *was.* Mit ihnen leitet man besondere Teilsätze ein, die Relativsätze (↗S. 61). Dabei können sich die R. auf einzelne Wörter oder Wortgruppen des vorangehenden Teilsatzes beziehen, manchmal auch auf diesen Satz im Ganzen.

■ *Ich mag besonders Franz, dessen Art mir gut liegt. Hoffentlich zieht sie heute Abend wieder das grüne Kleid an, das ihr so gut steht. Er hat das Auto einfach verkauft, was mir nicht gefallen hat.* □

▼ Auch in dem Satzgefüge *Wer das gesagt hat, ist dumm* zählt *wer* als R. Man kann nämlich umformen in *Derjenige, der das gesagt hat, ist dumm.* ▽

3.4 Nicht flektierbare Wörter: Präposition, Konjunktion, Adverb, Interjektion

Nicht flektierbare Wörter sind Wörter, von denen es nur eine Form gibt, die also weder konjugiert noch dekliniert werden können.

Präposition

Die P. (lat. praepōnere – voranstellen), auch Verhältniswort, ist im Satz nicht selbstständig. P. verlangen immer einen bestimmten Kasus und können im Satz nur gemeinsam mit den Wörtern bzw. Wortgruppen verschoben werden, auf die sie sich beziehen. Meist steht die P. vor diesen Wörtern bzw. Wortgruppen, manchmal muss sie dahinter stehen und manchmal kann sie davor oder auch dahinter platziert sein.

■ *Ich gehe durch den Wald. Durch den Wald gehe ich* (vor der Wortgruppe); *der Vereinbarung zuwider* (hinter der Wortgruppe); *des Regens wegen, wegen des Regens* (vor oder hinter der Wortgruppe) □

Bei P., die fest mit Verben verbunden sind *(sich sorgen um, verweisen auf)*, lässt sich eine eigenständige Bedeutung nicht ausmachen. Andere Präpositionen haben z.B. eine kausale *(wegen)* oder temporale *(während* und *seit)* Bedeutung. Oft hängt ihre Bedeutung vom jeweiligen Kontext ab: *in letzter Zeit* (temporal), *in der Tasche* (lokal), *in Rätseln sprechen* (modal).

P. mit Genitiv	*angesichts, bezüglich, jenseits, innerhalb, trotz, wegen*
P. mit Dativ	*gemäß, mit, seit, von*
P. mit Akkusativ	*durch, für, gegen*
P. mit Dativ oder Akkusativ	*an, auf, in, hinter (Auf dem Dach sitzt eine Taube. Auf das Dach fliegt eine Taube.)*

▼ *Wegen* wird mehr und mehr mit dem Dativ verknüpft. Früher war *wegen dem Regen* verpönt, heute dagegen dürften diejenigen, die *wegen des Regens* sagen, bereits in der Minderheit sein. (Gleiches gilt für *trotz*.) ▽

Konjunktion

Bei den K. (lat. coniūnctiō – Verbindung), auch Bindewörter, werden zwei Arten unterschieden: koordinierende (nebenordnende) und subordinierende (unterordnende) K.

Koordinierende K. wie *und, oder* verbinden Wörter, Wortgruppen, Teilsätze oder Sätze miteinander.

■ *Er kam gern und er ging gern.* □

Subordinierende K. wie *dass, wenn, weil, als, obwohl, indem* leiten Nebensätze ein, die deshalb als Konjunktionalsätze bezeichnet werden. Infinitivsätze werden durch K. wie *um, ohne, anstatt* eingeleitet.

■ *Er tut das, um ihr zu imponieren. Sie sagte das, ohne rot zu werden. Anstatt aufzubegehren, hielt er den Mund.* □

Einige K. sind **mehrteilig:** *entweder … oder; sowohl … als auch; je … desto.*

Aufgrund ihrer **Bedeutungen** lassen sich die K. in verschiedene Klassen einteilen: Einen kausalen Zusammenhang bezeichnen z.B. *weil* und *denn*, meist temporal gebraucht wird *als*, modal *indem* und konditional *falls*.

■ *Ich muss tanken, weil ich kein Benzin mehr habe/denn ich habe kein Benzin mehr* (kausal). *Als wir ankamen, regnete es* (temporal). *Falls wir uns einigen, können wir beginnen* (konditional). *Indem ich ihm den Weg zeigte, half ich ihm* (modal). □

(↗ Nebensätze, S. 56 ff.)

Adverb

Als A., Pl. Adverbien (lat. ad-verbum – beim Verb/beim Wort), auch Umstandswort, gelten im Allgemeinen all die Wörter, von denen es nur eine Form gibt und die nicht Präpositionen, Konjunktionen und Interjektionen sind.

A. beziehen sich oft auf Verben, sie können aber auch Nomen oder Adjektive näher charakterisieren, A. bei Adjektiven dienen dann der Abstufung. A. wie *sicherlich* und *vielleicht* beziehen sich sogar auf den ganzen Satz.

■ *Sie stand abseits. Er schlief nachmittags. Er fuhr blindlings in den Graben* (beim Verb). *Das Mädchen dort kommt aus Erfurt. Die Straße rechts ist unbefahrbar* (beim Nomen). *Er war sehr/fast/überaus/ziemlich/einigermaßen gut angezogen* (beim Adjektiv). *Ich komme vielleicht* (Satzbezug; man kann umformen in *Es ist vielleicht so, dass ich komme*). □

Mit einigen A. drückt man seine Einstellung zum Inhalt des Gesagten aus.

■ *Leider kann ich nicht zu deinem Geburtstag kommen. Hoffentlich geht es dir jetzt endlich wieder gut.* □

Beim A. *nicht* ergeben sich aus der Stellung im Satz unterschiedliche Bedeutungen.

■ *Nicht Klaus lügt. Klaus lügt nicht.* □

Nach ihrer **Bedeutung** lassen sich kausale, lokale, modale und temporale A. unterscheiden:

kausale A.	*daher, deswegen, folglich; interessehalber*	Warum?, Weshalb?, Weswegen?, Wieso?
lokale A.	*abseits, hinten, hier, dort, irgendwoher, hierhin, fort*	Wo?, Woher?, Wohin?
modale A.	*sehr, umsonst, gern, blindlings*	Wie?, Wodurch?
temporale A.	*jetzt, heute, oft, bald, nachmittags, zeitlebens, bisweilen*	Wann?, Wie lange?, Wie oft?

▼ Einige A. können gesteigert werden, z. B. *oft (öfter)* und *gern (lieber, am liebsten).* Dennoch handelt es sich nicht um Adjektive, weil man sie nicht als Attribute gebrauchen kann. So ist *der ofte Besuch* ungrammatisch. ▽

▼ Von Fall zu Fall mag zweifelhaft sein, ob es sich um ein A. oder um eine Konjunktion handelt.

■ *Es schneite, trotzdem hatte er nur ein Hemd an. Folglich wurde er krank.* □

Trotzdem und *folglich* sind A. Anders als Konjunktionen bilden sie nämlich ein eigenes Satzglied (↗ S. 48 ff.). Stehen sie an erster Stelle im Satz, dann verdrängen sie das Subjekt und das finite Verb bleibt an zweiter Satzgliedstelle. Man kann nicht sagen *Trotzdem er hatte nur ein Hemd an* und *Folglich er wurde krank.* ▽

Interjektion

Die I. (lat. interiectiō – Einwurf), auch Empfindungswort, dient vor allem dem Ausdruck positiver und negativer Empfindungen und der Kontaktaufnahme.

Normalerweise stehen I. außerhalb von ausgebauten Sätzen. Sie können aber auch eingebaut sein oder einen ganzen Satz gleichsam vertreten.

■ *Pfui, das schmeckt eklig! Tja, das kann ich auch nicht mehr ändern. Ach, ist mir schlecht. Hallo, bist du da? Hoppla, jetzt komme ich. Aua, hast du dir wehgetan?* (außerhalb). »*Oh*«, *wisperte der Junge, …* (eingebaut). *Bist du verrückt? – Ja (Nein)!* D. h.: *Ich bin (nicht) verrückt* (satzwertig). □

Numerale

Das N., Pl. Numeralia (lat. numerus – Zahl), auch Zahlwort, wurde früher als eigenständige Wortart angesehen. Dazu sollten alle Wörter gehören, die Zählbares bezeichnen:

Kardinalzahlen wie *ein, zwei, drei,* **Ordnungszahlen** wie *erstens, zweitens* usw., **Bruchzahlen** wie *drei Viertel, ein Zehntel* usw.

Als entscheidendes Kriterium galt also eine gemeinsame Grundbedeutung. Heute werden die N. meist nicht mehr als selbstständige Wortart betrachtet, sondern als Adjektive, Nomen, Pronomen oder Adverbien.

■ *sechs Monate* (Adjektiv); *ein Dutzend Eier* (Nomen); *beide, mehrere* (Pronomen); *sie hat zweimal angerufen* (Adverb) □

3.5 Wortbildung

W. ist der Prozess, aus dem komplexe neue Wörter, Wörter einer anderen Wortart und Kurzwörter entstehen. Wir bilden sie aus dem bereits vorhandenen Bestand. Die wichtigsten Arten der W. sind Komposition (Zusammensetzung), Derivation (Ableitung), Konversion (Wortartwechsel) und Kürzung.

Komposition

Bei der K. (lat. compositiō – Zusammenstellung), auch Zusammensetzung, werden mindestens zwei Stamm-Morpheme (↗ S. 25) zu einer neuen Einheit, dem **Kompositum**, Pl. Komposita, verbunden. Das erste Wort ist meist das **Bestimmungs-**, das zweite das **Grundwort.** Nach dem Grundwort richten sich i.d.R. die Wortart des Kompositums sowie dessen grammatische Eigenschaften (Genus und Flexion).

■ *(die) Grammatik + (der) Unterricht = (der) Grammatikunterricht; der Grammatikunterricht, des Grammatikunterrichts, …* □

Grundwort und Bestimmungswort müssen nicht derselben Wortart angehören. Grundwörter sind zumeist Nomen, Adjektive oder Verben.

■ *Fehlerquelle, Freiheitsbegriff; besenrein, fehlerfrei; unterliegen, widersprechen* □

Viele Komposita im Dt. bestehen ihrerseits aus Komposita.

■ *Dreischrittregel, Umweltschutzbeauftragter, Donaudampfschifffahrtskapitän, Rindfleischetikettierungsüberwachungsaufgabenübertragungsgesetz* □

In wenigen Fällen ist die Unterscheidung von Bestimmungs- und Grundwort nicht hilfreich:

■ *Nordost, süßsauer, schwarzweiß, fünfzehn* □

Derivation

Bei der D., auch Ableitung (lat. dērīvātiō), wird aus einem Wort ein neues gebildet, und zwar durch

- Suffixe am Ende des Ausgangswortes,
- Präfixe am Anfang oder
- Kombination von Prä- und Suffixen.

Mit den **Suffixen** *-ung, -keit, -heit* und *-nis* z.B. erzeugt man Nomen, mit Suffixen wie *-bar* und *-lich* Adjektive.

■ *Bild-ung, Heiter-keit, Schön-heit, Wag-nis; furcht-bar, ärger-lich* □

Präfixe wie *er-*, *ver-* oder *zer-* können vor Verben, aber auch vor Ableitungen aus Adjektiven und Nomen stehen, Ergebnis der D. sind zumeist Verben.

■ *er-proben, er-bleichen; ver-treiben, ver-stummen, ver-hungern; zer-fließen, zer-kleinern* □

Beispiele für die **Kombination von Präfixen und Suffixen** sind Wörter wie:

■ *Er-prob-ung, Ver-treib-ung; un-glaub-lich* □

Ein abgeleitetes Wort kann seinerseits wieder Basis weiterer Ableitungen sein.

■ *Frucht, fruchtbar, unfruchtbar, Unfruchtbarkeit* □

▼ D. sollte nicht mit Flexion (↗ S. 26ff.) verwechselt werden. Bei der D. entstehen neue Wörter mit anderer Bedeutung, während es sich bei der Flexion um verschiedene Formen ein und desselben Wortes handelt.

■ Habe ich z.B. *Sie be-mutter-te ihn,* dann sorgt das Präfix *be-* dafür, dass aus dem Nomen *Mutter* ein Verb wird. Das *-te* hingegen ist kein Suffix, sondern eine Flexionsendung. Sie zeigt die dritte Person Singular des Präteritums an. □ ▽

Konversion

K. (lat. conversiō – Umstellung) ist der Wechsel eines Worts in eine andere Wortart. Im Unterschied zur Derivation treten bei der K. keine lautlichen Veränderungen des Wortes auf.

■ *laufen* (Verb) – *Laufen* (Nomen); *fett* (Adjektiv) – *Fett* (Nomen); *Ernst* (Nomen) – *ernst* (Adjektiv); *Dank* (Nomen) – *dank* (Präposition) □

Kürzung

Lange Wörter, die wir häufig gebrauchen, kürzen wir oft ab:

■ *Krimi(nalroman), Demo(nstration), Bio(logie), Disko(thek), (Fahr)Rad, (Omni)Bus* □

Manchmal verwenden wir für die Bildung von Kurzwörtern nur die Anfangslaute bzw. -buchstaben von Morphemen (↗ S. 25) und Wörtern oder auch Silben bzw. Silbenanfänge.

■ *EDV, Lkw, UKW, SPD, DGB; Azubi* (Auszubildender), *Schiri* (Schiedsrichter) □

Flexion	Komposition	Derivation	Konversion
schreib-en *(ich) schreib-e* *(du) schreib-st* *(er) schreib-t*	*Schreibgerät* *Schreibaufgabe* *Schreibschutz* *großschreiben*	*ab-schreiben* *ver-schreiben* *Schreib-ung* *Ver-schreib-ung*	*(das) Schreiben*

3.6 Wortschatz

Unter W., auch (das) Vokabular, (die) Lexik (griech. léxis – Wort, Redensart), versteht man die Menge aller Wörter einer Sprache zu einem bestimmten Zeitpunkt. Für das gegenwärtige Deutsch schwanken die Angaben etwa zwischen 300 000 und 500 000 Wörtern. Es ist nämlich u.a. strittig, was im Einzelnen als Wort zählt, wie Ableitungen (↗ Derivation, S. 40f.) und Zusammensetzungen (↗ Komposition, S. 40) zu behandeln sind und welche Rolle die verschiedenen Fachsprachen (↗ S. 19f.) spielen sollen. Ein Durchschnittssprecher verfügt etwa über 6 000 bis 10 000 Wörter, wobei er viele nur versteht (passiver W.) und deutlich weniger selbst gebraucht (aktiver W.). Wichtige Teile des W. sind Wortfamilien und Wortfelder, Lehn- und Fremdwörter sowie Fachwörter.

Wortfamilie

Eine W. ist die Menge der Wörter, die gleiche oder ähnliche Stamm-Morpheme (↗ S. 25) haben und sich historisch auf denselben Ursprung (dieselbe Wurzel) zurückführen lassen. Die Bedeutungsbeziehung muss aber nicht immer erhalten geblieben sein.

■ Wurzel germ. <far>: *fahr-en, Fahr-geld, ab-fahr-en, er-fahr-en, Er-fahr-ung, Fahr-t, Ge-fähr-t, Ge-fähr-te, Fähr-e, Fähr-te, Ge-fahr, gefähr-lich, Nach-fahr, Fahr-er, fahr-lässig, Fahr-en-der, fahr-end, Fahr-lässig-keit; führ-en, Fuhr-e, Furt* ... □
Für die meisten Deutsch Sprechenden dürften z. B. *Gefährte* und *Gefahr* nicht in diese Familie passen. Sie bedeuten für uns ganz Verschiedenes.
Das gilt auch für Wörter anderer W., wie die folgenden, die auf indoeuropäisch <deuk> zurückgehen:

■ *ziehen, zucken, Zucht, Zeug, Zeuge, Herzog* (ursprünglich ›der das Heer zieht‹) □

Wortfeld

Zu einem W., auch Bedeutungsfeld, gehören Wörter derselben Wortart und mit ähnlicher Bedeutung.

■ So machen die Farbadjektive (*rot, grün, graublau* usw.) ein W. aus.
Im W. ›sagen‹ z. B. kann man *bitten, befehlen, flüstern, rufen, erläutern, feststellen, entgegnen* usw. unterbringen. □

Lehnwort

L. waren früher aus anderen Sprachen entnommene Fremdwörter. Sie wurden im Hinblick auf Lautung (Aussprache und Betonung), Schreibung und Flexion so angepasst, dass wir sie nicht mehr als fremd empfinden.

■ lat. *vinum* – dt. *Wein;* engl. *strike* – dt. *Streik;* lat. *draco* – dt. *Drache* □

Fremdwort

Ein F. ist ein aus einer anderen Sprache übernommenes Wort, das im Hinblick auf Aussprache, Flexion oder auch Schreibung immer noch fremd wirkt.

■ *Trottoir, Genera* (Pl. von Genus), *Barbecue, Borschtsch* □

▼ Die Grenzen zwischen Fremd- und Lehnwort sind fließend, wie an *Café* oder *Kaffee* deutlich wird. Im Rahmen der Rechtschreibreform wurden einige Schreibungen an das Dt. angepasst. Man kann nunmehr wählen zwischen der angepassten und der fremden Schreibung.

■ *Chicorée – Schikoree, Hämorrhoiden – Hämorriden, Portemonnaie – Portmonee, Spaghetti – Spagetti* □ ▽

Fachwort

F., Terminus, Pl. Termini (lat. Grenze, Begrenzung), dienen der präzisen und ökonomischen Kommunikation unter Experten, z. B. Handwerkern, Juristen, Medizinern. Eine einfache Art, Fachwörter zu definieren, ist die Angabe eines Oberbegriffs und eines unterscheidenden Merkmals.

- *Ein Plosiv ist ein Laut* (Oberbegriff), *der durch die Sprengung eines Verschlusses gebildet wird* (unterscheidendes Merkmal). □

  Viele Wörter, die in Fachsprachen (↗ S. 19 f.) eine Rolle spielen, werden auch von Laien gebraucht, oft allerdings in etwas anderer Bedeutung.
- So wird in bestimmten Fällen von ›Mord‹ gesprochen, wo für einen Juristen ein ›Totschlag‹ vorliegt, weil kein Vorsatz nachgewiesen werden kann. □

4 Satz und Satzstrukturen

Der Teilbereich der Grammatik, in dem beschrieben wird, wie aus kleineren Einheiten – Morphemen (↗ S. 25), Wörtern und Wortgruppen – Sätze gebildet werden, ist die **Syntax,** Satzlehre (griech. sýntaxis – Anordnung, Zusammenstellung). Allerdings sind dabei die Grenzen zu Morphologie (↗ S. 14) und Semantik (↗ S. 14) von Fall zu Fall fließend.

4.1 Satz

Der S. ist eine nach Regeln konstruierte mündliche oder schriftliche Einheit, die inhaltlich und von der Intonation (↗ S. 24) her relativ selbstständig, d. h. für sich verständlich ist. Sie enthält mindestens eine finite Form des Verbs (Personalform, ↗ S. 28). Im mündlichen Sprachgebrauch können die Grenzen des S. durch die Art der Stimmführung deutlich werden. Im Schriftlichen werden sie markiert durch die Satzschlusszeichen Punkt, Frage- und Ausrufezeichen, oft auch abgetrennt durch Komma, Semikolon (Strichpunkt) und Gedankenstriche.
Handelt es sich dabei um mehrere Hauptsätze (↗ S. 45), spricht man von einer Satzreihe (↗ S. 46). Wird wenigstens ein Nebensatz (↗ S. 45) mit einem Hauptsatz kombiniert, liegt ein Satzgefüge (↗ S. 45) vor.

Satzarten

Sätze lassen sich einteilen
- nach der Art der Stimmführung,
- nach der Stellung der finiten Verbform (Personalform, ↗ S. 28) im Satz,
- nach dem Modus des Verbs,
- nach bestimmten Einleitungswörtern, vor allem Konjunktionen und Pronomen,
- im Geschriebenen nach den Satzschlusszeichen.

Die wichtigsten S. sind Aussage-, Frage- und Aufforderungssatz. Oft werden auch noch Ausrufe- und Wunschsatz unterschieden.

Aussagesatz

Mit A., auch Deklarativ-S., drücken wir in der Regel Feststellungen aus, sagen, dass sich etwas so und so verhält. A. werden so gesprochen, dass die Tonhöhe am Ende leicht abfällt. Im Schriftlichen steht meist ein Punkt. Das finite Verb findet sich fast immer an zweiter (Satzglied-)Stelle.

- *Die Frau <u>fragte</u> mich nach dem Weg. Sie <u>wusste</u> nämlich nicht mehr weiter.* □

Fragesatz

F., auch Interrogativsätze (lat. interrogāre – fragen), sind normalerweise ein Mittel, Informationslücken zu schließen. Die Intonation steigt im F. gegen Ende meist an. Im Schriftlichen setzt man ein Fragezeichen.

Formal lassen sich F. in verschiedene Gruppen aufteilen, die wichtigsten Typen sind Entscheidungs-F. und Ergänzungs-F. (W-F.).

Bei **Entscheidungsfragen** geht es darum, ob etwas der Fall ist oder nicht. Der Fragende erwartet ein Ja oder Nein. Das finite Verb steht hier am Anfang bzw. in Spitzenstellung.

■ *Sind* (Verb im Indikativ) *Sie aufrichtig? Kommst du jetzt endlich? Hast du gestern schon wieder so lange vor dem Fernseher gesessen?* □

Bei **Ergänzungsfragen (W-Fragen)** steht ein Interrogativpronomen (↗S. 37) an erster oder zweiter Stelle oder auch ein Frageadverb (↗S. 37) an erster Stelle.

■ *Wer hat wieder das Klassenbuch verschmiert? Wessen T-Shirt ist das hier? Was für eine Wortart ist das? Mit wem bist du ausgegangen?*
Warum hast du das gemacht? Wobei hast du dich erwischen lassen? □

Aufforderungssatz

Beim A., auch Befehls-, Imperativsatz (lat. imperāre – befehlen), steht das finite Verb (oft im Konjunktiv) an erster Stelle. Die Intonation ist zunächst steigend, dann fallend. Im Schriftlichen steht meist ein Ausrufezeichen. (↗Imperativ, S. 31 f.)

■ *Räume endlich deine Sachen weg! Parken Sie nicht auf dem Fahrradweg! Seien* (Konjunktiv) *Sie aufrichtig!* □

Ausrufesatz

A., auch Exklamativ-S. (lat. exclāmāre – ausrufen), werden mit Nachdruck gesprochen, weil der Sprecher emotional besonders beteiligt ist, z. B. überrascht oder beeindruckt. Betont wird in der Regel eine Position im Satz, zum Ende hin fällt der Ton; im Schriftlichen steht das Ausrufezeichen.

■ *Du hast aber einen hübschen Ring! Du bist groß geworden! Was hat er alles erlebt!* □
Formal betrachtet, handelt es sich um Aussage- und Fragesätze, zu A. werden sie erst durch die Betonung.

Wunschsatz

Beim W. steht das finite Verb (Personalform) normalerweise im Konjunktiv II (↗S. 31), und zwar an erster oder letzter Stelle. Charakteristisch sind Adverbien wie *bloß, doch, nur.* Die Intonation ist gegen Ende hin fallend, es steht ein Ausrufezeichen.

■ *Wenn ich doch endlich diese Fachsprache beherrschen würde! Wäre diese Klausur bloß schon vorbei!* □

Satzarten und sprachliche Handlungen

Mit Aussagesätzen lässt sich nicht nur aussagen, mit Fragesätzen nicht nur fragen. Mit dem Satz *Du hast gestern deine Freundin getroffen* kann man etwas aussagen, aber auch – bei entsprechender Intonation bzw. im Schriftlichen bei einem Fragezeichen am Ende – eine Entscheidungsfrage stellen, obwohl das finite Verb hier nicht am Anfang, sondern an zweiter Stelle steht.

Sagt man *Du hast deine Freundin zu treffen,* so handelt es sich, wiederum in Form eines Aussagessatzes, um eine Aufforderung. Den Satz *Können Sie mir sagen, wie viel Uhr es ist?* hat man als Fragesatz zu klassifizieren. Dennoch handelt es sich um eine – höfliche – Aufforderung. Würde man nämlich lediglich mit *Ja* antworten, dann käme sich der Sprecher verulkt vor.
Aussagesätze sind also nicht nur zum Aussagen und Fragesätze nicht nur zum Fragen da.

Satzart	Aussage	Frage	Aufforderung
Aussagesatz	*Heilbronn liegt am Neckar.*	*Heilbronn liegt an der Sulm?*	*Wir schreiben ein Diktat!*
Fragesatz	–	*Liegt Heilbronn an der Sulm?*	*Gehst du jetzt endlich ins Bett?*
Aufforderungssatz	–	–	*Geh jetzt endlich nach Hause!*

4.2 Satzgefüge

Ein S., auch Hypotaxe (griech. hypo + táxis – Unterordnung), ist eine Verbindung von Teilsätzen, wobei mindestens ein **Nebensatz** (↗S. 56ff.) einem **Hauptsatz** syntaktisch untergeordnet ist.
Mithilfe von Proben (vor allem Frage-, Ersatz- und Umformungsprobe, ↗S. 46f.) lässt sich nämlich fast immer zeigen, dass der Nebensatz ein Satzglied (↗S. 48f.) des übergeordneten Hauptsatzes ist (↗Gliedsatz, S. 58f.).
Ein Hauptsatz dagegen ist niemals Satzglied eines anderen Satzes.
Der Nebensatz kann dem Hauptsatz vorangehen, ihm folgen oder in ihn eingebettet sein.

■ *Weil die Party öde war, ging er nach Hause. Er ging nach Hause, weil die Party öde war. Er ging, weil die Party öde war, nach Hause.* □

S. können aber auch komplexer sein und Nebensätze verschiedenen Grades enthalten. Dabei bezieht sich ein Nebensatz n+1-ten Grades auf Teile eines Nebensatzes n-ten Grades.

■ *Der junge Mann mochte die Frau* (Hauptsatz), *weil sie auf eine Weise herzlich war* (Nebensatz 1. Grades), *die ihn begeisterte* (Nebensatz 2. Grades). □

▼ Dass Nebensätze Hauptsätzen grammatisch untergeordnet sind, heißt nicht, sie wären ***inhaltlich*** weniger wichtig. Das zeigt schon ein einfacher Fall wie *Hunde, die bellen* (Nebensatz), *beißen nicht.* ▽

▼ In vielen Satzgefügen sind Hauptsätze enthalten, die in der gegebenen Form nicht allein stehen können:
Nachdem sie angekommen war (Nebensatz), *ging sie gleich ins Bett* (Hauptsatz).
Verschiebt man (↗Umstellprobe, S. 46), erhält man *Sie ging gleich ins Bett, nachdem sie angekommen war.* Hier kann der Hauptsatz auch allein stehen.
Anders ist das bei einem Satzgefüge wie *Ich sagte ihm, was er hören wollte.* Stünden *Ich sagte ihm* bzw. *… sagte ich ihm* allein, wäre das ungrammatisch. ▽

4.3 Satzreihe

Eine S., auch Parataxe (griech. pará + táxis – Beiordnung), ist eine Verbindung von Hauptsätzen (↗S. 45), die auch für sich allein stehen könnten. Sie können durch nebenordnende Konjunktionen (↗S. 38) wie *und, oder, aber* verknüpft sein.

■ *Am Samstag schliefen sie aus, sie frühstückten erst gegen Mittag und am Nachmittag gingen sie ins Fußballstadion.* □

4.4 Proben

Mithilfe von P., auch Operationen, operationale Verfahren, werden für alle kompetenten Sprachteilhaber nachvollziehbare Behauptungen über sprachliche Sachverhalte gewonnen bzw. überprüft, sodass vieles, was man über die eigene Sprache bereits intuitiv weiß, besser begründet werden kann.

In der Schule spielen P. seit langem eine Rolle, wenn es um die Bestimmung von Satzgliedern (↗S. 48f.) geht. Hilfreich sind P. auch im Rahmen des Schreibens von Texten, u.a. bei Entscheidungen im Hinblick auf die Zeichensetzung. Sie können auch zu alternativen Formulierungen führen, sodass Texte z.B. weniger monoton wirken. Insofern trägt ihre Anwendung zur Schulung des (schriftlichen) Stils (↗S. 94f.) bei.

Die wichtigsten P. sind Umstellprobe, Ersatzprobe, Frageprobe, Weglassprobe, Erweiterungsprobe, Umformungsprobe und Klangprobe.

Umstellprobe

Durch die U., auch Verschiebeprobe, Permutation (lat. permūtātiō – Veränderung, Tausch), wird die Abfolge von Wörtern, Wortgruppen oder auch Teilsätzen im Satz variiert. Dabei müssen alle Wörter bzw. Wortformen erhalten bleiben und das Resultat hat grammatisch korrekt zu sein. Auch die Satzbedeutung (↗S. 69f.) soll sich nicht ändern. Die U. dient zur Verdeutlichung der Grenzen von Satzgliedern: Was allein bzw. nur gemeinsam verschoben werden kann, bildet ein Satzglied (↗S. 48f.).

■ Der Satz *Manche Schüler verbringen die Nachmittage fast ausschließlich vor dem Fernseher* enthält fünf Satzglieder: *Manche Schüler | verbringen | die Nachmittage | fast ausschließlich | vor dem Fernseher.* □

Mithilfe der U. kann man auch deutlich machen, dass ein Ausgangssatz syntaktisch mehrdeutig ist.

■ *Ich komme mit meiner Mutter aus Hamburg* lässt sich – je nach Verständnis dieses Satzes – auf zweierlei Weise umstellen: *Aus Hamburg | komme | ich | mit meiner Mutter.* Verstehe ich den Ausgangssatz aber so, dass meine Mutter in Hamburg wohnt, dann kann ich nur so umstellen: *Mit meiner Mutter aus Hamburg | komme | ich.* □

▼ Ist ein Prädikat (↗S. 49f.) mehrteilig, stehen seine Bestandteile oft nicht zusammen: *Sie <u>lehnte</u> den Vorschlag <u>ab</u>.* Auch sonst bilden manchmal verschiedene Wörter ein Satzglied, obwohl sie nicht unmittelbar aufeinanderfolgen: *<u>Zeit</u> hatte er immer <u>viel</u>.* ▽

Ersatzprobe

Die E., auch Austauschprobe, Kommutation (lat. commūtātiō – Veränderung, Wechsel), dient in der Syntax ebenfalls vor allem der genaueren Bestimmung der mithilfe der Umstellprobe ermittelten Satzglieder.

- Vergleiche ich die beiden Sätze *Hannah ist wütend* und *Hannah ist mulmig*, dann kann ich im ersten Satz *Hannah* durch *sie* ersetzen, im zweiten muss das Pronomen *ihr* stehen. Dieses Ergebnis führt dazu, dass ich besser begründen kann, warum *Hannah* im ersten Fall Subjekt, im zweiten Dativobjekt ist. □

Ein weiterer Anwendungsfall: Manchmal zweifelt man vielleicht, ob man *dass* oder *das* zu schreiben hat. Hier gilt die Faustregel: Kann man das gesprochene *das* durch *welches* ersetzen, schreibt man immer *das*.

- *Das Handy, <u>das</u> (welches) du gekauft hast, war zu teuer.* □

Frageprobe

Die F. ist eine Form der Ersatzprobe bzw. eine Kombination von Ersatz- und Umstellprobe. Dabei wird aus dem Ausgangs- immer ein Fragesatz. Die Stellen von Subjekt, Objekt(en) und Adverbial(en) werden dabei durch Interrogativpronomen (↗S. 37) oder (Pronominal-)Adverbien (↗S. 61) besetzt.

- *Michael Schumacher brachte seinen Ferrari am schnellsten über den Kurs.*
<u>Wer</u> brachte seinen Ferrari am schnellsten über den Kurs? – Michael Schumacher (Subjekt).
<u>Wen</u> (oder auch: *was*) *brachte Michael Schumacher am schnellsten über den Kurs? – seinen Ferrari* (Akkusativobjekt).
<u>Wessen</u> Ferrari brachte Michael Schumacher am schnellsten über den Kurs? – seinen (Attribut)
<u>Wie</u> brachte Michael Schumacher seinen Ferrari über den Kurs? – am schnellsten (Adverbial).
<u>Worüber</u> brachte Michael Schumacher seinen Ferrari am schnellsten? – über den Kurs (präpositionales Akkusativobjekt). □

Weglassprobe

Die W., auch Tilgungs- bzw. Abstrichprobe, ist nützlich, wenn man – u. U. auch stufenweise – die grammatisch notwendigen Elemente eines Satzes, sein Grundgerüst, bestimmen will.

- In dem Satz *Frau Schmidt verschwand einen Tag nach ihrer Ankunft* lässt sich zunächst *einen Tag*, aber nicht *nach ihrer Ankunft* tilgen. Nach einer zweiten W. bleibt *Frau Schmidt verschwand* übrig. □

Erweiterungsprobe

Bei der E. wird ein Satz um ein Wort oder mehrere Wörter angereichert, um vor allem Unsicherheiten im Hinblick auf korrektes Schreiben zu beseitigen.

- Zweifelt man z. B., ob in den Sätzen *Peter liebt Skaten* und *Peter muss skaten* das Wort *skaten* groß- oder kleinzuschreiben ist, kann eine E. helfen: Grammatisch korrekt ist *Peter liebt das Skaten*, nicht korrekt ist aber *Peter muss das Skaten*. Folglich ist im ersten Fall groß-, im zweiten kleinzuschreiben. □

Umformungsprobe

Mithilfe einer U. verändert man den Bau eines Satzes, mitunter recht massiv. Seine Bedeutung muss allerdings erhalten bleiben. Dabei können u. a. aus einfachen Sätzen Satzgefüge entstehen oder umgekehrt. (↗Nominalstil, Verbalstil, S. 95)

- *Dein Kommen freut mich – Dass du kommst, freut mich; Rasen betreten ist verboten – Es ist verboten, den Rasen zu betreten.*
  Ich bin traurig, weil du weggegangen bist – Aufgrund deines Weggangs bin ich traurig. □

Klangprobe

Vor allem bei lyrischen, aber auch bei anderen Texten kann das laute Lesen zu einer Abgrenzung von Bedeutungseinheiten und damit erst zu einem Verständnis führen. Vielleicht stößt man dabei auch auf verschiedene mögliche Lesarten.

- Ein Landesfürst soll einmal auf ein Begnadigungsgesuch eines zum Tode Verurteilten geschrieben haben: *Begnadigen nicht hinrichten!* Diejenigen, die den fürstlichen Willen umsetzen mussten, konnten zwischen zwei Möglichkeiten wählen: Machten sie nach *begnadigen* eine Pause, konnte sich der Verurteilte freuen. Machten sie die Pause aber hinter *nicht,* hatte er Pech gehabt. □

4.5 Satzglieder

S. sind einzelne Wörter oder Wortgruppen, die insbesondere vor das finite Verb verschoben (↗Umstellprobe, S. 46) werden können. Sie lassen sich durch einzelne Wörter, vor allem Pronomen, ersetzen (↗Ersatzprobe, S. 46f.) und erfragen (↗Frageprobe, S. 47).

- Aus *Kinder lieben Eis* wird durch Umstellen *Eis* | *lieben* | *Kinder.* Demnach enthält dieser Satz drei S., die jeweils aus einem Wort bestehen.
  Bei *Viele Kinder lieben riesige Mengen Eis* ermittelt man ebenfalls drei S.: *Viele Kinder* | *lieben* | *riesige Mengen Eis.*
  Zwei dieser S. bestehen aus Wortgruppen. Die Ersatzprobe macht deutlich, dass *Kinder* bzw. *viele Kinder* durch ***sie*** ersetzt werden kann; die Frageprobe ergibt, dass man mit ***wer?*** fragen kann. □

In der Regel werden vier Arten von S. unterschieden: Subjekt, Prädikat, Objekt und Adverbial.

▼ Wenn S. Wörter oder Wortgruppen sind, die insbesondere vor das finite Verb verschoben werden können, darf das Prädikat (↗S. 49f.), dessen zentraler Bestandteil das finite Verb ist, eigentlich nicht als S. zählen. Es kann ja nicht auf einen Platz vor sich selbst verschoben werden. Dennoch ist es üblich, auch das Prädikat als Satzglied zu behandeln. ▽

Auch Nebensätze (↗S. 56ff.) können S. sein. Sie werden dann als Gliedsätze (↗S. 58f.) bezeichnet und in Subjektsätze, Objektsätze und Adverbialsätze aufgeteilt.

▼ Statt von ›Subjekt‹, ›Objekt‹ und ›Adverbial‹ wird auch von **Ergänzungen** und **Angaben** gesprochen. Das gründet auf der Auffassung vieler Grammatiker, dass das Verb das strukturelle Zentrum des Satzes ist; es verlangt nämlich eine bestimmte Anzahl von ›Mitspielern‹.

- Will man z.B. mit den Verben *schlafen, schlagen* und *schenken* jeweils einen minimalen Satz bilden, dann kommt man zu *Erna schläft, Erna schlägt Egon, Erna schenkt Egon einen Hut.*
  Schlafen verlangt demnach eine Ergänzung im Nominativ, *schlagen* eine im Nominativ und eine im Akkusativ, *schenken* eine im Nominativ, eine im Dativ und eine im Akkusativ. □

Angaben hingegen sind vom Verb nicht gefordert, lässt man sie weg, ist das Resultat in der Regel ein korrekter Satz.

■ *Erna schläft (auf dem Boden).* □

Die Bezeichnungen ›Ergänzung‹ und ›Angabe‹ finden sich auch in manchen Sprachbüchern. ▽

Gegen die Ansicht, dass im Satz ***allein*** das Verb zentral sei, spricht folgende Überlegung: Zwar verlangt ein Verb wie *schlafen* einerseits eine Ergänzung im Nominativ. Aber von dieser Ergänzung hängt andererseits ab, in welcher Person und in welchem Numerus das Verb stehen muss.

■ *das Kind schläft, die Kinder schlafen, du schläfst, ihr schlaft* □

Prädikat

Das P. (lat. praedicāre – aussagen), auch Satzaussage, enthält immer eine **finite Form** (Personalform) **des Verbs,** d. h. eine Form, die nach Person (1., 2. oder 3. Person) und Numerus (Singular oder Plural) bestimmt ist. Im Hinblick auf Person und Numerus stimmt es mit dem Subjekt (↗ S. 50) überein (Kongruenz).

▼ Es gibt aber auch Sätze ohne Subjekt wie *Mir ist schlecht.* Deshalb ist die traditionelle Auffassung problematisch, wonach mit dem Prädikat immer etwas über ein Subjekt, den ›Satzgegenstand‹, ausgesagt wird. ▽

Im Aussagesatz (↗ S. 43) steht das finite Verb als zentraler Teil des P. fast immer an zweiter Stelle, genauer: an zweiter Satzgliedstelle. Das erste Satzglied kann ja auch mehrere Wörter umfassen.

■ *Fritz | <u>bestellte</u> | noch ein Bier. – Der dicke Mann mit dem großen Schlapphut auf dem rosigen Kopf | <u>bestellte</u> | noch ein Bier.* □

Inhaltlich (semantisch) betrachtet, beziehen sich P. auf Handlungen, Vorgänge und Zustände, wobei die Zuordnung je nach Einzelfall manchmal nicht eindeutig ist.

Das P. kann einteilig oder mehrteilig sein.

Einteilig ist es in Sätzen wie *Ich <u>laufe</u> nach Hause, Mein Vater <u>kocht</u> gut, Bayern München <u>gewinnt</u> meistens.*

Wenn es **mehrteilig** ist, kommen Verbzusätze, Infinitive und Partizipien II (↗ S. 28) hinzu.

■ **Verbzusatz:** Hat man z. B. *Ich <u>nehme</u> nicht <u>teil</u>,* dann gilt hier *teil* als Verbzusatz. Der Infinitiv (die Grundform) des Verbs heißt ja *teilnehmen.* Ebenso ist es bei *Sie <u>stellte</u> das ganz nüchtern <u>fest</u> (feststellen)* und *Er <u>holte</u> sie vom Training <u>ab</u> (abholen).* □

■ **Infinitiv:** In den Sätzen *Ich <u>wollte</u> nicht mehr <u>teilnehmen</u>, Sie <u>konnte</u> das ganz nüchtern <u>feststellen</u>* und *Er <u>wollte</u> sie vom Training <u>abholen</u>* besteht das mehrteilige P. aus dem finiten Teil des Verbs und einem Infinitiv. Auch Kombinationen mit zwei Infinitiven kommen vor: *Er <u>hat</u> sie <u>abholen</u> <u>wollen</u>.* □

■ **Partizip II:** Bei *Ich <u>habe</u> nicht mehr <u>teilgenommen</u>, Sie <u>hat</u> das ganz nüchtern <u>festgestellt</u>* und *Er <u>hatte</u> sie vom Training <u>abgeholt</u>* umfasst das Prädikat die beiden Teile finites Verb und Partizip II. □

Bei (Hilfs-)Verben wie *sein* und *werden* können einzelne Nomen, Adjektive oder auch Wortgruppen mit Adjektiven, Nomen und Präpositionen Teil des P. sein.

■ *Sie <u>wurde</u> <u>Meisterin</u>* (Nomen). *Das Kleid <u>war</u> <u>grün</u>* (Adjektiv). *Die Luft <u>war</u> <u>sehr</u> <u>bleiern</u>* (Wortgruppe mit Adjektiv). *Sie <u>war</u> <u>deutsche Meisterin</u>* (Wortgruppe mit Nomen). *Er <u>war</u> <u>von adliger Herkunft</u>* (Wortgruppe mit Präposition). □

▼ Oft wird nicht nur ein einzelnes Nomen (wie in *Sie war Meisterin*), sondern auch eine Gruppe mit einem Nomen *(Sie war eine würdige Meisterin)* als **Prädikatsnomen** bezeichnet. Das ist jedoch unglücklich, denn die Wortgruppe *eine würdige Meisterin* ist kein Nomen. ▽

Subjekt

Ein S. (lat. subiectum – das dem Prädikat ›Unterworfene‹), auch Nominativergänzung, Satzgegenstand, enthalten fast alle Sätze. Es ist meist das Thema, über das im Satz etwas gesagt wird. Mit dem Prädikat stimmt das S. in Person und Numerus überein (Kongruenz), es steht im Nominativ.

Inhaltlich (semantisch) betrachtet, bezeichnet das S. oft den ›Täter‹ bzw. ›Verursacher‹ einer Handlung, es kann aber auch auf einen Empfänger bzw. Adressaten verweisen.

■ *Sie schlägt den Nagel in die Wand. Der Fahrer bekam einen Strafzettel; Der Präsident wurde abgewählt.* □

Das S. lässt sich mithilfe einiger Proben (↗S. 46 ff.) bestimmen.

Objekt

O. sind vom Prädikat her gefordert. Fehlen sie, wird eine Konstruktion entweder ungrammatisch *(Ich entbehre, Er vermisst, Sie begegnen)* oder es kommt doch zu einem Satz, der aber dann eine Leerstelle enthält, die der Hörer/Leser aufgrund seines Vorwissens füllen muss: *Er gab (wem?) hundert Euro.*

O. werden mit Interrogativpronomen und -adverbien (↗S. 37) erfragt. Im Dt. unterscheidet man Akkusativ-, Dativ-, Genitiv- und Präpositionalobjekte.

Akkusativobjekt

A., auch Akkusativergänzungen, werden mithilfe der Pronomen *wen* bzw. *was* erfragt und können durch die Pronomen *ihn, sie* bzw. *es* ersetzt werden.

■ In den Sätzen *Ich mag meinen Freund* und *Ich liebe das Abenteuer* sind *meinen Freund* und *das Abenteuer* ersetzbar durch *ihn* und *es* und zu erfragen mithilfe von *wen?* und *was?.* □

▼ Passt nur *was?,* muss man schauen, dass es nicht zu einer Verwechslung mit dem Subjekt kommt. Hier hilft es, wenn man untersucht, ob der Platz für das Subjekt schon anderweitig vergeben ist. In diesem Fall wird er durch *ich* belegt. ▽

Dativobjekt

D., auch Dativergänzungen, werden erfragt mit *wem*; sie können ersetzt werden durch *ihm* oder *ihr* oder *ihnen.*

■ Im Satz *Die Zukunft gehört den Jüngeren* ist *den Jüngeren* D. Es ist ersetzbar durch *ihnen* und mit *wem?* zu erfragen. □

Genitivobjekt

Nach G., auch Genitivergänzungen, fragt man mit *wessen;* ersetzbar sind sie vor allem durch *dessen.*

■ In dem Satz *Sie vergewisserte sich seiner Liebe* ist *seiner Liebe* ersetzbar durch *dessen* bzw. durch *wessen* zu erfragen. □

G. werden heute nur noch selten gebraucht. Statt *Er erinnerte sich seiner Worte* sagt man jetzt eher *Er erinnerte sich an seine Worte.*

Präpositionalobjekte

Manche Verben sind fest mit Präpositionen (↗S. 37f.) verbunden. Diese Präpositionen bilden gemeinsam mit Wörtern bzw. Wortgruppen im Dativ oder Akkusativ P., auch Präpositionalergänzungen.

■ Vergleicht man die Sätze *Ich mag meinen Freund* und *Ich kümmere mich um meinen Freund,* dann zeigt sich, dass im ersten Fall *meinen Freund* mit *wen?* zu erfragen ist und im zweiten *um meinen Freund* mit *um wen?.* □

Der Satz *Ich bedanke mich für das schöne Geschenk* enthält demnach mit *für das schöne Geschenk* ein **präpositionales Akkusativobjekt;** man kann es erfragen mit *für was?* oder auch mit *wofür?.* Bei *Die Bemühungen führten zu einem guten Ergebnis* ergibt sich für *zu einem guten Ergebnis* die Frage *wozu?* oder auch *zu was?.* Dass es sich hier um ein **präpositionales Dativobjekt** handelt, erkennt man u.a. an der Form *einem.*

▼ Ein isolierter Satz wie *Ina verliebt sich in Paris* ist syntaktisch mehrdeutig. Lässt sich *in Paris* mit *in wen? (in was?)* bzw. *worin?* erfragen, liegt ein P. vor. Möglich wäre aber auch die Frage mit *wo?,* dann würde ein Adverbial des Ortes (↗S. 52) vorliegen. ▽

Adverbiale

A., Sg. das Adverbial, auch adverbiale Bestimmung, Umstandsbestimmung, Angabe, sind Satzglieder, mit denen nähere Umstände – zeitliche, räumliche, der Art und Weise usw. – angezeigt werden. Sie sind meist weglassbar (↗Weglassprobe, S. 47), ohne dass die resultierende Konstruktion ungrammatisch wird. A. können sich nicht nur auf das Verb beziehen, sondern auch auf den ganzen Satz.

■ *Er läuft schnell* (Verbbezug). *Leider ist sie verunglückt* (Satzbezug; eine Erweiterungsprobe ergibt hier *Es ist leider so, dass sie verunglückt ist*). □

A. werden erfragt mithilfe von Adverbien wie *wo, wann, weshalb, wie.*

Es gibt viele Möglichkeiten, A. zu füllen. Infrage kommen Adverbien, Adjektive, Wortgruppen mit Präpositionen, Genitiv- und Akkusativkonstruktionen und adverbiale Nebensätze.

Er schläft heute aus.	Adverb
Er schläft ruhig.	Adjektiv
Er schläft mit einer Daunendecke.	Wortgruppe mit Präposition
Eines Tages schlief er einfach ein.	Genitiv
Den lieben langen Tag schläft er.	Akkusativ
Nachdem er ins Bett gegangen war, schlief er.	Adverbialer Nebensatz

▼ Manche A. können nicht weggelassen werden, z.B. in einem Satz wie *Er wohnt in Potsdam. Er wohnt* ist ungrammatisch. ▽

▼ Manchmal ist die Unterscheidung von Präpositionalobjekten und A. nicht einfach.

■ In dem Satz *Nach der Schule | trafen | wir | uns | beim Italiener* ist, wie eine Umstellprobe (↗S. 46) ergibt, *beim Italiener* ein Satzglied. Es lässt sich erfragen mit *bei wem?,* aber auch mit *wo?.* □

Um ein A. handelt es sich, wenn
1. (auch) die Fragewörter *wo?*, *wann?*, *weshalb?*, *warum?*, *wie?* usw. passen;
2. nach Tilgung dieses Satzglieds (↗Weglassprobe, S. 47) ein grammatisch korrekter Satz übrig bleibt: *Nach der Schule trafen wir uns* (allerdings können manche A. nicht weggelassen werden; ↗oben);
3. im Zusammenhang mit dem Verb auch andere Präpositionen gewählt werden können: *Wir trafen uns <u>auf</u> der Straße, <u>unter</u> dem Torbogen, <u>vor</u> dem Schwimmbad.*
Anders als bei den Präpositionalobjekten ist also vom Verb nicht eine bestimmte Präposition gefordert, sondern es sind mehrere Präpositionen möglich. ▽
Man hat sich bemüht, die A. nach inhaltlichen (semantischen) Gesichtspunkten zu gliedern, z. B. in A. der **Zeit (temporal)**, des **Ortes (lokal u. direktional)**, der **Art und Weise (modal)**, des **Grundes (kausal)**.
Diese Einteilung hat manchmal etwas Gewaltsames an sich, sodass nicht immer eindeutig zu bestimmen ist, um welches A. es sich jeweils handelt.

Arten von Adverbialen, inhaltlich (semantisch) betrachtet

Adverbial	Fragewörter	Beispiel
der Zeit (temporal)	*Wann?* *Wie lange?* *Seit wann?* *Bis wann?* *Wie oft?*	*<u>Zu diesem Zeitpunkt</u> war ich völlig außer Form.* *Die Vorstellung dauert <u>drei Stunden</u>.* *Ich kenne ihn <u>schon lange</u>.* *Diese Arbeit muss ich <u>bis Freitag</u> fertig haben.* *Die Ausstellung ist <u>täglich</u> geöffnet.*
des Ortes bzw. des Raumes (lokal und direktional)	*Wo?* *Wohin?* *Woher?* *Wie weit?*	*<u>An dieser Stelle</u> wirst du den Schatz nicht finden.* *Ich gehe niemals <u>in die falsche Richtung</u>.* *Sie kommt <u>aus Lüneburg</u>.* *Wir sind heute <u>sehr weit</u> gelaufen.*
der Art und Weise (modal)	*Wie?* *Wie viel?* *Wie sehr?*	*Du schaust <u>traurig</u> aus der Wäsche.* *Ich habe <u>genug</u> gearbeitet.* *Das Flugzeug schlingerte <u>heftig</u>.*
des Grundes (kausal)	*Weshalb?* *Warum?*	*Das hast du uns <u>wegen deiner Faulheit</u> eingebrockt.* *<u>Aus Wut</u> schmiss er den Kram hin.*
des Zwecks und des Ziels (final)	*Wozu?* *In welcher Absicht?*	*Das habe ich <u>aus Spaß</u> getan.* ▼ Ein finales A. lässt sich in eine Konstruktion mit *um zu* umwandeln: *Das habe ich getan, um Spaß zu haben.* Fragen lässt sich aber auch mit *weshalb?* und *warum?*. ▽
der Folge (konsekutiv)	*Mit welcher Folge?*	*Er rannte mit aller Macht <u>zum Sieg</u>.* ▼ Als Fragewort mag eher *wohin?* in Betracht kommen. Es handelt sich aber nicht um eine Richtungsangabe, also ein direktionales A. Hier ist der Sieg eine Folge des Laufens. ▽

Adverbial	Fragewörter	Beispiel
der Bedingung (konditional)	*Unter welcher Bedingung?*	*Bei diesigem Wetter kann man nicht besonders weit sehen.* ▼ Als Fragewort wäre auch *wann?* möglich. Es ist also manchmal nicht leicht zu entscheiden, ob ein temporales oder ein konditionales A. vorliegt. Hier hilft eine Umformungsprobe. Wenn man *falls* einsetzen kann, handelt es sich um ein A. der Bedingung. Man erhält *Falls diesiges Wetter ist, kann man nicht weit sehen.* ▽
der Einräumung (konzessiv)	*Trotz welchen Umstands?*	*Trotz aller Vorbehalte der Lehrer hast du dich in der Schule durchgesetzt.* ▼ Wenn man eine Konzession macht, räumt man etwas ein. Die Fragewörter *weshalb?* bzw. *warum?* wären hier unangemessen. ▽

Attribut

A., auch Beifügungen (lat. attribuere – hinzufügen), zu denen auch die Appositionen (↗unten) gehören, sind keine selbstständigen Satzglieder, sondern als nähere Bestimmungen Teile von Subjekten, Objekten und Adverbialen. Das ergibt sich fast immer aus Umstellproben (↗S. 46).

■ In dem Satz *Der Freund meiner Schwester studiert Jura* ist *der Freund meiner Schwester* ein Satzglied. Die vier Wörter lassen sich nur gemeinsam in der gegebenen Reihenfolge verschieben *(Jura | studiert | der Freund meiner Schwester).* □

A. können auf verschiedene Weisen gebildet werden: aus Adjektiven, aus Adverbien, aus Infinitiven mit *zu,* aus Wörtern oder Wortgruppen im Genitiv oder mit Präpositionen, aus Appositionen und aus Nebensätzen.

▼ Nicht immer liefert die Umstellprobe ein zweifelsfreies Resultat. Das hat u.a. damit zu tun, dass oft schwer zu sagen ist, ob und wie sich die **Bedeutung** des Ausgangssatzes durch das Umstellen verändert.

■ Sind z.B. die beiden Sätze *Das Geschäft an der Ecke wird bald geschlossen* und *An der Ecke das Geschäft wird bald geschlossen* bedeutungsgleich?

Dann wären definitionsgemäß *an der Ecke* und *das Geschäft* zwei ***verschiedene*** Satzglieder und *an der Ecke* wäre nicht A., also Teil des Subjekts, sondern Adverbial des Ortes.

Oder sind sie nicht bedeutungsgleich, insofern der Satz *An der Ecke das Geschäft wird bald geschlossen* einen Verweis auf weitere Geschäfte nahelegt, der Satz *Das Geschäft an der Ecke wird bald geschlossen* aber nicht? □ ▽

▼ Ein Satz wie *Er kam mit seinen Eltern aus Hamburg* ist, isoliert betrachtet, syntaktisch mehrdeutig. *Aus Hamburg* kann nämlich zum einen A. zu *mit seinen Eltern* sein (sie wohnen in Hamburg), zum anderen aber auch lokales Adverbial: *Aus Hamburg kam er mit seinen Eltern* (sie waren dort z.B. bei jemandem zu Besuch). ▽

Bei **Appositionen** (lat. appositiō – Zusatz, Beisatz), auch Beistellung, treten meist Wortgruppen mit einem Nomen als Zentrum zu einem einzelnen Nomen oder zu einer Gruppe hinzu, die ihrerseits ein Nomen als Kern hat. Was hinzukommt, steht in demselben Kasus (Fall).

■ *Am Freitag, dem 12. Mai, treffen wir uns erst abends.* □

▼ Es gibt auch A., die nur aus einem Nomen bestehen und nicht dekliniert (im Kasus verändert) werden:

■ *Der Aufsatz Professor Stubbes, Direktor des Instituts für Strahlenforschung, war für meine Argumentation leider nicht sehr ergiebig.* □ ▽

Attribute, betrachtet nach der Art ihrer Füllung

Attribut	Fragewörter	Beispiel
Attributives Adjektiv	*Was für ein?, Welcher?*	*Guter Wein ist teuer.*
Attributives Adverb	*Was für eine?, Welche?*	*Die Frau dort gefiel ihr.* ▼ Auf die Frage *Welche Frau gefiel ihr?* erhält man nicht nur das A. als Antwort, sondern *die dort.* ▽
A. als Infinitiv mit *zu*	*Was für eine?, Welche?*	*Die Fähigkeit zu hassen hat nicht jeder.*
A. im Genitiv	*Wessen?*	*Die Pfote des Hundes war verletzt.* ▼ Wieder besteht die Antwort nicht nur aus dem A.; sie lautet *die des Hundes.* ▽
Präpositionales A.	*Welche?*	*Die Frau auf dem Balkon winkte den Gästen.* ▼ Erneut muss geantwortet werden *die auf dem Balkon.* ▽
Apposition	*Wer?, Was?* *Wessen?* *Wem?* *Wen?* *Welcher?*	*Joschka, das liebe Tier, wollte nicht fressen.* *Ich erfreue mich Joschkas, des großen Rüden.* *Er gab dem Hund, diesem großen Tier, etwas zu fressen.* *Ich mag Joschka, meinen großen Hund.* *Der Monat Mai gefällt mir besonders.*
Attributive Nebensätze	*Wer?* *Was?* *Wo?* *Wie?, Wohin?, Worüber? usw.*	*Seine Tochter, die er sehr liebte, fuhr nach England.* *Die Tatsache, dass es regnete, machte ihm schwer zu schaffen.* *An dem Ort, wo er war, spukte es offensichtlich.* ▼ Auch hier erhält man als Antwort auf die Fragen *wer?, was?, wo?* usw. meist nicht allein den attributiven Nebensatz, sondern auch das Wort oder die Wortgruppe, worauf er sich bezieht: *Wer fuhr nach England? – Seine Tochter, die er sehr liebte.* ▽

4.6 Stellung der Satzglieder im Satz

Normalerweise schreiben wir nicht einzelne Sätze, sondern Texte, und auch wenn wir reden, produzieren wir zumeist Äußerungen, die aus mehr als einem Satz bestehen. Betrachtet man nur den einzelnen Satz, ist eine Grundreihenfolge bzw. eine normale Abfolge der Satzglieder feststellbar. Sie kann variiert werden, aber nicht beliebig. Für ihre Beschreibung ist besonders wichtig, an welcher Stelle die Personalform des Verbs steht und ob das Prädikat mehrere Bestandteile hat.

Satzklammer

Oft besteht das Prädikat nicht nur aus der Personalform des Verbs, sondern es ist mehrteilig und wird dann sozusagen auseinandergerissen. Was zwischen den Teilen des Prädikats steht, ist gleichsam eingeklammert. Deshalb spricht man von der Satzklammer, auch von einem verbalen oder prädikativen Rahmen. Den linken Teil der S. bildet die Personalform des Verbs, im rechten Teil stehen die infiniten Teile des Prädikats.

- *Ich habe meinem Freund den Laufpass gegeben. Ich möchte nicht schon wieder zurücklaufen. Er schickt ihn endlich zurück. Die Leute sind nach dieser langen Reise erschöpft.* □

Bei Nebensätzen (↗S. 56ff.) besteht die S. aus dem jeweiligen Einleitungswort bzw. einer Gruppe einleitender Wörter (linker Teil) und dem ganzen Prädikat am Ende (rechter Teil).

- *Er kommt nicht, weil er gestern mit dem Auto verunglückt ist. Sie wollte wissen, in welcher Weise der Auftrag erledigt worden war.* □

Vorfeld, Mittelfeld und Nachfeld

Zum Vorfeld gehört alles, was vor dem linken Teil der Satzklammer (↗oben) steht. Das Mittelfeld bilden die Elemente, die zwischen linkem und rechtem Teil der Klammer stehen, das Nachfeld macht aus, was auf die rechte Satzklammer folgt.

Beginnt also ein Satz mit einem Verb, dann ist das Vorfeld nicht besetzt. Hat ein Satz keine rechte Satzklammer, dann kann es kein Nachfeld geben. Auch das Mittelfeld muss nicht besetzt sein.

Vorfeld	Linke Satzklammer	Mittelfeld	Rechte Satzklammer	Nachfeld
Oliver Kahn	*hat*	*im Spiel gegen den FC Valencia*	*gehalten*	*wie ein Weltmeister.*
	Ist	*er gestern Abend*	*gekommen?*	
Da	*steht*	*eine Linde.*		
Gestern	*hat*	*sie ihr Portmonee*	*verloren.*	
Es	*regnet.*			
	Kommt	*ihr heute Abend?*		
	Hat	*sie ihn gestern Abend nicht*	*begleitet*	*zu diesem Saufgelage?*

Normale Satzgliedfolge

In der Regel steht das Subjekt am Anfang des Aussagesatzes. Es bildet also das Vorfeld (↗S. 55). Kommen im Mittelfeld (↗S. 55) z.B. ein Dativ- und ein Akkusativobjekt vor, dann geht das Dativobjekt dem Akkusativobjekt voraus. Gibt es zusätzlich mehrere Adverbiale, dann stehen sie zwischen den Objekten. Dabei folgt z.B. ein Adverbial des Ortes einem der Zeit.

- *Der junge Mann* (Subjekt) *schenkte seiner Freundin* (Dativobjekt) *am Abend* (Adverbial der Zeit) *in ihrer Stammkneipe* (Adverbial des Ortes) *einen Ohrring* (Akkusativobjekt). □

Die Reihenfolge der Objekte ändert sich aber, wenn das Akkusativobjekt nur aus einem Pronomen besteht.

- Aus *Der junge Mann schenkte seiner Freundin einen Ohrring* wird dann *Der junge Mann schenkte ihn seiner Freundin.* □

Man spricht hier vom ›Gesetz der wachsenden Glieder‹. Ist ein Satzglied durch ein Pronomen ›kurz‹ vertreten, geht es einem anderen voran, das ›gewachsen‹ ist, d.h. aus mehreren Wörtern besteht. Werden beide Objekte durch Pronomen gebildet, verändert sich die normale Reihenfolge ebenfalls. Wieder tritt das Akkusativ- vor das Dativ-Objekt.

- *Der junge Mann schenkte ihn ihr.* □

Topikalisierung

Bei der T. (griech. topos – Ort), Vorfeldbesetzung, wird ein Satzglied, das nicht das Subjekt ist, an den Anfang, d.h. ins Vorfeld vor das finite Verb, verschoben. Das hat zur Folge, dass das Subjekt ins Mittelfeld des Satzes, hinter das finite Verb rücken muss. T. dient v.a. der Hervorhebung bzw. Gegenüberstellung.

- *Nachmittags machte er nur ungern seine Hausaufgaben.* Man könnte fortsetzen mit *Abends hatte er weniger Probleme damit.* □

Thema und Rhema

Anders als im alltäglichen Sprachgebrauch wird mit T. als grammatischer Kategorie der Teil des Satzes bezeichnet, der sich auf bereits Bekanntes bezieht. Das, was an Information neu hinzukommt, ist **Rhema** (griech. rhema – Aussage).

- Werde ich z.B. gefragt, wer den Verkehrsunfall verursacht hat, dann ist die Unfallverursachung das gemeinsame **Thema.** Antworte ich darauf *Johannes war der Unglücksrabe* oder *Der Unglücksrabe war Johannes* (mit Betonung auf *Johannes*), dann schließe ich beim Fragenden eine Informationslücke. Hier ist *Johannes* das **Rhema.** Fragt man mich aber *Was hat Johannes getan?* und antworte ich *Er hat den Verkehrsunfall verursacht,* dann ist für den Fragenden neu (d.h. Rhema), dass er Schuld an dem Unfall hat. □

Sätze ohne Rhema sind, im Kontext betrachtet, nicht informativ, insofern man mit ihnen nichts Neues mitteilt.

4.7 Nebensätze

N. sind anderen Sätzen grammatisch untergeordnet. Dabei können die übergeordneten Sätze selbst wieder N. oder aber Hauptsätze (↗S. 45) sein.

Gibt es in N. eine Personalform (finite Form) des Verbs, steht sie meist an letzter Stelle, selten an erster, manchmal auch an zweiter. Oft fehlt eine Personalform aber auch und es kommt z. B. nur ein Infinitiv oder ein Partizip vor.
N. können eingeleitet oder uneingeleitet sein. Die meisten N. sind im übergeordneten Satz entweder Satzglieder, v. a. Subjekt, Objekt oder Adverbial (↗ Gliedsätze, S. 58 f.), oder Attribute, d. h. Satzgliedteile (↗ Attributsatz, S. 61). Es ist üblich, adverbiale N. auch inhaltlich zu unterscheiden, z. B. als temporal, kausal, modal (↗ Adverbialsatz, S. 59 f.). Schließlich gibt es N., die sich weder als Satzglieder noch als Attribute im übergeordneten Satz verstehen lassen.

■ Ein Ausschnitt aus einem Gespräch: A fragt B: *Warum hat Egon die Erna beschimpft?* B antwortet: *Weil sie ihn vorher geärgert hat.* Dieser isolierte Nebensatz mit *weil* ist den Gesprächsteilnehmern verständlich, weil sie den Kontext, den Fragesatz, mitbedenken *(Egon hat Erna beschimpft, weil sie ihn vorher geärgert hat).* □

N. können also allein stehen, sie sind aber – anders als Hauptsätze – nicht selbstständig, weil sie nur im jeweiligen Kontext verstanden werden.

Eingeleitete Nebensätze

Diese N. sind eingeleitet durch Konjunktionen (↗ S. 38), Pronomen (↗ S. 35 ff.; auch in Kombination mit Präpositionen, ↗ S. 37 f.) oder Pronominaladverbien (↗ S. 61). Durch Konjunktionen eingeleitete N. sind **Konjunktionalsätze.**

■ *Ich bleibe, weil es mir hier gefällt. Ich ging, als ich müde wurde. Ich freue mich, dass du bleibst. Anstatt zu rennen, blieb sie einfach stehen.* □

Stehen einleitend flektierbare Pronomen (↗ S. 35 ff.) – *der, die, das, welcher, welche, welches* – oder nicht flektierbare Pronominaladverbien (↗ S. 61) – *wo, woher, womit, woran, worüber* u. a. –, handelt es sich um **Relativsätze.** Hier bezieht sich das einleitende Pronomen bzw. Pronominaladverb auf ein Satzglied im übergeordneten Satz, das bereits da steht oder das man sich hinzudenken muss.

■ *Der Mann, der (welcher) das gesagt hat, muss dumm sein. Du kannst (das) nicht tun, was du vorhast. Sein Ehrenwort ist alles, worauf du dich verlassen kannst.* □

Indirekte Fragesätze werden mit der Konjunktion *ob*, einem Fragepronomen, das auch nach einer Präposition stehen kann, oder einem Adverb eingeleitet:

■ *Ich weiß nicht, ob er/wer/mit wem/wann er kommen kann.* Sie lassen sich in einen Fragesatz umformen: *Ich weiß nicht: Kommt er?* usw. □

Uneingeleitete Nebensätze

Bei u. N. fehlen einleitende Konjunktionen, Pronomen oder (Pronominal-)Adverbien. Das trifft erstens auf viele N. zu, die keine Personalform des Verbs enthalten, sondern Infinitive, Partizipien oder Adjektive. Deshalb spricht man von Infinitiv-, Partizipial- und Adjektiv(neben)sätzen. Zu den u. N. gehören zweitens die N., bei denen die Personalform des Verbs am Anfang oder auch an zweiter Stelle steht.
All diese Konstruktionen lassen sich in der Regel mithilfe einer Umformungsprobe (↗ S. 47 f.) in einen N. mit Endstellung der Personalform des Verbs verwandeln.

Infinitivsatz

■ *Es war ihr wichtig, schnell ihre Facharbeit zu schreiben. Nach Hause zu gehen, kam ihr nicht in den Sinn.*

Die Umformungsprobe ergibt *Es war ihr wichtig, dass sie schnell ihre Hausarbeit schrieb* und *Dass sie nach Hause gehen sollte, kam ihr nicht in den Sinn.* □

Partizipialsatz

■ *Von seinen Freunden tief enttäuscht, zog er sich zurück. Küsse um sich werfend, sprang sie in die Manege.* □
Enttäuscht ist Partizip II von *enttäuschen*, *werfend* Partizip I von *werfen*. Wieder zeigt die Umformungsprobe, dass eine Einstufung als N. plausibel ist. *Weil er von seinen Freunden tief enttäuscht war, zog er sich zurück. Indem sie Küsse um sich warf, sprang sie in die Manege.*

Nebensatzwertige Adjektivgruppe

■ *Fürchterlich böse auf seine unmotivierten Mitspieler, verließ er grußlos den Fußballplatz.* □
Böse ist ein Adjektiv, das wichtigste Element der unterstrichenen Wortgruppe. Sie lässt sich z. B. umformen in *Weil er auf seine unmotivierten Mitspieler böse war* und ist damit als eine Konstruktion erkennbar, die sich wie ein N. verstehen lässt.

Nebensatz mit Spitzen- oder mit Zweitstellung der Personalform des Verbs

■ *Kommst du nicht sofort, wird das Folgen haben. Er sagte, er sei dazu nicht in der Lage.* □
Auch solche N. lassen sich mithilfe einer Umformungsprobe leicht in konjunktionale Nebensätze verwandeln:

■ *Wenn du nicht sofort kommst, wird das Folgen haben. Er sagte, dass er nicht in der Lage dazu sei.* □

Nebensätze als Satzglieder (Gliedsätze) und Satzgliedteile (Attribute)

N. als Teile von Satzgefügen (↗ S. 45) sind meist Subjekt, Objekt oder Adverbial des übergeordneten Satzes oder sie spielen dort die Rolle von Attributen. Das kann mit Hilfe der Ersatzprobe bzw. einer Kombination aus Ersatz- und Verschiebeprobe und der Umformungsprobe (↗ Proben, S. 46 ff.) von Fall zu Fall ermittelt werden.

▼ Die Umformungsprobe hat allerdings manchmal ein Ergebnis, das stilistisch unbefriedigend ist. Darüber hinaus gibt es einige N., bei denen die Umwandlung in ein Satzglied bzw. in ein Satzgliedteil nicht möglich ist. ▽

▼ Wichtig ist folgende Differenzierung: Zum einen spielen die meisten N. im übergeordneten Satz die Rolle von Satzgliedern oder Attributen, zum anderen bestehen sie ihrerseits, d. h. isoliert betrachtet, aus Satzgliedern.

■ In dem Satzgefüge *Wer diese Schandtat vollbracht hat, muss dafür bestraft werden* z. B. entspricht *Wer diese Schandtat vollbracht hat* einem Satzglied, nämlich dem Subjekt, im übergeordneten Satz. Man könnte es ersetzen durch *Dieser Mensch (muss dafür bestraft werden)*. Wenn man aber den N. *Wer diese Schandtat vollbracht hat, …* isoliert betrachtet, dann ist hier *wer* Subjekt, *diese Schandtat* Akkusativobjekt und *vollbracht hat* Prädikat. □ ▽

Gliedsätze

G. sind die Nebensätze, die im übergeordneten Satz vor allem die Rollen des Subjekts, von Objekten oder von Adverbialen spielen.

Subjektsatz

Erfragt wird der S. mit den übrigen Wörtern bzw. Wortformen des Hauptsatzes und den Fragepronomen *wer?* bzw. *was?*. Sehr hilfreich ist die Ersatzprobe.

■ *Wer das getan hat* (Subjektsatz), *verdient eine Strafe.* – *Der Täter* (Subjekt) *verdient eine Strafe. Wer verdient eine Strafe?*
Es empfiehlt sich, die Tat zu gestehen. – *Es empfiehlt sich ein Geständnis. Was empfiehlt sich?* □

Objektsatz

Alle Arten von Objekten können durch Nebensätze gebildet werden.

■ *Ich liebte, was sie sagte/worauf sie sich bezog/wofür sie sich einsetzte.*
Eine Ersatzprobe ergibt z. B. *Ich liebte seine Worte.* Hier haben die Nebensätze die Funktion eines **Akkusativobjekts**, nach dem mit *wen?* bzw. *was?* gefragt wird. □
Dativobjekte im übergeordneten Satz sind die folgenden Nebensätze:

■ *Er imponierte, wem immer er wollte. Wem man verpflichtet ist, soll man danken. (Wem imponierte er bzw. soll man danken?)* Die Ersatzprobe liefert z. B. *Er imponierte allen Leuten* bzw. *Unterstützern soll man danken.* □
Nebensätze in der Funktion von **Genitivobjekten** erscheinen heutzutage als veraltet und werden nur noch selten verwendet.

■ *Er erinnerte sich kaum noch, wessen er damals angeklagt worden war.* Hier kann man nach dem Nebensatz mit *Wessen erinnerte er sich kaum noch?* fragen. □
Nebensätze können auch die Funktion von **Präpositionalobjekten** übernehmen.

■ *Sie glaubt, woran sie will.* Die Präposition *an* ist an das Verb *glauben* fest gebunden. Der Nebensatz wird erfragt mit *woran?* bzw. *an was?*. Er könnte ersetzt werden durch *an alles Mögliche.* □

Adverbialsatz

Solche Nebensätze haben die Funktion von Adverbialen (↗Angaben, S. 51 ff.) im übergeordneten Satz. Meist ist es leicht, sie mithilfe der typischen Wörter (*warum?*, *wann?* usw.) zu erfragen. Dagegen wirkt das Resultat einer Umformungsprobe oft gekünstelt und schwerfällig.

■ Hat man das Satzgefüge *Weil es heiß war, stürzten sich viele ins Wasser,* dann fragt man nach dem Nebensatz mit *Warum (stürzten sich viele ins Wasser)?*. Die Umformungsprobe ergibt *Wegen der Hitze stürzten sich viele ins Wasser.*
Bei dem Satzgefüge *Wenn ich gut bezahlt werde, mache ich den Job* fragt man nach dem Nebensatz vielleicht zunächst mit *Wann (mache ich den Job)?*. Er ist in diesem Fall aber nicht temporal gemeint, sondern er muss als eine Bedingung aufgefasst werden. Insofern ist die Frage *Unter welcher Bedingung (mache ich den Job)?* angemessener als *wann?*. □
Wie die Adverbiale können auch die Adverbialsätze unter inhaltlichen Gesichtspunkten in verschiedene Gruppen eingeteilt werden. Dabei sind typische Konjunktionen wie *weil, indem, wenn, obwohl, sodass, damit, als* und *wie* besonders hilfreich. Sie können aber auch fehlen.
Die folgende Einteilung ist nicht erschöpfend: Es gibt A., die man in diesem System nicht unterbringen kann, und man kann manchmal zweifeln, ob ein A. zu dieser oder jener Art gehört.

Arten von Adverbialsätzen, semantisch (inhaltlich) verstanden

	Beispiele	Funktion
Kausalsätze	*Weil (Da) du mich beleidigt hast, möchte ich von dir nichts mehr wissen. Vom Sturm überrascht (**warum?**), mussten sie in der Hütte übernachten.*	Angabe einer Ursache, eines Motivs oder eines Grundes
Temporalsätze	*Als sie eintrat, verstummten die Gespräche im Raum. **Bevor** er die Reise antreten kann, ist noch viel zu klären. **Nachdem** Alemannia Aachen wieder verloren hatte, wurde der Trainer entlassen.* ▼ Diesen Nebensatz könnte man auch kausal verstehen. ▽	Angabe eines Zeitpunktes oder einer Zeitdauer, vor, nach oder gleichzeitig mit dem im Hauptsatz Gegebenen
Konditionalsätze	***Wenn** du die Hausaufgaben nicht machst, gibt es Ärger. **Falls** du nicht kommen kannst, sage doch bitte Bescheid. Schneit es weiter, werden wir zum Skilaufen in die Berge fahren.*	Angabe einer Bedingung, einer Voraussetzung
Konzessivsätze	***Obwohl** er in der Schule eine Niete war, ist er für mich (trotzdem) ein ganz wichtiger Gesprächspartner. Welche Argumente du auch anführst, ich bleibe (dennoch) bei meiner Meinung.*	Man räumt etwas ein, hält es aber nicht für ausschlaggebend.
Finalsätze	*Beeile dich, **damit** du den Zug noch bekommst. Er stand früh auf, **um** die Sonne aufgehen zu sehen.* ▼ Finalsätze kann man auch als eine Unterart der Kausalsätze ansehen. ▽	Angabe eines Zwecks oder Motivs einer Handlung
Modalsätze	*Er bedankte sich, **indem** er eine leichte Verbeugung machte. Sie verabschiedete sich, **ohne** ihm die Hand zu reichen. Freundlich lächelnd, sagte er die gemeinsten Dinge. Sie taten so, **als ob** nichts vorgefallen wäre.*	Angabe einer bestimmten Art und Weise
Konsekutivsätze	*Sie jammerten so sehr, **dass** die anderen Mitleid hatten. Der Wind wehte stark, **sodass** den Leuten die Hüte von den Köpfen flogen. Er ist zu schwach, **um** aus eigener Kraft aufzustehen.* ▼ Obwohl hier *um* steht, handelt es sich nicht um einen Finalsatz. Dass er nicht mehr aufstehen kann, ist die Folge seiner Schwäche, nicht sein Zweck oder Motiv. ▽	Angabe einer Folge bzw. Wirkung
Lokalsätze	*Wo wir jetzt stehen, hat sich vor 200 Jahren Kaiser Napoleon aufgehalten. Ich gehe mit dir, **wohin** du auch willst.*	Angabe eines Ortes

Attributsätze

A., auch Gliedteilsätze, sind im Satz nicht selbstständige Satzglieder, sondern Teile von Satzgliedern. Die Rolle von Attributen spielen vor allem Relativsätze, mit *dass* eingeleitete Nebensätze und Infinitivsätze. Die Fragewörter sind *welcher?, welche?, welches?, was für ein?, was für eine?, was für?*. Hilfreich ist oft eine Umformungsprobe (↗S. 47 f.).

Relativsätze

R. sind Nebensätze, die durch ein Relativpronomen wie *der, die, das, wer, was* oder durch ein pronominales Adverb wie *wo, wie, wohin, worüber* usw. eingeleitet werden. Diese Pronomen bzw. Adverbien beziehen sich immer auf eine Stelle, die im übergeordneten Satz besetzt oder auch angelegt ist:

■ *Er sah seiner Tochter zu, die er sehr liebte. Er mochte (das), was sie sagte.* □

Attribut können nur solche R. sein, die sich auf besetzte Stellen beziehen. So wird in der Umformungsprobe aus dem Satzgefüge *Hunde, die bellen, beißen nicht* der Hauptsatz *Bellende Hunde beißen nicht,* wobei *bellende* Attribut von *Hunde* ist. Umgekehrt lässt sich *Der große Hund bellt* in *Der Hund, der groß ist, bellt* umformen. □

▼ In dem Satz *Er mochte (das), was sie sagte* ist der Nebensatz nicht Attribut, sondern (Akkusativ-)Objekt. *(**Was** machte er?)* ▽

Mit *dass* eingeleitete Nebensätze

Nicht alle mit *dass* eingeleiteten Nebensätze sind Attributsätze bzw. Gliedteilsätze.

■ Hat man *Die Tatsache, dass es regnete, missfiel ihr,* dann kann man fragen: ***Welche** Tatsache missfiel ihr?* Der mit *dass* eingeleitete Nebensatz hat hier deshalb die Funktion eines Attributs zu *die Tatsache* im übergeordneten Satz. □

▼ Bei *Dass es regnete, missfiel ihr* ist der *dass*-Satz nicht Attribut, denn es fehlt ja ein mögliches Bezugswort, sondern Subjekt. *(**Was** machte ihr schwer zu schaffen?)* ▽

Nebensätze mit einem Verb im Infinitiv

Ebenfalls mit *welche?* fragt man bei *Die Aussicht, ihre Zuneigung zu gewinnen, beflügelte ihn.* Was hier unterstrichen ist, wird als Infinitivsatz oder auch als satzwertiger Infinitiv bezeichnet. Es handelt sich um eine Form des Attributs. Eine Umformungsprobe (↗S. 47 f.) macht deutlich, was damit gemeint ist. Man könnte ja auch sagen *Die Aussicht, dass er ihre Zuneigung gewinnen könnte, beflügelte ihn.*

▼ Bei *Ihre Zuneigung zu gewinnen, fiel ihm nicht leicht* ist der Infinitivsatz nicht Attribut, sondern wieder Subjekt im übergeordneten Satz. *(**Was** fiel ihm nicht leicht?)* ▽

Nebensätze, die weder Satzglied noch Satzgliedteil sind

Es gibt einige N., bei denen Frage-, Ersatz- und Umformungsproben nicht weiterhelfen. Sie lassen sich nicht als Satzglieder bzw. Attribute auffassen.

■ *Er konnte die Facharbeit nicht abschließen, womit allerdings auch zu rechnen war. Sie suchte verzweifelt eine Telefonzelle, die sie schließlich auch fand. Er ist, wenn ich das rundheraus sagen soll, einfach ein Lump.* □

So kann man z. B. nicht fragen: *Was für eine Telefonzelle suchte sie?* Und eine Umformungsprobe führt zu einem Resultat, dem man die Logik absprechen muss: *Sie suchte verzweifelt nach einer von ihr schließlich auch gefundenen Telefonzelle.*

Ein System der Nebensätze

	Gliedsätze	
	Subjektsätze	Objektsätze
Nebensätze mit Endstellung der Personalform des Verbs	Eingeleitete Nebensätze	
Konjunktionalsätze	*Dass du frierst, wundert mich.*	*Ich weiß, **dass** sie kommt.* (Akkusativ-O.) *Er rühmt sich, **dass** er unschlagbar sei.* (Genitiv-O.)
Relativsätze	*Wer das getan hat, ist ein Lump.*	***Wovon** ich träume, sage ich dir nicht.* (Akkusativ-O.) *Ich frage mich, **wann** er kommen kann.* (Akkusativ-O. – indirekter Fragesatz)
Nebensätze mit Personalform des Verbs nicht in Endstellung		
mit Erststellung	–	–
mit Zweitstellung	–	*Er sagte, er **sei** unglücklich.* (Akkusativ-O.)
Nebensätze ohne Personalform des Verbs		
Infinitivsätze eingeleitet	–	–
nicht eingeleitet	*Immer die Zähne zusammenzubeißen, ist nicht leicht.*	*Er beschloss, im nächsten Ort Halt zu machen.* (Akkusativ-O.)
Partizipialsätze	–	–
nebensatzwertige Adjektivgruppen	–	–

Adverbialsätze	Attributsätze	Nebensätze, die weder Glied- noch Attributsätze sind
__Als__ sie ging, war ich traurig. (temporal) *Sie fehlte, __weil__ sie krank war.* (kausal)	*Die Tatsache, __dass__ sie ihm Geld schuldete, ist bedauerlich.*	–
__Wo__ früher Wald war, stehen jetzt Häuser. (lokal)	*Hunde, __die__ bellen, beißen nicht.* *Er liebte den Ort, __an dem__ (wo) sie sich zum ersten Mal gesehen hatten.*	*Er fuhr in die Stadt, __wo__ er sich vergnügen wollte.*
__Kommst__ du heute nicht, kommst du morgen. (temporal/konditional)	–	–
–	–	–
__Ohne__ irgendwo zu halten, fuhr er die lange Strecke. (modal)	*Sie liebte das Vergnügen, allein zu tanzen.*	*__Anstatt__ zu laufen, solltest du langsam gehen.*
–	–	–
Küsse um sich __werfend__, verschwand sie. (modal) *In der Wildnis __ausgesetzt__, hatten sie keine Chance.* (temporal)	–	–
Rot vor Wut, schrie sie ihn an. (modal)	–	–

5 Bedeutung: Wort- und Satzbedeutung

Mit der Wort- und Satzbedeutung beschäftigt sich die **Semantik** (griech. semantikos – zum Zeichen gehörend). Es geht also um die Inhaltsseite von sprachlichen Zeichen und Zeichenkomplexen (↗S. 13f.). Statt von ›Inhalt‹ bzw. von ›Bedeutung‹ spricht man im Alltag auch oft vom ›Sinn‹ oder vom ›Gemeinten‹.

Die Ansichten darüber, was die Bedeutung eines sprachlichen Zeichens ausmacht, gehen auseinander. Manche betonen, sie sei primär etwas Außersprachliches, weil wir mit den meisten Zeichen auf etwas ›in der Welt‹ Bezug nehmen (↗Bedeutungsumfang, S. 65f.; ↗Denotation, S. 66). Andere meinen, Bedeutungen seien in erster Linie Inhalte unseres Bewusstseins (z.B. Vorstellungen, in manchen Fällen Begriffe, ↗S. 66, oder ↗Prototypen, S. 67f.).

Gegen die Annahme, dass einzelne, isolierte Wörter als solche Bedeutung haben, lässt sich die Behauptung ins Feld führen, dass sich die Bedeutung erst aus den Beziehungen ergebe, die das jeweilige Wort mit anderen Wörtern der jeweiligen Sprache unterhält (↗Bedeutungsbeziehungen, S. 68f.).

So glauben manche, dass man die Bedeutung einzelner Wörter durch Vergleich mit anderen Wörtern aus dem jeweiligen Wortfeld (↗S. 42) in einzelne Merkmale zerlegen kann (↗Bedeutungsmerkmale, S. 67), die sie gleichsam immer mit sich tragen. Andere wiederum kritisieren, dass diese Merkmale nicht stabil seien, sondern sich je nach dem Gebrauch des Zeichens in einer konkreten Situation veränderten (↗Bedeutung und Gebrauch, S. 68).

Nicht nur Wörter haben Bedeutung, sondern auch Sätze. Klar ist aber, dass die Satzbedeutung wesentlich von der Syntax (↗S. 14, 69f.) abhängt.

5.1 Lexikalische Bedeutung

Die l.B. von Wörtern ist im Lexikon fixiert. Zusammen mit grammatischen Elementen macht sie die Gesamtbedeutung eines Wortes aus. So kann man die l.B. von ›Frauen‹ angeben als ›menschliches, weibliches, erwachsenes Lebewesen‹. Als grammatisches Element der Bedeutung kommt hier der Plural hinzu (↗Morphem, S. 25f.).

Als l.B. von Verben z.B. kommen vor allem Handlungen, Vorgänge und Zustände in Betracht. Konjunktionen wie *und* und *dass* haben keine lexikalische, sondern nur grammatische Bedeutung.

5.2 Lexikalische und aktuelle Bedeutung

In einem Wörterbuch finden sich zu einer einzigen lexikalischen Einheit oft Angaben zu Teilbedeutungen. Die aktuelle Bedeutung ist die Teilbedeutung, die in einem bestimmten sprachlichen oder auch nichtsprachlichen Zusammenhang ausgewählt wird.

■ So wird das Verb *schlagen* meist als ***ein*** Lexem (d.h. als ***ein*** Element des Wortschatzes) verstanden. Die jeweils aktuellen Bedeutungen des Wortes in den Sätzen *Die Frau schlägt ihren Hund, Die Dame schlägt den Turm, Die englische Nationalmannschaft schlägt die französische, Der Falke schlägt die Feldmaus, Sie schlägt die Sahne* und *Die alte Standuhr schlägt zwölf* sind aber verschieden. □

5.3 Mehrdeutigkeit und Gleichnamigkeit

Mehrdeutigkeit, auch Polysemie (griech. poly – viel; sema – Zeichen), liegt vor, wenn ein Wort zwei oder mehr Bedeutungen hat, die in einem erkennbaren Zusammenhang stehen. Es ist aber oft zweifelhaft bzw. nicht leicht anzugeben, worin die gemeinsame Grundbedeutung besteht. Das trifft z. B. auf *Wurzel* zu: *Wurzel von Pflanzen, von Nasen, Zähnen, Haaren, Händen, Entwicklungen, Zahlen* usw.

Von **Gleichnamigkeit,** auch Homonymie (griech. homos – gleich; onoma – Name), spricht man im Fall von gleich lautenden Wörtern, die unterschiedliche Bedeutungen haben.

■ *Madonna ist ein Star. Der Star ist hinter der Taube hergeflogen. Sie wurde am Star operiert.* □

Einmal geht es um einen berühmten Menschen, einmal um einen Vogel, einmal um eine Augenkrankheit. Im Lexikon sind deshalb drei verschiedene Wörter verzeichnet, die allerdings gleich klingen.

▼ Die Grenzen zwischen Mehrdeutigkeit und Gleichnamigkeit sind nicht eindeutig zu ziehen, weil oft nicht klar ist, ob es einen Zusammenhang zwischen verschiedenen Bedeutungen (<u>ein</u> mehrdeutiges Wort) gibt oder nicht (<u>mehrere</u> gleich lautende Wörter). So wird in verschiedenen Wörterbüchern ab und an einmal so und einmal so entschieden. ▽

5.4 Vagheit

Ein Ausdruck ist dann vage, wenn es einen fließenden Übergang von dem Bereich, in dem er noch zutrifft, zu dem Bereich gibt, in dem er nicht mehr zutrifft.

■ Beispiele sind Adjektive für Größen. Von wo ab ist etwas groß? Jeder Grenzwert (z. B. *groß* = größer als 1,80 m) wäre willkürlich und mit unserem alltäglichen Sprachgebrauch nicht zu vereinbaren. □

Um einen anderen Fall von V. handelt es sich, wenn in einer bestimmten Situation ein Ausdruck für einen Hörer zu unpräzise ist.

■ Will er z. B. wissen, wer etwas getan hat, und bekommt zur Antwort *eine Person,* dann fragt er womöglich nach: *männlich, weiblich, alt, jung* usw.? □

5.5 Bedeutungsumfang und Bedeutungsinhalt

Der **Bedeutungsumfang,** auch Extension, extensionale Bedeutung (lat. extendere – ausdehnen), von Wörtern ist die gesamte Menge der Elemente, die durch sie bezeichnet werden.

■ Nimmt man Einträge in einem Lexikon wie *Kuh, Auto, Ofen,* dann wird man nicht sagen, dass man sich damit auf eine einzelne Kuh, ein einzelnes Auto oder einen bestimmten Ofen bezieht. Man bezieht sich vielmehr jeweils auf viele Elemente, die zu den Klassen der Kühe, Autos, Öfen gehören und denen jeweils bestimmte Merkmale bzw. Eigenschaften gemeinsam sind. Demnach haben zwei Ausdrücke denselben Bedeutungsumfang, wenn sie auf dieselbe Klasse von Elementen zutreffen. □

Der **Bedeutungsinhalt,** auch Intension, intensionale Bedeutung (lat. intensio – Aufmerksamkeit), eines Ausdrucks ist die Summe der Eigenschaften bzw. Merkmale, die den jeweiligen Exemplaren, die zur Menge der Kühe, Autos und Öfen gehören, gemeinsam sind.

- Bei den Wörtern *Abendstern* und *Morgenstern* z. B. ist das bezeichnete Objekt in beiden Fällen die Venus. Der Bedeutungsumfang ist demnach gleich, der Bedeutungsinhalt der beiden Ausdrücke aber ist verschieden (einmal morgendliches, einmal abendliches Scheinen). □

Viele Deutsch Sprechende wissen aber nicht, dass die Bedeutungsumfänge von *Morgenstern* und *Abendstern* gleich sind, dass man sich mit diesen beiden Wörtern also auf dasselbe außersprachliche Objekt bezieht. In anderen Fällen gehen sie zwar davon aus, dass die Bedeutungsumfänge von zwei Ausdrücken verschieden sind. Sie können aber die unterscheidenden Merkmale (Bedeutungsinhalte) nicht angeben.

- So weiß man vielleicht über Ulmen und Buchen nur, dass es sich jeweils um Laubbäume handelt. Was sie unterscheidet, kann man aber nicht sagen. □

5.6 Denotation und Konnotation

Verschiedene Wörter haben dieselbe **Denotation** bzw. ihr Denotat (das von ihnen Bezeichnete) ist gleich, wenn sie sich auf dieselbe Menge von Objekten beziehen. Mit diesen Wörtern können aber verschiedene **Konnotationen** verbunden sein, d. h. Bedeutungsanteile, die auf eine Bewertung oder auf eine Gefühlskomponente hindeuten. Mit *Glotze* und *Flimmerkiste* beziehen wir uns auf dieselbe Menge von Objekten wie mit *Fernsehgerät*. Die drei Wörter haben dieselbe Denotation bzw. ihr Denotat ist dasselbe. Während *Fernsehgerät* aber neutral ist, kommt in der Regel bei *Glotze* und *Flimmerkiste* eine negative Bewertung hinzu.

K. bzw. Nebenbedeutungen können die Kernbedeutung überlagern oder sogar wichtiger werden.

- Vergleicht man z. B. *Gesicht, Antlitz* und *Visage*, dann werden heutzutage die meisten *Gesicht* für neutral, *Antlitz* für hochgestochen bzw. gespreizt und *Visage* für vulgär halten. □

Konnotationen dürfen allerdings nicht mit individuellen oder gruppenbezogenen Assoziationen gleichgesetzt werden.

- Während viele mit *Höhle* etwas Finsteres, nicht ganz Geheures verbinden, erweckt das Wort bei begeisterten Höhlenforschern sicher positive Assoziationen. □

5.7 Wortbedeutung und Begriff

Begriffe werden meistens als gedankliche Einheiten verstanden (↗ Sprache und Denken, S. 14 f.). Begriffliches Wissen kann sich auf Einzelnes beziehen, z. B. auf Menschen, die wir kennen, oder auch auf Klassen von Gegenständen. So ist in unserem Begriff von *Blume* enthalten, dass es sich um Pflanzen handelt, dass sie Blüten haben, dass man sie in Vasen stellen kann usw.

Für viele Begriffe haben wir Wörter. Man sagt dann meist, dass die jeweiligen Begriffe die Bedeutungen dieser Wörter *sind*. Es gibt aber auch Begriffe, die wir sprachlich nicht mit *einem* Wort wiedergeben. So sind uns die Wörter *hungrig/satt* und *durstig* geläufig. Für den Begriff des Nicht-mehr-durstig-Seins haben wir kein Wort. Insofern gilt: Die Bedeutung eines Wortes ist ein Begriff, aber nicht jeder Begriff ist auch eine Bedeutung.

5.8 Bedeutungsmerkmale

Hat man Wörter, die zu einem bestimmten Wortfeld (↗S. 42) gehören, dann kann man auf die Idee kommen, ihre jeweiligen Bedeutungen weiter in kleinere Einheiten zu zerlegen. Man beschreibt dann jede einzelne Bedeutung als ein Bündel von Merkmalen, die entweder gegeben (+) oder nicht gegeben (–) sind oder bei denen das offen (0) bleiben muss. Für jedes Wort soll das Bündel anders aussehen, d.h., bei wenigstens einem Merkmal soll die Ausprägung (+, – oder 0) anders ausfallen als bei allen anderen Wörtern. Für Verwandtschaftsbezeichnungen z.B. lässt sich folgende Tabelle von Merkmalen und ihren Ausprägungen zusammenstellen:

Merkmale	Wörter															
	Verwandter	Eltern	Vater	Mutter	Geschwister	Bruder	Schwester	Kind	Sohn	Tochter	Onkel	Tante	Cousin	Cousine	Neffe	Nichte
Lebewesen	+	+	+	+	+	+	+	+	+	+	+	+	+	+	+	+
Mensch	+	+	+	+	+	+	+	+	+	+	+	+	+	+	+	+
verwandt	+	+	+	+	+	+	+	+	+	+	+	+	+	+	+	+
direkt verwandt	(–)	+	+	+	+	+	+	+	+	+	–	–	–	–	–	–
gleiche Generation	0	–	–	–	+	+	+	–	–	–	–	–	+	+	–	–
älter	0	+	+	+	0	0	0	–	–	–	+	+	0	0	–	–
männlich	0	0	+	–	0	+	–	0	+	–	+	–	+	–	+	–
weiblich	0	0	–	+	0	–	+	0	–	+	–	+	–	+	–	+
Plural	0	+	0	0	+	0	0	0	0	0	0	0	0	0	0	0

(In der Zeile mit dem Merkmal [Plural] steht meist das Zeichen 0, und zwar immer dann, wenn es von dem betreffenden Wort sowohl eine Singular- als auch eine Pluralform gibt.)

▼ Versucht man selbst, z.B. Verben der Fortbewegung oder des Sagens in dieser Weise zu zerlegen, dann ergibt sich das Problem, wie man die entsprechenden Merkmale ermittelt. Gibt es für dieses Vorgehen eine Strategie oder konstruiert man sie nur von Fall zu Fall? Außerdem lässt sich fragen, ob man nicht auch den jeweiligen Kontext, in dem ein Wort gebraucht wird, mitzubedenken hat. Dass sämtliche Verwandtschaftsbezeichnungen z.B. alle das Merkmal [+ Mensch] haben, gilt ja nur für bestimmte Kontexte. Auch bei Tieren kann man von *Brüdern, Schwestern, Onkeln, Tanten* usw. reden. ▽

5.9 Bedeutung als Prototyp

Bezieht man sich auf Bedeutungsmerkmale (↗oben), dann geht man davon aus, dass sich die Bedeutung eines Wortes eindeutig in Form einer bestimmten Kombination von Merkmalen angeben lässt.

- Demnach ist z. B. etwas ein Haus oder es ist keines. Im Alltag sagen wir aber z. B. *Irgendwie ist es schon ein Garten, es hat aber auch etwas von einem Park.* Daraus kann man schließen, dass es besonders ›gute‹, ›prägnante‹ Vertreter des Wortes *Haus* gibt und solche, bei denen wir uns nicht sicher sind, ob *Haus* noch zutrifft oder nicht mehr. Die ›guten‹, ›prägnanten‹ Vertreter sind **Prototypen.** Sie bilden gleichsam das Bedeutungszentrum eines Wortes. Andere Vertreter rücken, um im Bild zu bleiben, mehr und mehr an den Rand. □
- Wenn es um die Bedeutung von *Vogel* geht, gelten vielleicht Amsel und Spatz als besonders gute Vertreter, die im Zentrum stehen, Pinguin und Strauß aber befinden sich am Rand. □

5.10 Bedeutung und Gebrauch

Wer sich auf die Suche nach Bedeutungsmerkmalen (↗S. 67) macht, geht von Wörtern in Wortfeldern (↗S. 42) aus. Ein anderer Weg der Bedeutungsanalyse besteht darin, zunächst so viele Sätze wie möglich zusammenzustellen, in denen das betreffende Wort vorkommt. So bekommt man eine Übersicht, deren Vollständigkeit allerdings niemals zu garantieren ist. Dabei kann sich, wie der Philosoph Ludwig Wittgenstein am Beispiel der Gebrauchsweisen des Wortes *Spiel* zeigte, ergeben, dass es schwierig ist, auch nur ein einziges allen Spielen gemeinsames Merkmal anzugeben.
Allgemein gesagt: Betont man den Zusammenhang von Bedeutung und Gebrauch (in Sätzen), dann fängt man nicht mit der Frage »Was ist die Bedeutung von X?« an, sondern man untersucht zunächst, wie der Ausdruck X in verschiedenen Kontexten gebraucht wird. Hier kommt man also ohne Hinweis auf Vorstellungen oder Ideen (↗Wortbedeutung und Begriff, S. 66) aus und erörtert auch nicht den Bezug von sprachlichen Zeichen auf die Wirklichkeit. Man konzentriert sich vielmehr auf ihre Rolle im Rahmen unserer (sprachlichen) **Handlungen** (↗Pragmatik, S. 14).

5.11 Bedeutungsbeziehungen zwischen Wörtern

Viele Wörter sind in verschiedener Hinsicht miteinander ›verwandt‹. So können sie einander über- bzw. untergeordnet sein, in etwa dieselbe Bedeutung haben oder auch Gegensätze bilden.

Oberbegriff und Unterbegriff

Manche Wörter sind einander über- bzw. untergeordnet, wobei die untergeordneten wiederum anderen übergeordnet sein können. Der Bedeutungsumfang (↗S. 65) des untergeordneten Wortes ist in dem des übergeordneten Wortes enthalten. Andererseits gehört zu seinem Bedeutungsinhalt (↗S. 65 f.) immer mehr als zum Inhalt der übergeordneten Einheit.

- So ist *Sport* Oberbegriff zu *Leichtathletik, Ballsport, Schwimmsport, Radsport* usw. Wenn etwas Radsport ist, dann ist es immer auch Sport; wenn etwas Sport ist, muss es nicht Radsport sein. □

Versucht man, von einem Oberbegriff ausgehend, verschiedene Unterbegriffe zu bilden, die auf einer Ebene liegen, und dazu jeweils weitere Unterbegriffe heranzuziehen, so kommt man zu einem **Begriffsbaum** bzw. zu einer **Begriffshierarchie.** Damit kann man sich verschiedene Fachgebiete erschließen. Allerdings gibt es immer mehrere Möglichkeiten, ein Fachgebiet mithilfe von Ober- und Unterbegriffen zu strukturieren.

Synonymie

Es lässt sich ein ›strenger‹ Begriff von S. (griech. synonymos – gleichbedeutend, sinnverwandt), auch Bedeutungsgleichheit, zweier Wörter von einem weniger strengen unterscheiden. Nach der strengen Lesart besteht nur dann Bedeutungsgleichheit, wenn man die Wörter in allen Kontexten austauschen kann. Dabei soll sich die Gleichheit sowohl auf den denotativen (↗Denotation, S. 66) als auch auf den konnotativen Aspekt (↗Konnotation, S. 66) beziehen.

▼ Selbst bei *Samstag* und *Sonnabend* dürfte aber Unterschiedliches konnotiert werden (u. a., dass man *Sonnabend* nur in bestimmten Regionen sagt). ▽

Ist man weniger streng, spricht man auch von **partieller Synonymie.** Dann sind auch Wörter als (partiell) synonym zugelassen, die sich z. B. zwar im Hinblick auf den konnotativen, nicht aber in Hinsicht auf den denotativen Bedeutungsaspekt unterscheiden.

■ *Geld, Moos, Mäuse, Moneten, Piepen* usw.; *Team, Kollektiv, Arbeitsgruppe* usw. □

Bedeutungsgegensatz

Es gibt verschiedene Formen von B., darunter die **Inkompatibilität,** die Kontradiktion und die Antonymie. Inkompatibilität liegt vor, wenn der Gebrauch eines Wortes den eines anderen ausschließt und umgekehrt. Wenn etwas *rot* ist, dann kann es nicht *grün* sein, und umgekehrt. Die **Kontradiktion** ist ein Spezialfall der I. Hier wird ein Bedeutungsbereich durch zwei Wörter in zwei Teile zerlegt: Man ist entweder *verheiratet* oder *unverheiratet, tot* oder *lebendig, männlich* oder *weiblich,* etwas ist *natürlich* oder *künstlich.* Ein Drittes gibt es nicht.

▼ Allerdings kann man von Fall zu Fall zweifeln: Ist z. B., wer eine Scheinehe eingegangen ist, nun ›eigentlich‹ verheiratet oder nicht? ▽

Bei der **Antonymie** handelt es sich um einen Gegensatz zwischen Einheiten, die auf einer Skala anzusiedeln sind und deshalb Zwischenstufen zulassen: *warm–kalt, gut–böse, groß–klein.* Diese Adjektive sind steigerbar. Es gibt also verschiedene Grade bzw. Zwischenbereiche und außerdem muss der Kontext in Betracht gezogen werden. Ein kleiner Elefant ist größer als eine große Maus.

5.12 Satzbedeutung

Die S. ergibt sich aus den Bedeutungen der Wörter (↗lexikalische Bedeutung, S. 64) und der Art ihrer Verknüpfung. Dabei lassen sich die Beziehungen zwischen den einzelnen Satzgliedern inhaltlich genauer beschreiben.

■ So ist in dem Satz *Der Vater schlägt den Sohn* Subjekt und zugleich **Handelnder** (auch Agens, lat. agere – handeln) *der Vater,* das Akkusativobjekt *den Sohn* bezeichnet den **von der Handlung Betroffenen** (lat. patiens – leidend). Der Satz *Die Mutter schlägt die Tochter* dagegen ist syntaktisch mehrdeutig. *Die Mutter* kann Subjekt und Agens sein, aber auch *die Tochter.* Im zweiten Fall wäre allerdings die Satzgliedstellung ungewöhnlich. □

▼ Vergleicht man Sätze wie *Erna liest ein Buch* und *Erna schreibt ein Buch,* dann stößt man auf Bedeutungsunterschiede, die mit der Lehre von den Satzgliedern (↗S. 48ff.) nicht zu erfassen sind: Im ersten Satz ist das Objekt *(das Buch)* von der Handlung unabhängig, es wird von der Handlung gleichsam nur berührt (**affiziertes Objekt**), im zweiten entsteht es erst durch diese Handlung, ist deren Ergebnis oder Effekt (**effiziertes Objekt**). ▽

Einen anderen Zugang zur S. suchen v.a. Philosophen und Logiker. Sie interessierten sich über sehr lange Zeit hin vor allem für einfache **Aussagesätze** und deren Verknüpfung zu komplexen Sätzen, und zwar deshalb, weil solche Sätze wahr oder falsch sein können. In einem Aussagesatz wird ein **Sachverhalt** dargestellt; ist der Satz wahr, handelt es sich um eine Tatsache. Mit einem typischen Aussagesatz nimmt man auf etwas Bezug (referiert auf etwas) und spricht dem, worauf man sich bezieht, etwas zu, z.B. eine Eigenschaft, eine Handlung usw. (Prädikation).

■ *Sam raucht. Erna geht ins Kino.* In anderer Formulierung erhält man *Es ist so, dass Sam raucht. Es ist eine Tatsache, dass Erna ins Kino geht.* □

Mit Ausdrücken der Form *dass etwas* (= referierender Ausdruck) *der Fall ist* (= prädizierender Ausdruck) bezeichnet man **Propositionen.**

Mittlerweile konzentriert man sich nicht mehr nur auf Aussagesätze, sondern auch auf andere Satztypen. Formuliert man z.B. den Fragesatz *Raucht Sam?* um in *Ist es der Fall, dass Sam raucht?,* dann lässt sich auch hier wieder ein propositionaler Bestandteil ausmachen: Sam wird die Handlung des Rauchens zugeschrieben (↗Sprechakte, S. 73ff.).

Zweiter Abschnitt: Kommunikation

Mit K. (lat. communicatio – Mitteilung) wird allgemein jede Art der Übermittlung von Informationen von einem ›**Sender**‹ an einen ›**Empfänger**‹ mithilfe von **Zeichen**, Signalen bezeichnet. Das zentrale Mittel der K. ist gewöhnlich die Sprache. Vor allem mit ihrer Hilfe **verständigen wir uns miteinander über etwas.** Die in der K. ablaufenden komplexen Handlungen sind von vielen Faktoren abhängig, u.a. der **K.-Absicht** und der **K.-Situation.** Um wichtige Aspekte von K. und Merkmale von K.-Situationen zu erfassen, sind mehr oder weniger ausgearbeitete **Modelle** entwickelt worden.

Man kann **schriftliche und mündliche K.** unterscheiden. **Texte** und die **Rechtschreibung** gehören ins Reich der schriftlichen K., **Gespräch** und **Rede** in das der mündlichen. Die Grenzen sind aber nicht eindeutig zu ziehen: So halten wir z.B. jemandem, der immer wieder dasselbe sagt, vor, dass wir diesen seinen (mündlichen) ›Text‹ bis zum Überdruss kennen. Besonders schwierig ist die Grenzziehung bei Aspekten der Kommunikation, die mit **Stil, Rhetorik, Argumentation** und **Sprachkritik** zu tun haben. Eigentlich wären sie beiden Modalitäten, dem Mündlichen und dem Schriftlichen, zuzuordnen. Weil aber die Forschung zu Stilistik, Rhetorik und – allerdings weniger deutlich – auch zur Sprachkritik heutzutage vor allem Texte zum Gegenstand hat, sind sie hier dem Schriftlichen zugeordnet. Die Theorie der Argumentation dagegen wird vorrangig anhand mündlicher Daten entwickelt und ist deshalb hier unter der Überschrift ›mündliche K.‹ zu finden. Selbstverständlich können auch Texte auf ihre argumentative Struktur hin untersucht werden. So wird ja auch in der Schule nicht nur die argumentative Rede, sondern auch das schriftliche Erörtern (↗S. 362ff.) geübt.

1 Kommunikationsmodelle

1.1 Das Organon-Modell von Karl Bühler

Bühler (1879–1963) beruft sich auf den antiken Philosophen Platon, der bereits behauptet hatte, die Sprache sei ein ***organum*** (Mittel), dem anderen etwas über die Dinge mitzuteilen. Aus dieser Dreiheit (einer – dem anderen – über die Dinge) ergibt sich für Bühler folgendes Zeichenmodell:

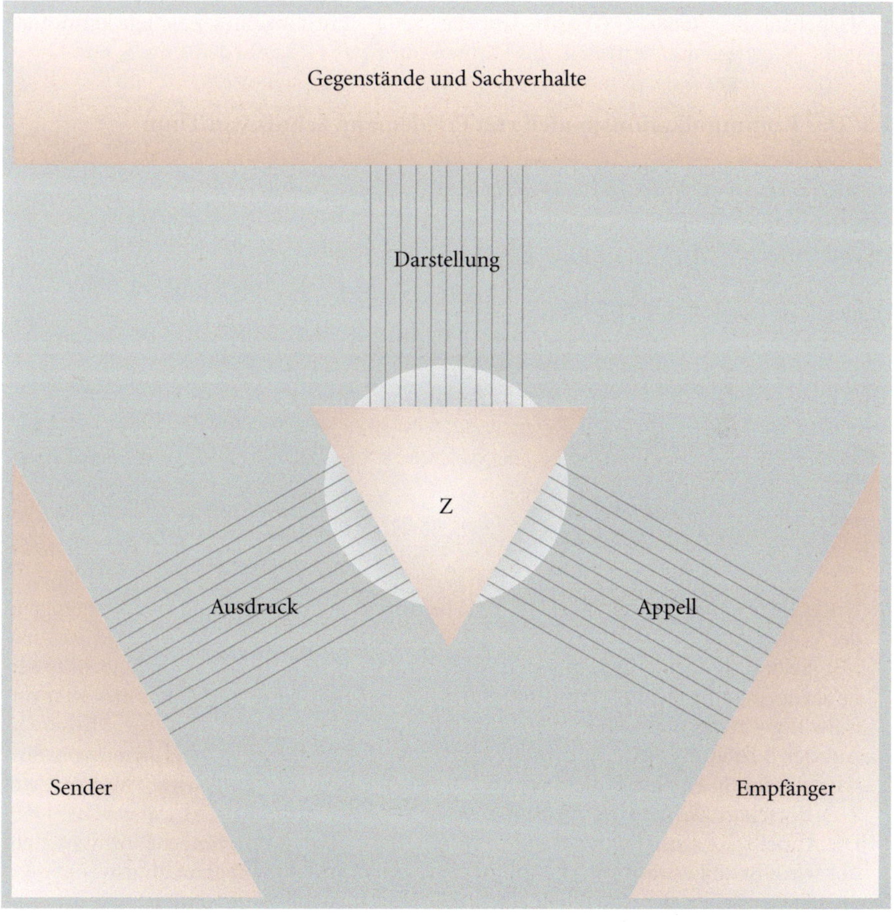

Das Zeichen ist für Bühler **Symbol, Symptom** und **Signal** zugleich.
– Symbol ist es, insofern es ›Gegenständen und Sachverhalten‹ zugeordnet ist, für sie steht;
– Symptom (oder auch Anzeichen, Indiz) ist es, insofern es die ›Innerlichkeit‹ des Sprechers ausdrückt; schließlich ist es Signal, insofern der Sprecher damit an den Hörer appelliert und ihn ›steuern‹ will.
Für Bühler findet sich die Darstellungsfunktion beispielhaft in wissenschaftlichen Texten, die Ausdrucksfunktion des sprachlichen Zeichens kommt besonders prägnant in einer bestimmten Art von Lyrik (Erlebnislyrik) und die Appellfunktion in der Kommandosprache zur Geltung.
Er betont, dass es sich jeweils um ›Dominanzphänomene‹ handle. Einer der drei Grundbezüge des Zeichens steht zwar jeweils im Vordergrund, aber die anderen sind, wenn auch im Hintergrund, ebenso vorhanden.

▼ Dieses Organon-Modell der Sprache wäre zu differenzieren. So ist es z. B. problematisch, die Symbolfunktion von Zeichen im Allgemeinen darin zu sehen, dass sie für ›Gegenstände‹ stehen (↗Wortbedeutung, S. 64). Ein einzelnes Zeichen kann auch nicht ›Sachverhalte‹ vertreten, das können nur Sätze (↗Satzbedeutung, S. 69 f.). ▽

1.2 Das Kommunikationsmodell von Friedemann Schulz von Thun

Von dem Psychologen Schulz von Thun (geb. 1944) stammt ein Modell, das mittlerweile weithin bekannt ist. Er stützt sich einerseits auf Bühlers Organon-Modell, andererseits auf Überlegungen des amerikanischen Psychologen PAUL WATZLAWICK (geb. 1921). Dieser hatte u. a. dargelegt, dass jede Kommunikation einen Inhalts- und einen Beziehungsaspekt habe. Schulz von Thun unterscheidet – in Anlehnung an Bühler und Watzlawick – **vier Seiten einer Nachricht:**

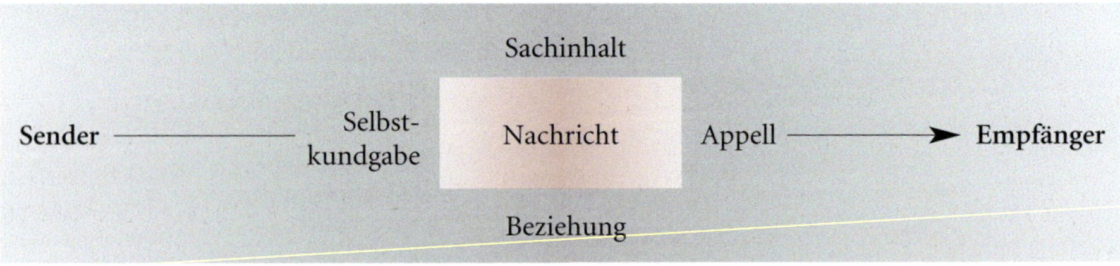

- Unter dem Aspekt des **Sachinhalts** sind Informationen über Dinge und Vorgänge in der Welt gefasst.
- Mit ›**Selbstkundgabe**‹ ist gemeint, dass der Sender über sich als Person bzw. über seine aktuelle Befindlichkeit etwas mitteilt, sei es bewusst, sei es auch, dass er – eher unfreiwillig – etwas preisgibt.
- Auf der **Beziehungsseite** sind nach Schulz von Thun eigentlich zwei Arten von Botschaften im Spiel, eine Du-Botschaft (*So sehe ich dich, den Empfänger*) und eine Art Wir-Botschaft (*So sehe ich unsere Beziehung*).
- Die **Appellseite** schließlich hat damit zu tun, dass auf den Empfänger Einfluss ausgeübt wird: Er soll etwas tun oder unterlassen, etwas annehmen, glauben usw.

Nicht alle vier Seiten der jeweiligen Nachricht werden ausdrücklich mitgeteilt.

■ In einem Geschäft kommt es vielleicht zu folgenden Varianten eines Kurzdialogs zwischen zwei Verkäufern U und V:
U: *Wenn Sie einen Kunden beraten, geht meist etwas schief.*
V 1: *Ich bin ja schon dabei, einiges zu ändern.*
(Reaktion auf eine als Appell verstandene Aussage)
V 2: *Sie müssen wohl Dampf ablassen.*
(Reaktion auf eine als Selbstkundgabe verstandene Äußerung)
V 3: *Von jemandem wie Ihnen brauche ich mir so etwas nicht sagen zu lassen.*
(Reaktion auf eine als Beziehungsbotschaft verstandene Aussage)
V 4: *Das sehe ich etwas anders.*
(Reaktion auf den Sachinhalt der Äußerung) □

Schulz von Thun spricht – sehr plastisch – davon, dass der Hörer verschiedene ›Ohren‹ aktiviert, das Sachohr *(Wie ist der Inhalt zu verstehen?)*, das Kundgabeohr *(In welchem inneren Zustand befindet sich der andere?)*, das Beziehungsohr *(Wie sieht der andere mich und seine Beziehung zu mir?)* und das Appellohr *(Was soll ich aufgrund der Nachricht jetzt denken, fühlen, tun?)*.

▼ Es muss damit gerechnet werden, dass es zu Diskrepanzen und damit zu Missverständnissen kommen kann: Was der Sprecher als ›Botschaft‹ intendiert, wird vom Hörer womöglich anders verstanden. Außerdem verfügen wir alle zwar prinzipiell über die vier genannten ›Ohren‹, können aber oft nicht das ganze Spektrum ausschöpfen. Bei manchen (z. B. Psychologen) ist das Kundgabeohr besonders ausgeprägt. Andere sind besonders hellhörig für die Beziehungsdimension usw. ▽

▼ Das Modell von Schulz von Thun ist auf mündliche Kommunikation bezogen. Es spielt vor allem in Kommunikationstrainings eine große Rolle. Versucht man, mit diesen Begriffen längere Gespräche zu untersuchen, dann zeigt sich, dass es nur begrenzt brauchbar ist. ▽

1.3 Sprechakte

John L. Austin (1911–1960) und John R. Searle (geb. 1932), beide amerikanische Sprachphilosophen, entwickelten – allerdings mit unterschiedlichen Akzenten – eine Theorie der S. (engl. speech – Rede, Sprechen; act – Handlung, Akt). Ein S. ist demnach eine **sprachliche Handlung**, die als gleichzeitiger Vollzug mehrerer Teilakte beschrieben werden kann:

1. Jemand bewegt die Sprechwerkzeuge und produziert Wörter, die nach Regeln miteinander kombiniert sind (**Äußerungsakt**).
2. Meist bezieht er sich dabei auf etwas in der Welt und sagt darüber etwas aus (**propositionaler Akt**).
3. Er macht (mehr oder weniger) deutlich, wie er diesen propositionalen Akt verstanden haben will, z. B. im Sinne einer Frage *(Ist das und das der Fall?)*, einer Feststellung *(Das und das ist der Fall)*, einer Warnung *(Ich warne dich davor, dass das und das der Fall ist)*, eines Versprechens *(Ich verspreche, dass das und das der Fall sein wird)* usw. (**illokutiver Akt**).
4. Schließlich lässt sich das, was er hier tut, als Versuch beschreiben, beim anderen etwas zu bewirken, z. B. dass er auf der Hut ist, dass er etwas tut, von nun an etwas glaubt, aber auch, dass er beleidigt ist (**perlokutiver Akt**).

▼ Sätze und Sprechakte sind nicht dasselbe. Mit einem Fragesatz z. B. kann man den Sprechakt des Aufforderns vollziehen *(Können Sie mir die Uhrzeit sagen?)*, mit einem Aussagesatz (bei entsprechender Intonation) einen Akt des Fragens: *Du hast die Hausaufgaben gemacht(?)* (↗ indirekter Sprechakt, S. 75). ▽

Propositionaler Teilakt

Im Rahmen des p. T. (lat. proponere – aufstellen, darlegen) bezieht man sich (referiert man) auf etwas und sagt darüber etwas aus (Prädikation). Jemand kann z. B. a) behaupten oder bestreiten, dass der Oldtimer da (Referenz- bzw. Bezugsobjekt) nicht verkäuflich ist (Prädikation), b) fragen, ob der Oldtimer da nicht verkäuflich ist oder c) anordnen, dass der Oldtimer da nicht verkäuflich ist.
Immer beziehe ich mich auf den Oldtimer und spreche ihm die genannte Eigenschaft zu. Insofern ist bei diesen Beispielen der propositionale Akt jeweils derselbe.

Illokutiver Teilakt

Der i. Akt (Kunstwort, aus lat. loqui – sprechen) ist für das Sprechen als Handeln zentral. Der Sprecher legt fest, wie er den jeweiligen propositionalen Gehalt verstanden haben will, und damit übernimmt er selbst gewisse Verpflichtungen bzw. weist dem Hörer solche Verpflichtungen zu. Im alltäglichen Umgang kann man sich normalerweise darauf verlassen, dass bestimmte sprachliche Anzeichen hinreichen, um dem anderen zu signalisieren, wie eine Äußerung gemeint ist: Das sind z. B. Intonation, Modus und Stellung des Verbs, bestimmte Adverbien.

■ *Du kommst doch morgen?* (mit gegen Ende ansteigender Intonation, d. h. als Frage erkennbar). *Könntest du mir das Salz reichen?* (Fragesatz mit Konjunktiv II, als höfliche Aufforderung zu verstehen). *Kommst du morgen?* (Erststellung der Personalform des Verbs, hier Anzeichen für eine Frage). *Er ist vielleicht weggegangen* (das Adverb signalisiert, dass es sich um eine Vermutung handelt). □

Will man sicherstellen, dass die eigene Absicht nicht missverstanden wird, dann kann man den illokutiven Akt ausdrücklich anzeigen, und zwar in der 1. Person Singular, im Präsens und im Aktiv und verknüpft mit *hiermit:*

■ *Ich frage Sie hiermit, ob Sie damit einverstanden sind. Ich bitte Sie hiermit, mir die Uhrzeit zu sagen. Ich behaupte hiermit, dass Sie ein Idiot sind. Ich verspreche Ihnen hiermit, dass ich Sie in Ruhe lassen werde. Ich warne dich hiermit davor, meine Freundin noch einmal zu belästigen.* □

Perlokutiver Teilakt

Der p. Akt (Kunstwort, lat. loqui – sprechen, per- – etwas durchführen, vollenden) zielt durch den Vollzug eines bestimmten illokutiven Akts auf bestimmte Wirkungen beim Hörer. Dieser soll z. B. beruhigt oder auch beleidigt werden. Ob die Wirkung, die der Sprecher anstrebt, auch zustande kommt, hat er nicht allein in der Hand.

■ Man kann zwar nicht sagen *Hiermit beruhige ich dich, Hiermit beleidige ich dich* oder auch *Hiermit schüchtere ich dich ein,* aber doch davon ausgehen, dass der andere normalerweise beleidigt ist, wenn er hört *Du bist die allerletzte Flasche.*

Der aber reagiert darauf vielleicht gar nicht beleidigt, wie erwartet, sondern z. B. nur amüsiert. □

Ein Beispiel: jemandem etwas versprechen

Wenn ein A einem B etwas verspricht, dann bezieht er sich (referiert) auf sich selbst und schreibt sich eine Handlung in der Zukunft zu (Prädikation). Das ist der propositionale Gehalt des Versprechens. Zusätzlich gilt,

- dass diese (zukünftige) Handlung nach Meinung von A im Interesse von B ist,
- dass sie nicht ohnehin zu erwarten, also ›ganz normal‹ ist und nicht speziell versprochen werden muss,
- dass A tatsächlich beabsichtigt, die Handlung zu vollziehen,
- dass A sich mit seiner Äußerung zu dieser Handlung verpflichtet. Hält er das Versprechen nicht ein, muss er mit Vorhaltungen rechnen.

▼ Man kann darüber streiten, ob damit der illokutive Akt des Versprechens zutreffend erfasst ist. Wie steht es z. B. mit einer Äußerung wie *Wenn du das noch einmal machst, dann verspreche ich dir eine Strafe, die sich gewaschen hat*? Hier verspricht man jemandem etwas, was offensichtlich nicht in seinem Interesse ist. Es handelt sich eher um eine Drohung (↗ indirekter Sprechakt, s. u.). ▽

▼ Wenn sich zwei Leute nach langer Zeit wiedersehen und der eine sagt *Ich besuche dich bestimmt – versprochen,* dann kann das oft als Teil eines Rituals angesehen werden. In einer solchen Situation verspricht man eben einiges, auch wenn es nicht ernst gemeint ist. ▽

Indirekter Sprechakt

Normalerweise vollziehen wir mit der Äußerung eines bestimmten Satztyps auch einen bestimmten illokutiven Akt, z. B. mit einem Aussagesatz eine Behauptung bzw. Feststellung. Insofern gilt die Verbindung von Satztyp und illokutivem Akt als direkt. Ein indirekter Sprechakt liegt vor, wenn diese Verbindung gekappt ist.

■ Äußere ich z. B. in einer bestimmten Kommunikationssituation den Aussagesatz *Dort ist die Tür,* dann ist das keine Feststellung, sondern eine indirekte Aufforderung. □

1.4 Kommunikationssituationen

Orientiert man sich v. a. an mündlicher Kommunikation, kann man K. anhand einer Reihe von Merkmalen und ihrer Kombinationen unterscheiden:

- Anzahl der Sprecher,
- Zahl der Sprecherwechsel,
- Themafixierung (Thema im Voraus festgelegt oder offen),
- Art der Themenbehandlung (berichtend, erzählend, argumentativ, assoziativ),
- Grad der Vorbereitung,
- Grad der Öffentlichkeit (öffentlicher Vortrag, halböffentliche Schulstunde, nichtöffentliche Prüfung, privates Familiengespräch),
- Rang der Beteiligten: Spricht man eher von Gleich zu Gleich oder haben einzelne Beteiligte eine herausgehobene Position?

An vertrauten Situationen lassen sich diese Merkmale aufzeigen:

- An einem Klassengespräch z. B. sind (hoffentlich) mehrere Sprecher beteiligt, es gibt viele Sprecherwechsel, das Thema ist weitgehend fixiert, es wird argumentativ behandelt, die Teilnehmer haben sich (mehr oder weniger) vorbereitet, es geht halböffentlich zu, der Lehrer hat eine herausgehobene Position. □

Je nachdem, welche Merkmale in welcher Kombinationen vorliegen, ist die Kommunikation eher distanziert oder eher durch Nähe gekennzeichnet. Dabei sind Nähe und Distanz zwei Pole, zwischen denen es nicht nur bei mündlicher, sondern auch bei schriftlicher Kommunikation Übergänge gibt: Man vergleiche nur die Notiz an der Tür für ein Familienmitglied mit einem Brief an eine entfernte Verwandte oder einem Bewerbungsschreiben.

2 Mündliche Kommunikation

2.1 Gespräch und Gesprächsanalyse

Meist laufen Gespräche ›reibungslos‹ ab, sodass wir keinen Anlass haben, sie im Nachhinein kritisch Revue passieren zu lassen. Manchmal ›verunglücken‹ sie aber auch. Wenn man Ursachen bzw. Gründen auf die Spur kommen will, sind einige gesprächsanalytische Begriffe hilfreich.

Gesprächsorganisation

Eröffnung, Kern und Beendigung

Gespräche lassen sich grob in drei Phasen einteilen: Eröffnung, Kern und Beendigung. Im Rahmen der **Eröffnung** haben die Beteiligten die gemeinsame Aufgabe, ein Gespräch in Gang zu bringen. Es genügt nicht, dass der eine seinen ersten Beitrag, z. B. einen Gruß, als einen Teil der Eröffnung ansieht; der andere muss dem zustimmen. Tut er das nicht, so kommt es nur zu Gruß und Gegengruß und jeder geht seiner Wege. Bei vielen Typen von Gesprächen ist festgelegt, wer das Eröffnungsrecht hat.

- Es würde z. B. dem Ablaufmuster eines Prüfungsgesprächs nicht entsprechen, wenn der Prüfling den ›offiziellen‹ Teil einleiten würde. □

In der **Kernphase** geht es vorrangig darum, gemeinsam das Hauptthema – und gegebenenfalls Nebenthemen – abzuarbeiten. Wie verbindlich und in welchen Formen das geschieht, hängt vom jeweiligen Gesprächstyp (↗ S. 78 f.) ab. Alle Beteiligten können unterstellen, dass die jeweils anderen wissen, dass man sich gemeinsam in der Kernphase befindet.

- Sagt etwa die Lehrerin in dieser Phase »Guten Morgen, Schüler X«, dann ist allen klar, dass diese Äußerung nicht eine verspätete Eröffnung ist, sondern eine Form von Ironie: X hat wahrscheinlich nicht aufgepasst. □

Schließlich müssen sich die am Gespräch Beteiligten darüber verständigen, wann das Gespräch **beendet** ist. Auch hier kann man z. B. fragen, wem das Recht zugestanden wird, das Ende einzuleiten, und sich dafür interessieren, wie der Betreffende die Initiative sprachlich, aber auch gestisch und mimisch bewerkstelligt. Es gibt ja auch Initiativen zur Gesprächsbeendigung, die erfolglos sind. Dann nimmt und nimmt das Gespräch kein Ende.

Organisation des Sprecherwechsels

Der Wechsel der Sprecher kommt grundsätzlich entweder dadurch zustande, dass der ›alte‹ Sprecher den ›neuen‹ ausdrücklich auffordert *(Herr Maier, wie sehen Sie die Sache?)*, oder dadurch, dass der neue sich selbst wählt. Manchmal fragt der Sprecher – wie im Unterricht – auch in die Runde. Mehrere zeigen an, dass sie als Nächste sprechen wollen, und die Lehrperson wählt dann jemanden aus.

Der Sprecherwechsel kann glatt verlaufen, es kann aber auch zu Überlappungen (über längere Zeit wird gleichzeitig gesprochen) kommen, zu Unterbrechungen oder auch zu mehr oder weniger langen Pausen.

■ Im Klassenraum gibt es z. B. nicht selten nebeneinander eine Hauptkommunikation über das offizielle Unterrichtsthema und mehrere Nebenkommunikationen unter Schülern, deren Themen nicht immer, aber doch oft kaum etwas miteinander zu tun haben. □

Man kann fragen, wie die Redeanteile verteilt sind, wer überhaupt eine Chance hat, als nächster Redner, als nächste Rednerin gewählt zu werden, und wie verschiedene Beteiligte jeweils zu ihrer Rednerrolle kommen. Solche Fragen eröffnen interessante Perspektiven:

■ So war es früher nicht üblich bzw. sogar verboten, dass Kinder und Jugendliche sich z. B. bei Tisch als Sprecher selbst wählten. Und es gibt viele Hinweise darauf, dass auch heute noch Frauen weniger Freiräume bei der Gestaltung der Sprecher(innen)-rolle zugestanden werden als Männern. □

Höreraktivitäten

Im Gespräch ist der Hörer nicht einfach nur Empfänger einer Nachricht/Rede, sondern zugleich auch deren ›Ko-Produzent‹.

■ Ein kleines Experiment: Man versuche, in einem Vier-Augen-Gespräch dem Sprecher gegenüber möglichst keinerlei Reaktionen zu zeigen, d. h. weder Augenkontakt zu halten noch verbal, gestisch oder mimisch anzuzeigen, dass man die Hörerrolle ausfüllt. Der Sprechende wird dann schnell verunsichert sein, vielleicht das Gespräch abbrechen oder die Kommunikation selbst zum Thema machen (↗ Metakommunikation, S. 79). □

Der Hörer sagt vielleicht nur *mhm* (reines Zuhörersignal), stimmt ausdrücklich zu *(ja, stimmt)*, nimmt negativ Stellung, indem er z. B. den Kopf schüttelt. Viele schätzen an anderen, dass sie ›gut zuhören‹ können, und ärgern sich über ›schlechte Zuhörer‹. Der Hörer begleitet den Sprecher aber nicht nur, sondern beansprucht auch selbst das Rederecht. Er hat viele mehr oder weniger dezente Formen zur Verfügung, dieses Recht durchzusetzen.

Thematischer Verlauf

In der Kernphase v. a. werden die thematischen Schwerpunkte verhandelt. Je nach Gesprächstyp (↗ S. 78 f.) sind sie bereits vorher festgelegt oder sie werden erst in der Situation selbst ›ausgehandelt‹.

So gibt es bei den meisten Konferenzen eine vorab verteilte Tagesordnung, bei Partygeplauder dagegen ergeben sich die Themen meist spontan.
Je nach Gesprächstyp kann man z.B. fragen, wer die Themen vorgibt, wer überhaupt eine Chance hat, seine Themen anzumelden, wer bestimmt, wann ein Thema erschöpft ist, wer Nebenthemen einbringen darf und wer darüber befinden kann, dass bestimmte Äußerungen nicht zum Thema gehören.

Gesprächsschritte und ihre Abfolge

Mit jedem Schritt bezieht sich der jeweilige Sprecher auf Vorheriges und zeigt damit an, wie er den Gesprächsverlauf verstanden hat. Zugleich eröffnet er damit einen Spielraum für den zukünftigen Verlauf. Insofern sind Äußerungen in einem Gespräch Züge in einem Interaktionsprozess.

- Sagt jemand z.B. an einer bestimmten Stelle *Du hast aber mit dem Streit angefangen,* so kann man das als eine Behauptung verstehen (↗Sprechakte, S. 73ff.), je nach Kontext aber auch als Vorwurf oder auch als Rechtfertigung. □

Sprechakte dürfen also nicht isoliert, sondern sie müssen im jeweiligen Kontext betrachtet werden. Dabei gibt es typische Verknüpfungen von einzelnen Gesprächsschritten. Untersucht man die Abfolgen einzelner Schritte, kann man bestimmte **Muster** erkennen:

- So ist für die meisten Unterrichtsgespräche z.B. das folgende Muster charakteristisch: Die Lehrperson fordert zu etwas auf (oft mithilfe eines Fragesatzes) – ein Schüler antwortet – die Lehrperson bewertet die Antwort als mehr oder weniger richtig oder falsch. □

Nonverbale Gesprächsanteile

Als Sprecher begleiten wir unsere Äußerungen **gestisch** und **mimisch**, d.h. durch Bewegungen des Körpers und des Gesichts. Als Hörer kommentieren wir, z.B. durch Stirnrunzeln, Nicken, durch zu- oder abgewandte Körperhaltung.

- In der Sprecherrolle können wir z.B. gestisch-mimisch zum Ausdruck bringen, dass eine Äußerung ironisch (↗Ironie, S. 100) gemeint ist. Ein Hörer nimmt womöglich aber auch eine Diskrepanz wahr, die dem Sprecher gar nicht bewusst ist: Von seiner Warte aus widerspricht der Inhalt des Gesagten der gestisch-mimischen Botschaft. Er nimmt dann nicht das Gesagte als wahrhaftig an, sondern hält das für bare Münze, was seiner Meinung nach nonverbal ausgedrückt wurde. □

Das ist verständlich, denn was gesagt wird, ist in der Regel Resultat einer Überlegung. Gestik und Mimik sind viel weniger kontrolliert. Gerade deshalb enthüllen sie deutlicher, was der Sprecher ›wirklich‹ meint.

Typen von Gesprächen

Im Alltag haben wir eine Fülle von Bezeichnungen für eine Reihe von Gesprächsarten. Dabei sind sehr verschiedene Kriterien im Spiel. So bezieht man sich manchmal auf ein Medium *(Fernsehdiskussion, Radiointerview, Chat),* auf die Anzahl der Teilnehmer *(Vier-Augen-Gespräch),* auf den Ort *(Party- und Podiumsgespräch),* auf den Grad der Verbindlichkeit *(Plauderei, Konferenz),* darauf, ob die Teilnehmer eher gleichberechtigt sind oder nicht *(Brainstorming, runder Tisch, Mitarbeiter-, Vorstellungsgespräch)*, auf den kommunikativen Zweck *(Beratungs-, Klärungs-, Streit-, Kritikgespräch)* usw.

Kommunikationsstörungen: ein Beispiel

Normalerweise können Gesprächspartner alle Aspekte ihrer Kommunikation zum Thema machen. Sie verhalten sich dann **metakommunikativ** (griech. meta – über).

■ *Was du vorhin gesagt hast, hat mich geärgert. – Du redest immer mit mir wie mit einem kleinen Kind.* □

Unter bestimmten Bedingungen ist eine klärende Metakommunikation aber nicht möglich. Dann liegt u. U. eine schwer wiegende Störung vor, die eine psychische Krankheit auslösen kann. Die Bedingungen:

- Für jemanden ist eine Beziehung sehr wichtig und er kann sie deshalb nicht einfach infrage stellen.
- Sein Gegenüber produziert immer wieder einander widersprechende Mitteilungen zugleich (↗ nonverbale Gesprächsanteile, S. 78).
- Das ›Opfer‹ kann sich mit diesen widersprüchlichen Mitteilungen nicht metakommunikativ auseinandersetzen und nicht unterscheiden, auf welche es reagieren soll.

■ Ein Junge sieht nach einiger Zeit seine Mutter wieder. Er freut sich und legt einen Arm um sie. Daraufhin erstarrt sie. Er löst sich von ihr und sie fragt: *Ich bin froh, freust du dich denn nicht auch?* Er wird rot und sie fährt fort: *Du darfst nicht verlegen werden und Angst vor deinen Gefühlen bekommen.* □

Auf der verbalen Ebene teilt die Mutter mit, dass sie sich freut, nonverbal leugnet sie das aber, indem sie erstarrt. Wenn die beiden schon lange auf die damit angedeutete Weise miteinander kommuniziert haben, steckt der Junge womöglich in einem unlösbaren Dilemma: *Wenn ich meine Bindung an die Mutter behalten will, darf ich ihr nicht zeigen, dass ich mich auf sie freue; aber wenn ich nicht zeige, dass ich mich freue, weist sie mich ab.* Aus eigener Kraft können die Beteiligten die tief greifende Kommunikationsstörung nicht bearbeiten.

2.2 Rede

Redegattungen und die freie Rede

Die Vielfalt der Reden lässt sich nach verschiedenen Kriterien ordnen, und zwar nach den **Redezielen** (Informieren durch eine Sachrede, Appellieren durch eine Meinungsrede, Personen loben in einer Gelegenheitsrede, z. B. anlässlich eines Geburtstags); nach dem **Grad der Öffentlichkeit** (Rede bei einer privaten Feier, Neujahrsansprache des Bundespräsidenten); nach dem **Medium** (z. B. Fernsehreden); nach **gesellschaftlichen Bereichen** (politische Rede, Predigt, Vorlesung, Referat usw.).

In der antiken Rhetorik wurden fünf Aufgaben eines Redners unterschieden:

Er hatte für seine Rede Gesichtspunkte zu **finden,** sie dann zu **ordnen,** im Folgenden einen Redetext Wort für Wort zu **formulieren** und dabei insbesondere rhetorische Figuren (↗ S. 97 ff.) zu verwenden, in einem vierten Schritt das schriftlich Fixierte **auswendig zu lernen** und schließlich im Einzelnen zu bedenken, wie der eigentliche **Redeauftritt** zu gestalten sei, z. B. Gestik und Mimik zu üben.

Heutzutage propagiert niemand mehr das Auswendiglernen. Die meisten Redelehrer raten auch davon ab, vom Blatt abzulesen. Sie fordern die **freie Rede**, die zwar schriftlich vorbereitet ist, bei der man sich aber nur auf Stichwortzettel stützt, auf denen u.a. die Gliederung, gegebenenfalls zentrale Argumente, einleitende und Schluss-Sätze, aber auch Zitate vermerkt sind. So könne man sich einerseits auf einen ›roten Faden‹ verlassen und Wichtiges auch wörtlich wiedergeben, andererseits sei man frei genug, auf nicht vorhersehbare Anregungen aus dem Publikum einzugehen.

Aspekte der Beurteilung von Reden

Die wichtigsten Aspekte sind die Persönlichkeit des Redners selbst, die Verständlichkeit der Rede und ihr argumentativer Gehalt.

Rednerpersönlichkeit

Ein Redner wird vom Publikum als ›ganze Person‹ beurteilt, also nicht nur im Hinblick auf den Inhalt der Rede, sondern auf seinen ›Auftritt‹ insgesamt, z.B. stimmliche Merkmale, Gestik, Mimik (vor allem Blickkontakt) und Kleidung.

■ So mögen sich einige bereits daran stören, dass der Redner ›unpassend‹ angezogen ist. Oder sie halten ihn für unfreundlich, zu wenig engagiert oder auch für unsicher, aggressiv oder einschmeichelnd. Solche Eindrücke können für die Beurteilung so großes Gewicht bekommen, dass inhaltliche Aspekte kaum noch zählen. □

Verständlichkeit

Zur V. trägt zunächst die **Einfachheit** der Darstellung bei. Was von Fall zu Fall einfach ist, hängt u.a. davon ab, ob der Redner es eher mit einem Experten- oder einem Laienpublikum zu tun hat. Zu beurteilen ist etwa, ob er Fachwörter sparsam verwendet bzw. erläutert und ob der Satzbau nicht zu komplex ist (↗Stil und Stilistik, S. 94f.). Als Redner kann man im Bemühen um Einfachheit aber auch zu viel tun und für diejenigen, die bereits Vorwissen haben, nichts Neues mehr sagen. Zentral im Hinblick auf V. ist auch der Aspekt der **Gliederung** bzw. **Ordnung.** Wird, etwa im Fall eines Referats, die Gliederung zu Beginn genannt und dann im Verlauf der Rede jeweils ausdrücklich darauf hingewiesen, dass ein neuer Abschnitt ansteht? Ist die Abfolge der Teilthemen plausibel? Hilft die ›Pausentechnik‹ des Redners dabei, die Gliederung nachzuvollziehen? Auch von der **Kürze** hängt die V. einer Rede ab. Oft ist die Redezeit vorgegeben; wird sie beträchtlich überschritten, regt sich Unmut. Andererseits braucht die Darstellung komplexer Sachverhalte ihre Zeit, wenn sie nicht übervereinfachend sein soll.

■ Ein Urteil im Hinblick auf angemessene Kürze lässt sich gewinnen, wenn man z.B. fragt: Hat der Redner sich in Details verloren? Hat er viele Abschweifungen von den Teilthemen produziert, die er eigentlich darlegen wollte? □

Ein vierter Aspekt der V. kann unter dem Etikett **zusätzliche Anregung** gefasst werden. Eine Rede kann angemessen einfach, knapp und gut gegliedert sein und dennoch als so langweilig empfunden werden, dass das Publikum nicht aktiv zuhört. Insofern lässt sich eine Rede auch danach beurteilen, inwiefern es gelungen ist, z.B. durch ›treffende‹ Zitate, einprägsame Metaphern (↗S. 101f.), rhetorische Figuren der Publikumsansprache (↗S. 103f.) usw. das Interesse der Zuhörer wach zu halten.

Argumentativer Gehalt

Vor allem bei Sach- und Meinungsreden (↗ S. 79) ist die Argumentationsstruktur ein eigenständiger Gegenstand der Beurteilung. Denn auch ein Redner, der (aus welchen Gründen auch immer) unsympathisch wirkt und darüber hinaus auch noch schwer verständlich formuliert, kann so überzeugend argumentieren, dass man als Zuhörer seine Meinung für gut begründet hält.

2.3 Argumentieren in Rede und Gespräch

Argument und Argumentationsstandards

Beim Argumentieren geht es darum, im Gespräch mit anderen – selten auch gleichsam mit sich selbst, z.B. im Rahmen des schriftlichen Erörterns (↗ S. 362 ff.) – Sprechakte (↗ S. 73 ff.) aller Art wie Behauptungen, Vorwürfe, Forderungen usw. zu stützen bzw. in Frage zu stellen. Der Ausgangspunkt für eine Argumentation ist etwas **Strittiges,** d.h., jemand bestreitet die Behauptung eines anderen, hält eine Forderung für unangebracht, einen Vorschlag für unannehmbar. Deshalb beschreiben wir das, was beim Argumentieren geschieht, oft auch so, als handle es sich um einen Kampf.

■ Die Beteiligten *greifen die Position* des jeweils anderen *an,* sie machen seine *Schwachpunkte* aus, sie *bringen ein Argument zu Fall,* sie *gehen* aus der Argumentation *als Sieger hervor.* □

Andererseits zielen wir auf Einverständnis, Konsens, wollen den anderen überzeugen und uns vielleicht auch selbst überzeugen lassen. Dabei wird der Konsens oft nicht erreicht. Man ist auch am Ende noch unterschiedlicher Auffassung, dann aber wenigstens so weit gekommen, dass die miteinander unvereinbaren Standpunkte nun klar sind.

Was als einzelnes **Argument** zählen soll, ist umstritten.

Einige nehmen an, dass die Standardformulierung eines Arguments etwa so aussieht: »X ist wahr/gut/schön/sollte getan werden/... bzw. falsch/schlecht/unschön/sollte nicht getan werden/...: denn Y.« Andere sehen nur das als Argument an, was in diesem Schema als ›denn Y‹ erscheint. Für die zweite Ansicht spricht, dass sie eher mit unserem alltäglichen Sprachgebrauch zu vereinbaren ist. Als Argumente zählen demnach die jeweils unterstrichenen (Teil-)Sätze:

■ *Man soll nicht rauchen, <u>denn Rauchen ist ungesund</u>.*
Das deutsche Schulsystem ist im internationalen Vergleich nicht gut, <u>weil Kinder und Jugendliche aus unteren sozialen Schichten nicht genügend gefördert werden</u>.
Mädchen können besser lesen als Jungen. <u>Das haben fast alle wissenschaftlichen Untersuchungen ergeben</u>. □

Untersucht man alltägliche Argumentationen, dann stellt man schnell fest, dass hier viele Beiträge vorkommen, die sich nicht als Argumente verstehen lassen. Außerdem sind die Argumente alles andere als geordnet. Die Beteiligten verlieren oft das, was am Anfang strittig war, aus den Augen, widmen sich neuen Themen, die ihrerseits strittig sein können. Manchmal findet man auch Äußerungen, die als Vorwürfe gemeint sind. Dem jeweils anderen wird vorgehalten, er habe sich nicht an bestimmte **Standards** gehalten.

Einige dieser Standards lassen sich als Aufforderungen formulieren:

– Versuche, deine Behauptungen auf Nachfrage hin weiter zu begründen.
– Versuche, dir nicht zu widersprechen.

- Stelle Behauptungen nicht als wahr hin, von denen du weißt, dass sie falsch sind.
- Versuche, die Beiträge des anderen so darzustellen, dass sie nicht verfälscht werden.
- Verhalte dich so, dass auch alle anderen am Gespräch Beteiligten die Möglichkeit haben, ihre Argumente vorzubringen.

Argumentation und Logik

Prämissen und Konklusion

Logiker gehen davon aus, dass eine korrekte Argumentation mindestens drei Bestandteile hat: eine **Konklusion** (Schlussfolgerung, lat. conclusio) und zwei sie stützende **Prämissen** (lat. praemittere – vorausschicken).

Angenommen, es sei strittig, dass Sokrates sterblich ist. Die Argumentation lautet dann:

■ *Alle Menschen sind sterblich.* (Allgemeine oder auch Ober-Prämisse)
Sokrates ist ein Mensch. (Unterprämisse)
Also ist Sokrates sterblich. (Konklusion) □

Im Alltag begründen wir nicht auf diese Weise. Wir sagen z. B., dass Sokrates als Mensch sterblich ist oder dass er sterblich ist, weil er ein Mensch ist. Die allgemeine Prämisse lassen wir aus, weil wir davon ausgehen können, dass sie unstrittig ist. Dennoch ist es manchmal sinnvoll, eine verborgene Prämisse ausdrücklich zu nennen:

■ *Man soll alles vermeiden, was ungesund ist.* (Allgemeine Prämisse)
Rauchen ist ungesund. (Unterprämisse)
Deshalb soll man das Rauchen vermeiden. (Konklusion) □

In der Diskussion stellt sich nämlich vielleicht heraus, dass der andere die Geltung der allgemeinen Prämisse bezweifelt. Er gesteht zwar zu, dass Rauchen ungesund ist, rechtfertigt sein Rauchen aber z. B., indem er sagt, dass die Gesundheit für ihn weniger wichtig sei als der Genuss im Augenblick. Damit hat sich im Verlauf der Argumentation etwas Neues als strittig ergeben.

Deduktion und Induktion

Bei einer **deduktiven** Argumentation (lat. deducere – ableiten) enthält die Konklusion (Schlussfolgerung) nicht mehr an Information, als in den Prämissen bereits enthalten ist. Wenn sie wahr sind, ist auch die Konklusion **notwendigerweise** wahr. Dass Sokrates sterblich ist, weil alle Menschen sterblich sind und Sokrates ein Mensch ist, ist ein Beispiel für solch eine deduktive Argumentation. In unserem Alltag spielen solche Argumentationen kaum eine Rolle. Wir müssen uns vielmehr oft auf **induktive** Argumentationen verlassen. Für sie gilt: Wenn die Prämissen wahr sind, ist es nur **wahrscheinlich** (nicht notwendig), dass auch die Konklusion wahr ist. Die Konklusion enthält einen Überschuss an Information, etwas Neues, das nicht schon in den Prämissen steckt. Die induktiven Argumentationen lassen sich weiter unterteilen.

Typen induktiver Argumentationen

Induktion aufgrund von Beispielen

Daraus, dass man bei einigen wenigen Elementen einer Menge bestimmte Eigenschaften festgestellt hat, schließt man, dass alle Elemente dieser Menge diese Eigenschaften haben.

■ Ich habe zwei Bücher einer Autorin gelesen, fand beide spannend und schließe nun, dass alle Werke dieser Autorin spannend sind. □
Dass dieser Schluss angreifbar ist, liegt auf der Hand. Dieser Fall ist harmlos. Schließe ich aus Zeitungsberichten über Straftaten ausländischer Mitbürger, dass alle Ausländer zur Kriminalität neigen, dann verhält es sich anders. Ich pflege ein Vorurteil, verhalte mich entsprechend und trage zur Diskriminierung anderer bei.

Induktion durch Berufung auf eine Autorität
Dieser Typ von Argument lässt sich allgemein etwa so fassen:
1. Prämisse: Die überwiegende Mehrzahl der Aussagen, die A (die Autorität) über etwas gemacht hat, ist wahr.
2. Prämisse: Hier handelt es sich um eine Aussage von A.
Konklusion: Also ist diese Aussage wahr.
Im Alltag müssen wir uns ständig auf Urteile anderer verlassen, die wir für kompetent halten. Wir schreiben ihnen eben Autorität in ihrem Fach zu.

■ Stellt z.B. ein Arzt eine bestimmte Diagnose, dann ist der Patient in der Regel, aber bekanntlich nicht immer, gut beraten, sie für wahr zu halten. Von Fall zu Fall mag strittig sein, wer überhaupt als Autorität anerkannt werden soll. So sind wir vielleicht geneigt, eine Tennisspielerin, die für ein Deodorant wirbt, als Autorität zu akzeptieren. Wenn ein Popstar aber für eine politische Partei eintritt, wird man ihn mit guten Gründen als fachlich kompetente Autorität in Frage stellen. □

Induktion durch Analogie bzw. Vergleich
Dieser Schluss lässt sich so darstellen:
Prämissen: Etwas von der Art A hat die Eigenschaften C, D. Etwas von der Art B hat auch die Eigenschaften C, D. Etwas von der Art A hat zusätzlich die Eigenschaft X.
Konklusion: Folglich hat auch etwas von der Art B die Eigenschaft X.

■ Man weiß z.B., dass Ratten und Menschen, physiologisch betrachtet, in vieler Hinsicht einander ähnlich sind. Nun erprobt man an Ratten ein neues Medikament, stellt bei ihnen negative Nebenwirkungen fest und schließt daraus, dass sie auch bei Menschen eintreten werden. □
Vergleicht man Objekte verschiedener Art, dann kommt man immer zu dem Ergebnis, dass sie sich in einigen Hinsichten ähnlich sind, in anderen aber nicht. Es ist also von Fall zu Fall zu prüfen, ob die Ähnlichkeit hinreichend ist.

Arten des argumentativen Gesprächs

Die alltagssprachlichen Bezeichnungen für die verschiedenen Arten von argumentativen Gesprächen sind vage: Diskussion, Debatte, Streitgespräch, Meinungsaustausch, Klärungsgespräch usw. (↗Vagheit, S. 65). Will man präzisieren, dann z.B. auf der Basis der Frage, ob die Beteiligten Argumente erst gemeinsam entwickeln wollen oder ob sie bereits über (kontroverse) Argumente verfügen. Im ersten Fall ***suchen*** sie kooperativ einen Standpunkt, eine (vorläufige) Position zu einem Sachverhalt, der allgemein als strittig gilt. Insofern handelt es sich um ein **Klärungsgespräch.**

■ Sollen Frauen ›abtreiben‹ dürfen, unter welchen Bedingungen, bis zu welchem Zeitpunkt? □

Im zweiten Fall geht es um Formen von **Streitgesprächen,** speziell um **Diskussion** (↗S. 372f.) und **Debatte** (↗S. 373). Die Debatte ist stärker reguliert als die Diskussion: Die Pro- und Kontra-Positionen sind klar zugewiesen, in der Regel gibt es einen Moderator, der das Rederecht erteilt und die Redezeiten überwacht, und am Ende steht eine Abstimmung, z. B. über die Frage, ob eine Klassen- bzw. Kursfahrt an die Ostsee oder in die Alpen führen soll.

3 Schriftliche Kommunikation

3.1 Text

Ein T. (lat. texere – flechten, weben; textus – der Geflochtene, Gewebte) ist eine Einheit, die normalerweise aus einer begrenzten Folge von grammatisch und thematisch zusammenhängenden Sätzen besteht und mit der jemand in der Regel eine sprachliche Handlung mit erkennbarer kommunikativer Absicht vollzieht.

▼ Sprachforscher sprechen zwar auch von mündlichen Texten, hier soll der Begriff aber nur auf **Schriftliches** bezogen werden, das mehrere Sätze umfasst. ▽

Textstrukturen

Texte sind linear angeordnet, wobei für unsere Schriftkultur gilt, dass sie zeilenweise von links nach rechts zu lesen sind. In anderen Kulturen hat man z. B. mit dem Lesen rechts zu beginnen und nicht zeilen-, sondern spaltenweise zu lesen.

Texte bekommen ihre Struktur durch eine Reihe von **Verweismitteln,** durch die etwas Vorangegangenes wieder aufgenommen oder etwas Folgendes angekündigt wird.

Vorverweise können ausdrücklich formuliert sein, aber z. B. auch nur durch Pronomen und Adverbien ausgedrückt werden.

■ *Wie später in Punkt 3 behandelt werden soll …, … worauf noch einzugehen sein wird;*

Dort stand er nun. Auf dem Bahnhof wirkte der Kommissar etwas verloren. □

Für den **Bezug auf Vorangegangenes** gibt es gleichfalls eine Reihe von Mitteln.

Wiederaufnahme durch Wiederholung

■ *Ich habe einen Vogel beim Nestbau beobachtet. Der Vogel war ganz klein.* □

Hier wird ein Nomen wiederholt, das zunächst von einem unbestimmten Artikel begleitet ist, beim zweiten Mal von einem bestimmten. *Einen Vogel* im ersten und *der Vogel* im zweiten Satz beziehen sich auf dasselbe Objekt; es besteht Bezugsgleichheit (Referenzidentität).

▼ Würde man den bestimmten und den unbestimmten Artikel vertauschen, wäre das nicht zulässig: *Ich habe den Vogel beim Nestbau beobachtet. Ein Vogel war ganz klein.* ▽

Wiederaufnahme durch andere bedeutungsnahe Nomen bzw. Gruppen mit Nomen

■ *Gestern habe ich einen Vogel beim Nestbau beobachtet. Das Tier war ganz klein.* □

Wer das Deutsche beherrscht, weiß, dass *Tier* Oberbegriff (↗S. 68f.) zu *Vogel* ist. Habe ich *Ich sprang <u>in den Aufzug</u>. <u>Der Lift</u> brachte mich schnell nach oben,* dann handelt es sich um Synonymie (↗S. 69). Bei diesen Beispielen sind die Bedeutungsbeziehungen bereits im Sprachsystem vorgegeben.

▼ Anders verhält es sich im folgenden Fall: *Auf ungewöhnliche Weise wollte <u>ein Hobbydichter</u> auf sich aufmerksam machen. <u>Der im Hauptberuf bei der Bahn Angestellte</u> trug den Fahrgästen eigene Gedichte vor. Einige beschwerten sich <u>über den Mann</u>.*
Dass *Hobbydichter, Angestellter* und *Mann* sich auf dasselbe Objekt beziehen, können wir aufgrund unserer Kenntnis des Deutschen nicht wissen. Diese Wörter sind nur in diesem Text bezugsgleich (referenzidentisch). ▽

Wiederaufnahme durch Pronomen und Adverbien

■ *Gestern habe ich <u>einen Vogel</u> beim Nestbau beobachtet. <u>Er</u> war ganz klein.*
Um 22:00 Uhr kam ich <u>in Aachen</u> an. <u>Dort</u> (↗Adverb, S. 38f.) *nahm ich ein Taxi.* □

Manchmal muss man aufgrund seines Wissens darüber, was normalerweise der Fall ist (Weltwissen), erst erschließen, worin der Vorgänger eines Pronomens im Text besteht.

■ *Der Junge ging mit seinem Hund Joschka zum Tierarzt. Er* (d.h. der Tierarzt, nicht der Junge) *sollte ihm eine Spritze geben.* □

Wiederaufnahme durch Ellipse

Im Nachfolgersatz fehlen Elemente, sodass er vom Leser um Elemente aus dem Vorgängersatz ergänzt werden muss.

■ *Rom hat mir sehr gut gefallen. Paris (<u>hat mir</u>) weniger (<u>gut gefallen</u>).* □

Adverbien und Konjunktionen als ›Bindemittel‹

Die inhaltlichen Beziehungen zwischen den einzelnen **Sätzen** eines Textes werden vor allem durch **Adverbien** und **Konjunktionen** zum Ausdruck gebracht.

■ *Der Himmel verdüsterte sich. <u>Deshalb</u>* (Adverb) *griff er zum Regenschirm. – Sie gab nicht nach. <u>Denn</u>* (Konjunktion) *diesmal war sie wirklich im Recht.* □

Fehlen solche Bindemittel, müssen wir sie als Lesende manchmal ergänzen, wenn wir die inhaltlichen Beziehungen zwischen Sätzen verstehen wollen.

■ So ergibt der Vergleich zwischen den beiden Satzfolgen *Hans kommt nicht zur Konferenz. Er ist krank* und *Hans kommt zur Konferenz. Er ist krank,* dass im ersten Fall eine kausale *(weil),* im zweiten eine konzessive Beziehung *(obwohl)* zwischen den beiden Sätzen besteht. Wieder können wir uns als Lesende auf Sprachwissen allein nicht verlassen, ›Weltwissen‹ muss hinzukommen, z.B. Wissen über die normale Abfolge von Handlungen, über übliche Wirkungen von Handlungen, Ereignissen usw. □

Vor allem literarische Texte sind oft so formuliert, dass sie mehrere Lesarten zulassen.

Text und Thema

Eine Folge von Sätzen wird aber nicht allein dadurch zu einem Text, dass die bisher dargestellten Verweis- und Bindemittel vorliegen bzw. erschlossen werden können. Das zeigt z.B. die folgende Reihe von Sätzen:

■ *An unserer Oper gibt es hervorragende Sängerinnen und Sänger. Die erste Mezzosopranistin ist besonders berühmt. Mozart liegt ihr sehr. Von allen Mozart-Opern habe ich die*

»Zauberflöte« am liebsten. Aber die heutigen Opernregisseure schrecken ja vor nichts zurück. Wenn sie Wagner inszenieren, ist das schrecklich. Für den habe ich sowieso nichts übrig. □

Um eine Satzfolge als Text zu identifizieren, müssen wir normalerweise dazu in der Lage sein, ein **Thema** anzugeben, einen inhaltlichen Kern. Oft ist das Thema bereits mit der Überschrift gegeben, manchmal in einer Einleitung oder einem Schluss formuliert, manchmal muss es aber auch erst aus dem Textinhalt abstrahiert werden, wobei von Fall zu Fall zwischen einem Hauptthema und verschiedenen Nebenthemen zu unterscheiden ist.

■ So lautet z. B. ein Gedicht aus dem Expressionismus (↗S. 264ff.) von ALFRED LICHTENSTEIN (1889–1914) folgendermaßen:

Ein dicker Junge spielt mit einem Teich.
Der Wind hat sich in einem Baum gefangen.
Der Himmel sieht verbummelt aus und bleich,
Als wäre ihm die Schminke ausgegangen.

Auf lange Krücken schief herabgebückt
Und schwatzend kriechen auf dem Feld zwei Lahme.
Ein blonder Dichter wird vielleicht verrückt.
Ein Pferdchen stolpert über eine Dame.

An einem Fenster klebt ein fetter Mann.
Ein Jüngling will ein weiches Weib besuchen.
Ein grauer Clown zieht sich die Stiefel an.
Ein Kinderwagen schreit und Hunde fluchen.

Hier sucht man vergeblich nach einem ›roten Faden‹. Die Verweis- und Bindemittel fehlen, sieht man von *der Himmel – ihm* ab, und auch wer als Leser versucht, zwischen den einzelnen Sätzen plausible Verbindungen herzustellen, dürfte scheitern. Fügt man aber die Überschrift – *Die Dämmerung* – hinzu, ergibt sich, dass das, was zunächst unverbunden scheint, doch zusammenpasst, eben als all das, was in einem bestimmten Zeitraum gleichsam nebeneinander geschieht. □

Textsorten

Texte lassen sich als mehr oder weniger komplexe sprachliche **Handlungen** auffassen. Insofern liegt es nahe, sich am Organon-Modell KARL BÜHLERS (↗S. 71f.) zu orientieren und drei Grundtypen von Intentionen zu unterscheiden, von denen wir uns bei der Textproduktion leiten lassen, **Darstellung, Ausdruck** und **Appell.**

Die Einteilung in nur drei Grundtypen ist allerdings sehr grob. Sie reicht nicht hin, die Vielzahl der **Textsorten** zu erfassen, die sich im Lauf der historischen Entwicklung herausgebildet haben: Wetterbericht, Rezept, Leserbrief, Gebrauchsanleitung, Protokoll, Witz, Ballade, Drama, Schilderung usw. (↗Gattungen, S. 138). Man kann sich zwar darum bemühen, diese Vielzahl dadurch zu ordnen, dass man Hierarchien von Ober- und Unterbegriffen bildet wie z. B. Anleitungstext – Rezept – Kochrezept. Die Hoffnung, auf diese Weise zu einer überschaubaren Ordnung zu kommen, trügt aber. Zu welcher Sorte ein Text gehört, hängt nämlich nicht allein von seinen Merkmalen ab, sondern u.a. auch davon, in welchem **sprachlichen Zusammenhang** er angesiedelt ist. Ist ein Wetterbericht, der in eine Sammlung von Gedichten aufgenommen wurde, noch ein Wetterbericht? Gerade die literarische Produktion im Umkreis von Dadaismus (↗ S. 277 ff.) und konkreter Poesie (↗ S. 321 f.) legt es darüber hinaus nahe, den Umfang des Begriffs ›Text‹ auszuweiten.

Ein **Hypertext** im Internet oder auch auf CD-ROM ist ein Netz von Einzeltexten, die durch Links miteinander verbunden sind. Es können auch einzelne Bilder oder Ton- und Bildsequenzen integriert sein.

Ein **Link** ist eine ›Sprungstelle‹ im einzelnen Text. Wer sie im Zuge des Lesens aktiviert, unterbricht die lineare Sequenz, das grammatisch-thematische Nacheinander, und nimmt die Lektüre an anderer Stelle wieder auf. So bestimmt man selbst die Leserichtung, man **navigiert.** Weil man dabei selbst den Zusammenhang zwischen den einzelnen z.B. auf vielen Webseiten verstreuten Informationen herstellen muss, besteht die Gefahr, dass man in einem Meer von durch Links verknüpften Texten, Bildern, Tönen gleichsam ertrinkt.

3.2 Rechtschreibung

Die R., auch Orthografie (griech. orthos – richtig, gerade; graphein – schreiben), ist die verbindliche Festlegung (Normierung) der Schreibung von Wörtern, wobei die Zeichensetzung (Interpunktion, lat. interpunctio) eigentlich eingeschlossen ist. Sie wird oft aber auch als gesonderter Bereich behandelt.

Zur Geschichte der deutschen Rechtschreibung

Als man im Mittelalter begann, das Althochdeutsche (↗ S. 111 ff.) zu verschriften, musste man auf die lateinische Schrift zurückgreifen. So entstanden z.B. neue, im Lateinischen unbekannte Buchstaben wie *w* und Buchstabenfolgen wie *ch* und *sch.* Erst ab dem 15. Jahrhundert wurde im Gefolge von GUTENBERGS Erfindung des Buchdrucks (↗ S. 118) Geschriebenes für weite Kreise zugänglich und viele lasen vor allem die Bibel jetzt selbst. Eine Reihe von Grammatikern präsentierte Vorschläge für eine einheitliche Schreibweise. Nach der Einführung der allgemeinen Schulpflicht im 19. Jahrhundert legte die Obrigkeit in den deutschen Einzelstaaten Schulrechtschreibungen fest – aber eben jeweils eigene. Nach der Reichsgründung 1871 lud der preußische Kultusminister 1876 zu einer Konferenz ein, auf der man zu einer einheitlichen und zugleich einfachen Schreibnorm kommen wollte. Sie scheiterte noch. 1901 gab es in Berlin eine zweite Konferenz. 1902 wurden ihre Ergebnisse, die maßgeblich von KONRAD DUDEN beeinflusst waren, veröffentlicht; für Schulen und Behörden waren sie verbindlich. Die Getrennt- und Zusammenschreibung und auch die Zeichensetzung hatte man hier nicht generell geregelt. Diese Aufgabe übernahm ›der‹ Duden, der zu einem privaten Verlag gehört. Er sorgte dafür, dass das Regelwerk immer umfangreicher und detaillierter wurde. Die Kultusministerkonferenz legte 1955 fest, dass in Zweifelsfällen die im Duden gebrauchten Schreibweisen und Regeln verbindlich seien. In der Folge hat es immer wieder Versuche gegeben, die Rechtschreibung vor allem im Interesse der Lernenden zu reformieren.

Wirksam wurden erst die Bemühungen eines Internationalen Arbeitskreises für Orthografie, der 1986 erstmals tagte. Er legte eine Neuregelung vor, die 1998 für die Schulen und die Verwaltung in Deutschland, Österreich und der Schweiz verbindlich wurde. Für die Umsetzung der Reform sah man zunächst eine Übergangszeit bis 2005 vor. In diesem Zeitraum sollten in der Schule die alten Schreibweisen markiert und durch die neuen ersetzt werden. Als Fehler wurden die alten Schreibungen jedoch noch nicht gewertet. Die Neuregelungen, vor allem die Regeln zur Getrennt- und Zusammenschreibung, waren aber so umstritten, dass man 2004 einen Rat für deutsche Rechtschreibung einsetzte, der die Aufgabe hatte, einen Teil der Reform zu verändern. 2006 legte dieser Rat Empfehlungen vor, die von den Politikern akzeptiert wurden. Die neue amtliche Regelung ist ab dem 1. August 2006 verbindlich.

Prinzipien der deutschen Rechtschreibung

Die deutsche Rechtschreibung erscheint vielen als chaotisch. Sie ist aber in weit höherem Maß geregelt, als es zunächst den Anschein hat. Sie folgt im Wesentlichen drei Prinzipien: dem Lautprinzip (auch alphabetisches oder phonematisches Prinzip genannt), dem Stammprinzip (Prinzip der Morphemkonstanz) und dem grammatischen Prinzip.

Lautprinzip

Das L. besagt, dass es feste Beziehungen zwischen Lauten einerseits und Buchstaben bzw. Buchstabengruppen andererseits gibt.

■ So wird der kurz gesprochene Vokal *a* immer als *a* geschrieben. □

Es ist aber nicht so, dass jedem Laut genau ein Buchstabe (bzw. eine Buchstabengruppe) und jedem Buchstaben (bzw. jeder Buchstabengruppe) genau ein Laut entsprächen.

■ Das lange *i* z. B. kann man schreiben als *i, ie, ieh.* □

Der Ratschlag, dass man schreiben solle, wie man spricht, führt also oft in die Irre. Wer bereits schreiben kann, glaubt z. B., im gesprochenen Wort *laufen* ein *e* zu hören. Tatsächlich hört man es aber nicht. Wir sehen die Lautsprache gleichsam durch die Brille der Schriftsprache.

Hinzu kommt, dass viele Schreiber Dialekt sprechen:

▼ Im Rheinland z. B. wird oft *j* statt *g* gesagt und *sch* statt *ch.* Würde man hier schreiben, wie man spricht, dann ergäben sich viele Fehler. ▽

Stammprinzip

Nach dem S., auch morphologisches Prinzip, Prinzip der Morphemkonstanz, sind bei Wörtern, die zu derselben Wortfamilie (↗ S. 42) gehören, die Stämme (↗ S. 25) einheitlich zu schreiben. Damit wird das Leseverständnis erheblich erleichtert. Würde man nämlich nur nach dem Lautprinzip schreiben, ergäbe sich z. B. für das gesprochene Wort *Wald,* das denselben Auslaut hat wie *kalt,* die Schreibung *Walt. Wald* und *Wälder* sind aber Mitglieder einer Wortfamilie.

Nicht immer ist es so klar wie hier, dass zwei Wörter zu derselben Familie gehören.

■ So schreiben auch noch viele Erwachsene z. B. *endlich* mit *t,* weil sie den Stamm *end* nicht mit dem von *End-e* zusammenbringen. □

- Gehören *Eltern* und *alt* zu derselben Familie? Wenn ja, warum nicht die Schreibung *Ältern?* □
- Gehört *Schänke* zu einer Familie mit *schenken* oder zu einer mit *Ausschank*? In diesem Fall sind übrigens beide Schreibungen (mit *e* und mit *ä*) erlaubt. □

Grammatisches Prinzip

Das grammatische Prinzip besagt, dass die Schreibung von Wörtern, Wortgruppen und (Teil-)Sätzen abhängig ist von den Funktionen, die diese jeweils in einem größeren Zusammenhang haben. Daraus ergibt sich z. B.,

– wann man ein Satzschlusszeichen zu schreiben hat,

– dass bestimmte eingeschobene Nebensätze durch zwei Kommas vom Rest des Satzes abzutrennen sind,

– dass Wörter, die keine Nomen sind, manchmal großzuschreiben sind und dass umgekehrt Wörter, die wie Nomen aussehen, manchmal kleingeschrieben werden müssen.

Wichtige Regelungen der Laut-Buchstaben-Beziehungen, Getrennt- und Zusammen-, Groß- und Kleinschreibung, Zeichensetzung und Worttrennung

Laut-Buchstaben-Beziehungen

Kurz gesprochene Vokale und ›Schärfung‹

Folgt im Wortstamm (↗Morphem, S. 25) auf einen betonten kurzen Vokal ein einziger Konsonant, so schreibt man den Buchstaben für diesen Konsonanten fast immer doppelt. Ausnahmen sind häufige Wörter wie *in, an, um* usw.

- *Bekommst* ist also mit zwei *m* zu schreiben, weil der Stamm *bekomm-* ist und im Mündlichen auf den Vokal im Stamm nur ein Konsonant – das *m* – folgt. *Kante* dagegen schreibt man nicht mit zwei *n,* weil hier im Stamm dem kurzen betonten Vokal zwei verschiedene Konsonanten folgen. □

Seit der Reform schreibt man das ›scharfe‹ *s* nach kurzem betontem Vokal in der Regel doppelt:

- *Schloss, riss, Gebiss, Fluss* □

Analog dazu heißt es jetzt *Ass* (statt früher *As*), *Mopp* (statt *Mop*), *Tipp* (statt *Tip*). Diese Ausnahmen wurden also beseitigt, andere blieben (z. B. *Bus*).

Im Zuge der Reform kommen jetzt in Komposita auch bei nachfolgendem Vokal drei gleiche Konsonantenbuchstaben hintereinander vor:

- *Betttuch, Schifffahrt, Flusssand, Schritttempo* □

Lang gesprochene Vokale und ›Dehnung‹

Ein lang gesprochener betonter Vokal wird in den meisten Fällen nur mit dem einfachen Buchstaben geschrieben. Das gilt allerdings nicht für das lang gesprochene *i,* das man fast immer als *ie* zu schreiben hat (außer bei Wörtern wie *mir, dir, wir* und Lehnwörtern wie *Stil, Klinik*).

Wird die Länge besonders markiert, dann mit einem Dehnungs-*h* oder durch Verdopplung des Vokalbuchstabens. Die Verdopplung ist selten, man kann sie Wort für Wort lernen.

- *Boot, Moor, Fee, Seele, Haar, Saal, Aal, Beere* usw. □

Folgt dem langen betonten Vokal ein *l, m, n* und *r* als Stammende, dann ist oft (leider nicht immer) ein Dehnungs-*h* zu schreiben.

- *Wahl, nehmen, Sohn, Rohr* (anders z.B. bei *Wal, rar, Tor*) □

Getrennt- und Zusammenschreibung

Oft ist klar, wann man zusammenschreiben muss, wann also eine Zusammensetzung und nicht eine Gruppe von verschiedenen Wörtern vorliegt.

- So sind *langweilen* und *brandmarken* Zusammensetzungen, deren Bestandteile man nicht trennen kann. Man sagt ja nicht *Ich weile mich lang* oder *ich marke ihn brand.* □

Bei Zusammensetzungen wie *fernsehen* und *bereitstellen* ist das anders. Sie sind trennbar (*Ich sehe fern, Ich stelle bereit*).

Manchmal ist es aber auch schwierig zu entscheiden, ob es sich um eine Zusammensetzung handelt oder nicht. Es kommt auf die **Bedeutung** an, darauf, was jeweils gemeint ist.

- Man vergleiche: *frei sprechen* (d.h. *nicht ablesen*) mit (*jemanden*) *freisprechen*, *schwerfallen* (d.h. *Mühe machen*) mit *schwer fallen* (*gefährlich stürzen*). □

Eine Faustregel: Liegt die Hauptbetonung auf dem ersten Bestandteil, schreibt man meistens zusammen.

- *Ich möchte Sie wiedersehen. Aber: Der Blinde kann wieder sehen.* □

Zusammengeschrieben wird auch immer, wenn Bestandteile wie z.B. die folgenden vor einer Verbform stehen:

- *ab, an, auf, auseinander, hier, hinaus, voran, zurück, zusammen.* □

Zusammengeschrieben wird auch, wenn nicht mehr erkennbar ist, dass der jeweils erste Bestandteil ein selbstständiges Nomen ist:

- *eislaufen, kopfstehen, leidtun.* □

Man schreibt ebenfalls zusammen, wenn der erste Bestandteil durch eine Gruppe von Wörtern ersetzt werden kann:

- *angsterfüllt* (*von Angst erfüllt*), *butterweich* (*weich wie Butter*), *fingerbreit* (*einen Finger breit*), *freudestrahlend* (*vor Freude strahlend*), *klimabedingt* (*durch das Klima bedingt*). □

In einer Reihe von Fällen kann man wählen, ob man getrennt oder zusammenschreibt:

- *danksagen/Dank sagen, staubsaugen/Staub saugen, kleinschneiden/klein schneiden, kaputtmachen/kaputt machen, achtgeben/Acht geben, haltmachen/Halt machen, sitzenlassen/sitzen lassen.*

▼ Allerdings: Heißt es z.B. *Ich möchte herzlichen Dank sagen*, dann ist Getrenntschreibung verbindlich, denn *Dank* ist hier eindeutig ein Nomen. ▽

Groß- und Kleinschreibung

Großzuschreiben sind Überschriften, Satzanfänge, die höfliche Anrede, Nomen und Nominalisierungen, Eigennamen.

Satzanfänge

Vollständige Sätze beginnen nach einem Doppelpunkt immer mit Großschreibung.

- *Eltern, Schüler(innen), Lehrer(innen): Alle sollten an einem Strang ziehen.* □

Anrede

Die höflich-distanzierte Anrede *Sie* und das zugehörige *Ihr* schreibt man groß.

■ *Ich grüße Sie herzlich und danke sehr für Ihr Geschenk.* □

Die Anredepronomen *du* und *ihr* – die vertrauliche Anrede – soll man kleinschreiben. Es wird aber zugestanden, dass man in Briefen zwischen Groß- und Kleinschreibung wählen kann:

■ *Ich schicke dir/Dir diese Fotos.* □

Nomen/Substantive und Nominalisierungen/Substantivierungen

Dieser Bereich ist deshalb besonders schwierig, weil Nomen manchmal nicht als Nomen gebraucht und andere Wörter, die von Haus aus keine Nomen sind, als Nomen verwendet werden.

■ *Sie kam abends zu spät nach Hause. Er liebte Schwimmen und Joggen.* □

Hier wird jetzt mehr großgeschrieben als vor der Reform. Grammatische Gesichtspunkte spielen eine größere Rolle als früher: Finden sich begleitende Artikel, Präpositionen oder Adjektive oder lassen sie sich hinzufügen? Ist das Wort Kern eines Satzglieds? Wenn das der Fall ist, geht man in der Regel davon aus, dass es sich um ein Nomen handelt, das folglich großzuschreiben ist.

Nomen in festen Wendungen, vor allem mit Präpositionen und Verben:

Nomen in festen Wendungen werden großgeschrieben.

■ Es heißt z.B. *in Bezug auf, mit Bezug auf, zu Grunde* (auch: *zugrunde*), *auf Seiten* (auch: *aufseiten*); *Rad fahren, Angst machen, Schuld geben.* □

▼ Allerdings: In Verbindung mit Formen der Verben *sein, bleiben, werden* gelten *Angst, Bange, Gram, Leid, Pleite* und *Schuld* als Adjektive, die man kleinzuschreiben hat: *Mir wird angst. Er ist pleite.* ▽

Zeitangaben

Werden Zeitadverbien wie *heute, gestern, morgen* mit *Morgen, Mittag, Abend* usw. verknüpft, schreibt man: *Ich komme heute (am) Mittag, morgen (am) Abend, übermorgen (am) Nachmittag.*

▼ *Morgens, abends* usw. aber sind in Sätzen wie *Ich schlafe morgens aus* Adverbien, die man kleinschreiben muss. ▽

Als Nomen gebrauchte Adjektive

Seit der Reform schreibt man *im Folgenden, im Allgemeinen, im Übrigen, im Einzelnen, im Wesentlichen, im Großen und Ganzen.* Feste Verbindungen aus Präpositionen und nicht deklinierten Adjektiven ohne vorausgehenden Artikel können aber weiterhin kleingeschrieben werden.

■ *vor/seit/binnen kurzem, von nahem/weitem, bei/von weitem, ohne/bis auf weiteres, von neuem* □

Bezeichnungen für Sprachen schreibt man groß, wenn man sie (manchmal mit Präpositionen) als Satzglieder auffassen kann.

■ *Sie lernt Englisch (was?). Sie ist gut in Französisch (worin?).* □

Sind Superlative Kerne von Satzgliedern, schreibt man sie groß.

■ *Das ist das Beste, was du tun kannst.* □

▼ Allerdings kann man manchmal mit *wie?* fragen, sodass der ›Charakter‹ des Adjektivs erhalten bleibt.

■ *Wir haben uns aufs beste (wie?) unterhalten.* Deshalb kann man hier auch kleinschreiben. □ ▽

Fasst man Wörter wie *einzeln, einzig, weiter* als unbestimmte Zahladjektive, dann gilt, dass man sie einzeln oder in den folgenden Sätzen großschreiben muss.

■ *Der Einzelne zählt dort nichts. Sie ist die Einzige, die gewonnen hat. Alles Weitere wird sich ergeben.* □

Kleingeschrieben werden können aber Formen von *viel, wenig, ein* und *ander.*

■ *Sehr viele haben das getan. Nur wenige können da mithalten. Der eine sieht das so, der andere so.* □

Nominalisierte Ordnungszahlen schreibt man groß.

■ *Den Ersten beißen die Hunde nicht. Als Zweiter ist man auch schon der Depp. Der Vorletzte bekommt noch einen Trostpreis.* □

Kardinalzahlen aber soll man kleinschreiben.

■ *Ich zähle jetzt bis dreizehn. Die ersten vier kommen in die nächste Runde.* □

Adjektive auf *-(i)sch, -istisch* werden kleingeschrieben, Adjektive auf *-er,* die von geografischen Namen abgeleitet sind und die nicht deklinierbar sind, schreibt man aber groß.

■ *die goethesche Lyrik; das Leipziger Allerlei, der Aachener Bahnhof* □

Eigennamen und Fachbegriffe

Bei Eigennamen wie *Lisa, Franz Beckenbauer* usw. ist die Schreibung klar. Probleme bereiten aber Mehrteiler: Soll man sie als Eigennamen bzw. Fachbegriffe auffassen oder nicht?

▼ Mehrteilige Titel wie *Erster Bürgermeister, Heiliger Vater, Technischer Direktor* schreibt man groß, auch Bauwerke wie den *Schiefen Turm von Pisa* und Regionen wie den *Nahen Osten.* Bei mehrteiligen Fachbegriffen ist oft sowohl Groß- als auch Kleinschreibung des Adjektivs erlaubt: *das Bürgerliche/bürgerliche Trauerspiel, die Gelbe/gelbe Karte, der Goldene/goldene Schnitt.* ▽

Zeichensetzung: das Komma

Das K. macht die grammatische Gliederung des Satzes, des Satzgefüges, der Satzreihe deutlich.

Das Komma in Reihungen und Aufzählungen

Es steht zwischen einzelnen gereihten Wörtern (*Vater, Mutter, Kind*), gereihten Wortgruppen (*Mann mit Bart, Frau mit Hut, Kind mit Mütze*) und Sätzen einer Satzreihe (Laura ist gründlich, Hannah ist witzig). Werden diese Wörter, Wortgruppen und Sätze durch Konjunktionen wie *und, oder, sowie, beziehungsweise* verbunden, steht kein Komma.

▼ Allerdings: Reiht man selbstständige Sätze einer Satzreihe aneinander, **kann** man ein Komma setzen, um die Gliederung der Reihe deutlich zu machen: *Das Feuer brannte endlich (,) und sie machten es sich gemütlich.* ▽

- Bei *Er sah Ina und ihre Freundin war auch da* ist ein Komma sinnvoll, weil der Leser *und ihre Freundin* sonst zunächst für ein Objekt von *sehen* halten könnte. □

Gereihte Adjektive werden nur durch K. getrennt, wenn sie gleichgeordnet sind. Man kann sie dann vertauschen und durch *und* verbinden. Manchmal ist die Schreibung mit und ohne K. sinnvoll, dann ist aber die Bedeutung unterschiedlich.

- Bei *die dritte bissige Bemerkung* sind auch die ersten beiden bissig gewesen, bei *die dritte, bissige Bemerkung* ist es nur die dritte. □

Das Komma in Satzgefügen

Das K. trennt Haupt- und Nebensatz, wobei nebensatzwertige Konstruktionen mit Infinitiven, Partizipien und Adjektiven eine Sonderrolle spielen. Ist ein Nebensatz **eingeschoben,** dann wird er von zwei K. eingerahmt. Das gilt auch für Appositionen.

- *Das, was ich will* (Nebensatz), *kannst du mir nicht geben. Karl, unseren besten Mann* (Apposition), *haben sie schwer gefoult.* □

Das K. trennt **gleichgeordnete** Nebensätze, wenn sie nicht durch eine Konjunktion verbunden sind, und Nebensätze, die einander untergeordnet sind.

- *Den Traum, den ich habe, den ich nicht vergessen kann, will ich verwirklichen* (gleichgeordnet). *Ich will, dass man Ina, die es schwer hat, akzeptiert* (untergeordnet). □

Satzwertige Infinitivgruppen

Infinitivgruppen, die mit *um, ohne, statt, anstatt, außer* oder *als* eingeleitet werden, müssen mit einfachem bzw. paarigem (doppeltem) Komma abgegrenzt werden.

- *Sie öffnete das Fenster, <u>um frische Luft hereinzulassen</u>. Ihm fiel nichts Besseres ein, <u>als sie zu entlassen</u>. Er ging, <u>statt auf sie zu warten</u>, sofort nach Hause.* □

Ein Komma muss man auch setzen, wenn die Infinitivgruppe von einem Wort abhängt:

- *Er freute sich **darauf**, die Siegerin ehren zu dürfen.*
  *Er fasste **den Plan**, heimlich abzureisen. Anna liebte **es**, lange auszuschlafen.* □

In allen anderen Fällen müssen Infinitivgruppen nicht durch Komma abgegrenzt werden:

- *<u>Die Autobahn zu verlassen</u> ist nicht ratsam. René hat nicht erwartet <u>doch noch zu gewinnen</u> und er freut sich jetzt sehr.* □

Man **kann** aber ein Komma bzw. zwei Kommas setzen, wenn man die Gliederung des Satzes deutlich machen bzw. Missverständnisse ausschließen will.

- *René hat nicht erwartet, <u>doch noch zu gewinnen</u>, und zu feiern gibt es jetzt einiges.* □

Das Komma bei direkter Rede

Auch hier hat die Reform einige Änderungen erbracht. Steht der übergeordnete Satz nach der direkten Rede, muss immer ein K. gesetzt werden. In der direkten Rede gibt es dann zwar Frage- und Ausrufezeichen, nicht aber den Punkt.

- *»Bleibst du?«, fragte sie. »Nein, ich gehe«, sagte er. »Schade!«, sagte sie.* □

Worttrennung am Zeilenende

Die Hauptregel lautet: Man trenne Wörter so, wie sie sich bei langsamem Lesen in Silben zerlegen lassen. Einfache Vokalbuchstaben werden nicht abgetrennt.

- *Kis-te, Schus-ter, has-tig; Stri-cke, lo-cker, di-cker, Ei-er, na-iv,* □

Wenn zwischen Vokalbuchstaben mehrere Buchstaben für Konsonanten stehen, dann kommt bei der Trennung nur der letzte Konsonantenbuchstabe auf die neue Zeile:

■ *Hop-fen, leug-nen, Karp-fen, knusp-rig* □

3.3 Stil und Stilistik

Bezogen auf Schriftliches, kann der S. (griech. stylos, lat. stilus – u. a. Griffel, dann auch Schreibart, Ausdrucksweise) aufgefasst werden als Resultat einer mehr oder weniger bewussten Wahl zwischen verschiedenen Möglichkeiten der Formulierung. Aus Untersuchungen der Arten und der Häufigkeiten stilistischer Mittel lassen sich Aussagen über den **Individualstil** eines Autors gewinnen.

■ So gehört zum Stil HÖLDERLINS, dass er in seinen Gedichten die Reihenfolge der Satzglieder besonders kunstvoll variiert. KLEIST konstruiert sehr komplexe Satzgefüge. □

Den gemeinsamen Nenner der Schreibweisen von Autoren, die einer Epoche zugeordnet werden, bezeichnet man als **Epochalstil.**

Geschichte

In der antiken Rhetorik (↗S. 95 f.) wurde gefordert, dass eine (schriftlich vorliegende) Rede in erster Linie **angemessen** (lat. aptum) sein müsse, und zwar im Hinblick auf den Gegenstand, das Publikum und das Ziel der Rede. Sie sollte grammatisch korrekt, verständlich und mehr oder weniger ›geschmückt‹ sein (↗rhetorische Figuren, S. 98 ff.). Im Zentrum der Überlegungen stand die **Wirkung.** Noch Anfang des 18. Jahrhunderts meinten einige Theoretiker, die richtige Wirkung ließe sich nur dann erzielen, wenn man über Herrscher im ›hohen‹, pathetischen Stil, über Krieger in einem ›mittleren‹ und über Bauern oder Schäfer in einem ›niedrigen‹ Stil schreibe.

■ Was damit gemeint war, lässt sich an einem Teil unseres Wortschatzes zeigen: *Antlitz – Gesicht – Visage; züchtigen – schlagen – verdreschen; schreiten – gehen – latschen.* □

Diese Bindung der Stil›höhe‹ an eine bestimmte soziale Gruppe ist längst aufgegeben worden. Ein Restbestand findet sich noch in Form der Unterscheidung von brieflichen Anrede- und Grußformeln (↗S. 123 f.). Gegen Ende des 18. Jh. wird S. nicht mehr als eine Summe von ›Vorschriften‹ zum wirkungsvollen Reden und Schreiben, sondern als Ausdruck der Individualität des Schreibers bzw. Redners aufgefasst. Heutzutage warnen Stilratgeber vor einem pathetischen, als schwülstig empfundenen S. Sie setzen auf einen S. der Sachlichkeit, betonen aber auch, dass es auf die jeweilige Textsorte ankomme. Stilistische Ratschläge sind immer Werturteile, die strittig sein können.

Wortschatz

In vielen Ratgebern zum ›guten Stil‹ wird vor einem häufigen Gebrauch von **Fremdwörtern** gewarnt. Sie seien dann zu vermeiden, wenn sie durch ›einheimische‹ Wörter ersetzt werden können. Andernfalls seien sie nur zu verwenden, wenn man davon ausgehen kann, dass sie allgemein verständlich sind. Trifft das nicht zu, solle man sie nutzen, dann aber auch erläutern. Der häufige Gebrauch von Fremdwörtern lasse nicht auf Bildung, allenfalls auf ›Halbbildung‹ schließen, mit der man angeben wolle.

Weithin einig ist man sich darin, dass ›**Modewörter**‹ (↗ Neologismen, S. 98) vermieden werden sollten.

- Immer wieder werden genannt *fantastisch, echt, sagenhaft, irre,* Übertreibungen also, wie sie sich immer neu vor allem in der Jugendsprache (↗ S. 125) finden. □

Über lange Zeit machten bekannte S.-Lehrer schließlich gegen den Gebrauch von Adjektiven Front. Sie gingen davon aus, dass es sich hier nur um schmückendes Beiwerk handle. Diese Ansicht mag vor allem bei ›barocken‹ Adjektivhäufungen zutreffen.

- *das schöne, kluge, überaus anmutige, zartgliedrige Mädchen* □

Verallgemeinert man sie aber, wird sie falsch.

Syntax

Empfohlen wird in der Regel, Sätze eher kurz zu halten, vor allem Hauptsätze und ab und an Satzgefüge zu verwenden. Andere sind der Auffassung, dies laufe auf einen Telegrammstil hinaus, der den Leser schnell langweile. Einig ist man sich aber in der Ablehnung von Schachtelsätzen. **Schachtelsätze** sind Fälle von Hypotaxe (↗ S. 45) mit mehrfach untergeordneten und in den Hauptsatz eingebetteten Teilsätzen:

- *Er ging mit seiner Frau, die er am Bahnhof abgeholt hatte, wo sie verspätet angekommen war, weil die Lok defekt war, nach Hause.* □

Viele plädieren gegen einen **Nominal-** und für einen **Verbal-S.**, wobei sie aber zugeben, dass Nominalisierungen (Substantivierungen) nicht pauschal abgelehnt werden sollten.

- Statt *Der Gebrauch von Nominalisierungen sollte nicht in übertriebener Häufigkeit erfolgen* heißt es besser *Nominalisierungen sollten nicht zu häufig gebraucht werden.* □

3.4 Rhetorik

R. ist zunächst die Kunst (griech. techne, lat. ars) der Herstellung eines wirkungsvollen Textes bzw. einer wirkungsvollen Rede. Dabei ist ›Kunst‹ nicht im heute üblichen Sinn zu verstehen, sondern weitgehend als ein System von Regeln, das man klug auf die jeweilige Redesituation anzuwenden hat.

Geschichte

Die Geschichte der R. beginnt auf Sizilien und in Athen im 5. Jh. vor unserer Zeit, jeweils nach dem Ende der Herrschaft von Tyrannen. So wurden in Athen Volksgerichte eingesetzt, die aus mehreren hundert, von Fall zu Fall per Los bestimmten Menschen bestanden. Soweit die Parteien im Prozess Bürger mit vollen Rechten waren, mussten sie ihre Sache selbst vertreten. Über diese **Gerichtsrede** hinaus erörterten die Rhetoriker die **politische Rede** vor der Volksversammlung und die **Festrede**, bei der es vor allem um das Lob (oder auch den Tadel) einer Person ging.

Vor allem bei Gericht und in der Politik war die Rhetorik ein Instrument im Kampf der Parteien, und schon früh äußerten Kritiker wie PLATON, den Rhetoren gehe es nicht um Wahrheit, sondern darum, etwas als wahrscheinlich darzustellen, auch wenn es nicht wahr sei, und etwas Wahres als unwahrscheinlich abzutun. Da sie beim Publikum nur auf die Erregung von Gefühlen (Affekten) zielten, müsse man sie als Philosoph bekämpfen. ARISTOTELES dagegen, Platons Schüler, schrieb selbst eine *Rhetorik*. Für ihn besteht die rhetorische Kunst darin, die im jeweiligen Redegegenstand selbst liegenden Überzeugungsmöglichkeiten zu finden; dabei setzt er v.a. auf den argumentativen Gebrauch von Sätzen, die allen, den meisten oder wenigstens den ›Weisen‹ als wahr erscheinen. Er geht aber davon aus, dass Argumente allein nicht hinreichen. Der Redner müsse auch sein eigenes Ansehen, seine Würde in die Waagschale werfen und darüber hinaus versuchen, die Zuhörer zu Leidenschaften hinzureißen, sodass sie sich leichter überzeugen lassen.

Als einer der bedeutendsten Redner und als besonders wirkmächtiger Theoretiker der römischen Antike hat CICERO eine Reihe von Texten verfasst. Er postuliert, ein Redner habe dem Ideal einer umfassenden Bildung und einer tugendhaften Lebensführung zu folgen. Von QUINTILIAN stammt die umfangreichste Schrift, die in der Antike jemals in pädagogischer Absicht über die R. geschrieben wurde. Seine *Ausbildung des Redners* umfasst insgesamt zwölf Bücher. Wie Cicero postuliert auch Quintilian, dass ein guter Redner umfassend gebildet sein, sich insbesondere auch mit Fragen der (philosophischen) Ethik auseinandergesetzt haben müsse. Er systematisiert die notwendigen Voraussetzungen: natürliche Anlage (natura), Lernen der rhetorischen Theorie (ars), Fleiß (studium), Übung (exercitatio) und Nachahmung (nicht Kopie) anerkannter Vorbilder (imitatio).

Wie Cicero weist er darauf hin, dass der Redner wie auch der Dichter je nach Wirkungsabsicht und Thema zwischen drei **Stilarten** zu wählen habe: einem niederen (genus humile), einem mittleren (genus medium) und einem hohen Stil (genus grande). Will er nur belehren (docere), ist eine niedere Stilart vordringlich, die lexikalisch und syntaktisch eher schlicht ist. Will er vor allem unterhalten (delectare), soll er primär einen mittleren Stil pflegen, wobei er u.a. sparsamen Gebrauch von rhetorischen Figuren (↗S. 97ff.) machen kann. Das höchste Ziel ist die emotionale Erschütterung der Zuhörer (movere) im dominant hohen Stil, zu dem u.a. ein ›erlesener‹ Wortschatz und ein massiver Einsatz von Figuren gehören. Gestaltet ein Dichter ein Epos oder eine Tragödie, ist er auf den hohen Stil verwiesen; ein Hirtengedicht oder eine Komödie dagegen soll in der niederen Stilart verfasst werden.

Nach dem Ende der römischen Republik wurden die Gerichts- und die politische Rede in der Kaiserzeit weitgehend funktionslos und die **Lobrede** stieg zur bedeutendsten Gattung auf, was sich auch im christlichen Mittelalter nicht änderte. Neu ausgearbeitet wurden aber rhetorische Predigtlehren und Regeln, die das wirkungsvolle Abfassen von Briefen und Urkunden betrafen. Bis zum Barock und zur Frühaufklärung bleibt das rhetorische Modell der Textherstellung unangefochten – auch im Hinblick auf die Dichtung.

So schrieb MARTIN OPITZ in seinem *Buch von der deutschen Poeterey* (1624): *»Dienet also dieses alles zue ueberredung und unterricht auch ergetzung der Leute; welches der Poeterey vornemster zweck ist.«* Auch er propagiert noch die Lehre von den drei Stilarten; vom Unbedeutenden sei anspruchslos, vom Mittelmäßigen gemäßigt und vom Großen (z.B. in der Tragödie) erhaben zu reden (vgl. ↗S. 191).

Mehr und mehr erschien jedoch das ›erhabene‹ Reden als schwülstig, ja als lächerlich. Gegen das ›weitläufige Gewäsch‹ wendet sich der Aufklärer JOHANN CHRISTOPH GOTTSCHED und beharrt auf der These, dass das wichtigste Kapitel der Redekunst die Lehre von den Beweisgründen, also eine Theorie des Argumentierens (↗S. 81ff.) sei. Da auch Gottsched daran festhält, dass sich der Dichter an **Regeln** zu halten habe, wird er von

den ›Stürmern und Drängern‹ als ›Regelpoet‹ gescholten, von dem sich das dichterische **Genie** nichts vorschreiben lasse (vgl. ↗ S. 208).
Zwar lebt die Rhetorik im Lehrbetrieb weiter fort, aber der mit ihr über viele Jahrhunderte hinweg verbundene Anspruch, ein verbindliches Modell der **Herstellung** von Texten aller Art liefern zu können, ist seit dem Ende des 18. Jh. erschüttert.
Heute zielt man mit rhetorischen Begriffen in erster Linie auf die **Analyse** von Texten. Im Zentrum des Interesses stehen dabei die rhetorischen Figuren.

Rhetorische Figuren

Schriftliche und mündliche Äußerungen können als Ergebnisse einer Auswahl unter Formulierungsalternativen verstanden werden. R.F. (lat. figura – plastisches Gebilde) gelten als Resultate einer in besonders hohem Maß geplanten Auswahl. Oft laufen sie auf eine kalkulierte Abweichung vom normalen Sprachgebrauch hinaus, mit der Verschiedenes erreicht werden soll.
R.F. hat man viele Funktionen zugeschrieben: Sie dienen der Variation des Stils und sollen auf diese Weise der Langeweile vorbeugen. Sie können auch zur Veranschaulichung beitragen und – wie der wiederholte Reim – dazu, dass man etwas besser behält. Metaphern (↗ S. 101 f.) z.B. haben auch eine Erkenntnisfunktion. Sie beeinflussen die Art und Weise, wie wir die Welt ›sehen‹.
In der Geschichte der Rhetorik wurde schließlich immer wieder betont, dass die r.F. vor allem als möglichst glaubwürdiger Ausdruck von Gefühlen (Affekten) zu verstehen sind.
Theoretiker der Rhetorik haben oft versucht, **Systeme** von Figuren zu konstruieren. Dabei kam es zu Hunderten von Bezeichnungen, wobei aber die Kriterien der Einteilung oft dunkel blieben. Die Schwierigkeiten haben u.a. mit der Unklarheit darüber zu tun, wie die sprachliche ›Normallage‹ beschaffen ist, von der abgewichen wird. Im Folgenden wird nur ein kleiner Teil der Figuren genauer erläutert.

Lautfiguren

Zu den L. gehören Alliteration, Assonanz und Reimformel.

Alliteration

A. (lat. ad – zu; littera – Buchstabe; neulat. alliteratio) liegt vor, wenn in mehreren benachbarten Wörtern der Anlaut wiederholt wird:

■ *mit Kind und Kegel, mit Mann und Maus, dunkle Dinge* □

Assonanz

Wenn die Vokale (einschließlich der Diphthonge) zweier einsilbiger Wörter oder von mehrsilbigen Wörtern in der jeweils letzten betonten Silbe wiederholt werden, handelt es sich um eine A.

■ *rot, Ton; verwegen, erheben* □

Reimformel

Bei der R. wiederholen sich die Reime der betonten Silben (↗ S. 23 f.) zweier Wörter, also Kern und Endrand:

■ *Sonne, Wonne; Klang, Gesang* □

Wortfiguren

Bei den W. – Neologismus, Archaismus, Geminate, Anapher – geht es zum einen um ungewöhnliche Wörter und zum anderen um die kunstvolle Wiederholung von Wörtern an bestimmten Positionen in (Teil-)Sätzen und Satzfolgen.

Neologismus

N., Pl. Neologismen (griech. neos – neu; logos – Wort), ist eine Wortneuschöpfung, die auf verschiedenen Wegen zustande kommen kann, z. B. durch Vorschaltung eines Präfixes (↗S. 40 f.), durch Komposition und Formen der Tilgung.

■ *misslustig, unverliebt, untervoll* (Präfixe); *Wolkengefühl, Brunfttag* (Komposition); *Alphabeten, brunch* (aus *breakfast* und *lunch*), *Kurlaub* (Komposition und Tilgung) □

Archaismus

A., Pl. Archaismen (griech. archaios – alt, altertümlich), ist eine Abweichung auf lexikalischer Ebene, wobei ein Wort, eine Wortform gewählt wird, das/die nicht mehr zum aktuellen Wortschatz gehört.

■ *Minne* (statt *Liebe*), *stund* (statt *stand*), *Buhlin* (statt *Freundin*) □

Geminate

G., Pl. Geminaten (lat. geminatio – Verdopplung), nennt man die Wiederholung von Wörtern in unmittelbarer Nachbarschaft.

■ *<u>Mutter</u>, <u>Mutter</u>, warum hast du das getan?* □

Anapher

Um eine A., Pl. Anaphern (griech. anaphora – Rückbeziehung, Wiederaufnahme), handelt es sich, wenn ein Wort oder eine Wortgruppe in der Position am Anfang eines Satzes oder Teilsatzes in einem weiteren Satz oder Teilsatz am Anfang wiederholt wird.

■ *<u>Meine Partei</u> hat schon immer gesagt, dass es so nicht weitergeht. <u>Meine Partei</u> hat damit Recht behalten.* □

Epipher

Eine E. (griech. epiphora – Zugabe) ist gegeben, wenn die Wiederholung am Ende eines Satzes oder Teilsatzes steht.

■ *Doch alle Lust will <u>Ewigkeit</u>, will tiefe, tiefe <u>Ewigkeit</u>.* (Friedrich Nietzsche) □

Syntaktische Figuren (Satzbaufiguren)

Figuren dieses Typs lassen sich als Abweichungen von der normalen Konstruktion eines Satzes bestimmen, und zwar durch kunstvolle Wiederholung, Tilgung oder Umstellung.

Parallelismus

Ein P., Pl. Parallelismen (griech. parallelos – in gleicher Richtung und gleich bleibendem Abstand nebeneinanderverlaufend) liegt vor, wenn eine (ungewöhnliche) Reihenfolge der Satzglieder wiederholt wird.

■ *Köpfe frisiert Herbert, Autos repariert Karl und Straßen fegt Hans.* □

Ellipse

Von einer E. (griech. elleipsis – das Auslassen, Mangel) spricht man, wenn getilgt wird, was grammatisch eigentlich notwendig ist. Das Weggelassene kann der Leser/Hörer aber ohne Schwierigkeiten ergänzen.

■ *Mann schlug Hund.* (fehlende Artikel)
Wieder kein Tor! (fehlendes Prädikat)
Füllest wieder Busch und Tal
Still mit Nebelglanz,
Lösest endlich auch einmal
Meine Seele ganz. (fehlendes Subjekt) □

Inversion

Bei einer I. (lat. inversio – Umstellung) wird die als normal angesehene Abfolge der Satzglieder bzw. die übliche Stellung von Attributen nicht eingehalten, wobei man nicht Zufall oder Fehler, sondern Absicht unterstellt.

■ Statt *Der Jäger jagt den Hirsch* heißt es z. B. *Der Jäger den Hirsch jagt,* statt *rotes Röslein* steht *Röslein rot.* □

Syntaktisch-semantische Figuren

S.-s. Figuren lassen sich nur bestimmen, wenn Gesichtspunkte der Anordnung sprachlicher Zeichen (Syntax) mit Aspekten ihrer Bedeutung (Semantik) verknüpft werden.

Solche Figuren sind der antithetische Parallelismus bzw. die Antithese, Chiasmus, Pleonasmus, Tautologie, Klimax, Oxymoron und Paradoxon.

Antithetischer Parallelismus bzw. Antithese

Bei einem a. P. bzw. bei einer A. (griech. anti – gegen etwas gerichtet; thesis – Behauptung, Ausspruch) liegt sowohl ein syntaktischer Parallelismus als auch ein Bedeutungsgegensatz (↗S. 69) vor.

■ *Zeigt mir der <u>Freund</u>, was ich <u>kann</u>, lehrt mich der <u>Feind</u>, was ich <u>soll</u>.* (SCHILLER) □

Chiasmus

Der C. (nach griechischen Buchstaben χ = Chi) lässt sich als eine Konstruktion verstehen, die syntaktisch auf einer Kombination von Wiederholung und Verschiebung beruht, semantisch auf einem Bedeutungsgegensatz (↗S. 69).

■ *Die Stadt ist groß, und klein ist das Gehalt.* (ERICH KÄSTNER) □
Hieße es *Die Stadt ist groß, das Gehalt ist klein,* läge eine Antithese vor.

Pleonasmus und Tautologie

Im typischen Fall eines P., Pl. Pleonasmen (griech. pleonasmos – Überfluss), tritt ein Wort auf, das keine neue Information bringt, insofern seine Bedeutung bereits in einem anderen Wort enthalten ist.

Zu einer T. (griech. tauto – dasselbe, logos – Wort) wird ein Pleonasmus in der Form eines Satzes.

■ *die <u>weibliche</u> Frau, die <u>vollständige</u> Ganzheit. Die Ganzheit des Kosmos umfasst alles. Die Reform brachte Neues.* □

Gerade in diesem Feld ist der Grat zwischen fehlerhaftem und rhetorischem Formulieren sehr schmal. Oft entscheidet der Kontext. Wer z. B. von einer ›weiblichen Frau‹ schreibt, meint womöglich, dass sie einige Eigenschaften hat, die viele ›besonderen‹ Frauen zuschreiben, z. B. Einfühlsamkeit oder Attraktivität. Legt der Kontext diese Deutung nahe, wird man diese Formulierung nicht als fehlerhaft ansehen.

Klimax

Eine K. (griech. Steigleiter) ist eine mindestens dreiteilige Reihe von Wörtern oder Sätzen. Vom ersten zum dritten Teil wächst die Intensität, Spannung usw. Die Klimax kann so gestaltet sein, dass wenigstens zwei Elemente wiederholt werden.

■ *Mein Schlaf ist Träumen,*
mein Träumen Sinnen,
mein Sinnen Walten des Wissens. (RICHARD WAGNER) □

Im einfacheren Fall kommt man ohne Wiederholung aus.

■ *Ich bitte Sie, beschwöre Sie, flehe Sie an.* □

Oxymoron

Bei einem O., Pl. Oxymora (spitzfindiger Gedanke, dessen Ausdruck zunächst töricht erscheint, von griech. oxys – scharf; moros – dumm, einfältig), werden Wörter (vor allem Adjektive und Nomen) oder auch Teile eines Kompositums miteinander kombiniert, deren Bedeutungen gegensätzlich sind. So entsteht dem ersten Anschein nach ein logischer Widerspruch.

■ *dummschlau, bittersüß, schwarze Milch* (PAUL CELAN), *weiser Narr, Angstlust* □

Paradoxon

Auf Satzebene nennt man die Verknüpfung gegensätzlicher Gedanken P., Pl. Paradoxa (griech. para – gegen; doxa – Ansicht, Meinung). Mit dem P. arbeiten v. a. literarische Formen wie Witz und Aphorismen (↗ S. 202).

■ *Der Tod ist das wahre Leben. Fair is foul, and foul is fair.* (SHAKESPEARE) *Was du ererbt von deinen Vätern hast, erwirb es, um es zu besitzen.* (GOETHE) □

Semantische Figuren

Bei diesen Figuren ist die wörtliche Bedeutung von der eigentlich beabsichtigten zu unterscheiden, wofür man als Hörer/Leser oft Kontextinformationen braucht. Die meisten semantischen Figuren lassen sich als Ergebnisse einer Ersetzung auffassen. Für diese Gruppe von Figuren ist auch das Fachwort **Tropus,** mask., Pl. die Tropen (griech. tropos – Wendung), gebräuchlich. Zu den s. F. zählen Ironie, Euphemismus, Litotes, Hyperbel sowie Metapher, Allegorie, Katachrese und Metonymie, Synekdoche, Symbol, des Weiteren die Figuren der Publikumsansprache.

Ironie

Bei der I. (griech. eironeia – Verstellung im Reden) wird das eigentlich Gemeinte durch einen mehr oder weniger komplexen Ausdruck ersetzt, sodass sich ein Bedeutungsgegensatz ergibt.

■ *Das ist eine schöne Bescherung* (statt *ein Missgeschick*). *Du bist entzückend* (statt *gemein*). *Mach immer nur weiter so!* (statt *Hör auf damit*). □

Euphemismus

Als ein Spezialfall der Ironie lässt sich der E. (griech. euphemia – Wohlreden) auffassen. Ein E. ist ein beschönigender Ersatz.

■ Statt *Er ist gestorben* heißt es *Er ist heimgegangen*, statt *Stagnation der Wirtschaft* sagt man *Nullwachstum*, aus dem *Bummelzug* wird ein *Regionalexpress.* □

▼ Ob im Einzelfall ein E. vorliegt, kann Ansichtssache sein. So nimmt ein gläubiger Christ an, dass es nichts Beschönigendes an sich hat, wenn man vom Heimgang eines Toten (zu Gott) spricht. ▽

Litotes

Die L. (griech. Einfachheit) ist mit dem Euphemismus eng verwandt. Hier wird ein Ausdruck durch die Negation seines Gegenteils ersetzt:

■ *Er ist nicht gerade klein* (statt *groß*). *Das war keine Ruhmesleistung* (statt *eine schlechte Leistung*). □

Hyperbel

Eine H. (griech. hyperbole – Übertreibung) ist eine übertreibende Bezeichnung, die u.a. dem Ausdruck eines starken Gefühls dienen kann.

■ *Du bewegst dich ja in einem Schneckentempo. Ich bin todmüde. Tausendmal habe ich sie gewarnt.* □

Metapher

Die M. (griech. metaphora – Übertragung) gilt seit Beginn der Rhetorik als Königin der rhetorischen Figuren. In einem bestimmten sprachlichen Kontext bzw. in einer bestimmten Situation wird ein ›eigentlicher‹ Ausdruck durch einen ›uneigentlichen‹ ersetzt, wobei der ersetzende und der ersetzte Ausdruck einige gleiche oder ähnliche Bedeutungsmerkmale (↗S. 67) aufweisen. Deshalb spricht man oft auch von einem ›verkürzten Vergleich‹.

■ Statt *Peter ist listig wie ein Fuchs* (Vergleich) heißt es (metaphorisch) *Peter ist ein richtiger Fuchs.*

Weil *Peter* u.a. das Bedeutungsmerkmal [+ menschlich] hat, *Fuchs* aber [– menschlich], ist dieser Satz wörtlich gemeint falsch. Der Leser/Hörer kann ihn nur verstehen, wenn er annimmt, dass der Schreiber/Sprecher bewusst gegen semantische Regeln verstößt. □

M. bezeichnen oft sinnlich Wahrnehmbares, sie können neue, zunächst überraschende Einsichten bewirken, z.B. deshalb, weil sie uns auf Ähnlichkeiten hinweisen, die wir nie zuvor bemerkt haben.

Metaphorisch gebraucht werden können Nomen, Adjektive und Verben.

■ *Fuchsschwanz* für *Handsäge* (Nomen); *<u>spitze</u> Bemerkung* (Adjektiv). *Er <u>martert</u> mich mit seinen Reden* (Verb). □

Manche früher als M. empfundene Ausdrücke sind uns nicht mehr als solche bewusst, sie sind **verblasst** oder auch **tot** und man kann sie im Lexikon nachschlagen.

■ *Atom<u>pilz</u>, <u>Fuß</u> des Berges, Glüh<u>birne</u>, Schrauben<u>mutter</u>, Verkehrs<u>fluss</u>* □

Andere M. sind zwar nicht ›tot‹, aber doch so allgemein gebräuchlich (konventionell), dass wir sie als **Klischees** auffassen.

■ *ein <u>goldiges</u> Kind, eine <u>schreiende</u> Farbe, eine <u>stürmische</u> Liebe, eine <u>flammende</u> Rede* □

Bei einer **kühnen Metapher** dagegen springt die Neuartigkeit der Konstruktion ins Auge.

■ So schreibt HÖLDERLIN von der *Asche meiner Freuden.*
Von kühnen Felsen rinnen Lichter nieder, die Täler zu ergründen. (C. BRENTANO) □
Lichter können nichts ergründen, nur Menschen. Diese M. ist die **Personifikation** (oder auch Anthropomorphisierung, griech. anthropos – Mensch). Dabei wird etwas, das eigentlich als nicht belebt gilt, als Belebtes, sogar Handelndes dargestellt, wie bei Brentano, bei dem Lichter Täler ergründen. Das Ergründen schreibt man ja normalerweise Menschen zu.

Eine **Synästhesie** (gr. synaisthesis – Zusammen-Wahrnehmung) liegt vor, wenn eine bestimmte Art der Sinneswahrnehmung (etwas, das zu hören, zu sehen, zu fühlen, zu riechen, zu schmecken ist) so dargestellt wird, dass man den Eindruck hat, verschiedene Wahrnehmungsformen würden ineinandergreifen bzw. miteinander verschmelzen.

■ Eine S. liegt z. B. vor, wenn HOFMANNSTHAL von *silbergrauem Duft* spricht. Duft ist zu riechen, Grau zu sehen. Man denke auch an den *weichen Tenor* (Tast- und Hörsinn) oder den *dunklen Alt* (Gesichts- und Hörsinn). □
In vielen Fällen hängt es vom jeweiligen Standpunkt ab, ob man Ausdrucksweisen als metaphorisch einstuft oder nicht.

■ Wenn es um Argumentieren (↗ S. 81 ff.) geht, sprechen wir z. B. davon, dass wir *verbalen Attacken ausgesetzt* sind, dass uns jemand *mundtot* machen wollte, dass wir uns nicht *verteidigen* konnten, dass wir einen *Gegenangriff* gestartet, mit einem Argument *ins Schwarze getroffen* haben. Werden hier Elemente des Wortfelds (↗ S. 42) *Krieg* auf einen anderen Bereich, das eigentlich friedliche Streiten, (metaphorisch) übertragen? Wer glaubt, dass das Ziel einer Argumentation eine Übereinkunft (ein Konsens) ist, wird das vielleicht bejahen, wer den Aspekt des Streits herausstellt, womöglich verneinen. □

▼ Dass die Metapher als rhetorische Figur der **Ersetzung** zu verstehen ist, wird heutzutage mehr und mehr bezweifelt. Würde sie im jeweiligen Kontext dasselbe bedeuten wie der (fehlende) Ausdruck, den sie ersetzt, sollte es keine Schwierigkeiten machen, diesen Ausdruck auch anzugeben. Das ist oft aber nicht möglich.

■ Wie lautet z. B. der ›eigentliche‹ Ausdruck, der durch Brentanos Metapher *der Mond der Schwermut* ersetzt wird? □
Einen einzigen zu nennen, wäre unangemessen. Viele Lesarten sind möglich. Gerade darauf beruht ein Teil des Reizes vieler literarischer Texte. ▽

Allegorie

Eine A. (griech. das Andersprechen) ist eine Folge von Metaphern, die sich über einen ganzen Text erstrecken, aber auch unterbrochen werden kann. Oft handelt es sich um eine Reihe von Personifikationen.

■ *Die Zwietracht flieht, die Donnerstürme schweigen, gefesselt ist der Krieg.* (F. SCHILLER)
In seinem Roman *Tom Jones* (1749) stellt HENRY FIELDING die Verliebtheit des Helden so dar: *Die Zitadelle Jones wurde jetzt im Handstreich genommen. Alle Bedenken der Ehre und Klugheit, die unser Held unlängst mit so viel militärischer Umsicht als Wache über den Zugang zu seinem Herzen eingesetzt hatte, desertierten von ihrem Posten, und der Liebesgott hielt triumphalen Einzug.* □

Katachrese

Bei einer K. (griech. katachresis – Missbrauch) werden mindestens zwei metaphorische Ausdrücke so miteinander verbunden, dass ein Bedeutungs›bruch‹ entsteht. Insofern zielt man mit einer K. auf einen komischen Effekt.

- *Die konjunkturelle Talsohle ist nur die Spitze eines Eisbergs. Wenn alle Stricke reißen, hänge ich mich auf. Der Zahn der Zeit wird über dieses Unglück Gras wachsen lassen.* □

Metonymie, Synekdoche, Symbol

Metonymie

M. (griech. metonymia – Umbenennung) meint, dass in einem bestimmten Kontext ein Ausdruck durch einen anderen ersetzt wird, der etwas bezeichnet, was in einer realen Beziehung zu dem steht, was der ›eigentliche‹ Ausdruck bezeichnet. Diese Beziehung kann z. B. die von Erzeuger und Produkt, aber auch räumlich oder zeitlich sein.

- Erzeuger und Produkt: *Ich kenne die Rolling Stones auswendig.* (Statt: *Ich kenne die CDs der Rolling Stones auswendig.*) *Sie müssen Brecht lesen.* (Statt: *Sie müssen die Werke von Brecht lesen.*) Räumlich: *Ich trinke ein Glas Schnaps.* (Statt: *Ich trinke den Inhalt.*) □

Synekdoche

Die S. (griech. das Mitverstehen) ist ein Spezialfall der Metonymie. Hier steht ein Teil für das Ganze (lat. pars pro toto) oder ein Ganzes für einen Teil.

- *Wir haben ein Dach über dem Kopf.* (Statt: *Wir haben eine Wohnung.*) *Sie haben nicht einmal ihr tägliches Brot.* (Statt: *Sie haben nicht genügend Nahrung.*) *Deutschland begrüßt die Initiative der USA.* (Statt: *Die deutsche Regierung begrüßt die Initiative der US-Regierung.*) □

Symbol

In der Semiotik (↗ S. 13), der allgemeinen Theorie der Zeichen, gelten sprachliche Zeichen als symbolisch. Von diesem allgemeinen Begriff ist der spezielle des rhetorischen **Symbols** (griech. symbolon – Merkmal, Kennzeichen) zu unterscheiden. Ein Symbol ist ein reales oder in einem literarischen Text ›gemachtes‹ (fiktives) Objekt, anhand dessen in einem bestimmten Kontext auf etwas anderes verwiesen werden soll.

- Wer z. B. *gewogen und zu leicht befunden wurde,* hatte es mit der *Waage der Gerechtigkeit* zu tun. □

Figuren der Publikumsansprache

Wer eine **rhetorische Frage** stellt, erwartet keine Antwort. Er unterstellt nämlich, dass die Antwort auf der Hand liegt.

- *Wie lange wollen wir diesem unseligen Treiben noch zusehen? – Wer kann schon sagen, wann die Arbeitslosigkeit massiv zurückgehen wird?* □

Der **rhetorische Zweifel** (lat. dubitatio) wird oft bemüht, wenn es darum geht, sich als Redner ›kleinzumachen‹, und wenn man den Eindruck vermitteln will, dass man andere Ansichten besonders ernst nimmt, bietet sich die rhetorische Figur der **Vorwegnahme** (lat. anticipatio, griech. prolepsis) an.

■ *Ich weiß gar nicht, wieso man gerade mich damit beauftragt hat, dieses große Thema hier vor Ihnen anzupacken* (rhetorischer Zweifel). *Vielleicht sagen Sie sich jetzt, dass man das auch ganz anders sehen kann./Gegen meine bisherige Argumentation könnte man nun geltend machen …* (Vorwegnahme) □

3.5 Sprachkritik

Sprachkritische Äußerungen beziehen sich meist nicht auf eine einzelne Sprache wie das Deutsche, sondern auf den Sprachgebrauch Einzelner oder von Gruppen, die der Kritiker nicht nur beschreibt, sondern auch bewertet. Dabei muss er sich notgedrungen auf Normen eines besseren, angemesseneren Sprachgebrauchs berufen.
Jeder hat gelernt, den Sprachgebrauch anderer zu kritisieren und auch selbst kritisiert zu werden. Insofern sind *alle* Sprachteilhaber auch Sprachkritiker.
Einige Philosophen und Literaten haben Sprachkritik in radikaler Absicht betrieben. Der britische Philosoph BERTRAND RUSSELL etwa ging zu Beginn des 20. Jahrhunderts davon aus, dass Wortschatz und Grammatik der Alltagssprache für die Gewinnung wissenschaftlich fundierter Ansichten über das ›Wesen der Wirklichkeit‹ nicht geeignet seien. Die alltagssprachlichen Ausdrücke seien z. B. oft vage (↗S. 65) und mehrdeutig (↗S. 65) und die einfache Subjekt-Prädikat-Struktur von Aussagesätzen verführe dazu, ›Substanzen‹ und ›Attribute‹ anzunehmen, die es gar nicht gebe. Deshalb brauche man für wissenschaftliche Zwecke eine **ideale** Sprache, die einer neuen Grammatik gehorcht, bei der man unmittelbar von der Form der Aussagen auf die Form der dargestellten Wirklichkeit schließen könne.
Der Schriftsteller HUGO VON HOFMANNSTHAL lässt in *Ein Brief* (1902) die Figur des Lord Chandos ein ›unerklärliches Unbehagen‹ verspüren, Wörter wie *Geist, Seele, Körper, Wahrheit* auch nur auszusprechen. Er möchte in ein neues, nicht durch die überkommene Sprache vermitteltes Verhältnis zu den Dingen treten, anfangen, ›mit dem Herzen zu denken‹. Eine Konsequenz könnte die Sprachlosigkeit, das Verstummen sein, eine andere die, als Einzelner eine neue Sprache erfinden zu wollen – ein aussichtsloses Unternehmen.
Verglichen mit solchen Positionen ist die gängige Sprachkritik nicht radikal. Im Hinblick auf ihre gesellschaftliche Wirksamkeit sind zwei, einander aber nicht ausschließende Felder besonders wichtig: die politische und die feministische Sprachkritik.

Politische Sprachkritik

Politische **Schlagwörter** werden häufig verwendet, sie sind Ausdruck politischer Einstellungen und zugleich Mittel der Beeinflussung von Denken, Gefühlen und Verhalten. In der politischen Auseinandersetzung sind sie eine ›Hauptwaffe‹. Der ›Kampf‹ geht u. a. darum, welche von **konkurrierenden Bezeichnungen** die angemessene ist.

■ Leben wir im *Kapitalismus* oder in einer *sozialen Marktwirtschaft*? Ist ein Endlager für radioaktive Abfälle ein *nuklearer Entsorgungspark* oder eine *Atommülldeponie*, handelt es sich um eine *Regierung der Mitte, eine Links- oder eine Rechtsregierung*? □

Die streitenden Parteien bemühen sich um das Wahlvolk u. a., indem sie versuchen, sich selbst **Fahnenwörter** (wie *Deutschland* und *Sozialstaat*) zuzuschreiben, hinter denen sich viele gleichsam versammeln können, und die Konkurrenten mit **Stigmawörtern** zu belegen. Umstritten sind vor allem die Bedeutungen von **Hochwertwörtern,** die für die meisten mit positiven Konnotationen (↗S. 66) verbunden sind.

- *Demokratie, Freiheit, Gerechtigkeit, Solidarität* (Hochwertwörter); *sozialistisch, rechtsaußen* (Stigmawörter) □
- In Parteiprogrammen z. B. werden zentrale Wörter nicht genauer definiert, sodass die Ziele oft als ›schwammig‹ erscheinen. Diese Schwammigkeit wird bewusst angestrebt, denn hält man die Programme bewusst vage, dann kann man – so die Erwartung der auf den Sprachgebrauch spezialisierten Politikberater – darauf setzen, dass die einzelnen Wählergruppen die jeweiligen Ausdrücke **selbst** mit den Inhalten verknüpfen, die mit ihren Interessen am besten zu vereinbaren sind. □
- Wer würde z. B. offen zugeben, dass er für *ungerechte* Verhältnisse eintritt? Das Hochwertwort *Gerechtigkeit* kann man aber auf viele Weisen näher bestimmen: Es kann z. B. *gerecht* sein, denjenigen stärker zu belohnen, der mehr leistet als andere. *Gerecht* ist es vielleicht aber auch, den stärker zu unterstützen, der schlechtere Startchancen hat. Würde *Gerechtigkeit* in den Parteiprogrammen genauer definiert, könnten einzelne Wählergruppen daraus den Schluss ziehen, dass diese Definition ihren Interessen nicht entspricht, und sich bei Wahlen entsprechend verhalten. □

Die Parteien versuchen, im Rahmen von semantischen Kämpfen dem Wahlvolk ihre Versionen der Bedeutung von Hochwertwörtern als die eigentlichen zu präsentieren. Hier geht es also nicht um Bezeichnungs-, sondern um **Bedeutungskonkurrenz.**

- Das Hochwertwort *Solidarität* z. B. spielte zunächst in der Arbeiterbewegung eine große Rolle. Die politisch und wirtschaftlich Schwächeren sollten sich solidarisch verhalten, denn nur so hätten sie eine Chance, ihre Interessen gegenüber den Mächtigen zur Geltung zu bringen. Gegen diese ›alte‹ Bedeutung machte z. B. die CDU Front, indem sie postulierte, dass das Gebot der Solidarität erst dann erfüllt sei, wenn es auch zwischen Machtungleichen und Interessengegnern gelte. □

Welche Bedeutung von *Solidarität* ist nun die ›eigentliche‹, die ›alte‹ oder die von der CDU vorgeschlagene? Die Frage ist falsch gestellt. Wer sprachkritisch argumentiert, wird niemandem das Recht bestreiten, für alte Ausdrücke neue Inhalte vorzuschlagen. Er wird aber auch prüfen, welche Interessen diesen Vorschlägen zugrunde liegen.

Feministische Sprachkritik

Seit den 1970er-Jahren wendet sich die f. S. gegen die Benachteiligung von Frauen, die auch einen sprachlichen Aspekt hat. Im Hinblick auf die Sprache als System (↗S. 13 ff.) geht es vor allem um die Personenbezeichnungen. Strittig ist, ob man grammatisch maskuline Formen wie *Schaffner, Schüler, Student* als inhaltlich neutral ansehen soll, ob Frauen also jeweils mitgemeint sind, oder ob man damit nur auf männliche Wesen verweist, Frauen demnach ausschließt. So behaupten die einen, *Schüler* sei ein Oberbegriff, mit dem man auf männliche und weibliche Wesen verweise. Zu diesem Oberbegriff gehörten zwei Unterbegriffe, nämlich *Schüler* und *Schülerin.* Nur diese Unterbegriffe hätten die Bedeutungsmerkmale ›männlich‹ bzw. ›weiblich‹. Die Formen des Oberbegriffs und des auf Männliches verweisenden Unterbegriffs seien zwar gleich. Daraus dürfe aber nicht geschlossen werden, dass man auch mit dem Oberbegriff nur auf Männliches Bezug nehme. Der f. S. zufolge ist diese Argumentation verfehlt. Was hier als Oberbegriff verstanden werde, sei nicht neutral.

- Ein Satz wie *Die Schüler haben vorgeschlagen, dass jeder seinen Anteil selbst bearbeiten soll* z.B. könne sich nur auf männliche Schüler, allenfalls eine gemischte Gruppe beziehen. □

Mittlerweile ist in vielen gesellschaftlichen Bereichen ein ›neuer‹ Sprachgebrauch akzeptiert, zum Teil sogar vorgeschrieben worden.

- So wählt man z.B. neutrale Bezeichnungen und spricht von *Studierenden* statt von *Studenten.* Oder man bezieht sich ausdrücklich auf beide Geschlechter (Splitting): *Lehrerinnen und Lehrer* (alternativ: *Lehrende*), *die Kundin/der Kunde.* Manche ziehen eine Schreibweise mit einem großen *I* vor *(die LäuferInnen, die SchülerInnen).* □

F.S. bezieht sich nicht nur auf das Sprachsystem, sondern auch auf den Sprachgebrauch, vor allem auf das sprachliche Handeln in Gesprächen. Anhand von Gesprächen in der Schule, der Universität, im Parlament und bei Gericht, in privaten Beziehungen und im Rahmen von Arzt/Ärztin-Patient/Patientinnen-Kommunikation untersuchte man u.a. die durchschnittlichen Redezeiten von Männern und Frauen, die Anzahl und Dauer ihrer Beiträge, ihre Zuhöreraktivitäten und ihren Umgang mit der jeweiligen Thematik, wobei vor allem interessierte, wer auf welche Weise Themen einführt, aufrechterhält und wechselt.

Die Ergebnisse dieser Untersuchungen sind nicht immer auf einen Nenner zu bringen. Einige Kritikerinnen gehen davon aus, dass es gleichsam zwei Gesprächskulturen gibt, eine männliche und eine weibliche.

- So hätten Frauen schon früh gelernt, z.B. Kritik nicht ›hart‹ zu formulieren, sondern eher vorsichtig andeutend. Deshalb würden männliche Gesprächsteilnehmer solche Beiträge von Frauen oft gar nicht als Kritik verstehen. Umgekehrt würden Frauen ›harte‹ Formulierungen von Männern als aggressiv deuten, obwohl die Männer selbst sie als Beiträge im Rahmen einer ›normalen‹ Auseinandersetzung ansähen. □

Andere sprechen nicht von zwei Kulturen, sondern davon, dass Männer eher auf die Demonstration von Macht und Frauen eher auf Kooperation unter Gleichen aus seien.

- Männer neigten eher zu Unterbrechungen, die auf ein Streben nach Dominanz hindeuten, sie gäben weniger unterstützende Rückmeldungen, bezögen sich weniger ausdrücklich auf die vorhergehenden Beiträge, setzten im Gespräch neue Themen durch, ohne nachzufragen, ob auch die anderen dazu bereit sind, usw. Nach dieser Auffassung sind die Frauen aufgefordert, nicht länger verständnisvoll ›Gesprächsarbeit‹ zu leisten, sondern weibliche ›Gegenmacht‹ zu entwickeln. □

Dritter Abschnitt: Sprachgeschichte

Wer die S. untersucht, hat es mit dem Wandel einer Sprache in lautlicher, lexikalischer, syntaktischer, semantischer und pragmatischer Hinsicht zu tun, wobei er auch außersprachliche Faktoren – wirtschaftliche, politische und kulturelle – und Kontakte mit anderen Sprachen berücksichtigt. Da Tondokumente erst seit Beginn des 20. Jh. zur Verfügung stehen, sind v.a. Schlüsse auf früheren lautlichen Wandel, die ja nur aufgrund von schriftlichen Zeugnissen gezogen werden können, problematisch.

1 Theorien zum Sprachursprung und Sprachwandel

Spekulationen über den Ursprung der Sprache gibt es seit Jahrhunderten. Dabei wird entweder eine einzige Ursprache angenommen (**Monogenese**) oder davon ausgegangen, dass Sprachen an mehreren Orten unabhängig voneinander entstanden (**Polygenese**).

■ Im *Alten Testament* z. B. lautet der Mythos vom Turmbau zu Babel: Es habe zunächst nur eine einzige Sprache gegeben. In ihr vereinbarten die Menschen, einen Turm zu bauen, dessen Spitze bis zum Himmel reichen sollte. Gott Jahwe befürchtete, bald werde für die Menschen nichts mehr unausführbar sein, sie würden also zu mächtig, und er entschloss sich, ihre Sprache zu ›verwirren‹, sodass sie einander nicht mehr verstehen könnten. □

In diesem Mythos vom Ende der einen Ursprache steckt auch die These, der Sprachursprung habe zu tun mit der Notwendigkeit, (Arbeits-)Handlungen zu koordinieren.
Von der Vorstellung, dass Gott der Sprachschöpfer sei, löste man sich etwa ab dem 17. Jh. allmählich und im 18. Jh. gab es erste wissenschaftliche Versuche, die Geschichte der Sprachen zu erforschen. Zu den Theorien über den Ursprung der Sprache gehören u. a. die Nachahmungstheorie, die Stammbaumtheorie und die Wellentheorie.

1.1 Nachahmungstheorie

Gemäß der N. (Spitzname ›Wau-Wau-Theorie‹) ahmt der Mensch vor allem Laute von Tieren nach, die er als ihre ›Namen‹ nimmt. Diese Theorie stammt von Johann Gottfried Herder, der den Sprachursprung aus der ›Natur‹ des Menschen ableiten wollte. In seiner *Abhandlung über den Ursprung der Sprache* (1772) setzte er auf die *»Besonnenheit«* bzw. *»Reflexion«*, die den Menschen nicht nur graduell, sondern von Grund auf von den Tieren unterscheide. Der Mensch sei in der Lage, denkend einzelne Merkmale von Gegenständen aller Art zu isolieren.

■ Ein Schaf z. B. könne er als ›das Blökende‹ wiedererkennen: *»Der Schall des Blökens von einer menschlichen Seele als Kennzeichen des Schafs wahrgenommen, ward kraft dieser Besinnung Name des Schafs […].«* □

▼ Diese Theorie ist nicht plausibel, weil jede Sprache nur wenige ›lautmalerische‹ Wörter hat und weil dieselben Lautäußerungen je nach Einzelsprache sehr unterschiedlich wiedergegeben werden (vgl. etwa dt. *kikeriki* und frz. *cocorico*). ▽

1.2 Stammbaumtheorie

Die sog. S. geht zurück auf den Briten William Jones, der 1786 meinte, die Verwandtschaft zwischen dem Sanskrit (einer alten indischen Sprache) und dem Lateinischen und Griechischen im Hinblick auf Wortschatz und Grammatik könne kein Zufall sein. Deshalb liege es nahe, *»dass sie sämtlich einer gemeinsamen Quelle entsprungen sind, die vielleicht nicht mehr existiert«*. Diese Quelle, das ›**Proto-Indoeuropäische**‹, ist für ihn ›Elternsprache‹ u. a. von Sanskrit, Latein und Griechisch; Latein wiederum Elternsprache u. a. von Französisch, Spanisch und Italienisch.
Populär wurde diese Sicht, die Beziehungen zwischen Sprachen nach Art eines **Stammbaums** zu denken, vor allem durch den deutschen Sprachforscher August Schleicher.

Er betrachtete Sprachen als Organismen, die wachsen und wieder vergehen können und deren Veränderungen sich mithilfe naturwissenschaftlicher Verfahren analysieren und beschreiben lassen.

▼ Die Stammbaumtheorie legt allerdings die falsche Vorstellung nahe, dass Sprachen zu einem bestimmten Zeitpunkt entstünden. Außerdem ist oft nicht klar, ob Ähnlichkeiten zwischen zwei Sprachen auf einem gemeinsamen Ursprung derselben beruhen oder vielmehr darauf, dass sich die Sprachen wechselseitig beeinflusst haben. Diesem Einfluss wurde seit Ende des 19. Jh. mit der Wellentheorie Rechnung getragen. ▽

1.3 Wellentheorie

Der W. liegt die Annahme zugrunde, dass sich sprachliche Veränderungen über Raum und Zeit hinweg von einem einzigen Zentrum oder auch von mehreren Zentren her ausbreiten.

Außersprachliche Faktoren können z.B. Wanderungsbewegungen, Eroberungskriege usw. sein. Eine Sprache kann aber auch deshalb eine andere beeinflussen, weil sie von mächtigen Gruppen als kulturell überlegen angesehen wird. So wurden z.B. vor allem auf Betreiben der Höfe und des Adels viele französische Wörter als Lehnwörter (↗S. 42) ins Mittelhochdeutsche (↗S. 113ff.) übernommen.

Derzeit beschäftigt die Frage nach dem Sprachursprung eine ganze Reihe von Disziplinen, so die Anthropologie, die Biologie, die Genetik, die Linguistik und die Neurologie. Gestritten wird z.B. darüber, ob bestimmte Arten von Affen sprachfähig sind, d.h. vor allem neue, noch nie gehörte ›Sätze‹ produzieren können. Man bemüht sich darum, die Anatomie des Sprechapparats (Kehlkopf, Rachen, Mund) und des Gehirns unserer ›Vorfahren‹ zu rekonstruieren. Es ist unwahrscheinlich, dass sich das Dunkel im Hinblick auf den Sprachursprung lichtet. Genauso unwahrscheinlich ist aber auch, dass dieses Thema seine Anziehungskraft verliert.

1.4 Ursachen von Sprachwandel

Die innersprachlichen und äußeren (ökonomischen, politischen, kulturellen usw.) Bedingungen von sprachlichem Wandel sind vielfältig. Im 19. Jh. nahmen viele Sprachforscher dennoch an, dass es allgemeine **Lautgesetze** gebe, die sie als Naturgesetze verstanden. Demnach sollten sich bestimmte Laute aufgrund der Beschaffenheit unserer Sprechorgane unter sonst gleichen Bedingungen immer in gleicher Weise verändern.

■ Ein Beispiel für ein Lautgesetz: *Die Sprecher sind bestrebt, die Laute beizubehalten, zu deren Artikulation möglichst wenig Anstrengung nötig ist, und deshalb die Laute als erste zu verändern oder ganz wegfallen zu lassen, deren Bildung besonders viel Energie erfordert.* □

Würde dieses Gesetz den Lautwandel regieren, müssten alle Sprachen denselben, sehr einfachen Lautbestand haben. Das ist aber nicht der Fall.

Sprachhistoriker sprechen deshalb heute vorsichtiger von **Tendenzen** des Sprachwandels. Diese lassen sich so darstellen, als ob sie dem Zweck dienten, das Sprechen ökonomischer zu machen.

- Das gilt z. B. für den Endungsverfall (↗Indoeuropäisch – Germanisch – Deutsch, s. u.), aber auch für die Tendenz, dass aus starken Verben schwache werden (aus *backen – buk* wird *backen – backte*). Hier gleichen sich Formen im Präsens und im Präteritum lautlich einander an, wobei die schwachen Verben als Vorbild dienen. □

Die neue Form kann als Resultat einer **Analogie** aufgefasst werden: *kichern : kicherte = backen : backte.* Die Erklärungskraft einer solchen Analogie ist gering. Wäre sie in der Vergangenheit allgemein wirksam gewesen, gäbe es gar keine starken Verben mehr.
Einzelne Aspekte des Sprachwandels lassen sich auf Einflüsse anderer Sprachen zurückführen (↗Wellentheorie, S. 108), denen sich bestimmte Sprechergruppen besonders willig aussetzen.
Ist eine Schriftsprache normiert, gibt es also eine Rechtschreibung, dann ist der Sprachwandel zu einem Teil auch Resultat bewusster Eingriffe (↗Rechtschreibung, S. 87 ff.).

2 Indoeuropäisch – Germanisch – Deutsch

2.1 Indoeuropäisch

I. (Abkürzung Ie., ie.), früher auch Indogermanisch, ist die Bezeichnung für eine Reihe verwandter Einzelsprachen und von Sprachfamilien, zu der die meisten europäischen, aber auch asiatische Sprachen gehören (u. a. Keltisch, Germanisch, Italisch, Griechisch, Baltisch, Slawisch, Iranisch, Indisch).
Als gemeinsame Elternsprache gilt das **Proto-Indoeuropäische**, das vermutlich vor 3000 v. Chr. gesprochen wurde. Die ›Urheimat‹ der Indoeuropäer sieht man im Norden des Schwarzen Meeres und in der Donauregion. Ihre Ausläufer reichten u. a. bis zur Nordsee. Die Ausdifferenzierung der – im Einzelnen nicht bestimmbaren – ›Ursprache‹ soll im 3. Jahrtausend v. Chr. begonnen haben.
Die Bezeichnung Ie. stammt von Franz Bopp, der Wortschatz und Flexion im Altindischen (bzw. Sanskrit) und in europäischen Sprachen verglich und auffällige Verwandtschaften fand:

Altindisch	Griechisch	Lateinisch	Gotisch	Neuhochdeutsch
pitar	*pater*	*pater*	*fadar*	*Vater*
naman	*onoma*	*nomen*	*namo*	*Name*
asti	*esti*	*est*	*ist*	*ist*

2.2 Germanisch

Die Herausbildung des G. begann wahrscheinlich im 2. Jahrtausend v. Chr., als sich an der Elbe, aber auch in Skandinavien eine Gruppe von Indoeuropäern niederließ. Es wird angenommen, dass um etwa 500 bis 300 v. Chr. die sprachlichen Veränderungen (germanische Lautverschiebung, ↗S. 110) gefestigt waren, welche die germanischen Sprachen von den übrigen indoeuropäischen Sprachen unterscheiden. Etwa 1000

v. Chr. begannen **Wanderbewegungen**, die über viele Jahrhunderte dauerten und in der Völkerwanderungszeit im 4. und 5. Jh. n. Chr. gipfelten. So zogen z. B. die ›Elbgermanen‹ (Baiern, Alemannen, Langobarden) südwärts und ein großer Teil der ›Nordseegermanen‹ (Angeln und Sachsen) übersiedelte nach Britannien.
Die germanischen Sprachen lassen sich grob drei Gruppen zuordnen: Die **ostgermanischen** Sprachen der Goten, Vandalen, Burgunder u. a. sind sämtlich ausgestorben. Zu den **nordgermanischen** zählen die skandinavischen Sprachen (Schwedisch, Dänisch, Norwegisch, Isländisch und Färöisch, gesprochen auf den Färöer-Inseln); das **Westgermanische** bilden Englisch, Friesisch, Deutsch, Jiddisch, Niederländisch und Afrikaans (heute in Südafrika gesprochen).
Relativ frühe schriftliche Quellen sind sehr spärlich. Einige wenige germanische Wörter sind uns von römischen Autoren wie CAESAR, TACITUS und PLINIUS dem Älteren überliefert. So weist Plinius im 1. Jh. n. Chr. z. B. auf das germanische ›ganta‹ (›Gans‹) hin. Außerdem gibt es seit dem 3. Jh. n. Chr. Runeninschriften, hauptsächlich in Skandinavien. Die früheste bedeutende Schrift ist die gotische Bibelübersetzung des Bischofs WULFILA um 350 n. Chr.

Lautung

Für die Ausgliederung des Germanischen aus dem Ie. war die **erste Lautverschiebung** (auch germanische L., Grimm'sches Gesetz) im 1. Jahrtausend v. Chr. zentral, deren Abschluss man um 500–300 v. Chr. ansetzt. Sie wurde erstmals 1822 von JACOB GRIMM dargestellt und betrifft eine Gruppe von Konsonanten, nämlich stimmlose (Tenues) und stimmhafte Verschlusslaute (↗ S. 22).
So wurden z. B. aus dem ie. stimmlosen *p, t* und *k* bzw. aus den behauchten Tenues *ph, th, kh* im G. sehr oft Reibelaute.

lat. *pater*	dt. *Vater*, engl. *father*, schwed. *fader*
griech. *treis*, lat. *tres*	engl. *three*
lat. *canis, centum*	dt. *Hund, hundert*

Aus den stimmhaften Verschlusslauten *b, d* und *g* wurden, von Ausnahmen abgesehen, die stimmlosen Verschlusslaute *p, t* und *k:*

lat. *labium*	dt. *Lippe*, schwed. *läpp*
lat. *duo, decem*	engl. *two, ten*, schwed. *två*
lat. *genu*	dt. *Knie*, schwed. *knä*

Vom Ie. unterscheidet sich das Germanische auch dadurch, dass der **Wortakzent** fixiert ist. Im Laufe eines Jahrhunderte währenden Prozesses bekam die jeweils erste Silbe die Betonung (↗ Wortakzent, S. 24). Die unbetonten Silben wurden abgeschwächt. Das führte zu einer erheblichen Vereinfachung des ie. Systems der Endungen.

2.3 Deutsch

Unser heutiges Deutsch geht auf Teile des **Westgermanischen** zurück, d.h. auf Niederfränkisch und das Altsächsische (Altniederdeutsche), auf das Weser-Rhein-Germanische, von dem später nur das Fränkische übrig geblieben ist, und auf das Elbgermanische einer Anzahl von Stämmen, die vom östlichen Niedersachsen und von Thüringen aus südwärts wanderten (u.a. Thüringer, Alemannen, Baiern).
Im Zuge der **Völkerwanderung** verschob und vergrößerte sich das Siedlungsgebiet der germanischen Stämme vor allem nach Westen und Süden. Bei den Stämmen, die am weitesten in Richtung Süden vorgedrungen waren, den Alemannen, Baiern und Langobarden (im 9. Jh. ausgestorben), setzte ein Lautwandel ein, der einen großen Teil des Konsonantensystems erfasste: die **zweite Lautverschiebung** (↗s.u.). Sie war für die Trennung des (südlichen) **Hochdeutschen** von den übrigen westgermanischen Sprachen und auch vom (nördlichen) **Niederdeutschen** (Altniederfränkisch und Altsächsisch) entscheidend.
Die Grenze zwischen Hoch- und Niederdeutsch verlief, nimmt man heutige Städtenamen zu Hilfe, etwa südlich von Aachen über Köln, Benrath bei Düsseldorf, Kassel und Magdeburg (deshalb ›Benrather Linie‹). Spricht man also von ›**Althochdeutsch**‹, dann ist damit stets nur der südliche Sprachenraum gemeint; das Niederdeutsche bleibt ausgeschlossen. Weil aber dieser Ausdruck nach wie vor üblich ist, wird er auch hier gebraucht.

3 Althochdeutsch

Der Begriff ›deutsch‹ (zunächst nur in der lateinischen Form ›theodisce‹ vorkommend) tauchte erstmals im 8. Jh. auf. Er bezog sich zunächst auf die Volkssprache, die man dem Latein der Gelehrten gegenüberstellte. Erst im 11. Jh. gibt es schriftliche Belege dafür, dass ›diutsch‹ bzw. ›diutisc‹ nicht nur die Volkssprache, sondern auch Land und Leute meinte. Das Althochdeutsche (Abkürzung Ahd., ahd.) wird etwa vom 6./7. Jh. bis Mitte des 11. Jh. angesetzt. Aus dem 6. und 7. Jh. sind einige Inschriften, seit dem 8. auch Handschriften überliefert.
›**Hochdeutsch**‹ meint nicht wie heute einen überregionalen Standard, sondern einige (südliche) Sprachgruppen, die mit Schreiborten, Klöstern und Bischofssitzen, verbunden sind: vor allem Alemannisch (z.B. Reichenau), Bairisch (z.B. Freising), Fränkisch in mehreren Varianten: Mittelfränkisch (z.B. Köln), Rheinfränkisch (z.B. Mainz), Ostfränkisch (z.B. Fulda), darüber hinaus Thüringisch, Obersächsisch, Lausitzisch. Das Altniederdeutsche jenseits der Benrather Linie umfasst u.a. das Westfälische (z.B. Essen) und das Ostfälische (z.B. Merseburg).

3.1 Lautung

Die für die Absonderung des Ahd. vom Germanischen entscheidende **zweite Lautverschiebung**, auch hochdeutsche bzw. ahd. L., begann etwa im 5. Jh. Sie breitete sich mit abnehmender Intensität von Süden nach Norden aus, erfasste aber nur einen Teil des deutschen Sprachraums, nämlich die Landschaftsgebiete der heutigen ober- und mitteldeutschen Dialekte. Das Niederdeutsche blieb hingegen von den lautlichen Veränderungen unbeeinflusst.

In den (ober- und mitteldeutschen) Dialekten der süddeutschen Landschaften wurden die germanischen stimmlosen Verschlusslaute *p, t* und *k* zu Affrikaten (einer Kombination von Verschluss- und Reibelaut), wenn sie im Anlaut eines Wortes, nach Konsonanten oder auch doppelt standen.

In den restlichen Stellungen, d.h. im Inlaut, zwischen Vokalen und im Auslaut nach Vokalen, wurden sie zu Reibelauten (Frikativa). Die stimmhaften Verschlusslaute *b, d, g* wurden zu *p, t, k.*

Altniederdeutsch	Althochdeutsch	Neuhochdeutsch
plegan	*pflegan*	*pflegen*
appul	*apful*	*Apfel*
tiochan	*ziohan*	*ziehen*
settian	*setzan*	*setzen*
werk	*werch*	*Werk*
opan	*offan*	*offen*
sokian	*suohhen*	*suchen*
etan	*ezzan*	*essen*
bindan	*pintan*	*binden*
geban	*kepan*	*geben*

Die Beispiele zeigen auch, dass im Ahd. oft die Vokale *a, i, o, u* in unbetonten Silben zu *e,* dem sog. Schwa-Laut, abgeschwächt wurden.

Die Ursachen für die Lautverschiebung sind bis heute weitgehend ungeklärt.

3.2 Wortformen

Gegenüber dem heutigen Deutsch erscheinen die Formen der ahd. Wörter als reichhaltiger. Für das Nomen *Gast* z.B. sind es die folgenden:

	Singular	Plural
Nominativ	*gast*	*gesti*
Genitiv	*gastes*	*gesteo, gestio, gesto*
Dativ	*gaste*	*gestim, gestin, gesten*
Akkusativ	*gast*	*gesti*

Bei den Verben fällt v.a. der Vokalreichtum auf. Bei OTFRIED VON WEISSENBURG, Schüler des HRABANUS MAURUS und erster namentlich bekannter Deutsch schreibender Dichter, wird das heutige Wort *fahren* so konjugiert:

	Indikativ Präsens	Indikativ Präteritum
1. Person Singular	*faru*	*fuar*
2. Person Singular	*ferist, feris*	*fuari*
3. Person Singular	*ferit*	*fuar*
1. Person Plural	*faren*	*fuarun*
2. Person Plural	*faret*	*fuarut*
3. Person Plural	*farent*	*fuarun*

Vom Mittelhochdeutschen unterscheidet sich das Ahd. hauptsächlich durch die vollen Vokale in den Endsilben (ges-ti, ges-tim, fa-ru, fu-ar). Gegen Ende des 11. Jh. werden sie abgeschwächt.

Wortschatz: Die Schreibkultur war von Klöstern geprägt; damit war eine ›Christianisierung‹ des Wortschatzes verbunden. Aus dem Lateinischen und Griechischen wurden nur wenige Wörter direkt entlehnt.

■ *biscof* (lat. *episcopus*), *klostar* (lat. *claustrum*) □

Viel häufiger veränderten sich aber unter dem Einfluss der lateinischen Kirchensprache die Bedeutungen alter ›einheimischer‹ Wörter.

■ So war ahd. *got* im Germanischen ein Wort für ein göttliches Wesen, das auch im Plural vorkommen konnte. Das lat. *deus* gab ihm dann die christliche Bedeutung des einen und einzigen Gottes. □

4 Mittelhochdeutsch

Das M. (Abkürzung Mhd., mhd.) wird in der Regel für den Zeitraum von etwa 1050 bis 1350 angesetzt und oft noch in Früh-Mhd., klassisches Mhd. (1170–1250) und Spät-Mhd. eingeteilt. Wie schon beim Ahd. handelt es sich um den eher südlichen Sprachraum, nicht um einen allgemeinen Standard. Das Mittelniederdeutsche bleibt ausgeschlossen.

4.1 Politisch-gesellschaftliche Entwicklung

Zur Zeit des Mhd. wurde das **Bildungsmonopol der Geistlichkeit** langsam gebrochen. In den klösterlichen Schreibstuben kam fast kein Deutsch mehr, sondern nur noch Latein aufs Pergament. Das Deutsche wurde aber zur Literatursprache, getragen u.a. von einer neuen Schicht, den **Ministerialen**, aber auch vom alten Adel. Anders als diejenigen, die über erblichen Besitz verfügten, hatten die Ministerialen zunächst nur Dienstgut; sie konnten abgesetzt werden und hatten kein Recht auf Freizügigkeit. Allmählich wurden aber aus den ursprünglich unfreien Dienstleuten Mitglieder des niederen Adels. Die Bedeutung von **Städten** als Wirtschaftszentren und damit auch des städtischen Bürgertums wuchs. Die Päpste machten dem Kaiser erfolgreich das Recht streitig, selbstständig z.B. Bischöfe zu ernennen. In der Folge bestimmte der Hochadel, wer Bischof werden konnte. Die Zentralmacht war also geschwächt, das Gewicht der Fürsten und des von ihnen abhängigen, zahlreicher werdenden niederen Adels nahm zu. Nicht mehr Stämme bestimmten die Sprachräume, sondern **politische Einheiten** wie Herzogtümer, Grafschaften, Bistümer und Städte.

4.2 Sprachliche Entwicklungen

Der **deutsche Sprachraum** dehnte sich erheblich aus, v.a. nach Osten. Schon in der Zeit der Ottonen war von Bayern aus der Donauraum erobert worden; hier waren österreichische **Dialekte** entstanden. Gewaltsam drang man nun in Gebiete östlich von Elbe, Saale und Böhmerwald vor; im 12. Jh. wurden u.a. Schleswig, Mecklenburg, Pommern, Brandenburg, die Lausitz, Meißen und Schlesien besiedelt. Die Siedler kamen aus verschiedenen Regionen. Im ostmitteldeutschen Gebiet waren es Menschen aus dem ober-, mittel- und niederdeutschen Sprachraum. Hier entstanden deshalb Ausgleichsdialekte, die weithin verständlich waren. Die damalige Dialektlandschaft, soweit sie aus den schriftlichen Quellen zu erschließen ist, lässt sich etwa so darstellen:

Mittelniederdeutsch (nördlich der dicken Linie)

Mittelhochdeutsch (südlich der dicken Linie) untergliedert durch Lautverschiebung in:
Mitteldeutsch (nördlich der gestrichelten Linie)
Oberdeutsch (südlich der gestrichelten Linie)

0 100 200 km

Das **Mittelniederdeutsche** wurde v.a. durch den Städtebund der ›Hanse‹ (ahd. hansa – Kriegsschar) gestützt, die im 14. Jh. und darüber hinaus den Handel im Nord- und Ostseeraum beherrschte.
Im Zentrum des Interesses steht seit langem das ›**klassische**‹ **Mittelhochdeutsch**, die Sprache v.a. der **höfischen Ritterliteratur** von 1150 bis 1250 – z.B. von HEINRICH VON VELDEKE, HARTMANN VON AUE, GOTTFRIED VON STRASSBURG, WOLFRAM VON ESCHENBACH, WALTHER VON DER VOGELWEIDE.
Auch hier kann von einem einheitlichen Sprachstand nicht die Rede sein. Auch darf von dieser stilisierten höfischen Literatur nicht auf den Sprachgebrauch von Bauern und Handwerkern geschlossen werden. Dessen Heterogenität war den mobileren Zeitgenossen bewusst.

■ So schrieb der berühmte Prediger BERTHOLD VON REGENSBURG: »*Die von Oberlant, dort her von Zürich, die redent vil anders danne die von Niderlande, von Sahsen, die sint ungelich an der sprache.*« □

4.3 Veränderungen in Lautung, Wortformen und Wortschatz

Lautung

Im Mhd. wird nun überall vollzogen, was im Ahd. schon begonnen hatte: die **Abschwächung der vollklingenden Vokale** *a, i, o, u* in unbetonten Silben zum *e*, dem sog. Schwa-Laut.

■ So wird aus *gilaubiu gelobe* und aus *erda erde.* □

Unbetonte Mittelsilben verschwinden oft; aus *heriro* wird z.B. *herre.*

■ Die Anfänge des Glaubensbekenntnisses in ahd. und mhd. Version:
Gilaubiu in got fater almahtigon scepphion himiles enti erda. (ahd.)
Ich geloube an got vater almechtigen schephaer himels unde dererde. (mhd.) □

Auffällig ist darüber hinaus die **Auslautverhärtung**: So werden die auslautenden ahd. Verschlusslaute *b, d* und *g* zu *p, t* und *k:* ahd. *lib* – mhd. *lip* (Leib), ahd. *ward* – mhd. *Wart,* ahd. *tag* – mhd. *tac.*

Wortformen

Aufgrund der **Vokalabschwächung** zum Schwa werden die vier ahd. Pluralfälle *taga, tago, tagum (tagom, tagun, tagon), taga* z.B. zu tage, tage, tagen und tage. Gleichsam als Ausgleich für den Verlust von Kasusmerkmalen bekommen die Nomen im Mhd. zunehmend den Artikel.
Die Abschwächung der Endsilben betrifft auch die Wortbildung. Im Ahd. konnte man z.B. aus einem Adjektiv durch das Anhängen einer betonten Endung ›i‹ ein Nomen machen.

■ *hreini* – Reinheit □

Das war nun nicht mehr möglich. Es kam zur Ausbildung von Suffixen wie *-heit, -keit* und *-unge.*
Die Personalformen des Verbs werden vereinfacht und angeglichen; deshalb tritt nun regelmäßig das Personalpronomen hinzu.

■ So wird aus ahd. *hilfu* mhd. *ich hilfe.* □

Wortschatz

Der **höfisch-ritterliche W.** entstand teils durch **Neubildungen**, teils durch **Bedeutungswandel** ahd. Wörter, teils durch **Entlehnungen** aus dem Französischen.

- Beispiele für Neubildungen sind Komposita wie *minnekraft, minnenmuot, minnenblint, hochgemüetic.* □

Bedeutungswandel geht v.a. einher mit der Ausdifferenzierung des Wortfeldes für ritterliche Werte, wie *hoher muot, maze, milde, staete, triuwe, zuht, edel, rich, lobelich, küene, schoene, reine* usw.

- *Zuht* z.B. bedeutete die Wohlerzogenheit eines echten Ritters, sowohl rücksichtsvolles Benehmen als auch ›innere Bildung‹. Im Ahd. meinte *maza* noch ›Maß‹, ›Größe‹ bzw. ›Dimension‹, jetzt bedeutete es ›Maßhalten‹, ›sittliche Mäßigung‹, ›Bescheidenheit‹.
  Das Wort *ritter* ist eine Lehnprägung nach *chevalier, aventiure (Abenteuer)* ist nach frz. *aventure* gebildet, *tanz* nach frz. *danse.* □

5 Frühneuhochdeutsch

Für das F. (Abkürzung Fnhd., fnhd.) wird normalerweise der Zeitraum von 1350 bis etwa 1650 angesetzt. Die Bezeichnung F. ist allerdings umstritten, weil damit das Niederdeutsche nicht erfasst bzw. ausgeschlossen ist. Deshalb sprechen einige auch von der ›**frühbürgerlichen Zeit**‹.

5.1 Politisch-gesellschaftliche Situation

Zu Beginn dieses Zeitraums, 1356, erließ Kaiser Karl IV. in Prag ein Reichsgrundgesetz (Goldene Bulle). Darin war festgelegt, dass nur die Kurfürsten von Köln, Mainz, Trier, Böhmen, Pfalz, Sachsen und Brandenburg den deutschen König (bzw. Römischen Kaiser) wählen durften. Damit wuchs nicht nur die Macht der Kurfürsten, sondern auch die der anderen Reichsstände (Fürsten, Reichsgrafen, Reichsstädte). Das Reich zerfiel immer mehr in **Territorialfürstentümer**, ein Zentrum, d.h. ein machtvoller Kaiser, fehlte. Am Ende dieser Periode wurde 1648 in Münster und Osnabrück der Dreißigjährige Krieg mit dem Westfälischen Frieden beendet. Aus den Landesfürsten wurden souveräne Staatsoberhäupter, denen auch der Adel unterworfen war. Damit war der **Absolutismus** zementiert.

Neben den alten Ständen (Adlige, Geistliche und Bauern) entwickelten sich in den Städten **neue Schichten** mit unterschiedlichen Interessen. Mit der traditionellen städtischen Oberschicht (Adlige, Juristen, Geistliche) konkurrierten nun Kaufleute, die durch den Fernhandel und die Geldwirtschaft reich wurden, und Handwerksmeister. Sie hatten ein erhebliches Interesse am Lesen und Schreiben. Hinzu kamen Notare, Stadtschreiber und Lehrer und die schnell anwachsenden städtischen Unterschichten.

Um 1500 lebte etwa ein Zehntel der Bevölkerung Deutschlands in Städten, deren größte nicht mehr als 30000 Einwohner hatten.

5.2 Herausbildung einer überregionalen Schreibsprache

Der Zeitraum ist zunächst geprägt von einer – der politischen entsprechenden – Zersplitterung der Schreib›landschaften‹. Die heute noch erhaltenen Texte aus der Zeit vor Erfindung des Buchdrucks (etwa 1450) stammen im Wesentlichen aus Kanzleien (›Schreibstuben‹) der Verwaltungszentren der Landesfürsten und aus städtischen Wirtschaftszentren. In diesen Kanzleien kamen Schreiber zusammen, die die verschiedensten Dialekte sprachen. Deshalb kann man z. B. nicht davon ausgehen, dass in einer bairischen Kanzlei nur der bairische Dialekt verschriftet worden wäre.
Neben geistlichen Texten wurden später auch politische Flugschriften, Memoiren, Bibelübersetzungen, Predigten, Satiren, Fabeln, Schwänke, Volksbücher und -lieder, Schauspiele und auch Sachliteratur gedruckt.
Allmählich bildete sich eine **überregionale Schreibsprache** heraus, ein Prozess, der sich über Jahrhunderte hinzog. Sie wurde 1641 von JUSTUS GEORG SCHOTTELIUS in seiner *Teutschen Sprachkunst* erstmals versuchsweise systematisch dargestellt.
Die Impulse zu einer Vereinheitlichung gingen v. a. vom östlichen Oberdeutschen (Wien als Sitz der Habsburger Kaiser) und vom Ostmitteldeutschen (Kanzlei der Wettiner Fürsten) aus. (↗M. LUTHER, S. 119)

Lautung

Veränderungen betrafen v. a. die Vokale. Tendenzen, die schon im Mittelhochdeutschen angelegt waren, zum Teil allerdings bis heute nicht überall wirksam geworden sind, verstärkten sich. Aus langen betonten Vokalen und Umlauten wurden Diphthonge. Andererseits veränderten sich mhd. Diphthonge zu einzelnen Langvokalen.

- Aus mhd. *zit* (gesprochen *zi:t*) wurde fnhd. *Zeit,* aus mhd. *hus* fnhd. *Haus,* aus mhd. *niuwes* (gesprochen *nü:wes*) fnhd. *neues.* □
- Aus mhd. *liebe* (gesprochen ›*li-ebe*‹) wurde fnhd. *Liebe, bruoder* wurde zu *Bruder, müede* zu *müde.* □

In offenen (d. h. mit einem Vokal endenden), betonten Silben wurden kurze Vokale gedehnt; diese Dehnung ist auch schriftlich (grafisch) manchmal so angezeigt, wie wir es gewohnt sind.

- Aus mhd. *siben* (mit kurzem ›i‹) wurde fnhd. *sieben,* aus mhd. *nemen* (gesprochen wie ›*nemmen*‹) fnhd. *nehmen,* aus mhd. *sal* (gesprochen wie ›*sall*‹) fnhd. *Saal.* □

Man muss sich aber vor Augen halten, dass diese Veränderungen v. a. durch eine neue Schriftlichkeit bewirkt wurden. Im Schwäbischen spricht man noch heute von einem ›Reden nach der Schrift‹. Nach wie vor redet man aber auch ›nach dem Mund‹.

- So hat man im Obersächsischen die Diphthongierung nicht mitgemacht und sagt *zwee Beeme* statt *zwei Bäume.* Auch im Alemannischen (in der Schweiz und im Elsass) wurden die alten Langvokale beibehalten *(Schwy:zer).* □

Wortformen

Was die Flexion der Wörter angeht, so verfielen alte Endungen weiter. Die Unterscheidung nach Kasus und Genus der Nomen wurde zunehmend von der Flexion der Artikel getragen; allerdings vermehrten sich die Pluralkennzeichen.

- Hieß es mhd. noch *die buoch, diu wort, diu lant,* so fnhd. *die Bücher, die Wörter, die Länder.* □

Die Zahl der starken Verben ging weiter zurück und ihr Formenbestand vereinfachte sich. So wurde im Mhd. zwischen Singular und Plural des Präteritums noch unterschieden, im Fnhd. nicht mehr.

- Aus *er bleyb – sie blieben* und *er fand – sie funden* (wie sogar noch LUTHER schrieb) wurde *er blieb – sie blieben* und *er fand – sie fanden.* □

Die Schreibweisen der Wörter sind noch nicht normiert. Zunächst herrscht Kleinschreibung vor, dann beginnt man Namen und Satzanfänge großzuschreiben. Der späte Luther setzt in der Mehrzahl der Fälle auf die Großschreibung der Nomen. Sie setzt sich dann im 17. Jh. durch.

Wortschatz

In diesem Zeitraum wurde der Wortschatz gewaltig ausgeweitet, v. a. durch **Ableitungen** und **Komposita**. Ableitungen mit ›-heit‹, ›-keit‹ und ›-ung‹ häuften sich. Die Fachwortschätze aus Handwerk, Handel, Bergbau, Heilkunde, Seefahrt usw. gingen zum Teil in den allgemein verfügbaren Wortschatz ein. Viel wurde aus Fremdsprachen entlehnt, in erster Linie aus dem Lateinischen (und aus dem wieder entdeckten Griechischen), aber auch aus dem Französischen und Italienischen. Das **Lateinische** war die Rechts- und Wissenschaftssprache. Sein Einfluss wurde verstärkt durch den Humanismus und die Gegenreformation. Noch 1570 wurden 70 Prozent aller Bücher in Latein gedruckt, und an den Universitäten blieb Latein bis ins 18. Jh. hinein Unterrichtssprache. Man schätzt, dass etwa 80 Prozent des heutigen deutschen Lehnwortschatzes lateinischer (und griechischer) Herkunft sind.

- Beispiele sind Wörter wie *Akte, Argument, Familie, legal, Termin, Testament; Konspiration, Monarch, Polizei, Tumult; Auditorium, Aula, Bibliothek, Disziplin, Examen, Ferien, Professor; Dialog, Kapitel, komisch, Komödie, Literatur, Tragödie; Autor, Orthografie, publizieren; addieren, Differenz, dividieren, multiplizieren, Quotient, Summe; Anatomie, Apotheke, Chirurg, Diät, Infektion, Nerv* usw.

Gegen Ende dieser Zeitspanne wuchs der Einfluss des **Französischen.** Im Absolutismus wurde es die höfische Prestige- und Herrschaftssprache. Gegen dieses ›Alamode‹-Wesen wandten sich dann die Mitglieder der Sprachgesellschaften (↗ S. 120).

5.3 Johannes Gutenberg und der Buchdruck

Um 1400 wurde die Produktion von Papier technisch beherrscht, das viel billiger war als das aus Tierhäuten hergestellte Pergament. In diesem Kontext war JOHANNES GUTENBERGS Erfindung revolutionär. Ihr Prinzip war einfach: Texte wurden aufgelöst in die Buchstaben des lateinischen Alphabets; durch die Neuordnung der Lettern mit einzelnen Buchstaben, aber auch mit Kombinationen (wie ›ff‹) und mit damals gebräuchlichen Abkürzungszeichen konnten aus den gleichen Bausteinen beliebig viele neue Texte entstehen. Ein Gießinstrument ermöglichte es, die Formen der Buchstaben konstant zu halten; darüber hinaus entwickelte er eine Druckerpresse. Die schnelle Verbreitung von Luthers Bibelübersetzung, seiner Flugschriften und seines *Deutschen Katechismus* wäre ohne das neue Medium, das **gedruckte Buch**, nicht möglich gewesen.

5.4 Martin Luther und seine sprachgeschichtliche Bedeutung

Martin Luther (1483–1546) wuchs ›zweisprachig‹ auf. Er lernte Ostfälisch, einen niederdeutschen Dialekt, und Thüringisch, einen ostmitteldeutschen. Zunächst schrieb er ausschließlich lateinisch, erst mit 34 Jahren publizierte er in deutscher Sprache. Als Reformator und als politischer Publizist war Luther darauf bedacht, allgemein verständlich zu sein. Aufgrund seiner **Bibelübersetzungen** (1522 Übertragung des Neuen Testaments, 1534 der vollständigen Bibel) setzten sich z.B. mittel- und norddeutsche Wörter durch, die man im Süden nicht oder kaum gekannt hat.

■ Beispiele sind *Lippe* (gegen *Lefze*), *Träne* (gegen *Zähre*), *Ufer* (gegen *Gestad*). □

Luther bemühte sich darum, für den Laien verständlich, bildhaft und auch drastisch zu schreiben. Dabei orientierte er sich stark am gesprochenen Deutsch: »*die kirch [ist] eyn mundhawß/nit eyn fedderhawß.*«

■ So gibt es in seinen Texten z.B. Anreden, Frage-und-Antwort-›Spiele‹, Ellipsen (↗S. 99), Anakoluthe, Freiheit der Satzgliedstellung und auch Sprichwörter und Redensarten, die uns heute noch von den Lippen gehen, z.B. *Wer andern eine Grube gräbt, fällt selbst hinein; Der Geist ist willig, aber das Fleisch ist schwach; ein Dorn im Auge sein.* Luther hat eine Reihe von Komposita und Ableitungen ›erfunden‹ wie *Lückenbüßer, Feuereifer, Götzendienst, Sündenbock, kleingläubig* und *wetterwendisch.* □

Bis 1574 erschienen etwa 100 000 Exemplare von Luthers Bibel und zwischen 1529 und 1563 mehr als 100 000 des *Deutschen Katechismus,* den die Schüler in protestantischen Ländern auswendig lernen mussten. Bis ins 18. Jh. hinein war die Lutherbibel in den meisten protestantischen Familien das einzige Buch, in dem gelesen wurde.

In der nachträglich so genannten **Reformationszeit** (1517–1555) erschienen zwar Tausende von Flugschriften, mit denen viele Autoren in die theologischen, politischen und sozialen Kämpfe der Zeit eingriffen. Luthers Schriften waren aber zweifellos die bedeutendsten, auch im Hinblick auf die Entstehung der **neuhochdeutschen Schriftsprache**.

6 Neuhochdeutsch

Viele Sprachhistoriker setzen den ›Beginn‹ des Neuhochdeutschen (Abkürzung Nhd., nhd.) um 1650 an, andere um etwa 1600, andere gegen Ende des 17. Jh. Auch das ›Ende‹ ist umstritten. Für manche ist es noch nicht in Sicht, andere sehen in der Orthografischen Konferenz von 1901, die eine **Vereinheitlichung der Rechtschreibung** brachte, einen Abschluss. Sie bezeichnen das, was folgt, als ›heutiges Deutsch‹, während andere von ›Gegenwartsdeutsch‹ erst ab 1945 sprechen.

6.1 1650 bis zur ersten Hälfte des 19. Jahrhunderts

Politisch-gesellschaftliche Situation

Nach dem Ende des 30-jährigen Krieges (1618–1648) festigte sich der Absolutismus, Brandenburg-Preußen stieg zur Großmacht auf und Frankreich gewann in Europa politisch und kulturell eine Vormachtstellung. Die ›galante‹ Lebensweise am Hof des ›Sonnenkönigs‹ LUDWIG XIV. (1643–1715) wurde vorbildlich, dies galt auch für die französische Sprache.

- Der französische Philosoph VOLTAIRE, den der preußische König FRIEDRICH II. an seinen Hof nach Potsdam geholt hatte, konnte noch 1750 sagen: »*Man spricht nur unsere Sprache. Das Deutsche ist nur für die Soldaten und die Pferde.*« □

Sprachgesellschaften

Gegen den als übermächtig empfundenen Einfluss des Französischen formierten sich einige Adlige, Dichter, Wörterbuchschreiber, Grammatiker und Philosophen in S., z.B. in der 1617 von FÜRST LUDWIG VON ANHALT-KÖTHEN begründeten ›Fruchtbringenden Gesellschaft‹ (↗S. 192). Zielscheibe der Kritik war nicht nur die ›Fremdwörterei‹, das sog. Alamode-Wesen, auch für »*beste Aussprache*« und »*zierliches*« Schreiben wollte man sorgen, die Sprache in ihre »*grundgewisse Richtigkeit*« bringen und ein vollständiges Wörterbuch aller Stammwörter, Ableitungen und Komposita in Angriff nehmen. Die Fachwortschätze z.B. der Handwerker und des Berg- und Jagdwesens wollte man sichern. Schließlich sei Nützliches und Lustiges aus fremden Sprachen zu übersetzen, aber »*ohne Einmischung fremder Flickwörter*«. Ein bedeutender Versuch, ›Sprachrichtigkeit‹ zu bestimmen, waren J. G. SCHOTTELIUS' Arbeiten zur Grammatik, der ausdrücklich Dialekte zugunsten des Hochdeutschen ausschloss.

Literatursprache

Angeregt durch OPITZ, zielten die **Barockdichter** auf eine vom Gebrauchsdeutsch deutlich abgehobene Dichtersprache mit erlesenem Vokabular und einem so komplexen Satzbau, dass Sätze mit mehr als 100 Wörtern keine Seltenheit waren. Im Umkreis der Bewegung des **Pietismus** dagegen, der sich seit Ende des 17. Jh. im deutschen Sprachraum ausbreitete, schrieben nicht nur Gebildete, sondern auch Handwerker und Bauern in schlichtem Stil Texte, in denen sie ihren religiösen Empfindungen zum Teil neuen Ausdruck gaben. Die Bemühungen um eine Normierung der geschriebenen Sprache hatten erst in der Aufklärung größeren Erfolg. An JOHANN CHRISTOPH ADELUNGS Werk *Versuch eines vollständigen grammatisch-kritischen Wörterbuchs der hochdeutschen Mundart* (1774–1781) orientierten sich bis weit ins 19. Jh. hinein auch die bedeutenden Schriftsteller.

Buchproduktion und Leseverhalten

Wurde im 17. Jh. die Mehrzahl der Bücher in lat. Sprache abgefasst, lag der Anteil lat.-sprachiger Texte Ende des 18. Jh. gerade noch bei etwa 15 Prozent. Der Ausgleich zwischen den verschiedenen Sprachlandschaften war jetzt so weit fortgeschritten, dass die Buchproduktion über die Messestädte Frankfurt und vor allem Leipzig im gesamten Reich absetzbar war. Allerdings machte das Lesepublikum nur einen Bruchteil der Bevölkerung aus. Es wuchs dann rasch an, auch eine Folge der **allgemeinen Schulpflicht**, die allerdings erst in der 2. Hälfte des 19. Jh. überall durchgesetzt wurde. Die Lesegewohnheiten änderten sich. Es wurde nicht mehr derselbe Text – vor allem die Bibel –

immer wieder gelesen, sondern mehr und mehr **Unterhaltungsliteratur** zum schnellen Gebrauch.

Suche nach kultureller Identität

Nach den napoleonischen Kriegen und dem Wiener Kongress (1815) gab es immer noch 39 Einzelstaaten. Während Frankreich politisch geeint war, konnte man angesichts dieser Vielzahl eine ›deutsche Identität‹ nicht politisch, sondern nur kulturell begründen. Dabei bemühten vor allem viele Bürgerliche die ›Einheitlichkeit‹ deutscher ›Bräuche‹, besonders der Sprache, deren historischen ›Wurzeln‹ sie nachgingen. Ein Produkt dieser Arbeit ist das monumentale *Deutsche Wörterbuch,* das die Brüder GRIMM 1854 begannen und das erst 1960 zu einem Abschluss kam.

Veränderungen in Wortbildung und Wortschatz

Wortbildung

In der Barockzeit entstanden viele neue Komposita, deren Schreibungen noch unfest waren: *Mutter-Sprache, Lebens-Art, SprachKunst, Haubtsprache.* Die Pietisten prägten viele Ableitungen mit Präfixen und Suffixen (↗ S. 25):

- *hineinpflanzen, durchdringen, durchglühen, Erleuchtung, Eigenheit, Gelassenheit* □

Grammatiker wie GOTTSCHED und ADELUNG stellten Regeln für die Deklination und Konjugation auf, die auf eine weitere Vereinfachung hinausliefen. So wurden einige ehemals starke Verben jetzt schwach konjugiert, andere ›widerstanden‹.

- SCHILLERS *rufte* (von *rufen*) konnte sich z. B. nicht durchsetzen. □

Wortschatz

Während der ›Alamode‹-Zeit wird eine Fülle französischer Wörter entlehnt. Und selbst alte Verwandtschaftsbezeichnungen werden zum Teil verdrängt.

- *Mode, Parfüm, Perücke, Omelette, Ragout, Torte, Balkon, Salon, Hotel, amüsieren, Billard, Promenade;* aus *Vater, Mutter, Oheim, Muhme, Vetter* und *Base* werden *Papa, Mama, Onkel, Tante, Cousin, Cousine.* □

In die Alltagssprache drangen aus verschiedenen Fachwortschätzen Elemente ein, die nicht nur französischen, sondern auch griechisch-lateinischen und italienischen Ursprungs waren.

- *Cembalo, Vivace, Kanone, Kavallerie* (ital.), *Bataillon, Deserteur* (frz.), *Garantie, Kontrakt, Hypothese, Analogie* (lat. und griech.) □

6.2 Aspekte der Sprachgeschichte seit etwa 1830

Lehnwörter

Seit Beginn der Industrialisierung in der 1. Hälfte des 19. Jh. gab es eine Vielzahl technischer Neuerungen (u. a. Eisenbahn, Schreibmaschine, Rotationsdruck, Telefon, Automobil), die vor allem für das Bürgertum zu einer **Modernisierung** der Lebensverhältnisse beitrugen. Bewunderter Vorläufer der industriellen Revolution und auch der Demokratisierung war England, was auch im Wortschatz zum Ausdruck kam.

- Beispiele für Lehnwörter sind *Kartell, Trust, Lokomotive, Waggon, Express, Mob, Streik, Imperialismus, Gentleman, Snob, Dandy, Selfmademan, flirten, Tennis, Hockey.* □

Bildung sprachlicher Standards

Die Bevölkerung ›explodierte‹ und konzentrierte sich mehr und mehr in den Städten. Die Zeitung wurde zu einem Massenmedium, die seit den 1860er-Jahren erstarkende Arbeiterbewegung produzierte umfangreiches Schrifttum und trug so ebenfalls zur Durchsetzung eines allgemein geltenden **schriftsprachlichen Standards** bei. Die Dialekte wurden allmählich zurückgedrängt bzw. näherten sich in Form von regionalen Umgangssprachen wie Schweizerdeutsch, Honoratiorenschwäbisch und Kohlenpottdeutsch der Schriftsprache.

Nach der Gründung des kleindeutschen Kaiserreichs (1871) wurden nicht nur die Bemühungen um eine Einheitsschreibung verstärkt, die 1901 zu einem vorläufigen Abschluss kamen, es wurde auch versucht, eine ›Hochlautung‹ zu fixieren. 1898 schrieb Theodor Siebs eine *Deutsche Bühnenaussprache,* in der die **norddeutsche Aussprache** zur Norm erhoben wurde.

Nationalsozialismus

Eine ›Sprache‹ des Nationalsozialismus hat es nicht gegeben. Der Wortschatz, auf den die Nazis für ihre Zwecke zurückgriffen, lag längst vor: z.B. das Vokabular des Antisemitismus, das zum Teil aus biologisch-pathologischer Metaphorik und aus Archaismen bestand. Wörter mit nationalistischer Tönung waren seit den Kriegen gegen Napoleon ebenso im Umlauf wie die Ausdrücke für pseudo-religiöse Erhebung.

- *Parasitenvolk, Rasse, Bazillus* (biologisch-pathologische Metaphern); *Germanen, Stämme, Ostmark, Herolde, Schutzwälle* (Archaismen); *unser Glauben, Auferstehung (des deutschen Volkes), Blutzeugen, Märtyrer, heilig, Heil* (pseudo-religiöse Begriffe) □

Entwicklungen nach 1945

Nach 1945 waren die meisten ostdeutschen Dialekte (z.B. Preußisch, Schlesisch und Böhmisch) aufgrund von Vertreibung und Auswanderung dem allmählichen Untergang preisgegeben. In der Bundesrepublik nahmen die Entlehnungen aus dem Amerikanischen und Englischen zu, die es teilweise bereits in der Weimarer Republik gegeben hatte, die in der Nazizeit aber systematisch bekämpft worden waren.

- *Bestseller, Bluff, Jazz, Song,* jetzt auch *Teenager, Make-up, Sex, Striptease, Callgirl* □

Die Teilung Deutschlands in die Bundesrepublik und die DDR schlug sich sprachlich vor allem in Unterschieden des politischen Wortschatzes nieder.

- Bei Wörtern wie *Frieden, Demokratie, fortschrittlich, Freiheit, Humanismus, wissenschaftlich* usw. gab es eine Bedeutungskonkurrenz (↗ politische Sprachkritik, S. 104f.), darüber hinaus waren Bezeichnungen strittig: So wurde der Name ›DDR‹ über lange Zeit in der Bundesrepublik offiziell tabuisiert, in manchen Zeitungen stand ›DDR‹ in Anführungszeichen oder es hieß ›so genannte DDR‹. Was auf der einen Seite die *Staatsgrenze West* war und *Demokratischer Sektor von Berlin* hieß, hieß auf der anderen Seite *Zonengrenze* und *Ost-Berlin.* □

7 Zur Geschichte von Anrede- und Grußformen

Die Geschichte der **pronominalen** (*du* und *Sie*) und der **nominalen** Anreden (vor allem *Frau* und *Herr*) gibt einen Einblick in den stetigen Wandel sozialer Beziehungen, von Machtverhältnissen, Privatheit und Öffentlichkeit und Vorstellungen von Höflichkeit.

7.1 Pronominale Anreden

Im Althochdeutschen gab es nur das ›du‹, mit dem auch der König angesprochen wurde. Vor allem in der mittelalterlichen höfischen Dichtung kommt zusätzlich das *ir* zu Ehren.

- Im *Iwein* (um 1200) von HARTMANN VON AUE z. B. duzt die Königin einen Ritter, der erwidert: »*ir strafet mich als einen kneht.*« □

In dieser Zeit bleibt das »*gemeine volk*« (JACOB GRIMM) noch beim Duzen. Im 15. und 16. Jh. eignet sich das städtische Bürgertum aber die höfischen Formen an. Man beginnt, sich mit *herr* und *frouwe* anzureden, was früher dem Adel vorbehalten war. Auch das *ir* wurde im bürgerlichen Verkehr üblich.

- Noch in GOETHES *Urfaust* (also im 18. Jh.) sagt aber Margarethe, von Faust als »*schönes Fräulein*« (von mhd. ›frouwelin‹) angesprochen: »*Bin weder Fräulein weder schön […].*« Dabei will sie nicht als (verheiratete) Frau bezeichnet werden, sondern sie macht damit deutlich, dass sie nicht von Adel ist. □

Ab dem 16. Jh. kam zum Duzen und ›Ihrzen‹ als neue Form der Höflichkeit das *Er* bzw. *Sie* in der 3. Person Singular hinzu, später wurde auch die Plural-Form der 3. Person verwendet.

- In GOTTHOLD EPHRAIM LESSINGS Lustspiel *Minna von Barnhelm* (1763) sagt der (›untere‹) Wirt zum (›höheren‹) Grafen: »*Wollen Ihro Exzellenz nur die Gnade haben, hier hereinzutreten*«, und Franziska, Minnas ›Mädchen‹, wendet sich an den (vom Rang her ebenbürtigen) Wachtmeister, den sie heiraten will: »*Seh' Er mich einmal an, Herr Wachtmeister.*« □

Das Duzen innerhalb der Familie ist erst jüngeren Datums.

- Minna sagt zu ihrem Vater: »*Das wissen Sie, mein Vater!*«, während er antwortet: »*Nein, Minna; deine Liebe ist nicht blind; […]*«, und auch Goethe siezt in seinen Briefen die Mutter, während sie ihn duzt. □

Selbst im 19. Jh. galt das *Du* unter Eheleuten in ›besseren Kreisen‹ noch als pöbelhaft. Diese Vielfalt der Anredeformen wurde etwa seit der Französischen Revolution, also Ende des 18. Jh., abgebaut und allmählich durch die Alternative *du* oder *Sie* abgelöst, ein Prozess, der zu Beginn des 20. Jh. weitgehend abgeschlossen war.
Heute findet sich die 3. Person Singular (manchmal auch die 3. Person Plural) nur noch in wenigen Kontexten.

- Etwa in einem ›gehobenen‹ Restaurant, wo der Gast vielleicht gefragt wird: »*Hat (Haben) der Herr noch einen Wunsch?*« □

Im Gefolge der Studentenbewegung in den 1960er- und 1970er-Jahren weitete sich das Duzen aus; heute wird es z. B. auch – demonstrativ – in Zukunftsbranchen wie der Informationstechnologie gepflegt. Nach wie vor gibt es aber oft eine Asymmetrie. Viele Ärzte duzen ihre Helferinnen und werden ihrerseits gesiezt.

7.2 Nominale Anreden

Geschlechtsspezifische Anrede und Anrede mit Titel

In den letzten Jahrzehnten hat die Frauenbewegung das *Fräulein* weithin zum Verschwinden gebracht. Darüber hinaus bemühen sich viele darum, Frauen ausdrücklich anzusprechen.

- Wer nur »*liebe Schüler*« und nicht »*liebe Schülerinnen und Schüler*« sagt, muss – anders als vor zwei Jahrzehnten – mit Widerspruch rechnen. □

Anreden mit Titel oder Berufsbezeichnung sind insgesamt im Schwinden.

- »*Herr Doktor*«, »*Herr Kommerzienrat*«, »*Herr Ober*« □

Dabei ist jedoch sozial und geografisch zu differenzieren.

- Die kollektive Anrede »*Liebe Kolleginnen und Kollegen*« ist nach wie vor üblich, während – auf der eher ›linken‹ Seite des politischen Spektrums – »*Liebe Genossinnen und Genossen*« seltener wird. □

Schriftliche Anrede

Im Brief verwendet man – je nach Grad der Distanz bzw. Nähe – die Floskel *Sehr geehrte(r)* bzw. *Liebe(r)*. Vermehrt wird auch *Hallo, Herr/Frau X* geschrieben, womit womöglich eine neue ›Mitte‹ zwischen Nähe und Distanz markiert ist. Ist der bzw. die Angeschriebene anonym, wird in der Regel *Sehr geehrte Damen und Herren* gewählt. Ausdrücke wie *gnädigst, untertänigst, in tiefer Ehrerbietung, in größter Hochachtung* verfielen der Kritik, blieben aber bis zum Beginn des 20. Jh. in Gebrauch. Noch heute kann man Formeln wie *Hochachtungsvoll* und *Ihr sehr ergebener …* lesen. Am häufigsten sind aber *Mit besten Grüßen* und *Mit freundlichen Grüßen*, in E-Mails oft abgekürzt als *MfG;* die intimere Variante lautet *Herzliche Grüße.*

8 Tendenzen der Gegenwartssprache

Deutsch wird heute in verschiedenen Varianten von ca. 100 Millionen Menschen als Erst- oder Zweitsprache in Deutschland, Österreich, der Schweiz, Liechtenstein, Frankreich (Elsass), Italien (Südtirol), Ostbelgien, Rumänien, Polen, Russland und in außereuropäischen Auswanderungsländern (USA, Argentinien, Brasilien, Kanada u.a.) gesprochen. Weil die jeweiligen gesellschaftlichen Bedingungen sehr unterschiedlich sind, wird im Folgenden nur auf Sprachtendenzen in Deutschland eingegangen.

8.1 Entwicklung der gesprochenen Sprache

Was das **mündliche Deutsch** angeht, so wird der ›Standard‹ v.a. in Hörfunk und Fernsehen geboten. Seit längerem ist das medienöffentliche Reden aber nicht mehr auf eine bildungssprachliche Elite beschränkt. In Talkshows z.B. kommen viele zu Wort, die nicht der Mittel- oder Oberschicht angehören. Nicht zuletzt damit dürfte zusammenhängen, dass viele Wörter, die früher tabuisiert waren, nun ohne Scheu öffentlich gebraucht werden – und zwar von Sprechern aller sozialen Schichten. Zu beobachten ist auch, dass die Wertschätzung der Dialekte zunimmt. Dabei unterscheiden die Sprachteilhaber nach wie vor wertend zwischen denen (›da unten‹), die nur Dialekt sprechen, und denen, die das Register wechseln, also auch ›Standard‹ sprechen können.

8.2 Jugendsprache

Im Mündlichen gilt besonders die ›**Jugendsprache**‹ als innovativ. Vor allem **Anglizismen** bzw. **Amerikanismen** werden mehr und mehr Teil des aktiven Wortschatzes der eher Jüngeren und besser Ausgebildeten. Vor diesem Trend warnen einige in ›sprachpflegerischer‹ Absicht. Ob sich dieser Widerstand verstärkt, ist nicht abzusehen.

■ Wie soll *chatten* ersetzt werden und haben *elektronische Post* (für *E-Mail*), *Rufmittelpunkt* (für *Callcenter*) und *Kundendienstrufnummer* (für *Service-Hotline*) eine Chance? □

Die wachsende Dominanz des Englischen als ›Weltsprache‹ ist im Zeitalter der Internationalisierung bzw. der sog. Globalisierung nicht nur ökonomisch und politisch, sondern auch durch Tendenzen in vielen Wissenschaftsdisziplinen bedingt.

8.3 Einfluss des Mündlichen auf die Schriftsprache

Es gibt Anhaltspunkte dafür, dass in das **Schriftdeutsch** mehr und mehr Merkmale einsickern, die bisher dem mündlichen Ausdruck vorbehalten waren. Das gilt nicht nur für Schülertexte und eine Zeitung wie *BILD*, sondern z. B. auch für eine ›seriöse‹ Wochenzeitung wie *Die Zeit*. In vielen Produkten der Massenmedien werden die Sätze im Durchschnitt kürzer und weniger komplex, Hypotaxe (mit Nebensätzen zweiten, dritten und vierten Grades) ist seltener anzutreffen.

Dass (auch sprachliche) Barrieren abgebaut werden sollen, wird zurzeit v. a. am Beispiel der **Verwaltungs-(bzw. ›Bürokraten‹-)Sprache** diskutiert, der auch viele Experten Verständlichkeit und damit ›Bürgernähe‹ absprechen. Auf **schriftsprachliche Kreativität** ist vor allem die Werbebranche angewiesen. In der ›Werbesprache‹ geht es u. a. um die innovative Gestaltung von Produktnamen und Slogans (bereits sehr alt: *der Duft der großen weiten Welt*). Man kreiert neue Wörter (Neologismen, ↗ S. 98), v. a. durch Komposition (↗ S. 40) – z. B. *Frischekick* – und Derivation (↗ S. 40 f.) – z. B. *unkaputtbar* – und verstößt dabei oft bewusst gegen orthografische Regeln, schreibt z. B. *Privat Kaffee* und *LaserJet* (wie in der Zeit des Barock) und setzt Punkte ›falsch‹. Phraseologismen (mehrwortige Ausdrücke, deren Bedeutung nicht aus der Bedeutung ihrer Bestandteile erschlossen werden kann) und Sprichwörter werden variiert.

■ *Gegen viele Beschwerden ist ein Kraut gewachsen* (Sidroga). *Die klügere Zahnbürste gibt nach* (Dr. Best). □

■ Auch Wortspiele sind häufig. So wirbt z. B. ein Möbelhaus mit dem Kompositum *Wohnsinn*, das an ›Wahnsinn‹ (einen positiv konnotierten übertreibenden Ausdruck) anklingt, aber auch einen ›Sinn fürs Wohnen‹ meint. Schließlich kommen gerade in der Werbung Endreime und Alliterationen zu neuen Ehren. □

■ *Haribo macht Kinder froh und Erwachsene ebenso. Mars macht mobil. Milch macht müde Männer munter.* □

Wortformen und Satzbau

›Ältere‹ Flexionsformen werden ab- bzw. umgebaut.

■ Das zeigt sich z. B. in einem Nebeneinander der Formen *des Bären* und *des Bärs, des Bauern* und *des Bauers,* aber auch von *des Ichs* und *des Ich.* Das Dativ-e gibt es nur noch in einigen Wendungen wie *in diesem Sinne, zum Wohle, auf dem Lande.* □

Der Gebrauch des Plural-s nimmt zu.

■ Ein Beispiel dafür ist das Nebeneinander von *die Kumpel* und *die Kumpels.* □

Formen starker Verben (d. h. mit einer Veränderung des Vokals bzw. Diphthongs im Stamm) sind weiter rückläufig.

■ Man sagt mehr und mehr *saugte* als *sog,* eher *backte* als *buk,* eher *triefte* als *troff* und eher *gleitete* als *glitt.* □

Es häufen sich nicht nur Abkürzungen wie *IM, DB, IHK* usw., sondern auch ›Kurzwörter‹, oft mit den Suffixen *-i* und *-o,* im Plural um *-s* erweitert.

■ *Studi, Macho, Gruftis, Wessi, Ossis, Promis, Drogi, Alki* □

Der schon seit dem 19. Jh. in einigen Teilbereichen zu beobachtende Rückgang des Genitivs setzt sich fort.

■ Man sagt kaum noch, dass man *sich eines Sachverhalts erinnert* und *seiner gedenkt.* □

Dennoch lebt der Genitiv, u. a. im sog. Nominalstil des Amtsdeutschen, das oft als Bürokratendeutsch kritisiert wird. □

■ Da ist z. B. die Rede von der *Zurückweisung der Annahme einer Begünstigung des Angeklagten.* □

Beobachtet wird auch ein Rückgang des Konjunktivs, der u. a. durch den Indikativ, aber auch durch Kombinationen mit *würde* ersetzt wird.

■ Nach einem verlorenen Fußballspiel sagt ein Stürmer z. B.: »*Wenn ich ihn reinmache, geht das Spiel anders aus.*« □

Im Hinblick auf den Satzbau ist in letzter Zeit v. a. die Veränderung von *weil* erörtert worden (↗ S. 18).

Teil 2: Literatur und andere Medien im Kommunikationsprozess

Erster Abschnitt: Strukturen literarischer Kommunikation

1 Zum Begriff ›Literatur‹

Unter ›litteratura‹ verstand man in der Antike zunächst die Lehre von den Buchstaben (lat. littera – Buchstabe). Später (ca. 100 n. Chr.) wurde darunter auch die Deutung von Texten begriffen. Die Verwendung des deutschen Wortes ›Literatur‹ in der Bedeutung von ›Schriftkunst‹, ›Wissenschaft‹, ›Gelehrsamkeit‹ hielt sich bis ins 18. Jh. Später bezeichnete man mit ›Literatur‹ vorwiegend (bedeutsame) Schriftwerke. Letzterer Begriff von ›Literatur‹ ist auch heute noch gebräuchlich, etwa in der Rede von ›wissenschaftlicher Fachliteratur‹. Zugleich wurde der Begriff seit dem 18. Jh. zunehmend in einem engeren Sinne verwendet. Hierbei ging es um die Abgrenzung von literarischen und nichtliterarischen Texten. Mit dem Begriff ›Literatur‹ im engeren Sinne (für Romane, Dramen, Gedichte …) wurde oft der Ausdruck besonderer Wertschätzung verbunden. Die Abgrenzung von literarischen und nichtliterarischen Texten ist nicht unproblematisch, erst recht dann nicht, wenn ›Literatur‹ als wertender Begriff verwendet wird (↗ vgl. wertende Literaturbegriffe, S. 144 ff.).

1.1 Gemeinsamkeiten literarischer Texte

Aus Sicht der Literaturwissenschaft ist kennzeichnend für Literatur (im engeren Sinne), dass die beteiligten Rezipienten und Produzenten folgende Annahmen teilen:

1. Literarische Texte sind **polyvalent** (vieldeutig): Während Vieldeutigkeit in Sachtexten – man denke nur an Gebrauchsanweisungen oder Gesetzestexte – als Mangel empfunden wird, gilt es als Merkmal ›guter‹ literarischer Texte, dass sie immer wieder neu und anders interpretiert werden können (↗ Interpretation, S. 141 f., 331 ff.).
2. Literarische Texte sind **fiktional**. Während andere Texte daran gemessen werden, ob das in ihnen Behauptete wahr ist bzw. mit der Wirklichkeit übereinstimmt, gehen wir bei literarischen Texten zumeist davon aus, dass die in ihnen dargestellten Figuren, Situationen und Geschehnisse erfunden, also **fiktiv** sind. Dies schließt nicht aus, dass auch fiktionale Texte Wirklichkeitsaussagen enthalten. Auch können z. B. literarische Texte nichtfiktionale Texte integrieren.

■ Ein extremes Beispiel für die Verwendung eines nicht fiktionalen Textes im Rahmen eines fiktionalen Textes lieferte PETER HANDKE 1986, indem er die Mannschaftsaufstellung des 1. FC Nürnberg vom 27. 1. 1968 als Gedicht wiedergab. □

▼ Dass Polyvalenz und Fiktionalität keine trennscharfen Kriterien sind, um literarische von nichtliterarischer Kommunikation zu unterscheiden, sollte stets bedacht wer-

den. An autobiografischen oder historischen Romanen z.B. interessiert durchaus, ob die in ihnen enthaltenen Aussagen zutreffen.
Wegen der mangelnden Trennschärfe der abgrenzenden Kriterien folgen manche Ansätze in der Literaturwissenschaft einem erweiterten Literaturbegriff, der die gesamte schriftliche Kommunikation umfasst. Zudem plädieren einige Literaturwissenschaftler dafür, beim Begriff ›Literatur‹ über Texte hinauszugehen: Nicht nur die Texte selbst sollen als Literatur betrachtet werden, sondern möglichst das gesamte gesellschaftliche System, in dem Texte entstehen und interpretiert werden. Dazu zählen z.B. die historischen, biografischen, rezeptionsästhetischen (↗ S. 134) und soziologischen Hintergründe eines Textes. ▽

Fiktion: fiktional und fiktiv

Der Begriff der **Fiktion** leitet sich von *fingere* (lat.) für *erdichten, vortäuschen* und *bilden* ab. Mit dem Begriff wird signalisiert, dass ein Text – ob mündliche oder schriftliche Erzählung, Theaterstück oder Film – in seinen wesentlichen Momenten erfunden ist und auch entsprechend aufgefasst werden soll.
Zum Umgang mit F. gehört die Bereitschaft zum Spiel. So weiß z.B. der Rezipient eines Theaterstücks oder eines Spielfilms, dass ihm eine gespielte Realität vorgeführt wird. Nicht nur der Schauspieler, auch der Rezipient muss sich auf das Spiel einlassen, will er sich mit der F. auseinandersetzen. Dieses Einlassen besteht häufig in einer spielerischen Haltung des ›Als ob‹. Um einen fiktionalen Text ernst zu nehmen, muss ich sein Fiktives (das Erfundene) so nehmen, als ob es wirklich wäre oder doch sein könnte, obwohl ich, anders als ein Kind, das an das Wirkliche des bösen Wolfs aus dem Märchen glaubt, doch stets weiß, dass alles nur ein Spiel ist. Teil des Spiels ist es, sich bildhafte Vorstellungen des Gelesenen oder Gehörten zu machen. Man spricht hier vom Prozess des **Imaginierens** (lat. imago – Bild).
Beim Aufbau der Fiktion sind verschiedene Faktoren aufseiten des Rezipienten und aufseiten des Produkts bzw. Textes von Bedeutung. Auf der Rezipientenseite sind neben der grundsätzlichen Bereitschaft zum Spiel Welt- und Medienerfahrungen sowie – damit verbunden – die individuelle Vorstellungskraft wichtig. Aufseiten des Textes spielt zum Beispiel dessen Medienverfassung – die schriftliche oder audiovisuelle Darstellung der fiktiven Welt – eine erhebliche Rolle. Besonders gering fällt die Kluft zwischen fiktiver und wirklicher Welt aus, wenn Texte darauf ausgerichtet sind, die Natur möglichst getreu nachzuahmen – eine Zielvorstellung, die bereits in der Antike mit dem Begriff der **Mimesis** (griech. Nachahmung, ↗ S. 135 f.) bezeichnet wurde.
Im Zusammenhang von Fiktion, Vorstellungskraft und Mimesis spielt auch der Begriff der Illusionsbildung eine Rolle. Von **Illusionsbildungen** spricht man vor allem dann, wenn bei der Rezeption einer Fiktion das Bewusstsein von ihrem Schein- oder Spielcharakter – das Wissen um das ›Als ob‹ – verloren geht.
Noch im Theater des späten 19. Jh. galten Techniken, die Illusionsbildung erleichterten, als fortschrittlich. Dann aber wurde die Leitvorstellung des in der Illusion gefangenen von der des distanziert reflektierenden Rezipienten zurückgedrängt (vgl. ↗ episches Theater nach Brecht, S. 164 f.).
Im kommerziellen Film jedoch stehen technische Effekte, die auf Illusionsbildung zielen, nach wie vor hoch im Kurs.

2 Literatur als Kommunikation; literarische Kommunikation

Weil sich Literatur als eine besondere Form der **schriftlichen Kommunikation** (↗ S. 84ff.) begreifen lässt, liegt es nahe, eine Theorie der Literatur an Kommunikationsmodellen auszurichten. Die wissenschaftlichen Modelle, die hierzu vorliegen, unterscheiden sich in Ausführung und Komplexität erheblich. Das liegt nicht zuletzt darin begründet, dass die Modellbildungen immer schon Annahmen über die Funktionen literarischer Kommunikation enthalten.

Eine Gemeinsamkeit besteht allerdings in der Berücksichtigung von drei Instanzen, die an das Modell BÜHLERS erinnern (↗ S. 71f.): **Autor – Text – Rezipient (Leser)**. In der schlichtesten Modellvorstellung wird der Zusammenhang folgendermaßen aufgelöst: Ein Autor will mit seinem Text bei seinem Rezipienten etwas bewirken, z. B. Emotionen erwecken, ihn zu neuen Sicht- und Handlungsweisen führen usw.

Diese Modellvorstellung gibt sicher kein abwegiges Bild, solange man bereit ist, literarische Kommunikation als einen Prozess zu sehen, der vom Autor ausgeht. Dies ist aber nicht zwingend. So kann ich mich als Leser dem Text mit Erwartungen nähern, an die sein Autor nie gedacht hatte. Das dürfte zum Beispiel der Fall sein, wenn ich heute einen Roman THEODOR FONTANES lese, um etwas über die Speisenfolge bürgerlicher Abendessen im Berlin des späten 19. Jh. zu erfahren. Zwar mag man mich in diesem Fall für einen Banausen halten, doch wird man mir meinen Rückgriff auf den Text kaum verbieten können. Das Verständnis besteht auch nicht darin, die Botschaft eines Autors zu finden, also eine Antwort auf die Frage: Was will uns der Dichter sagen? Der fiktionale Text (↗ S. 128) ist eine Einladung zum Spiel der Imaginationen, wobei seine Polyvalenz (↗ S. 128) das Spiel nicht zu einem Ende kommen lässt.

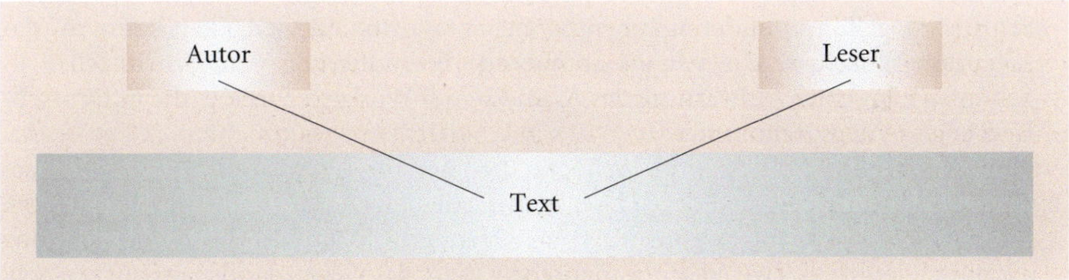

2.1 Autor

Grundsätzlich wird in der Literaturwissenschaft zwischen verschiedenen Begriffen des A. unterschieden, und zwar zwischen dem **realen** und dem **fiktiven Autor**.

Realer Autor

Der reale (auch: historische oder empirische) A. ist als **realer Mensch** eine Größe außerhalb des Textes (extratextuell). Als solche darf er in der Interpretation nicht mit Bestandteilen des fiktionalen Textes wie dem Erzähler (↗ S. 148f.) verwechselt werden.

Rückschlüsse von Äußerungen oder Lebensumständen des realen A. auf den Textsinn gelten nur mit großen Vorbehalten als eine zulässige Praxis der Interpretation. Die gleiche Skepsis betrifft den umgekehrten Schluss von der Deutung des Textes auf die Intentionen des realen A. Dass ein Autor ein schlechter Interpret seiner Schriften sein kann, ergibt sich aus der folgenden Überlegung: Ein A. wandelt sich, macht im Zuge des Lebens neue Erfahrungen und verändert folglich seine Meinungen und Erinnerungen, während seine abgeschlossenen Texte, manchmal zum Leidwesen des Schriftstellers, unverändert bleiben.
Deshalb ist es nicht verwunderlich, dass sich in der Literaturgeschichte viele Versuche gerade prominenter A. erkennen lassen, die Intentionen ihrer Frühwerke im Lichte späterer Einstellungen zu kommentieren. Solche Kommentare sind von zweifelhaftem Wert.

Geistiges Eigentum

Für die Produktion und Rezeption von Literatur ist die Frage der Autorschaft von großer Bedeutung. Ein wichtiger Meilenstein für die Entwicklung des modernen Schriftstellerberufs war etwa die juristische Durchsetzung einer Vorstellung vom geistigen Eigentum. Wenn das heute geltende **Urheberrechtsgesetz** zu schützende Werke als »*persönliche geistige Schöpfungen*« bezeichnet und im Urheber den »*Schöpfer des Werkes*« sieht, formuliert es eine Sichtweise, die alles andere als selbstverständlich war (und ist). So argumentierten beispielsweise Verleger, die ihr Geschäft damit machten, vorliegende Bücher einfach nachzudrucken, noch 1815, dass die Ware Buch lediglich ein Fabrikat aus Papier mit aufgedruckten Zeichen sei. Geistiges könnte ein solches Papierfabrikat schwerlich enthalten, entsprechende Gedanken entstünden erst im »*Kopfe des verständigen Lesers*«.

Dass man sich erst 1835 im ›Deutschen Bund‹ auf Grundsätze über die Feststellung und den Schutz eines »*schriftstellerischen Eigentums*« einigte, ist kaum erstaunlich. Schließlich gelten in anderen Lebensbereichen Worte und Gedanken kaum als das Eigentum Einzelner. Die religiös anmutende Formulierung vom Schriftsteller als Schöpfer trägt einer Aufwertung des A. und seines Werks Rechnung, die in Deutschland eng mit dem Renommee GOETHES und SCHILLERS zusammenhängt. Die besondere Wertschätzung des A. als Schöpfer bedingt im Übrigen die Abwertung des Nachahmers. Als **epigonal** bezeichnet man Texte bzw. A., die anerkannten Mustern folgen, ohne diese auf originelle Art zu verändern. Während die Kennzeichnung ›epigonal‹ lediglich Zweifel am ästhetischen Wert des Gegenstands ausdrücken soll, können mit dem Vorwurf des **Plagiats** seit der Einführung des Urheberschutzes juristische Folgen verbunden sein. Dem Plagiator unterstellt man, dass er sich widerrechtlich das geistige Eigentum eines anderen A. aneignet. Unter den Bedingungen von Intertextualität (↗ S. 132) ist die Beweisführung in dieser Frage allerdings so problematisch, dass es im Unterschied zur Musik hier selten zu gerichtlichen Auseinandersetzungen kommt.

Fiktiver Autor

Vom realen Autor strukturell zu unterscheiden ist ein fiktiver A. Beim fiktiven A. handelt es sich um eine vom realen Autor angelegte **Figur innerhalb des Textes**, die sich dem Rezipienten gegenüber als Autor zu erkennen gibt und die häufig die Rolle des Erzählers (↗ S. 148f.) ausfüllt.

Impliziter Autor

Als **impliziten, abstrakten oder auch idealen A.** bezeichnet man häufig eine Figur, die sich der Rezipient im Umgang mit dem Text bildet. Rezipieren wir einen Text, ohne dessen Urheber vor uns zu haben, bedeutet dies nicht, dass wir uns von der Vorstellung lösten, das Gelesene in einer bestimmten Form verstehen zu sollen. Auf der Basis des Gelesenen – also des Textes – stellen wir uns eine mehr oder weniger abstrakte Person vor, die den Text mit einer bestimmten Intention in der vorliegenden Form arrangiert und veröffentlicht hat. Auf diese Weise können wir mit anderen Rezipienten darüber streiten, wer den A. am besten verstanden hat, ohne über den realen A. etwas wissen zu müssen.

2.2 Text und Werk

Grenzen des Textes

Unter einem T. versteht man gemeinhin eine zusammenhängende schriftliche Äußerung, die bestimmten kommunikativen Erwartungen entspricht. Diese Erwartungen sind im so genannten **Erwartungshorizont** der Rezipienten gespeichert. Dazu zählen **Textsortenmerkmale**, die sich auf literarischem Gebiet als Gattungs- und Genreeigenschaften (↗ literarische Gattungen, S. 138) erläutern lassen.
Wenn man in der Textlinguistik unter anderem davon spricht, dass ein T. in seiner Ganzheit der Erwartung an Sinnhaftigkeit entsprechen müsse, ist damit indirekt eine Frage aufgeworfen, die die Literaturwissenschaft vor Probleme stellt: Wie bestimmt man die Grenzen eines T.? Lesen wir zum Beispiel einen Ausschnitt aus einem Roman, in dem eine zusammenhängende Geschichte erzählt wird, können wir durchaus den Eindruck haben, es mit einem abgeschlossenen T. zu tun zu haben, und ein entsprechendes Textverständnis entwickeln. Wird uns dann mitgeteilt, dass wir es lediglich mit einem Teiltext zu tun hätten, dessen Bedeutung sich erst mit Blick auf den Gesamttext erschlösse, können wir entgegenhalten, dass auch der Gesamttext des Romans in einen weiteren Textzusammenhang eingebettet ist.
Zu unterscheiden sind in dieser Beziehung die Aspekte von **Kontextualität** und **Intertextualität.**
Unter ›**Kontextualität**‹ (lat. contexere – zusammenweben) versteht man vor allem das sprachliche, kulturelle, publizistische und soziale Umfeld eines Textes. Dabei kann es sich um andere Texte desselben realen Autors oder von anderen Autoren, aber auch um einen geistesgeschichtlichen, kulturellen oder sozialen Zusammenhang handeln. Für das Verständnis und auch die Bewertung eines Textes ist es bedeutsam, in welche Kontexte der Rezipient einen Text einrückt (Kontextualisierung). In der Verständigung über die Bedeutung literarischer Texte (↗ Interpretation, S. 141f., 331ff.) ist es deshalb hilfreich, sich die in der Rezeption vollzogene Kontextualisierung bewusst zu machen und diese den Verständigungspartnern, etwa dem Leser einer schriftlichen Interpretation, zu erklären.

Mit dem Begriff ›**Intertextualität**‹ wird ein Netz von Beziehungen zwischen verschiedenen Texten bezeichnet. Ein solches Netz wird z. B. hergestellt, wenn ein Text auf einen fremden Text verweist, auf diesen anspielt oder ihn als Zitat in sich aufnimmt. Ein Zusammenhang bzw. eine Einbettung kann in expliziter Form hergestellt werden, wie es etwa der Fall ist, wenn eine Romanfigur ein namentlich ausgewiesenes Werk aus der Literaturgeschichte liest und sich darüber Gedanken macht. Häufiger haben wir es allerdings mit impliziten Anspielungen zu tun: So greifen beispielsweise die Anfangssätze aus PATRICK SÜSKINDS Roman *Das Parfum* (1985) Formulierungen auf, die HEINRICH VON KLEIST für den Beginn seiner Novelle *Michael Kohlhaas* (1810) prägte.
Sehr verbreitet ist zudem seit Beginn der Literaturgeschichte eine Form von Intertextualität, die sich als Herstellung einer neuen Variante eines alten Textes kennzeichnen lässt. Dies ist zum Beispiel der Fall, wenn Autoren auf Erzählungen aus der Mythologie oder der Bibel zurückgreifen oder bekannte Fabeln umdichten. Zu unterscheiden ist hier zwischen der Übernahme von **Motiven** und der Übernahme von **Stoffen**.

2 Literatur und Medien

Motive

Als **literarische Motive** (mittellat. motivum – Antrieb, Bewegung) werden allgemein solche Elemente eines Textes bezeichnet, die z. B. als Situationen im Text selbst wiederholt vorkommen oder die einem Schema entsprechen, das bereits in anderen Fiktionen benutzt wurde.

■ Zu diesen Schemata gehören z. B. Motive wie *das Dreiecksverhältnis, der Doppelgänger, der Heimkehrer, feindliche Brüder* oder *die verführte Unschuld.* □

Motive wie diese werden in Motivlexika zusammengestellt. Von Motiv im Sinne eines mehrfach in einem Text wiederkehrenden Bausteins spricht man oft in Analogie zur Musik. Aus dem Zusammenhang zwischen Musik und Literatur stammt auch der Begriff ›**Leitmotiv**‹, mit dem in der Musik eine durchgängig eingesetzte Tonfolge – ein Motiv – bezeichnet wird.

In der Literatur – und hier v. a. in längeren Texten – können Leitmotive eingesetzt werden, um dem Leser in indirekter Form Charakteristika von Figuren oder Situationen zu vermitteln. So kann von einer Figur immer wieder erzählt werden, dass ihr das Hemd aus der Hose gerutscht ist. Der Leser wird sich dann entsprechende Vorstellungen von dieser Figur bilden, sie etwa als ungeschickt oder nachlässig einstufen. Handelt es sich um eine Nebenfigur, wird für den Leser gleichzeitig die Zuordnung einfacher: XY ist der Lehrer, dem immer das Hemd aus der Hose rutscht. Bildergeschichten und Comics arbeiten mit vergleichbaren Techniken, wenn in ihnen Figuren stets dieselbe Kleidung tragen oder bestimmte Dinge immer wieder machen (z. B. Dagobert Duck, der in seinem Geld badet).

Stoffe

Im Unterschied zum Motiv umfasst der Begriff ›**literarischer Stoff**‹ einen weiter gezogenen thematischen Zusammenhang. Insofern das **Material einer Fiktion** (↗ S. 128) als deren Stoff gilt, kann unter Stoff sowohl eine **außerliterarische Begebenheit** als auch eine **literarische Vorlage** verstanden werden. Von einem literarischen Stoff spricht man im zweiten Fall. Anders als beim Motiv muss sich ein literarischer Stoff auf eine konkrete Textgrundlage zurückverfolgen lassen, die in der Regel schon mehrfach aufgegriffen wurde. Zu Stoffen der Weltliteratur zählen neben den antiken

Mythen und biblischen Erzählungen bestimmte historische Geschehnisse und Figuren, aber auch die Handlungen (engl. plots) literarischer Texte.
Literarische Stoffe, die ihre eigene Überlieferungsgeschichte haben, stehen stets in einem intertextuellen Bezugsrahmen. Für literarische Motive gestaltet sich dieser Rahmen lockerer: Fasse ich Motive als Schemata auf, kann ich zwar identische Motive in einer Vielzahl unterschiedlicher Texte erkennen, sollte mich jedoch davor hüten, diese Zusammenhänge auf die Auseinandersetzung mit stets derselben Vorlage zurückzuführen.
Vergleichende Studien zur **Stoff- und Motivgeschichte** registrieren derartige Zusammenhänge nicht nur, sondern bemühen sich auch, etwa im Bereich der internationalen Märchenforschung, Motiv- und Stoffvarianten auf unterschiedliche kulturelle und historische Einflüsse zurückzuführen. Indem man untersucht, wie ein identischer Stoff etwa in einem Roman und in einem Theaterstück umgesetzt wird, glaubt man zudem, Rückschlüsse auf die besonderen Präsentationsweisen der Gattungen ziehen zu können.
In jüngerer Zeit wurde in der vergleichenden Literaturwissenschaft die Stoff- und Motivgeschichte zu einer **Themengeschichte** ausgeweitet.

Zitat, Adaption, Parodie, Pastiche

Althergebrachte Formen der Intertextualität sind neben der Anspielung das Zitat, die Adaption, die Parodie und das Pastiche.
Von einem **literarischen Zitat** (lat. citare – herbei-, anrufen) spricht man im engen Sinne, wenn eine Wendung aus einem fremden Text wörtlich übernommen wird. In einem weiteren Sinn wird der Begriff heute verwendet, wenn darunter auch die Kopie einzelner literarischer Verfahrensweisen verstanden wird.
Das Zitat kann zu verschiedenen Zwecken eingesetzt werden, zum Beispiel als Ausspruch einer Figur, um deren Belesenheit zu dokumentieren. Nicht selten werden Zitate auch benutzt, um den zitierten Autor zu würdigen.
Als **Adaption** (lat. adaptus – angepasst) bezeichnet man die Übertragung eines Textes in eine andere Gattung zum Beispiel die ›Übersetzung‹ eines Theaterstücks in einen Film.
Eine **Parodie** (griech. Gegengesang) ist die Imitation eines zumeist bekannten literarischen Textes, die die Richtung des bearbeiteten Textes so verändert, dass eine komische, satirische oder lächerlich machende Wirkung entsteht.
Beim **Pastiche** (ital. pasticcio – Pastete, undurchsichtige Affäre) handelt es sich ebenfalls um eine Imitation. Bewusst oder unfreiwillig wird der Stil eines anderen Autors oder Textes nachgeahmt, ohne dass diese Nachahmung auf eine Distanzierung durch komische Effekte zielt. Der Begriff wird heute oft zur Charakterisierung postmoderner Texte (↗ Postmoderne, S. 146) genutzt.

Werk

In der Regel wird der Begriff ›Werk‹ synonym mit ›**Text**‹ benutzt. Indem man von einem ›Werk‹ spricht und damit ein Wort benutzt, das auch außerhalb der Literaturwissenschaft verwendet wird, wenn allgemein von einem Produkt menschlicher Tätigkeit die Rede ist, betont man allerdings den Aspekt des absichtsvoll Geschaffenen (↗ realer

Autor, S. 129f.). Unter einem ›**Gesamtwerk**‹ bzw. einem ›***Œuvre***‹ (frz. Werk) versteht man sämtliche von einem Autor geschaffenen Werke.

2.3 Rezeption und Leser

Rezeption

Unter ›Rezeption‹ (lat. recipere – aufnehmen, empfangen) versteht man heute jede Form der Aneignung eines Textes. Als ›**Rezipient**‹ bezeichnet man den Leser eines Textes, aber z.B. auch den Radiohörer, den Besucher einer Theateraufführung oder den Fernsehzuschauer.

Manchmal wird das Ergebnis einer Rezeption schriftlich wiedergegeben. Dies geschieht vor allem in **Rezensionen** (lat. recensere – sorgfältig prüfen, ↗ S. 144), wie in der Buch-, Film- oder Theaterkritik, in literaturwissenschaftlichen Kommentierungen, aber auch in der Verarbeitung bereits bestehender Texte und Textelemente durch andere Autoren (↗ Intertextualität, S. 132). Einen weiteren Fall der schriftlichen Rezeption stellt die Übersetzung dar. Die **Rezeptionsgeschichte** eines Textes lässt sich nachvollziehen, indem man die ihn betreffenden Reaktionen und Verarbeitungen über einen längeren Zeitraum verfolgt und zusammenträgt.

2

Literatur und Medien

Leser-Begriffe

Spricht man in der Literaturwissenschaft vom L., meint man zumeist den **realen L.** Dieser ist ein realer Mensch und als solcher Teil eines Lesepublikums, das der Gegenstand soziologischer, psychologischer oder historischer Betrachtungen sein kann.

In Abgrenzung vom realen L. wird der Adressat, an den ein Autor denkt, wenn er an seinem Text arbeitet, als ›**intendierter L.**‹ bezeichnet.

Vom realen L. unterschieden ist auch die Konstruktion eines **idealen, optimalen** oder auch **impliziten L.** Als ideal vorgestellt wird hier ein L., der sämtliche Bewegungen, Anspielungen und Bezüge eines Textes nachvollzieht und somit in gewisser Weise das intellektuelle Ebenbild des Autors darstellt. Dabei wird zumeist unterstellt, dass jeder Text einen L. mit bestimmten Erwartungen voraussetzt. Von diesen Erwartungen muss der Text abweichen, um als interessant, poetisch sinnvoll oder neu empfunden zu werden. Zudem lässt sich in der genauen Betrachtung eines Textes rekonstruieren, welche Aktivitäten von einem L. erwartet werden. Da gerade literarische Texte nicht pedantisch jedes Detail präzise erläutern, sondern mit Absicht vieles unbestimmt lassen (Leerstellen), implizieren sie einen L., der an der Lektüre mitarbeitet, indem er sich Vorstellungen macht und sein Wissen einsetzt. In den Anforderungen an den L. bzw. den jeweils impliziten L. unterscheiden sich literarische Texte erheblich. Eine Lektüre gilt dem realen L. zumeist als einfach und oft auch als langweilig, wenn das Ausmaß der erforderlichen Mitarbeit sehr klein gehalten ist.

Fragen nach dem impliziten L. bestimmen vor allem die **Rezeptionsästhetik**. Dieser literaturtheoretische Ansatz geht von einer im Text angelegten Wirkung auf den impliziten L. aus, die sich mit der Reaktion des realen L. im Rahmen seiner tatsächlichen Lebenswelt vergleichen lässt. Die **empirische Rezeptionsforschung** wertet das tatsächliche Leseverhalten des realen L. mithilfe von Datenerfassung aus.

3 Reflexion über Literatur

3.1 Poetik

Unter ›Poetik‹ (griech. poietike techne – Dichtkunst) versteht man die **Lehre von der Dichtung**, ihren Formen und Techniken. In der Geschichte der P. wurde ihr Lehrcharakter zum einen als praktische Anleitung zur Erstellung poetischer Texte aufgefasst und zum anderen im Sinne einer Theorie verstanden, welche die Dichtung erklärt.
Während im Mittelalter (↗ S. 181 ff.) noch die Rhetorik (↗ S. 95 ff.) den Rahmen einer Kunstlehre absteckte, führten die Antikestudien der Renaissance dazu, poetische Fragen zunehmend unabhängig von der Rhetorik zu erörtern. Mit der Wiederentdeckung der fragmentarischen Schrift des ARISTOTELES *Über die Dichtkunst* um 1500 lag für die Poetik-Debatten bis hin ins 20. Jh. ein Schlüsseltext vor, der eine Palette ebenso bedeutsamer wie schwierig zu deutender Begriffe enthält. Ohne Übertreibung kann man sagen, dass ein Großteil von Fehden, welche die jeweils aktuelle P. betrafen, den Weg über kontroverse Aristoteles-Interpretationen nahmen.
Zunächst wurde Poetik unter Berufung auf Aristoteles als eine **Regelpoetik** begriffen. Darunter verstand man ein Regelwerk, dessen Regeln ein entsprechend gebildeter Dichter (lat. poeta doctus) befolgen musste (vgl. Poetik des Barock, ↗ S. 190 f.).
In der Aufklärung (↗ S. 197 ff.) setzte die entscheidende Wende ein, als LESSING zum Teil mit Aristoteles gegen GOTTSCHED argumentiert. Zu einer den Vernunftcharakter der Dichtung betonenden Regelpoetik steht der Geniegedanke des Sturm und Drang (↗ S. 207 ff.) in krassem Gegensatz. Mit der prinzipiellen Wende von einem Interesse an Dichtung als Regelsystem zum Interesse am schöpferischen Genie ist die große Zeit der Poetiken abgelaufen.
Dennoch spielen die von Aristoteles entwickelten Kategorien bis heute eine wichtige Rolle, insbesondere die Begriffe ›**Mimesis**‹ und ›**Katharsis**‹.

Mimesis

›Mimesis‹ (griech. **Nachahmung**) wird bei Aristoteles als Wesensmerkmal der einzelnen Künste begriffen, die dann durch die Art, wie sie ›nachahmen‹, unterschieden werden. Die an Aristoteles anknüpfenden Kontroversen um M. betreffen demnach letztlich die Wesensbestimmung von Kunst und Literatur. Kein Wunder ist es also, dass sich die Literaturgeschichte in ihrer Abfolge von Epochen und Stilrichtungen auch als Auseinandersetzung um ein zeitgemäßes Mimesis-Verständnis darstellen lässt. Möglich wird diese Darstellung, indem zum einen problematisiert wird, was eigentlich nachgeahmt werden soll. Zum anderen stellt sich die Frage, was ›Nachahmung‹ unter den Bedingungen von Fiktion (↗ S. 128) bedeutet bzw. ob man nicht lieber von ›Darstellung‹ sprechen sollte. Als das Nachzuahmende wird zumeist die Welt oder die Natur verstanden. In dem Maße, in dem man dazu überging, die Ordnung bzw. die Totalität der Welt für eine Idee zu halten, die sich von dem unterscheidet, was man als Einzelner von der Welt sinnlich erfährt, zerbrach die Vorstellung, man habe es beim Nachgeahmten mit etwas objektiv Vorhandenem zu tun.
Eröffnet wurde so zum Beispiel die politische Kontroverse innerhalb der Literatur als Streit um die treffende Erfassung der sozialen Realität. Auch in anderer Hinsicht gestal-

tet sich die Beziehung zwischen Subjektivem und Objektivem schwierig. Der Philosoph KANT hat dies am Problem der Nachahmung von Naturschönheit verdeutlicht. Ist die Schönheit eine Eigenschaft der Natur oder eine Empfindung ihres Betrachters? Müsste also Natur oder aber der individuelle Eindruck von Schönheit in Worten nachgeahmt werden? Steht z.B. in einem Naturgedicht die Natur oder das sie empfindende lyrische Ich im Mittelpunkt? Geht es einem Text darum, die Denk- und Empfindungsweisen eines einzelnen Menschen darzustellen, spricht man zuweilen von **Bewusstseinsmimesis**. Der Dichter JEAN PAUL gelangt in seiner *Vorschule der Ästhetik* (1804) zu der Einsicht:

- *Weder der Stoff der Natur noch weniger deren Form ist dem Dichter roh brauchbar. Die Nachahmung des Ersteren setzt ein höheres Prinzip voraus; denn jedem Menschen erscheint eine andere Natur; und es kommt nun darauf an, welchem die schönste erscheint.* (Aus: Jean Paul: *Werke*) □

Katharsis

Bei dem für ARISTOTELES zentralen Begriff der ›Katharsis‹ (griech. Reinigung) handelt es sich ursprünglich um einen medizinischen Begriff. Reinigung meinte in diesem Zusammenhang die Ausscheidung schädlicher Stoffe aus dem Körper. In seiner Poetik bestimmte Aristoteles die Tragödie (↗ S. 162) als nachahmende Darstellung einer in sich geschlossenen Handlung, die durch handelnde Personen zur Anschauung gebracht werde. Indem die Handlung **Schauder** und **Jammer** errege, bewirke sie beim Zuschauer die K. dieser und ähnlicher Affekte. Diese Formel wurde in der europäischen Poetik des Humanismus zustimmend aufgegriffen, jedoch ethisch interpretiert. Schauder und Jammer wurden als **Furcht** (bzw. Schrecken) und **Mitleid** aufgefasst – eine Übersetzung, die sich auch heute noch findet. LESSING verstand den Zusammenhang in seiner wirkungsmächtigen Tragödientheorie unter anderem folgendermaßen: Der Zuschauer empfinde Mitleid mit einem Helden, dessen Gefühle den seinen ähnelten. Im Mitleid entwickele sich die Furcht, es könne einem selbst wie dem tragischen Helden ergehen, sodass sich das Mitleid der eigenen Person zuwende. Man nehme sich vor, so tugendhaft zu handeln, dass kein Anlass mehr zur Furcht bestehe.
Neuere Katharsis-Verständnisse und Aristoteles-Interpretationen schlagen eine andere Richtung ein. Sie begreifen die Katharsisfunktion wieder eher medizinisch, indem sie davon sprechen, dass die Wirkung der Tragödie darin bestehe, aufgestaute Affekte lustvoll zu entladen – ein Effekt ähnlich dem, der Rock-Konzerten oder Fußballspielen nachgesagt wird.

3.2 Ausgewählte Ordnungen und Aufgaben der Literaturwissenschaft

Kanon

Als ›Kanon‹ (griech. Maßstab, Richtschnur) bezeichnet man in der Literaturwissenschaft eine nicht fest umrissene Gruppe literarischer Werke, die literaturgeschichtlich als bedeutsam gelten. Die Zuschreibung von Bedeutsamkeit folgt dem so genannten Prinzip der **Rekursion** (lat. recursus – Rücklauf, Rückkehr), d.h., dass auf die betreffenden Texte über einen langen Zeitraum immer wieder Bezug genommen (rekurriert)

wird. Dies geschieht v.a. durch andere Werke (↗ Intertextualität, S. 132), aber auch durch die Literaturgeschichtsschreibung und das Erziehungssystem.
Über den K. ist häufig geklagt worden. Dabei wurde vor allem sein Zensureffekt betont. Der Hintergrund dieses Vorwurfs berührt einen Aspekt, der eine entscheidende kommunikative Funktion betrifft. Ein Kanon nämlich schafft literaturgeschichtliche Übersicht: Die eigentlich unüberschaubare Menge literarischer Texte wird durch eine Auswahl vergleichsweise überschaubar gemacht. Literarische Kommunikation erhält auf diese Weise historische Bezugspunkte, die etwa in Vergleichen (»schreibt wie Kafka«) immer wieder angeführt werden, weil die Kommunikationspartner unterstellen dürfen, dass die betreffenden Werke und der ihnen zugeschriebene Wert bekannt sind.
Problematisch ist dieser Effekt nicht nur wegen einer Tendenz zur Einschüchterung (»wer Kafka nicht kennt, darf nicht mitreden«), sondern weil der K. automatisch zur Ausblendung vieler Texte führt. Die Kehrseite des K. nämlich sind die vergessenen Autoren und Werke, die zum Beispiel nie im Deutschunterricht gelesen werden, da kein Verlag sie im Sortiment der lieferbaren Bücher führt.
Für junge Autoren und Strömungen bietet der zwangsläufig konservative Zug des K. allerdings auch die Chance zur Profilierung. Wer den Eindruck vermitteln will, dem zeitgenössischen Publikum etwas Neues und Fundiertes zu bieten, sucht häufig nach Anknüpfungspunkten jenseits des K. So spielte für die jungen Naturalisten (↗ S. 247 ff.) beispielsweise der zu diesem Zeitpunkt eher unbekannte Georg Büchner eine bedeutsame Rolle, während Autoren, die in der DDR auf romantische Vorbilder zurückgriffen, damit eine in der DDR-Literaturgeschichtsschreibung weniger geschätzte Epoche in den Blick nahmen.

Epochen

Die Einteilung in Epochen (griech. Haltepunkt, Innehalten) ist ein grundlegendes Gliederungsprinzip fast aller übergreifenden Literaturgeschichten. Wurden ursprünglich unter E. Ereignisse gefasst, die als Eckdaten in der Geschichte galten, so denkt man bei E. seit dem Ende des 18. Jh. an den Zeitraum, der von diesen Eckdaten eingerahmt wird. Den Zeiträumen wurde nun ein unverwechselbares Profil, etwa eine besondere Geisteshaltung oder ein so genannter Epochenstil, zugeschrieben. Die E. werden gewissermaßen als kleine Welten verstanden und Schriftsteller werden als ›Autoren in ihrer E.‹ oder ›vor dem Hintergrund ihrer E.‹ gesehen.
Erst seit dem letzten Drittel des 19. Jh. hat sich ein Grundbestand von **Epocheneinteilungen** durchgesetzt, dem auch unser Buch im Grundsatz folgt: **Reformation/Renaissance – Barock – Aufklärung – Klassik/Romantik – Realismus.**
Heute betonen Wissenschaftler ihre Zweifel an dieser Einteilung. Sie räumen aber ein, dass die E. so gängige Orientierungen geworden sind, dass man sie kaum meiden kann, zumal auch keine überzeugenden Alternativen vorliegen. Zu den Problemen der genannten Epocheneinteilung gehört neben der Tatsache, dass kaum ein Eckdatum präzise zu bestimmen ist und dass sich E. überlagern, der Umstand, dass sich international für gleichnamige E. erhebliche Verschiebungen ergeben, sodass man eigentlich immer von ›deutscher Klassik‹ oder ›deutscher Romantik‹ sprechen müsste. Auffallend ist zudem, dass manche Epochenbezeichnungen aus nichtliterarischen Kontexten stammen, etwa aus kunsthistorischen wie im Fall des Impressionismus (↗ S. 257 f.) oder aus politi-

schen wie bei ›Literatur der Weimarer Republik‹ (↗ S. 280 ff.). In der Regel sind E. nachträgliche Ordnungskonstruktionen. Das tatsächliche Epochenbewusstsein muss also nicht notwendig dem entsprechen, was im Überblick einer Literaturgeschichte als Besonderheit einer E. gesehen wird. Zu berücksichtigen ist in diesem Zusammenhang auch, dass sich die Epochenbilder auf die kanonisierte Literatur (↗ Kanon, S. 136 f.) beziehen, die in aller Regel nur einen kleineren Teil der in diesem Zeitraum gelesenen Literatur ausmacht.

Um die heikle Frage nach den Eckdaten von E. zu entschärfen, hat sich in jüngerer Zeit der metaphorische Begriff der ›**Epochenschwelle**‹ bzw. die Rede von einer ›**Schwellen**‹- oder ›**Sattelzeit**‹ eingebürgert: E. bilden sich nach dem durch solche Bezeichnungen nahegelegten Verständnis nicht über prägnante Zäsuren an den äußeren Rändern, also nicht durch klare Umschlagpunkte zu Beginn und Ende (als Anfang einer neuen E.), sondern eher von jener Mitte her, in der das epochal Prägende bereits entwickelt ist. Die Ränder mit ihrem **Schwellenbewusstsein** stellen in dieser Vorstellung längere Übergangsperioden dar, sodass sich die Frage nach präzisen Datierungen erledigt.

2 Literatur und Medien

Gattungen

Die Aufgabe, literarische Erscheinungen in Formen zu klassifizieren, beschäftigt die Poetik und die Literaturwissenschaft in stärkerem Maße als die Produzenten literarischer Werke. Mit Rückgriff auf antike Quellen bildete sich in der Poetik des 18. Jh. die Vorstellung heraus, zwischen drei Gattungen grundlegend unterscheiden zu können: **Epik, Lyrik, Dramatik.** Besonders folgenreich war GOETHES anthropologische Unterscheidung der drei **Naturformen der Dichtung.** Er glaubte, dass jede dieser Formen Ausdruck einer menschlichen Grundhaltung sei und als solche überzeitlichen Charakter habe. Züge dieser Naturformen könnten sich in den einzelnen, historisch entwickelten **Dichtarten** vermischen.

■ *Es gibt nur drei echte Naturformen der Poesie: die klar erzählende, die enthusiastisch aufgeregte und die persönlich handelnde: Epos, Lyrik und Drama. Diese drei Dichtweisen können zusammen oder abgesondert wirken.* (Aus: Goethe: *West-östlicher Divan*) □

Während Goethe von ›Dichtweisen‹ sprach, ist heute bezüglich untergeordneter Textsorten von ›Unterklassen der Gattungen‹, ›Untergattungen‹, ›Genres‹ (frz. Gattung, Sorte) oder ›Typen‹ die Rede. Schematisch ergibt sich so eine Ordnungshierarchie der Klassifikationsbegriffe, in der der übergeordnete den untergeordneten Begriff einschließt:

■ Beispiel: Epik

Hauptgattung (auch: Großform)	Epik
Untergattungen (auch: Gattungen der jeweiligen Großformen)	Roman, Novelle, Kurzgeschichte usw.
Typen, Genres	Bildungsroman, Schauerroman, Kriminalroman, Reiseroman usw.
Einzeltext	THOMAS MANN: *Der Zauberberg*

□

Untergattungen und Genres

Definitionen von Genres sind immer problematisch, da sie starre Abgrenzungen vorgeben und einen bestimmten **Erwartungshorizont** des Lesepublikums fixieren, während die Literaturproduktion sich durch gezielte Grenzüberschreitungen den Fixierungen immer wieder entzieht. Gattungs- oder Genrebezeichnungen wie z. B. ›Kriminalroman‹ signalisieren dem Publikum, worauf es sich bei der Rezeption einzustellen hat. Dies gilt natürlich ebenso für Genre- oder Formatbezeichnungen in den audiovisuellen Medien wie z. B. ›Comedy‹ oder ›Familienserie‹. Zu berücksichtigen ist, dass konkrete Texte nur selten alle als charakteristisch betrachteten Merkmale eines Genres aufweisen.
Oft genug ist die Zuordnung eines Textes zu einem Genre zugleich Ergebnis und Voraussetzung einer **Interpretation.** Sie ist z. B. Ergebnis von Interpretation, da sich der Leser erst im Prozess des Lesens und Verstehens die Meinung bildet, es handele sich etwa bei THOMAS MANNS *Der Zauberberg* (1924) um einen Bildungsroman und nicht um einen alpinen Heimatroman. Dass wir bei kanonischen Texten (↗ Kanon, S. 136 f.) bereits durch Vorkenntnisse entsprechend gesteuert werden, steht in demselben Zusammenhang: Den bekanntesten Texten gehen Kommentare und Interpretationen ebenso voraus wie den Neuerscheinungen das Urteil der Literaturkritik. In jedem Fall handelt es sich um Akte der Interpretation, auf die wir bei der Lektüre zurückgreifen. Betrachten wir einen Text als Bildungsroman (↗ S. 152), beeinflusst dies unsere weitere Interpretation. So fragen wir uns im genannten Beispiel vor allem, was das zentrale Bildungserlebnis des Helden aus Manns *Der Zauberberg* ist, und landen auf diese Weise tatsächlich bei jener Frage, die viele für das Schlüsselproblem des Romans halten. Würden wir dasselbe Buch als Krankenhausroman lesen, kämen wir vielleicht zu dem Ergebnis, der Roman attackiere die Verschwendung im Gesundheitswesen zu Beginn des 20. Jh. Gattungs- und Genrezuordnungen motivieren zudem Textvergleiche.

- *Der Zauberberg* wird z. B. gern mit GOETHES *Wilhelm Meister* (1795/96) verglichen, eine Praxis, die angesichts all der auf den ersten Blick ins Auge fallenden Unterschiede kaum naheliegt. □

Interpretation, Analyse und Kommentar

Im Modell der literarischen Kommunikation (↗ S. 129) fallen Literatur- und Medienwissenschaftler unter die Rubrik der Rezipienten. Mit dem gewöhnlichen Leser oder Zuschauer ist ihnen schließlich gemein, dass sie poetische Texte rezipieren, die andere produziert haben. Während indessen die gewöhnliche Rezeption, zumeist Teil der Freizeitgestaltung, neben dem Verstehen Momente wie Amüsement, Imagination oder Ablenkung als Bestandteile einer gelungenen Beschäftigung mit dem Text vereint, zielt die Lektüre des Literaturwissenschaftlers offiziell ganz auf ein tieferes Verstehen ab. Selbst wenn er sich bei der Lektüre amüsiert, möchte er verstehen, welche Momente des Textes dieses Amüsement ausgelöst haben.

Texte verstehen: Hermeneutik

Seit der Antike beschäftigt sich die **Hermeneutik** (griech. hermeneutike techne – Auslegungs-, Übersetzungskunst) mit dem Prozess des **Verstehens** fremder Texte bzw. mit dem Begriff des Verstehens überhaupt.

Um die besonderen Verstehensprobleme im Umgang mit poetischen Texten hervorzuheben, spricht man auch von ›**literarischer H.**‹

Im frühen 19. Jh. bildete sich die Auffassung heraus, dass das Verstehen eines Werkes auch ein Verstehen des Autors als reale Person voraussetze (SCHLEIERMACHER). Die optimale Lektüre erschien demgemäß vielen als kongeniale Hervorbringung des Genialen des Künstlers oder als ein Nacherleben bzw. Hineinversetzen (DILTHEY). In der neueren Hermeneutik (GADAMER) tritt hingegen die Instanz des Autors zugunsten eines Dialogs zwischen Leser und Text zurück. Verstehen wird nun wesentlich als ein Prozess gesehen, der auch durch das erkennende Subjekt mit seinen Voreinstellungen geprägt wird. Dies gilt für den Vorgang der einzelnen Lektüre selbst, aber auch für die Wiederholungslektüre, die durch ein erweitertes Vorwissen und erweiterte Erfahrungen zu einem Verstehen führt, das anders als das frühere Verstehen ausfällt. Als Erklärungsmodell verbreitet ist in diesem Kontext die Metapher des **hermeneutischen Zirkels**. Die in der H. schon früh erwähnte Metapher drückt aus, dass sich der Leser im Prozess der Rezeption eines Textes ein Verständnis durch Vorannahmen (Vor-Urteile) aufbaut, die sich mit der Kenntnis weiterer Textteile laufend verändern. Dabei verändert das aus den Teilen gewonnene Gesamtverständnis noch einmal das Verständnis der Teile, was wiederum zu einem veränderten Gesamtverständnis führt. Der demnach zirkuläre (kreisförmige) Prozess des Verstehens verbietet den Gedanken an eine abgeschlossene Interpretation (↗ S. 141 f., 331 ff.). Dieselbe Zirkularität findet sich auch in Verstehensprozessen außerhalb der Literaturrezeption: So können wir z. B. Vergangenheit nur aus unserer Gegenwart heraus verstehen, die Gegenwart wiederum aber nur aus unserem Verständnis der Vergangenheit.

Alternativen zur Hermeneutik

In Konkurrenz zu hermeneutischen Modellen des Textumgangs entstanden in der ersten Hälfte des 20. Jh. **formalistische Ansätze**, die statt auf ein psychologisches Verstehen (Figuren, Autor) auf eine **Analyse** (↗ S. 332 f.) der so genannten Kunstgriffe eines Werks setzten: die Formung seiner Sprache, das Zusammenspiel der stilistischen Mittel u. a.

Aspekte des Formalismus setzte in der Literaturwissenschaft der **Strukturalismus** (lat. structura – Bau, Aufbau, Gefüge) fort, der sich auf eine möglichst deskriptive (beschreibende) Erfassung literarischer Texte verlegte.

Einen Text zu analysieren, heißt nach strukturalistischer Maßgabe, die Beziehungen zu betrachten, in dem seine einzelnen Elemente zueinander stehen. Bei dieser Zielsetzung wird von historischen oder biografischen Erklärungen abgesehen. Eine große Bedeutung besitzt in den im Einzelnen sich unterscheidenden strukturalistischen Studien die Frage, wie der literarische Text einerseits ein autonomes – von der Alltagssprache abgesetztes – Zeichensystem bildet und andererseits an die Strukturgesetze der Alltagssprache anknüpfen muss, um rezipiert werden zu können. Eine Überschreitung der werkimmanenten Textbetrachtung erfolgte in den Versuchen, umfassende Regelmäßigkeiten als Strukturen in den Blick zu nehmen. Hierbei kann es sich um Gattungen oder Motive handeln, aber auch um psychoanalytische oder ethnologische Zusammenhänge. Während diese Arbeiten oft konstante, historisch unveränderliche Strukturen zu erkennen glauben, kam es auch zu Verbindungen zwischen Marxismus und Strukturalismus, in denen die historische Beziehung zwi-

schen literarischen Fiktionen und den Denkstrukturen sozialer Klassen untersucht wurde.
Fortentwickelt wurde der Strukturalismus im **Poststrukturalismus**. Als dessen zentrales Verfahren gilt die **Dekonstruktion** (↗ Textkommentar, S. 143).

Interpretation

Poetische Texte gelten allgemein als interpretationsbedürftig. Einen Text zu interpretieren (lat. interpretatio – **Erklärung, Auslegung**) heißt, ein Verständnis seiner Bedeutungen bzw. seiner Sinngehalte zu gewinnen. Im Unterschied zum spontanen oder naiven Verstehen wird von der oft schriftlich ausgeführten Interpretation erwartet, dass der Interpret die Verfahren und Bedingungen seiner Verstehensakte reflektiert. Dazu gehört vor allem ein Bewusstsein davon, was als Bedeutung oder Sinn gefasst werden soll. Je nach Art des Textes und seines Überlieferungszusammenhangs ist hierbei die Erwartung anzutreffen, dass dem Gelesenen eine **symbolische**, **allegorische** oder **parabolische Bedeutung** (siehe Kasten) zukomme, die sich erst durch die Vertiefung der Lektüre – gewissermaßen hinter den Zeilen – erschlösse. Ausgedrückt wird solche Erwartung in Fragen wie: »Wofür steht das?«

Symbol (griech. symbolon: Kennzeichen)	In Abweichung vom antiken Sprachgebrauch und in Nähe zur Metapher (↗ S. 101 f.) steht hinter dem S. die Auffassung von einem Zeichen, das neben der bildlichen Vorstellung, die es hervorruft, auf etwas zweites, nicht Anschauliches verweist. Dieser Doppelcharakter, ein Besonderes und ein Allgemeines zu bedeuten, kann wie etwa im Fall des Herzens als S. für Liebe konventionalisiert sein.
Allegorie (griech. allo agoreuein: etwas anderes sagen)	In vielerlei Hinsicht dem Symbolischen sehr verwandt und von diesem nach heutiger Sicht kaum abgrenzbar ist die Annahme, dass einem Zeichen bzw. Text neben dem von ihm ausgelösten Bild noch eine zweite und übergeordnete Sinnebene zukommt. Die Beziehung zwischen Bild und allegorischer Bedeutung ist aber im Unterschied zur Metapher nicht motiviert, sondern eher willkürlich. Der Rezipient benötigt folglich Spezialwissen, um eine A. zu verstehen. Verrätselte Symbole werden auch als A. oder als Mischformen verstanden. Als Beispiel für einen allegorischen Roman wird häufig *Animal Farm* von George Orwell genannt.
Parabel (griech. parabole: Gleichnis)	Meist synonym mit Gleichnis: Zwei Sachverhalte werden in Analogie gerückt. Es wird zum Beispiel eine Geschichte erzählt, die sich auf einen eigentlich gemeinten Sachverhalt oder Konflikt übertragen lässt. Parabolisches Erzählen dient wie das Beispiel häufig der Veranschaulichung, allerdings gibt es auch verrätselte P. (z. B. Kafka: *Erzählungen*).

Nach dem hermeneutischen Modell, demzufolge sich das Verstehen von Texten nach dem dialogischen Prinzip eines Frage-Antwort-Spiels vollzieht, besteht die grundsätzliche Erwartung an eine Interpretation darin, dass sich der Interpret bewusst ist, welche Fragen er an den Text richtet und welche Vorverständnisse diese Fragen motivieren. Um eine Interpretation überhaupt kritisieren zu können, müssen wir zudem erwarten, dass der Interpret plausibel macht, wieso er glaubt, dass der Text im Sinne seiner Interpretation auf die an ihn gestellten Fragen antworte. Auch wenn es *die* richtige Interpretation eines poetischen Textes weder nach modernem hermeneutischem noch nach poststrukturalistischem Verständnis geben kann, ist das Interpretieren demnach kein völlig beliebiger Akt. Wäre dies anders, könnten wir als Rezipienten kaum die Erwartung hegen, über einen kommunikativen Austausch zu gemeinsamen Textverständnissen bzw. zu einem Verstehen fremder Textverständnisse zu kommen. Methoden und Ziele der Interpretation unterscheiden sich allerdings erheblich. Verantwortlich dafür sind unterschiedliche Poetik- und Wissenschaftsverständnisse, abweichende Autor- und Textbegriffe, verschiedene Erkenntnisinteressen, aber auch der zu interpretierende Text selbst.

Textanalyse

Spricht man alternativ zu einer ›Interpretation‹ von einer ›**Textanalyse**‹, betont man den Status des **Wissenschaftlichen** und des **Objektiven** (↗ S. 331 ff.). Während eine Interpretation Auskunft über die Operationen eines erkennenden Subjekts – nämlich des interpretierenden Ichs – gibt, beansprucht die T., eine Darlegung zum Text zu sein, die das Subjekt (↗ realer Leser, S. 134) und seine besonderen Sichtweisen vom Objekt (Text) weitestgehend ausklammert. Während die Interpretation nach den Bedeutungs- und Sinnwahrnehmungen des Leser-Ichs fragt, ist das Augenmerk der T. auf die Eigenschaften des Textes ausgerichtet. Interpretationen erfüllen nicht das harte Kriterium von Wissenschaftlichkeit: Sie sind nicht eindeutig falsifizierbar (widerlegbar). T. beanspruchen, dies nach dem Maßstab so genannter harter Wissenschaft zu sein.

2 Literatur und Medien

Problematisch an diesem Anspruch ist zunächst die besondere, nämlich poetische Beschaffenheit des Objekts. Als solches ist es Gegenstand eines Verstehensprozesses, der nach hermeneutischem Verständnis (↗ Hermeneutik, S. 139 f.) durch die Vorverständnisse des erkennenden und zur Korrektur bereiten Subjekts geprägt ist. Zwar kann man die widerlegbare Aussage machen, dass das Gedicht XY aus 232 Wörtern besteht (wer nachzählt und auf 233 Wörter kommt, hat die Aussage widerlegt), doch hat diese Aussage offenkundig kaum etwas mit einem Verständnis des Gedichts zu tun. Stelle ich fest, dass GOETHES Gedicht *Kurz und gut* die Form eines Sonetts besitzt, werden meine Zuhörer das für eine vergleichsweise angemessenere Äußerung zu einem poetischen Text halten, die ebenfalls falsifizierbar ist. Doch gleichwohl wird man kaum der Meinung sein, dass damit das Gedicht ›verstanden‹ wäre.

Aber die Identifikation der Gedichtform kann zu einem vertieften Textverständnis beitragen. Insofern sind textanalytische Betrachtungen, wie z. B. die **Formbestimmung** oder eine **Stilanalyse**, häufig ein Bestandteil des Interpretationsprozesses (↗ S. 331 ff.). Von erkannten Formen und Strukturen kann allerdings nicht einseitig auf Bedeutungen und Wirkungen geschlossen werden. So kann man z. B. nicht lediglich aufgrund der Tatsache, dass ein Gedicht in der Form eines Sonetts gehalten ist, behaupten, es versetze den Leser in eine traurige Stimmung. Man kann allerdings durchaus davon ausgehen, dass die gewählte Form dem Inhalt eines Gedichts entgegenkommt. So eignet sich z. B. das Sonett (↗ S. 180) aufgrund seiner klaren Struktur zur Darstellung von Gedankengängen in Form von These, Antithese und Synthese.

Textkommentar

Von Literaturwissenschaftlern erstellte T. sollen – so das traditionelle Verständnis des Begriffs – den Leser poetischer bzw. erklärungsbedürftiger Texte mit denjenigen Informationen versorgen, die für eine eigenständige Interpretation nötig sind. T. dieses Zuschnitts werden dem Leser entweder im Anhang zum Text (lat. appendix) zur Verfügung gestellt oder in separaten Erläuterungsbänden abgedruckt.

In der Folge eines neueren Text- und Literaturverständnisses, das mit Begriffen wie ›***close reading***‹ oder ›**textnahes Lesen**‹ beschrieben wird, kommt der Praxis des T. eine erweiterte Bedeutung zu. Die Erweiterung liegt im Überschreiten der Grenze zwischen erklärender Information und Interpretation. Zielen die traditionellen Interpretationen darauf, das Textganze als zentralen Textsinn zu erfassen und die einzelnen Teile in ihrer Funktion für das Ganze zu kennzeichnen, verlassen dekonstruktive Lektüren die damit verbundene Vorstellung, die Interpretation habe den organischen bzw. harmonischen Charakter eines Werkes nachzuzeichnen. Während also die ›normale‹ Lektüre am Text wahrnimmt, welche Momente des Textes zu dessen Einheit beitragen, interessiert sich der dekonstruktive Leser für alle Aspekte des Textes, die der Einheit seines Sinns widerstreben. Insofern interpretiert er den Text nicht von dessen Zentrum her, sondern liest wie der textkritische Kommentator gewissermaßen Satz für Satz, dies aber ›gegen den Strich‹ des dominanten Textsinns. Der erweiterte Kommentar, dem Lesetagebuch ähnlich, hält fest, was eine am Textganzen ausgelegte Interpretation vernachlässigt. Vermuten darf man, dass solche dekonstruktiven Kommentare nur dann attraktiv sind, wenn sie vor dem Hintergrund einer bereits vollzogenen, auf Einheit zielenden Interpretation gesehen werden.

3.3 Wertung von Literatur

Literaturkritik

Während im angelsächsischen Sprachgebrauch zwischen einer literaturkritischen und einer literaturwissenschaftlichen Betrachtung poetischer Texte nicht unterschieden wird, betrachtet man im Deutschen die L. als eine Angelegenheit von Literaturbetrieb und Publizistik, nicht aber als ein wissenschaftliches Unterfangen. Von der wissenschaftlichen Betrachtung unterscheidet die literaturkritische Betrachtung vor allem ihr **Wertungsverhalten** und ihr **Publikumsbezug**. Der wissenschaftliche Text hat nur Wissenschaftler zum Publikum, während sich der literaturkritische Text in der Regel an ein Publikum wendet, das nicht aus Kritikern besteht. Der intendierte Leser (↗ S. 134) der Kritik ist heute zumeist das allgemeine Lesepublikum, der potenzielle Käufer von Büchern. Der Kritiker kann sich zum einen als Anwalt dieses Publikums begreifen und in seiner Kritik eine Literatur fordern, die dessen Geschmack entspricht. Andererseits kann er aber seine Rolle auch als die eines Erziehers des Publikums definieren, der zu einer Verfeinerung des Publikumsgeschmacks beiträgt. Ebenso anzutreffen ist das Selbstverständnis, Anwalt der Literatur zu sein und sich mit seinen Urteilen vornehmlich an die Autoren zu wenden. Derartige Rollenkonzepte vermischen sich gegenwärtig vielfach. Ähnlich dem Weinkritiker zeigt der Kritiker seinem Leser in Lob und Tadel, worauf es in der Bewertung des Produkts ankommt. Welche realen Leser (↗ S. 134) der Kritiker erreicht, hängt vor allem mit seinem Publikationsmedium zusammen. Eine zweiminütige

Radiokritik oder eine zwölfzeilige Buchkritik in einer Frauenzeitschrift erreichen ein anderes Publikum als eine Rezension im Feuilleton einer Wochenzeitschrift.

Rezension

Als ›Rezensionen‹ (lat. recensere – sorgfältig prüfen) werden allgemein **kritische Wertungen** poetischer und wissenschaftlicher Texte oder Wertungen von Theater-, Film- und Fernsehaufführungen und Konzerten bezeichnet. R. finden sich in Fachzeitschriften und vor allem in den Feuilletons von Zeitungen. Wer schreibt Rezensionen? In den frühen Literaturzeitschriften urteilten zunächst Schriftsteller über andere Schriftsteller. Diese Form der Autorenkritik finden wir zwar auch heute noch in einigen Publikationsorganen. Die gängige Praxis bestimmt jedoch seit dem Beginn des 20. Jh. eine deutliche Rollenaufteilung. Ein Rezensent muss selbst keine literarischen Verdienste haben; im Gegenteil sollte er ein Stück weit außerhalb des Betriebs stehen, um in seinem Urteil unabhängig bleiben zu können. Unabhängig wurde die Literaturkritik auch weitgehend von Poetiken (↗ S. 135). War die Buchkritik früher ein Medium, um Debatten über Gesetze und Normen der Poetik zu führen, sind heute keine derart allgemeinen Maßstäbe mehr greifbar. Wo es für den Autor keine Regeln mehr gibt, die er zu befolgen hat, um einen als gelungen geltenden Text zu erarbeiten (↗ Regelpoetik, S. 135), kann auch der Kritiker für sein Urteil auf keine Gesetze zurückgreifen. Faktisch führte die Abwertung einer allgemeinen Poetik zur Aufwertung des Kritikers, da nun dessen persönlicher Geschmack den Ausschlag für das Werturteil gab. Diese Entwicklung im Literatursystem des 20. Jh. brachte es mit sich, dass einzelne Kritiker mit ihrem Geschmack zu Leitfiguren der literarischen Kommunikation wurden. Ende des 20. Jh. galt dies vor allem für Marcel Reich-Ranicki, der neben der Zeitung das Medium des Fernsehens so nutzte, dass er eine der prominentesten Figuren des Literaturbetriebs wurde.

Feuilleton (frz. feuille – Blatt) heißt der Kulturteil einer Zeitung. Ursprünglich eine Beilage zur Zeitung, wurde das Feuilleton seit Beginn des 19. Jh. in die Zeitung integriert und vom Rest der Berichterstattung durch einen schwarzen Strich abgetrennt. Abgesehen von ihrer Funktion, kulturelle Ereignisse zu rezensieren, bieten Feuilletons ein Forum für Debatten über kulturelle, ethische und soziale Fragen, die zumeist über tagespolitische Probleme hinausgehen. Mit Feuilleton kann aber auch ein Texttyp gemeint sein, der sich vornehmlich im Kulturteil befindet und der vor allem im Vormärz (↗ S. 229 ff.) und in den ersten dreißig Jahren des 20. Jh. bedeutsam war. Hierbei handelt es sich um knappe, dem Essay ähnliche, um Subjektivität und um Pointen bemühte Prosatexte.

Wertende Literaturbegriffe

Höhenkammliteratur

Mit dem Begriff ›Höhenkammliteratur‹ bezeichnet man Texte, die nach allgemeinem Urteil nicht deswegen bedeutsam sind, weil sie viel gelesen werden, sondern weil sie im Blickwinkel der Literaturgeschichtsschreibung und der Literaturkritik besonderen Ansprüchen genügen. Auch mit Blick auf die Rezeption gelten diese Texte, die im **Kanon** (↗ S. 136 f.) verankert sind, als anspruchsvoll. Insofern ein Verständnis dieser Texte der ›hohen‹ Literatur zum Beispiel Kenntnisse und geistige Anstrengungen voraussetzt, überträgt sich die Wertschätzung der Texte unter Stichworten wie ›Bildung‹ oder ›Intellektualität‹ auf ihre Leser. Texte der H. bestimmen konsequenterweise die Lektüre auf den höheren Stufen des Deutschunterrichts.

Trivialliteratur

In Opposition zur Höhenkammliteratur wird von ›Trivialliteratur‹ (lat. trivialis – allbekannt, gewöhnlich) gesprochen, wenn Texte, die zumeist massenhaft verbreitet sind, als minderwertig, anspruchslos oder schematisch verurteilt werden sollen. Die aus solcher Abwertung hervorgehende Zweiteilung der Literatur bzw. des literarischen Marktes setzte im 18. Jh. ein und verstärkte sich vor dem Hintergrund steigender Leserzahlen entscheidend während der Kunstperiode (↗ S. 212ff.). Wie im Fall der Höhenkammliteratur ist mit der Rede von T. eine Bewertung von Lesern verbunden: Früh wurden Frauen als Abnehmerinnen trivialer Lesestoffe ausgemacht und Vorstellungen über deren intellektuelle Minderwertigkeit verfestigt. Unterstellt wird dem ›trivialen Leser‹ immer wieder ein Eskapismus (Fluchtverhalten), eine Vorliebe für das Sentimentale sowie eine Neigung, sich von anderen führen zu lassen und in Klischees zu denken. In diesem Zusammenhang fällt seit dem Ende des 19. Jh. auch immer wieder das in seiner Herkunft umstrittene Wort ›**Kitsch**‹. Was Kitsch ist, lässt sich, kennzeichnend für ein subjektives Werturteil, kaum definieren. Noch abwertender fällt die Bezeichnung ›**Schund**‹ oder gar ›**Schund und Schmutz**‹ aus. Schund heißt ursprünglich der Abfall des Schinders bzw. Unrat und Kot. Als ›Schund- und Schmutzgesetz‹ wurde das Gesetz umschrieben, das die Verbreitung jugendgefährdender Schriften verhindern sollte.

In der v.a. seit den Zwanzigerjahren des 20. Jh. betriebenen Forschung zur T. scheiterten letztlich alle Versuche, T. über Text- und Genremerkmale zu bestimmen. Ebenso wenig ertragreich war der Versuch, Trivialität an bestimmte Produktionsbedingungen zu koppeln. Ergebnisse solcher Versuche waren Bezeichnungen wie ›**Schemaliteratur**‹, ›**serielle Literatur**‹ oder ›**Konfektionsliteratur**‹.

Um eine Wertfreiheit im Umgang mit dem großen Lesepublikum zu signalisieren, wandte man sich in der Forschung zum Teil vom Begriff T. ab und sprach stattdessen lieber – in Analogie zur populären Musik (Pop) – von populärer oder auch massenhaft verbreiteter Literatur. Mit dem Begriff ›**Unterhaltungsliteratur**‹ wurde der Versuch unternommen, das literarische Höhenmodell zu differenzieren. Nachfolgende Begriffsentwicklungen, so die von einer anspruchsvollen und einer trivialen Unterhaltungsliteratur, zeigen jedoch, wie hartnäckig **binäre** (aus zwei Einheiten bestehende) **Leitvorstellungen** die literarische Kommunikation steuern.

Aufgrund von Ergebnissen aus der empirischen Leserforschung (↗ S. 134) musste die Vorstellung aufgegeben werden, dass sich das Lesepublikum gemäß der Einteilung in zwei oder drei Literaturen in so genannte ›**Lesertypen**‹ differenziert. So zeigt sich, dass die Leser der Höhenkammliteratur durchaus auch zu Texten greifen, die der Unterhaltungsliteratur zugerechnet werden. Allerdings gibt es auch Lesergruppen, die ausschließlich Angebote wahrnehmen, die dem Bereich der Unterhaltungs- und Trivialliteratur entstammen. Studien zum Mediennutzungsverhalten zeigen, dass sich auf dem Gebiet filmischer Texte ähnliche Differenzierungen vollziehen.

Verschiedene heutige Ansätze zielen auf eine Aufhebung der scharfen Trennung von Anspruchsvollem und Trivialem. Die so genannte ›Pop-Literatur‹ weist auf die Fragwürdigkeit der Abwertung von ›Oberflächlichem‹, Vergnüglichem und der einseitigen Bevorzugung von ›Tiefe‹ und ›Ernst‹ hin. Der Ansatz der ›**Postmoderne**‹ betont die Anerkennung eines gleichberechtigten, nicht reduzierbaren Nebeneinanders vielfältiger Denk- und Lebensweisen, Stilrichtungen und Ausdrucksformen. Postmoderne Literaten spielen mit Versatzstücken ›trivialer‹ Literatur und integrieren diese in ihre Texte.

Literaturbegriffe nach Kategorien des Buchmarktes

Ebenfalls abwertend spricht man von ›**Bestseller**‹-Literatur, also von Büchern, die in einer hohen Auflage verkauft, von einem größeren Publikum geschätzt werden und angeblich Zugeständnisse an den schlechten bzw. Massengeschmack machen.

Die Bezeichnung, im frühen 20. Jh. in den USA eingeführt, erfasst dabei eigentlich neutral Bücher, die sich in einem überschaubaren Zeitraum sehr gut verkaufen. Zeitschriften und Illustrierte bieten ihren Lesern Bestseller-Listen, die nach Rückfragen an den Buchhandel entstehen und sich hinsichtlich der benutzten Abfragemethoden unterscheiden. Diese regen den weiteren Absatz der Bücher an.

Erklärungen für Bestseller-Erfolge werden auf drei Ebenen gesucht: Machart des Textes (Aktualität des Themas, eingängige Sprache), äußere Umstände (Verfilmung, Skandale) und Verlagspolitik (Werbung, Beeinflussung der Berichterstattung in den Medien).

Vom Bestseller unterscheidet man den **Steadyseller** bzw. **Longseller**. Hierbei handelt es sich um Titel, die über einen langen Zeitraum Verkaufserfolge erzielen. Als Paradebeispiel für diesen Typus gilt neben den *Winnetou*-Romanen KARL MAYS auch THOMAS MANNS Roman *Buddenbrooks* (1901).

4 Literarische Gattungen

4.1 Epik

›Epik‹ (griech. epikos – erzählerisch) ist die Sammelbezeichnung für sämtliche fiktionalen Erzählungen, also sowohl für Erzählungen in Versform als auch – und heute weit gebräuchlicher – in Prosa (lat. geradeaus gerichtete Rede). Nach einem erweiterten Verständnis ist eine **Erzählung** eine Sequenz von Zeichen (Text), die eine Abfolge von Ereignissen (eine Geschichte) in zeitlicher Verknüpfung repräsentiert. Nach dieser weiten Fassung können auch Filme und Dramen Erzählungen sein.

Als Erzählung oder auch **Narrativ** (engl. narrative) gilt dem engeren und älteren Verständnis zufolge allerdings eher eine mündliche oder schriftliche Darstellung fiktiver (↗ Fiktion, S. 128) oder tatsächlicher Geschehnisse (fiktionale bzw. faktuale Erzählungen) durch einen Erzähler an einen Rezipienten.

Diese Vorstellung impliziert zweierlei: Das erzählte Geschehnis liegt vom Erzähler aus gesehen in der **Vergangenheit**, sonst könnte es nicht erzählt werden. Der **Erzähler** ist grundsätzlich nicht mit dem historischen Autor (↗ S. 129 f.) identisch, sonst könnte es keine Erzählungen wie z. B. in der Science-Fiction-Literatur geben, die vom Autor aus gesehen in der Zukunft liegende Geschehnisse erzählen, als seien sie vergangen.

Bei der Beschreibung erzählender Texte sind v.a. folgende Punkte zu beachten: der Erzähler und sein Blickwinkel, die Zeitverhältnisse von Erzählen und Erzähltem sowie die Redeformen. In diesem Zusammenhang ist eine Reihe von Grundbegriffen wichtig (Tabelle):

Redeformen		Beispiele
Redebericht	Der Erzähler teilt – häufig raffend – mit, was die Figuren sagen. Hier wird der Inhalt der Rede nur kurz benannt, nicht ausgeführt.	*Sie redeten den ganzen Vormittag über Gott und die Welt.*
Direkte Rede	Hier agieren die Figuren in wörtlicher Rede – eine Bedingung szenischen Erzählens (↗ S. 149). Die Figuren charakterisieren sich durch ihre Sprechweise gewissermaßen selbst.	*»Ich möchte den Grafen sprechen.«*
Indirekte Rede	Der Erzähler gibt mehr oder weniger ausführlich wieder, was die Figuren sagen. Das Redesubjekt steht grammatisch in der 3. Person. Das Gesagte wird zumeist in Infinitivkonstruktionen oder im Konjunktiv vermittelt, was eine Erzählerdistanz vermitteln kann.	*Er verlangte den Grafen zu sprechen.*
Erlebte Rede, freie indirekte Gedankenwiedergabe	Bei dieser nur in fiktionalen Erzählungen denkbaren Form introspektiven (in die Figur hineinschauenden) Erzählens werden Erzähler und Figur überblendet. Einerseits liegt die Wortstellung direkter Rede vor, andererseits wird die 3. Person und zumeist das Erzähltempus Präteritum beibehalten.	*Er hatte die Faxen dicke. Mochten sich andere darum kümmern.*
Gedankenbericht	Der Erzähler teilt, entsprechend dem Redebericht, knapp mit, woran eine Figur denkt.	*Am nächsten Morgen dachte er sofort an sie.*
Innerer Monolog, Bewusstseinsstrom (engl. stream of consciousness)	Im Unterschied zur erlebten Rede werden hier Gedanken oder Gefühle in der 1. Person und im Präsens wiedergegeben. Um das Assoziative oder Fragmentarische der Gedanken auszudrücken, wird häufig die Syntax gelockert. Innerer Monolog ist das zentrale Verfahren des ›Bewusstseinsstroms‹. So bezeichnet man den Versuch, die assoziativen, häufig chaotischen inneren Wahrnehmungen einer Figur möglichst genau wiederzugeben (↗ Bewusstseinsmimesis, S. 136). Während man früher zwischen Bewusstseinsstrom und innerem Monolog unterscheiden wollte, fasst man heute den Bewusstseinsstrom als eine extreme Variante des inneren Monologs auf.	*Wer ist da? Kenne ich den nicht? Besser weitergehen. Es ist so heiß hier. Wo sind die Kellner?*

Psycho-narration, narrated monologue, quoted monologue (Gedankenzitat)	Als ›psycho-narration‹ wird die ausmalende, mit Vergleichen arbeitende Wiedergabe von inneren Empfindungen durch den Erzähler gekennzeichnet. Der Erzähler findet hier für etwas Worte, für das seine Figur keine finden kann, so zum Beispiel in Träumen. Dem **inneren Monolog** entspricht in dieser Differenzierung der Terminus ›narrated monologue‹, während das Gedankenzitat durch eine Formel wie *Er sagte zu sich selbst …* begleitet wird.	*Es war, als wenn in ihm ein Feuer loderte und gleichzeitig eine große Kälte in den Körper strahlte* (psycho-narration). *Das kann nicht gut ausgehen, sagte er sich* (Gedankenzitat). *Ich möchte sterben* (narrated monologue).

Erzähler, Erzählsituation, Erzählverhalten, Erzählperspektive, ›point of view‹		
Auktoriales Erzählen	Der Erzähler kommentiert und wertet das Erzählte. Er weiß mehr als alle Figuren und kann Geschehnisse vorwegnehmen oder in Rückgriffen die Hintergründe des erzählten Geschehens erläutern. Mit dem Erzähler blickt der Leser eher von außen auf die Figuren in der Erzählung (Außenperspektive).	*Denn es war das Merkwürdige, dass Tonio, der Hans Hansen doch um seine Daseinsart beneidete, beständig trachtete, ihn zu seiner eigenen herüberzuziehen, was höchstens auf Augenblicke und auch dann nur scheinbar gelingen konnte […]* (Thomas Mann: *Tonio Kröger*)
Personales Erzählen	Der Leser wird nicht durch die Kommentare eines Erzählers gesteuert, sondern nimmt das Erzählte aus der Perspektive einer oder mehrerer Figuren (Reflektorfigur) wahr (Innenperspektive).	*K. wartete noch ein Weilchen, sah von seinem Kopfkissen aus die alte Frau, die ihm gegenüber wohnte […]* (Franz Kafka: *Der Prozess*)
Neutrales Erzählen	Es wird ohne kommentierende Erzählerfigur und aus keiner Figurenperspektive erzählt, sondern es werden nur äußerlich wahrnehmbare Vorgänge registriert. Am leichtesten ist dieses Erzählverhalten reinen Dialogen zuzuordnen. Als ›neutral‹ wird ansonsten ein Erzählverhalten ausgewiesen, das in Hinsicht auf Wertungen, Erklärungen und Innensichten sehr zurückhaltend gestaltet ist. Zumeist ist das problematisch. So könnte man etwa im Beispiel rechts im Wort ›erst‹ einen Erzählerkommentar erkennen, der die Neutralität aufhebt.	*Bei Professor Hirt gab es ein Menü aus vier Gängen: Königssuppe, Fischgericht, Rehrücken auf Alexandra-Art, Kompott. Zur Kaffeetafel waren die Nichten des Professors gebeten. Erst gegen Abend verabschiedete sich Boulanger vom Professor.* (Alexander Kluge: *Anwesenheitsliste für eine Beerdigung*)

(Ich-Erzählung; Er-/Sie-Erzählung)	Gemeint ist die grammatische Person der Erzählstimme. Ob ein Text in der Ich-Form geschrieben ist oder alle Figuren in der 3. Person vorgeführt werden, wird vielfach als Hinweis auf Erzählsituationen aufgefasst. Die Unterscheidung zwischen einer Ich-Erzählsituation und z. B. einer auktorialen Erzählsituation ist aber nicht immer stimmig, wie (fiktive) Autobiografien zeigen, in denen zuweilen ein Ich auktorial erzählt.	*Etwas erzählen? Aber ich weiß nichts. Gut, also ich werde etwas erzählen. Einmal, es ist schon zwei Jahre her, habe ich ein Eisenbahnunglück mitgemacht – alle Einzelheiten stehen mir klar vor Augen. (*T. MANN: *Das Eisenbahnunglück)*

Zeitverhältnisse	
Erzählzeit	Hierbei handelt es sich um die Zeit, die der Erzähler zur Darbietung seiner Erzählung braucht. Für den Leser ist dies die Zeit, die er braucht, um den Text zu lesen.
Erzählte Zeit	Hierunter fasst man den Zeitabschnitt, innerhalb dessen sich die erzählten Geschehnisse abspielen.
Zeitraffendes Erzählen	Beim zeitraffenden Erzählen ist die Erzählzeit deutlich kürzer als die erzählte Zeit. Der Erzähler fasst Vorgänge zusammen, überspringt Ereignisse usw.
Zeitdehnendes Erzählen	Hier ist die Erzählzeit länger als die erzählte Zeit. Der Erzähler kommentiert oder beschreibt die Geschehnisse so genau, dass die Schilderung länger dauert als das erzählte Geschehen. Auch innerer Monolog (↗ S. 147) und erlebte Rede (↗ S. 147) können dehnende Wirkung haben.
Zeitdeckendes Erzählen	Erzählzeit und erzählte Zeit entsprechen einander ungefähr. Ein Mittel hierfür ist vor allem das **szenische Erzählen:** Der Erzähler hält sich zurück, das Geschehen wird durch Figurenrede (Dialoge) beherrscht. Das Gegenstück zum szenischen Erzählen ist der **Erzählerbericht**, der keine Figurenrede enthält und gleichermaßen raffen oder dehnen kann.
Kontinuierliches oder chronologisches Erzählen	Die Geschehnisse werden gemäß ihrer zeitlichen Abfolge erzählt.
Diskontinuierliches Erzählen	In der Erzählung gibt es Zeitsprünge. Der Erzähler löst sich von der Chronologie, nimmt Ereignisse vorweg (prospektives Erzählen) oder geht hinter das bereits Erzählte zurück (retrospektives Erzählen).
Rahmenerzählung, Binnenerzählung	Es wird eine fiktive Erzählsituation aufgebaut, von der aus eine oder mehrere Binnenerzählungen entwickelt werden. Zum Beispiel schildert ein Ich-Erzähler, dass er eines Tages die Figur X getroffen und von ihr die dann folgende Geschichte erfahren habe.

▼ Oft sind die hier genannten Merkmale literarischer Texte nicht trennscharf festzustellen. In diesem Sinn sind Bezeichnungen wie ›ein auktorialer Roman‹ oft irreführend. Vielmehr sollte in der Textanalyse (↗ S. 142, 331 ff.) das textimmanente Spiel mit voneinander abweichenden Perspektiven, wechselnder Zeitorganisation und sich überschneidenden Redetechniken genau bestimmt werden. ▽

Untergattungen und Typen epischen Erzählens

Epos, Epopöe

Das Epos (griech. Wort, Erzählung, Lied, Gedicht) bzw. die Epopöe (griech. epopoiia – epische Dichtung) ist die historisch erste Großform der Epik. Formale Kennzeichen sind vornehmlich die gebundene, gehobene Sprache, eine feste Gliederung in Strophen und die Ausrichtung auf einen Helden als Erzählzentrum. Seinen Stoff findet das frühe E. im Mythos (↗ S. 155). Sein Erzähler steht in objektivierender Distanz zum Erzählten. Das Gleichmaß der epischen Verse wird als Ausdruck des Gleichmuts seiner Dichter aufgefasst.

Prägende Bedeutung besitzen für die abendländische Kulturgeschichte des E. HOMERS *Ilias* (2. Hälfte des 8. Jh. v. Chr.) und *Odyssee* (ca. 700 v. Chr.). Im deutschsprachigen Raum wurde das *Nibelungenlied* (↗ S. 187) zum Orientierungsmuster dieser Erzählform. Spätestens um 1800 hat das E. seine zentrale Rolle als epische Großform an den Roman abgetreten, den GOETHE 1802 als *»subjektive Epopöe«* bezeichnete.

Für das E. werden die folgenden Gruppen unterschieden:

Heldenepos, Volksepos	Im Unterschied zum frühen Heldenlied ist das Heldenepos eine schriftliche und episch breite Darstellung einer Heldengeschichte (Literarisierung), die in der Sagenwelt wurzelt. In der Romantik (↗ S. 221 ff.) kursierte die unzutreffende Vorstellung, die Heldenepen seien Ausfluss eines dichtenden Volksgeistes.
Nationalepos	Mit diesem Begriff wurden Heldenepen belegt, in denen ein besonderer Nationalcharakter zum Ausdruck kommen sollte. Das deutsche Nationalepos wäre nach dieser Vorstellung das *Nibelungenlied* (↗ S. 187).
Komisches bzw. satirisches E., Tierepos	Bereits in der Antike wurden Heldenepen parodiert und in Satiren verändert, wobei die formalen Strukturen des E. nachgeahmt wurden. Bevorzugte Helden des komischen oder auch satirischen E. waren Tiere, die dem Repertoire der Fabeln ÄSOPS entstammen. Das bekannteste Tierepos des Mittelalters ist *Reinhart Fuchs* des Elsässers HEINRICH DER GLICHESÆRE.

Roman

Das Wort ›Roman‹ stammt aus dem Altfranzösischen (›romanz‹) des 12. Jh. Mit ihm wurden in der Volkssprache geschriebene Texte bezeichnet und von lateinischen Schriften unterschieden. Während unter ›romanz‹ zunächst noch verssprachliche Schriften verstanden wurden, begrenzte sich im 13. Jh. der Begriff auf längere poetische Texte in ungebundener Sprache. Diese frühe Kennzeichnung gilt auch heute noch als gültige Beschreibung der verbreitetsten literarischen Textsorte überhaupt.

In der normativen Poetik (↗ S. 200) GOTTSCHEDS nahm der R. wegen seiner Formlosigkeit und seinem Hang zum Thema Liebe einen der untersten Ränge aller literarischen Kunstformen ein. Diese Einschätzung veränderte sich langsam in der zweiten Hälfte des 18. Jh. Das ›innere Sein‹ der Menschen wird zum literarischen Thema und dies schickt den R. auf seine Erfolgsbahn. Sein zentraler Gegenstand wird die **Beziehung zwischen Innen- und Außenwelt.** Um die fiktionale Gestaltung eines Ausgleichs dieser Beziehung ist die von GOETHES *Wilhelm Meisters Lehrjahre* (1795/96) beeinflusste Reihe der **Entwicklungs- und Bildungsromane** (↗ S. 152) bemüht. Von den Romantikern zur höchsten Literaturform erhoben, wird der R. seit dem 19. Jh. nur noch selten in Zweifel gezogen. Vielmehr vermischen sich die Debatten über die ›richtige Art‹ des Romans mit allgemeinen Auseinandersetzungen über eine angemessene Literatur. Mit dem zunehmenden Interesse an der Psychologie und der Vorstellung, die Welt baue sich nur in den Nervenempfindungen der Individuen auf, wird der R. in der Wende zum 20. Jh. zum Experimentierfeld introspektiver Erzähltechniken. Bald schon entwickelt sich die Vorstellung von einer **Krise des Romans.** Ihren Hintergrund bildet die Ansicht, dass sich die Welt nicht mehr erzählen lasse, zumal nicht in den Mustern der Biografie – den Erfahrungen des Romanhelden in seiner Zeit. Diese Krisendiagnosen führten allerdings nicht zum Ende des Romans. Vielmehr ermöglicht die offene Form des Romans die Einbeziehung auch solcher Texte, deren Machart die Erzählbarkeit der Welt infrage stellt, indem mit den Erzählfaktoren **Zeit, Handlung** und **Figur** experimentiert wird. Parallel zu diesen Experimenten der klassischen Moderne (↗ S. 320 f.) und ihrer postmodernen Nachläufer etablierte sich allerdings der in einem weiten Sinn ›realistische‹ R. als das literarische Unterhaltungsmedium schlechthin.
Aus der Untergattungsbezeichnung R. lassen sich beliebig viele Komposita bilden, die für weitere Untergruppen stehen sollen: Indianerroman, Hackerroman, Wenderoman. Solche Begriffsbildungen sind in der Romangeschichte derart inflationär vorgenommen worden, dass von einer systematischen Unterteilung keine Rede sein kann (↗ Gattungen, S. 138 f.).
Klassifikationen erfolgten u.a. nach den folgenden, keineswegs scharf zu trennenden Aspekten:

Thema	Gesellschaftsr., Bildungsr., Entwicklungsr., Staatsr., Adoleszenzr., Reiser., Großstadtr., …
Personal	Räuberr., Künstlerr., Familienr., Angestelltenr., Arztr., …
Handlungsschema	Kriminalr., Robinsonade, Liebesr., …
Erzählorganisation, -darbietung	Tagebuchr., Briefr., Fortsetzungsr., Fotor., …
Soziale Bewertung (↗ Wertung, S. 143 ff.)	Trivialr., Unterhaltungsr., Dienstmädchenr., Groschenr., Kunstr., …
Lesergruppen	Jugendr., Frauenr., Kinderr., …
Epochen, Strömungen	Expressionistischer R., Biedermeierr., …

Soziologie	Bürgerlicher R., höfischer R., Arbeiterr., …
Zeitaspekt	Historischer R., Gegenwartsr., Zukunftsr., …
Wirklichkeitsreferenz	Autobiografischer R., Schlüsselr., Essayr., Lügenr., …
Wirkungsabsichten	Antikriegsr., Schauerr., …
Volumen	Kurzr., Romanzyklus, …

In den meisten Fällen sprechen die Klassifikationen für sich. Nur über einige **ausgewählte Typen** informiert die folgende Tabelle:

Bildungs- und Entwicklungsroman	Verfolgt einen individuellen Lebenslauf in seiner Bewegung (ein Held im Mittelpunkt), als Bildungsroman v.a. in Deutschland – Akzent auf der Überwindung eines jugendlichen Subjektivismus durch die Verarbeitung existenzieller Erfahrungen (Ziel: Harmonie mit der äußeren Welt), z.T. starke Berücksichtigung von Erziehungsfragen (auch: Erziehungsroman); häufig auch die Entwicklung zum Künstler (Künstlerroman)
Gesellschaftsroman, auch sozialer R. bzw. Sozialroman	Vor allem im europäischen Realismus (↗ S. 237 ff.) (in Deutschland am ehesten Fontane) aufkommender Typus mit dem Anspruch, die zeitgenössische Gesellschaft in ihren Schichten und Milieus über einen fiktiven Handlungszusammenhang darzustellen, in Deutschland auch als Zeitroman (↗ Junges Deutschland, S. 229 ff.); strukturale Kennzeichen: Nebeneinander simultaner Handlungsstränge
Reiseroman	Im Zentrum ein reisender Held und seine episodisch geschilderten Reiseabenteuer; häufig eine Variante des Abenteuerromans
Robinsonade	Anlehnungen an oder Imitate von Defoes Reiseroman mit dem Titelhelden Robinson; ein Stoff, der durch die Episode der auf einer einsamen Insel gestrandeten Schiffbrüchigen die Möglichkeit eröffnet, die Entwicklung einer idealen Gesellschaft auszumalen
Schauerroman	Seit der 2. Hälfte des 18. Jh. namentlich in der Unterhaltungsliteratur sowie der schwarzen Romantik (↗ S. 224) verbreitet, kreist zumeist um gruselige Erscheinungen, die sich nicht erklären lassen; Vorbildfunktion des engl. Schauerromans, der ›Gothic Novel‹; Einflüsse auf den Detektiv- und Kriminalroman

Kurzepik

›Kurzepik‹ (auch Kleinepik) ist eine Bezeichnung für eine Form fiktionalen Erzählens in Versen oder Prosa, die im Gegensatz zur Großepik (Groß- und Langformen wie Epos, Roman) quantitativ weniger umfangreich ist. Zu diesen Klein- und Kurzformen zählen Märchen, Sage, Legende, Schwank, Anekdote, Novelle, Kurzgeschichte u.a. Unterschieden wird gelegentlich zwischen vorliterarischen – auch volkspoetischen – (z.B. Sage) und literarischen Erzählformen. Die Grenzen zwischen vorliterarischen und literarischen Erzählformen sind allerdings teilweise fließend (↗ Fabel, S. 157f. oder Parabel, S. 156f.).

Novelle

Als ›Novelle‹ (ital. novella – kleine Neuigkeit) werden Erzählungen bezeichnet, die in der Regel kürzer als die großepischen Formen des Romans und des Epos sind und die in zumeist zügiger Erzählweise auf ein fiktives Ereignis zusteuern, das, gemessen an der Erfahrungswelt der Leser, ›neu‹ ist, nämlich überraschend und verwunderlich. Entsprechende Überraschungseffekte kommen besonders solchen Ereignissen zu, die Normalitätserwartungen bzw. dem für wahrscheinlich gehaltenen Gang der Dinge widersprechen und auf diese Weise ungeheuerlich erscheinen.

In den zahlreichen Theorien zur N. wird das überraschende Ereignis zumeist als **Wendepunkt** aufgefasst und zum Zentrum der Novellenkunst erklärt. Von Wendepunkt kann gesprochen werden, wenn mit dem Ereignis die Handlung umschlägt. Da solches Umschlagen oft als Schicksalseinbruch erscheint, durch den das gewohnte Leben plötzlich aus dem Tritt gerät, ist die N. in vielen Fällen eine Krisenerzählung. In solchen Erzählungen zeigt sich oft ein Krisenbewusstsein, etwa das Bewusstsein, dass das Leben nicht mehr mit Mitteln der Vernunft zu meistern ist. So sind es in der Geschichte der N. auffallend häufig böse Mächte, die die Helden heimsuchen, magische Gewalten oder verdrängte Erlebnisse.

Nicht zufällig wurde die Bedeutung des Tragischen (↗ Tragödie, S. 162) für die N. hervorgehoben. Die Gestaltungsmittel der Novelle entsprechen solcher Ausrichtung. Um den Überraschungseffekt nicht zu zerstören, muss sich ihr Erzähler mit Vorhersagen und Kommentaren zurückhalten. Auch darf er das befremdliche Ereignis nicht durch ein Zuviel an Erläuterungen entschärfen. Diese Form der Distanz gegenüber dem Erzählten kann dadurch gesteigert werden, dass das erzählte Geschehen in eine **Rahmenerzählung** (↗ S. 145) eingebettet ist, die davon berichtet, dass der Erzähler von dem eigentlich Erzählten nur durch andere gehört hat.

Der Ausrichtung auf den Wendepunkt entspricht zudem eine Erzählorganisation, die die Handlung in einem Strang darbietet. Wenn der Wendepunkt den Scheitelpunkt zwischen einer aufsteigenden und einer fallenden Linie darstellen soll, wären von der Linie abweichende Neben- oder Parallelhandlungen störend. Konsequenz der **Einsträngigkeit** ist die Beschränkung auf das Nötigste an Schauplätzen und Figuren. Das für solch ein ökonomisches und zurückhaltendes Erzählverhalten geeignete Verfahren ist der Erzählerbericht (↗ S. 149) im Wechsel mit einem szenischen Erzählen (↗ S. 149), in dem entscheidende Personen einzig durch die Figurenrede charakterisiert werden.

Dass der Leser einer N. vom Wendepunkt überrascht werden soll, heißt nicht, dass er nicht spüren soll, dass die Geschichte auf ein besonderes Ereignis zuläuft. Entsprechende Hinweise können allerdings nur indirekt gegeben werden. Wie in Spielfilmen durch wiederholte Kameraeinstellungen auf eigentlich unbedeutende Dinge beim Zuschauer der Eindruck hervorgerufen wird, irgendetwas stimme nicht, arbeitet auch die N. oft mit scheinbar diffusen und rätselhaften **Vorausdeutungen**. Dies geschieht nicht selten über die leitmotivische Verwendung von Dingsymbolen und häufig wiederkehrenden Details – Eigenschaften eines Schauplatzes oder einer Figur, deren Bedeutung (Symbolik) sich dem Leser nicht unmittelbar erschließt.

▼ Dass die europäische Novellenpoetik zu einer stark durchkomponierten Form der Novelle führte, motivierte die These der Gattungsforschung, dass die Novelle eine größere Verwandtschaft zum klassischen Drama aufweise als die vielfältiger und manchmal weniger streng strukturierte Textsorte des Romans. Wäre dies so, müsste mancher Text, der sich N. nennt, umbenannt werden. Dies geschieht in der Tat: So werden manche als N. benannte Texte in literaturwissenschaftlichen Kommentaren als **kurze Romane** bezeichnet, andere mit der wenig strengen Kennzeichnung **Erzählung** bedacht. ▽

Märchen

Das Wort ›Märchen‹ ist eine Verkleinerungsform zu ›Mär‹ (ahd. mari; mhd. maere – Kunde, Bericht, Erzählung, Gerücht) und bezeichnet eine kürzere unterhaltende Prosaerzählung, die von fantastischen Vorgängen berichtet. Der Begriff stammt von den Brüdern Jacob und Wilhelm Grimm. Der Inhalt von M. ist frei erfunden und weder zeitlich noch räumlich festgelegt (vgl. die gebräuchliche Eingangsformel: *»Es war einmal …«).*

Man unterscheidet zwischen Volks- und Kunstmärchen. **Volksmärchen** sind über Generationen hinweg mündlich weitererzählt worden. Viele Erzähler haben an ihrer Ausgestaltung mitgewirkt. Erst später zeichnete man sie auf. **Kunstmärchen** hingegen haben einen einzigen Autor; sie sind von Beginn an Lesemärchen. Im strengen Sinn gilt dies auch für die Märchensammlungen der Gebrüder Grimm, die man wegen ihrer Überarbeitungen auch als Kunstmärchen bezeichnen könnte, die Volksmärchen imitieren.

Charakteristisch für das **Volksmärchen** ist sein eindeutiges moralisches Schema, das zwischen gut und böse, schön und hässlich, klug und dumm usw. klar unterscheiden lässt. Im Volksmärchen wird das Gute belohnt, das Böse, Schlechte bestraft. Die Personen im M. sind meist typisiert, sie sind schön oder hässlich, klug oder dumm usw. Die Gestalten haben keine individuellen Namen und werden beispielsweise nach ihrer äußeren Erscheinung (Schneewittchen, Rotkäppchen), nach ihrer Tätigkeit (Jäger, Müller), nach ihrem Stand (König, Bauer), nach ihrem Alter (Kind, Mann) oder nach ihrer Zugehörigkeit zur Zauberwelt (Hexe, Fee, Zauberer) benannt. Sprache und Handlung sind einfach gestaltet. Der Handlungsablauf folgt stereotypen Mustern wie Spannung/Spannungslösung. Als **volkspoetische Form** ist das M. durch seinen ›Sitz im Leben‹ (↗ Fabel, S. 157 f.) bestimmt. Es bringt ein Grundbedürfnis menschlicher Weltauffassung zur Sprache, indem es in fantastischer Erzählweise ein utopisches Gegenbild zur Alltagsrealität entwirft.

Kunstmärchen hingegen sind psychologisch-philosophisch ausgerichtet, von Beginn an schriftlich fixiert in Vers oder Prosa und sie haben einen namentlich bekannten Autor. Durch fantasievolle Gestaltung des Geschehens, überlegene Distanz gegenüber naiven Erfindungen und eine durchscheinende Moral erfreute sich das Kunstmärchen zur Zeit des französischen Rokoko als witzige, ironische, satirische Kunstform und geistreiche Unterhaltung der aufgeklärten Gesellschaft großer Beliebtheit. Seit Herders Äußerungen zum Wert des Naiven, Volksnahen wurde das Kunstmärchen dem Volksmärchen angeglichen. In der Romantik (↗ S. 221 ff.) entstehen neben satirischen Formen auch Kunstmärchen, die die Welt bewusst poetisieren und mit Brüchen in der Wirklichkeitserfahrung experimentieren. Die wissenschaftliche Be-

schäftigung mit den aus aller Welt überlieferten M. führte zur Ausbildung verschiedener Entstehungstheorien. Diese Theorien behaupten entweder einen gemeinsamen Ursprung der Märchenstoffe oder die gleichzeitige, aber jeweils unabhängige Entstehung in den einzelnen Volkskulturen.
Für die Brüder Grimm begannen die eigentlichen Märchensammlungen am Ende des 17. Jh. in Frankreich mit den Märchenerzählungen von C. PERRAULT. Im 18. Jh. kamen diese M. (dt. *Feenmärchen für die Jugend*) durch Übersetzungen über Frankreich nach Deutschland. Sie gehen auf überlieferte Stoffe zurück. Die Sammlung Perraults beinhaltet die bekanntesten deutschen M. wie *Dornröschen* oder *Rotkäppchen*. In der Romantik wurden M. systematisch gesammelt. Die *Kinder- und Hausmärchen* (1812–1815) der Brüder Grimm gelten als die erste planmäßige Erfassung, in die auch Tiergeschichten, Fabeln, Legenden usw. mit einbezogen wurden. In der Folgezeit erschienen dann viele weitere, zum Teil thematisch zusammengestellte Märchensammlungen.

Mythos
›Mythos‹ (griech. Wort, Rede, Erzählung) war ursprünglich eine Sammelbezeichnung für **Schöpfungsgeschichten, Helden- und Göttersagen**. In den Mythen der Völker wurden Naturerscheinungen oder religiöse Vorstellungen bildlich dargestellt und in Handlungen umgesetzt. Man dachte sich die in der Natur wirkenden Kräfte als göttliche Wesen, denen man eine Tiergestalt (die Götter im alten Ägypten) oder später eine menschliche Gestalt (die olympischen Götter Griechenlands) gab. So wurden die Fragen nach der Existenz höherer Mächte, nach der Entstehung dieser Mächte und des menschlichen Lebens, die Rätsel der Welt und des menschlichen Seins in diesen symbolreichen Erzählungen zu erklären und zu deuten versucht. Die Gesamtheit der Mythen einer Kultur bezeichnet man als ›**Mythologie**‹. Die Heldenmythen können als eine Vorstufe der Geschichtsschreibung angesehen werden. Sie sind reich an fantastischen Episoden. Im M. spielt das einfache Volk kaum eine Rolle; die Mythen waren eine **Selbstdarstellung der herrschenden Schicht**. Dies ist ein wesentlicher Unterschied zur Sage. Gegenwärtig findet Mythisierung oft durch Verklärung einzelner, meist unter spektakulären Umständen verstorbener Personen statt (z.B. James Dean, Marilyn Monroe, Princess Diana).

Sage
Als ›Sage‹ (ahd. saga – Gesagtes; auch Rede, Erzählung) bezeichnet man einen auf mündlicher Überlieferung beruhenden Bericht um einen historisch verbürgten Namen oder Ort, der märchenhafte Züge trägt, jedoch einen ausgeprägten **Realitätsbezug** besitzt. Sagen sind wie die Märchen ursprünglich mündlich weitererzählt worden. Mit ihrer Aufzeichnung wurden sie zu Lesesagen (GRIMMS *Deutsche Sagen*, 1816–1818). Heute gelten sie als wichtige Quellen für die Volkskunde, Kulturgeschichte, Namens- und Sprachforschung sowie Motivgeschichte. Sagen sind einfacher aufgebaut als Märchen. Die S. ist in ihrer Struktur oft geradlinig und einsträngig und in ihrer Sprache mundartlich gefasst. Anlass der Erzählung ist meistens ein rätselhaftes oder unheimliches Erlebnis, ein historisches Ereignis oder eine historische Gestalt, ein Bauwerk oder ein Name, dessen Herkunft im Dunkeln liegt. Phänomene wie diese wurden durch die S. ›erklärt‹, wobei man mangels anderer Erkennt-

nisse zumeist überirdische Kräfte oder wunderbare Fügungen bemühte. Im Unterschied zum Märchen erhebt die S. den Anspruch auf **Glaubwürdigkeit**.
S. lassen sich dem Inhalt nach in drei Großgruppen einteilen: in die dämonischen S., historischen S. und Erklärungssagen (auch aitiologische Sagen). Bei der **dämonischen S.** kann der Anlass ein sonderbares oder unheimliches Erlebnis sein, das jemandem widerfahren ist oder von dem ihm berichtet worden ist (z.B. *Das wilde Heer*). **Historische S.** gehen in ihrem Kern auf Ereignisse oder Personen aus der Vergangenheit zurück; sie sind jedoch keine Geschichtsschreibung, sondern freie Gestaltung des historischen Stoffes (z.B. *Der Rattenfänger von Hameln*). **Erklärungssagen** sind volkstümliche Versuche, ein Bauwerk, eine besondere Landschaftsformation, eine Ruine oder auch auffällige Namen oder alte Bräuche durch eine Geschichte zu erklären (z.B. *Die Teufelsmauer*).
Von den Volkssagen zu unterscheiden sind die nordischen Sagas sowie Götter- und Heldensagen, die als Gegenstand der Hochdichtung meist literarisch fixiert sind. Sagenbildung gibt es auch heute noch. Der Grund hat sich nicht geändert: Wo der Verstand kapitulieren muss, soll die S. einen Zusammenhang außerhalb wissenschaftlicher Überprüfbarkeit schaffen. Die Angst vor dem Unbekannten und vor Bedrohung erzeugt noch immer sagenhafte Gestalten und Ereignisse.

Legende

Als ›Legende‹ (lat. legendum – das zu Lesende) bezeichnete man ursprünglich eine Lesung aus dem Leben eines **Heiligen** an seinem Jahrestag. Leben und Taten der Heiligen sollten als Vorbild dienen. Später bezeichnet die L. dann allgemein eine volkstümlich-erbauliche, unterhaltsame Erzählung in Vers oder Prosa über das wunderbare Leben und Wirken eines Heiligen oder über zeitlich weit zurückliegende, historisch nicht greifbare bedeutende Ereignisse. In ihrem Aufbau ist die L. mit der Sage vergleichbar. In der Charakterisierung der Heiligen als vorbildliche Streiter für den Glauben erinnert die L. an die Heldensage; die Lebensgeschichten der Heiligen sind jedoch durch Märchen- und Sagenstoffe erweitert. Wesentlich dabei ist nicht die Wiedergabe der historischen Wirklichkeit, sondern die Darstellung eines vorbildlichen, gottgefälligen Lebenswandels, in dem sich Wunderbares ereignete. L. sind **belehrende Dichtung**; die Gläubigen sollten aus den Lebensgeschichten Trost und Mut schöpfen, sie sollten den Vorbildern nacheifern. Nach den jeweiligen Vorbildfiguren unterscheidet man Christus-, Marien- und Heiligenlegenden, von denen Letztere die stärkste Verbreitung fanden. Noch im 20. Jh. wurde die Form der Legende poetisch genutzt, u.a. von BERTOLT BRECHT: *Die Legende vom toten Soldaten* (1918).

Parabel

›Parabel‹ (griech. parabole – Gleichnis) bezeichnet eine **gleichnishafte Rede als lehrhafte Erzählung**, die bildhaft einen allgemein interessierenden Einzelfall darstellt. Wie die Fabel ist die P. durch eine Sprachform bestimmt, bei der das Gesagte nicht im wörtlichen, sondern im übertragenen Sinne verstanden werden soll. Im Unterschied zum Gleichnis oder Vergleich ist die P. eine selbstständige Erzählung. Die P. bietet Vergleichsansätze an, aber sie verbindet das Dargestellte nicht durch einen direkten Hinweis mit dem Gemeinten. Den Vergleich überlässt die P. ihren Lesern oder ihrem Publikum. Wesentlich ist ihre lehrhafte Tendenz. In der Antike sah man in den in öffentliche Reden eingebauten Parabeln und Fabeln ein Mittel zur Verstärkung der Argumentation. Aus dem rhetorischen Zusammenhang gelöst, steht die P. als literarisches Erkenntnismedium für sich. Dies gilt z. B. für Boccaccios Ringparabel aus der Novellensammlung *Il Decamerone* (1348–1353), die Lessing in seinem Drama *Nathan der Weise* (1779) ausbaute und in einen neuen Zusammenhang stellte. In der modernen Literatur dienen P. häufig zur Darstellung einer verrätselten Welt, so z. B. in einer P. Kafkas:

■ *»Ach«, sagte die Maus, »die Welt wird enger mit jedem Tag. Zuerst war sie breit, dass ich Angst hatte, ich lief weiter und war glücklich, dass ich endlich rechts und links in der Ferne Mauern sah, aber diese langen Mauern eilen so schnell aufeinander zu, dass ich schon im letzten Zimmer bin, und dort im Winkel steht die Falle, in die ich laufe.« – »Du musst nur die Laufrichtung ändern«, sagte die Katze und fraß sie.* (Kafka: *Kleine Fabel)* □

Für B. Brecht war das Parabelstück die dramatische Form, in der er die Funktionen der Unterhaltung und Belehrung verschmelzen konnte.

Fabel

Bei der Gattung der Fabel (lat. fabula – Erzählung, Rede) handelt es sich um eine in Prosa oder in Versen verfasste, lehrhafte und kurze Erzählung. Charakteristisch für die F. ist, dass es sich bei den Figuren zumeist um zwei Tiere handelt, deren typische und jeweils gegensätzliche Eigenschaften sich mühelos auf Menschen übertragen lassen (z. B. *der schlaue Fuchs, das vertrauensselige Lamm*). Ihre knappe Form gewinnt die F. durch die Konzentration auf einen dramatischen Kern mit einer einzigen Handlung, die auf einen Moment der Überraschung hin angelegt ist. Die durch die F. verbildlichte Lehre (fabula docet) kann der F. als Erklärung voran- oder nachgestellt sein (Promythion bzw. Epimythion).

Die charakteristische Vierteilung einer Fabel verdeutlicht das folgende Beispiel:

■ Babrios: *Fuchs und Rabe*

Ein Rabe hielt im Schnabel einst ein Stück Käse.
Der schlaue Fuchs, der nach dem Käse sehr gierte,
Betrog den Vogel, indem er so ihn anredet:
»Schön ist dein Fittig und dein Auge scharf, Rabe,
Dein Nacken prächtig; eine Adlersbrust zeigst du,
Und jedes Thier muss deiner Fänge Kraft weichen.
Und solch' ein Vogel kann nicht schrein und muss stumm sein.«
Der Rabe, dessen eitles Herz das Lob aufbläht,
Wirft aus dem Schnabel seinen Käse laut krächzend.
Der Schlaue nimmt ihn und mit Spöttermund ruft er:
»So warst du doch bei Stimm', und keineswegs sprachlos;
Ja du hast Alles, Rabe, nur Verstand fehlt dir.«
(Darum warnet diese fabel menglich vor den schmaichlern […])

(1) **Situation:** Der Rabe ist im Besitz des von dem Fuchs begehrten Käses.
(2) **Aktion:** Der Fuchs wendet eine List an und schmeichelt dem Raben mit einer Lüge: Die genannten Eigenschaften haben Raben bekanntlich nicht.
(3) **Reaktion:** Der Rabe lässt sich durch das falsche Lob schmeicheln und vergisst, dass er singend den Käse verliert.
(4) **Ergebnis:** Der listige Fuchs erreicht sein Ziel und verhöhnt den Raben.
(Epimythion)

□

Die Geschichte der F. reicht weit zurück. Als Schöpfer der F. galt lange der Grieche Äsop aus dem 5. Jh. v. Chr. Ob es Äsop, der ein ehemaliger Sklave gewesen sein soll, wirklich gab, ist nicht gewiss. Sicher ist aber, dass in der griechischen und römischen Antike unter seinem Namen (z. B. von den Römern Phädrus und Babrios im 1. Jh. n. Chr.) F. gesammelt und weitererzählt wurden. Als künstlerische Gattung galten die F. damals nicht. Vielmehr betonte bereits Aristoteles die rhetorische Funktion der F. Diesem Verständnis nach hat die F. ihren ›Sitz im Leben‹. Im Sinne eines Gleichnisses wird sie erfunden, um in einer bestimmten Handlungssituation Argumente überzeugender zu machen oder um etwas indirekt zu sagen, das z. B. aus politischen Gründen explizit nicht gesagt werden darf.

Als **belehrende Gelegenheitsdichtung** fand die F. später dann auch Anklang bei den Frühhumanisten, die sich um Übertragungen äsopischer F. bemühten. Im Unterschied zur Zwecksetzung der F., zur moralischen Erziehung beizutragen, entfaltete sich mit den Fabeldichtungen von Jean de la Fontaine eine eigenständigere Fabelkultur. Fontaines F. beeindruckten die Zeitgenossen über Frankreich hinaus durch ihre sprachlichen Raffinessen und ihren Unterhaltungswert.

Im 18. Jh. entwickelte sich die F. auch in Deutschland zu einer außerordentlich beliebten Textsorte. Neue Fabelstoffe wurden erfunden. Normative Poetiken (↗ S. 135) der ersten Hälfte des 18. Jh. fassten deswegen die F. als eine von der antiken Tradition unabhängige Form auf. Gegen dieses Verständnis wandte sich Gotthold Ephraim Lessing. In seinen *Abhandlungen über die Fabel* betonte er, dass die F. ein an einem erdichteten Beispiel veranschaulichter **moralischer Satz** sei. Deshalb forderte er, die F. dürfe nicht zu Unterhaltungszwecken ausgeschmückt werden, sondern müsse sich ganz auf ihre moralische Aufgabe konzentrieren.

Kontrovers wurde erörtert, ob der Rezipient einer F. deren moralische Botschaft sich selbst durch die Handlung erschließen oder durch einen Kommentarsatz des Autors vorgegeben erhalten solle. Didaktisch wird argumentiert, dass die F. den Leser erst dann bilde, wenn er selbst das konkrete Beispiel aus der Tierwelt auf sein eigenes Leben übertragen habe. Zum anderen wird auf die subversiven Qualitäten der F. aufmerksam gemacht: In den erfundenen Dialogen der Tiergestalten lasse sich verdeckt ausdrücken, was die Obrigkeiten in expliziter Form verbieten könnten.

Die umstrittene Praxis, die allgemeine Moral der F. in einem Promythion bzw. Epimythion (voran- bzw. nachgestellte Lehre) des Erzählers ausdrücklich zu machen, gilt folglich als Beweis für eine Verkümmerung der Fabeltradition.

Seit dem 19. Jh. hat die F. zwar viel von ihrer Bedeutung eingebüßt, ihre bekannten Motive liefern aber immer noch ein Material, das sich wirkungsvoll verfremden lässt. Kennzeichnend für einen modernen Umgang mit der F. außerhalb der Kinderliteratur ist die Steigerung des Rätselcharakters und ihre satirische Nutzung sowie die Absage an moralische Gewissheiten.

Anekdote

Die Anekdote (griech. anekdoton – nicht Herausgegebenes, Unveröffentlichtes) ist eine kurze Erzählung und bezeichnet ursprünglich ein Schriftstück, das nicht publiziert bzw. absichtlich geheim gehalten wurde. Anekdoten wurden und werden auch mündlich weitergegeben. Meist wird in knapper Form – häufig **dialogisch** und **pointiert** – von einem besonderen Vorfall berichtet, durch den eine Person treffend cha-

rakterisiert wird. Im Mittelpunkt stehen dabei oftmals bekannte Persönlichkeiten aus Politik oder Gesellschaft. Was in der A. erzählt wird, braucht sich nicht wirklich so zugetragen zu haben; es kann auch frei erfunden sein. Das Erzählte soll nur schlaglichtartig eine Situation oder einen Charakter erhellen. Die A. bringt somit auf den Punkt, was in der offiziellen Geschichtsschreibung oder in Biografien ausführlich beschrieben und begründet wird.
Zu einer literarischen Form gestaltete die Anekdote z. B. HEBEL in seinem *Schatzkästlein des Rheinischen Hausfreundes* (1811). Auch KLEIST nutzte die Form der A. für literarische Zwecke, wie das folgende Beispiel zeigt:

■ *Bach, als seine Frau starb, sollte zum Begräbnis Anstalten machen. Der arme Mann war aber gewohnt, alles durch seine Frau besorgen zu lassen; dergestalt, dass, da ein alter Bedienter kam und ihm für Trauerflor, den er einkaufen wollte, Geld abforderte, er unter stillen Tränen, den Kopf auf einen Tisch gestützt, antwortete: »Sagt's meiner Frau.«* (Heinrich von Kleist: *Anekdote*) □

Schwank

Das Wort ›Schwank‹ (mhd. swanc – schwingende Bewegung, Hieb; frühnhd. listiger Streich) kommt aus der Fechtersprache. Es ist nach seiner Herkunft mit dem Verb ›schwingen‹ verwandt und bedeutet: einen Degen gut schwingen oder führen. Im übertragenen Sinn bedeutet S. als Ergebnis dieses ›Schlagabtausches‹ die gelungene Überlistung des Gegners.
Seit dem 15. Jh. bezeichnet der S. eine scherzhafte Erzählung in Versform oder Prosa; seit dem 19. Jh. ist der Schwank auch ein Begriff für ein der Posse und Farce verwandtes volkstümliches Lustspiel (Komödie). Die Waffen des S. sind List, Klugheit und Schlagfertigkeit. Schwankmotive und Schwankstoffe sind an keine bestimmte literarische Gattung gebunden. Sie können in den verschiedenen Formen der Erzählprosa, in der Ballade und auf der Bühne vorkommen. Ein epischer S. ist eine kurze wirkungsvolle, komische, anekdotenhafte, witzig pointierte Erzählung in Vers oder Prosa, welche oft lehrhaft, dabei auch derb oder sogar obszön erscheint.
Die Blütezeit erlebte der S. im 16. Jh. als schwankhafte Anekdote. Der Typus der Anekdotendichtung hielt sich bis ins 19. Jh., z. B. im *Schatzkästlein des Rheinischen Hausfreundes* von HEBEL. Themen des Schwanks sind der Alltag mit seinen Widrigkeiten und die Überlistung der Dummen und Mächtigen, dabei wird oft die triebhafte und sinnliche Seite des Menschen betont. In der meist **einsträngigen Handlung** agieren **typenhafte Charaktere.**
In der Geschichte des Schwanks und seiner Stoffe fanden die Volksbücher (↗ S. 187) über *Till Eulenspiegel* und die *Schildbürger* besondere Beachtung. Trotz ihres Zeitkolorits lassen sich historische Schwankthemen immer wieder aktualisieren. Als Nachfahre des *Till Eulenspiegel* wurde z. B. der *Hauptmann von Köpenick* betrachtet, dessen Geschichte CARL ZUCKMAYER 1931 im gleichnamigen Drama auf die Bühne brachte. Heute findet man Schwankelemente im so genannten Volks- und Heimattheater und in Unterhaltungssendungen des Fernsehens.

Kalendergeschichte

Als ›Kalendergeschichten‹ (lat. calendae – erster Tag des Monats) bezeichnet man kurze, seit dem 16. Jh. in Jahreskalendern abgedruckte Erzählungen. Der Kalender war früher mehr als nur ein Notizbuch für jeden Tag. Neben Neuigkeiten aus aller Welt, praktischen Ratschlägen sowie Rezepten waren kleine unterhaltende Geschichten Inhalt von Jahreskalendern. Volkstümlich-unterhaltsam tendierten diese Kalendergeschichten zur **Belehrung**. Mit wechselnder Gewichtung wurden Elemente aus Anekdote, Schwank, Legende, Sage, Novelle verarbeitet. Der bekannteste Kalender dieser Art im 19. Jh. ist der von HEBEL herausgegebene protestantische Landkalender *Der Rheinländische Hausfreund.* Die erfolgreichsten Kalendergeschichten wurden in einem besonderen Sammelband unter dem Titel *Schatzkästlein des Rheinischen Hausfreundes* publiziert. Im 20. Jh. löste sich die K. vollends vom Kalender. Beispiele hierfür sind BERTOLT BRECHTS *Kalendergeschichten* (1949) oder ERWIN STRITTMATTERS *Schulzenhofer Kramkalender* (1969).

Kurzgeschichte

Die Bezeichnung ›Kurzgeschichte‹ stellt eine Lehnübersetzung des angloamerikanischen Begriffs ›***short story***‹ dar, entspricht aber nicht diesem ursprünglich weiter gefassten Begriff. Vor 1945 wurden sehr unterschiedliche kurze Texte als K. aufgefasst, danach erst setzt sich der Begriff durch, um eine bestimmte Variante von anderen kurzepischen Formen abzugrenzen. Das prägnanteste Merkmal der K. ist natürlich ihre Kürze. Als akzeptabel gilt für eine K. ein Umfang zwischen drei und zwölf Schreibmaschinenseiten. Diese Beschränkung begünstigt einen **verknappenden und schmucklosen Erzählstil.** Als kennzeichnend gelten hierfür die Verwendung parataktischer Formen (↗ S. 46) sowie elliptische Formulierungen (↗ S. 99) im alltagsnahen Dialog und im Erzählerbericht (↗ S. 149). Solche Einsparungen bewirken, dass vieles nur angedeutet wird oder offen bleibt, sodass die Mitarbeit des Lesers gefordert ist. Der Erklärungsaufwand wird allerdings oft dadurch reduziert, dass Alltagsmilieus, die dem Gegenwartsleser bekannt sind, die Erzählung bestimmen. Die **Handlungspointe** liegt dann nicht selten in einer Abweichung von der Normalität durch eine eher zufällige Störung des Gewohnten. Besondere Bedeutung wird in den Studien zur K. dem **offenen Anfang und Schluss** zugemessen. Signale für einen offenen Anfang, der dem Leser den Eindruck vermittelt, in ein bereits laufendes Geschehen einzusteigen, werden häufig durch eine Verletzung von Textkonventionen geliefert, z.B. durch die unvorbereitete Verwendung des Personalpronomens *(er)* oder des bestimmten Artikels *(der Mann).*

Der Eindruck eines offenen Schlusses entsteht vor allem dadurch, dass die Konflikte der Handlung noch nicht gelöst erscheinen und der Ausgang eines Geschehens, zumal in seinen Konsequenzen, noch nicht deutlich abzusehen ist. Den Leser erreicht solche Offenheit als Appell: Denk du dir die Geschichte weiter! Die in beiden Richtungen offene Konstellation wird als Unverschlossenheit der K. beschrieben.

Die deutsche K. geht einerseits auf die Faszination durch eine amerikanische Erzählkultur und auf Autoren wie HEMINGWAY, FAULKNER, CHEEVER oder CARVER zurück. Andererseits passte die Form der K. auch gut in die sich asketisch gebenden Literaturprogramme, mit denen unmittelbar nach 1945 eine junge und durch den Krieg ernüchterte Generation eine deutliche Zäsur (↗ Kahlschlag, S. 314) setzen wollte. Nachdem die K. nach den 1970er-Jahren an Bedeutung verlor, deutet sich seit den Neunzigerjahren eine Wende an, z.B. mit den Texten von Judith Hermann, Wladimir Kaminer und Jochen Schmidt.

4.2 Dramatik

Ein Drama (griech. Handlung) ist ein Text, der auf seine szenische Umsetzung auf einer Bühne hin angelegt ist (Ausnahme: das so genannte Lesedrama). Sein wichtigstes Gestaltungsmittel ist der **Dialog** – die Rede und Gegenrede der Figuren. Für den längsten Teil seiner Gattungsgeschichte gilt, dass das Drama eine in sich geschlossene Handlung darstellt, die auf einen Konflikt zwischen den Figuren – die **›dramatis personae‹** – zurückgeht. In Abgrenzung zu neueren Formen wird in dieser Hinsicht auch vom **›Geschehnis‹- oder ›Handlungsdrama‹** gesprochen. Eine dramatische Handlung gliedert sich zumeist in größere Abschnitte, die als Akt oder als Aufzug bezeichnet werden, und in kleinere Teile, die Szene, Bild oder Auftritt genannt werden.

Aristotelisches Drama

Bis LESSING folgte das deutschsprachige Drama regelpoetischen Vorgaben, die aus der Poetik (↗ S. 135) des ARISTOTELES abgeleitet wurden. Zu diesen klassischen Prinzipien gehörten neben der grundsätzlichen Einteilung in Tragödien und Komödien die so genannten **drei Einheiten: Handlung, Ort, Zeit.** Die Handlung sollte gradlinig, ohne episodische Abschweifungen dargestellt werden. Einen Wechsel des Schauplatzes galt es ebenso zu vermeiden wie Zeitsprünge. Vielmehr sollte sich die Dramenhandlung auf einen kompakten, von der Aufführungsdauer nicht allzu sehr abweichenden Zeitraum beschränken. Eine Technik, die Zuschauer über Ereignisse zu unterrichten, die für den Handlungsverlauf wichtig sind, jedoch außerhalb des Bühnenorts stattfinden, ist der **Botenbericht**. In epischer Form wird hier von einem Ausgesandten berichtet, was sich andernorts abgespielt hat (z. B. Schlachten).
In der Entwicklung des klassischen Dramas hat sich das Modell eines Drei- und eines etwas weniger gradlinigen Fünfakters weitgehend durchgesetzt:

Dreiakter		Fünfakter	
1. Akt	Exposition (Einführung) des Konflikts (griech. protasis – Voranstellung)	1. Akt	Exposition (Einführung) des Konflikts (griech. protasis – Voranstellung)
2. Akt	Entfaltung des Konflikts (griech. epitasis – (An)spannung)	2. Akt	Entfaltung des Konflikts (griech. epitasis – (An)spannung)
		3. Akt	Entfaltung des Konflikts bis zu einer Entscheidung des Helden (griech. krisis)
		4. Akt	Scheinbarer Ruhezustand (griech. katastasis – Zustand), plötzliche Wende: Peripetie (Umschwung)
3. Akt	Lösung: Katastrophe (griech. Wendung, Ausgang)	5. Akt	Lösung: Katastrophe (griech. Wendung, Ausgang)

Tragödie und bürgerliches Trauerspiel

Zu den regelpoetischen Vereinbarungen, die bis in die Aufklärungsdramatik (↗ S. 203 ff.) Bestand haben, gehört auch die so genannte ›Ständeklausel‹ (↗ S. 191), die ebenfalls auf Aristoteles zurückgeführt wurde. In dessen fragmentarisch erhaltener Poetik (↗ S. 135) wird die **Tragödie** (griech. Bocksgesang) – das Trauerspiel – als die wertvollste Gattung herausgestellt. In ihrem Zentrum steht, wie für Aristoteles in aller Dichtung, der handelnde Mensch. Dieser Held wird in der Tragödie einem Konflikt ausgesetzt, der ihn ins Verderben, zumeist in den Tod stürzt. Schuldlosigkeit – Schicksal, Dämonie – Schuld, Unkenntnis, Selbstüberschätzung oder Leichtsinn vermischen sich im Handlungsprozess. Aristoteles' Theorie der Tragödie war vor allem auf den Zuschauer und auf den Effekt der Katharsis (↗ S. 136) ausgerichtet. Um das Mitleid des Zuschauers zu steigern, sollte der Sturz des Helden gewaltig sein. Die Interpreten des Aristoteles entwickelten aus dieser Überlegung eine Theorie der **Fallhöhe.** Deren Pointe bestand darin, dass der Sturz besonders beeindruckend sei, wenn der Stürzende von hohem Stande sei. Während die Komödie (Lustspiel), die menschliche Fehler verdeutlichen solle, mit Helden niederen Standes auskomme, brauche die Tragödie adlige Helden. Diese Aristoteles-Auslegung wurde von Lessing korrigiert, indem er den bereits bei Aristoteles ausführlicher behandelten Gedanken eines ›mittleren Helden‹ aufgriff. Das Konzept des **mittleren Helden** folgt den Gesetzen der Wahrscheinlichkeit und ist die Konsequenz der Erwartung der Mimesis (↗ S. 135 f.): Ist der Held von Beginn an ein Schurke, kommt durch dessen Fall kein tragischer Effekt zustande; ist der Held aber durch seine strahlenden Eigenschaften vom Zuschauer gänzlich entrückt, wirken die Fehler, die seinen Sturz begleiten, unglaubwürdig.

Mit dem Konzept eines bürgerlichen Trauerspiels wird der in Aristoteles hineingelesene Gedanke, dass einfache Bürger zu tragischen Erlebnissen nicht in der Lage seien, korrigiert. Tragisch ist mit dieser aufklärerischen Korrektur nun nicht mehr der Sturz des Helden als solcher, sondern die Konfrontation zwischen Macht und jenen bürgerlich-familiären Werten, die ein zunehmend selbstbewusster auftretendes Bürgertum für sich beansprucht. Als bedrohliche Macht können die adligen Repräsentanten einer unaufgeklärten Willkürherrschaft in Szene gesetzt werden. Doch auch die sinnlichen Gelüste der Helden können ein Fehlverhalten motivieren, das zu einem tragischen Ende führt.

Mit der Dramatik des Sturm und Drang (↗ S. 210) werden nicht nur weitere klassische Muster zur Disposition gestellt, es wird auch eine Variante des Tragischen in den Blick gerückt, die bis heute aktuell bleibt: das Leiden des Individuums an einer Umwelt, die es drangsaliert.

Komödie und Lustspiel

Im Vergleich zur Tragödie ist um die Form der Komödie weniger gerungen worden. Die Gründe hierfür werden schon durch eine Nebenbemerkung im Poetik-Fragment des Aristoteles angezeigt. Hier heißt es sinngemäß, dass man über die Entwicklung der Komödie nicht viel sagen könne, da sie in ihren Anfängen keine ernste Sache gewesen sei. Solche Zuschreibung des Unernsten und des durch die Ständeklausel (↗ S. 191) verfestigten ›Niedrigen‹ ermunterte nicht gerade zu angestrengten Debatten. Im Zentrum der Komödie stehen Figuren, deren Handlungsweisen dem Zuschauer Anlass zum Lachen geben. Solches Lachen, dessen befreiende Wirkung oft betont wurde, kann im Einzelnen sehr unterschiedliche Gründe haben. Wie für den Witz dürfte aber die Diskrepanz von Zuschauererwartung und Handlungsverlauf von grundlegender Bedeutung sein. Diese Beobachtung hat zu der Feststellung geführt, dass die Komödie ein Publikum voraussetzt, das über gemeinsame Werte verfügt und mithin Abweichungen von diesen registrieren kann. Schon frühzeitig wurde in der nachantiken Komödienpraxis die Abweichung konventionalisiert, indem die lächerlichen Figuren zu Typen mit Wiedererkennungswert gemacht wurden: so vor allem der **Harlekin** und der **Hanswurst**. Die beim Zuschauer beliebten und mit den Schwankdichtungen (↗ S. 159) verwandten Possen bildeten weniger eine geschlossene Handlung als eine lockere Reihung von Episoden, ähnlich dem späteren Revue-Theater und verschiedenen Comedy-Formaten im Fernsehen. Auf diese Tendenz und auf die gängige Praxis der im Stile der Commedia dell'Arte (italienische Stegreifkomödien) improvisierenden Schauspieler reagierte GOTTSCHED mit der Forderung nach einer **Literarisierung und Moralisierung der Komödie**. Ansatzpunkt für ein Zuschauervergnügen, das zur Erbauung dienen sollte, wird nun das Laster des Bürgers. Im Fortgang verändert sich die Ansprache des Publikums: Rührung wird nun das im Komödienbesuch erwartete Erlebnis. Während das rührend gute Ende als ›Happy End(ing)‹ zum Bestandteil einschlägiger Unterhaltungsschemata vom Boulevard-Theater (s. u.) bis zum Hollywood-Film wird, zeigen bereits LESSINGS Komödien die gesellschaftskritischen und wirklichkeitsnahen Momente der Komödienform. In der Sturm-und-Drang-Dramatik von JAKOB MICHAEL REINHOLD LENZ vermischen sich Komisches und Tragisches zur so genannten ›**Tragikomödie**‹. Der Gegenstand solcher Komödien ist nicht länger der komische Mensch, sondern die aus den Fugen geratene Gesellschaft – eine Sichtweise, die in der Dramatik des 20. Jh. aufgegriffen wurde.

Faktisch führte das Programm einer Literarisierung der Komödie mitunter zu einer Zweiteilung, die bis heute anhält und sich in Begriffen wie ›**hohes Lustspiel**‹ und ›**niederes Lustspiel**‹ ausdrückt. Zuweilen wird auch der Begriff ›**Komödie**‹ für die ›hohe‹, der deutsche Ausdruck ›**Lustspiel**‹ für die ›niedere Form‹ reserviert. Dass trotz solcher Differenzierungen der Komödie insgesamt der Ruf des Leichten und Anspruchslosen anhängt, geht u. a. darauf zurück, dass mit der Ausbreitung und Kommerzialisierung der großstädtischen Theaterlandschaft die so genannte ›**Boulevard-Komödie**‹ mit ihren bis heute schematischen Themen (v. a. Liebesaffären) die Erwartungshorizonte des Publikums prägt. Auch der Medienwechsel zur Filmkomödie bzw. zum Lustspielfilm hat zum Renommee dieser dramatischen Form nicht gerade beigetragen.

Offene Formen

In der Dramatik des 20. Jh. verlieren die Bezeichnungen ›Tragödie‹ und ›Komödie‹ an Bedeutung. Mit Brecht und anderen Autoren verlassen die Theaterproduktionen in Praxis und Theorie immer mehr die in der Aristoteles-Rezeption eingeschlagenen Wege. Nicht nur die Tragödie mit ihrer Konzentration auf den tragischen Helden wird von den Zeitgenossen der Moderne abgelehnt. Auch der Dialog als Kernstück des Dramas scheint nicht mehr die passende Form zu sein. Hinzu kommt, dass die Vorstellung, die im Dialog entwickelte Handlung könnte den Zuschauer am unmittelbarsten erreichen, durch die Medienkonkurrenz des Films an Überzeugungskraft einbüßte.

Viel Beachtung fand die Unterscheidung zwischen der **geschlossenen** und der **offenen Form des Dramas** (Volker Klotz). Geschlossenheit wird der Dramatik des klassischen Musters bescheinigt, während das Offene zum Merkmal der neueren Formen wird. Dort ist es Ausdruck des Bewusstseins einer Krise und schlägt sich u.a. in einer Zunahme monologischer Reflexion nieder.

In Abgrenzung zum Handlungsdrama (↗ S. 161) der geschlossenen Form werden zuweilen zwei offene Formen unterschieden. Die Einheit des **Figurendramas** sichert nach Wolfgang Kayser die Einheit der Figur des Haupthelden, während das Drama selbst statt einer in Akte zergliederten Handlung nur eine eher lockere Szenenfolge aufweist. Shakespeares *Hamlet* (1602) wird hier häufig als ein Beispiel genannt, das dann später stark die Dramatik des Sturm und Drang (↗ S. 210) beeinflusst. Gegenüber dem individuellen Helden bestimmt im **Raumdrama** das soziale Milieu das Bühnengeschehen. Versuche hierzu finden sich vor allem im Naturalismus (↗ S. 252 f.). Typisch für den Expressionismus (↗ S. 268 f.) ist hingegen das **Stationendrama**. Der Begriff stellt heraus, dass die Einzelszenen eher locker verbunden sind und das Interesse des Zuschauers nicht auf den Ausgang einer Handlung gelenkt werden soll. Stattdessen geben die Szenen Gelegenheit, das Geschehen in unterschiedlichen Perspektiven zu betrachten.

Ist von einem ›**analytischen Drama**‹ die Rede, so meint dies ein Theaterstück, dessen Reiz darin besteht, dass die Ereignisse, die für den Handlungskonflikt entscheidend sind, der Handlung auf der Bühne vorausgehen. Den Protagonisten sind sie nicht oder nur teilweise bekannt. Schritt für Schritt werden sie während des Bühnengeschehens enthüllt.

Episches Theater nach Brecht

Brechts Konzept eines ›epischen Theaters‹ basiert auf einer kritischen Auseinandersetzung mit der Theatertradition, die sich auf Aristoteles beruft. In seiner Kritik ging es Brecht vor allem um die Wirkung aristotelischer Dramatik auf den Zuschauer. Statt der Einfühlung als Bedingung für Mitleid und Katharsis (↗ S. 136) und statt eines Appells an die Emotionen des Zuschauers setzt Brechts episches Theater auf eine Verbindung von Emotionalität und kritisch-rationaler Betrachtung eines Publikums, das, nach marxistischem Verständnis, durch seine Klasseninteressen zu einem kollektiven Bewusstsein tendiert. Die Welt, die das Theater zeigt, soll dabei nicht in ihrer übermächtigen Gewalt für den einzelnen Helden in Erscheinung treten, sondern als veränderbare gezeigt werden.

Die wichtigste Strategie, um die Einfühlung bzw. rein emotionale Verstrickung des Publikums zu verhindern und eine Distanz zum Bühnengeschehen herzustellen, ist die Technik der **Verfremdung**. Dabei geht es darum, zu verhindern, was früheren Theatermachern wichtig war: Der Zuschauer soll nicht die Illusion haben, auf der Bühne einem Stück Wirklichkeit beizuwohnen. Um diese Wirkung zu erreichen, wird der Ablauf der Handlung unterbrochen. Das kann z.B. durch eingeschobene Songs, durch Plakate oder durch die Kommentare eines Erzählers geschehen. Eine für das epische Theater gängige Praxis ist es etwa, vor den einzelnen Szenen den Zuschauer über das in Kenntnis zu setzen, was im Folgenden als ›Handlung‹ gespielt wird. Dieses Verfahren zerstört bewusst die Spannung des Zuschauers, die auf den Ausgang des Geschehens gerichtet ist. Stattdessen soll sein Interesse auf den Prozess gelenkt werden, der zu dem vorab bekannten Resultat führt.

Eine solche **epische Dramatik** nimmt zwangsläufig Abschied von einem Theater, das einem aristotelischen Aktschema folgt. Stattdessen gibt es eine lockere Szenenfolge, ähnlich dem Revuetheater mit seinen einzelnen Nummern. Für die intellektuelle Herausforderung des Zuschauers ist ein **offen gehaltenes Ende** wichtig. Mehr noch als auf den ungewissen Ausgang des Geschehens kommt es hierbei auf die offene Frage an, wie das gezeigte Geschehen ethisch oder politisch zu bewerten ist (Hinweise zur Analyse dramatischer Texte ↗ S. 339 f.).

Filmisches Erzählen

Filmisches Erzählen folgt sowohl den Regeln der Dramaturgie als auch wesentlichen Prinzipien des literarischen Erzählens. Die Differenz zum Bühnenschauspiel wie zur erzählenden Prosa ist durch das Medium begründet.

Erzählformen des Films

Erzählen ist an einen **Zeitablauf** gebunden. Zwischen Anfang und Ende bestehen in Literatur und Film annähernd die gleichen Möglichkeiten, die Geschichte linear darzubieten (kontinuierlich von Anfang bis Ende) oder die Zeitphasen umzustellen (Gegenwartshandlungen, Parallelhandlungen, Vorzeithandlungen, Rückwendungen, Vorausdeutungen).

Auch verfügt der Film über verwandte Möglichkeiten, das Geschehen zu **perspektivieren**. Der Erzählperspektive in der Literatur entspricht die Kameraperspektive, aus deren Blickwinkel der Zuschauer das Geschehen erlebt. (Werden die Filmbilder durch eine Erzählerstimme ergänzt, so ergibt sich eine – besonders im Bereich der Literaturverfilmung häufig genutzte – Doppelperspektive.) Ebenso kann der Film aus der Sicht der handelnden Figuren erzählen (subjektive Kamera, Blickaufnahmen, Erinnerungen oder Träume einer Figur) oder aus der Kameraposition der identifikatorischen Nähe (das Geschehen über die Schulter der Figur gefilmt). Allerdings werden solche Mittel der personengebundenen Perspektivierung im Film nicht durchgängig verwendet. Die **auktoriale Erzählposition** (↗ S. 148) der Kamera bleibt in der Regel mehr oder weniger dominant.

Die Filmhandlung ist zugleich ein **dramatisches Geschehen**, das sich in seinem Aufbau an Modelle der Dramaturgie anlehnt. Auch hier gibt es geschlossene und offene Formen, wobei sich der Spielfilm bevorzugt an festen, geschlossenen Bauformen orientiert. Unterscheiden lassen sich auch hier – in der Regel – die Exposition (bzw. die nachgereichte Exposition), der Aufbau des Konflikts, Wendepunkte und Höhepunkte der Handlung sowie die jeweilige Lösung des Konflikts am Schluss. Das Drei- bzw. das Fünf-Akt-Schema (↗ S. 161) bildet oft auch die Grundlage filmischer Dramaturgie.

Unterschiede zwischen den Medien

Von der erzählenden Prosa wie vom Theater trennt den Film die Art und Weise, wie der Rezipient in die Illusion der erzählten Welt eingebunden wird. Der Leser ergänzt eine erzählte Handlung durch Vorstellungsbilder. Der Theaterbesucher sieht und hört eine gespielte Handlung, bleibt jedoch gegenüber dem Geschehen auf der Bühne in einer immer gleichen Distanz. Im Kino werden die Vorstellungsbilder zumindest weitgehend identisch mit dem Gezeigten und Gehörten. Vor allem aber wird der Kinobesucher durch wechselnde Kamerapositionen scheinbar unmittelbar in den Handlungsraum einbezogen. Der Zuschauer übernimmt den von der Kamera vorgegebenen Blick und gerät so in den **Illusionsraum** der Erzählung. Anders als ein Theaterbesucher ist ein Filmzuschauer im Handlungsraum der Erzählung imaginär gegenwärtig. Entsprechend erfolgt die **Identifikation** mit dem Dargestellten im Film – mehr noch als in der Literatur oder im Theater – weniger über Personen als über Situationen.

Filmisches Wahrnehmen

Die **Einbindung des Zuschauers in den Handlungsraum** ist das entscheidende Wirkungsprinzip des Films. Es wird erzeugt durch:
- die wechselnden Kamerapositionen im Raum (räumlich wie zeitlich),
- die wechselnde Nähe der Kamera zum Objekt (Einstellungsgrößen) und die Perspektive, aus der es abgebildet wird,
- die Kamera- und Objektbewegungen,
- die Montage der Einstellungen,
- den Ton.

Der filmische Raum wird durch das Zusammenfügen verschiedener Einstellungen erzeugt, in denen unterschiedliche Raumsegmente gezeigt werden. Vom Zuschauer werden diese Raumausschnitte ›zusammengesehen‹ und in ein Vorstellungsbild des Handlungsraums übertragen. Darüber hinaus entsteht durch die Möglichkeit des Films, räumlich wie zeitlich weit auseinanderliegende Orte und Handlungen miteinander zu verbinden, ein Erzählraum, der sich in der aktuellen Wahrnehmung wie im Gedächtnis des Betrachters formt.

Die Nähe oder Distanz der Kamera zum Abgebildeten steuert die **emotionale Einbindung des Zuschauers**. Beschrieben werden diese Nähe-Distanz-Relationen durch den Begriff der **Einstellungsgröße**, mit der die Größe des abgebildeten Objekts (des Darstellers) in Relation zur Bildgrenze (dem Rahmen des Bildes) definiert wird. Zwischen den Einstellungsgrößen gibt es fließende Übergänge. Es haben sich jedoch in der Filmproduktion Begriffe eingebürgert, die verschiedene typische Einstellungsgrößen bezeichnen. Unterschieden werden acht Kategorien:

Weit (W):	Der Darsteller verschwindet in einer weiträumig erfassten Umgebung. Der Zuschauer kann sich einen Überblick verschaffen und wird auf eine Handlung eingestimmt.	
Totale (T):	Der Darsteller bleibt dem Handlungsraum untergeordnet. Dem Zuschauer wird die Möglichkeit einer räumlichen Orientierung gegeben, sodass er sich in einer folgenden Aktion zurechtfinden kann.	

Halbtotale (HT):	Der Darsteller ist von Kopf bis Fuß zu sehen. Die Einstellungsgröße wird verwendet, um Menschengruppen oder körperbetonte Aktionen zu zeigen.	
Halbnah (HN):	Der Darsteller wird bildfüllend oder unten leicht angeschnitten gezeigt. Die Einstellung wird häufig genutzt, um zwei oder drei Personen in einer Aktion bzw. in einem Dialog zu zeigen.	
Amerikanisch (A):	Diese Kategorie wird nicht immer benutzt. Sie hat sich aus dem amerikanischen Western entwickelt und bezeichnet die Abbildung des Darstellers vom Kopf bis zum Revolvergürtel.	
Nah (N):	Der Darsteller erscheint vom Kopf bis zur Mitte des Oberkörpers im Bild. Hervorgehoben werden dadurch mimische und gestische Elemente. Gesprächssituationen sind oft aus solchen Einstellungen zusammengesetzt.	
Groß (G):	Allein der Kopf des Darstellers wird gezeigt. Das Bild lenkt die Aufmerksamkeit des Zuschauers auf den Gesichtsausdruck der Figur und macht Nuancen der Mimik sichtbar.	
Detail (D):	Nur ein Ausschnitt des Gesichts ist zu sehen: die Augen, der Mund. Häufig werden auch Gegenstände aus allernächster Nähe gezeigt: ein Klingelknopf, der Abzugshahn eines Revolvers. Diese Einstellung kann z. B. für die Erzeugung von Schockeffekten genutzt werden.	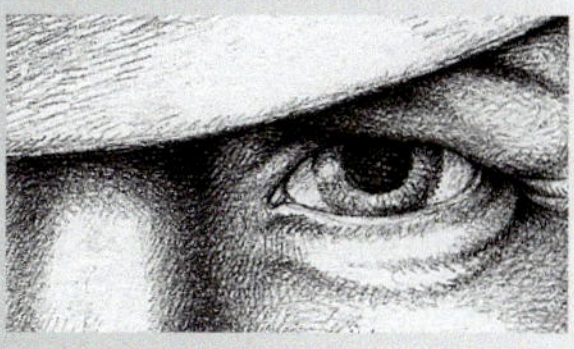

Nicht nur die Einstellungsgrößen lenken die Aufmerksamkeit des Zuschauers und steuern seine emotionale Wahrnehmung des Geschehens. Auch die **Kameraperspektive** beeinflusst das Verhältnis des Zuschauers zum Abgebildeten. Unterschieden werden folgende Perspektiven:

Normalsicht: Das Geschehen wird in Augenhöhe der handelnden Personen aufgenommen und so eher neutral vermittelt.
Aufsicht: Das Geschehen wird von einem erhöhten Standpunkt aus gesehen. Der Zuschauer erhält einen Überblick, kann aber z.B. auch in eine beängstigende Tiefe schauen.
Untersicht: Das Geschehen wird von unten aufgenommen. Figuren oder Objekte wirken größer und oft bedrohlich.
Ebenso wie sich die Objekte im Handlungsraum bewegen, kann sich die Kamera im Raum bewegen. **Kamerabewegungen** orientieren sich an den Möglichkeiten der menschlichen Blickveränderung. Es gibt vertikale, horizontale, aber auch diagonale Schwenks. Montiert auf Schienen, auf einem Kran oder in der Hand geführt (Handkamera), kann der Blick der Kamera fast beliebig durch den Raum streifen. Kontinuierlich verändert wird dabei der Ausschnitt des Gezeigten. Dabei können unterschiedliche Einstellungsgrößen zu einem Bewegungsablauf verbunden werden.
Bewegungen im Film sind immer gerichtet. So wie die Kamera einer Figur folgen, ihr vorauseilen, sie einkreisen, vor ihr zurückweichen kann, haben auch die Bewegungen der Objekte unmittelbaren Einfluss auf die Wahrnehmung des Geschehens. Auch wenn alle Bewegungsrichtungen möglich sind, lassen sich doch zwei gegensätzliche Hauptrichtungen unterscheiden:
– Handlungen, die parallel zur Bildfläche stattfinden: Der Zuschauer bleibt relativ distanziert, wird von der Handlung nicht unmittelbar berührt. Entsprechend unserer Lese- und Schreibrichtung werden Bewegungen von links nach rechts als dynamisch empfunden, während Bewegungen von rechts nach links als eher widerständig, zurückweichend wahrgenommen werden. Dies gilt auch für alle diagonalen Bewegungen in die Raumtiefe bzw. aus ihr heraus.
– Handlungen, die auf der Blickachse des Zuschauers verlaufen: Objektbewegungen auf den Zuschauer zu werden oft als bedrohlich und aggressiv erlebt. Das Gegenteil kann jedoch für Blicke gelten, die direkt auf den Zuschauer gerichtet sind. Der Nachrichtensprecher erzeugt mit seinem frontalen Blick – seinen Augenbewegungen – in die Kamera eher die Situation einer intimen Ansprache.
Grundsätzlich gilt für den Film, dass nicht nur durch Objektbewegungen Handlungsachsen geschaffen werden, sondern auch durch **Blickrichtungen**. In welchem Winkel sich die durch die Kamera vorgegebene Blickachse des Zuschauers zu den Handlungsachsen des Films verhält, entscheidet wesentlich darüber, in welcher Weise der Zuschauer in den filmischen Handlungsraum einbezogen wird. Bis in die 1950er-Jahre blieb im Spielfilm die Vereinbarung vorherrschend, den fiktionalen Raum des Films gegenüber dem Wahrnehmungsraum des Zuschauers abzuschließen. Die Figuren blicken schräg an der Kamera vorbei. Die Kamera verhält sich zu den Handlungsachsen in der Regel in einem Winkel von 30 bis 90 Grad. Der Zuschauer bleibt so immer in einer sicheren Beobachterposition. Diese Konventionen haben sich deutlich verändert. Heute wird der Zuschauer direkt angegangen und oft unmittelbar in die Handlungsachsen eines Geschehens eingebunden.
Als ›filmisch‹ gilt ein beständiger Wechsel der Bilder, der Einstellungsgrößen und der Positionen, aus denen das Geschehen aufgenommen wird. Allerdings muss zugleich ein Zusammenhang zwischen den Bildern hergestellt werden, um die Aufmerksamkeit des Zuschauers zu erhalten und die Einheit der Erzählung herzustellen. Um die

unterschiedlichen Einstellungen miteinander verknüpfen zu können, muss es in den Einstellungen immer etwas geben, das sich miteinander in Beziehung setzen lässt: ein Bewegungsvorgang, die Identität der Figuren oder des Ortes, sich ergänzende Handlungen oder auch eine ideelle Verbindung.

Die **Montage** der Einstellungen ist das Kernstück filmischen Erzählens. Erst in der Montage entsteht der Erzählraum des Films. Unterscheiden lassen sich zwei Konzepte, nach denen montiert wird.

So gibt es das Konzept, möglichst unsichtbar zu montieren, d.h. den Schnitt zu verbergen, indem fließende Bewegungsabläufe suggeriert und die Einstellungen nach konventionalisierten Montageregeln zusammengesetzt werden. Hierzu gehört das so genannte **Schuss-Gegenschuss-Verfahren** in Dialogsituationen, bei dem die Dialogpartner abwechselnd jeweils einzeln frontal im Bild zu sehen sind. Auch festgelegte Abfolgen der Einstellungsgrößen bei aktionsbetonten Handlungen zählen hierzu. Ziel ist jeweils die Illusion eines ununterbrochenen Geschehensflusses, der das Gemachte der filmischen Inszenierung vergessen lässt. Dieser Stil entspricht den Regeln des klassischen **Hollywood-Kinos.**

Davon setzen sich Montagekonventionen ab, die darauf zielen, den Schnitt in der filmischen Wahrnehmung bewusst zu machen. Bereits die Montagekonzepte des **russischen Revolutionskinos** (EISENSTEIN, PUDOWKIN) betonten den ›Konflikt‹ und die ›Kollision‹ der Einstellungen. Es waren Konzepte, die in der Entwicklung des europäischen Kinos immer wieder eine große Rolle gespielt haben. Mit herkömmlichen Erzählkonventionen sollte gebrochen werden.

Im Kino wie im Fernsehen treten heute beide Montagekonventionen auf, wobei insbesondere aktionsbetonte Filme damit arbeiten, den Schnitt in schockartigen Montagen zu betonen.

Nach der Montage der Einstellungen ist die Gestaltung des **Hörraums** das wichtigste Mittel filmischen Erzählens und filmischer Illusionsbildung. Unterscheiden lassen sich drei **Tonebenen:** Geräusche, Musik, Sprache.

Für alle Töne gilt, dass sie mit dem Bild in unterschiedlicher Weise kombinierbar sind:

- **synchron (on):** die Lautquelle ist im Bild zu sehen,
- **asynchron (off):** die Lautquelle befindet sich außerhalb des Bildes.

On- wie Off-Töne können in unterschiedlichem Verhältnis zum Bild stehen:

- **parallel:** der Ton ergänzt die durch das Bild gegebenen Informationen,
- **kontrapunktisch:** der Ton steht im Widerspruch zu den Inhalten, die das Bild vermittelt.

Der Hörraum des Films, der in der Regel aus einer (genau komponierten) Mischung von Geräuschen, Musik und Sprache besteht, lässt nicht nur die Filmbilder ›wirklicher‹ erscheinen. Er erzeugt stets auch Bedeutung, und dies nicht nur im Bereich der Sprache. Geräusche, insbesondere wenn sie asynchron und/oder kontrapunktisch eingesetzt werden, können sinnbildlichen Charakter annehmen. Musik kann der emotionalen Einbeziehung des Zuschauers dienen (als Rahmung, Leitmotiv, stimulierender Hintergrund), sie kann aber auch das Gezeigte kommentieren und kontrapunktisch unterlaufen.

Wie die Montagekonventionen sind die Gestaltungsweisen des Hörraums einem filmhistorischen Wandel unterworfen.

Dass Filme oft so leicht verständlich erscheinen, hängt mit ihrer Fähigkeit zusammen, die Form, in der sie ihre Inhalte vermitteln, immer wieder zu modifizieren und an den jeweiligen Erwartungshorizont der Zuschauer anzupassen.

Literaturverfilmungen

Die erzählende Prosa war und ist ein beständiger Lieferant von Stoffen und Plots (Plot – Handlung eines literarischen Werks oder Films) für Kino und Fernsehen. Literatur kann für den Film eine eingängige, leicht zu übersetzende oder eine eher sperrige Vorlage bilden. Doch auch ›sperrige‹ Werke gelten immer nur so lange als unverfilmbar, bis sie endlich doch auf die Leinwand gebracht werden. Die Werktreue erweist sich dabei als ein eher ungeeignetes Kriterium, um eine gelungene von einer weniger überzeugenden Literaturverfilmung zu unterscheiden. Es gibt den Vorschlag, die grundlegenden Verfahren der Literaturverfilmung in vier Typen einzuteilen, die zugleich historische Erscheinungsformen der Literaturverfilmung markieren.

– **Transposition:** Sie findet ihre Ausprägung v.a. in den theaternahen Fernsehspielen nach einer dramatischen oder dramatisierten Vorlage in den 1950er-Jahren.

– **Adaption:** Gemeint sind Literaturverfilmungen, die sich inhaltlich wie stilistisch um Werktreue bemühen, mit der Tendenz – insbesondere in den 1960er-Jahren – die filmische Präsentation mit epischen Elementen zu durchsetzen (Erzählerstimme aus dem Off, Texteinblendungen u.Ä.).

– **Transformation:** Die literarische Vorlage wird in das andere Medium übersetzt, wobei es weniger um Werktreue als um die Nutzung filmsprachlicher Mittel geht. Bild, Ton und Montage werden als Aussageträger wichtiger als die genaue Beachtung von Handlung und Aussage der literarischen Vorlage. Diese Tendenz, zugleich eine der ältesten Praktiken der Literaturverfilmung, setzte sich wieder mit den Werken des ›jungen deutschen Films‹ in den 1970er-Jahren durch und ist bis heute vor allem für Kinoproduktionen bestimmend geblieben.

– **Transfiguration:** Der Bezug zur Literatur ist nur noch gegenwärtig in der Anspielung auf bestimmte Figuren oder Motive (↗ S. 132).

Als ›kongenial‹ eingestufte Literaturverfilmungen erweisen sich oft als Transformationen, wobei sich mit dem Wechsel des Mediums nicht nur die Aussageweise, sondern oft auch die Aussage selbst verändert. Filmische Transformation bedeutet immer auch Interpretation eines literarischen Textes in einem anderen Medium.

Hörspiel

Unterschieden werden das so genannte **›literarische H.‹** und das **neue** oder auch **experimentelle H.** Während im literarischen H. die Stimme bzw. das Wort im Vordergrund steht, dominieren im neuen H. künstliche Klänge und Originaltöne, die mit unterschiedlichen Effekten zu einer akustischen Collage montiert werden. Hierbei kann es sich um Produktionen handeln, die eher der Sphäre der Musik zuzurechnen sind.

Literarisches Hörspiel

Als ›literarisches H.‹ wird ein sprachliches Werk bezeichnet, das für den Hörfunk geschaffen wurde und in einer Dauer zwischen 30 und 90 Minuten in einer Hörfunksendung aufgeführt wird.

Das literarische H. entwickelte sich aus dem Versuch, Dramen für das Radio zu produzieren. Mit der Entwicklung und Ausbreitung des **Rundfunks** (↗ Weimarer R., S. 292) kam es zu Funkbearbeitungen bestehender Bühnenstücke und später dann zu Stücken, die speziell für die Möglichkeiten des Rundfunks entwickelt wurden. Dabei dominierten zunächst Stücke, in denen das visuell nicht Erfassbare eine wichtige Rolle spielt (z. B. Katastrophe in einem Bergwerk). Eine besondere Kunstform stellte zum Ausgang der Weimarer Republik die so genannte Rundfunkkantate dar, die als eine Variante des Singspiels im Grenzbereich von Literatur und Musik anzusiedeln ist (BRECHT: *Der Flug der Lindberghs*, 1930).

Innere Bühne

In der Folge suchten Hörspielautoren aus den Beschränkungen des rein akustischen Mediums eine besondere rezeptionsästhetische (↗ S. 134) Qualität zu gewinnen. Maßgeblich war dabei der Gedanke, dass das H. mit dem ihm eigenen Klangraum wie keine andere Gattung geeignet sei, innere Prozesse wiederzugeben. Man ging davon aus, dass diese Konzentration auf ›Innerlichkeit‹ dem Rezeptionsvorgang des Hörers entspreche, der Bilder und Vorstellungen in seinem Inneren – im Idealfall mit geschlossenen Augen – aufbaue. Dieser bereits in den frühen 1930er-Jahren verbreitete Gedanke findet seine Entsprechung im Schlüsselbegriff der ›inneren Bühne‹. Die mit dem Begriff der ›inneren Bühne‹ verbundene Hörspielkonzeption zielte auch darauf, das H. als eine eigenständige Literaturgattung vom Drama abzusetzen. Praktische Konsequenzen hat das Konzept der inneren Bühne in einer starken Berücksichtigung des **Monologs**, der auf der Theaterbühne oft schwerfällig und unnatürlich wirkt. Die körperlose Stimme habe, so die Idee, demgegenüber etwas Vergeistigtes. Auch von magischen Wirkungen, die das vom Bild isolierte Wort besitze, wurde oft gesprochen. Eine entsprechende **Hörspielästhetik** entwickelte sich vor allem in der so genannten ›Hamburgischen Dramaturgie‹. Die Anspielung galt nur vordergründig *der Hamburgischen Dramaturgie* LESSINGS (↗ S. 200). Tatsächlich sind die Hamburger Hörspielabteilung des Nordwestdeutschen Rundfunks und ihr Leiter HEINZ SCHWITZKE gemeint. Das von Schwitzke, der die Hörspiellandschaft bis in die 1960er-Jahre maßgeblich bestimmte, bevorzugte H. der Innerlichkeit fand 1951 das herausragende Vorzeigeexemplar in *Träume* von GÜNTER EICH. Die Bedeutung dieses Autors und seiner surreal anmutenden, existenzialistisch geprägten Arbeiten für die Entwicklung des Hörspiels kommt in dem Wortspiel vom ›Eich-Maß‹ zum Ausdruck. Damit wird eine bestimmte Qualitätserwartung signalisiert. Von solchem »Maß« ist Eich später selbst abgewichen, indem er seine eigenen Texte umschrieb und dem Zuhörer eine Einfühlung erschwerte.

Neueres Hörspiel

Seit Anfang der 1960er-Jahre distanzieren sich Hörspielautoren zunehmend vom Konzept der Innerlichkeit. Hierfür sind vor allem politische Erwägungen ausschlaggebend. Zudem erweitern sich mit der Ausbreitung der Stereo-Technik und später der Kunstkopftechnik die akustischen Möglichkeiten. Die Klangräume differenzieren sich, die Beziehungen zwischen den Klängen und der einzelnen Stimme verschieben sich. Vielschichtige **Hörcollagen**, akustische Spiele mit der Sprache, wie sie nicht zuletzt die konkrete Poesie (↗ S. 321 f.) favorisierte, gewinnen an Bedeutung und geben dem Begriff des ›neuen Hörspiels‹ seinen Sinn. Zum Teil nähert sich das H. auch dem **Feature** an – eine Tendenz, die sich bereits kurz nach dem Krieg abzeichnete, bevor das Konzept der **inneren Bühne** wiederbelebt wurde.

Feature und realistisches Hörspiel

Als **Rundfunkfeature** (feature – engl. Aufmachung) wird eine Sendeform bezeichnet, die ohne geschlossene Spielhandlung auskommt. Vielmehr handelt es sich um eine Form des **Berichts**, die die besonderen Möglichkeiten des Radios ausnutzt. Es werden Originaltöne benutzt, Interviews, Gespräche und Geräusche integriert. Features reagieren zumeist in dokumentarischer Form auf aktuelle Ereignisse, können aber auch zum Beispiel eine Variante der Reisereportage sein. Vorläufer des Features sind einige oft nicht klar zu trennende Formen des Radioprogramms wie Hörbericht, Hörbild, Hörfolge oder akustischer Film.

Auch in der DDR spielte das realistische Hörspiel eine wichtige Rolle. Knüpfte man zunächst an die Ansätze von Brecht und Wolf aus der Weimarer Zeit an und produzierte das während des Exils entstandene Material, entwickelte sich bald eine Form des realistischen Problemhörspiels, an dem sich, wie in der BRD, die namhaftesten Autoren versuchten.

Hörspiel in der Medienkonkurrenz

Mit der Ausbreitung des Fernsehens verlor das H. überall sein Massenpublikum, aber nicht seinen Sendeplatz. Noch immer werden von den öffentlich-rechtlichen Rundfunkanstalten allwöchentlich Hörspiele ausgestrahlt, wobei besonders Kriminalhörspiele und Hörspiele für Kinder auch heute noch ein beträchtliches Publikum finden. In den letzten Jahren lockerte sich die Beziehung zwischen dem Medium Radio und dem H. insofern, als nun immer mehr Hörspiele als Hörkassette oder CD mit offensichtlichem Erfolg vertrieben werden. Gleichwohl spielt der Rundfunk noch die Rolle des Produzenten.

4.3 Lyrik

Im alltäglichen Sprachgebrauch versteht man unter ›Lyrik‹ allgemein eine der drei literarischen Gattungen (↗ S. 138), die sich besonders durch ihre kunstvolle Sprach- und Formgebung auszeichnet. Nicht selten wird sie daher als höchste Form der Dichtkunst, als ›Poesie‹ im engeren Sinne bezeichnet. Doch bei dem Versuch, genau zu benennen, was unter ›Lyrik‹ zu verstehen sei, stößt man in den neuen Poetologien (↗ S. 135) immer wieder auf größere Abweichungen und Widersprüche. Offenkundig fällt es den Wissenschaftlern schwer, für ›Lyrik‹ einheitliche Merkmale zu benennen, unter welchen alle Erscheinungsformen in diesem Bereich erfasst werden können.

Die Begriffe ›Lyrik‹, ›lyrisch‹ und ›Gedicht‹

Etymologisch lässt sich der Begriff **›Lyrik‹** bis ins antike Griechisch zurückverfolgen. Die ›lyra‹ (Leier) benennt dort das Instrument, das der Begleitung des dichterischen Vortrags diente. Aufgrund dieser ursprünglichen Nähe von Lyrik und Musik werden nicht selten die unterschiedlichen Formen des strophisch gegliederten Liedes (geistliches Lied, Volkslied, Kunstlied) als Kern der Lyrik interpretiert. Darüber hinaus ver-

steht man jedoch allgemein – und ziemlich ungenau – sprachliche Äußerungen als lyrisch, wenn deren klangliche und rhythmische Ausgestaltung eine besondere Wirkung (Gefühle, Stimmungen) beim Hörer oder Leser hervorruft.
Der Begriff ›**Gedicht**‹ hat seinen Ursprung im althochdeutschen ›tihten‹ (schriftlich abfassen) und bezeichnete ursprünglich jede Form einer schriftlichen Niederlegung. Die Einschränkung auf Werke der lyrischen Dichtung hat sich erst in den theoretischen Schriften des Barock herausgebildet. So verwendet MARTIN OPITZ die Bezeichnung ›getichte‹ in seinem *Buch von der deutschen Poeterey* (1624) ausschließlich für Dichtungen in Versform.

Lyrik als eigenständige Gattung

Die lyrische Dichtung weist eine weit über zweitausend Jahre alte Geschichte auf. Ein eigenes Profil als selbstständige Gattung gewinnt sie im deutschen Sprachraum jedoch erst im 18. Jh. Damals wurde erstmals von verschiedenen Theoretikern der Versuch unternommen, einzelne lyrische Formen zu einer eigenständigen literarischen Gattung zusammenzufassen. Getragen wurden die Bemühungen von dem Gedanken einer unmittelbaren subjektiven Gefühlspoesie, in welcher der Ursprung der Dichtkunst überhaupt vermutet wurde.
Durch die innovativen Gedichtformen des ausgehenden 19. und des frühen 20. Jh. wurden diese alten Sichtweisen noch einmal grundsätzlich infrage gestellt. Neue Themen wurden verarbeitet und in intensiven Sprachexperimenten wurde auf Reim und Formregeln bei der Versgestaltung häufig verzichtet. Nicht selten wurden Äußerungen laut, nach denen im modernen Gedicht nur noch Verfallsformen der klassischen Lyrik zu sehen seien.
Angesichts solcher Entwicklungen der literarischen Produktion kann heute nur noch der Versuch zu einer Minimaldefinition riskiert werden. Diese Definition betont vor allem die Unterschiede zu den anderen Gattungen: Lyrik ist eine **mündliche oder schriftliche Äußerung in Versform** (im Unterschied zur Epik in Prosa, ↗ S. 146 ff.), die (im Unterschied zur Dramatik, ↗ S. 161 ff.) keiner szenischen Aufführung bedarf.

▼ Auch diese Definition kann nur als Versuch gewertet werden, einen Großteil der überlieferten Gedichte zu erfassen. Der Fülle historischer Erscheinungsformen lyrischer Texte wird sie kaum gerecht. ▽

Gegenstand der Lyrik

Lyrische Texte lassen sich nicht nur durch formale Aspekte, sondern auch durch inhaltliche Gesichtspunkte voneinander abgrenzen. So können Gedichte z. B. nach behandelten Themen (Natur-, Liebeslyrik) oder nach Textintentionen unterschieden werden. Während Texte aus dem Bereich der ›***Poésie pure***‹ (reine Poesie) ausschließlich einem Ästhetizismus (↗ S. 256) verpflichtet sind, zielen andere lyrische Texte darauf, das Denken und Verhalten der Rezipienten zu verändern. Solche Texte sollten nicht nur als ästhetische Gebilde betrachtet, sondern auch mit Blick auf die appellative Funktion ihrer Sprache interpretiert werden. Beispiele für lyrische Texte mit appellativem Charakter finden sich z. B. in der **politischen Lyrik**, die besonders auf gesellschaftspolitische Fragen reagiert (HEINRICH HEINE: *Die schlesischen Weber*, 1847), in der **Gedankenlyrik**, die bestimmte Ideen als allgemein gültig vertritt (FRIED-

RICH SCHILLER: *An die Freude*, 1795), und in der **Lehrdichtung**, die den Rezipienten belehren soll (GOETHE: *Die Metamorphose der Pflanzen*, 1799).

■ *Jede Pflanze verkündet dir nun die ew'gen Gesetze,*
Jede Blume, sie spricht lauter und lauter mit dir.
Aber entzifferst du hier der Göttin heilige Lettern,
Überall siehst du sie dann, auch in verändertem Zug.
Kriechend zaudre die Raupe, der Schmetterling geschäftig,
Bildsam ändre der Mensch selbst die Gestalt!
(Aus: Goethe: *Die Metamorphose der Pflanzen*) □

Für die mittelhochdeutsche Dichtung ist als eine besondere Form der Lehrdichtung die **Spruchdichtung** (↗ S. 188) zu nennen. Diese u. a. von WALTHER VON DER VOGELWEIDE verfassten Texte sind von religiösen und politischen Themen sowie einer moralischen Grundhaltung geprägt. Als weitere große Gruppe ist die so genannte **Erlebnisdichtung** (↗ S. 205 f.) im Zeitalter der Aufklärung hervorzuheben, der es vor allem um den Ausdruck von Gefühlsempfindungen geht.

Bei genauer Untersuchung von Sprache und Bedeutung in einem Gedicht fallen immer wieder Wörter, Wortgruppen oder Bilder auf, die im Verlauf des Textes häufig aufgegriffen werden. Solch formelhaft wiederkehrendes Sprachmaterial bildet oft **Leitmotive** (↗ S. 132). Eine besonders wichtige Funktion kommt solchen Motiven in erzählenden Gedichten zu, in denen sie oft titelgebend sind (z. B. SCHILLER: *Der Ring des Polykrates*).

Kommunikationsstruktur in lyrischen Texten

In lyrischen Texten haben die sprachlichen und bildlichen Ausdrucksmittel einen großen Stellenwert. Es geht meist weniger um ein Erzählen oder Beschreiben von Situationen und Sachverhalten als vielmehr um subjektive Wahrnehmungen oder Erinnerungen, um Erlebnisse oder Stimmungen. Subjektivität schließt allerdings kommunikative Absichten nicht aus, und so lassen sich auch lyrische Texte im Hinblick auf ihre Kommunikationsstrukturen betrachten. Diese Strukturen werden von ähnlichen sprachlichen Mitteln bestimmt, wie sie auch in der Alltagssprache zur Geltung kommen: So spielen z. B. Anredeformeln, Wunsch- oder Fragesätze sowie die Verwendung von Pronomen eine wichtige Rolle.

Wie für andere poetische Texte gilt für alle lyrischen Texte ebenso grundsätzlich, dass zwischen dem Urheber (↗ realer Autor, S. 129 f.) und dem Ich innerhalb des Textes – dem **lyrischen Ich** – zu unterscheiden ist.

Wenn das artikulierte oder sprechende Ich prinzipiell nicht mit dem Autor identisch ist, muss es als eine Erscheinung des Textes aufgefasst werden, als Bild von einem Ich, das im Kopf des Rezipienten entsteht. Diesem Ich kann sich der Leser in der Lektüre annähern, er kann dessen Wahrnehmungen nachempfinden oder z. B. eine distanzierte Haltung einnehmen (s. z. B. S. 175, Beispiel 1). Wie im Falle des Erzählers (↗ S. 148 f.) in epischen Texten gilt auch für das lyrische Ich, dass es nicht von sich in der ersten Person sprechen muss, um vom Rezipienten als sprechende, beobachtende, denkende oder empfindende Instanz wahrgenommen zu werden (s. z. B. S. 175, Beispiel 2). Eine besondere Form liegt vor, wenn das lyrische Ich sich durch die 1. Person Plural als ein Kollektiv darstellt, das dann oft den Leser einschließen soll (s. z. B. S. 175, Beispiel 3).

■ Beispiel 1:
FRIEDRICH HEBBEL
Herbstbild

Dies ist ein Herbsttag, wie **ich** *keinen sah!*
Die Luft ist still, als atmete man kaum,
Und dennoch fallen raschelnd, fern und nah,
Die schönsten Früchte ab von jedem Baum.
[…]

Beispiel 2:
CONRAD FERDINAND MEYER
Der römische Brunnen

Aufsteigt der Strahl und fallend gießt
Er voll der Marmorschale Rund,
Die, sich verschleiernd, überfließt
In einer zweiten Schale Grund;
Die zweite gibt, sie wird zu reich,
Der dritten wallend ihre Flut,
Und jede nimmt und gibt zugleich.
Und strömt und ruht.
[…]

Beispiel 3:
PETER RÜHMKORF
Hochseil

Wir *turnen in höchsten Höhen herum,*
selbstredend und selbstreimend,
von einem Individuum
aus nichts als Worten träumend.
[…]

□

Verbreitung von Lyrik

Sprache wird innerhalb der lyrischen Gattung in unterschiedlichster Gestalt verwendet – in geschriebener, gesprochener oder gesungener Form. Damit einher geht eine Fülle von **Variationsmöglichkeiten** bei der klanglichen und optischen Gestaltung. Diese Vielfalt spiegelt sich auch in den Medien wider, mit denen Lyrik publiziert und verbreitet wird.

Historisch gesehen war es lange Zeit üblich, poetische Texte mündlich weiterzugeben. Verse und Strophen wurden dabei mit Melodien unterlegt, um die Weitergabe zu erleichtern und eindrucksvoll zu gestalten. Als sich im 19. Jh. ein tragfähiger Buchmarkt entwickelte, änderte sich dies. Lyrische Formen und Volksweisen erreichten den Leser nun hauptsächlich in gedruckter Form und verloren weitgehend ihren mündlichen Charakter – eine Entwicklung ähnlich wie beim Märchen (↗ S. 154 f.). Dem Vortrag eines Gedichtes kommt seitdem, abgesehen von Lesungen, eher eine geringere Bedeutung zu.

Eine Ausnahme bilden einzig die populären Gedichtformen, bei denen die unmittelbare Nähe der Lyrik zur Musik noch fortbesteht: Schlager, Chansons, Pop- oder Rocksongs werden durch Tonträger oder technische Medien wie Radio, Fernsehen und Internet verbreitet.

Der gesprochene Vortrag (**Rezitation**) gilt vielfach als die natürlichste und dem Gegenstand angemessenste Form der Darbietung und Rezeption von Lyrik. Denn erst in der akustischen Präsentation können sich die Besonderheiten der lyrischen Sprache voll entfalten. Dem vorgetragenen Gedicht wird daher bis heute ein höherer Stellenwert zugeschrieben als dem nur gelesenen Text. Durch den Einsatz neuer Medien wie Hörbuch, CD-ROM und Internet wird die schriftliche Publikation lyrischer Texte zunehmend durch ein neues Angebot ergänzt, das der gesprochenen Sprache wieder mehr Bedeutung einräumt.

Form des Gedichts

Zeilenstil/Hakenstil

Bei der Gestaltung von Gedichten ist das auffallendste Merkmal die Anordnung des Textes in Versen. Dadurch brechen Zeilen an bestimmten Stellen ab, werden einzelne Worte durch ihre Stellung am Zeilenanfang oder -ende akzentuiert. Die Versstruktur eines Gedichts ist allerdings nicht gleichzusetzen mit der Satzstruktur eines epischen Textes. Um das Verhältnis von Vers und Satz genauer beschreiben zu können, unterscheidet man zwischen Zeilen- und Hakenstil.

Von **Zeilenstil** spricht man, wenn Satz- und Versende zusammenfallen und der Vers folglich mit einer Zäsur (lat. Einschnitt) endet. Beim **Enjambement** (Zeilensprung) setzt sich der Satz dagegen im nächsten Vers fort, er überspringt das Zeilenende. Dadurch entsteht am Versende keine Zäsur. Kommt es zu einer Häufung von Enjambements, spricht man von einem **Hakenstil**, denn durch die versübergreifende Satzstruktur scheinen die einzelnen Zeilen miteinander verhakt zu sein.

Metrik: Lehre vom Vers

In der Metrik (griech. Kunst des Messens), der Lehre oder Wissenschaft vom Vers, beschäftigt man sich mit den unterschiedlichen Möglichkeiten, Verse zu bauen. Entscheidende Aspekte sind das **Versmaß**, der **Rhythmus**, der **Reim** und die **Form der Strophe**. Wie die Herkunft des Wortes ›Metrik‹ aus dem Griechischen bereits signalisiert, gehen diese Unterscheidungen auf die Antike zurück. Für die Terminologie (die Fachbegriffe) der Metrik ist dies nicht unproblematisch. Führt es bereits zu Schwierigkeiten, wenn etwa das aktuelle Deutsch mit grammatischen Begriffen des antiken Lateinischen beschrieben werden soll, so häufen sich die Probleme, wenn es, wie in der Metrik, um klangliche Phänomene geht. Sprachen unterscheiden sich in ihrem Klang und dies hat nicht nur Konsequenzen für die Frage, ob sich lyrische Texte übersetzen lassen, sondern führt notwendig auch zu unterschiedlichen Verfahren, Verse zu formen. Das gilt es zu bedenken, wenn Kategorien des Versbaus, die an antiken Sprachmustern gewonnen wurden, auf moderne Sprachen übertragen werden.

Im Deutschen ist für den Versbau die Differenz zwischen betonten (gehobenen) und unbetonten (gesenkten) Silben leitend. Mit dieser Differenzierung konnten ansatzweise antike, klassische Versmuster imitiert und auch verschiedene der antiken Bezeichnungen beibehalten werden. Entsprechende Verslehren, in denen – wie auch im Englischen – die Betonung von Silben eine bedeutende Rolle spielt, werden als **akzentuierende Metriken** bezeichnet.

Die Abfolge von betonten und unbetonten Silben bestimmt in der gesprochenen deutschen Sprache den Rhythmus oder den Sprachfluss. Weitere Faktoren sind Sprechpausen und andere Besonderheiten des Sprechens. Will man untersuchen, wie ein bestimmter, vom Hörer wahrnehmbarer Rhythmus zustande kommt, muss man demnach die Art untersuchen, in der betonte und unbetonte Silben kombiniert werden. Den Eindruck eines regelmäßigen und möglicherweise als harmonisch oder wohlklingend empfundenen Rhythmus erhält man, wenn der Wechsel (Alternation) zwischen gehobenen und gesenkten Silben gleichförmig erfolgt.

In der Metrik wird die kleinste rhythmische Einheit aus einer geregelten Abfolge von betonten und unbetonten Silben als **Versfuß** oder, in Analogie zur Musik, als **Takt** bezeichnet. Versfüße, die von unbetonten zu betonten Silben übergehen, werden als steigend, Versfüße mit umgekehrter Abfolge als fallend charakterisiert. Versfüße können innerhalb einer Zeile mehrmals wiederholt werden (s.u.). Die besondere Struktur der gesamten Verszeile, also die Kombination der Versfüße, wird als ›**Versmaß**‹ bezeichnet. Ist von einem ›**Metrum**‹ im weiteren Sinn die Rede, meint man das Versmaß, im engeren Sinn den Versfuß.

Versfuß		
Jambus	Steigend, bestehend aus unbetonter und betonter Silbe (_–)	*Betrug*
Trochäus	Fallend, bestehend aus betonter und unbetonter Silbe (–_)	*Liebe*
Anapäst	Steigend, bestehend aus zwei unbetonten und einer betonten Silbe (_ _–)	*Paradies*
Daktylus	Fallend, bestehend aus einer betonten und zwei unbetonten Silben (–_ _)	*Königin*

Neben der Gestaltung des Versinneren gehören auch der Auftakt und die Kadenz zu jenen Zeilenabschnitten, die in der Verslehre besondere Beachtung finden. Der aus der Musik übernommene Begriff ›**Auftakt**‹ bezeichnet alle unbetonten Silben vor der ersten Hebung. ›**Kadenz**‹ (lat. cadere – fallen) meint dagegen die rhythmische Gestaltung des Versschlusses. Klingt die Verszeile mit einer Folge von Hebung und Senkung aus, spricht man von einer klingenden (weiblichen) Kadenz, endet die Zeile mit einer Hebung, handelt es sich um eine stumpfe (männliche) Kadenz.
Im Verlauf der Literaturgeschichte haben sich immer wieder einheitliche Gestaltungsweisen von Verszeilen herausgebildet, die überliefert und für bestimmte Gedichtformen sogar zum bestimmenden Element erhoben wurden. In der deutschen Dichtung gehören zu diesen **Versformen** vor allem der **Alexandriner**, der **Blankvers**, der **Knittelvers**, der **Liedvers** und der **Vers commun.**

Versform	
Alexandriner: Sechshebiger Jambenvers, der eine Zäsur nach der dritten Hebung aufweist. Inhaltlich sind die beiden Vershälften in der Regel antithetisch aufgebaut. Der Alexandriner wurde zum klassischen Vers der barocken Dichtung.	*Was jetzund prächtig blüht, soll bald zertreten werden;* *Was jetzt so pocht und trotzt, ist morgen Asch und Bein.* (Gryphius: *Es ist alles eitel*)
Blankvers: Fünfhebiger Jambenvers ohne Reimbindung, der im 18. Jh. aus der englischen Dichtung (vgl. Shakespeare) in die deutsche übernommen wurde. Lessing nahm ihn in seinem Drama *Nathan der Weise* auf und machte ihn damit zum Idealvers für das klassische Drama.	*Es eifre jeder seiner unbestochnen,* *Von Vorurteilen freien Liebe nach.* (Lessing: *Nathan der Weise*)

Versform	
Knittelvers: Vierhebiger Vers. Zwischen den Hebungen können ein, zwei oder mehr Senkungen aufeinander folgen. Der Knittelvers fand seinen kunstvollen Höhepunkt im Meistersang des 16. Jh.	*Habe nun, ach! Philosophie,* *Juristerei und Medizin* *Und leider auch Theologie!* *Durchaus studiert, mit heißem Bemühn.* (GOETHE: *Faust I*)
Liedvers: Einfacher alternierender Vers mit gleich bleibender Hebungszahl (entweder drei oder vier Hebungen), der ursprünglich in Volksliedern und Kirchenliedern verwendet wurde.	*Nun ruhen alle Wälder,* *Vieh, Menschen, Städt' und Felder,* *Es schläft die ganze Welt.* (GERHARDT: *Abendlied*)
Vers commun (frz. gewöhnlich): Jambisch alternierender Vers französischen Ursprungs mit einem festen Einschnitt (Zäsur) nach der zweiten Hebung, v.a. von MARTIN OPITZ in Deutschland einführt.	*Auff, auff mein Herz| und du mein ganzer Sinn,* *wirff alles das,| was Welt ist, von dir hin.* (OPITZ: *Buch von der deutschen Poeterey*)

Neben dem Versmaß werden auch einzelne Ausprägungen des Strophenmaßes unterschieden. Die **Strophe** kennzeichnet dabei die nächsthöhere metrische Einheit nach dem Vers. In seiner ursprünglichen Funktion ermöglichte der strophische Aufbau eines lyrischen Textes den Vortrag zu einer gleich bleibenden Melodie. Diese Ausprägung findet sich bis heute in allen Formen des Liedes. Lieder bestehen in der Regel aus mehreren gleich aufgebauten Strophen. Daneben haben sich aber auch einstrophige oder gemischtstrophige Gedichtformen (↗ Sonett, S. 180) herausgebildet. Die kleinste Strophenform bildet der Doppelvers. Dabei können sowohl zwei metrisch gleiche wie auch zwei unterschiedliche Verse zu einem so genannten ›**Distichon**‹ (griech. Doppelvers) zusammengefasst werden.

Reim

Die klangliche Gestaltung eines Gedichtes kann auch über eine **Reimstruktur** gesteuert werden. Als ›Reim‹ bezeichnet man den partiellen Gleichklang zweier oder mehrerer Wörter. Der Reim findet sich besonders an Versenden (Endreim), kann aber auch als Anfangs- oder Binnenreim auftreten.

Reim	
Reiner Reim: vollständiger Gleichklang der Vokale und Konsonanten vom letzten betonten Vokal an	*Schläft ein Lied in allen Dingen,* *Die da träumen fort und fort,* *Und die Welt hebt an zu singen,* *Triffst du nur das Zauberwort.* (EICHENDORFF: *Wünschelrute*)

Reim	
Unreiner Reim (Assonanz): nur annähernder Gleichklang zwischen den Vokalen oder Konsonanten der reimenden Silben	*Leise zieht durch mein Gemüt* *Liebliches Geläute.* *Klinge, kleines Frühlingslied,* *Kling hinaus ins Weite.* (HEINE: *Leise zieht durch mein Gemüt*)
Stabreim (Alliteration): Gleichklang der anlautenden Konsonanten mehrerer Wörter	*Winterstürme wichen dem Wonnemond* (WAGNER: *Die Walküre*)
Anfangsreim: Die ersten Wörter zweier aufeinander folgender Verse reimen sich.	*Krieg! ist das Losungswort.* *Sieg! und so klingt es fort.* (GOETHE: *Faust II*)
Binnenreim: Mehrere Wörter innerhalb eines Verses oder mehrerer Verse reimen sich.	*steigendes, neigendes Leben* (HEBBEL: *Nachtlied*)
Endreim: Die letzten Wörter zweier aufeinanderfolgender Verse reimen sich. Beim Endreim werden verschiedene Formen der Anordnung der zusammengehörenden Zeilen unterschieden:	*So tritt des Bettlers Fuß den Kies,* *Der eines Edelsteins Verlies.* (HOFMANNSTHAL: *Weltgeheimnis*)
Paarreim	aabb
Kreuzreim	abab
Umarmender Reim	abba
Schweifreim	aabccb
Haufenreim	aaaa bbbb
Verswaise: Hierbei handelt es sich um eine reimlose Zeile innerhalb einer gereimten Strophe.	

Als Stilmittel gehört der Reim einerseits zur Klangschicht eines Textes, erfüllt aber andererseits auch die Funktion eines inhaltlich strukturierenden Elements, indem er dazu beiträgt, den Text zu gliedern, einzelne Worte hervorzuheben oder sinnstiftende Verknüpfungen herzustellen.

▼ In der deutschen Dichtung weist der Reim eine lange Tradition auf, beginnend mit der germanischen Stabreimdichtung und fortgeführt in den verschiedenen Entwicklungsstufen des Endreimes. Erst am Ende des 19. Jh. beginnt eine Abkehr vom Reim, die den Großteil der Lyrik des 20. Jh. prägt. Zwar reimen einige Lyriker auch heute noch, jedoch ist dies keineswegs mehr selbstverständlich. ▽

Gedichtarten

In festen Gedichtformen sind die Gestaltungselemente vorgegeben. So können durch die Art des Gedichts sowohl die Anzahl der Verse als auch die Gliederung in Strophen, das Reimschema oder das Metrum vorgegeben sein. Mit Blick auf das Zusammenspiel der verschiedenen klanglichen und formalen Strukturen lassen sich die Gedichtformen voneinander abgrenzen. (Zur Gedichtanalyse ↗ S. 337 f.)

Gedichtart	
Epigramm	Ein dichterisch geformter Gedanke, der meist nur aus einem Distichon (Verspaar) besteht. Das Epigramm ist aus Inschriften auf Grabmälern oder Kunstgegenständen hervorgegangen.
Haiku	Kurze Gedichtform, die in Japan entstanden ist und aus drei Versen zu fünf, sieben und fünf Silben besteht. Der strenge Aufbau zwingt zu extremer Verdichtung.
Sonett	Vierzehnzeiliges Gedicht, das aus zwei vierzeiligen (Quartette) und zwei dreizeiligen Strophen (Terzette) besteht. Während für die Quartette der umarmende Reim vorherrschend ist (abba), variiert in den Terzetten das Reimschema (cdc/dcd; cde/cde; ccd/eed). Kennzeichnend für die Versform ist die Verwendung alternierender Versmaße, besonders des Jambus.
Lied	Strophisch gebaute Gedichtform in einfachem, schlichtem Volkston, die in der Regel durch kurze Verse und durchgehende Reimbindung gekennzeichnet ist. Häufig wird die Strophenfolge durch die Wiederholung einzelner Verszeilen (Refrain) unterbrochen.
Ode	Gedichtform mit strophischer Gliederung, die jedoch in der Regel keine Reimbindung aufweist. Vom Lied unterscheidet sich die Ode durch die gehobene Stillage und ihre kunstvollere sprachliche Gestaltung.
Elegie	Der Begriff kennzeichnete ursprünglich Gedichte in Form von Distichen (aus zwei Verszeilen bestehende Verseinheit). Im engeren Sinne findet er jedoch Verwendung, um längere lyrische Texte in wehmütig klagendem Ton zu benennen, ohne dass damit eine strenge formale Struktur verbunden sein muss.
Ballade	Eine längere Gedichtform, meist gereimt und strophisch gegliedert, die durch ihren erzählenden Charakter gekennzeichnet ist. Sie stellt eine Mischform dar, in der sowohl epische, lyrische wie auch dramatische Elemente zu finden sind.

Zweiter Abschnitt: Literatur im historischen Prozess

1 Literatur des Mittelalters bis zum 16. Jahrhundert

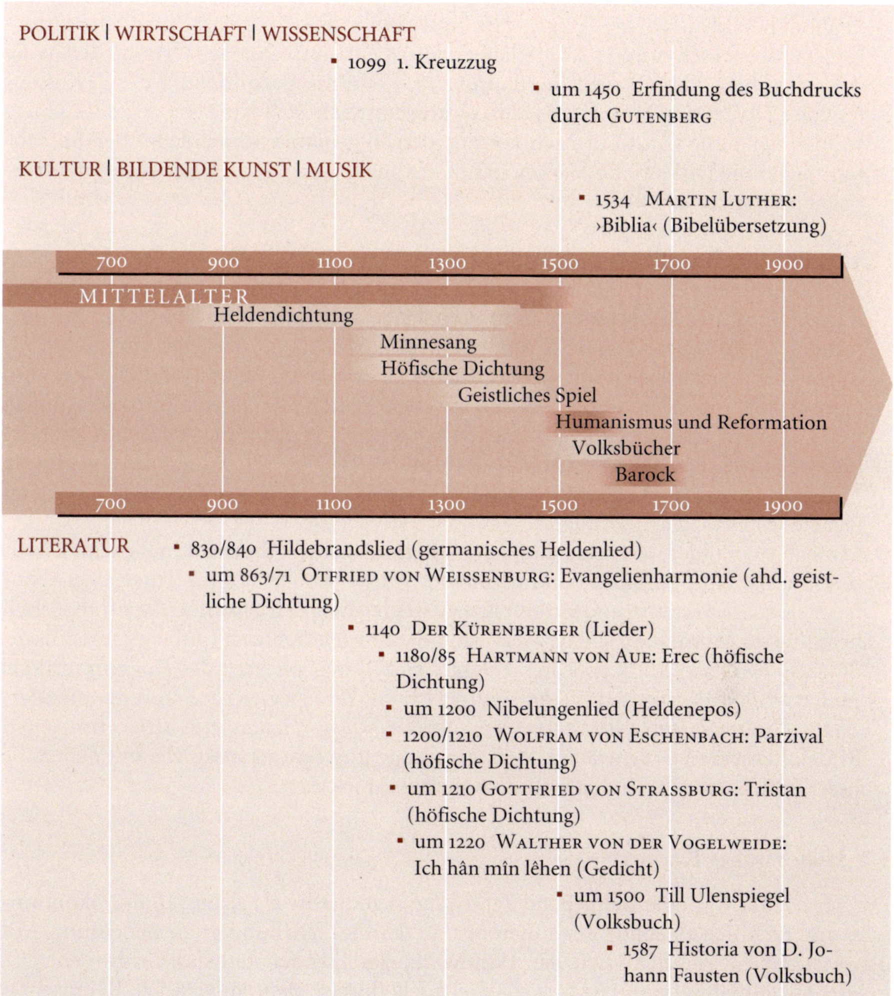

1.1 Der Begriff ›Literatur des Mittelalters‹

Zeitliche Einordnung

Als Mittelalter (von lat. medium aevum) wird eine nicht genau abgrenzbare Zeitspanne von etwa 1000 Jahren (zwischen 500 und 1500) benannt. Die Bezeichnung stammt von den Humanisten der italienischen Renaissance, die diesen Zeitraum abwertend als rückschrittliche Zwischenzeit zwischen der für sie vorbildlichen Epoche der Antike und dem durch die großen Entdeckungen (z.B. heliozentrisches Weltbild) anbrechenden neuen Zeitalter bewerteten.

▼ Differenziert betrachtet, lässt sich die Literatur des Mittelalters in drei große Abschnitte unterteilen: Gesichtspunkte sind die verwendete Sprache (Alt-, Mittel-, Frühneuhochdeutsch, ↗ S. 111 ff., 113 ff. und 116 ff.), eine grobe geschichtliche Einteilung (Früh-, Hoch- und Spätmittelalter) oder die hauptsächlichen Orte, an denen die volkssprachige Literatur entstand und zur Kenntnis genommen wurde (Kloster, feudaler Hof, Stadt). Die Überlieferung konzentrierte sich zunächst auf die Gebiete südlich der Linie von Köln nach Leipzig, den so genannten hochdeutschen Sprachraum. Der niederdeutsche Norden nahm erst im späteren Mittelalter aktiv am literarischen Leben teil. ▽

Merkmale mittelalterlicher Literatur

Erste schriftliche Zeugnisse der Literatur des frühen Mittelalters gibt es seit der zweiten Hälfte des 8. Jahrhunderts, und zwar in deutschsprachigen Dialekten. Sie entstanden in Klöstern. Gebildete, schreibkundige Mönche nutzten das lateinische Alphabet zur Verschriftlichung der gesprochenen Sprache. Erhalten sind Glossen, d.h. deutschsprachige Kommentare zu lateinischen Texten, die deren Wortbedeutungen und grammatische Strukturen erhellen sollten. Auch lateinisch-deutsche Wörterbücher entstanden, das älteste und berühmteste heißt nach seinem ersten Eintrag *Abrogans* (›demütig‹). Zur christlichen Unterweisung wurden Teile der Bibel und Gebete ins Deutsche übertragen.

Etwa ab 1160 bildete sich eine **›höfische‹ Literatur** heraus, die nicht mehr vom Klerus bestimmt wurde. Konflikte und Ideale des Adels wurden nun als ritterliche Abenteuer poetisch gestaltet und vorgetragen. Zur gleichen Zeit gewannen der französisch beeinflusste **Minnesang** (Liebeslyrik) und die **Spruchdichtung** (politisch-moralisch-didaktische Lyrik) an Bedeutung. Zu den wichtigsten Autoren des Hochmittelalters zählen Walther von der Vogelweide (Lyrik), Wolfram von Eschenbach (*Parzival*, 1200/1210) und Gottfried von Strassburg (*Tristan*, um 1210). Im späten Mittelalter waren es **Schwänke, Meistergesänge** und **Fastnachtsspiele**, mit denen die Leser und Zuschauer in den Städten unterhalten wurden.

1.2 Historischer Kontext

Das Mittelalter war eine weitgehend agrarische Zeit. Städte als eigenständige ökonomische und rechtliche Gebilde gewannen erst ab dem 12. Jahrhundert an Bedeutung. Mit den Städten entwickelten sich das Handwerk, der Handel und das Geldwesen. Das musste zwangsläufig zum Niedergang des Adels führen, dem aufwändige Repräsentation wichtiger war als ökonomische Mitgestaltung. Die Lage der Bauern wechselte von Phasen relativen Wohlstands durch Neulandgewinnung und geringe Abgaben zu solchen wirtschaftlichen Niedergangs durch Frondienste, Verschuldung und Kriege. Über den Handel und die Kreuzzüge kam Westeuropa mit anderen Kulturen auf dem Balkan und in Vorderasien in Berührung, die das Weltbild der Gebildeten nachhaltig beeinflussten. Die **Reformation**, von Martin Luther geführt, erschütterte die (west)europäische Christenheit in den Grundfesten. In ihrem Ergebnis existierten mit der alten römisch-katholischen und der neuen protestantischen Kirche nun zwei eigenständige Institutionen. Mit seiner **Übersetzung der Bibel** v.a. aus dem Hebräischen und Griechischen in die deutsche Sprache hatte Luther wesentlichen Anteil an der Herausbildung der deutschen Literatursprache. Die Volkstümlichkeit seines Ausdrucks, sein Bestreben, beim ›Dolmetschen‹ auch den Bedürfnissen des gemeinen Mannes gerecht zu werden, führten dazu, dass *»selbst Schuster und Weiber und alle Unwissenden, die nur etwas Deutsch lesen gelernt haben«*, Zugang zum lutherischen Neuen Testament fanden. Mit der Zahl der Leser wuchs das Interesse am Lesen – ein Prozess, der durch die Erfindung des **Buchdrucks** (↗ S. 118) wesentlich unterstützt und beschleunigt wurde.

1.3 Literarisches Programm

Aussagen zu literaturtheoretischen Positionen gibt es in der Literatur des Mittelalters nur in den epischen Werken selbst, d.h. im Prolog, Epilog oder an anderer Stelle im Text. Zum Beispiel in *Von dem armen Heinriche* (um 1200) von Hartmann von Aue:

■ *[...] der was Hartman genant,*	*[...] Er wurde Hartmann genannt*
dienstman was er ze Ouwe.	*und war Dienstmann zu Aue.*
er nam im manige schouwe	*Oft schaute er*
an mislîchen buochen;	*in unterschiedliche Bücher*
dar an begunde er suochen	*und begann in ihnen zu suchen,*
ob er iht des vunde,	*ob er nicht irgendetwas fände,*
dâ mite er swære stunde	*womit er den Leuten in schwerer Stunde*
möhte senfter machen,	*Zuversicht geben könnte.*
und von sô gewanten sachen,	*Die gesuchte Geschichte*
daz gotes êren töhte	*sollte sowohl zur Ehre Gottes gereichen*
und dâ mite er sich möhte	*als auch Hartmann*
gelieben den liuten.	*bei den Leuten beliebt machen.*
nû beginnet er iu diuten	*Im Folgenden will er euch nun*
ein rede, die er geschriben vant.	*die gefundene Geschichte auslegend erzählen.*
(Verse 4–17)	□

Die Autoren wollen, wie bereits in der Antike, unterhalten und belehren. Da einzelne Stoffe auch mündlich erzählt wurden, sahen sich die Dichter aus einer legitimierten Tradition heraus als einzige Übermittler und Erzähler der ›gültigen Wahrheit‹ an. Die Frage der Wahrheit und das Spiel mit ihr waren von grundlegender Bedeutung für die mittelalterliche Literatur. Für die Lyrik sind die theoretischen Positionen nur indirekt aus den Gedichten zu rekonstruieren. Inhaltliche Schwerpunkte der Gedichte sind die meist spielerische Diskussion des Mann-Frau-Verhältnisses (**Minnesang**) und die rechte Lebensweise auf Erden mit Blick auf das Paradies (**Spruchdichtung**).

1.4 Literarisches Leben

Im Mittelalter entstand Literatur wie alle andere Kunst im Auftrag. Ein **Mäzen** (Gönner, Förderer) besorgte aus eigenem Interesse die Vorlage und alle Schreibmaterialien (Pergament, Tinte), beauftragte den Autor und sicherte dessen Lebensbedingungen. Er stellte die Schreiber und nahm Einfluss auf Gehalt und Aussage des Werkes.

Bis zur Erfindung des Buchdrucks um 1450 durch JOHANNES GUTENBERG wurde Literatur in **Handschriften** verbreitet. Berufsmäßige Schreiber schrieben die Texte auf Pergament (bearbeitete Tierhaut von Schaf, Rind, Ziege oder Schwein). Die Handschriften waren je nach Gebrauchssituation nachlässig geschrieben oder aber prachtvoll gestaltet. Die Texte wurden einem oft analphabetischen Publikum von Lesekundigen vorgelesen. Vorgegebene Bilder erklärten, veranschaulichten und kommentierten die Texte.
Die epischen und lyrischen Texte des 12. und 13. Jahrhunderts waren im Wortlaut und damit in der Aussage veränderbar. Immer wieder wurden sie bei erneuter Niederschrift den Interessen der Auftraggeber oder der Aufführungssituation angepasst. Erst mit zunehmender Durchsetzung der Schriftlichkeit gewannen sie an Stabilität.
In der Literatur des späten Mittelalters und der frühen Neuzeit (Mitte 13. bis ins 16. Jahrhundert) wurden deutschsprachige schriftliche Texte auf allen Gebieten akzeptiert. Die wenigen Städte wurden neben den Höfen wichtige Orte für Literatur. Wirtschaft und Handel beförderten das Bedürfnis, Lesen und Schreiben zu lernen. Ein städtisches und gewerbliches Schulwesen entwickelte sich, die Zahl der potenziellen Leser wuchs. Lesen wurde immer stärker individuell, der Vortrag verlor an Bedeutung. Die Autoren schrieben sowohl in lateinischer als auch in deutscher Sprache, Anzahl und Vielfalt der Texte wurden unübersehbar. Der Druck ermöglichte ihre massenhafte Verbreitung, in Frankfurt am Main und Leipzig entstanden Buchmessen. Die Menschen suchten Orientierung in der Literatur. Sie fanden diese in didaktischen und religiösen Texten (Fürstenspiegel, Fabeln, Mystik, Chroniken), aber auch in Sachtexten (Recht, Wirtschaft, Wissenschaft). Die Reformation beförderte didaktische und propagandistische literarische Formen (u.a. Dialog und Flugblatt).

1.5 Epik des Mittelalters

Religiöse Texte und Zaubersprüche

Eine große Gruppe erzählender deutschsprachiger Texte entstand im Mittelalter aus religiösen Bedürfnissen. Religiöse Ausdrücke aus dem Lateinischen erhielten oft neu gebildete deutsche Entsprechungen. Mönche versuchten sich an der Übersetzung oder der Nacherzählung grundlegender religiöser Texte wie des *Vaterunser,* der *Schöpfungsgeschichte,* der *Geschichte von Judith und Holofernes* und vor allem der *Lebensgeschichte von Jesus Christus.* Bei der Übertragung der Lebensgeschichte Jesu stellten die Mönche nach frühchristlichem Vorbild Auszüge aus den vier Evangelien zu einer vereinheitlichenden, harmonisierenden Darstellung zusammen. Die zwei erhaltenen Beispiele sind die *Evangelienharmonie* (um 863/71) von OTFRIED VON WEISSENBURG und die altsächsische Dichtung *Heliand* (d.i. ›Heiland‹, entstanden um 830/40). Während der *Heliand* noch den Stabreim verwendet (s.u.), gilt Otfried als der ›Erfinder‹ des Endreims im Deutschen.
Einige der althochdeutschen Texte der Bibel-Epik sind eher zufällig erhalten geblieben. Sie verbinden, wie im *Wessobrunner Schöpfungsgedicht* (vor 814) und in dem im 9. Jh. enstandenen *Muspilli* (d.h. Ende der Welt durch Weltbrand), christliche und nichtchristliche Vorstellungen miteinander.
Vorchristliches bzw. leicht christlich Überformtes findet sich in den so genannten *Merseburger Zaubersprüchen* (aufgezeichnet im 10. Jh.) oder **magischen Segenssprüchen:**

- *Crist uuarth giuund: tho uuart he hel gi ok gisund.*
  that bluod forstuond: so duo thu bluod.
  Amen ter. Paternoster ter.

  Christus wurde verwundet: Da wurde er (wieder) heil und auch gesund.
  Das Blut blieb stehen: So tu (auch) du, Blut!
  Amen, dreimal. Vaterunser, dreimal. □

Heldenlieder

Interessante Zeugnisse einer weltlich orientierten Literatur sind die **Heldenlieder**. Das sind **mündlich tradierte epische Texte**. Sie erzählen in ca. 100 Versen eine Situation, die häufig einen historischen Kern hat und auf die Zeit der Völkerwanderung (4.–6. Jahrhundert) und der Merowingerherrschaft (5.–8. Jahrhundert) zurückgeht. Die H. bestehen aus Langzeilen im **Stabreim**. Die betonten Stammsilben in der Verszeile tragen den gleichen Anlaut, der von Zeile zu Zeile wechselt. Man kann davon ausgehen, dass die Heldenlieder im Vortrag musikalisch ergänzt wurden.

- Das *Hildebrandslied* (um 830/840 nach altbairischer Vorlage) ist das einzige erhaltene Heldenlied südlich von Skandinavien. Es erzählt den Kampf zwischen Vater (Hildebrand) und Sohn (Hadubrand) als Vorkämpfer zweier Heere. Nur der Vater erkennt die Gefahr des Verwandtenmordes, muss aber den Sohn aufgrund der Zwänge der Schlachtsituation töten.
  Es beginnt mit den folgenden Zeilen:
  Ik gihorta dat seggen,
  dat sih urhetten ænon muotin,
  Hiltibrant enti Hadubrandt untar heriun tuem.

  Ich hörte das erzählen,
  dass zwei Krieger/Herausforderer sich allein begegneten,
  Hildebrand und Hadubrand zwischen zwei Heeren. □
- Mit dem *Ludwigslied* (um 881/82) gibt es ein Zeugnis für den so genannten ›Fürstenpreis‹. Hier wird der Westfrankenkönig LUDWIG III. (gestorben 882) als Herrscher und als Sieger über die Normannen gelobt. □

Nach gut 150 Jahren nicht eindeutig erklärbarer Pause setzt die deutsche Literatur mit religiös orientierten Texten in mittelhochdeutscher Sprache wieder ein. Sehr bald zeigt sich aber auch ein Interesse an der Weltgeschichte.

- So erscheint im *Annolied* (um 1080) das Leben des ehemaligen Kölner Erzbischofs ANNO II. (1056–1075) als schlüssiges Ergebnis von bisheriger Welt- und auch Kirchengeschichte. Die *Kaiserchronik* (abgeschlossen 1146) stellt die Abfolge der Kaiser und Päpste vor. □

Das Bemerkenswerte an der Literatur dieser Zeitspanne ist die zunehmende Beteiligung des weltlichen Adels. Auch wenn weiterhin Geistliche im Dienst der weltlichen Fürsten die Texte schrieben, ging es in ihnen doch um die Fragen und Probleme des weltlichen Adels, u. a. um dessen Beziehung zu Gott, das Verhältnis der Geschlechter zueinander, um die Ausübung von Herrschaft und um gesellschaftliche Umgangsformen.

Diese Themen tauchen in so genannten Schlüsselbegriffen immer wieder auf:

- ***hövesch:*** in der Bedeutung von ›zum adligen Hof gehörig‹ und zugleich eine Bezeichnung für vorbildliches adliges Verhalten im Gegensatz zum nichthöfischen Auftreten des ***dörpers*** (Bauer, Tölpel)
arbeit: neben der Handarbeit vor allem die ritterliche Anstrengung und Mühsal, die auch oft mit Leid und Entbehrung verbunden ist
âventiure: von den Rittern gesuchte und sich nur zufällig bietende Form der Bewährung und des Lernens
saelde: Glück in irdischen und himmlischen Dingen; gilt als das höchste zu erreichende Ziel, ist aber zugleich kein beständiger Zustand
minne: in früher Neuzeit durch ›Liebe‹ ersetzt; steht für die Beziehung zwischen den Geschlechtern, die sich in verschiedener Weise äußert; Männer und Frauen können gleichberechtigt oder unterschiedlichen sozialen Ranges sein
êre: standesgemäßes Verhalten der Person einerseits (gekennzeichnet durch ***tugent, mâze***) und die Haltung der Gesellschaft gegenüber dieser Person andererseits
mâze: ausgeglichenes Verhalten zwischen den Extremen, Mäßigung der Leidenschaften □

2 Literatur und Medien

Der höfische Versroman

Der deutsche Adel begeisterte sich an französischer Literatur und importierte neben Geschichten von Kaiser Karl dem Großen und Versromanen nach antiken Vorbildern (Kampf um Troja, Äneas oder das Leben Alexanders des Großen) vor allem zwei Stoffe: Geschichten um König Artus und um Tristan und Isolde.

Die Texte der **höfischen Versromane** sind in vierhebigen Versen mit paarweise gereimten Zeilen abgefasst. Neben einem ausführlich erzählten Geschehen bieten sie Neues, das auf den (bürgerlichen) Roman vorausweist: die Auseinandersetzung einer Figur (eines Ritters) mit ihrer Umwelt und ihren Normen, die Zeichnung der Gedankenwelt der Figuren und die Motivierung der Handlung durch starke Triebkräfte wie Ehre *(êre)*, Abenteuer *(âventiure)* und Liebe *(minne)*.

Geschichten um **König Artus** sind uns in mehreren Werken überliefert:

- Der sagenhafte keltische König Artus (um 500) ist zentraler Mittelpunkt einer ritterlich-höfischen Welt. Um ihn sammelt sich die Gemeinschaft hervorragender Ritter, deren Gleichberechtigung in der Tafelrunde symbolisiert ist. Die Ritter vollbringen große Taten, lernen an ihnen – und mit ihnen die Leser oder Hörer. □

Hartmann von Aue thematisiert mit *Erec* (1180/85) und *Iwein* (um 1200) den Ausgleich zwischen Liebe und Herrschaft.

Das wichtigste Werk verfasst Wolfram von Eschenbach mit seinem *Parzival* (1200–1210).

- Parzival entwickelt sich in einem Prozess von Irrtümern von einem unwissenden Toren zum Ritter, der Frau und Land erlangt. Er erreicht den Status des Artusritters und wird in einem problemreichen Prozess schließlich zum Gralskönig, dem geistigen Oberhaupt der Ritterschaft der christlichen Menschheit. □

Die Liebe zwischen Tristan und Isolde wird um 1210 meisterhaft von Gottfried von Strassburg erzählt:

- *Tristan* zeigt den tiefen Gegensatz zwischen feudaler Eheschließung (König Marke und Isolde) und der durch den Minnetrank ausgelösten ehebrecherischen, aber tiefen und reinen Liebe (Markes Neffe Tristan und Isolde). Der Drang der Liebenden zueinander ruft Konflikte mit Marke und der Gesellschaft hervor, die Tristan und auch Isolde mit Intelligenz bestehen. Letztlich aber enden die Liebenden tragisch. □

Das höfische Epos: *Nibelungenlied* (um 1200)

Der Stoff dieses Epos (↗ S. 150) ist im deutschen Sprachraum entstanden und auch in Skandinavien bekannt. Das *Nibelungenlied* ist in vierzeiligen Strophen mit Langzeilen geschrieben, die aus zwei Kurzzeilen bestehen.

■ Im *Nibelungenlied* wird der Untergang der mächtigen burgundischen Könige Gunther, Gernot und Giselher und ihres Gefolges als Ergebnis der Rache ihrer Schwester Kriemhild vorgeführt. Für den Jahre zurückliegenden Erfolg Gunthers bei der Werbung um Brünhild wurde einst die Macht des Burgundenhofes übertrieben. Als dessen tatsächliche Schwäche eines Tages offenbar wird, muss Siegfried – der Gatte Kriemhilds – als der mächtigste König und damit als mögliche Gefahr für Gunther als König der Burgunden – sterben. Kriemhild stellt die Gattenliebe über die Bruderliebe und vollzieht ihre Rache an ihren Brüdern und deren Hofstaat mithilfe von Etzel, dem König der Hunnen. □

Schwank

Schwänke (↗ S. 159) sind kürzere Erzählungen in Versen und in Prosa, die überwiegend von Liebe, Ehe und Ehebruch handeln. Liebe wird vor allem als sinnliche Begierde gesehen. Das Grundgerüst für die Handlung ist häufig eine Dreieckskonstellation (Frau, Ehemann, Liebhaber), in der der Ehemann von seiner Frau überlistet wird. Diese und andere Elemente zielen auf das **derb Komische**; Lachen und Unterhaltung stehen im Dienst der christlich ausgerichteten **moralischen Belehrung**.
Die berühmteste Schwanksammlung entstand um die zentrale Figur des **Till Ulenspiegel** (um 1500). Till beweist immer wieder, wie eine offensichtliche Unterlegenheit durch Schlauheit ins Gegenteil verkehrt werden kann.

Volksbücher

Als **Volksbücher** bezeichnet man Texte des späten Mittelalters bzw. der frühen Neuzeit. Dazu gehören **Romane, Epen und Wissenschaftstexte**, die im Volke viele Leser fanden. Sie sind in Prosa abgefasst. Beispiele sind das Volksbuch *Historia von D. Johann Fausten* (1587) und auch die Schwanksammlung über den Narren Till Ulenspiegel (um 1500).

1.6 Dramatik des Mittelalters

Das Fastnachtsspiel

Ab etwa 1300 nahm die Dramatik an Bedeutung zu. Als Form entwickelte sich das **geistliche Spiel**. Als **Pantomime-Darstellung** für lateinunkundige Gläubige begleitete es die Aufführung von liturgischen Gesängen und religiösen Vorgängen (Osterspiele, Krippenspiele). Dramatische Gestaltungen weltlicher Art, etwa in Tänzen und zu Festen, sind indirekt belegt. Hans Sachs wurde zum wichtigsten Vertreter des **Fastnachtsspiels**. Der Name der Spiele resultiert aus der Aufführungszeit zu Fastnacht. Ihr Gegenstand ist der dörfliche und städtische Alltag. Aufführungsorte waren Markt- oder Kirchplätze.

1.7 Lyrik des Mittelalters

Lied- und Spruchdichtung

Die deutschsprachige Lyrik datiert man etwa ab 1140. DER KÜRENBERGER (d.i. DER VON KÜRENBERG) als früher Vertreter verwendete die so genannte Nibelungenlied-Strophe aus vier Langzeilen.
Im so genannten *Falkenlied* erinnert sich eine Frau an einen ehemaligen Liebhaber:

■ *Ich zôch mir einen valken mêre danne ein jâr.*
dô ich in gezamete als ich in wollte hân
und ich im sîn gevidere mit golde wol bewant,
er huop sich ûf vil hôhe und flouc in anderiu lant.

Ich zog mir einen Falken heran länger als ein Jahr.
Als ich ihn so, wie ich ihn haben wollte, gezähmt
und ihm sein Gefieder mit Gold geschmückt hatte,
erhob er sich in die Lüfte und flog in ein anderes Land. □

Die überlieferte Lyrik zeigt, dass es von Beginn an Lieddichtung und Spruchdichtung gab. Die **Lieddichtung**, die sich ab etwa 1170 stark an französischen Vorbildern orientierte, gestaltet in vielfältiger Form die Beziehung zwischen Mann und Frau in den unterschiedlichsten Situationen: als gleichberechtigte Partner oder aus sozial verschiedenen Schichten. Werbung, Gespräch, Klage, Schmerz und Trennung werden zum Thema gemacht. Oft wird die Frau hierbei zum unerreichbaren Idealbild stilisiert. Der Mann muss sich (dienend) entwickeln, um sie zu erlangen.
Spruchdichtung behandelt dagegen das rechte Verhalten des Einzelnen in der Welt. Später werden auch Haltungen zu wichtigen politischen Vorgängen (Königswahlen, Papsthandlungen) formuliert.
Beide Formen der Lyrik werden im Gesang vorgetragen.
Der Höhepunkt lyrischen Schaffens – sowohl für die Zeitgenossen wie auch für nachfolgende Generationen – ist mit WALTHER VON DER VOGELWEIDE erreicht. In seinen Liedern macht er die erfüllte Liebe zwischen gleichberechtigten Partnern zum Thema. Seine Sprüche zeigen aber auch Haltungen zu wichtigen Grundfragen der damaligen Zeit: zur Beziehung zwischen Papst und deutschem König bzw. Kaiser, zu den Kreuzzügen oder zum Ausgleich zwischen Gott und der Welt im Diesseits.
Das Interesse der Stadtbewohner am Rittertum und an historischen Ereignissen zeigte sich in Sammlungen der hochmittelalterlichen Lyrik um 1300, etwa in der *Manessischen Liederhandschrift.* In der Stadt entwickelte sich im 15. und 16. Jahrhundert der ›Meistergesang‹ (Lyrik von Handwerkern in süddeutschen Städten nach vorgegebenen strengen Regeln) und auch das später so bezeichnete ›Volkslied‹.

2 Barock

POLITIK | WIRTSCHAFT | WISSENSCHAFT

- 1618–1648 Dreißigjähriger Krieg

KULTUR | BILDENDE KUNST | MUSIK

- 1584 JUSTUS LIPSIUS: De Constantia (Programmschrift des Neostoizismus)
- 1617 Gründung der ›Fruchtbringenden Gesellschaft‹
- 1624 MARTIN OPITZ: Buch von der deutschen Poeterey (Programmschrift)

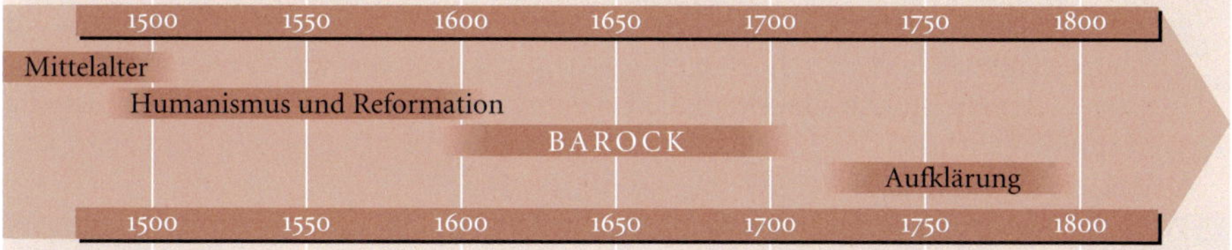

LITERATUR

- 1637 ANDREAS GRYPHIUS: Sonette
- 1645 PHILIPP VON ZESEN: Adriatische Rosemund (Gedicht)
- 1657 ANDREAS GRYPHIUS: Catharina von Georgien (Drama)
- 1662 CATHARINA REGINA VON GREIFFENBERG: Geistliche Sonette (Gedichte)
- 1668/69 HANS JACOB CHRISTOPH VON GRIMMELSHAUSEN: Simplicissimus Teutsch (Roman)
- 1679/80 CHRISTIAN HOFFMANN VON HOFFMANNSWALDAU: Getichte
- 1680 DANIEL CASPER VON LOHENSTEIN: Sophonisbe (Drama)

2.1 Der Begriff ›Barock‹

Zeitliche Einordnung

Der literaturgeschichtliche Epochenbegriff ›Barock‹ bezeichnet die Dichtung des 17. Jahrhunderts.

▼ Der Begriff etablierte sich seit dem 19. Jahrhundert zunächst als stilgeschichtliche Kategorie für die bildende Kunst und wurde von dort in die Literaturgeschichtsschreibung übernommen. ▽

Merkmale der Literatur des Barock

So gut wie alle Autoren des 17. Jahrhunderts waren dem Zeitverständnis nach Gelehrte, d.h., sie haben die Lateinschule bzw. das Gymnasium und oftmals auch die Universität besucht, wo sie mit einem festen Kanon an Regeln und Beispieltexten für die eigene dichterische Produktion vertraut gemacht wurden. Dichten bedeutete im Barock die gekonnte und überraschende Verwendung eines erworbenen Wissens in der individuellen Kombination von gelehrtem Können (lat. ars) und persönlicher Begabung (lat. ingenium). Als vorbildlich galten insbesondere die Poetiken und die Dichtung der Antike (↗ Poetiken, S. 135), wobei die Barockdichtung generell zweisprachig ist: deutsch und neulateinisch.

Literarische Zentren waren die Höfe, aber auch Städte wie Nürnberg, Leipzig oder Breslau. Die Auswahl der Inhalte und Formen richtete sich nach dem Ständesystem, d.h. nach dem gesellschaftlichen Status der Leser und Auftraggeber von Dichtung. Diese repräsentative Funktion führte teilweise zu einer stilistisch prunkvollen Sprache und erklärt die Bedeutung der großen Gattungen wie der **Oper**, des **Trauerspiels** oder des **höfischen Romans**. Ebenso typisch für die Barockepoche aber war die **Epigrammdichtung**, die dem Interesse an der geistreichen Zuspitzung entgegenkam. Zu den bevorzugten Themen gehörten einerseits die Klage über die Vergänglichkeit des Irdischen, der christliche Glaube an die Erlösung im Jenseits, andererseits wurden die Welttauglichkeit und die Nützlichkeit des Einzelnen im Staatswesen zum zentralen Orientierungsmodell.

Wichtige Autoren des Barock waren MARTIN OPITZ, ANDREAS GRYPHIUS, CHRISTIAN HOFFMANN VON HOFFMANNSWALDAU und HANS JACOB CHRISTOPH VON GRIMMELSHAUSEN.

2.2 Historischer Kontext

Das zentrale historische Ereignis im 17. Jh. war der **Dreißigjährige Krieg** (1618–1648), in dem sich drei länger andauernde Konfliktlinien verbanden: die Konfessionsstreitigkeiten zwischen den Parteigängern des Papstes, den Lutheranern und den Calvinisten, die Auseinandersetzung zwischen den Ständen und dem Kaiser sowie der Kampf um die Machtverteilung im europäischen Kräftefeld. Parallel dazu veränderte sich die soziale und politische Struktur tiefgreifend, indem der neuzeitliche Staat durch eine innovative Steuerpolitik, die Aufstellung stehender Heere und den Aufbau einer zentralisierten Verwaltung mit dem dazugehörigen Beamtenapparat insbesondere die Unabhängigkeit und Führungsposition des Adels infrage stellte.

Eine wichtige philosophische Orientierungsfunktion für die Selbstbestimmung des Menschen in Politik und Gesellschaft übernahm der **Neostoizismus**, als dessen wichtigster Vertreter JUSTUS LIPSIUS mit *De Constantia* (*Von der Beständigkeit,* 1584) gilt. Der Neostoizismus verbindet die antike Lehre von der Seelenruhe mit dem christlichen Glauben an die göttliche Vorsehung. Seine Forderung nach der Affektbeherrschung durch die Vernunft zielt auf eine hierarchische Ordnung im Innern des Menschen analog zu dem Staatsmodell, das die absolutistische Souveränitätslehre – z.B. JEAN BODINS *Six livres de la République* (1576) – entwirft.

2.3 Literarisches Programm

Grundlage der gelehrten Dichtung des Barock waren die Techniken der **Rhetorik** (↗ S. 95 ff.), die an Schulen und Universitäten trainiert wurden. Die Verfahren der Themenfindung (lat. inventio), der Strukturierung des gesammelten Materials (lat. dispositio) und der Gestaltung des Stoffs (lat. elocutio) wurden mit Blick auf die literarischen Themen und auf die Adressaten angewendet. Entsprechend waren die poetologischen Lehrbücher der Zeit auch **Regel- oder Anweisungspoetiken**, die (mit Einschränkungen) von der Erlernbarkeit dichterischer Fähigkeiten ausgingen. Der sprechende Titel *Poetischer Trichter,* einer dichtungstheoretischen Schrift in drei Teilen (1647–1653) von Georg Philipp Harsdörffer, macht deutlich, dass barockes Dichten gewissermaßen als eine Form des **Handwerks** verstanden wurde. Gleiches gilt für die Auflistung beispielhafter Reime, Motive oder Sentenzen in poetischen Lexika und Handbüchern.

Dem rhetorischen Grundsatz der Angemessenheit der ›Sachen‹ und der ›Worte‹ folgend, orientierten sich die Dichter am ständischen System. Autoren mussten entsprechend dem gesellschaftlichen Stellenwert eines Gegenstandes die Gattung, die Stilhöhe und die passende Form des Redeschmucks wählen (vgl. ↗ S. 95 ff.). Zur Forderung nach einer angemessenen poetischen Gestaltung gehörte insbesondere die als ›**Ständeklausel**‹ bis zur Aufklärung wirksame Regel, dass die Hauptfiguren ›hoher‹ Gattungen wie z. B. der Tragödie von hohem Stand sein müssten, die handelnden Personen ›niederer‹ Gattungen wie z. B. der Komödie hingegen von niedrigem Stand.

Martin Opitz als Leitfigur des poetischen Programms

Eine wichtige Leitfigur für die Dichtung des Barock war Martin Opitz. Er legte für alle wichtigen Gattungen wie die **Oper**, die **Tragödie**, den **Roman** sowie verschiedene Formen der **geistlichen** und **weltlichen Lyrik** Vorbilddichtungen bzw. -übersetzungen aus der antiken oder der neueren europäischen Literatur vor. Mit seinem *Buch von der deutschen Poeterey* (1624) stellte er ein Orientierungsmodell zur Verfügung. Auf diese **Poetik** (↗ S. 135) haben sich nachfolgende Dichter immer wieder bezogen. Sie sahen darin das **Gründungsdokument einer** neuen **nationalsprachlichen Dichtung in Deutschland**, die mit den literarischen Entwicklungen im europäischen Kontext, insbesondere in Italien, Frankreich und den Niederlanden, Schritt halten und das Niveau der antiken Vorbilder erreichen sollte.

2.4 Literarisches Leben

Die Literatur des 17. Jh. unterscheidet sich in ihren Voraussetzungen grundlegend von der Literatur seit dem späten 18. Jh. Ihre Leserschaft umfasste nur einen minimalen Anteil der Gesamtbevölkerung. Der Buchmarkt wurde von Werken in lateinischer Sprache und mit theologischem Inhalt dominiert. Erst um 1700 verschoben sich die Gewichte zugunsten der nationalsprachlichen Literatur, und etwa ab 1740 überflügelte die dichterische Produktion das theologische Schrifttum. Auf den Buchmessen in Frankfurt und Leipzig tauschten die Händler gleichwertige Mengen von Papier, unabhängig vom Inhalt der bedruckten Bögen. Ein besonderes Problem war dabei der ungenehmigte Nachdruck von Büchern, der aufgrund fehlender Sanktionsmöglichkeiten im deutschen Reich nicht eingedämmt werden konnte.

Autoren hatten nur wenige Möglichkeiten, mit Dichtung finanziellen Gewinn zu machen, und waren bis weit ins 18. Jh. ›Nebenstundendichter‹, also keine Berufsschriftsteller. Gleichwohl konnten sie sich z. B. durch ›**Gelegenheitsdichtung**‹ (›Kasualpoesie‹) oftmals ein Zubrot verdienen. Bei der Gelegenheitsdichtung handelte es sich häufig um Gedichte zu wichtigen Ereignissen (z. B. Hochzeit, Begräbnis, Geburt), die im Auftrag

produziert wurden. Dem barocken Verständnis von Poesie entsprach dieses anlassgebundene Schreiben in besonderer Weise, weil es das Repräsentationsbedürfnis der Auftraggeber erfüllte. Ein Autor wie SIMON DACH, der in Königsberg im Zentrum eines Dichterkreises stand, schuf auf diese Weise ein Werk, das fast nur aus Gelegenheitsdichtung besteht und das ihn weit über die Grenzen seiner Stadt hinaus bekannt machte.
Angesichts des nur schwach ausgeprägten literarischen Lebens waren die **Sprachgesellschaften** des 17. Jh. eine wichtige Institution. Diese Vereinigungen von Kulturschaffenden und Kulturförderern unterstützten vor allem die sprachpatriotischen Bestrebungen, d.h. die Konzeption einer einheitlichen und geregelten deutschen Sprache, die sich von der Vorherrschaft des gelehrten Lateins und des höfischen Französisch befreit und nicht mehr in verschiedene Dialekte zerfällt. Die ›Fruchtbringende Gesellschaft‹, die erste und bedeutendste der deutschen Sprachgesellschaften, wurde 1617 nach dem Vorbild der italienischen ›Accademia della Crusca‹ von Fürst LUDWIG VON ANHALT-KÖTHEN (1579–1650) gegründet (↗ S. 120).

2.5 Epik des Barock

Der höfische Roman, Schäfer- und Schelmenroman

Die Romane der Barockzeit lassen sich im Blick auf die Ständehierarchie in drei Gruppen teilen: den niederen Roman, den Schäferroman und den höfischen Roman.
Der hohe oder auch **höfische Roman**, z.B. *Die Durchleuchtige Syrerinn Aramena* (1669–1673) von ANTON ULRICH VON BRAUNSCHWEIG-WOLFENBÜTTEL, variiert ein beliebig erweiterbares Grundmuster: Liebespaare werden getrennt und finden nach mehreren Verirrungen wieder zueinander. Die ›Höhe‹ des Romans liegt im fürstlichen Personal, in der Einheit von Staats- und Liebesgeschichte sowie in der Adressierung an ein höfisches Publikum. Die immens umfangreichen Bücher waren außerordentlich teuer und stellten große Anforderungen an die Lesekapazität.
Die Handlung und Personenkonstellationen des **Schäferromans**, z.B. der pseudonym veröffentlichte Roman *Amoena und Amandus* (1632), bewegen sich auf einer mittleren Ebene. Dieser Romantyp, der sich durch schäferliche Kostümierung der handelnden Personen auszeichnet, stellt das ›**Privat-werck**‹ in den Vordergrund. Er konzentriert sich auf die emotionale Erziehung der Romanfiguren, die dem Leser vorbildliches gesellschaftliches Verhalten vorführen.
Der **niedere Roman** erzählt in der Ich-Form mit satirischer Absicht von einem jungen Mann unterer sozialer Stellung. Dieser ›Schelm‹ durchläuft in einer Reihe von Episoden eine unbeständige Welt, in der man sich auf moralisch fragwürdige Weise behauptet. Der bekannteste Vertreter des niederen Romans, speziell des Pikaro- oder **Schelmenromans**, ist bis heute GRIMMELSHAUSENS *Simplicissimus Teutsch* (1668/69):

■ Durch den Dreißigjährigen Krieg verliert der Hirtenknabe Simplicius seine (Pflege-) Eltern und wird von einem Einsiedler christlich erzogen. Nach dessen Tod zieht Simplicius als Narr in die Welt. Er durchläuft eine militärische Karriere, absolviert einen amourösen Frankreichaufenthalt und weitere abenteuerliche Erlebnisse, bis er sich schließlich aus der Welt zurückzieht: Der Einsicht in den verderbten Zustand des Diesseits folgt die Bekehrung.
In der 1669 hinzugefügten Fortsetzung des Romans landet Simplicius schließlich als frommer Einsiedler auf einer Insel. □

2.6 Dramatik des Barock

Trauerspiel, Schäferspiel und Lustspiel

Das Barockdrama folgt der Vorstellung vom **Welttheater** (lat. theatrum mundi) und will dem Zuschauer helfen, sich in diesem Lebensspiel zurechtzufinden. Tatsächlich wurden viele der Schauspiele für das **Schultheater** verfasst, das auf die Ausbildung der Redefähigkeit, die ethische, historische und religiöse Unterweisung zielte. Die Gattungslehre des Dramas orientiert sich wiederum an der Gesellschaftsstruktur (›Ständeklausel‹, ↗ S. 191): In der im hohen Stil gehaltenen **Tragödie** bzw. im Trauerspiel geht es vornehmlich um das Schicksal hoher Standespersonen, im **Schäferspiel** und in der Komödie stehen dagegen meist niedrigere soziale Schichten mit einer entsprechend einfachen Sprache im Zentrum des Geschehens. Das **Lustspiel** (↗ S. 162f.) karikiert dabei insbesondere den Verstoß gegen die Sozialordnung.

In Andreas Gryphius' *Absurda Comica. Oder Herr Peter Squentz* (1658) wird beispielsweise eine Theateraufführung von Handwerkern zum Gegenstand des Spotts. In Christian Reuters *Schlampampe-Komödie* (1695) geht es um die Anmaßung von Bürgerlichen, die in die Welt des Adels vordringen wollen, obwohl ihnen die entsprechenden Verhaltenskompetenzen fehlen.

Vorbereitet durch Opitz' Seneca-Übersetzung *Die Trojanerinnen* (1625), zielt das Trauerspiel im 17. Jh. durch die Vorstellung tugendhafter Vorbilder bzw. lasterhafter Schreckbilder auf Trost und Abhärtung des Zuschauers. Die dramatisch vermittelte Lehre wird dabei oftmals durch eingeschobene Zwischenspiele (›Reyen‹) sowie in Vor- und Nachspielen ausdrücklich formuliert, indem z.B. Personifikationen der Tugenden oder der Vorsehung auf die Bühne treten und den Sinn des Geschehens darlegen.

Zu besonders eindrücklichen Beispielen werden nach Ansicht der Zeitgenossen im Trauerspiel Personen in einer hohen gesellschaftlichen Stellung, weil der Kontrast (die Fallhöhe) zwischen dem ›Glück‹ ihrer sozialen Stellung und dem ›Unglück‹ ihres Schicksals die Situation des Menschen in aller Radikalität vor Augen führt. Die Intensität der abhärtenden Wirkung wird dabei besonders in der **Märtyrertragödie** (z.B. in Gryphius' *Catharina von Georgien*, 1657) durch drastische Gräueleffekte (z.B. Folterszenen) verstärkt. Eine weniger jenseitsorientierte Perspektive nehmen die sprachlich reich ausgeschmückten **Geschichtsdramen** Daniel Casper von Lohensteins ein (z.B. *Sophonisbe*, 1680). Sie präsentieren Beispiele für kluges bzw. unkluges Verhalten in der Welt.

Ordensdrama

Die Bühne im Barock war auch ein Ort der konfessionellen Agitation. Deshalb bildete das **Ordensdrama** einen wichtigen Bereich der Barockdramatik. Insbesondere die Jesuiten bedienten sich dieses Mediums, um für die Sache des Papstes zu werben. In Jakob Bidermanns *Cenodoxus* (1602 in lat. Sprache, 1635 in dt. Fassung) wird so z.B. vorgeführt, wie der Gründer des Kartäuser-Ordens, Bruno von Köln, durch die Höllenfahrt des überheblichen Titelhelden zu Buße und Weltabkehr bewegt wird.

■ Cenodoxus, ein berühmter Doktor der Medizin, wird sein Leben lang von den auf der Bühne personifizierten Mächten des Guten und des Bösen begleitet, die um seine Seele ringen. □

2.7 Lyrik des Barock

Weltliche und geistliche Lyrik

Die Lyrik des Barock ist in humanistischer Tradition zu einem wesentlichen Teil neulateinische Dichtung. Für die deutschsprachige Lyrik gingen entscheidende Impulse von MARTIN OPITZ aus. Mit seiner Versreform im *Buch von der deutschen Poeterey* (1624) legte er für die nationalsprachliche Poesie nach dem Vorbild der niederländischen Dichtung von DANIEL HEINSIUS die Einheit von Vers- und Wortakzent fest und begründete den Vorrang der alternierenden Versfüße, also Jambus (↗ S. 177) und Trochäus (↗ S. 177), ohne andere Versfüße (z. B. den Daktylus) zu verbieten. Unter der Fülle der Versformen wurden dabei der **Alexandriner** (↗ S. 177) und der **Vers commun** (↗ S. 178) am häufigsten verwendet.

In unmittelbarer Nachfolge von Opitz steht in der **weltlichen Lyrik** neben SIMON DACH vor allem PAUL FLEMING. Während GRYPHIUS die Formensprache von Opitz durch Steigerung der rhetorischen Ausdrucksmöglichkeiten erweiterte und damit seiner Vision der Vergänglichkeit alles Irdischen größten Nachdruck verlieh, neigen die Gedichte PHILIPP VON ZESENS (1619–1689) sowie der ›Nürnberger Dichter‹ wie HARSDÖRFFER oder JOHANN KLAJ zur Forminnovation bis hin zum Sprachspielerischen, etwa durch die Steigerung der literarischen Klangwirkung mittels gehäufter Verwendung von **Alliterationen**, **Assonanzen** oder **Binnenreimen**, z. B. in Klajs *Vorzug des Frülings:*

■ *Im Lentzen da gläntzen die blümigen Auen // die Auen / die bauen die perlenen Tauen.* □

Fast ausschließlich dem **Epigramm** widmete sich FRIEDRICH VON LOGAU in *Deutscher Sinn-Getichte Drey Tausend* (1654). Er stellte satirisch eine unsicher gewordene Welt vor, in der nichts so ist, wie es scheint, und in der auch die Sprache vieldeutig wird.

Zur bestimmenden Stileigentümlichkeit der Barocklyrik, aber auch der Barockdichtung insgesamt gehört die **Amplifikation**, die die Geschicklichkeit des Poeten demonstrieren und die Wirkmächtigkeit des Gedichts steigern soll: In der Amplifikation wird eine Aussage durch wiederholende Variation des behandelten Themas erweitert, z. B. durch Umschreibung oder durch Verfahren der Reihung wie in HOFFMANNSWALDAUS *Auf den Mund:*

■ *Mund! der die Seelen kann durch Lust zuammen hetzen,*
Mund! der viel süßer ist als starker Himmelswein,
Mund! der du Alikant des Lebens schenkest ein,
Mund! den ich vorziehn muss der Inden reichen Schätzen,
Mund! dessen Balsam uns kann stärken und verletzen,
Mund! der vergnügter blüht als aller Rosen Schein,
Mund! welchem kein Rubin kann gleich und ähnlich sein,
Mund! den die Gratien mit ihren Quellen netzen;
Mund! ach Korallenmund, mein einziges Ergetzen!
Mund! lass mich einen Kuss auf deinen Purpur setzen. □

Bei den Strophen- bzw. Gedichtformen kam im Barock dem **Sonett** (↗ S. 180) ein besonderer Stellenwert zu. Es entspricht in seiner Struktur der Vorliebe der Zeit für Gegensätze und läuft oftmals auf eine (summierende) Pointe hinaus. Wichtiges Vorbild

für die Sonettdichtung des Barock waren die Liebesgedichte FRANCESCO PETRARCAS (1304–1374). Sie begründen die Tradition des Petrarkismus (Gedichte über die ebenso schmerz- wie lustvolle Liebe zu einer unerreichbaren Frau).
Auch in der **geistlichen Lyrik** konnte das Motiv- und Formarsenal des Petrarkismus verwendet werden. Die Inbrunst der Liebe bezog sich dort allerdings nicht auf die Geliebte, sondern – wie z.B. in der *Trutz-Nachtigall* (1649) des Jesuiten FRIEDRICH VON SPEE – auf Jesus. Die geistliche Lyrik entfaltete von der durch die Mystik inspirierten Lyrik z.B. QUIRINUS KUHLMANNS oder CATHARINA REGINA VON GREIFFENBERGS bis zur protestantischen Kirchenlieddichtung PAUL GERHARDTS ein breites Spektrum literarischer Formen und theologischer Positionen.

Emblematik

Zu den Elementen barocker Dichtung gehört das **Emblem** (wörtlich: **Sinnbild**). Unter einem Emblem versteht man seit dem *Emblematum liber* (1531) von ANDREAS ALCIATUS eine Kombination aus einer **Überschrift** (Inscriptio, Motto oder Lemma), die ein Thema vorgibt, aus einem illustrierenden **Bild** (Pictura) sowie aus einer deutenden oder belehrenden **Unterschrift** (Subscriptio), oftmals in Form eines Epigramms.

Embleme wurden in Emblembüchern gesammelt. Sie waren im 17. Jh. Teil der Alltagskultur, etwa als Schmuck von Gebrauchsgegenständen oder von Gebäuden. Emblematische Strukturen, also die Dreiteilung in Motto, Bild und Unterschrift, und emblematische Bildlichkeit prägen auf vielfache Weise auch die Barockdichtung, wenn z. B. im Trauerspiel das Bühnengeschehen wie ein Bild durch den Chor kommentiert wird.

2.8 Ein Autor im Kontext des Barock: Martin Opitz

Opitz wurde 1597 im schlesischen Bunzlau am Bober geboren. Er entstammte dem zünftigen Bürgertum, sein Vater war Fleischermeister. Opitz' Beamten- und Dichterkarriere war ebenso beispielhaft wie einzigartig. Auch wenn sein unruhiger Lebensweg von der Gewalt der konfessionellen Auseinandersetzung zeugt, demonstriert er doch die Aufstiegschancen im sich herausbildenden neuzeitlichen Staatssystem. Nach der Schulzeit und der weiteren Ausbildung durch Gönner versuchte Opitz, sich in Heidelberg zu etablieren, einem der bedeutenden Orte des Späthumanismus. Nach seinem Engagement für den ›Winterkönig‹ FRIEDRICH V., der in der Schlacht am Weißen Berg (1620) vernichtend geschlagen wurde, ging Opitz in die Niederlande, in das europäische Gelehrtenzentrum Leiden. Über Jütland kehrte er schließlich 1621 wieder nach Schlesien zurück und übernahm dort eine Tätigkeit am Gymnasium in Weißenburg. Als Begleitung einer Gesandtschaft wurde er am Wiener Hof zum kaiserlichen gekrönten Poeten ernannt – 1627 folgte seine Erhebung in den Adelsstand. 1629 wurde Opitz in die ›Fruchtbringende Gesellschaft‹ (↗ S. 192) aufgenommen.

Zunächst engagierte Opitz sich für die Partei der Protestanten. 1626 aber wechselte er auf die katholische Seite in die Dienste des kaisertreuen KARL HANNIBAL VON DOHNAS. Für Dohna führte er wichtige diplomatische Missionen durch, u. a. reiste er nach Paris. Nachdem Dohna von den Protestanten verjagt worden war, schlug sich Opitz wieder auf die gegnerische Seite. 1635 wechselte er als Sekretär und Geschichtsschreiber des Königs WLADISLAW IV. nach Polen. Seine letzten Lebensjahre verbrachte Opitz in Danzig. Hier starb er 1639 bei einer Pestepidemie.

3 Aufklärung

POLITIK | WIRTSCHAFT | WISSENSCHAFT

- 1756–63 Siebenjähriger Krieg
- 1776 Amerikanische Unabhängigkeitserklärung
- 1789 Französische Revolution
- 1793 Mainzer Republik

KULTUR | BILDENDE KUNST | MUSIK

- 1730 Johann Christoph Gottsched: Versuch einer Critischen Dichtkunst vor die Deutschen (Programmschrift)
- 1762 Jean Jacques Rousseau: Emile (R.)
- 1774 Friedrich Gottlieb Klopstock: Die deutsche Gelehrtenrepublik (Prosaschrift)
- 1777 Georg Forster: A voyage round the world (Reisebeschreibung)
- 1781 Immanuel Kant: Kritik der reinen Vernunft (philosophische Abhandlung)
- 1784 Immanuel Kant: Was ist Aufklärung? (philosophische Abhandlg.)

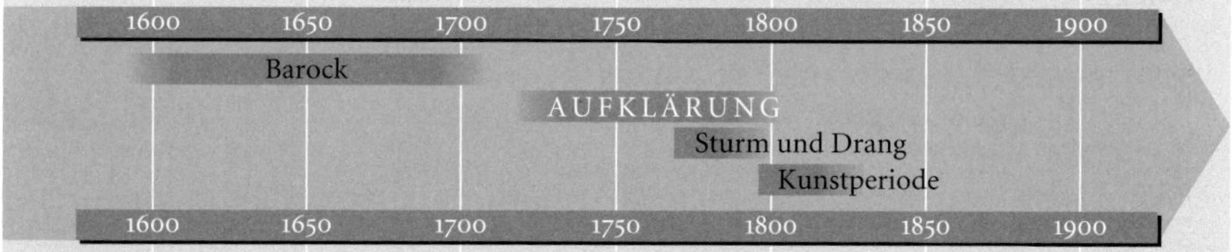

LITERATUR

- 1731–43 Johann Gottfried Schnabel: Insel Felsenburg (Roman)
- 1736 Luise Adelgunde Victorie Gottsched: Die Pietisterey im Fischbein-Rocke (Drama)
- 1747/48 Christian Fürchtegott Gellert: Leben der schwedischen Gräfin von G*** (R.)
- 1748 Friedrich Gottlieb Klopstock: Der Zürichsee (Gedichte)
- 1754 Gotthold Ephraim Lessing: Die Juden (Drama)
- 1766/67 Christoph Martin Wieland: Geschichte des Agathon (Roman)
- 1772 Gotthold Ephraim Lessing: Emilia Galotti (Drama)
- 1779 Gotthold Ephraim Lessing: Nathan der Weise (Drama)

3.1 Der Begriff ›Aufklärung‹

Zeitliche Einordnung

Mit dem Begriff ›A.‹ wird die zentrale Epoche des 18. Jh. bezeichnet.

Es hat sich eingebürgert, von einer Binnengliederung auszugehen. Die Literaturgeschichten sprechen von der **Frühaufklärung** (etwa 1725–1740) mit Autoren wie JOHANN CHRISTOPH GOTTSCHED oder CHRISTIAN FÜRCHTEGOTT GELLERT, der **eigentlichen A.** (etwa 1740–1780) mit Autoren wie GOTTHOLD EPHRAIM LESSING oder FRIEDRICH GOTTLIEB KLOPSTOCK und der **Spätaufklärung** (etwa 1780–1795) mit Autoren wie GEORG FORSTER oder FRIEDRICH NICOLAI.

Die A. war nicht allein auf Deutschland beschränkt, sondern ein gesamteuropäisches Phänomen.

Merkmale der Aufklärung

Der Philosoph IMMANUEL KANT hat in seiner Schrift *Was ist Aufklärung?* (1784) eine viel zitierte Definition des Begriffs geliefert: »*Aufklärung*« sei »*der Ausgang des Menschen aus seiner selbst verschuldeten Unmündigkeit*«. Diese sei »*das Unvermögen, sich seines Verstandes ohne Leitung eines anderen zu bedienen*«. Sein Credo klingt dennoch optimistisch: »*Habe Mut, dich deines eigenen Verstandes zu bedienen!*«

Die A. trägt zur **Säkularisierung** der bürgerlichen Gesellschaft bei: Sie befreit das menschliche Denken und Handeln mehr und mehr von den Vorgaben der Theologie. Die Menschheit, so die pädagogische Vorstellung der Zeit, soll durch aufklärende Erziehung weiterentwickelt werden. Diese Aufgabe übernimmt auch die Literatur, indem sie **Vernunft, Humanität, Toleranz** und **tugendhaftes Handeln** vermittelt.

Die rationale Ausrichtung der A. wird durch die Forderung ergänzt, die Dichtung solle auch den Aufbau einer vernünftigen Gefühlskultur zum Ziele haben. Ein Schlüsselwerk der **Empfindsamkeit** ist LAURENCE STERNES Reisebeschreibung *Sentimental Journey* (1768).

Obwohl sich die A. die Aussöhnung von Herz und Vernunft auf ihre Fahnen schrieb, betonte sie doch die intellektuelle Seite so stark, dass – als Gegenbewegung – auch das ›Andere der Vernunft‹, die **Irrationalität**, an Attraktivität gewann.

▼ Mit dem von den Sozialphilosophen MAX HORKHEIMER und THEODOR ADORNO 1947 geprägten Schlagwort der **Dialektik der Aufklärung** wird diese Spannung von A. und Gegenaufklärung, von Vernunft und Irrationalität, von kritischem Bewusstsein und gedankenloser Nachfolge gut gefasst. In der philosophischen Diskussion geht man davon aus, dass das Projekt ›A.‹ bis heute noch nicht abgeschlossen ist und unser Dasein immer noch prägt. ▽

3.2 Historischer Kontext

Das 18. Jahrhundert war eine Epoche des Umbruchs. Motor der Veränderung war die Aufklärung, die neue Denkweisen in der Gesellschaft, insbesondere in den Naturwissenschaften, der Theologie und der Philosophie mit sich brachte. Sie bewirkte ein neues, kritisches Verhältnis zur Politik (aufgeklärter Absolutismus, Menschenrechte), zur (Aus)bildung des Menschen sowie zu Religion und Kirche. Von großem Einfluss waren die Ideen der englischen und französischen Philosophie, von denen die deutschen

Denker des Jahrhunderts und somit auch die Literatur der Aufklärung profitieren konnten.

Rationalismus

Der Rationalismus (etwa 1680–1740) geht davon aus, dass der Welt eine **logische Ordnung** zugrunde liegt und dass diese Ordnung vom menschlichen **Verstand** vollständig erfasst werden kann. Für den Rationalismus gibt es nur vorläufige, aber nicht grundsätzlich unlösbare Erkenntnisprobleme. Der Rationalismus basiert auf den Vorstellungen RENÉ DESCARTES' und ISAAC NEWTONS. In Deutschland beförderten GOTTFRIED WILHELM LEIBNIZ und CHRISTIAN WOLFF den Rationalismus. Einen wichtigen Beitrag zu seiner Verbreitung lieferte FRANÇOIS MARIE VOLTAIRE, der um 1750 am Hof des Preußenkönigs FRIEDRICH II. (1712–1786) wirkte.

Empirismus

Während der Rationalismus auf ein reines Denken setzt, betonten Vertreter des Empirismus (etwa 1740–1780) die Bedeutung der **Erfahrung**, insbesondere der **Sinneswahrnehmungen** für die Erkenntnis. Einer vollständigen und rationalen Erfassung der Welt stehen sie skeptisch gegenüber. Als Hauptvertreter dieser Denkweise gilt DAVID HUME.

Kritizismus

Eine produktive Zusammenführung der beiden Denkrichtungen versuchte IMMANUEL KANT, der damit den Kritizismus (etwa 1780–1795) begründete. Dieser basiert auf Kants **Erkenntnistheorie**, *Kritik der reinen Vernunft* (1781), seiner **Ethik**, *Kritik der praktischen Vernunft* (1788), und seiner **Ästhetik**, *Kritik der Urteilskraft* (1790). Kant warnt vor der Überheblichkeit der Vernunft und betont die Grenzen menschlicher Erkenntnis. Sie beruhe zwar auf der konkreten Erfahrung, werde aber bestimmt von allgemeinen **Anschauungsformen** und **Kategorien**.

Naturrechtsdenken

Das Naturrechtsdenken geht davon aus, dass allen Menschen Vernunft innewohne. Deshalb gilt das Naturrecht für alle Menschen in der gleichen Weise. Seine Akzeptanz führt zu neuen Überlegungen im Hinblick auf die Organisation und Legitimation des Staates. Wichtige Theoretiker des Naturrechts im Vorfeld der A. sind THOMAS HOBBES, SAMUEL PUFENDORF und CHRISTIAN THOMASIUS.

Gegen die A. wendet sich die **Zivilisationskritik** JEAN JACQUES ROUSSEAUS: Rousseau macht das Fortschreiten der Kultur für den Verfall von Sitten und Vernunft verantwortlich und fordert deshalb ein »Zurück zur Natur!«. Vorerst stärkt das Naturrechtsdenken die **absolutistische Staatsform**, später bildet es die Basis für die Diskussion der **Menschenrechte**. 1776 werden diese in den Vereinigten Staaten erstmals ausgerufen, 1789 durch die Französische Revolution in Europa verbreitet.

3.3 Literarisches Programm

Auf der Grundlage rationalistischen Denkens entwickelte sich in der A. eine neue **Ästhetik**, oder besser, die erste begrifflich exakte Ästhetik überhaupt: ALEXANDER GOTTLIEB

Baumgartens *Aestetica* (1750–58). Sie sieht die Kunsttheorie (Ästhetik) als eigenständige Wissenschaft der sinnlichen Erkenntnis. Diese sei ein poetisches, der Vernunft ähnliches Vermögen, das insbesondere auf Kunstwerke (also auch poetische Texte) ziele.

Das Entstehen der **Ästhetik** förderte eine breite Diskussion um den (guten) Geschmack, die zuerst in Frankreich, dann im 18. Jh. auch in Deutschland intensiv geführt wurde und auf die Entwicklung der Literaturtheorie großen Einfluss hatte.

Das literarische Programm der A. gab es dennoch nicht. Von großer Bedeutung für die Frühaufklärung war Johann Christoph Gottsched, insbesondere seine rationalistisch argumentierende **Regelpoetik** *Versuch einer Critischen Dichtkunst* (1730). Sie geht von dem aristotelischen Prinzip aus, dass die Dichtung die Natur nachahmt (↗ Mimesis, S. 135 f.). Die Poesie wird in den Dienst der Vernunfterziehung gestellt. Zu einem ›moralischen Satz‹ soll eine Handlung (Gottsched nennt sie ›Fabel‹) gefunden werden, mit deren Hilfe dieser im poetischen Text beispielhaft vermittelt werden kann. Die **Fabel** sei *»eine unter gewissen Umständen mögliche, aber nicht wirklich vorgefallene Begebenheit, darunter eine nützliche moralische Wahrheit verborgen liegt«*. Die richtige poetische Handlung darf *»an sich selbst nichts Widersprechendes in sich haben«* und folgt deshalb dem Gebot der Wahrscheinlichkeit. Das Wunderbare und Fantastische in der Poesie ist also – nach Gottsched – abzulehnen. Die gegenteilige Auffassung in dieser Frage vertraten die Schweizer Johann Jacob Bodmer und Johann Jacob Breitinger, nach deren Auffassung gerade in der Poesie die *»Vereinigung des Wunderbaren mit dem Wahrscheinlichen«* anzustreben ist.

Ein weiterer großer Literaturtheoretiker war Gotthold Ephraim Lessing, der sich in seinem *17. Literaturbrief* ebenfalls deutlich von Gottsched absetzte. Er lehnte dessen strenge Regelpoetik und seine einseitige Orientierung an der französischen Klassik ab: *»Auch nach Muster der Alten«*, der antiken Autoren, *»die Sache zu entscheiden ist Shakespeare ein weit größerer tragischer Dichter als Corneille […]. Corneille kömmt ihnen in der mechanischen Einrichtung«*, der äußeren Befolgung der Regeln, *»Shakespeare in dem Wesentlichen näher«*. Die wichtigsten programmatischen Texte Lessings sind neben den *Literaturbriefen* (1759–1765) der *Laokoon* (1766) und die *Hamburgische Dramaturgie* (1767–1769), in der seine einflussreiche **Theatertheorie** entwickelt wird. Sie basiert auf der *Poetik* von Aristoteles. Lessing übersetzt den Zentralbegriff ›Mimesis‹ mit ›**Nachahmung**‹, und die wichtigen Affekte ›Jammern‹ und ›Schaudern‹ fasst er als ›**Furcht**‹ und ›**Mitleid**‹ auf. Das Trauerspiel *»soll unsre Fähigkeit, Mitleid zu fühlen, erweitern«*. Dieses Mitleid, als moralische Fähigkeit betrachtet, schließt Uneigennützigkeit und Menschenfreundlichkeit ein. Lessings Dramentheorie bezeichnet man als **Wirkungspoetik**, weil die Stücke darauf zielen, den Menschen in seiner **Humanität** zu bessern.

3.4 Literarisches Leben

In der A. wurden kulturelle Ausdrucksmöglichkeiten und Institutionen (Theater, Oper, Bibliotheken, Lesegesellschaften, Zeitschriften etc.) neu geschaffen oder modernisiert. Die Literatur gewann eine neue Öffentlichkeit und eigene Freiräume. Sie entwickelte sich zu einem autonomen und selbst organisierten Sozialsystem, in dem eigene, von anderen Gesellschaftsbereichen unabhängige Kommunikationsformen galten. Die Eigenständigkeit des Literatursystems ermöglichte dem Leser (oder Zuhörer), eine veränderte Perspektive auf soziale Probleme einzunehmen und so besser mit gesellschaftlichen

Konflikten umzugehen. Das neue Literatursystem wurde durch die entstehende bürgerliche Gesellschaft, die an die Stelle der alten ständischen Ordnung trat, ermöglicht.
Zu den entscheidenden Veränderungen gehörte ein neuer **literarischer Markt** mit den ersten **›freien‹ Schriftstellern,** die weitestgehend unabhängig von Mäzenen arbeiten konnten. Der Erfolg eines Buches hing jetzt nicht mehr von der Akzeptanz eines Herrschers oder der Toleranz der Kirche ab, sondern vom Publikum, von dem Erfolg am Markt und von den Kritikern. Eine wichtige Funktion bei der Entstehung des neuen Literatursystems spielten die **›moralischen Wochenschriften‹**; dies waren Zeitschriften nach englischem Vorbild, die Informationen und Ratschläge zu ethischen, kulturellen und sozialen Themen gaben. Sie wurden von weit mehr Lesern genutzt als die gelehrte Dichtung des Barock. Hauptverfasser einer der Wochenschriften war Gottsched. Seine *Vernünfftigen Tadlerinnen* (1725/26) können mit gewissem Recht als erste deutsche Frauenzeitschrift bezeichnet werden. Hier wird wahrscheinlich zum ersten Mal in Deutschland das Adjektiv ›aufgeklärt‹ im Sinne der A. verwendet.

3.5 Epik der Aufklärung

Roman und Fabel

Zwar ist das Drama zweifellos die Leitgattung der A., doch entwickelte sich im Laufe des 18. Jh. der **Roman** zur zentralen epischen Form. Damit verdrängte er das in Versen verfasste Epos, auch wenn mit Klopstocks *Messias* (20 Gesänge, fast 20 000 Verse, 1748–1772) ein letzter großer Versuch in dieser Gattung gewagt wurde.
Für den ersten deutschen Aufklärungsroman, Johann Gottfried Schnabels *Insel Felsenburg* (1731–43), ist Daniel Defoes *Robinson Crusoe* (1719) das Muster:

- In diesem Vorbild späterer **Robinsonaden** (↗ S. 152) wird die Geschichte eines Seemanns erzählt, der nach einem Schiffbruch 28 Jahre allein auf einer unbewohnten Insel vor der Küste Amerikas lebt. Nach Jahren gesellt sich ihm ein Farbiger hinzu, den der Insulaner aus den Händen von Kannibalen gerettet hatte. Freitag, so nennt er ihn nach dem Tag des Zusammentreffens, wird zum guten Diener und Christen erzogen. Beide werden schließlich von der Insel gerettet und nach England gebracht. □

Schnabels Roman verbindet die Robinsonade mit einer **Utopie** vom idealen Staat. Die *Insel Felsenburg* ist ein irdisches Paradies, eine Gegenwelt zu den Verhältnissen in Europa.
Im **Briefroman** (↗ S. 209 f.) *Leben der schwedischen Gräfin von G**** (1747/48) von Gottscheds Leipziger Kollegen Christian Fürchtegott Gellert tritt zum ersten Mal in der deutschen Literaturgeschichte – wenn auch in einer Nebenrolle – ein positiv charakterisierter Jude auf:

- Die Gräfin beschreibt rückblickend ihr Leben, das durch Reisen, Verfolgung und Vertreibung geprägt war. Ihrem Mann bringt in seiner Verbannung ein polnischer Jude *»viel Menschenliebe«* entgegen. Trotz des adeligen Personals zeigt sich eine bürgerliche Welt in ihren Gefühlen und Moralvorstellungen. □

Christoph Martin Wielands *Geschichte des Agathon* (1766/67) stellt eine wichtige Etappe in der Geschichte des Romans dar, da hier der Erzähler eine psychologisch stimmige Entwicklung des Helden präsentiert. Das Motiv des Sich-Trennens und Sich-Wiederfindens eines Liebespaares, das im Roman erzählt wird, ist seit der Antike bekannt. Die ironische Haltung des Erzählers bewirkt, dass der Leser eine kritische

Distanz zum Erzählten aufbauen kann. Wieland fungiert auch als Herausgeber eines bedeutenden empfindsamen Romans, SOPHIE VON LA ROCHES *Geschichte des Fräuleins von Sternheim* (1771).

Dieser empfindsame Briefroman schildert den Kampf der Heldin gegen ein unmoralisches Leben als Mätresse. Dabei werden die Eigenständigkeit, der Verstand und die Bildung, der Optimismus und die Selbstständigkeit der Heldin betont.

Nicht nur für Kinder und Jugendliche war die **Fabel** (↗ S. 157 f.) gedacht. Gellerts *Fabelbuch* (1746–48) war eines der erfolgreichsten Bücher des 18. Jh. Es sollte ausdrücklich der moralischen Erziehung dienen. Aber auch LESSING war ein begeisterter Fabelschreiber. Eine seiner bekanntesten Fabeln ist *Das Ross und der Stier* (1759):

■ *Auf einem feurigen Rosse floh stolz ein dreuster Knabe daher. Da rief ein wilder Stier dem Rosse zu: Schande! von einem Knaben ließ ich mich nicht regieren!*
Aber ich, versetzte das Ross. Denn was für Ehre könnte es mir bringen, einen Knaben abzuwerfen? □

Die neue Kinder- und Jugendliteratur

Im 18. Jh. entstand in Deutschland eine Literatur, die speziell für Kinder und Jugendliche geschrieben wurde. Angeregt wurde sie durch den englischen Empiristen JOHN LOCKE, der meinte, für dieses spezielle Publikum sollten die Texte angemessen und somit leicht zu verstehen und vergnüglich sein. Eine Voraussetzung war die Einsicht, dass es notwendig sei, die **Erziehung** reflektiert zu betreiben. Dazu trugen die Anschauungen JEAN JACQUES ROUSSEAUS wesentlich bei, der Kinder und Jugendliche nicht mehr als kleine Erwachsene ansah, sondern dem kindlichen Lebensalter einen eigenen Wert und unverwechselbaren Charakter zusprach. Zwar hielt der französische Denker generell Bücher für nicht besonders geeignet, um Kinder zu erziehen, doch vertraten die deutschen Pädagogen in dieser Hinsicht genau die gegenteilige Meinung; der bekannteste von ihnen war JOACHIM HEINRICH CAMPE.

Das neue **pädagogische Denken** hatte freilich nicht nur positive Seiten; es diente ausdrücklich der Disziplinierung, die besonders die sinnliche und sexuelle Entfaltung betraf. Die ›Unschuld‹ der Kinder sollte erhalten bleiben. Erziehungsziel waren sittliche Mündigkeit und die Vorbereitung auf spezifische Geschlechterrollen: Mädchen sollten zum Beispiel vor allem Hausfrauen und Mütter werden.

Aphorismus und Reisebeschreibung

Das philosophisch interessierte 18. Jh. hat auch im Bereich der **nichtfiktionalen Prosa** (Fiktion, ↗ S. 128) bedeutende Leistungen hervorgebracht, etwa aus der Feder GOTTSCHEDS oder LESSINGS. Zu nennen wäre auch GELLERTS *Brieflehre* (1751), die einen neuen, stärker an der Alltagssprache orientierten Schreibstil propagierte.

GEORG CHRISTOPH LICHTENBERG machte den **Aphorismus** zu einer eigenständigen Ausdrucksmöglichkeit der deutschen Literatur. In seinen so genannten *Sudelbüchern*, die er bis kurz vor seinem Tode verfasste, greift er – oft satirisch – die Intoleranz, den Irrationalismus, den Aberglauben, die übertriebene Empfindsamkeit, die unsinnige Schwärmerei, aber auch den Eurozentrismus an:

■ »*Der Amerikaner, der den Kolumbus zuerst entdeckte, machte eine böse Entdeckung.*« □

GEORG FORSTERS bekanntestes Werk *A voyage round the world* (1777) erschien zuerst auf Englisch. In dieser ausführlichen **Reisebeschreibung** dokumentiert Forster die legendäre Entdeckungsreise COOKS, an der er als junger Mann zusammen mit seinem Vater teilgenommen hatte. Einschlägig für die Geschichte der Fremdheitserfahrung sind vor allem die Begegnungen mit den Bewohnern der Südsee. Forster hat sich später in Deutschland für die Verbreitung der Französischen Revolution starkgemacht; er forderte sogar den Anschluss der linksrheinischen Gebiete an das revolutionäre Frankreich.

Auch FRIEDRICH GOTTLIEB KLOPSTOCK war anfangs ein Anhänger der Revolution, seit 1792 sogar deren ›Ehrenbürger‹. *Die deutsche Gelehrtenrepublik* (1774) entwirft die Utopie einer akademisch geführten Gesellschaft. Außerdem sind Klopstocks ästhetische, ethische und sprachtheoretische Essays hervorzuheben, etwa seine Abhandlung *Von der Freundschaft* (1759).

Die kunsttheoretischen Texte von JOHANN JOACHIM WINCKELMANN begründen eine neue Auffassung der Antike, ein **humanistisches Griechenlandideal**, das auf die **Weimarer Klassik** (↗ S. 213 ff.) wirkte.

3.6 Dramatik der Aufklärung

Lustspiel und bürgerliches Trauerspiel

Die A. kann als wichtigste Epoche des deutschen Dramas angesehen werden. Hier werden zentrale **Lustspiel- und Tragödienformen** (Verlachkomödie, rührendes Lustspiel, heroische Tragödie, bürgerliches Trauerspiel) auf den deutschen Bühnen populär gemacht und weiterentwickelt.

Ein großer Theaterreformer, der sich vom höfischen Barocktheater absetzte, war GOTTSCHED. Durch seine Zusammenarbeit mit einer bekannten Theatertruppe, die von CAROLINE NEUBER geleitet wurde, gelang es ihm, literarisch anspruchsvolle Stücke einem recht breiten Publikum zu präsentieren. Das Stegreifspiel wurde abgeschafft und der Harlekin, der früher als lustige Person auch in ernsten Stücken auftrat, von der Bühne verbannt.

Gottscheds fünfaktiges Stück *Der sterbende Cato* (1731/32) ist eine **Alexandrinertragödie** (Alexandriner, ↗ S. 177), mit der sich der Autor noch am klassischen französischen Theater orientierte. Das Drama handelt von einem Republikaner, der sich gegen Cäsars Alleinherrschaft auflehnt.

Als erfolgreiche Dramatikerin betätigte sich auch Gottscheds Gattin LUISE ADELGUNDE VICTORIE GOTTSCHED. Sie schrieb als erste Frau ein Trauerspiel in deutscher Sprache: *Panthea* (1744), die tragische Geschichte einer tugendhaften Herrscherin. Erfolgreicher beim Publikum war das Lustspiel *Die Pietisterey im Fischbein-Rocke* (1736). Die Verlachkomödie thematisiert Intoleranz, Frömmelei und Leichtgläubigkeit, gegen die die Autorin mit Spott und Ironie zu Felde zieht.

Als zweifellos größter Dramatiker der A. ist indes GOTTHOLD EPHRAIM LESSING zu sehen. Mit zwei Dramen wendet er sich gegen antisemitische Tendenzen der Zeit und befürwortet eine tolerante Haltung gegenüber der jüdischen Religion: *Die Juden* und *Nathan der Weise.*

- In der Komödie *Die Juden* (1749) werden zwei Juden verdächtigt, einen Baron überfallen zu haben. Die Tat gibt Anlass zu Vorurteilen und abwertenden Verallgemeinerungen. Als die wahren Diebe erweisen sich allerdings Christen aus der Umgebung des Überfallenen. Der Reisende, der den Baron gerettet hat, soll aus Dankbarkeit mit dessen Tochter vermählt werden. Doch zeigt es sich, dass dieser ein assimilierter Jude ist. Freundschaft zwischen den Konfessionen scheint zwar möglich, eine Ehe aber nicht. □

Insofern ist das Ende der Komödie keineswegs versöhnlich, denn selbst in der heiteren Schlussbemerkung des geläuterten Barons gegenüber dem Reisenden versteckt sich noch das alte Vorurteil: »*O wie achtenswürdig wären die Juden, wenn sie Ihnen glichen!*«

Toleranz im Verhältnis zwischen den Konfessionen ist das Thema von *Nathan der Weise* (1779). Das ›**Ideendrama**‹ (verfasst im Blankvers, ↗ S. 177) ist eher an der Präsentation von Gedanken als an dramatischer Handlung und differenziert ausgestalteten Charakteren interessiert:

- Ort der Handlung ist das Jerusalem der Kreuzzüge. Die Hauptpersonen gehören drei unterschiedlichen Religionen an: der christlichen, jüdischen und islamischen. Das Drama thematisiert die wechselseitigen Vorbehalte zwischen den Gläubigen der verschiedenen Religionen und entwirft die Möglichkeit einer Überwindung dieser Vorbehalte in der Besinnung auf einen gemeinsamen Kern der drei Glaubensrichtungen. Im Zentrum des Dramas steht die so genannte ›**Ringparabel**‹, die der Jude Nathan dem Sultan als Gleichnis für die drei Religionen und deren Wahrheitsgehalt vorträgt: Ein Ring, der die geheime Kraft besitzt, seinen Träger »*vor Gott und Menschen angenehm zu machen*«, wurde von Generation zu Generation immer an den Lieblingssohn vererbt. Als ein Vater sich nicht zwischen seinen drei Kindern entscheiden kann, lässt er zwei weitere völlig gleiche Ringe anfertigen und gibt diese seinen Kindern; die »*Tyrannei des einen Rings*« ist damit aufgehoben:
  »*Es eifre jeder seiner unbestochnen/Von Vorurteilen freien Liebe nach!/Es strebe von euch jeder um die Wette,/Die Kraft des Steins in seinem Ring' an Tag/Zu legen!*« □

Die Parabel lenkt den Blick darauf, dass der Wert einer Religion weniger darauf beruhe, dass sie die einzig gültige Tradition und die einzig wahren Dogmen für sich beanspruchen könne, ihr Wert erweise sich vielmehr erst dann, wenn sie ein Handeln aus Menschenliebe und ein engagiertes Eintreten für Humanität motiviere.

Lessings größte Leistung im Bereich des Theaters besteht in der **Einführung des bürgerlichen Trauerspiels** (↗ S. 162) in Deutschland. Mit *Miss Sara Sampson* (1755) und *Emilia Galotti* (1772) schrieb Lessing zwei bedeutende Dramen, die zur Etablierung der Gattung wesentlich beitrugen. In beiden Dramen werden bürgerliche Vorstellungen von **Tugend** und der Gegensatz zwischen bürgerlicher Moral und Lebenshaltung des Adels thematisiert; Konfliktpunkt ist jeweils die Entfaltung von Liebe und Sexualität in der jeweiligen sozialen Ordnung. Eines der Hauptmotive beider Dramen ist das der verführten Unschuld.

- Miss Sara Sampson und ihr Geliebter Mellefont sind in die englische Provinz geflüchtet. Marwood, die ehemalige Geliebte von Mellefont, hat beide entdeckt und benachrichtigt den Vater. Dieser verzeiht seiner Tochter und will die Liebenden zurückholen. Als Marwood sich deshalb kaum noch Hoffnung auf Mellefont machen kann, vergiftet sie Sara. Mellefont begeht daraufhin Selbstmord. Der tugendhafte Vater sorgt für die uneheliche Tochter, die Marwood auf ihrer Flucht zurückgelassen hat. □
- Der Prinz Gonzaga hat die Bürgerstochter Emilia Galotti als seine Mätresse auserkoren und deshalb den vorgesehenen Ehemann Graf Appiani beseitigen lassen. Emilia

fürchtet, den Verführungskünsten des Prinzen zu erliegen und sieht keinen anderen Ausweg, als ihren Vater zu bitten, sie zu töten. Ihr Vater kommt ihrem Wunsch erschrocken nach. □

Das Drama thematisiert den Konflikt zwischen einem Adel, der in seiner Macht nur am Eigennutz orientiert ist, und einem Bürgertum, das sein Handeln nach Vorstellungen von Tugendhaftigkeit ausrichtet. Im Drama glauben Emilia und ihr Vater, der Tugend nur durch ein Selbstopfer zur Geltung verhelfen zu können. Wie in *Nathan der Weise* und in *Miss Sara Sampson* kommt auch hier der Vaterfigur eine Schlüsselstellung zu. Die Präzision des Handlungsaufbaus und der Dialoge macht das Stück zu einem Meisterwerk: »*Unstreitig ein großes Exempel der dramatischen Algebra*«, bemerkt FRIEDRICH SCHLEGEL 1797 zu Recht.

3.7 Lyrik der Aufklärung

Natur-, Erlebnis- und Liebeslyrik

Ein »*Zeitalter ohne Poesie*« wurde die A. einmal genannt. Diese Einschätzung bezog sich auf die Zweckorientierung der Lyrik und die etwas steifen Gedichte der Frühaufklärung. Bei genauerem Hinsehen erweist sich das 18. Jh. aber keineswegs als unpoetisches Zeitalter. Schon zu Beginn der Aufklärung wurden bedeutende Gedichte geschrieben und mit der **Natur- und Erlebnislyrik** zwei neue Akzente in der Poesiegeschichte gesetzt. Im Bereich der Metrik (↗ S. 176 ff.) orientierte sich die Aufklärungslyrik anfangs noch sehr an den Vorgaben der Barockzeit; erst im letzten Drittel des 18. Jh. bieten die freien Rhythmen KLOPSTOCKS und die *Deutsche Prosodie* von KARL PHILIPP MORITZ Neues.

Die Geschichte der Aufklärungslyrik beginnt mit BARTHOLD HEINRICH BROCKES und dessen poetischem Hauptwerk *Irdisches Vergnügen in Gott* (1721–1748). Die umfangreiche Gedichtsammlung lehnt sich mit theologischen Bezügen und ihrer Metaphorik noch an die Barocklyrik an. Doch finden sich hier schon detaillierte Naturbeschreibungen, die in konkreten Bildern die kleine und die große Welt gleichermaßen erfassen wollen. In vielen Gedichten deutet sich schon ein empirisches Interesse (Empirismus, ↗ S. 199) an der Natur an.

Die aus ärmlichen Verhältnissen stammende Lyrikerin ANNA LUISA KARSCH war Autodidaktin; sie galt wegen der Naivität und Formlosigkeit ihrer Gedichte schon im 18. Jh. als ›Naturtalent‹. Sie verfasste viele Gelegenheitsgedichte und patriotische Texte, die sie nicht selten, ohne auf Ratschläge und Korrekturen von (männlichen) Freunden und Gönnern zu hören, publizierte; das aber macht heute durchaus den Reiz ihrer Texte aus.

Ganz andere Wege gehen die gebildeten Dichter des Rokoko, wie etwa FRIEDRICH VON HAGEDORN, JOHANN PETER UZ und JOHANN LUDWIG GLEIM, die sich an antiken Traditionen orientieren und dichterisch Lebensfreude ausdrücken wollen. Ihr Metier ist die leichte, tändelnde und spielerische **Liebeslyrik**, die weniger das Lehrhafte als das Lebensfrohe betont. Typisch ist Hagedorns *Wettstreit*:

■ *Mein Mädchen und mein Wein,*
Die wollen sich entzwein.
Ob ich den Zwist entscheide,
wird noch die Frage sein.

Ich suche mich durch beide
Im Stillen zu erfreun.
Sie gibt mir größre Freude,
Doch öftre gibt der Wein. □

Der bedeutendste Lyriker des 18. Jh. ist vermutlich Klopstock, der schon von den Zeitgenossen geradezu kultisch verehrt wurde. Die Themen seiner Gedichte – Freundschaft, Natur, Schönheit – waren zentrale Themen der **Empfindsamkeit**, einer Strömung innerhalb der Aufklärung, die eine gefühlsbetonte ›Sprache des Herzens‹ entwickelte und dem Ausdruck subjektiver Empfindungen eine besondere Bedeutung beimaß. Zu Klopstocks bekanntesten Werken gehören die Naturgedichte *Der Zürichsee* (1748) und *Das Landleben/Frühlingsfeyer* (1759/1771). Die Vorbilder der berühmten Oden stammen aus der Antike, insbesondere von Pindar. Als Merkmale gelten der pathetisch-erhabene Ton, der freie Rhythmus und die Tendenz zur Abweichung von der syntaktischen (↗ S. 43 ff.) Norm.

3.8 Ein Autor im Kontext der Aufklärung: Gotthold Ephraim Lessing

Lessing wird in Kamenz in der Lausitz als Sohn eines Pfarrers geboren. Er besucht als Stipendiat die berühmte Fürstenschule St. Afra in Meißen und beginnt ab 1746 in Leipzig ein Studium der Theologie und Medizin. Intensiv beschäftigt er sich allerdings mit der Literatur, der Philosophie und dem Theater. So studiert er nebenbei Poesie bei Gottsched und Briefkunde bei Gellert. Er beginnt Komödien zu schreiben und hat Kontakte zur berühmten Theatertruppe von Caroline Neuber. 1748 wechselt er, um sich stärker auf die Theologie konzentrieren zu können, an die Universität Wittenberg; nach einem Semester geht er aber doch nach Berlin, jetzt als freier Übersetzer, Publizist und gefürchteter Kritiker bei verschiedenen Zeitungen. 1752 schließt er sein Studium in Wittenberg als Magister ab. Ein Jahr später – er ist gerade 24 Jahre alt – wird die erste Ausgabe seiner gesammelten *Schriften* veröffentlicht. In Berlin arbeitet er in den folgenden Jahren eng mit Nicolai und vor allem mit Moses Mendelssohn zusammen. Von 1760 bis 1765 nimmt er aus finanziellen Gründen eine Sekretärsstelle bei General von Tauentzien in Breslau an. In den nächsten Jahren wirkt er dann wieder als Dramaturg und Kritiker in Hamburg. Hier entsteht die Idee eines deutschen Nationaltheaters. Schließlich erhält er 1770 die Stelle eines Bibliothekars an der Herzog-August-Bibliothek in Wolfenbüttel (einer der Vorgänger Lessings war Leibniz). Von hier aus reist er 1775 als Begleiter eines braunschweigischen Prinzen über Wien nach Italien. 1776 heiratet Lessing seine Verlobte Eva König, die 1778 bei der Geburt eines Kindes stirbt. In Wolfenbüttel entstehen seine letzten Werke: *Die Erziehung des Menschengeschlechts* (1777) und der *Nathan der Weise* (1779). Bei einem Besuch in Braunschweig stirbt Lessing und wird dort auf dem Maghi-Kirchhof begraben.

4 Sturm und Drang

POLITIK | WIRTSCHAFT | WISSENSCHAFT

- 1776 Amerikanische Unabhängigkeitserklärung

KULTUR | BILDENDE KUNST | MUSIK

- 1767 JOHANN GOTTFRIED HERDER: Über die neuere deutsche Literatur (literaturkritische Fragmente)
- 1772 Gründung des Dichterbundes ›Göttinger Hain‹ (bis 1774)
- 1772–73 Frankfurter Gelehrte Anzeigen (Zeitschrift)

LITERATUR

- 1774 JOHANN WOLFGANG VON GOETHE: Die Leiden des jungen Werthers (Roman)
- 1774 JAKOB MICHAEL REINHOLD LENZ: Der Hofmeister (Drama)
- 1776 FRIEDRICH MAXIMILIAN KLINGER: Sturm und Drang (Drama)
- 1781 FRIEDRICH SCHILLER: Die Räuber (Drama)
- 1784 FRIEDRICH SCHILLER: Kabale und Liebe (Drama)

4.1 Der Begriff ›Sturm und Drang‹

Zeitliche Einordnung

Als Eckpunkte einer zeitlichen Einordnung setzt man bei weit gefasster Datierung das Publikationsdatum von JOHANN GOTTFRIED HERDERS literaturkritischen Fragmenten *Über die neuere deutsche Literatur* (1767) und das letzte Jahr von JOHANN WOLFGANG VON GOETHES vorklassischer Weimarer Phase (1785). Bei engerer Betrachtung datiert man die Epoche, ausgehend von Herders und Goethes gemeinsamer Straßburger Zeit, von 1770 bis hin zur Uraufführung von FRIEDRICH SCHILLERS Tragödie *Kabale und Liebe* 1784.

Merkmale der Literatur des Sturm und Drang

Die Epoche des Sturm und Drang erhielt ihren Namen nach dem Schauspiel *Sturm und Drang* (1776) von FRIEDRICH MAXIMILIAN KLINGER. Mit ›Sturm und Drang‹ wird eine literarische Bewegung bezeichnet, die von jungen Autoren im Alter zwischen zwanzig und dreißig Jahren mit bürgerlicher Herkunft getragen wurde. Die Stürmer und Dränger verband ihre Rebellion gegen die um eine Generation älteren Vertreter der Aufklärung. Auf Ablehnung stießen deren einseitige Betonung des Verstandes und ihr Eintreten für eine maßvolle Lebensführung. Den Werken gemeinsam ist der Protest gegen die absolutistische Obrigkeit und die höfische Welt des Adels. Gepriesen wurde das **Genie**, das sich seine Gesetze und Regeln selbst schafft. Manche Literaturgeschichten sprechen deshalb von ›Geniezeit‹ und spielen darauf an, dass sich die Stürmer und Dränger selbst als ›Originalgenies‹ verstanden. Im Mittelpunkt der Werke, denen ein hohes Maß an Emotionalität gemeinsam ist, steht der ›**Selbsthelfer**‹, der auch um den Preis des Untergangs und gegen gesellschaftliche Normen seine Individualität auslebt. Zu den oft radikalen Gedanken des Sturm und Drang passten die überlieferten Formen und Stoffe (Regelpoetiken des Barock und der Aufklärung, ↗ S. 191, 200) nicht mehr. Der ausgefeilten Nachahmung überkommener Vorschriften setzten die jungen Autoren Originalität und ausdrucksstarke Wiedergabe authentischer Erfahrung entgegen. Für die Umsetzung der Ideen des Sturm und Drang war das Drama besonders geeignet. Es wurde zur dominierenden Gattung dieser Epoche. Ihre wichtigsten Vertreter waren JOHANN WOLFGANG VON GOETHE (*Götz von Berlichingen*, 1773; *Die Leiden des jungen Werthers*, 1774), FRIEDRICH SCHILLER (*Die Räuber*, UA 1782; *Kabale und Liebe*, UA 1784) und JAKOB MICHAEL REINHOLD LENZ (*Der Hofmeister*, 1774).

4.2 Historischer Kontext

Ende des 18. Jahrhunderts ist Deutschland von **Kleinstaaterei** geprägt: Das Deutsche Reich gab bloß den obersten rechtlichen Rahmen vor, innerhalb dessen sich eine Vielzahl von Kleinstaaten, Reichsstädten, reichsgräflichen und reichsritterschaftlichen Hoheitsgebieten sowie geistlichen Staaten politisch selbstständig organisierte. Die jeweiligen Landesgrenzen markierten konfessionelle Unterschiede und umfassten eigenrechtliche Herrschaftsräume; die einzelnen Staaten selbst aber wurden zunehmend zentralistisch regiert, was einen ständigen Ausbau des Verwaltungsapparats bewirkte. An Letzterem waren die bürgerlichen Schichten erstmals weitgehend beteiligt. Ähnliches gilt auch für die wirtschaftliche Entwicklung: Die frühe **Industrialisierung** wurde in den deutschen Kleinstaaten in erheblichem Maße vom **Bürgertum** getragen. Dies führte zu einer Erstarkung des Selbstbewusstseins dieser Gesellschaftsschicht, die nicht ohne Auswirkungen auf die Literatur blieb (bürgerliches Trauerspiel, ↗ S. 203 ff., Geniekult).

4.3 Literarisches Programm

Die literarische Bewegung des Sturm und Drang verurteilte die künstlerischen Regeln und Gesetze der Aufklärung sowie des Barock und orientierte sich an einzelnen herausragenden Autoren wie SHAKESPEARE und LESSING. In geistigen Zentren um Straßburg, Göttingen und Frankfurt entwickelten die Autoren des Sturm und Drang eigene Vorstellungen vom Kunstwerk und den Aufgaben des Künstlers.

Der Kreis um HERDER, GOETHE und JAKOB MICHAEL REINHOLD LENZ agierte zuerst in Straßburg, später in Frankfurt und Wetzlar. Als deren gemeinsames Sprachrohr fungierte zu Anfang die Zeitschrift *Frankfurter Gelehrte Anzeigen* (1772–1773). Die von Herder herausgegebene Aufsatzsammlung *Von deutscher Art und Kunst* (1773) betrachtet man als Programmschrift nicht bloß dieses Kreises, sondern der Stürmer und Dränger überhaupt.

Zum Zirkel, der etwa gleichzeitig in Göttingen literarisch tätig war, gehörte u. a. GOTTFRIED AUGUST BÜRGER. Dessen Balladen (z. B. *Lenore,* 1774) und politische Lyrik (z. B. *Der Bauer. An seinen durchlauchtigen Tyrannen,* 1775) werden als bedeutendster Beitrag dieser Gruppe gewertet. Hier wird die Verwurzelung des Sturm und Drang in der Spätaufklärung deutlich erkennbar. Die fehlende Idealisierung, die SCHILLER aus klassizistischer Sicht später an Bürgers Gedichten kritisierte (*Über Bürgers Gedichte,* 1791), galten anderen wie HEINRICH HEINE gerade als deren Stärke.
Eine dritte, jüngere Gruppe sammelte sich – zeitlich verzögert – in Schwaben um FRIEDRICH SCHILLER. Dessen Jugenddramen *Die Räuber* (anonymer Druck 1781, Urauff. 1782) und *Kabale und Liebe* (1784) sowie sein Aufsatz *Die Schaubühne als moralische Anstalt betrachtet* (1784) sind die wirkungsmächtigsten Texte dieses Kreises.

4.4 Literarisches Leben

Zu einem der meistgelesenen Romane dieser Epoche wurde GOETHES *Die Leiden des jungen Werthers* (1774). Hier wendet sich der Romanheld kritisch gegen die feudale Gesellschaftsordnung. Zu den vielen Nach- und Neudrucken (die von Goethe überarbeitete 2. Aufl. erschien 1775, hinzu kamen zahlreiche unautorisierte Raubdrucke) gesellten sich in rascher Folge Übersetzungen ins Französische, Englische und Italienische, sodass sowohl Rezeption als auch Wirkung des Romans über den deutschsprachigen Raum hinausgingen. Die vorwiegend junge Leserschaft entstammte mehrheitlich der bürgerlichen Intelligenz.

4.5 Epik des Sturm und Drang

Der Briefroman

Die ungeheure Wirkung des Romans *Die Leiden des jungen Werthers* (1774) auf die Zeitgenossen verdankt sich nicht nur dem Inhalt, sondern auch der Form. In Briefen, die an einen Freund gerichtet sind, schildert Werther seine innersten Gefühle. Das befördert in hohem Maße die distanzlose Identifikation mit dem Romanhelden:

- Der bürgerliche Held Werther ist ein junger Mann, der eine verheiratete Frau liebt und an dieser Liebe festhält. Er scheitert an den gesellschaftlichen Schranken, die seiner Selbstverwirklichung entgegenstehen. Sein als ›**Krankheit zum Tode**‹ bezeichnetes Leiden gipfelt schließlich in seinem Selbstmord aus unerfüllbarer Liebe zu Lotte. □

Der Eindruck von Authentizität, den der **Briefroman** als neue Form der Erzählprosa vermittelt, wurde durch biografische Daten aus den Jahren 1772 bis 1774 zusätzlich untermauert: GOETHES Begegnungen mit CHARLOTTE BUFF (der Verlobten von JOHANN CHRISTIAN KESTNER) in Wetzlar und mit MAXIMILIANE BRENTANO in Ehrenbreitstein und Frankfurt sowie der Selbstmord des mit Goethe befreundeten CARL WILHELM JERUSALEM aus Liebe zu einer verheirateten Frau mit von Kestner geliehenen Pistolen. Goethe hat auf die Identifikation der Romanfigur mit dem Autor – eine unzulässige Verwechslung von Fiktion und Realität – in späteren Jahren zunehmend unwirsch reagiert.
Von jungen Menschen als Anklage gegen die bestehenden gesellschaftlichen Normen und die Unterdrückung des Individuums verstanden, traf der *Werther* genau den

Nerv der Zeit. Nach der Publikation des Romans brach ein regelrechtes **Werther-Fieber** aus, das nicht nur die Mode beeinflusste und zu vielerlei Nachdichtungen anregte, sondern auch eine ganze Anzahl von Selbstmorden im Stil Werthers zur Folge hatte. Orthodoxe Theologen forderten wegen der angeblichen Verherrlichung der Selbsttötung deshalb eine Zensur. Dies führte 1775 schließlich zu einem Verkaufsverbot des *Werther* in Leipzig.

4.6 Dramatik des Sturm und Drang

Obwohl GOETHES *Werther* die eigentliche Geburtsstunde des modernen Romans in Deutschland war, wurde dennoch das Drama zur dominierenden Gattung des Sturm und Drang. Die Schauspiele *Der Hofmeister* (1774) und *Die Soldaten* (1776) von J.M.R. LENZ betrachtet man ihrer offenen Form (↗ S. 163f.) und Szenenorientierung wegen sowie aufgrund ihres gesellschaftskritischen Inhalts als Vorläufer von GEORG BÜCHNERS nichtaristotelischer Dramatik, die für die Moderne (↗ BERTOLT BRECHTS episches Theater, S. 164f.) folgenreich war.

Auch in SCHILLERS *Die Räuber* (UA 1782) und in Goethes *Götz von Berlichingen mit der eisernen Hand* (1773) steht die Rebellion eines großen ›Kerls‹ – eines ›Kraftgenies‹ – im Mittelpunkt, die gegen die politisch-soziale Ordnung gerichtet ist und das Recht des Einzelnen auf Freiheit und Selbstbestimmung betont.

Für die Aufführung seines Schauspiels *Die Räuber* setzte Schiller nicht nur seine Anstellung als Militärarzt, sondern auch seine Heimat aufs Spiel: »*Die Räuber kosteten mir Familie und Vaterland*«, schrieb er 1784 rückblickend (↗ S. 220). Damit vollzog sich im Leben des Dichters, was im Stück für die Hauptfigur angelegt ist:

■ »*Siehe, da fällt's wie der Star von meinen Augen! Was für ein Tor ich war, dass ich ins Käficht zurückwollte! – Mein Geist dürstet nach Taten, mein Atem nach Freiheit – Mörder, Räuber! – mit diesem Wort war das Gesetz unter meine Füße gerollt – Menschen haben Menschheit vor mir verborgen, da ich an Menschheit appellierte, weg dann von mir Sympathie und menschliche Schonung! – Ich habe keinen Vater mehr, ich habe keine Liebe mehr und Blut und Tod soll mich vergessen lehren, dass mir jemals etwas teuer war!*« (Aus: *Die Räuber*, 1. Akt, 2. Szene) □

4.7 Lyrik des Sturm und Drang

Erlebnislyrik und Volkslieder

Neuartige Erscheinungsformen gab es nicht nur in der Erzählprosa (↗ Briefroman, S. 209), sondern auch in der Lyrik. Um 1770 beginnt GOETHE, Gedichte einer neuen Art zu schreiben, die so genannte **Erlebnislyrik** (Goethes *Sesenheimer Lieder*, z.B. *Maifest* u. *Es schlug mein Herz*, entst. 1771, Druck 1775). Die Gedichte, in denen Liebe, Natur, das Göttliche und der Mensch eine Einheit bilden, vermitteln den Eindruck einer unmittelbaren Aussprache von Gefühlen. Verdrängt wird die strenge Formkunst und Gedankenlyrik früherer Epochen. **Freie Rhythmen** werden zur typischen Form.

Ähnliches gilt auch für die von HERDER herausgegebene Gedichtsammlung *Volkslieder* (1778/79), die aus der gemeinsamen Sammeltätigkeit mit Goethe erwuchs und in der u.a. das *Abendlied* von MATTHIAS CLAUDIUS stand.

■ *Abendlied*

Der Mond ist aufgegangen,
Die goldnen Sternlein prangen
Am Himmel hell und klar;
Der Wald steht schwarz und schweiget
Und aus den Wiesen steiget
Der weiße Nebel wunderbar.

[...]

Gott, lass uns d e i n Heil schauen,
Auf nichts Vergänglichs trauen,
Nicht Eitelkeit uns freun!
Lass uns einfältig werden
Und vor dir hier auf Erden
Wie Kinder fromm und fröhlich sein!

[...] □

Das *Abendlied* erschien zum ersten Mal 1779 im *Hamburger Musen-Almanach* und in der *Poetischen Blumenlese für das Jahr 1779;* beides herausgegeben von JOHANN HEINRICH VOSS. Im selben Jahr fand es Aufnahme in Herders 2. Band der *Volkslieder*. Das *Abendlied* ist eine Nachdichtung des Liedes *Nun ruhen alle Wälder* von PAUL GERHARDT aus dem Jahr 1653.
Die uns heute geläufige Melodie stammt von JOHANN ABRAHAM SCHULZ, der sie 1790 in seiner Sammlung *Lieder im Volkston* veröffentlichte.
In Goethes Hymne *Prometheus* (entst. 1774) – einem Rollengedicht – kommt die Idee vom ›**Originalgenie**‹ als einem Wesen, das keiner höheren Instanz und Moral unterworfen ist, zum Ausdruck: »*Hier sitz' ich, forme Menschen nach meinem Bild.*« So spricht Prometheus, der sich mit seinem originären Schöpfungsakt gegen den höchsten Gott Zeus auflehnt. Dieser Selbstüberhöhung entspricht ein Pathos, das sein Vorbild in der Dichtung FRIEDRICH GOTTLIEB KLOPSTOCKS (↗ S. 205 f.) hat, einem von den Stürmern und Drängern verehrten Autor.

5 Literatur der Kunstperiode: Weimarer Klassik

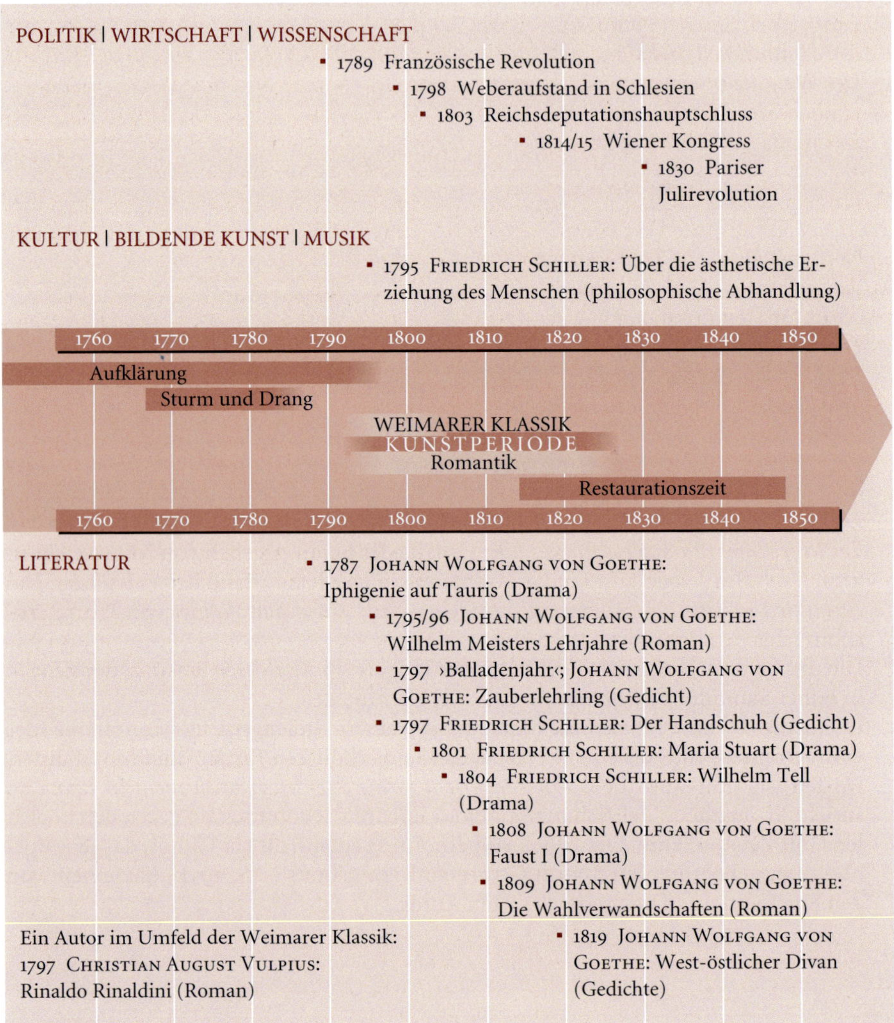

5.1 Der Begriff ›Literatur der Kunstperiode‹

Für die literaturgeschichtlichen Epochen der **Klassik** und **Romantik** prägte HEINRICH HEINE 1828 den Begriff der ›**Kunstperiode**‹, als er in einer Rezension notierte: »*Ist doch die Idee der Kunst zugleich der Mittelpunkt jener ganzen Literaturperiode, die mit dem Erscheinen Goethes anfängt und erst jetzt ihr Ende erreicht …*« In seinem 1835 erschienenen literarhistorischen Abriss *Die romantische Schule* erläutert Heine dieses Verständnis, in-

dem er deutlich macht, dass sich mit GOETHE und mit den *»Goetheanern«* eine neue Vorstellung von Kunst durchsetzte. Der wichtigste Gedanke dabei sei gewesen, dass es für die Kunst keine äußeren Zwecke gebe und dass ›wahre Kunst‹ ihre Unabhängigkeit gegenüber der Zeitgeschichte und ihrer Moral zu bewahren habe. Kunst habe für die *»Goetheaner«* den Charakter einer *»unabhängigen zweiten Welt«* und sei *»als das Höchste proklamiert«* worden. Heine steht dieser Auffassung von Dichtung kritisch gegenüber. Zwar betont er den ästhetischen Rang der Werke Goethes, weist aber darauf hin, dass hier alles in eine *»schöne gefällige Form«* verwandelt und politisch wirkungslos werde: *»Die Tat ist das Kind des Wortes, und die Goethe'schen schönen Worte sind kinderlos.«*
Was Heine kurz nach Goethes Tod zur Situation der Literatur bemerkte, wurde in der neueren Literaturwissenschaft als ein Prozess betrachtet, in dem sich die Vorstellung einer autonomen Kunstliteratur durchsetzte. In diesem Sinne spricht man auch von **Autonomieästhetik**. Mit den autonomieästhetischen Literaturprogrammen einher geht eine weit reichende kulturelle Differenzierung: In Deutschland bürgert sich die Unterscheidung ein zwischen **Schriftstellern**, die für den Markt bzw. ein Massenpublikum produzieren, und **Dichtern**, die nur der Kunst verpflichtet seien. Letztere nähmen gegenüber dem realen Publikum eine distanzierte Haltung ein und richteten ihre Werke an ein ideales Publikum. Die Erfolgsschriftsteller hingegen wurden dafür kritisiert, dass sie die niedrigen Bedürfnisse einer nicht kunstsinnigen Leserschaft befriedigten (↗ literarische Wertung, S. 143 ff.).
Die auch von Heine eingeräumte herausragende Stellung Goethes spiegelt sich in manchen Literaturgeschichten, die von einer ›Goethezeit‹ bzw. dem ›Zeitalter Goethes und Schillers‹ sprechen, um die herausragende Stellung der beiden Autoren sowie ihrer literarischen, ästhetischen und wissenschaftlichen Arbeiten zu betonen. Goethe und Schiller selbst hatten sich – im Unterschied zur Definition der national gesinnten Romantiker – als Verfasser von zeitloser Weltliteratur (*»zu keinem Volk und zu keiner Zeit«* gehörig) betrachtet.

■ *Es gibt keine patriotische Kunst und keine patriotische Wissenschaft. Beide gehören wie alles hohe Gute der ganzen Welt an und können nur durch allgemeine freie Wechselwirkung aller zugleich Lebenden in steter Rücksicht auf das, was uns vom Vergangenen übrig und bekannt ist, gefördert werden.* (Goethe: *Maximen und Reflexionen*) □

5.2 Der Begriff ›Weimarer Klassik‹

Die Epochenbezeichnung ›Weimarer Klassik‹ ist zwar eng mit den Namen JOHANN WOLFGANG VON GOETHE und FRIEDRICH SCHILLER verbunden, genau genommen mit der Zeit ihrer Zusammenarbeit von 1794 bis zu Schillers Tod 1805. Sie entspricht jedoch kaum der Sichtweise Goethes, der der Auffassung war, dass das partikularistisch zerstückelte Deutschland nicht die Voraussetzung böte, einen klassischen Nationalautor hervorzubringen. Die Rede von der ›Weimarer Klassik‹ entwickelte sich erst in der zweiten Hälfte des 19. Jh. im Zusammenhang mit dem politischen Versuch, auf kulturgeschichtlichem Gebiet ein nationales Prestige aufzubauen.

Merkmale klassischer Literatur

Der lateinische Ausdruck ›classici‹, von dem sich das Wort ›klassisch‹ herleitet, war ursprünglich ein steuerrechtlicher Terminus zur Bezeichnung der höchsten Vermö-

gensklasse in Rom. In der Spätantike verlagerte sich die Bedeutung des Wortes in den normativ-ästhetischen Bereich zur Betonung der Mustergültigkeit eines Kunstwerks bzw. der Kanonwürdigkeit (↗ Kanon, S. 136f.) eines Autors. Die italienische Renaissance (13.–16. Jh.) machte daraus eine allgemeine stilistische Bezeichnung für jegliche Kulturphasen mit Vorbildcharakter für die ihnen nachfolgende Zeit. ›Klassik‹ in diesem humanistischen Gebrauch des Wortes bezeichnet demnach ein von Ausnahmekünstlern geschaffenes überzeitliches **Kunst- und Lebensideal.**
Dieses Ideal, das die Weimarer Klassik in der **griechischen Antike** verwirklicht sah, beruht auf der Vorstellung von einer wahren Menschlichkeit, die sich in Tugenden wie Toleranz und Nächstenliebe äußert. Gefühl und Verstand, künstlerisches Empfinden und wissenschaftliches Denken, alle Kräfte und Fertigkeiten sollten in einer ausgewogenen Einheit zur Entfaltung und zum Produktivwerden des Menschen führen. Wie die Aufklärung ging die Klassik bei der Realisierung ihrer Ziele von der Erziehbarkeit des Menschen aus. Wichtige Themen der klassischen Literatur sind **Humanität, Harmonie, Vollkommenheit** und **Selbstentfaltung.** Die dominierenden Gattungen waren **Dramatik** und **Lyrik.** Der einzige epische Text der klassischen Ästhetik ist GOETHES Roman *Wilhelm Meisters Lehrjahre* (↗ S. 216), als Begründer der Gattung des so genannten **Bildungsromans** allerdings durchaus wirkungsmächtig.

5.3 Historischer Kontext

Das Epochenzentrum der Klassik, Weimar, war mit nicht ganz 6000 Einwohnern um 1800 eine eher unscheinbare Residenzstadt mit dörflichem Charakter, fast ohne Industrie und ohne einen ausgeprägten Mittelstand. Zwischen der einfachen Bevölkerung einerseits und den Angehörigen akademischer Berufe, höheren Beamten und höfischen Adligen andererseits verlief eine tiefe Kluft, die GOETHE als einziger Angehöriger des Hofes ab 1788 durch seine Verbindung mit der Manufakturarbeiterin CHRISTIANE VULPIUS überbrückte. Als Regierungssitz der vereinigten Herzogtümer Weimar und Eisenach war dem Ort unter der Regentschaft Herzogs KARL AUGUST nach dem Frieden von Basel 1795 bis zum Durchzug der Truppen Napoleons 1806 relative Ruhe vor den Revolutionskriegen und weitgehende Unabhängigkeit von den Großmächten beschieden. Diese Ferne von den Konflikten der Zeit spiegelt sich auch in der Abstinenz der klassischen Literatur in Bezug auf tagespolitische Themen.

5.4 Literarisches Programm

Vom Bewusstsein, dass es eine Rückkehr in die Antike nicht geben kann, zeugt SCHILLERS Abhandlung *Über die ästhetische Erziehung des Menschen, in einer Reihe von Briefen, an den Gönner gerichtet,* die 1795 in seiner Zeitschrift *Horen* erschien. Schillers Abhandlung ist unter dem Eindruck der Gewalttaten im Verlauf der Französischen Revolution und in Auseinandersetzung mit IMMANUEL KANTS Ästhetik (*Kritik der Urteilskraft,* 1790) entstanden. Es ging Schiller v.a. um die Frage, wie die durch den Zivilisationsprozess verloren gegangene **Einheit von Natur und Vernunft** wiederhergestellt, d.h. der Zustand der Entfremdung (↗ Romantik, S. 221ff.) überwunden werden könnte. Wenn »*die Trennung in dem innern Menschen wieder aufgehoben*« sei, so verheißt Schillers kunsttheoretischer Entwurf, dann seien auch die Voraussetzungen für eine politische

Erneuerung erfüllt. Ähnlich wie GOETHE betrachtete auch Schiller das Individuum als der Gesellschaft vorgeordnet. Damit sich die Gesellschaft in einer idealen Weise revolutioniere, sei eine Charakterveredelung jedes einzelnen Menschen vonnöten. Der Kunst sprach er hierbei die Aufgabe zu, durch Form und Inhalt einen Vorschein idealer Zustände zu vermitteln und den Menschen so durch Anschauung von Perfektion, Ganzheit und Freiheit durch alle gesellschaftlichen Klassen hindurch zu verbessern. Sich konkret in aktuelle Angelegenheiten einzumischen, liegt dieser Art von Kunstauffassung fern.

5.5 Literarisches Leben

Das zeitgenössische Publikum hat sich wenig für die Werke der Klassik interessiert, denen wir heute große Bedeutung beimessen. Der literarische Markt wurde damals von **Unterhaltungsliteratur** (↗ S. 145) im Stil des berühmten Räuberromans *Rinaldo Rinaldini* (1797) von GOETHES Schwager CHRISTIAN AUGUST VULPIUS beherrscht. Das Theater spielte hauptsächlich die damals äußerst populären Schauspiele von AUGUST WILHELM IFFLAND und AUGUST VON KOTZEBUE. Iffland war zugleich ein berühmter Schauspieler, der nicht nur in seinen eigenen Stücken auftrat, sondern u.a. auch die Hauptrolle bei der Uraufführung von SCHILLERS *Die Räuber* (1782) spielte.

Gerade das weibliche Publikum, das von den höheren Bildungsschichten bis hin zu den Dienstmädchen im Zuge der allgemeinen Alphabetisierung am Ausgang des 18. Jh. den Hauptteil der Leserschaft ausmachte, verschlang außerdem so genannte **Frauenromane** in der Tradition von SOPHIE VON LA ROCHES empfindsamem Roman *Geschichte des Fräuleins von Sternheim* (1771), der seine Autorin über Nacht zu einer literarischen Berühmtheit machte. Die weibliche Vielleserei wurde von den Pädagogen der Zeit argwöhnisch beobachtet, da sie schädigende Einflüsse auf Sitte und Moral witterten.

Dieser Argwohn ist die Reaktion auf einen Umbruch im literarischen Leben. Auf Kosten religiöser und pädagogischer Gebrauchsliteratur kam es im Laufe des 18. Jh. zu einem enormen Zuwachs an dichterischer (insbes. erzählender) Literatur. Wer von Schriftstellerei zu leben versuchte, trat meist auch als Herausgeber (z.B. HEINRICH VON KLEIST) oder Herausgeberin (z.B. SOPHIE MEREAU, spätere BRENTANO) von Zeitschriften auf und wirkte auch als Übersetzer (z.B. AUGUST WILHELM SCHLEGEL und FRIEDRICH SCHLEGEL) und Literaturkritiker (z.B. F. SCHLEGEL). Den Männern standen zur Aufbesserung des Honorars für Autor- und Herausgeberschaft außerdem bürgerliche Brotberufe im Staatsdienst offen. Sie bezogen Einkünfte z.B. als Juristen (so Goethe und E. T. A. HOFFMANN) oder als Hochschullehrer (so die Brüder GRIMM, Schiller und die Brüder Schlegel). Im privaten Umfeld verdingten sich etliche als Erzieher (so Johann Paul Friedrich Richter, genannt JEAN PAUL, und FRIEDRICH HÖLDERLIN). Manche traten außerdem auch mit Beiträgen auf den Gebieten der Medizin (Schiller) bzw. der Naturwissenschaften (Goethe, Friedrich von Hardenberg, genannt NOVALIS) in Erscheinung. Und was die literarischen Produkte selbst angeht: Keiner war ausschließlich Lyriker, Dramatiker oder Romancier und Novellist, alle verfassten sie literarische Texte in mehr als einer literarischen Gattung. Wer sich auf dem literarischen Markt durchsetzen wollte, war damals wie heute mit großer Konkurrenz konfrontiert.

Das von Goethe und Schiller entwickelte klassische Literaturkonzept mit der ihm eigenen ›hohen‹ Literatur setzte sich gegen jegliche Art von Unterhaltungsliteratur ab und hielt für Letztere das Wort ›Dilettantismus‹ bereit. Insbesondere über den ›Dilettantismus der Weiber‹ waren sich die beiden durchaus einig. Ihre Dichtungstheorie lässt allerdings erkennen, dass sie sich als Gegenreaktion auf die marktbeherrschende Trivialliteratur der Zeit sowie auf ernsthafte Konkurrenten und Konkurrentinnen entwickelte. Die Konzentration auf Schiller und Goethe durch die Nachwelt hat diesen Umstand jedoch verschleiert und das literarische Werk von Schriftstellerinnen (u. a. auch solchen, die sich wie MEREAU u. THERESE HUBER, gesch. FORSTER, mit Schreiben ihren Lebensunterhalt verdienten) vernachlässigt.

5.6 Epik der Weimarer Klassik

Goethes *Wilhelm Meisters Lehrjahre*

In der klassischen Ästhetik stehen die Gattungen Dramatik und Lyrik im Zentrum; die Epik spielt bloß eine geringe Rolle. Dennoch ist GOETHES Roman *Wilhelm Meisters Lehrjahre* literaturgeschichtlich von besonderer Bedeutung. Das Werk gilt als das erste Exemplar einer spezifisch deutschen Spielart des Romans, des so genannten **Bildungsromans** (↗ S. 152).

■ Der Roman handelt von einem Kaufmannssohn, der wegen seiner Leidenschaft für das Theater sowie seiner Liebe zu einer Schauspielerin seiner bürgerlichen Herkunft zu entfliehen versucht. Als Mitglied einer wandernden Schauspieltruppe gelangt er in einen adligen und freimaurerisch geprägten Kreis, in den er am Ende einheiratet. Zuvor aber öffnet ihm dieser Kreis die Augen über seine Vergangenheit: seine Mitschuld am Tod der ersten (vermeintlich untreuen) Geliebten und seine (wahrscheinliche) Vaterschaft. Er erkennt weitere in der Vergangenheit begangene Fehler, sodass seine Lehrjahre folgerichtig enden, als er sich anschickt, als verantwortungsbewusstes Gesellschaftsmitglied zu agieren. □

Mit Goethes Wilhelm-Meister-Projekt verhält es sich ähnlich wie mit seinem Faust-Projekt: Goethe hat den Stoff sein Leben lang bearbeitet. Es gibt den fragmentarischen ›Urmeister‹ *Wilhelm Meisters Theatralische Sendung* (zwischen 1777 u. 1786 entstanden), den ›Klassiker‹ (die Überarbeitung und Vollendung des Fragments) *Wilhelm Meisters Lehrjahre* (1795/96) und schließlich das Alterswerk (eine Fortsetzung) *Wilhelm Meisters Wanderjahre oder Die Entsagenden* (Erstfassung 1821, Zweitfassung 1829).

Während SCHILLER den Roman als Gattung betrachtete, die nicht wirklich dem Bereich der Dichtung, also der ›hohen‹ Kunst, zuzurechnen sei (vgl. sein Diktum, der Romancier sei lediglich der Halbbruder des Dichters), bezeichnete F. SCHLEGEL *Wilhelm Meisters Lehrjahre* nebst der Französischen Revolution als eine der großen Tendenzen seines Zeitalters.

5.7 Dramatik der Weimarer Klassik

Das Drama nahm in der klassischen Ästhetik einen zentralen Platz ein, da es sich – v. a. im Urteil SCHILLERS – vorzüglich dazu eignete, Ideale wie Gerechtigkeit, Humanität, Ordnung als auf Vollendung hinauslaufende Prozesse darzustellen. Dramen wie denen ihres Zeitgenossen KLEIST, die auf die Zerstörung statt Vervollkommnung des Individuums hinauslaufen, standen GOETHE und Schiller ablehnend gegenüber.

Goethes *Iphigenie auf Tauris*

Unter **Humanität** verstanden die Weimarer Klassiker die Selbstvollendung des Menschen durch Befreiung und Entfaltung der in ihm angelegten Potenziale.

Dieses Bild des Menschen als eines edlen und freien Wesens, das weder höheren Mächten noch seinen Trieben unterworfen ist, steht in Goethes mehrfach überarbeitetem Drama *Iphigenie auf Tauris* (1787) auf dem Spiel:

■ Iphigenie, die Hauptperson des Stücks, steht vor der Entscheidung, entweder ihren langjährigen Wohltäter Thoas, den König der Taurier, oder den eigenen Bruder, den Griechen Orest, verraten zu müssen. Die beiden Geschwister entstammen dem Geschlecht der Tantaliden, das von den Göttern mit einem Fluch behaftet ist. Goethes Iphigenie gelingt es, dem über ihrer Familie waltenden Verhängnis zu entgehen, indem sie ihr und ihres Bruders Leben eigenmächtig in Thoas' Hände legt. Dieser zeigt sich ihr gegenüber als wahrer Freund, indem er auf seine Rechte als König und auf die Befriedigung seiner Liebeswünsche verzichtet. Der aus griechischer Sicht als Barbar Bezeichnete erweist sich somit letztlich als der Humanere, indem er, anders als vormals Iphigenies Vater, auf das Menschenopfer verzichtet und die geliebte Priesterin mit dem Götterstandbild der Diana und dem Bruder Orest ziehen lässt. □

Entscheidungsfreiheit, Selbstbestimmtheit, Geschwisterlichkeit und Freundschaft sind die Ideale, auf denen der gute Ausgang des um einen tragischen Konflikt herum gebauten Stücks beruht. Wer aber den Blick ausschließlich auf das harmonische Ende richtet, dem entgeht, dass Thoas einsam und beraubt zurückbleibt.

Als das Drama in seiner klassischen jambischen Endform 1802 vor der Uraufführung stand, nannte Goethe das Stück Schiller gegenüber *»verteufelt human«*, und schon während seiner frühesten Beschäftigung mit dem Stoff war ihm die Ferne des utopischen Entwurfs von der Tagesaktualität bewusst: In einem Brief an Frau VON STEIN klagte er 1779, dass ihm die Arbeit nicht von der Hand gehen wolle und das Drama verflucht sei, denn *»der König von Tauris soll reden, als wenn kein Strumpfwürker in Apolde hungerte«*.

Goethes *Faust*-Dramen

Zeitlebens beschäftigte sich Goethe mit dem Fauststoff. Die Anfänge seiner Auseinandersetzung mit dem **faustischen Streben** – herauszufinden, »was die Welt im Innersten zusammenhält« – reichen in die Sturm-und-Drang-Zeit zurück (so genannter Urfaust, geschrieben 1773–75; allerdings erst 1887 und auch nur in einer Abschrift entdeckt). Die erste ›klassische‹ Überarbeitung der vorhandenen Szenen (Gelehrtentragödie und Gretchenhandlung) führte 1790 zur Publikation von Faust. Ein Fragment; in diesem ist die ursprüngliche Prosafassung durch Verse ersetzt.

1808 erschien *Faust. Der Tragödie erster Teil*, nachdem Goethe, angetrieben von Schiller, Handlungslücken geschlossen und dem irdischen Geschehen durch den Prolog im Himmel einen transzendenten Rahmen gegeben hatte. Die offene Form (↗ S. 163 f.) des Dramas (Szenenfolge, wechselnde Versmaße) – Erbe des Sturm und Drang – missfiel dem ›klassischen‹ Goethe allerdings, Schiller gegenüber nannte er es eine *»barbarische Komposition«*. Die Uraufführung fand erst 1829 in Braunschweig statt; der Aufführung anlässlich seines 80. Geburtstages in Weimar im selben Jahr blieb Goethe fern. Die eigene ablehnende Haltung Goethes gegenüber seinem *Faust I* widerspricht der späteren Erhöhung der Faustgestalt zum nationalen Mythos, des

faustischen Strebens zum deutschen Nationalcharakter und des *Faust I* zum deutschen Nationalschauspiel.
Seit 1800 arbeitete Goethe an der Vollendung des 2. Teils der Faust-Tragödie. 1827 veröffentlichte er davon zunächst den 3. Akt unter dem Titel *Helena. Klassisch-romantische Fantasmagorie. Zwischenspiel zu Faust.* 1832, kurz nach seinem Tod, erschien das ein Jahr zuvor vollendete fünfaktige Schauspiel *Faust. Der Tragödie zweiter Teil,* das u.a. den ganzen Kosmos seiner naturwissenschaftlichen Vorstellungen auf die Bühne bringt, enzyklopädischen Charakter hat, auf zahllose Werke der Weltliteratur verweist und kaum spielbar ist.

5.8 Lyrik der Weimarer Klassik

Balladen und Liebeslyrik

Neben dem Drama war es vor allem die **Ballade**, die in ihrer Mischung von lyrischen, epischen und dramatischen Elementen von GOETHE und SCHILLER als Form gewählt wurde, um weltanschauliche Positionen dichterisch zu formulieren.
1797 ging als ›**Balladenjahr**‹ in die Literaturgeschichte ein: Die in diesem Jahr geschriebenen Balladen erschienen in Schillers Periodikum *Musenalmanach*, darunter Goethes *Der Zauberlehrling* und Schillers *Der Handschuh.*
Bei Schiller spiegelt die Lyrik dessen Ferne von den politischen Ereignissen des Tages wider. Sein berühmtes Gedicht *Das Lied von der Glocke* (1799) wurde von den romantischen Zeitgenossen belächelt, obgleich es dann Bildungsgut des 19. Jh. wurde.
Goethes Lyrikproduktion allerdings geht weit über das philosophische Weltanschauungsgedicht hinaus, dem viele der Balladen nahestehen. Seine *Römischen Elegien* (1795) versammeln ebenso wie sein *West-östlicher Divan* (1819) z.T. sehr deutlich **erotische Liebesgedichte** und verkörpern formvollendet eine zu Lyrik verdichtete **Kunsttheorie.**

5.9 Autoren im Kontext der Weimarer Klassik: Johann Wolfgang Goethe, Friedrich Schiller

Die Freundschaft zwischen Goethe und Schiller

Die Freundschaft Goethes mit dem zehn Jahre jüngeren Schiller, die für die Kreativität beider Autoren sehr förderlich war, begann 1794. Die beiden Autoren verband ihre ablehnende Haltung gegenüber den Revolutionsereignissen in Frankreich. Weimar, das von den Wirren der Koalitionskriege verschont blieb, ermöglichte ihnen ein produktives Schaffen fernab des nachrevolutionären Chaos, das sich gleichzeitig in Europa ausbreitete. Unter Schillers konstruktiver Kritik schloss Goethe den Roman *Wilhelm Meisters Lehrjahre* (1795/96) ab, setzte seine Arbeit am Faust-Thema fort und schrieb das Versepos *Hermann und Dorothea* (1797).
1796 veröffentlichten die beiden die gemeinschaftlich geschriebenen *Xenien* (satirische Epigramme in Distichen). Unter dem Eindruck des mangelnden Interesses der Zeitgenossen an ihrer Kunsttheorie wandten sie sich damit polemisch gegen Mittelmäßigkeit im Allgemeinen und gegen die Gegner des klassizistischen Programms im Besonderen. Unter den Angegriffenen befanden sich u.a. FORSTER u. F. SCHLEGEL.

In *Wilhelm Tell* (1804) dramatisierte Schiller zwar nochmals einen Freiheitskampf. Als Nation aber leisten Volk und Adel gemeinsam Widerstand gegen die Fremdherrschaft, was die bürgerlich-revolutionäre Komponente des Stücks letztlich untergräbt.

Johann Wolfgang Goethe (1749–1832)

Als Sohn einer bildungsbürgerlichen Frankfurter Familie, die vom ererbten Privatvermögen lebte, wurde Goethe 1765 zur Erlernung eines Brotberufs zum Jurastudium nach Leipzig geschickt. Dort verbrachte er die Zeit neben dem ungeliebten Studium mit Malen, Zeichnen und Dichten. Nach einer längeren Krankheit setzte G. das Studium in Straßburg fort und schloss es 1771 mit dem Lizenziat der Rechte ab. Für seinen weiteren Werdegang als Dichter war hier die Begegnung mit JOHANN GOTTFRIED HERDER von Bedeutung, der ihn u.a. mit dem Volkslied und mit SHAKESPEARES Dichtung bekannt machte (zum Bruch mit Herder, ↗ JEAN PAUL, S. 226f.).
Seine berufliche Tätigkeit als Jurist übte G. 1771 zunächst als Rechtsanwalt in Frankfurt und ab 1772 als Referendar am Reichskammergericht in Wetzlar aus. Hier entstanden neben dem *Urfaust* (1773–75) auch die beiden Werke, die ihn schlagartig berühmt machten: das Drama *Götz von Berlichingen mit der eisernen Hand* (1773) sowie der Roman *Die Leiden des jungen Werthers* (1774, ↗ Sturm und Drang, S. 209f.).
1775 wurde G. als Regierungsmitglied des Herzogtums Sachsen-Weimar nach Weimar berufen. Die neue Tätigkeit setzte seinem ungebundenen Jugendleben ein Ende. In seiner Funktion als Geheimer Rat im Beratungsgremium des Herzogs wurde G. eine Reihe von Pflichten auferlegt. Neben der Aufsicht über den Bergbau erhielt er die Leitung der Kriegskommission, der Straßenbauverwaltung, der obersten Finanzbehörde sowie der Bibliothek und der naturwissenschaftlichen Institute der Universität Jena. Im Rahmen all dieser Tätigkeiten betrieb G. geologische, mineralogische, botanische, anatomische und farbmetrische Studien, die zu verschiedenen wissenschaftlichen Publikationen führten und auch seine Dichtungen beeinflussten.
Gleichzeitig leitete G. das Weimarer Hoftheater, für das er kleinere Dramen und Singspiele zur Unterhaltung der Hofgesellschaft schrieb. Es war ein von Verantwortung und Selbstdisziplin geprägtes Leben – wovon auch das auf Distanz pochende Liebesverhältnis zur verheirateten Hofdame CHARLOTTE VON STEIN spricht –, dem G. mit dem überstürzten Aufbruch zu einer Bildungsreise durch Italien im Jahr 1786 ein vorübergehendes Ende setzte.
In Italien begegnete er den Überresten der griechischen Antike erstmals in greifbarer Nähe. Die Befreiung von seinem pflichtgeprägten Alltag sowie die sinnliche Anschauung des verehrten Altertums in der Gegenwart führten zu einer rund zweijährigen kreativen Schaffensphase fernab vom Weimarer Hof, in deren Verlauf das bereits 1779 als Festspiel für das Hoftheater geschriebene Prosadrama *Iphigenie auf Tauris* (↗ S. 217) ebenso in Blankverse umgesetzt und in seine endgültige ›klassische‹ Fassung gebracht wurde wie das bis dahin unvollendete Theaterstück *Torquato Tasso* (1780 begonnen, 1790 erschienen, UA 1807). Wieder zurück in Weimar ließ sich G. von seiner früheren Verwaltungstätigkeit mehrheitlich entlasten und behielt nur die Aufsicht über das Weimarer Theater und die Universität Jena bei. Die kreative Phase hielt dadurch weiter an. Nun ließ sich G. auch auf eine intime Liebesbeziehung mit der Manufakturarbeiterin CHRISTIANE VULPIUS ein, die er nach fast zwei Jahrzehnten unverheirateten Zusammenlebens 1806 dann heiratete.

Mit SCHILLERS Tod 1805 begann eine allmähliche Vereinsamung G.s, die sich durch stete Verkleinerung seines engsten Lebenskreises im Laufe der Jahre verschärfte (Tod seiner Frau Christiane 1816, des Herzogs KARL AUGUST 1828, seines Sohnes August 1830). Obgleich er in seinem Spätwerk romantische Elemente aufnahm (z.B. *Die Wahlverwandtschaften*, 1809; *Faust II*, 1832), hielt er sich auf Distanz zum Kreis der Romantiker.

Friedrich Schiller (1759–1805)

Der Sohn einer Militärarztfamilie in herzoglich-württembergischen Diensten wuchs aufgrund der wiederholten militärischen Versetzung des Vaters an wechselnden Wohnorten und in eher ärmlichen Verhältnissen auf. Sein Wunsch, Pfarrer zu werden, wurde durch den Dienstherrn des Vaters durchkreuzt. Der württembergische Herzog KARL EUGEN schickte ihn auf die Militärakademie in Stuttgart. Dort begann S. 1772 zunächst ein Jurastudium, wechselte aber 1776 zum Studium der Medizin über, das er 1780 im dritten Anlauf mit der Promotion zum Regimentsmedikus abschloss.

In der kärglichen Freizeit, die das Studium übrig ließ, schrieb S. Gedichte und sein erstes Drama *Die Räuber* (↗ Sturm und Drang, S. 210). Dieses wurde 1782 mit großem Erfolg in Mannheim uraufgeführt, was S.s literarischen Ruhm begründete. Der Herzog aber ließ ihn zwei Wochen einsperren, als er erfuhr, dass S. zweimal ohne Urlaubsgenehmigung nach Mannheim gefahren war. Er verbot ihm außerdem, weiterhin literarisch tätig zu sein. Diesem Verbot entzog sich S. durch Flucht ins ›Ausland‹, d.h. zunächst in das kurpfälzische Mannheim, später auf ein thüringisches Gut, wo er an *Luise Millerin* (1784 uraufgeführt unter dem Titel *Kabale und Liebe, ein bürgerliches Trauerspiel in fünf Aufzügen*) und *Don Carlos* (Urauff. 1787) arbeitete. *Don Carlos* weist durch die Versform bereits auf S.s klassische Dramen voraus, inhaltlich weist es jedoch noch das revolutionäre Moment der Sturm-und-Drang-Phase auf. Nach einer kurzen Anstellung als Theaterdichter in Mannheim war S. nach 1784 erneut auf die finanzielle Unterstützung von Freunden angewiesen. Von Krediten und Vorschüssen (u.a. von seinem Verleger) lebend, hielt er sich abwechselnd in Leipzig, Dresden, Weimar und Jena auf. In diese Zeit fallen seine frühen historischen Studien.

Die erste Begegnung mit GOETHE 1788 war zunächst folgenlos für die Zusammenarbeit der beiden. Goethe vermittelte S. aber immerhin eine Professur für Geschichte in Jena, die allerdings am Anfang keinen festen Lohn einbrachte. Nicht mit Goethe, wohl aber mit CHRISTOPH MARTIN WIELAND, WILHELM VON HUMBOLDT und HERDER pflegte S. in seiner frühen Weimarer und Jenaer Zeit engeren Kontakt. 1790 heiratete er CHARLOTTE VON LENGENFELD und im selben Jahr sicherte ihm der Herzog von Sachsen-Weimar endlich ein festes Jahresgehalt zu. 1791 erkrankte S. an einer schweren Lungenentzündung, von der er sich bis zu seinem Tod nie mehr völlig erholte. Eine dreijährige finanzielle Unterstützung durch den dänischen Prinzen FRIEDRICH CHRISTIAN VON AUGUSTENBERG war daher eine höchst willkommene Aufbesserung seiner Entlohnung für die akademische Tätigkeit in Jena, die am Rande des Existenzminimums lag. *Über die ästhetische Erziehung des Menschen, in einer Reihe von Briefen, an den Gönner gerichtet* (↗ S. 214) gehört zu den Früchten, die aus der finanziellen Entlastung heraus entstanden sind. 1794 begann die Freundschaft mit Goethe, ab 1799 wohnte S. dauerhaft in Weimar.

6 Literatur der Kunstperiode: Romantik

POLITIK | WIRTSCHAFT | WISSENSCHAFT

- 1789 Französische Revolution
- 1803 Code Napoleon
- 1813 Völkerschlacht bei Leipzig
- 1814 Erste Dampflokomotive gebaut
- 1814/15 Wiener Kongress
- 1830 Pariser Julirevolution

KULTUR | BILDENDE KUNST | MUSIK

- 1795–96 Jenaer Kreis der Frühromantiker
- 1797 Kreis der Berliner Romantik
- 1798 Athenäum (Zeitschrift) (bis 1800)
- 1798 NOVALIS: Blüthenstaub (Prosafragmente)
- 1819 ARTHUR SCHOPENHAUER: Die Welt als Wille und Vorstellung (philosophische Abhandlung)

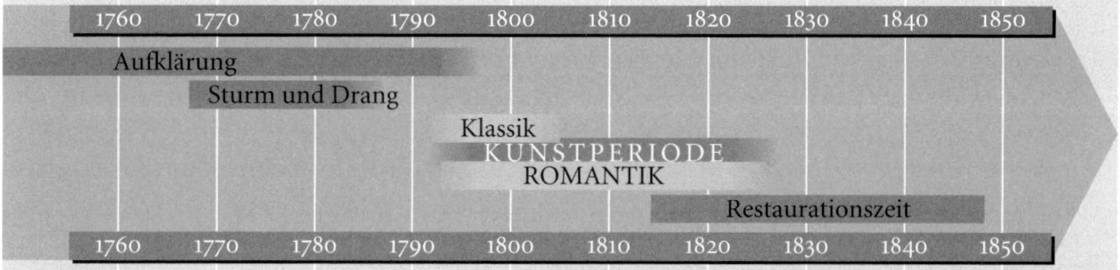

LITERATUR

- 1797 LUDWIG TIECK: Der gestiefelte Kater (Drama)
- 1802 NOVALIS: Heinrich von Ofterdingen (Romanfragment)
- 1811 JOHANN PETER HEBEL: Unverhofftes Wiedersehen (Erzählung)
- 1812/15 JACOB und WILHELM GRIMM: Kinder- und Hausmärchen
- 1814 ADELBERT VON CHAMISSO: Peter Schlemihls wundersame Geschichte (Erzählung)
- 1816/17 ERNST THEODOR AMADEUS HOFFMANN: Nachtstücke (Erzählungen)
- 1826 JOSEPH VON EICHENDORFF: Aus dem Leben eines Taugenichts (Novelle)
- 1832 JOHANN WOLFGANG VON GOETHE: Faust II (Drama)

Autoren im Umfeld der Romantik:
1788 FRIEDRICH HÖLDERLIN: Die Götter Griechenlands (Hymne)
1800–1803 JEAN PAUL: Titan (Roman)
1808 HEINRICH VON KLEIST: Der zerbrochne Krug (Drama)

2 Literatur und Medien

6.1 Der Begriff ›Romantik‹

Zeitliche Einordnung

Als ›Romantik‹ bezeichnet man eine literarisch-wissenschaftliche Bewegung, die eine Reihe junger Schriftsteller und Philosophen um das Jahr 1795 herum initiierte und die bis ungefähr 1825 dauerte. Mit der weiteren Unterteilung in **Frühromantik** (1794–1805), **Hochromantik** (etwa ab 1806) und **Spätromantik** (etwa ab 1815) wird auf Phasen innerhalb der Epoche verwiesen, die an bestimmte geistige, geografisch benennbare Zentren gebunden sind. Ähnlich wie die Klassik mit Weimar verknüpft wird, verweist man hinsichtlich der Romantik auf Orte wie Jena (1796–1802), Berlin (1801–1804, 1807–1811) und Heidelberg (1805–1807). Den Begriff der ›**Kunstperiode**‹ (↗ S. 212 f.) prägte HEINRICH HEINE als zusammenfassende Bezeichnung für den vom Kunstverständnis der Weimarer Klassik und der Romantik geprägten Abschnitt der Literaturgeschichte.

Merkmale der Romantik

Der Begriff einer ›romantischen Literatur‹ markiert mit seiner Bedeutungsnuance ›fantastisch‹ vor allem eine Abgrenzung von der als ›klassisch‹ und ›realistisch‹ bezeichneten Literatur. Die deutschen Romantiker, zu denen FRIEDRICH SCHLEGEL, CLEMENS BRENTANO, LUDWIG TIECK und E.T.A. HOFFMANN gehören, sind fast alle in den siebziger Jahren des 18. Jh. geboren und damit eine Generation jünger als GOETHE und SCHILLER. Über alle Unterschiede hinweg verbindet sie die Opposition gegen das Nützlichkeitsdenken des Großbürgertums und gegen die Deformierung des Menschen durch die kapitalistische Arbeitswelt. Die ›**blaue Blume**‹ in NOVALIS' Roman *Heinrich von Ofterdingen* (1802) wird zum Inbegriff der Sehnsucht der Romantiker nach der Vereinbarkeit von Poesie und Leben. Ähnlich wie die Stürmer und Dränger rebellierten auch die Romantiker gegen gesellschaftlich Etabliertes und gegen alles Spießig-Engstirnige.

Verspottet wurden insbesondere die Spießbürger (›Philister‹) und deren Illusionen von einer heilen Welt. **Roman, Novelle** und **volksliedhafte Lyrik** wurden zu den wichtigsten Genres der Romantiker.

Ihre Hinwendung zum **Irrationalen** und zum **Mythos** (z. B. zu einem ›Goldenen Zeitalter‹) beinhaltete allerdings ein rückwärts gewandtes Moment, welches das ursprünglich Fortschrittliche der romantischen Bewegung letztlich untergrub. Die an den Sturm und Drang (↗ S. 207 ff.) anknüpfende romantische Begeisterung für die germanische Kultur des Mittelalters und für das eigene Volksgut (*Kinder- und Hausmärchen* der Brüder GRIMM, 1812/15, sowie Clemens Brentanos und ACHIM VON ARNIMS Volksliedsammlung *Des Knaben Wunderhorn*, 1805/08) schlug im Laufe des 19. Jh. ebenso in den ideologisch prekären deutschnationalen Vaterlandskult um, wie das klassische Humanitätsideal allmählich zur sinnentleerten Hohlform des deutschen Bildungsbürgertums erstarrte.

6.2 Historischer Kontext

Anders als die Weimarer Klassiker begrüßten die jungen Romantiker die **Französische Revolution** von 1789 als epochales Ereignis, dessen ordnungssprengende Kraft sie in den

Jahren der Koalitionskriege bis 1805 mit Enthusiasmus kommentierten. In der Zeit der napoleonischen Eroberungsfeldzüge und der Freiheitskriege bis zum Wiener Kongress 1814/15 war die nationale Begeisterung Kennzeichen der romantischen Bewegung in Deutschland; in der **Restaurationsphase** nach 1815 schließlich wurden manche der einst fortschrittlichen Vertreter der Romantik zunehmend konservativ, was sich u.a. in vereinzelten Übertritten zum Katholizismus ausdrückte.

6.3 Literarisches Programm

Einig waren sich die Romantiker in ihrer Absage an das Harmonie- und Geschlossenheitsideal der Klassiker. Zu Beginn der literarischen Bewegung empfanden sie ihre ästhetische Position allerdings noch nicht als Gegensatz zur klassischen, sondern vielmehr als deren Erweiterung. Insbesondere GOETHE betrachteten sie anfänglich als Anreger ihres eigenen literarischen Schaffens.

Der Philologe AUGUST WILHELM SCHLEGEL, einer der führenden Köpfe der Bewegung, seit 1795 Privatdozent in Jena, später Privatgelehrter in Berlin, bezeichnete mit dem Begriff ›romantisch‹ die christlich geprägte **Literatur des Mittelalters** und der Neuzeit. Er betonte damit deren Unterschied zur klassischen Literatur der Antike. TIECK und FRIEDRICH SCHLEGEL weiteten den Begriff auf das allgemein Poetische aus. F. Schlegel sprach zusammen mit seinem Freund NOVALIS vom Romantischen als von einer ›**progressiven Universalpoesie**‹, die als Ergebnis dichterischer **Einbildungskraft** nicht nur die Grenzen der dichterischen Gattungen sprengte, d.h. grenzüberschreitend ›universal‹ sei, sondern auch nach und nach alle Kunst- und Lebensbereiche erfassen solle, so z.B. neben der Literatur und Philosophie auch die Musik und die Malerei. *»Die Welt muss romantisirt werden«* lautete hierbei der allgemeine Wahlspruch (Novalis: *Blüthenstaub*, 1798).

6.4 Literarisches Leben

In den **Berliner Salons** der Jüdinnen HENRIETTE HERZ und RAHEL LEVIN (spätere VARNHAGEN) trafen sich ab 1784 bzw. 1789 Künstler, Gelehrte und Gebildete aus dem Bürgertum und aus dem Adel – unabhängig von Geschlecht und Religion – zum geselligen Beisammensein und intellektuellen Austausch über Kunst, Literatur, Wissenschaft und Politik. Mehrheitlich handelte es sich dabei um Leute, die der R. zugeordnet werden, aber auch SCHILLER und JEAN PAUL zählten zeitweilig zu den Gästen. HEINRICH HEINE, der vorübergehend ebenfalls in den Berliner Salons verkehrte, ironisierte diese Zirkel später mit der für seine Gedichte typischen Distanz zur R. (*Sie saßen und tranken am Teetisch*, 1822).

Die romantische **Frauenkultur** erbrachte eine Fülle von **Brief- und Tagebuchliteratur**, die nicht nur Mittel des Meinungsaustausches, sondern auch Medium der Selbstreflexion war. Wie wenig durchgreifend die an die Aufklärung anknüpfende Frauenemanzipation und Judenassimilation letztlich war, zeigte sich schon bald. 1811 gründete ACHIM VON ARNIM die ›Christlich-deutsche Tischgesellschaft‹. Die Teilnahme an diesem Zirkel war allein Männern christlicher Herkunft vorbehalten – was, wie auch F. SCHLEGELS (1808) und BRENTANOS (1814) Wendung zum Katholizismus, auf den späteren Umschwung ins Reaktionäre der ursprünglich progressiven R. hindeutet.

6.5 Epik der Romantik

Der Roman

Das Nomen ›**Romantik**‹ gebrauchte als Erster NOVALIS. Dieser meinte damit zunächst die »*Lehre vom Roman*«, wobei in dem Wort auch ein Hinweis auf ›Romanze‹ und damit auf die mittelhochdeutschen Ritterromane (↗ Epik des Mittelalters, S. 184ff.) steckt. Während SCHILLER, der im Unterschied zu GOETHE keine Romane geschrieben hat, vom Romancier als bloßem »*Halbbruder des Dichters*« sprach, bewerteten die Romantiker den Roman als volkssprachliche Gattung positiv. Sie betrachteten ihn als die geeignetste Form für ihre theoretischen Bemühungen, Mischformen zwischen den Gattungen durchzusetzen. Beispiel dafür sind die vielen Gedichteinlagen in ihren Romanen, z.B. in JOSEPH VON EICHENDORFFS *Aus dem Leben eines Taugenichts* (1826). Im Bereich des Dramas realisiert TIECKS Märchenkomödie *Der gestiefelte Kater* (1797) die Forderung, die Gattungen zu mischen.

Aus dieser Aufwertung des Romans heraus bezeichnete F. SCHLEGEL Goethes *Wilhelm Meisters Lehrjahre* (↗ S. 216) neben der Französischen Revolution als eine der großen Tendenzen seines Zeitalters. Eine ganze Reihe von Autoren, von der Romantik bis ins 20. Jh., orientierte sich deshalb in kritischem Respekt am Bildungs- oder Entwicklungsmodell von Goethes Künstlerroman. Ihr eigenes Romanwerk begriffen sie wie Novalis seinen *Heinrich von Ofterdingen* (1802), JEAN PAUL seinen *Titan* (1800–1803) oder E.T.A. HOFFMANN seine *Lebens-Ansichten des Katers Murr* (1819/21) dabei als Gegenentwurf (Novalis, Jean Paul) oder **Ironisierung** desselben (Hoffmann).

Unheimliche Psyche

Wie die englischen Romantiker vor ihnen und die französischen, italienischen, russischen und skandinavischen Romantiker nach ihnen, thematisierten auch die deutschen Romantiker die ›dunklen‹ Seiten des Menschen, die von der europäischen Aufklärung vernachlässigt wurden. Es war das romantische Interesse am Psychischen und Unheimlichen, das in E.T.A. Hoffmanns *Nachtstücken* (1816/17, darin: *Der Sandmann*), seiner Kriminalerzählung *Das Fräulein von Scuderi* (1819) und seinem Schauerroman *Die Elixiere des Teufels* (1815/16) als ›**schwarze Romantik**‹ gipfelte. Ähnliche Themen behandeln auch JOHANN PETER HEBELS Kalendergeschichte *Unverhofftes Wiedersehen* (1811) und ADELBERT VON CHAMISSOS fantastische Novelle *Peter Schlemihls wundersame Geschichte* (1814).

6.6 Dramatik der Romantik

Im Unterschied zur Klassik gibt es in der romantischen Dichtung kaum Dramen, sieht man von den Dramentexten KLEISTS ab, der allerdings nur mit Vorbehalt als Vertreter der Romantik betrachtet werden kann (↗ S. 228). Das bedeutendste Drama, das kunstvoll-ironisch mit der **Illusionsbrechung** spielt, ist TIECKS Literaturkomödie *Der gestiefelte Kater*, die er 1797 in die dreibändige Sammlung *Volksmärchen herausgegeben von Peter Leberecht* aufnahm: Das experimentelle Lustspiel Tiecks ist keine einfache Dramatisierung des Märchens aus CHARLES PERRAULTS *Contes* (1697), sondern die satirische Aufzeichnung einer angenommenen Aufführung des Märchens als Theaterstück. Nicht nur die Tatsache, dass das Märchenpersonal ständig aus der Rolle fällt, verdeutlicht den fiktionalen Aspekt der Dichtung. Auch die Einbeziehung des Publikums sowie des Dichters selbst als mitspielende Charaktere stellen deren Kunstcharakter deutlich heraus und konfrontieren diesen parodistisch mit dem trivialliterarischen Zeitgeschmack.

6.7 Lyrik der Romantik

Lange Zeit hielt man eine spontane und naive **Erlebnislyrik** (↗ S. 174, 205 f.) für den Inbegriff romantischer Dichtung. Heute ist man sich dagegen bewusst, dass die romantischen Dichter im Allgemeinen und die späteren Romantiker im Besonderen bewusst formelhafte Begriffe (Sehnsucht, Liebe, Schmerz) einsetzten und dass die in romantischen Gedichten geradezu inflationär verwendeten **Naturmetaphern** keine naiv ausgesprochenen Gefühle widerspiegeln. Sie fungieren als feste Wendungen, die gezielt eine bestimmte Wirkung beim Leser hervorrufen sollen.
Geprägt wurden die Auffassungen von romantischer Lyrik insbesondere durch die Gedichte Joseph von Eichendorffs, des bekanntesten Dichters der R. Seine vielfach zu Liedern vertonten Verse galten manchen Zeitgenossen als harmloser Ausdruck von Natur und Volksseele:

■ *Schläft ein Lied in allen Dingen,*
Die da träumen fort und fort,
Und die Welt hebt an zu singen
Triffst du nur das Zauberwort.
(Aus: *Wünschelrute*) □

In Wirklichkeit kann bei Eichendorff von einer spontanen Wiedergabe der Gefühle keine Rede sein. Vielmehr basiert der Ton seiner Gedichte auf einer beschränkten Anzahl von Schlüsselwörtern, die im Sinne der zitierten Verse aus *Wünschelrute* auf der Suche nach Zauberworten liedhaft miteinander kombiniert werden.
Trotz aller Naturnähe werden nicht konkrete Landschaften nachempfunden, sondern Schemata wachgerufen, deren verallgemeinerter Bildgehalt über die beobachtete Welt hinausgeht. Kennzeichnend für diese Bilder ist die Hoffnung auf die Rückkehr einer paradiesischen Welt in einer Zeit, die mit dem Gefühl der Heimatlosigkeit verbunden war. Beständig zitiert der Autor so das Bild des Wanderers und den sehnsüchtigen Blick des Betrachters am Fenster.

7 Zwischen Klassik und Romantik: Jean Paul, Friedrich Hölderlin und Heinrich von Kleist

Aus dem für die Kunstperiode üblichen Ordnungsschema ›Klassik‹ und ›Romantik‹ fallen drei Autoren heraus: JEAN PAUL, FRIEDRICH HÖLDERLIN, HEINRICH VON KLEIST. Alle drei Schriftsteller führten ein Außenseiterleben. Jeder der drei wurde von Weimar angezogen, ohne dort dauerhaft Fuß zu fassen. Hölderlin und Kleist ließen ihre Werke sogar von SCHILLER bzw. GOETHE beurteilen.

7.1 Jean Paul

Jean Paul (1763–1825) stammte aus ärmlichen kleinbürgerlichen Verhältnissen, wurde in ein Theologiestudium gedrängt und verdiente sich seinen Lebensunterhalt zunächst als Erzieher. Zu einem kargen, aber ausreichenden Einkommen als Berufsschriftsteller kam er erst nach vielen Jahren ungesicherter Existenz. Nachdem er mit wenig beachteten Satiren in der Tradition der Aufklärung auf dem literarischen Markt debütiert hatte, gelang ihm 1795 mit dem Roman *Hesperus, oder 45 Hundsposttage* der Durchbruch: Dieser wurde vom damaligen Lesepublikum ebenso aufgeregt diskutiert wie vormals GOETHES *Werther* (1774). Auch Goethe und SCHILLER wurden nun auf den jüngeren Autor aufmerksam. 1796 kam er erstmals nach Weimar, wo ihm Schiller die Mitarbeit an den *Horen* anbot. J. P. jedoch lehnte ab und befreundete sich mit HERDER, der seinerseits in diesem Jahr endgültig mit Goethe brach (Herders Kritik am Weimarer Idealismus gipfelte in seinem Ausspruch über die »*Kälte des Herzens*« bei Goethe). Auch als J. P. vorübergehend in Weimar wohnte, von 1798 bis 1800, blieb es bei einem distanzierten Verhältnis zwischen ihm und den beiden Weimarer Autoritäten, von denen ihn nicht zuletzt auch seine politische Einstellung trennte. J. P. war überzeugter Republikaner. Nach seiner Übersiedlung von Berlin nach Bayreuth bis zu seinem Tod verstärkten sich die eigenbrötlerischen Tendenzen in J. P.s Charakter immer mehr, sodass er am Ende den Sonderlingen in seinen Romanen glich.

Der Schreibstil J. P.s ist von Beginn an durch einen skurrilen, komischen Grundton geprägt, der sich vor allem aus der Gegenüberstellung von **Idealität** einerseits und **Trivialität** des alltäglichen Lebens andererseits ergibt. Sein meistgedruckter Roman *Blumen-, Frucht- und Dornenstücke oder Ehestand, Tod und Hochzeit des Armenadvokaten F. St. Siebenkäs* (3 Bde., 1796/97) schildert anschaulich das Unrecht, das ein idealisch gestimmter Protagonist durch die Banalität des Alltags erleidet. Der *Titan* (4 Bde., 1800–1803) ist derjenige seiner Romane, der sich dem Weimarer Harmonieideal am stärksten annähert.

Die Publikation des ersten Bandes des *Titan* fiel mit J. P.s Umzug nach Berlin zusammen, wo er über die Berliner Salons (↗ Salonkultur, S. 223) die Bekanntschaft mit dem Berliner Romantikerkreis machte. Wenngleich er sich diesem nicht zugehörig fühlte, so verband ihn mit den literaturtheoretischen Positionen ihrer führenden Vertreter doch eine ähnliche Auffassung von der Rolle des Fantastischen. Die Thematik der existenziellen Verunsicherung des Individuums durch die Konfrontation mit einem ihm ähnelnden **Doppelgänger**, die in seinen Romanen wiederholt ein wichtiges Handlungsmoment darstellt, findet sich auch als zentrales Motiv im Werk E.T.A. HOFFMANNS.

J. P.s unvollendeter Roman *Flegeljahre* (4 Bde., 1804/05) gibt außerdem – ähnlich wie Hoffmanns Kunstmärchen *Der goldne Topf* (1813) oder NOVALIS' Romanfragment *Heinrich von Ofterdingen* (1802) – dem Gegensatz zwischen Poesie und Wirklichkeit Gestalt, der den Intellektuellen um 1800 als Gefühl der inneren Zerrissenheit zur gemeinsamen Erfahrung dieser Epoche wurde.

7.2 Friedrich Hölderlin

JEAN PAUL vergleichbar, hatte auch Hölderlin (1770–1843), dessen früh verstorbener Vater Verwalter eines Klosters war, Theologie studiert. Wie Ersterer hatte sich auch H. während des Studiums in der klösterlichen Enge mit den befreienden Ideen der Französischen Revolution vertraut gemacht. Von J. P. unterschied sich H. insofern, als ihn seine Revolutionsbegeisterung in die unmittelbare Nähe revolutionärer Bestrebungen führte. In den 1805 eröffneten Hochverratsprozess gegen seinen Freund ISAAC VON SINCLAIR, der einen Staatsstreich gegen den Herzog von Württemberg plante, wurde er nur deshalb nicht verwickelt, weil ein ärztliches Attest seine Vernehmungsunfähigkeit bescheinigte. Erste Anzeichen einer geistigen Erkrankung H.s waren bereits 1802 zutage getreten. In den folgenden Jahren verschlechterte sich sein Gesundheitszustand mehr und mehr, sodass er 1806, als sich seine geistige Verstörung unter dem Eindruck des Prozesses gegen seinen Freund einem Höhepunkt näherte, für ein Jahr in eine Tübinger Nervenheilanstalt eingewiesen wurde. Seine zweite Lebenshälfte, die restlichen 36 Jahre bis zu seinem Tod 1843, verbrachte H. in einem Turm in Tübingen bei einem Schreiner, der sich um ihn kümmerte. Die medizinische Diagnose lautete ›Schizophrenie‹.

Im 20. Jh. ist H. v.a. seiner Gedichte wegen gefeiert und aufgrund seines Lebenslaufs zum Mythos stilisiert worden. GOETHE und SCHILLER aber blieb H., der zwischen 1793 und 1795 in und um Jena und Weimar herum lebte, ebenso fremd wie Jean Paul. Schiller erkannte, dass sich H. zu Beginn der eigenen Lyrikproduktion seine Hymnen (v.a. *Die Götter Griechenlands,* 1788) zum Vorbild nahm. Bis zu dem Zeitpunkt, da H. zu seinem eigenen unverwechselbaren Stil gefunden hatte, druckte er auch einige von H.s Gedichten in seinen *Almanachen* und in den *Horen* ab (z.B. *Die Eichbäume,* 1797). Eine fragmentarische Fassung des Romans *Hyperion* (2 Bde., 1797 u. 1799) erschien 1794 in Schillers Zeitschrift *Neue Thalia.* In späteren Jahren jedoch verschlossen sich Goethe und Schiller H.s Angeboten zur Zusammenarbeit. Schiller wies die ihm zugesandten Gedichte zurück, beide zeigten sich an der Mitarbeit an einer von H. geplanten Zeitschrift desinteressiert. H.s Bittbrief an Schiller, an der Universität Jena Vorlesungen über griechische Literatur halten zu dürfen, blieb unbeantwortet. Damit kam der Kontakt zu den beiden Weimarern schließlich zum Erliegen.

Was H. von den Weimarer Klassikern unterschied, war nicht nur seine politische Überzeugung, sondern auch der Einbezug des tragischen Moments in seinen Schönheitsbegriff. H.s nach antikem Vorbild streng metrische, in seiner späten Schaffensphase in freie Rhythmen übergehende und oft in dunkler Symbolsprache abgefasste Oden, Elegien und Hymnen beklagen den Widerspruch zwischen Ideal und Wirklichkeit, beschwören aber – ähnlich wie die Texte mancher Romantiker (z.B. NOVALIS, E.T.A. HOFFMANN) – die Rückkehr eines in der Vergangenheit versunkenen imaginären ›Goldenen Zeitalters‹. Letzteres bildete den Boden für den Missbrauch von H.s Lyrik im 20. Jh. durch die Nationalsozialisten.

7.3 Heinrich von Kleist

Der dritte Einzelgänger der Epoche, Heinrich von Kleist (1777–1811), entstammte einer alten preußischen Offiziersfamilie. Traditionsgemäß schlug er zunächst eine militärische Laufbahn ein. 1799 quittierte er den Dienst und begann Philosophie, Physik, Mathematik und Staatswissenschaft zu studieren. Wenig später entschied er sich für die Existenzform eines freien Schriftstellers. Da ihm der nötige finanzielle Rückhalt fehlte, bedeutete dies ein Leben in ständigen wirtschaftlichen Notlagen, die ihn mehr als einmal zwangen, vorübergehend Stellungen im Staats- und Kriegsdienst anzunehmen. Wenn sein Geldbeutel es erlaubte, reiste er rastlos durch Europa.

Nebenher aber schrieb er unablässig. In Phasen des Selbstzweifels vernichtete er jedoch fast fertige Manuskripte und Aufzeichnungen. Mit der Herausgabe von Zeitschriften versuchte er wiederholt, sich eine Existenzgrundlage zu schaffen, die ihm auch eine Plattform zur Veröffentlichung seiner eigenen literarischen Texte bot. Der letzte dieser Versuche, die *Berliner Abendblätter*, scheiterte 1811 an Zensurschwierigkeiten. Von persönlichen Enttäuschungen gebrochen und über die Allianz des preußischen Königs mit Frankreich verbittert, nahm sich K. im Alter von 34 Jahren das Leben. Zum **Kleist-Mythos**, der sich nach der Jahrhundertwende entwickelte, trug bei, dass K., unmittelbar bevor er sich erschoss, im Einverständnis auch die schwer kranke Freundin Henriette Vogel tötete.

Dem Alter nach gehörte K. zur Generation der Romantiker. Doch obgleich er mit einigen von ihnen im Kontakt stand und es auch zur gelegentlichen Zusammenarbeit kam (z.B. mit Ludwig Tieck), stehen seine Texte romantischer Dichtungstheorie und Sprache fern. Von Goethe, dessen künstlerische Beurteilung K. durch einen Besuch in Weimar 1802 selbst suchte, wurde er als ›krank‹ etikettiert und abgelehnt. K.s mehrheitlich in Blankversen verfasste Dramen (darunter: *Das Käthchen von Heilbronn,* Teilvorabdruck 1808, Urauff. und Druck 1810; *Penthesilea,* Druck 1808, Urauff. 1876; *Der zerbrochene Krug,* Urauff. 1808, Druck 1811; *Prinz Friedrich von Homburg,* entstanden 1810–1811, Urauff. und Druck 1821) weisen ebenso wie seine Prosatexte auf die Moderne hin. Die Erfolglosigkeit der wenigen Aufführungen seiner Theaterstücke zu K.s Lebzeiten steht in krassem Gegensatz zur Beliebtheit seiner Dramen auf den Bühnen des 20. Jh. Zu den bekanntesten seiner Novellen, die er einzeln bereits früher veröffentlicht hatte, 1810/1811 jedoch in zwei Bänden unter dem Titel *Erzählungen* gesammelt herausbrachte, zählen *Michael Kohlhaas, Die Marquise von O…, Das Erdbeben in Chili* sowie *Die Verlobung in St. Domingo.* Wiederholtes Thema von K.s Texten ist Gewalt, wobei v.a. der Zusammenhang zwischen individueller und gesellschaftlicher Gewalt beleuchtet wird. Handlungselemente wie Täuschung und Kampf sowie Themen wie Begehren und Sexualität spielen ebenfalls eine große Rolle.

8 Historische Restaurationszeit: Biedermeier, Vormärz und Junges Deutschland

POLITIK | WIRTSCHAFT | WISSENSCHAFT

- 1814/15 Wiener Kongress
- 1832 Hambacher Fest
- 1835 Beschluss (Verbot) zum ›Jungen Deutschland‹
- 1844 Höhepunkt des schlesischen Weberaufstandes
- 1848 Märzrevolution
- 1848 Karl Marx/Friedrich Engels: Manifest der Kommunistischen Partei

KULTUR | BILDENDE KUNST | MUSIK

- 1832–1837 Georg Wilhelm Friedrich Hegel: Werke
- 1834 Ludolf Wienbarg: Ästhetische Feldzüge. Dem jungen Deutschland gewidmet (Vorlesung)
- 1845 Heinrich Hoffmann: Der Struwwelpeter (Kinderbuch)
- 1848 Kladderadatsch (politisch-satirische Zeitschrift)
- 1853 Gründung von ›Die Gartenlaube‹ (Zeitschrift)

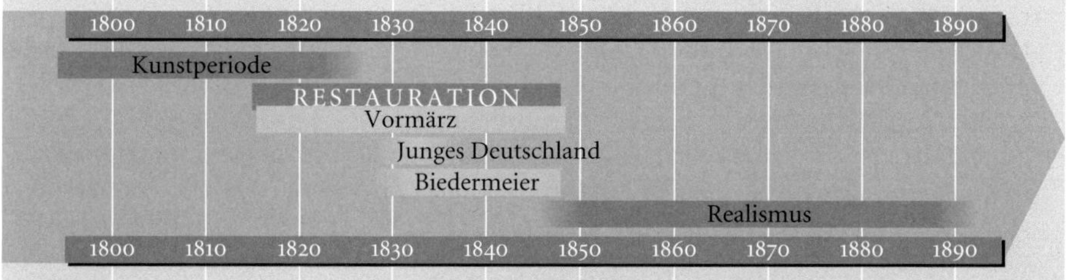

LITERATUR

- 1825–27 Wilhelm Hauff: Märchenalmanach für Söhne und Töchter gebildeter Stände
- 1827 Heinrich Heine: Buch der Lieder (Gedichte)
- 1836 Karl Immermann: Die Epigonen (Roman)
- 1836/37 Georg Büchner: Woyzeck (Drama)
- 1839 Georg Büchner: Lenz (Erzählung)
- 1842 Annette von Droste-Hülshoff: Die Judenbuche (Novelle)
- 1844 Heinrich Heine: Deutschland. Ein Wintermärchen (Versepos)

8.1 Die Begriffe ›Restaurationszeit‹, ›Biedermeier‹, ›Vormärz‹ und ›Junges Deutschland‹

Zeitliche Einordnung

Der Begriff ›historische **Restaurationszeit**‹ (Restauration – Wiederherstellung einer alten Ordnung) bezieht sich auf die Jahrzehnte zwischen dem Wiener Kongress (1814/15) und der scheiternden bürgerlichen Revolution (1848), der Märzrevolution. Innerhalb dieser Epoche reagierten die Schriftsteller unterschiedlich auf die gesellschaftspolitischen Entwicklungen. So entstanden die konservative Strömung des **Biedermeier**, die kleinbürgerlich-liberale des **Jungen Deutschlands** und die radikaldemokratische des **Vormärz**. Alle drei Strömungen werden unter dem Begriff ›Restaurationszeit‹ zusammengefasst.

Merkmale der Epoche

Der Begriff ›**Biedermeier**‹ geht zurück auf den Schriftsteller Ludwig Eichrodt, der unter dem Namen ›Gottlieb Biedermaier‹ die Kunstfigur eines schwäbischen Schulmeisters erfand und 1855–1857 spießbürgerliche Gedichte in den *Münchner Fliegenden Blättern* veröffentlichte. Mit dieser Parodie auf das konservative Kleinbürgertum bewertete er die Literatur dieser Zeit abschätzig. Die bevorzugten Gattungen des Biedermeier waren die **Idylle** – ein episches Gedicht –, dramatische ›**Rührstücke**‹, **Reiseberichte** u.a. literarische Formen, die ›am heimischen Herd‹ vorgetragen werden konnten. Zu den wichtigsten Autoren des Biedermeier gehören u.a. Franz Grillparzer, Eduard Mörike und Annette von Droste-Hülshoff.

Mit dem Epochenbegriff ›**Vormärz**‹ (ab 1815) wird in der neueren Literaturgeschichte die progressive **politische Literatur** der Jahrzehnte vor der deutschen Märzrevolution von 1848 bezeichnet. Im engeren Sinne ist damit die politische Journalistik und politische Lyrik (z.B. von Georg Herwegh) jener Zeit gemeint.

Unter der Bezeichnung ›**Junges Deutschland**‹ (1830–1835) wird eine spezielle Gruppe nur lose miteinander in Verbindung stehender Autoren des Vormärz zusammengefasst, deren Schriften 1835 als staatsgefährdend verboten wurden. Wie die Vertreter des literarischen Vormärz setzten sich diese Autoren für die Umgestaltung Deutschlands in einen **liberalen Staat** ein. In ihrer Literatur engagierten sie sich vor allem für religiöse Toleranz, für Pressefreiheit, für das Recht der Frauen auf Bildung und für die Gleichheit der Bürger. Bedeutendste Vertreter sind Heinrich Heine und Georg Büchner.

Der Begriff ›**Junges Deutschland**‹ geht zurück auf Ludolf Wienbargs richtungsweisende Vorlesungsreihe *Ästhetische Feldzüge, dem jungen Deutschland gewidmet* (1834).

8.2 Historischer Kontext

Auf dem Wiener Kongress 1814/15 kam es nach der Beendigung der 1792 begonnenen Koalitionskriege gegen die Fremdherrschaft Napoleons unter dem Einfluss von Fürst Metternich und mittels feudal-konservativer Kräfte der ›Heiligen Allianz‹ (Russland, Österreich, Preußen) zur Wiederherstellung der konstitutionellen Monarchie (**Restauration**). Politische und soziale Reformen nach französischem Vorbild wurden zunichte gemacht. Studenten, die sich in Burschenschaften zusammengefunden hatten, wurden überwacht, oppositionelle Intellektuelle als ›Demagogen‹ bezeichnet und verschärfte Zensurauflagen erteilt. Ermutigt durch die Julirevolution 1830 in Frankreich, die die Absetzung des Königs zur Folge hatte, entstand in Deutschland eine jungdeutsche Bewegung (darunter KARL GUTZKOW, LUDWIG BÖRNE, nahestehend HEINE). Die Flugschrift BÜCHNERS *Der Hessische Landbote (»Friede den Hütten! Krieg den Palästen!«)* und die Gründung der geheimen ›Gesellschaft für Menschenrechte‹ mit Büchner als Mitbegründer hatten eine verschärfte **Pressezensur** und ein bundesweites Publikationsverbot für die nach Reformen, nach geistiger und sinnlicher Emanzipation rufenden Jungdeutschen zur Folge. Spießbürgerliche Entrüstung über vermeintliche Pornografie wurde als Vorwand gebraucht. Revolutionäre Köpfe emigrierten nach Paris (KARL MARX, HEINRICH HEINE) bzw. in die Schweiz (FERDINAND FREILIGRATH, GEORG HERWEGH, Georg Büchner).

Das wachsende soziale Elend der unteren Klassen führte 1844 zum **Weberaufstand** und 1847 zu Hungerkrawallen in Stettin. Die Aufstände wurden blutig niedergeschlagen. Scheitern musste auch die Revolution 1848, als das Großbürgertum mit den feudalen Kräften einen Kompromiss einging und sich die kleindeutsche Richtung eines deutschen Nationalstaates (ohne Österreich) unter der Führung Preußens durchsetzte. Der Aufschwung von Wirtschaft und Handel auf der einen, die feudale Unterdrückung auf der anderen Seite machten die Menschen unzufrieden und sensibilisierten sie für eine Literatur, die sich kritisch mit den Verhältnissen im Lande auseinandersetzte.

8.3 Literarisches Programm

Das Vorbild der Weimarer Klassik empfanden viele der Autoren der Restaurationszeit als lähmend. KARL IMMERMANNS Zeitroman *Die Epigonen* (1836) gab dem epochalen Gefühl, dass keine Neuschöpfungen, sondern nur noch (epigonale) Nachdichtungen möglich seien, den Namen. Die Autoren, die man dem **Biedermeier** zuordnet, orientierten sich vor allem an GOETHE, auch wenn sie dessen nachdrückliche Betonung der Form zurücknahmen und durch Schlichtheit eine größere ›Echtheit‹ und Lebensnähe erreichen wollten.

Autoren des **Vormärz** bzw. der Gruppierung **Junges Deutschland** setzten sich hingegen kritisch mit dem klassischen Kunstideal auseinander, so u.a. deshalb, weil dieses für politische Enthaltsamkeit stand. Mit Goethes Tod 1832 sahen sie das Ende der ›Kunstperiode‹ (↗ S. 212 f.) eingeleitet. In seinem Buch *Die Romantische Schule* (1833) rechnet HEINE mit den reaktionären Tendenzen der Spätromantiker ab. Was die Vormärz-Autoren forderten, war eine **politische Literatur**, die in die Tagesaktualität eingreift und sich mit den gesellschaftlichen Verhältnissen auseinandersetzt.

Weil sie jedoch die Sprache und die Formmittel der Kunstperiode gelernt hatten und somit noch in der Tradition der klassischen Periode verhaftet waren, entstand bei ihnen ein Gefühl der Zerrissenheit. Als verbindendes Element fungierte hier die Literatur der Romantik. Die Lyrik EDUARD MÖRIKES gibt den formbewussten – am Vorbild der Antike orientierten – Sprachkünstler zu erkennen, der mit volkstümlichen Balladen (z.B. *Der Feuerreiter*), Naturlyrik (z.B. *Er ist's*), Dinggedichten (z.B. *An eine Lampe*) sowie Liebeslyrik (z.B. *Peregrina-Zyklus*) zum Bindeglied zwischen Goethe und der modernen Dichtung wird.

8.4 Literarisches Leben

Der Rückzug des Bürgertums nach 1815 in die ›biedermeierliche‹ Familien- und Privatsphäre (vgl. die Genremalerei v. CARL SPITZWEG) ging einher mit einem Drang nach gesellig-belehrendem Austausch im Freundes- und Familienkreis. Dieser zeigte sich in einer Vielzahl von **Vereins- und Zirkelgründungen**, im Aufblühen einer bürgerlichen **Salonkultur** und in der zunehmenden Zahl von **Periodika** (insbes. Musenalmanache, d.h. jährlich erscheinende Sammlungen). **Kurzepik, volkstümliche Lyrik** sowie dramatische **Rührstücke** und **Volkslustspiele** wurden von dieser Leserschaft bevorzugt. Der Handels- und Wirtschaftsaufschwung vergrößerte das Informationsbedürfnis. Das intensive, mehrfach wiederholte Lesen weniger Bücher wurde abgelöst von der Lektüre vieler und immer anderer Druckerzeugnisse. Beidem konnte nach der Erfindung der Papier-Dampfmaschine und der Dampf-Schnellpresse durch sprunghafte Zunahme des Zeitungswesens und der Buchproduktion entsprochen werden. So steigerte sich die Buchproduktion zwischen 1821 u. 1838 jährlich um 150 Prozent. Alle Publikationen unter 20 Bogen (= 320 Seiten) unterlagen allerdings der **Zensur**. In unterschiedlicher Ausprägung war sie in allen 38 Staaten des Deutschen Bundes wirksam. Mit der Seitenbeschränkung folgte man der berechtigten Annahme, dass dicke Werke kein großes Publikum ansprechen. Die Zensur verhinderte zunächst die politische Agitation breiter Massen. Ab den dreißiger Jahren (**Junges Deutschland**) umgingen Verleger und Schriftsteller jedoch zunehmend die Zensur durch Maßnahmen wie Erhöhung der Bogenzahl auf 21, Druck im Ausland, raschen Vertrieb, Neugründungen verbotener Zeitungen.

Die Senkung der Verkaufspreise bei Erhöhung der Auflagen, die Erschließung neuer Käuferschichten durch Billigdrucke und fortschreitende **Alphabetisierung** sowie die Ausbreitung von Buchhandlungen, Leihbibliotheken und Lesegesellschaften ermöglichten trotz zunehmend schärferer Zensurbestimmungen die Politisierung breiter Bevölkerungsschichten durch poetische, wissenschaftliche und journalistische Literatur.

Dass die Übergänge zwischen ›hoher‹ und ›niederer‹ Literatur in dieser Zeit fließender wurden, war eine Folge der neuen politischen Literatur. Ähnliches galt für die Leser. Man las, was Zeitschriften und Taschenbücher anboten: Klassiker, Unterhaltungsliteratur, Journalistisches. Das Medium Buch wandelte sich vom wertvollen Kunstgegenstand zur billigen **Massenware**.

8.5 Epik der Restaurationszeit

Das Reisebild *Deutschland. Ein Wintermärchen* (1844)

Die literarische Prosa gewann in der Zeit des Vormärz an Bedeutung. Vor allem den Jungdeutschen kam es darauf an, die Literatur enger an die tagespolitischen Ereignisse zu binden. Als besonders geeignet dafür erwiesen sich journalistische Formen wie die Satire oder die Zeitkritik, aber auch der publizistische Roman und das Reisebild, das eine völlig neue Aufgabe erhielt – nämlich (versteckte) Kritik an den gesellschaftlichen Zuständen zu üben.

Ein Beispiel dafür ist HEINRICH HEINES *Deutschland. Ein Wintermärchen:*

- Heines Versepos entstand auf einer Reise von Aachen nach Hamburg. In vierzeiligen Strophen, eingeteilt in 27 Kapitel, gibt der Autor mit ironischen Untertönen seine Eindrücke wieder. Die Fahrt in der Postkutsche führte den jüdischen, aber christlich erzogenen Autor 1843 nach zwölfjährigem Exil in Paris durch Deutschland. In den einzelnen Kapiteln seines Reiseberichts schildert Heine Überwachung und Zensur, Militarisierung des Alltags, nationalistische Propaganda, Kriegsdrohungen gegen Frankreich und die neue Reichsideologie. □

Zielscheibe von Heines Kritik war das preußisch geprägte, durch Thron und Altar regierte Deutschland mit seinem oppositionellen Großbürgertum, das zwar für bürgerliche Rechte, nicht aber gegen das soziale Elend der Unterprivilegierten kämpfte. Dem christlich-verklärenden *»alten Entsagungslied«*, dem *»Eiapopeia vom Himmel«*, womit man *»das Volk – den großen Lümmel – einzulullen«* pflegt, *»wenn es greint«*, verspricht der Erzähler des Wintermärchens *»ein neues Lied, ein besseres Lied«* entgegenzusetzen.

Heines Lieder, in denen die Hoffnung auf ein besseres Deutschland nicht aufgegeben wird, sind patriotisch. Die Misere des Vaterlands bedeutete Heimatverlust für den Dichter: Ausbürgerung nicht nur im geografischen Sinn (Paris als Exil), sondern auch im geistigen. Aus seiner Hoffnung auf ein *»neues Lied«*, das den Entrechteten ihre Rechte zurückgibt, spricht aber auch die Skepsis gegenüber einer politischen Literatur. Der Dichter Heine war durchaus realistisch und sich daher schmerzlich bewusst, dass die gegen die alten kulturellen Autoritätsfiguren gerichtete Revolte, an der sich Heine als politischer Autor beteiligte, die geliebte Kunst gefährdete.

2 Literatur und Medien

Die Kriminalnovelle *Die Judenbuche* (1842)

Realistische Tendenzen zeigen sich auch in der erzählenden Literatur von ANNETTE (eigentl. Anna Elisabeth) VON DROSTE-HÜLSHOFF. Die Katholikin, die aus einem alten westfälischen Adelsgeschlecht stammte, hatte es zu Lebzeiten schwer beim Publikum. Selbst die heute millionenfach verbreitete und vielfach übersetzte Kriminalnovelle *Die Judenbuche* stieß erst Jahrzehnte nach ihrem Tod auf Resonanz.

In dieser Novelle greift die Autorin mit Mitteln der **Schauerromantik** (↗ S. 224) auf überlieferte Vorfälle aus der Region um Paderborn zurück.

■ Die zentrale Figur der Handlung ist der aus einer Trinkerfamilie stammende Friedrich Mergel. Nach anderen Verbrechen ermordet er den Juden Aaron wegen einer Geldschuld. Den halbherzigen Ermittlungen entzieht Mergel sich durch Flucht, kehrt aber fast 30 Jahre später als Krüppel in sein westfälisches Heimatdorf zurück. Hier zieht es ihn an den Ort seiner Verbrechen, in das Waldgebiet Brederholz. An der so genannten Judenbuche, in die von Juden ein Rachespruch eingehauen wurde, erhängt er sich. □

Neben den Spannungseffekten besteht die Faszination der Novelle darin, dass der Täter realistisch als Produkt seines Milieus, seines triebhaften Denkens und Fühlens geschildert wird und dass die Natur magisch-fantastische Ausstrahlung besitzt. Gerade der nüchterne Berichtstil lässt das Beunruhigende der Magie des Brederholzes für den Leser hervortreten.

8.6 Dramatik der Restaurationszeit

Neue Ansprüche melden die Autoren dieser Epoche auch bei der Dramengestaltung an. **Dokumentarisches Material** wird zur Grundlage der Texte; die Sprache gewinnt im Hinblick auf Dialekte an Vielfalt. **Offene Formen** (↗ S. 163 f.) ersetzen eine geschlossene, am aristotelischen Theater orientierte Dramatik. Bedeutendster Vertreter dieser Gattung war GEORG BÜCHNER. Seine beiden Werke *Lenz* und *Woyzeck* blieben durch seinen frühen Tod unvollendet. Sie wurden unvollständig und, *Woyzeck* erst spät, aus dem Nachlass veröffentlicht. Zur Zeit ihrer Entstehung entfalteten sie deshalb keine Wirkung auf die Erzählkunst bzw. Dramatik. Einen umso stärkeren Eindruck hinterließen sie aber auf die Autoren des 20. Jh.

Büchners Erzählung *Lenz* (entst. 1835/36, Druck 1839 aus dem Nachlass) stützt sich auf dokumentarisches Material. Dazu zählen die tagebuchartigen Aufzeichnungen des Pfarrers Oberlin über den Aufenthalt des Sturm-und-Drang-Dichters JAKOB MICHAEL REINHOLD LENZ vom 20.1. bis 8.2.1778 in seiner Pfarrei im Elsass, die Texte von Lenz selbst sowie GOETHES Autobiografie *Dichtung und Wahrheit* (1811–1814 u. 1833):

- Der Text beginnt mit der Schilderung von Lenz' Wanderung durch die winterlichen Vogesen, wo er seinen Gemütszustand in der Landschaft widergespiegelt sieht. Er endet in Oberlins Pfarrhaus, das den Gepeinigten aufnimmt, nach einem Auf und Ab von Wahnsinnsanfällen, Angstzuständen, seelischen Leiden, mystischen Ekstasen und Selbstmordversuchen. Ergebnis ist die vorläufige seelische Erstarrung des Protagonisten. □

Was den Mediziner Büchner an Lenz interessierte, war dessen Gemütsstörung bzw. Geistesverwirrung. Für literaturgeschichtliche Zusammenhänge interessant ist das ›Kunstgespräch‹, das Büchner seine fiktive Figur Lenz mit dem ›Genieapostel‹ Christoph Kaufmann führen lässt. Dieser besucht ihn in seiner Weltabgeschiedenheit und treibt ihn damit zum erneuten Wahnsinn.

Lenz vertritt dabei eine neue, antiklassizistische Auffassung von der Kunst:

»Ich verlange in allem Leben, Möglichkeit des Daseins, und dann ist's gut; wir haben dann nicht zu fragen, ob es schön, ob es hässlich ist. Das Gefühl, dass, was geschaffen sei, Leben habe, stehe über diesen beiden und sei das einzige Kriterium in Kunstsachen.«

Büchners Dramenfragment *Woyzeck* (entst. 1836/37, Druck 1879 aus dem Nachlass, Urauff. 1913) beruht ebenfalls auf historischen Quellen: Berichte und Gutachten über drei Mordfälle, die die Gemüter der Zeit erhitzten.

- Im Zentrum steht der Fall des aus dem Militärdienst entlassenen arbeitslosen Soldaten Johann Christian Woyzeck, der 1821 in Leipzig in Wahnsinnsanfällen seine Geliebte Marie getötet hatte. Drei Jahre später wurde er öffentlich hingerichtet, nachdem seine Zurechnungsfähigkeit gerichtlich bestätigt worden war. Für die Irrsinnstat wird Woyzecks armselige Existenz als Arbeitstier und Objekt medizinischer Studien verantwortlich gemacht. □

Büchners Drama stellt in einer losen Szenenfolge einen Zusammenhang zwischen den sozialen Verhältnissen und der Leidensgeschichte seiner fiktiven Dramenfigur Woyzeck her.

8.7 Lyrik der Restaurationszeit

Zu den bedeutendsten Werken der Lyrik dieser Epoche gehören die Gedichte MÖRIKES, DROSTE-HÜLSHOFFS und HEINES. Mörike übernimmt die romantische Sprach- und Bildwelt ungebrochen, Droste-Hülshoff wendet sie ins Religiöse, Heine spielt mit ihr und ironisiert sie – zuweilen mit deutlich schmerzlichen Untertönen über den Verlust der im romantischen Liedgut entworfenen Kopie einer heilen Welt:

■ *Ich weiß nicht, was soll es bedeuten*

Ich weiß nicht, was soll es bedeuten,
Dass ich so traurig bin;
Ein Märchen aus uralten Zeiten,
Das kommt mir nicht aus dem Sinn.

Die Luft ist kühl und es dunkelt,
Und ruhig fließt der Rhein;
Der Gipfel des Berges funkelt
Im Abendsonnenschein.

Die schönste Jungfrau sitzet
Dort oben wunderbar;
Ihr goldnes Geschmeide blitzet,
Sie kämmt ihr goldenes Haar.

Sie kämmt es mit goldenem Kamme
Und singt ein Lied dabei;
Das hat eine wundersame,
Gewaltige Melodei.

Den Schiffer im kleinen Schiffe
Ergreift es mit wildem Weh;
Er schaut nicht die Felsenriffe,
Er schaut nur hinauf in die Höh.

Ich glaube, die Wellen verschlingen
Am Ende Schiffer und Kahn;
Und das hat mit ihrem Singen
Die Lore-Ley getan. □

Heines *Ich weiß nicht, was soll es bedeuten,* 1824 geschrieben, im *Buch der Lieder* im Kapitel *Die Heimkehr* 1827 publiziert und 1837 von FRIEDRICH SILCHER vertont, bezieht sich auf BRENTANOS Ballade *Zu Bacharach am Rheine,* die dieser 1802 in seinem Roman *Godwi oder Das steinerne Bild der Mutter* veröffentlicht hatte. Heines Gedicht ist eines der beliebtesten Lieder deutscher Chöre. Die Nazis setzten unter den lyrischen Text des jüdischen Autors »*Dichter unbekannt*«, um auf dieses vermeintlich ungebrochene ›urdeutsche Lied‹ nicht verzichten zu müssen.

8.8 Ein Autor im Kontext des Vormärz: Georg Büchner

Büchner, 1813 in der Nähe von Darmstadt geboren und 1837 im Alter von 24 Jahren in Zürich an Typhus gestorben, ist wie JEAN PAUL und HEINRICH VON KLEIST ein Autor, der aus den üblichen Rastern für die Epocheneinteilung fällt. Radikaler in seiner politischen Praxis und moderner in seiner literarischen Ästhetik als die Schriftsteller des Vormärz, kann er diesen nur mit Vorbehalt zugeordnet werden. Als Sohn eines alteingesessenen hessischen Arzthauses von bürgerlich-intellektueller Herkunft studierte er Medizin und Naturwissenschaften in Straßburg und Gießen (ab 1831). Als Hauptverfasser der Flugschrift *Der Hessische Landbote* und Mitbegründer der umstürzlerischen ›Gesellschaft für Menschenrechte‹ (1834) in Gießen entzog er sich 1835 der drohenden Verhaftung durch Flucht nach Straßburg und später in die Schweiz. 1836 habilitierte er an der Universität Zürich mit einer Arbeit über vergleichende Anatomie. Im Exil entstanden nebenher – hauptsächlich war er mit der Sicherung seiner beruflichen Existenz beschäftigt – in rascher Folge fast alle seiner literarischen Texte.

Wie bei Heine finden sich auch bei B. Zweifel an der Wirkungsmacht des Wortes. Radikaler als dieser aber setzte B. die Ansicht um, dass man direkt politisch und nicht von der gebildeten Klasse aus vorgehen müsse, um Reformen herbeizuführen. B.s Kritik am verklärenden Idealismus der Kunstepoche (↗ S. 212 f.) zielte auf die Romantiker und v. a. auf Schiller. Goethe und auch das Werk Heines schätzte B. hingegen sehr.

9 Realismus

POLITIK | WIRTSCHAFT | WISSENSCHAFT

- 1848 Märzrevolution
- 1852–1857 Industrielle Hochkonjunktur
- 1870/71 Deutsch-Französischer Krieg
- 1871 Gründung des Deutschen Reiches
- 1878 Sozialistengesetze

KULTUR | BILDENDE KUNST | MUSIK

- 1853 Gründung von ›Die Gartenlaube‹ (Zeitschrift)
- 1856 GUSTAVE COURBET: Gemäldeausstellung: ›Du Réalisme‹
- 1856 GUSTAVE FLAUBERT: Madame Bovary (Roman)
- 1867 ›Klassikerjahr‹

LITERATUR

- 1844 FRIEDRICH HEBBEL: Maria Magdalena (Drama)
- 1850 THEODOR STORM: Immensee (Novelle)
- 1852 THEODOR STORM: Die Stadt (Gedicht)
- 1854/55 GOTTFRIED KELLER: Der grüne Heinrich (R.)
- 1855 GUSTAV FREYTAG: Soll und Haben (Roman)
- 1856/74 GOTTFRIED KELLER: Die Leute von Seldwyla (Novelle)
- 1886 THEODOR FONTANE: John Maynard (Gedicht)
- 1893 KARL MAY: Winnetou (Roman)
- 1895 THEODOR FONTANE: Effi Briest (Roman)

9.1 Der Begriff ›Realismus‹

Zeitliche Einordnung

Mit dem Begriff ›Realismus‹ wird in fast allen europäischen Nationen eine literarische Richtung benannt, die in Frankreich etwa um 1830 ihren Anfang nahm und bis in die 90er Jahre des 19. Jh. reichte. Der programmatische Begriff ›Realismus‹ wurde erstmals 1826 in Frankreich verwendet. In der deutschen Literaturgeschichte bezeichnet der Begriff des ›**poetischen**‹ oder ›**bürgerlichen Realismus**‹ (ca. 1848–1890) die deutsche Variante des europäischen Realismus.

▼ Es fällt schwer, das Ende der realistischen Phase exakt zu datieren. Einer der bis heute prominenten Autoren, dessen Werk für den Realismus steht, ist THEODOR FONTANE.

Sein Schaffen geht zeitlich über den Naturalismus (↗ S. 247 ff.) hinaus und reicht bis ans Ende des 19. Jh. ▽

Merkmale realistischer Literatur

Die Literatur des Realismus zeichnet sich durch eine Hinwendung zur Realität, durch eine besondere ›Wirklichkeitstreue‹ aus.

Der neue Wirklichkeitsbegriff der Realisten ist auf die menschliche Gesellschaft bezogen. Es ist vornehmlich der bürgerliche Mensch, der in der Auseinandersetzung mit dem realen Alltagsleben zum zentralen Gegenstand der poetischen Darstellung gemacht wird. Der große **Zeit- und Gesellschaftsroman** und die **Novelle** sind die dominierenden Genres des R. Gesellschaftliche Zustände und Vorgänge werden oft mit einer Haltung humoristischer Distanz oder entsagender Melancholie betrachtet. Mit den Schicksalen ihrer Figuren werden die Autoren nicht zum Ankläger der Gesellschaft. Sie schildern Verhältnisse und Charaktere, oft ohne offensichtlich Partei zu ergreifen oder Stellung zu beziehen.

Wichtigste Vertreter des R., die noch heute höchste literarische Geltung beanspruchen können, sind THEODOR FONTANE (*Frau Jenny Treibel,* 1892; *Effi Briest,* 1895), THEODOR STORM (*Der Schimmelreiter,* 1888) und GOTTFRIED KELLER (*Die Leute von Seldwyla,* 1856/74).

Vorbilder fanden die deutschen Realisten vorwiegend in Frankreich und auch in England. Zu den berühmtesten französischen Vertretern zählten HENRI B. STENDHAL (*Rot und Schwarz,* 1830), HONORÉ DE BALZAC (*Vater Goriot,* 1834/35) und GUSTAVE FLAUBERT (*Madame Bovary,* 1856), in England war es CHARLES DICKENS (*Oliver Twist,* 1837/38).

▼ Im mittellateinischen Sprachgebrauch bedeutet das Wort ›realis‹ so viel wie ›sachlich‹ (lat. res für Sache, Ding). Gebraucht man heute die Worte ›realistisch‹ bzw. ›Realismus‹, denkt man ebenfalls an Sachlichkeit oder Wirklichkeitsnähe. Dieser alltägliche Sprachgebrauch gibt bereits zu erkennen, wie problematisch es ist, den Begriff ›realistisch‹ zur Kennzeichnung *einer* literarischen Epoche oder Strömung zu benutzen. Selbstverständlich lassen sich auch zeitgenössische Romane als ›realistisch‹ beschreiben, obgleich bis heute darüber gestritten wird, welche Qualitäten ein fiktionaler Text oder ein Film haben muss, um als realistisch zu gelten. ▽

9.2 Historischer Kontext

Die Erfahrungen aus der gescheiterten bürgerlichen Revolution von 1848 prägten die Haltung der deutschen Realisten ähnlich nachdrücklich wie der Umstand, dass das in Einzelstaaten zerfallene Deutschland trotz seiner Wirtschaftsdynamik keine echte Metropole besaß. In Frankreich wurde hingegen zwischen 1852 und 1865 Paris selbstbewusst zur »*Kapitale der Welt*« ausgestaltet.

Bereits vor 1848 klagten Literaturkritiker, dass es sowohl der romantischen Literatur als auch den Werken des Vormärz an ›sittlichem Gehalt‹ fehle. Diesen Mangel führte z. B. der Literaturhistoriker GEORG GOTTFRIED GERVINUS darauf zurück, dass die gesellschaftliche Wirklichkeit selbst trivial sei. Wo es einem Volk versagt sei, die Wirklichkeit in Gesellschaft und Staat nach seinem sittlichen Willen zu gestalten, könne kein Nährboden für eine reife Literatur entstehen. Der Gedanke, dass die Entfaltung einer Literatur, die sich an sittlichen Prinzipien und an der Wirklichkeit orientiert, politische Selbstbestimmung voraussetze, wurde nach dem **Scheitern der Revolution** und dem Arrangement des Bürgertums mit den deutschen Verhältnissen fallen gelassen. Unter dem Eindruck der **Industrialisierung** glaubten viele, dass sich bürgerliche Sittlichkeit von selbst durchsetzen werde. Die Schiller-Feiern des Jahres 1859 machten allerdings deutlich, wie sehr die Zersplitterung Deutschlands noch als Mangel empfunden wurde. Auf einer solchen Feier richtete der realistische Autor WILHELM RAABE in deutlichen Versen die Hoffnung auf *»einen Führer«*, um den sich die deutschen Stämme scharen. In die Rolle des ersehnt starken Mannes schlüpfte dann allerdings kein zweiter Schiller, sondern seit dem ›Schwellenjahr‹ 1866 (Beilegung des Verfassungskonfliktes, Deutscher Krieg und Auflösung des Deutschen Bundes) der 1862 zum preußischen Ministerpräsidenten ernannte OTTO VON BISMARCK (1815–1898). Mit dem Sieg gegen Frankreich, der **Reichsgründung** in Versailles und dem **Gründerboom**, der durch die französischen Reparationszahlungen begünstigt wurde, setzte eine neue Phase ein. In dem (klein)deutschen Staatswesen unter preußischer Führung entstand eine Literatur, die sich betont national gab und z. T. vermeintliche Traditionen der Deutschen beschwor.

9.3 Literarisches Programm

Sowohl in Frankreich als auch in Deutschland entwickelten einzelne Autoren in theoretischen Schriften ein Programm (**programmatischer Realismus**), das festlegte, wie realistische Literatur auszusehen habe (↗ Roman, S. 150 ff.). So wetteiferten die französischen realistischen Autoren mit den Historikern um die detailgetreue Beschreibung der historischen Welt. Plakativ nannte 1856 der Maler GUSTAVE COURBET eine Ausstellung seiner Gemälde *Du Réalisme.* Der programmatische Realismus wandte sich gegen alles Fantastische der romantischen Tradition und gegen das Ornamentale in der klassizistischen Kunst.

Philosophische Einflüsse auf den Realismus gingen vom **Positivismus** aus, wie ihn AUGUSTE COMTE begründete. Seine Lehre lautet im Wesentlichen, dass man sich auf empirische Beobachtung und logisches Denken, nicht auf metaphysische Spekulation zu stützen habe, um die Wirklichkeit der Welt und ihre Zukunft zu erfassen. Das im Detail Beobachtete soll, so der französische Gelehrte, auch die Literatur bestimmen. Gegenüber dem Beobachteten habe das Subjekt in seiner Rolle als individueller Autor (↗ S. 129 f.) zurückzutreten.

Auch der **poetische Realismus** in Deutschland orientiert sich an der Wirklichkeit, stellt diese aber nicht einfach dar, sondern **verklärt** sie, indem er zum Beispiel die schonungslose Darstellung sozialer, psychischer oder physischer Notlagen meidet. Ein Unterschied zum französischen Realismus besteht darin, dass der poetische Realismus trotz der Betonung des Objektiven der Wirklichkeit an einer subjektiven Darbietung festhält.

Was sich in Deutschland als Realismus in der Literatur durchsetzte, rückte ausdrücklich vom Programm der französischen Realisten ab. 1853 betonte FONTANE nicht nur, dass *»Realismus keine neue Erfindung, sondern so alt wie die Kunst selbst«* sei. Er wehrte sich zudem gegen ein positivistisches Verständnis von Realismus; dies wird in der folgenden Definition deutlich, in der er den nüchternen Begriff der ›Wirklichkeit‹ mit dem schillernden Wort ›Wahrheit‹ verbindet: *»[…] er ist die Widerspiegelung allen wirklichen Lebens, aller wahren Kräfte und Interessen im Elemente der Kunst. […] Der Realismus will* *nicht die bloße Sinnenwelt und nichts als diese; er will am allerwenigsten das bloß Handgreifliche, aber er will das Wahre.«*

Die Beschränkung auf das sinnlich Wahrnehmbare verwirft auch OTTO LUDWIG, der 1874 den Begriff des ›**poetischen Realismus**‹ prägte. Anders als ein naturalistischer Realismus basiere die Literatur des poetischen Realismus auf der schöpferischen Fantasie eines Autors. Dass dieser mit seinem Werk die Welt noch einmal erschaffe, heißt für Ludwig nicht, dass Literatur eine reine Fantasiewelt biete. Allerdings soll es sich gewissermaßen um eine verbesserte bzw. um eine geordnete Welt handeln. Bezeichnenderweise spricht Ludwig nicht lediglich von Widerspiegelung, sondern von einem *erhöhten* Spiegelbild, das die Kunst zu liefern habe. Vom Begriff des ›poetischen Realismus‹ wird verschiedentlich ein ›**bürgerlicher Realismus**‹ abgegrenzt, zu dem eine Vielzahl von Werken bis hin zu THOMAS MANNS Romanen gerechnet wird.

9.4 Literarisches Leben

Der deutsche Buchhandel befand sich – gemessen an den Neuerscheinungen – zwischen 1848 und 1880 in einer deutlichen Krise. Erst 1879 wurde der 1843 schon einmal erreichte Stand mit über 14 000 Titeln jährlich eingeholt. Verantwortlich für diese Krise sind zunächst die hemmende Buchpolitik der Restaurationszeit sowie Organisationsschwächen des Buchhandels. Die Einführung der **Gewerbefreiheit** (1869/71) führte hier zu einschneidenden Veränderungen: Nun konnte jeder mit Büchern handeln und mit Rabatten werben. Große Versandhandlungen boten marktgängige Titel zu günstigen Konditionen an. Damit konnten die kleinen lokalen Buchhändler schwerlich konkurrieren. 1887 wurde deswegen ein **einheitlicher Ladenpreis** für allgemein verbindlich erklärt.

Die Kapitalisierung des Buchhandels zeigte sich auch in veränderten Vermarktungsstrategien. So legten Verlage Romanreihen vor, die den Abonnenten einen bestimmten literarischen Standard garantierten. Auf dem Klassikermarkt war mit diesem Verfahren die Cotta'sche ›Volksbibliothek‹ erfolgreich. 1867 allerdings erloschen alle Verlagsrechte an Autoren, die vor 1837 verstorben waren. Von diesem ›**Klassikerjahr**‹ profitierte eine bis heute bekannte Reihe: die Reclam'sche Universalbibliothek. Während mit dieser Reihe ein großes Angebot zu niedrigen Preisen vorlag, entwickelte sich mit den Gründerjahren ein Markt für so genannte Prachtausgaben. Mit aufwändigen Ledereinbänden erreichten die anerkannten Klassiker eine auf Repräsentation eingestellte Käuferschicht.

Die zeitgenössischen Realisten erreichten überwiegend über **Zeitschriften**, Zeitungsbeilagen und Leihbibliotheken ihre Leser. Etliche Zeitschriften boten eine Mischung aus Lebenshilfe und Belletristik, gerichtet an die ganze Familie. Die berühmteste dieser Zeitschriften ist die 1853 gegründete *Gartenlaube,* die auf ihrem Höhepunkt 1875 eine Auflage von 382 000 Exemplaren erzielte. Die Auflage des *Grenzboten,* Organ der programmatischen Realisten, lag dagegen nur bei 1000. In der *Gartenlaube* publizierte neben anderen Schriftstellerinnen auch die überaus populäre EUGENIE MARLITT, deren Romane in der Literaturgeschichte häufig als Musterbeispiele trivialer Literatur gewertet werden. Aber auch ein Autor wie FONTANE ließ hier einzelne seiner Romane vorabdrucken. Während neue Buchtitel selten in mehr als 1 000 Exemplaren erschienen, erreichte man so ein Massenpublikum – und deutlich höhere Einnahmen. Hierfür waren allerdings poetische Zugeständnisse zu machen: Anspruchsvollere Lyrik und Dramen ließen sich in der Presse kaum unterbringen. Gefragt waren der **Fortsetzungsroman** und die **No-**

velle. Selbst ein Autor wie GOTTFRIED KELLER ließ sich Eingriffe in seinen Text gefallen. Konfrontiert mit Anfragen der konkurrierenden Presseorgane, entwickelten vor allem die beim Publikum gefragten Autoren, neben Keller insbesondere auch FRIEDRICH SPIELHAGEN, THEODOR STORM und PAUL HEYSE, kaufmännisches Geschick.
Dass sich auch renommiertere Autoren unter diesen Bedingungen zu so genannten Vielschreibern entwickelten, spiegelt ein verändertes Leseverhalten des Publikums wider. Das Bildungslesen, die intensive Rezeption, musste einer extensiven und individualisierten **Unterhaltungslektüre** Platz machen. Die rasche Lektüre galt dabei durchaus als zeitgemäß, fügte sie sich doch in einen Alltag ein, in dem dank der Technik alles immer schneller wurde. Ihren aktuellen Lesestoff besorgten sich viele in Leihbibliotheken. Marktgängige und durch Vorabdrucke eingeführte Titel waren hier landesweit in bis zu 2000 Exemplaren vorrätig.

9.5 Epik des Realismus

Anforderungen an den deutschen Roman

Romane und **Novellen** wurden auf dem Literaturmarkt stark nachgefragt – teils wurde die literarische Produktion von den Kritikern wegen ihrer Trivialität gerügt. Die Programmatiker des **poetischen Realismus**, die sich bei der Lektüre von KELLERS berühmt gewordenem Entwicklungsroman (↗ S. 152) *Der grüne Heinrich* (1854/55; 2. Fassung 1879/80) mehr *»behagliche Ruhe der Erzählung«* wünschten (JULIAN SCHMIDT), verwiesen vor allem auf englische Vorbilder, namentlich auf DICKENS. Insbesondere SPIELHAGEN lieferte neben Erzählprosa Beiträge zur Romantechnik, die darauf zielten, den deutschen Roman dem Status des englischen Vorbildes anzugleichen. Seine Forderungen fielen jedoch derart unpraktikabel und widersprüchlich aus, dass kein namhafter realistischer Romancier dem Muster seiner Theorie folgte. FONTANE beschrieb allerdings recht genau die zeitgenössischen Erwartungen an einen deutschen Roman:
»Was soll ein Roman? Er soll uns, unter Vermeidung alles Übertriebenen und Hässlichen, eine Geschichte erzählen, an die wir glauben. Er soll zu unserer Fantasie und unserem Herzen sprechen, Anregung geben, ohne aufzuregen; er soll uns eine Welt der Fiktion auf Augenblicke als eine Welt der Wirklichkeit erscheinen, soll uns weinen und lachen, hoffen und fürchten, am Schluss aber empfinden lassen, teils unter lieben und angenehmen, teils unter charaktervollen und interessanten Menschen gelebt zu haben, deren Umgang uns schöne Stunden bereitete, uns förderte, klärte und belehrte. Das etwa soll ein Roman.«

Der ›vaterländische Roman‹, Heimatroman und Abenteuerroman

Bei der Auswahl der Themen reagierten die poetischen Realisten auf die zunehmende Technisierung des Alltags anders als der französische Realismus. Die Gewissheit des Bürgertums, die Zukunft mitbestimmen zu können, wich zunehmend einer pessimistischen Grundhaltung, die man z. B. der Philosophie ARTHUR SCHOPENHAUERS entnahm. Die poetischen Realisten wählten Themen, die einen Ausgleich zu den Erfahrungen der Industrialisierung schaffen sollten. Nicht die Stadt rückte ins Zentrum, sondern so genannte Dorfgeschichten dominierten zunächst. Nicht die Gegenwart bestimmte die literarische Produktion, sondern der **historische** bzw. **›vaterlän-**

dische‹ **Roman** (v.a. WILLIBALD ALEXIS) und die **historische Novelle** (z.B. RAABES Novelle *Die schwarze Galeere,* 1865).

Das Interesse für dörfliche Milieus hing mit dem trotzigen Willen zusammen, die Wurzeln der deutschen Nation für gesund halten zu wollen. Ein entsprechendes Anschauungsmaterial glaubte man im ›lebensvollen Organismus‹ dörflicher Gemeinschaften zu finden. Mit Blick auf den großen Erfolg der *Dorfgeschichten* von BERTHOLD AUERBACH und JEREMIAS GOTTHELF spricht der Literaturtheoretiker JULIAN SCHMIDT 1855 von einer ›erfüllten Sehnsucht nach Realität und neuem Lebenssaft‹. Der Erfolg und die Entwicklung zu einem regelrechten Modegenre führten allerdings bald zu kritischen Debatten, in denen man sich darüber stritt, wie echt oder verklärend die bäuerlichen Milieus geschildert werden sollten. Das galt vor allem für die **Heimatromane**, die neben den historischen Romanen, den Gesellschaftsromanen oder den Berlin-Romanen besonders populär waren. Zum erfolgreichsten Autor dieses Genres wurde der österreichische Bergbauernsohn PETER ROSEGGER. Seine nostalgisch getönten Erzählungen aus der Steiermark fanden nicht zuletzt wegen ihres für norddeutsche Leser exotischen Lokalkolorits ein breites Publikum. Hamburger Lehrer stellten zur Jahrhundertwende eine Rosegger-Anthologie zusammen, die unter dem Titel *Als ich noch der Waldbauernbub' war* bis heute Verbreitung findet. Während in Roseggers Geschichten die Figur des traditionellen Bergbauern dominiert, sind es in den trivialen Heimatromanen des Bayern LUDWIG GANGHOFER häufig Jäger und ihre adligen Herrschaften, die in den Höhen der Bergwelt Abenteuer bestehen.

2 Literatur und Medien

Eine Gruppe früher Realisten bevorzugte Themen, die mit den wirtschaftlichen Verhältnissen des Bürgertums zusammenhingen. So wurde *Soll und Haben* (1855) von GUSTAV FREYTAG als das Paradebeispiel eines Romans benannt, der das zeitgenössische Wirtschaftsleben realistisch ins Bild setzt und den englischen Realismus eines CHARLES DICKENS ins Deutsche überträgt. Als Motto seines Romans dient Freytag ein Zitat Julian Schmidts: *»Der Roman soll das deutsche Volk da suchen, wo es in seiner Tüchtigkeit zu suchen ist, nämlich bei seiner Arbeit.«*

■ Der bis zur Jahrhundertwende immer wieder aufgelegte Roman propagiert am Beispiel eines kaufmännischen Aufsteigers die deutsch-bürgerlichen Tugenden wie Fleiß, Ordnungsliebe und Pflichtbewusstsein. Den braven Triumph des deutschen Bürgers heben die Kontrastfiguren ideologisch und antisemitisch hervor: betrügerische Juden, kulturlose Polen (›Slaven‹) und wirtschaftsuntüchtige Aristokraten. □

Zu den vorwiegend auf Unterhaltung zielenden Genres gehörten auch die **Kriminalromane**. Häufig wurden sie in der Presse oder als spezielle ›Eisenbahn-Unterhaltungen‹ publiziert. Für die *Gartenlaube* lieferte THEODOR FONTANE mit *Unterm Birnbaum* (1885) und *Quitt* (1890) prominente Beiträge. Viel gelesen wurde neben Frauenromanen wie den Erfolgsbüchern von EUGENIE MARLITT auch die **Reise- und Abenteuerromane** eines Autors, der Generationen junger Leser fesselte: KARL MAY. Der ehemalige Hilfslehrer, der wegen Betrugsdelikten mehrfach in Haft genommen wurde, begann als Auftragsautor mit Dorfgeschichten, um dann mit erfundenen Reiseerinnerungen aus dem Orient und aus Amerika den Durchbruch zu erzielen.

In einem der meistgelesenen Romane deutscher realistischer Literatur, *Effi Briest* (1895), macht Fontane die Fragwürdigkeit bestehender Gesellschaftsnormen vor allem in Bezug auf Ehre und Moral am Beispiel eines Ehekonflikts sichtbar. Der

Ehrenkult preußisch-junkerlicher Lebensform wird als erstarrte gesellschaftliche Konvention entlarvt, die im Gegensatz steht zu den Empfindungen und Bedürfnissen des einzelnen Menschen:

- Der Roman greift einen authentischen Eheskandal aus dem Jahr 1886 auf. Die Titelfigur Effi heiratet als Siebzehnjährige den Baron von Innstetten, einen ältlichen Jugendfreund ihrer Mutter, der in Hinterpommern als Landrat wirkt. Hier wird Effi Mutter einer Tochter, bleibt jedoch in der provinziellen Umgebung an der Seite ihres wenig einfühlsamen Gatten einsam. In dieser Situation kommt es zu einer Liebesbeziehung mit dem ortsansässigen Bezirkshauptmann Crampas. Als Innstetten nach Berlin berufen wird, bricht die mit Schuldgefühlen belastete Affäre ab. Nach harmonischen Ehejahren findet Innstetten in Berlin zufällig alte Liebesbriefe seines Nebenbuhlers, lässt sich, seinem Ehrenkodex folgend, von Effi scheiden und nimmt die Tochter zu sich. Den Hauptmann tötet er in einem Duell. Die Verlassene wird auch von ihrer Familie verstoßen, bis sie, als tödlich Erkrankte, schließlich in ihr Elternhaus zurückkehren darf. □

Die Wirkung des Romans resultiert aus der Art, wie Fontane das brisante Thema behandelt. Sein Erzähler hält sich mit Bewertungen zurück. Zu einer Anklage oder Schuldzuweisung kommt es nicht. Höchst indirekt erfährt der Leser zunächst auch von der Affäre zwischen dem Hauptmann und Effi. Kennzeichnend für diesen und andere Romane des Autors ist sein beiläufiger ›Plauderstil‹. Die Konversation seiner Figuren in einprägsamen Dialogen spielt für die Darstellung von Milieus und Typen eine entscheidende Rolle.

Die Novelle

Neben dem Roman ist es vor allem die Novelle, die in der Literaturgeschichte als Domäne der realistischen Epoche betrachtet wird. Als *»Shakespeare der Novelle«* (Heyse) galt Gottfried Keller, der die Novelle als kleinen Roman definierte. Nicht zuletzt durch den Schulunterricht wurde vor allem Kellers Novellenzyklus *Die Leute von Seldwyla* (1856/74) berühmt. Neben dem Schauplatz verbindet solche Novellen Kellers wie *Romeo und Julia auf dem Dorfe* (1856) und *Kleider machen Leute* (1874) der Erzählton, die Liebe zum Detail und der Humor, mit dem die Schwächen der Bürger von Seldwyla, ihr Mangel an ›richtiger‹ Bürgerlichkeit, in mildem Licht geschildert werden. Die Grundhaltung des Humorvollen ist es auch, die Kellers Erzählen beispielhaft macht für das **Verklärende** im **poetischen Realismus**. Der ebenso wegen seiner Novellen gerühmte Theodor Storm charakterisierte die Novelle über ihre Nähe zum Lyrischen und vor allem zum Dramatischen *(»Schwester des Dramas«)*. Zu Ansehen gelangten neben *Immensee* (1850), dem Beispiel einer lyrischen Novelle, die für ein junges Publikum verfasste Novelle *Pole Poppenspäler* (1874) und *Der Schimmelreiter* (1888), der auf einer westpreußischen Sage basiert.

9.6 Dramatik des Realismus

Trauerspiel und Geschichtsdrama

Von den Dramatikern des poetischen Realismus wird in der Literaturgeschichte zumeist nur Friedrich Hebbel Rang eingeräumt. Mit *Maria Magdalena* (1844; Uraufführung 1846) hatte er ein **bürgerliches Trauerspiel** (↗ S. 162) vorgelegt, das ganz

dem Realismus *(»ganz Bild, nirgends Gedanke«)* folgte. Bei seinen Zeitgenossen gewann Hebbel erst mit dem in Weimar uraufgeführten dreiteiligen deutschen Trauerspiel *Die Nibelungen* (1861) ein gewisses Ansehen. Während diese Bearbeitung des *»hohen Liedes der Deutschen Nation«* (Hebbel) dem nationalistischen Zeitgeist entgegenkam, wurde *Agnes Bernauer*, ebenso ein historisches Drama, nach der Premiere 1852 abgesetzt. Für die Kritiker wurde Hebbel zu einem Autor, an dem man einen ›falschen (poetischen) Realismus‹ erkennen und attackieren konnte. So wurde ihm ein krankhaftes Interesse an den ›rein geschlechtlichen Vorgängen der Liebe‹ bescheinigt und ein Übergewicht des Hässlichen zur Last gelegt.
Während Hebbels Trauerspiele und die anderer Autoren insgesamt erfolglos blieben, erreichten heute nahezu unbekannte Lokalpossen und effekthaschende **Geschichtsdramen** ein großes Publikum. Begleitet von vielen Klagen über die Gegenwartsdramatik und von Lehrschriften zur Dramentechnik (GUSTAV FREYTAG), entwickelte sich im Vorfeld der Gründerzeit ein zunehmender **Klassizismus.** Fast alle in den zehn Jahren vor 1870 aufgeführten Neuerscheinungen gingen auf historische Stoffe zurück. Als besonders aktiv erwies sich hierbei vor allem der Münchner Dichterkreis um PAUL HEYSE.
Die Jahre nach der Reichsgründung veränderten die Theaterlandschaft. Dies lag nicht zuletzt an der Einführung der Gewerbefreiheit. An die Seite der Hoftheater traten nun zahlreiche prächtig ausgestattete Häuser, die ein Publikum lockten, das vor allem an Repräsentation und Unterhaltung interessiert war. Spektakuläre Erfolge erzielten die Gastspielreisen eines Provinztheaters: Das Ensemble des Hoftheaters von Sachsen-Meiningen orientierte sich an einem radikalen **historischen Realismus**, der von den Dekorationen bis zum Text der Originalvorlage folgte. Wurde z. B. SHAKESPEARES *Julius Caesar* aufgeführt, so konnte man Requisiten bewundern, die antiken Originalen im Detail entsprachen.

9.7 Lyrik des Realismus

Stimmungslyrik und Ballade

In der Literaturgeschichte des R. werden vor allem STORM und FONTANE als herausragende Lyriker behandelt. Beide gehörten der Literatengruppe ›Tunnel über der Spree‹ an. Storm betrachtete sich trotz seiner bekannten Novellen vor allem als Lyriker. Sein ästhetischer Leitsatz lautete, dass ein Gedicht jede Phrase meiden und nur ausdrücken solle, was seine Wurzel in Gefühl oder Fantasie des Dichters habe. Storms **Stimmungslyrik** zeigt sich vor allem von HEINRICH HEINE beeinflusst. Storms Gedichte, am bekanntesten jenes über die Geburtsstadt Husum (1852) – die *graue Stadt am Meer* –, finden sich heute in vielen Anthologien.

■ Theodor Storm: *Die Stadt (1852)*

Am grauen Strand, am grauen Meer
Und seitab liegt die Stadt;
Der Nebel drückt die Dächer schwer,
Und durch die Stille braust das Meer
Eintönig um die Stadt.

Es rauscht kein Wald, es schlägt im Mai
Kein Vogel ohne Unterlass;
Die Wandergans mit hartem Schrei
Nur fliegt in Herbstesnacht vorbei,
Am Strande weht das Gras.

Doch hängt mein ganzes Herz an dir,
Du graue Stadt am Meer;
Der Jugend Zauber für und für
Ruht lächelnd doch auf dir, auf dir,
Du graue Stadt am Meer. □

Fontanes lyrischer Beitrag zur Literaturgeschichte liegt vornehmlich im Bereich der **Ballade** (↗ S. 180). Seine Stoffe wählte er aus der preußischen und englisch-schottischen (Kriegs-)Geschichte. Die Tauglichkeit der Balladenform auch für die moderne Dichtung demonstrierte Fontane später, als er mit *Die Brück' am Tay* (1880) und *John Maynard* (1886) das Thema ›Technik‹ abenteuerlich und spannungsreich ausgestaltete.

9.8 Autoren im Kontext des Realismus: Theodor Storm, Theodor Fontane

Theodor Storm (1817–1888)

Der Sohn des Husumer Justizrates wurde in seiner Jugend vor allem durch die romantische Lyrik beeinflusst. Während seines Jurastudiums in Kiel und Berlin (1837–42) publizierte er die ersten eigenen lyrischen Versuche. Nach dem Studium ließ sich Storm als Rechtsanwalt in Husum nieder. Die Gedichte, die in dieser Zeit entstanden, spiegeln die Leiden- und Liebschaften eines jungen Mannes wider, der sich 1846 mit seiner Cousine Constanze vermählt. Politisches Engagement gegen die dänische Herrschaft über Schleswig und Holstein führte 1852 dazu, dass dem schriftstellernden Anwalt die Zulassung in diesem Beruf entzogen wurde. Auf der Suche nach Beschäftigung und Bezahlung begab sich Storm in das ungeliebte Preußen: In Potsdam arbeitete er zunächst unentgeltlich als Assessor und Hilfsrichter, ab 1856 sodann als Kreisrichter im provinziellen Heiligenstadt. Literarische Kontakte fand Storm während seiner Potsdamer Zeit in Berlin über den damals maßgeblichen Dichterclub ›Tunnel über der Spree‹. An dessen sonntäglichen Kaffeehaussitzungen nahm auch THEODOR FONTANE teil.

Nach dem preußischen Sieg über die Dänen konnte Storm 1864 nach Husum zurückkehren. Er wurde hier zunächst Landvogt. Nach dem Tod seiner Frau heiratete er dort ein zweites Mal, nun die in jüngeren Jahren heiß begehrte DOROTHEA JENSEN. Nach der gewaltsamen Aneignung Schleswig-Holsteins durch Preußen trat Storm in Husum den Dienst als preußischer Amtsrichter an. Ein Jahr später erschienen die ersten Bände der *Gesammelten Schriften* (1868–1889) des nebenberuflichen Autors. Bis zu seiner Pensionierung 1880 glückte Storm die Doppelexistenz als Jurist und Dichter. Reisen zu Schriftstellerfreunden boten in dieser Zeit Ablenkung vom ungeliebten Amt. Als 1887 Storms 70. Geburtstag gefeiert wurde, war dies bereits ein öffentlicher Akt. Der eigentliche Ruf des Autors breitete sich jedoch erst nach seinem

Tod 1888 aus. Schon zu Lebzeiten wurde Storm zu nationalistischen Zwecken vereinnahmt und als Schöpfer einer gemütlichen Dichtung bezeichnet, die typisch deutsch und deshalb frei von fremden Einflüssen sei. Diese politische Vereinnahmung verschärfte sich nach dem 1. Weltkrieg noch. Sein massenhaft verbreitetes Werk galt manchen Nationalsozialisten als das Beispiel einer auf deutscher Scholle und aus deutschem Blute gewachsenen Literatur. Nach dem Zweiten Weltkrieg erblickte man in Storms populären Texten oft unpolitische Dokumente harmloser Heimatliteratur und setzte sie gerne im Schulunterricht ein.

Theodor Fontane (1819–1898)

Fontanes Familie stammt von den Hugenotten ab, die nach der Aufhebung des ›Edikts von Nantes‹ (1685) Frankreich verlassen und in Preußen ein Domizil gefunden hatten. Fontanes Vater arbeitete als selbstständiger Apotheker von 1819 bis 1827 in Neuruppin. 1827 zog die Familie in die Hafenstadt Swinemünde. 1832 wurde der zuvor überwiegend privat unterrichtete Apothekersohn auf das Gymnasium nach Neuruppin, von 1833 bis 1836 dann auf eine Gewerbeschule nach Berlin geschickt. Hier absolvierte er 1840 eine Apothekerlehre. Den väterlichen Beruf übte er ohne Leidenschaft an verschiedenen Orten bis 1849 aus. In diesem Jahr unternahm er den Versuch, sich als Berufsschriftsteller zu etablieren. Bisher war er vor allem mit **Balladen** hervorgetreten. Während Fontane journalistische Arbeiten zunächst in regierungskritischen Organen publiziert hatte, wechselte er 1850 die Seiten, als er im ›Literarischen Kabinett‹ der preußischen Regierung eine feste Anstellung finden konnte. Im selben Jahr heiratete er seine Verlobte Emilie. Die Versorgung der bis 1864 auf sechs Köpfe anwachsenden Familie fiel Fontane trotz zeitweiliger Beschäftigung als preußischer Presseagent in London schwer. Durch Vermittlung eines Bekannten aus dem Dichterclub ›Der Tunnel über der Spree‹ wurde er 1860 Redakteur bei der *Kreuz-Zeitung*. Während der zehnjährigen Tätigkeit für das sehr konservative Blatt veröffentlichte Fontane neben Kriegsbüchern **Reiseliteratur** über Großbritannien und den ersten Band seiner *Wanderungen durch die Mark Brandenburg* (1862–1882). 1870 kündigte der kurzfristig in französische Kriegsgefangenschaft geratene Autor seine Stellung, um als freier Autor zu arbeiten. Seinen Unterhalt hatte er durch eine Tätigkeit als Theaterkritiker für die liberale *Vossische Zeitung* abgesichert. Nach einem kleinen Zwischenspiel als verbeamteter Sekretär der Akademie der Künste legte Fontane 1878 mit *Vor dem Sturm* seinen ersten Roman vor, dem in rascher Folge bis 1898 zahlreiche weitere **Romane** und **Novellen** folgten. Von diesen fand allerdings zu Lebzeiten des Autors nur *Effi Briest* (1895) große Resonanz bei Publikum und Literaturkritik.

Das internationale Ansehen der Werke Fontanes wurde im 20. Jh. durch Autoren wie z. B. THOMAS MANN gefördert, die sich in ihrem eigenen Schaffen von Fontane beeinflusst zeigten.

10 Naturalismus

POLITIK | WIRTSCHAFT | WISSENSCHAFT

- 1870/71 Deutsch-Französischer Krieg
- 1871 Gründung des Deutschen Reiches
- 1878 Sozialistengesetze
- 1888–1918 Wilhelm II.
- 1890 Aufhebung der Sozialistengesetze

KULTUR | BILDENDE KUNST | MUSIK

- 1872/73 EMILE ZOLA: Les Rougon-Macquart (Roman)
- 1877 HENRIK IBSEN: Die Stützen der Gesellschaft (Drama)
- 1884 EMILE ZOLA: Germinal (Roman)
- 1886 Gründung der Künstlergruppe ›Durch!‹ (Berliner Naturalismus)
- 1889 Begründung der ›Freien Bühne‹ (in Berlin)

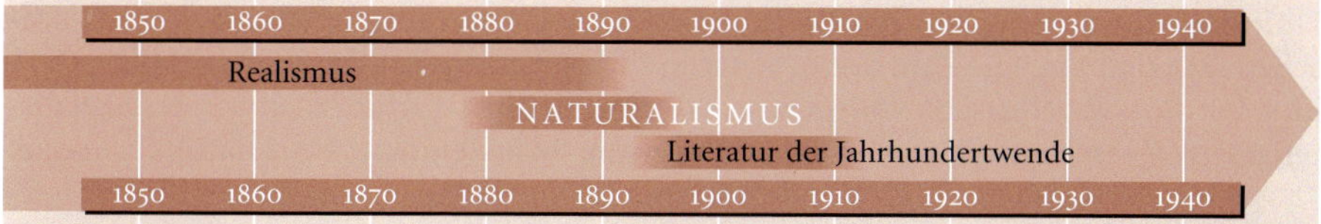

LITERATUR

- 1888 GERHART HAUPTMANN: Bahnwärter Thiel (Novelle)
- 1889 GERHART HAUPTMANN: Vor Sonnenaufgang (Drama)
- 1889 ARNO HOLZ/JOHANNES SCHLAF: Papa Hamlet (Erzählung)
- 1893 GERHART HAUPTMANN: Die Weber (Drama)

10.1 Der Begriff ›Naturalismus‹

Zeitliche Einordnung

Der N. bezeichnet eine literarische Bewegung, die ab ca. 1870 in Frankreich auf den Weg gebracht wurde (EMILE ZOLA) und namentlich in Skandinavien, Russland (HENRIK IBSEN, AUGUST STRINDBERG und LEO TOLSTOJ) und Deutschland ihre Anhänger fand. In Deutschland entstanden die wichtigsten naturalistischen Texte zwischen 1880 und 1900.

Merkmale naturalistischer Literatur

Der N. strebt eine möglichst getreue Wiedergabe der Wirklichkeit durch exakte **Beobachtung** an. In Umsetzung naturwissenschaftlicher Erkenntnisse sehen die Naturalisten im Menschen das Naturwesen, dessen Schicksal von seinen **Erbanlagen**, dem **Milieu** und den gesellschaftlichen Umständen bestimmt wird. In ihren literarischen Werken wenden sie sich der sozialen Umwelt zu (**Technik, Großstadt, soziale Probleme**) und zeigen vorwiegend die dunklen, hässlichen Seiten des Lebens. Wichtigste

Autoren des N. sind GERHART HAUPTMANN und ARNO HOLZ. Zur zentralen Gattung des N. wurde das **soziale Drama** (Gerhart Hauptmann: *Vor Sonnenaufgang*, 1889; *Die Weber*, UA 1893). Bedeutung erhielten darüber hinaus die **Großstadtlyrik** (Arno Holz) und die **experimentelle Prosa**.

▼ Heute setzt man den N. vor allem vom poetischen Realismus (↗ S. 239 f.) ab. Damals aber begriffen sich viele der als Naturalisten bezeichneten Schriftsteller als Realisten. Man darf sich deshalb nicht wundern, wenn in Programmschriften des N. zuweilen ausschließlich von einer realistischen Literatur die Rede ist. ▽

10.2 Historischer Kontext

Die Phase des N. steht im Zeichen einer zunehmenden **Industrialisierung** und **Verstädterung** Deutschlands. Das verdeutlicht insbesondere die Entwicklung des naturalistischen Zentrums Berlin. Hatte Berlin 1870 noch 826 000 Einwohner, waren es 1900 unter Einbeziehung der zusammengewachsenen Vororte bereits 2,4 Millionen. Wohnraum fand das Berliner Proletariat in Mietskasernen, deren Bewohnerdichte mit bis zu fünf Hinterhöfen weit über der von Paris und London lag. Im Reich verdoppelte sich zwischen 1882 und 1907 die Zahl der Arbeiter in Industrie und Gewerbe auf 8,6 Mio.

Eine für die naturalistische Bewegung einschneidende politische Zäsur war das **Sozialistengesetz**. Zwischen 1878 und 1890 erklärte es die sozialdemokratische Partei für illegal. Damit bot sich diese Partei als Bündnispartner für Intellektuelle an, die mit dem Kaiserreich nicht konform gingen. Nach der Aufhebung der Sozialistengesetze (1890) wurde aus der SPD (bis 1891: ASPD) eine Massenpartei, deren Führung meinte, der Sozialismus entwickle sich nach einem großen ›Kladderadatsch‹ wie von selbst.

Zu den zumeist jungen Kritikern der Parteiführung, die in der Illegalität vorsichtig geworden waren, zählten auch naturalistische Autoren, so BRUNO WILLE und PAUL ERNST. Deren Oppositionsfraktion wurde 1891 aus der SPD ausgeschlossen. Nicht nur Meinungsverschiedenheiten über die Zusammenarbeit mit den staatlichen Institutionen entfremdete die Naturalisten von der SPD. Die Distanz wurde auch durch die heftige Kritik führender Sozialdemokraten an der Kunst des ›**jüngsten Deutschlands**‹ (eine Anspielung auf das Junge Deutschland, ↗ S. 229 f.) gefördert. Auf dem Parteitag von 1896 kam es eigens zu einer Naturalismus-Debatte. Nachdem sich Parteimitglieder über den Abdruck vermeintlich obszöner Romane in einer SPD-Familienzeitschrift beklagt hatten, verkündete WILHELM LIEBKNECHT: »*Das jüngste Deutschland hat als Produkt der Décadence, d. h. der Fäulnis der bürgerlichen Gesellschaft, eine gewisse prickelnde Lust, alle sexuellen Dinge auszumalen.*«

Für eine Alternative sei, so auch der Schriftsteller und Politiker FRANZ MEHRING, der Zeitpunkt noch nicht herangereift: »*Wenn die absteigende Bürgerklasse keine große Kunst mehr schaffen kann, so kann die aufsteigende Arbeiterklasse noch keine große Kunst schaffen, mag auch immer in den Tiefen ihrer Seele eine heiße Sehnsucht nach der Kunst leben.*«

10.3 Literarisches Programm

Trotz heftiger Angriffe auf die als verlogen verurteilte Gegenwartsliteratur mit ihrer »*schmarotzenden Mittelmäßigkeit*« (Brüder HART) vermittelt die Diskussion der Naturalisten um ihr eigenes literarisches Programm ein eher unscharfes Bild ihrer Absichten.

Sehr eingängig, aber doch missverständlich ist die folgende, 1891 von dem Schriftsteller ARNO HOLZ geprägte Formel: ***Kunst** = **Natur** – x.*
Dieser Formel liegt die Vorstellung zugrunde, wahre Kunst tendiere dazu, sich der Natur anzunähern. Diese Annäherung gelinge, so Holz, der Kunst aber nur mit jenen Abstrichen, die in der Formel durch das x ausgedrückt werden. Was die Formel als Zielsetzung deutlich macht, ist vornehmlich, dass es für den Wortkünstler darauf ankomme, Verfahren zu entwickeln, die das x möglichst klein halten. Einen Aspekt, der das Ausmaß von x beeinflusst, sah Holz im technischen Vermögen des Künstlers.

▼ Diese handwerklich-technische Problemauslegung geht deutlich auf Distanz zu der Auffassung, die EMILE ZOLA 1880 dargelegt hatte. Während dieser davon sprach, dass ein Kunstwerk ein Ausschnitt aus der Natur sei, der im individuellen ›Temperament‹ des Künstlers seine Perspektive finde, so ist Holz mit seinem ›Gesetz‹ darum bemüht, das Subjektive als Faktor künstlerischer Produktion gänzlich auszuschalten. Kunst gerät so in eine noch dichtere Nachbarschaft zu den Verfahren der **Naturwissenschaft**, denen es auf größtmögliche **Objektivität** ankam. GERHART HAUPTMANN notierte zu Holz' Formel in dieser Hinsicht vielsagend: »*Mit diesem Gesetz kann man Schuhmacher ausbilden.*« ▽

Darwinismus und Vererbungslehren

Die Entwicklung der Naturwissenschaften blieb nicht ohne Einfluss auf die Autoren des N. So geht die Vorstellung von einer Natur, die nach idealen Gesetzen waltet, auf die Lektüre der viel diskutierten Schriften des englischen Naturforschers CHARLES DARWIN (1809–1882) zurück. Das für die Zeitgenossen Bahnbrechende an dessen Thesen war die Theorie einer Evolution von Lebewesen, die in einem durch Knappheit der Ressourcen bedingten ständigen **Überlebenskampf** (›struggle for life‹) der einzelnen Arten besteht. In diesem überlebe, so Darwin, diejenige Spezies, die durch die Wahl ihrer Fortpflanzungspartner Eigenschaften entwickle, die eine Anpassung an die Lebensbedingungen erlaubten (›survival of the fittest‹). Die Theorie Darwins, die nicht auf die Entwicklung des Menschen gemünzt war, setzte nachhaltige Fantasien frei. Natur erschien nun nicht mehr als jene in sich ruhende Kraft, wie sie Generationen von Poeten besungen hatten. Darwins Überlegungen wurden in vielfältiger Weise auf die soziale Welt übertragen. Der Sozialdemokrat BÖLSCHE z.B. sah die menschliche Geschichte als Stätte grausamer, aber die Menschheit stets verbessernder Kämpfe.

Fasziniert waren die naturalistischen Autoren nicht nur vom Darwinismus. Auch die **Vererbungs- und Degenerationslehren**, die etwa auf dem Feld der Kriminologie und Gerichtsmedizin einen Zusammenhang zwischen Verbrechen und Erbanlage behaupteten, beeindruckten sie. Auf öffentliches Interesse stießen medizinische Studien, die von Nervenkrankheiten (Neurasthenie), Hysterien und von den Chancen berichteten, über Hypnose-Verfahren seelische Störungen zu diagnostizieren und zu therapieren.

Einfluss auf die Literatur des N. hatten auch die von ZOLA verbreiteten Thesen des französischen Wissenschaftsautors HIPPOLYTE TAINE. Seiner Ansicht nach wird der Mensch und so auch der Schriftsteller durch drei Faktoren determiniert: **Rasse** (Abstammung und Erbanlagen), **Milieu** (soziale und klimatische Umwelteinflüsse) und **Zeitpunkt** (historische Ausgangslage).

10.4 Literarisches Leben

Das literarische Leben spielte sich vorwiegend in Vereinen und im Umkreis von Theaterbühnen und -organisationen ab, die zu Zentren des N. wurden.
Die Mitglieder, meist junge – um 1860 geborene – Intellektuelle, standen in Opposition zu einer Kultur, die von ihnen als unzeitgemäß kritisiert wurde. Was sie anstrebten, war eine oftmals als revolutionär beschriebene neue Kunst. Zunächst gelang ihnen der Aufbau eigener programmatischer Zeitschriften und die Einrichtung verschiedener Diskussionszirkel.

›Durch!‹ und Friedrichshagen

In Berlin konstituierte sich 1886 die Gruppe ›Durch!‹ als ein eingetragener Verein. Die drei Jahre lang bestehende Organisation gilt als die Geburtsstätte des Berliner N. Die geselligen Treffen, an denen neben den Brüdern Heinrich und Julius Hart, die u.a. die Zeitschrift *Kritische Waffengänge* (1882–1884) herausgaben, auch Johannes Schlaf, Paul Ernst, Arno Holz, Bruno Wille, Wilhelm Bölsche und Gerhart Hauptmann teilnahmen, verliefen nicht selten feuchtfröhlich. Statt einer Satzung gab es nur unverbindliche Thesen über die gemeinsame Richtung. In der Sache enthalten diese Bekenntnisse wenig Präzises. Als gemeinsame Klammer diente nicht der Begriff N. Stattdessen wird mehrfach der gemeinsame Wesenszug des **Modernen** betont. Anerkennung finden ebenso die **Naturwissenschaften** wie der **deutsche Idealismus.** Betont wird auch die Bindung an einen **›deutschen Volksgeist‹**. Vage begrüßen die Thesen eine Tendenz zur ›Neugestaltung der menschlichen Gesellschaft‹ und fordern eine Literatur, die sich in soziale Kämpfe einmischt, aber keiner Tages- oder Parteipolitik dienen soll. Als **Literaturpolitik** in eigener Sache begreift man den Kampf gegen eine verständnislose Literaturkritik.
1888 verließen unter anderem die Brüder Hart sowie Bruno Wille die Metropole und ließen sich am Berliner Stadtrand in Friedrichshagen nieder. Im benachbarten Erkner wohnte bereits Hauptmann. Andere Autoren zogen nach oder wurden zu Dauergästen in Friedrichshagen.

›Freie Bühne‹

1889 bildete sich unter Mitarbeit der Brüder Hart ein neuer Verein, der es sich zur Aufgabe machte, ein Theater zu organisieren, das weder auf die Zensur noch auf kommerzielle Interessen Rücksicht nehmen sollte. Zu diesem Verein gehörte auch eine im gleichen Jahr gegründete Zeitschrift, die seinen Namen trug: *Freie Bühne.* Sie zählte bald zu den wichtigsten naturalistischen Organen. Der Verein selbst bestand aus zehn aktiven Mitgliedern, die ihn leiteten und einen Spielplan zusammenstellten. Ohne Einfluss auf diesen Plan waren die rund 1000 Mitglieder der Anfangsphase. Für ihre Mitgliedsbeiträge erwarben sie lediglich das Recht, einer bestimmten Anzahl von Aufführungen beizuwohnen, die in bestehenden Theaterhäusern als geschlossene Veranstaltungen stattfanden. Mit diesem Verfahren entging man der Theaterzensur und konnte den ersten Spielplan 1889 mit einer Inszenierung des verbotenen Dramas *Gespenster* von Henrik Ibsen (1828–1906) eröffnen. Darauf folgte die furiose, als Geburtsstunde eines naturalistischen Theaters gefeierte Aufführung von Hauptmanns *Vor Sonnenaufgang.*

Volksbühnen

Die Politik der ›Freien Bühne‹ wurde maßgeblich von Otto Brahm bestimmt. Bereits nach kurzer Zeit kam es zu Zerwürfnissen zwischen Brahm und Mitgliedern wie den Brüdern Hart, die ihre eigenen Stücke auf dem Spielplan sehen wollten. Michael Georg Conrad, Herausgeber der Zeitschrift *Gesellschaft*, warf Brahm »*Ausländerei-Wirtschaft*« vor und gründete 1890 mit anderen den allerdings wenig erfolgreichen Gegenverein ›Deutsche Bühne‹. Im selben Jahr entstand die **›Freie Volksbühne‹**. Der Impuls hierfür kam von einem sozialdemokratischen Arbeiterclub und von Bruno Wille, dem Verbindungsglied zwischen Friedrichshagenern und linker Sozialdemokratie. Zweck des Vereins war zunächst vornehmlich, auch jenen Theaterbesuche zu erlauben, die die Mitgliedsbeiträge der ›Freien Bühne‹ nicht aufbringen konnten. Der Verein, zu dem auch Brahm stieß, konnte über 2000 Mitglieder gewinnen. Sein Spielplan berücksichtigte die Naturalisten stark, sodass das proletarische Publikum mit naturalistischer Dramatik vertraut wurde. In der Vereinszeitschrift vermied man politische Aussagen, um nicht als politische Vereinigung unter die Zensur zu fallen. Dieser Fall trat dennoch 1895 ein. Darauf schlossen die Organisatoren die Volksbühne, die inzwischen auf 8000 Mitglieder angewachsen war, vorübergehend. Noch zuvor spaltete sich diese, als sich die Parteiführung der SPD mit ihrer Linie gegen Wille und die naturalistischen Autoren durchsetzte und mit dem Publizisten Franz Mehring einen neuen Leiter berief, der das Programm auf die bürgerliche Tradition ausrichtete. Wille und die anderen Friedrichshagener reagierten mit der Gründung einer **›Neuen Freien Volksbühne‹**. Als diese 1914 zu einer Massenorganisation mit 50000 Mitgliedern geworden war, fusionierten die Volksbühnen und bezogen ein eigenes Haus.

Die Gesellschaft

Auch in München bildete sich mit dem ›Akademisch-dramatischen Verein‹ eine eigenständige Theaterorganisation. Aus Finanzgründen brachte sie es nur zu wenigen Aufführungen. Erfolgreicher wurde hingegen die 1885 in München gegründete **Zeitschrift** *Die Gesellschaft*. Sie war als Gegenstück zu den als weibisch bezeichneten Familienzeitschriften gedacht. Conrad, der Kontakte zu Zola, aber auch zu Friedrich Nietzsche unterhielt, setzte mit seinem Programm auf die Ausbildung einer »*wahrhaften Geistesaristokratie*«. Das maskuline Dichterbild, wie es im Gründungsprogramm der Zeitschrift skizziert wird, trägt chauvinistische Züge. Als Repräsentanten des siegreichen N. wurden unter anderem das ›Genie Bismarck‹ und das ›Genie Wagner‹ genannt. Mit ihrer schillernden Ausrichtung entwickelte sich *Die Gesellschaft* bis 1890 zum führenden Organ naturalistischer Autoren. Nach 1890 verlor die Zeitschrift diese Rolle an die Berliner *Freie Bühne*.

10.5 Epik des Naturalismus

Der naturalistische Roman

Der auflagenstärkste Romanautor aus dem naturalistischen Umfeld war der heute wenig bekannte Max Kretzer, ein Arbeiter, der nach einem Unfall zu schreiben begann. Dessen meistgewürdigtes und in der BRD für das Fernsehen verfilmte Werk ist der 1888 erschienene **›soziale Roman‹** *Meister Timpe:*

- Ein Handwerksbetrieb fällt der übermächtigen (und unsauberen) Konkurrenz einer jener Fabriken zum Opfer, die das Bild des alten Berlins verändern. □

Während die meisten Romantitel des N. heute fast nur Kennern ein Begriff sind, gelten GERHART HAUPTMANNS 1888 in der *Gesellschaft* erschienene Novelle *Bahnwärter Thiel* und die ein Jahr später von ARNO HOLZ gemeinsam mit JOHANNES SCHLAF vorgelegte Erzählung *Papa Hamlet* einer breiteren Nachwelt als Inbegriff naturalistischer Prosa.

Hauptmanns Novelle *Bahnwärter Thiel* variiert ein beliebtes Thema der Zeit:

- Ein schwächlicher Mann leidet unter seiner dominanten (zweiten) Ehefrau. Das aufgestaute Leid entlädt sich in einem Doppelmord an Frau und gemeinsamem Kind. □

Obgleich die Darstellung des Psychischen im Zentrum steht, liefert die Novelle auch Einblicke in das Berufsmilieu des Titelhelden, wobei die moderne Technik (Schnellzüge, die das Bahnwärterhaus passieren) und der Aufbau von Aggressionen in ein Spiegelverhältnis gebracht werden.

Sekundenstil im Roman

Ein Kennzeichen naturalistischer Darstellungstechnik im Roman ist der **Sekundenstil**. In ihm werden Erzählzeit (↗ S. 149) und erzählte Zeit (↗ S. 149) zur Deckung gebracht. Satzabbrüche, Ausrufe, Stöhnen, durch Punkte gekennzeichnete Gesprächspausen sowie simultane, gleichzeitig wahrnehmbare Geräusche oder für die Handlung eher unbedeutende Einzelheiten werden minutiös aufgelistet. Damit soll der Leser einen authentischen Eindruck von der Situation gewinnen.

Ein Muster für den Sekundenstil ist *Papa Hamlet* (ARNO HOLZ/JOHANNES SCHLAF, 1889), eine Skizze über einen heruntergekommenen Hamlet-Darsteller. Erzählerkommentare, die Vorwissen vermitteln sollen, werden radikal reduziert. Szenerie und Handlung muss sich der Leser weitgehend selbst zusammensetzen. Die Basis hierfür liefern die erlebte Rede (↗ S. 147), Hamlet-Zitate sowie Dialoge, die u. a. durch die Verwendung von Dialekt und Umgangssprache die Illusion vermitteln, man läse Tonbandaufzeichnungen. Sehr deutlich wird in dieser ›**phonografisch**‹ genannten Technik das Bemühen, die Realität möglichst detailgetreu wiederzugeben und damit das x aus der Kunstformel von Holz (↗ literarisches Programm des Naturalismus, S. 248 f.) extrem kleinzuhalten.

10.6 Dramatik des Naturalismus

Gerhart Hauptmann und das naturalistische Theater

Das Theater als audiovisuelles Medium wurde die eigentliche Domäne der Naturalisten. Angesichts ihrer Zielsetzung, den Unterschied zwischen Wirklichkeit und künstlerischer Darstellung besonders kleinzuhalten (**Verismus**), verwundert das nicht. Erfolgreichster Bühnenautor wurde innerhalb kürzester Zeit Gerhart Hauptmann. Mit der Aufführung seines Dramas *Vor Sonnenaufgang* erlebte der N. im Theater 1889 seinen Durchbruch. Die Sprachgestaltung (die Schauspieler sprechen im Dialekt), die Darstellung der Alkoholikerkarrieren und der realistische Umgang mit dem Thema Sexualität lösten einen Skandal aus und weckten die Neugier eines breiten Publikums. Bis heute wird in einem entscheidenden Punkt über die Absicht, die der Autor mit dem Werk verfolgt, gestritten. Dies betrifft die Figur des reformerischen Natio-

nalökonomen Loth, der eine Liebesbeziehung beendet, als er erfährt, dass in der Familie der Geliebten der für vererbbar gehaltene Alkoholismus grassiert. Offen bleibt, ob diese Episode, die im Freitod der jungen Frau gipfelt, eher vor dem Alkoholmissbrauch warnen oder die inhumane Entscheidung des Reformers Loth kritisieren soll. Raum für Interpretationen bietet auch Hauptmanns Schauspiel *Die Weber* (1893), das erst nach einem Gerichtsprozess 1894 zur öffentlichen Aufführung gelangte.
Hauptmann macht in ungewöhnlichen Massenszenen das Weberelend und den Aufstand der schlesischen Weber zum Thema. Er gestaltet damit Vorgänge, die zum Zeitpunkt der Aufführung 50 Jahre zurücklagen.

■ In den ersten vier Akten treten die Weber als kollektive Helden auf. Im 5. Akt steht mit der Figur des alten Hilse ein Einzelner im Vordergrund. Der alte Hilse spricht sich im Glauben an eine höhere Gerechtigkeit gegen die geplante Revolte aus. Gerade er wird zum zufälligen Opfer einer Kugel aufmarschierender Soldaten. □

Das ist eine Wendung, die für politische und gattungspoetische Diskussionen sorgte. Politisch bleibt unklar, ob mit dem tödlichen Schuss das notwendige Scheitern der Revolte gezeigt werden soll. Diese Auslegung würde das vermeintliche Revolutionsstück in sein Gegenteil verkehren. Möglich ist auch, dass die dramatische Struktur des letzten Aktes ein Zugeständnis an die Vorschriften zum Aufbau der Tragödie (↗ S. 162) ist.
Mit *Biberpelz* lieferte Hauptmann bereits 1893 eine naturalistische Komödie und noch im selben Jahr mit der Traumdichtung *Hanneles Himmelfahrt* ein Stück, das bereits die Grenzen des N. überschreitet. Mit *Fuhrmann Henschel* (1898) und *Die Ratten* (1911) folgten dann aber doch noch naturalistisch geprägte Dramen.

Die Dramatiker Arno Holz (1863–1929) und Johannes Schlaf (1862–1941)

Im Schatten des späteren Nobelpreisträgers Hauptmann entstand eine Gemeinschaftsarbeit von Arno Holz und Johannes Schlaf, *Familie Selicke*. Das Stück wurde 1890 an der Freien Bühne uraufgeführt:

■ Geschildert wird der triste Alltag einer Familie, die wirtschaftlich und sozial im Abseits steht. Eine der Ursachen ist der Alkoholkonsum des Vaters.
Mit dem Tod der jüngsten Tochter und dem Verzicht der älteren auf ein Leben mit einem bessergestellten Mann enthält der nüchtern dargebotene Handlungsverlauf allerdings ein rührseliges Moment, das dem Programm der N. widerspricht. □

Von Holz stammt auch die Komödie *Sozialaristokraten* (1896), eine Satire auf den Friedrichshagener Kreis. Schlaf publizierte 1892 mit *Meister Oelze* ein Drama, dessen Gestaltung die Forderungen des konsequenten N. einlöst. Seine Spannung bezieht es aus der im Dialog untergründig wahrnehmbaren psychologischen Dynamik, in die der zum Mörder gewordene Titelheld gerät.

10.7 Lyrik des Naturalismus

Großstadtlyrik

Obgleich die naturalistische Bewegung zunächst mit der Lyrik-Anthologie *Moderne Dichter-Charaktere* (1885) an die Öffentlichkeit trat, gelten die Beiträge zu dieser Gattung nicht als Domäne des N. Immerhin geben einzelne Gedichte aus dem naturalistischen Umfeld den Weg der Großstadtlyrik im Expressionismus (↗ S. 269 f.) vor.

10.8 Ein Autor im Kontext des Naturalismus: Gerhart Hauptmann

H. (1878–1946) wuchs als Sohn eines Hoteliers in seinem schlesischen Geburtsort Ober-Salzbrunn auf. Nach der Dorfschule besuchte der mittelmäßige Schüler eine Realschule in Breslau, die er 1878 verließ. Vom Vater nur wenig unterstützt, schrieb er sich 1880 in Breslau für die Bildhauerklasse der Kunst- und Gewerbeschule ein. Die Verlobung mit der Tochter eines reichen Großkaufmanns verbesserte die finanzielle Lage und erlaubte H. Studien in Jena, erste Aufenthalte in Italien und Schauspielunterricht in Berlin. 1885 heiratete H. seine Verlobte Mary. Seine Brüder Carl – später ebenfalls Autor – und Georg waren bereits mit den Schwestern der jungen Ehefrau verheiratet. Wegen der labilen Gesundheit H.s zog das Ehepaar von Berlin in den ländlichen Vorort Erkner. Dort entschloss sich H., mittlerweile mit Naturalisten aus dem Umfeld des Vereins ›Durch!‹ bekannt, zur Schriftstellerlaufbahn. Eine seiner ersten publizierten Arbeiten war *Bahnwärter Thiel* (↗ S. 252). Den Durchbruch als Autor erlebte H. aber erst im Herbst 1889 mit der Uraufführung von *Vor Sonnenaufgang* (↗ S. 252) und dessen Veröffentlichung in der Zeitschrift *Freie Bühne*. Der Skandal machte seinen Namen rasch bekannt. H. publizierte emsig weitere Theaterstücke. 1893 wurde dabei mit der Premiere von drei Stücken – *Die Weber, Der Biberpelz, Hanneles Himmelfahrt* – zu einem besonders triumphalen Jahr. 1894 zerbrach die allerdings erst 1904 geschiedene Ehe mit Mary, als sich H. in Margarete Marschalk verliebte. Obgleich der Autor seiner Frau und den drei Kindern in die USA nachreiste und sie zur Rückkehr bewegte, trennte sich das Paar in Deutschland wieder. Ab 1901 bezog H. mit Margarete ein burgähnliches Haus, das er mit erheblichem Aufwand in Agnetendorf (Riesengebirge) errichten ließ. Da er gleichzeitig für Mary und die Kinder ein Haus in Dresden bauen ließ, geriet er trotz der für einen Autor hohen Einkünfte unter finanziellen Druck.

Unter der Vielzahl der von H. vorgelegten Stücke war das mythisch-märchenhafte Drama *Die versunkene Glocke* (1896) seinerzeit das meistgespielte, während in der Nachwelt die eher naturalistischen Arbeiten wie *Fuhrmann Henschel* (1899) oder *Die Ratten* (1911) von Bestand sind. Im Anschluss an eine Griechenlandreise (1907) nahm sich der Autor der antiken Mythologie an, die auch sein späteres Werk – darunter viele epische Texte – beeinflusste. 1912 – im selben Jahr wurde der 50. Geburtstag öffentlich zelebriert – erhielt H. den **Nobelpreis für Literatur** mit besonderem Hinweis auf *Die Weber*. Zwei Jahre später zählte der Preisträger zu den Autoren, die den Krieg öffentlich begrüßten. Später wandelte sich H.s Haltung. 1918 bekundete er in einer Erklärung, die neue Republik zu unterstützen. Mit führenden Politikern bekannt, wurde er schließlich ein wichtiger kultureller Repräsentant der Weimarer Republik. Angetragene Kandidaturen zum Reichspräsidenten lehnte er jedoch ab. Trotz vielfacher Verpflichtungen produzierte H. weiterhin Literatur, die, seinem literarhistorischen Ruf wenig zuträglich, seinen aufwändigen Lebensstandard sicherte. 1933 arrangierte sich H. zur Empörung vieler ins Exil getriebener Autoren mit dem NS-Regime, ohne zu dessen öffentlichem Fürsprecher zu werden. Im abgeschiedenen Agnetendorf vom Krieg eher unbehelligt geblieben, wurde der erkrankte H. im Februar 1945 zufällig Zeuge des Zerstörungsangriffs auf Dresden. Mit der Sowjetarmee erschien der Präsident des Kulturbundes (↗ S. 308) Johannes R. Becher bei H. und bewog ihn zu einer Sympathieerklärung. Als der Autor 1946 im Alter von 83 Jahren in Agnetendorf – nun Polen – verstarb, wurde sein Leichnam mit dem Zug nach Hiddensee gebracht.

11 Literatur der Jahrhundertwende

POLITIK | WIRTSCHAFT | WISSENSCHAFT

- 1870/71 Deutsch-Französischer Krieg
- 1871 Gründung des Deutschen Reiches
- 1878 Sozialistengesetze
- 1888–1918 Wilhelm II.
- 1890 Aufhebung der Sozialistengesetze
- 1914–1918 1. Weltkrieg

KULTUR | BILDENDE KUNST | MUSIK

- 1887 FRIEDRICH NIETZSCHE: Zur Genealogie der Moral (philosophische Abhandlung)
- 1900 SIGMUND FREUD: Die Traumdeutung (psychoanalytische Abhandlung)
- 1905 ›Die Brücke‹ (Künstlergruppe bis 1933)
- 1910 Gründung einer Filmindustrie

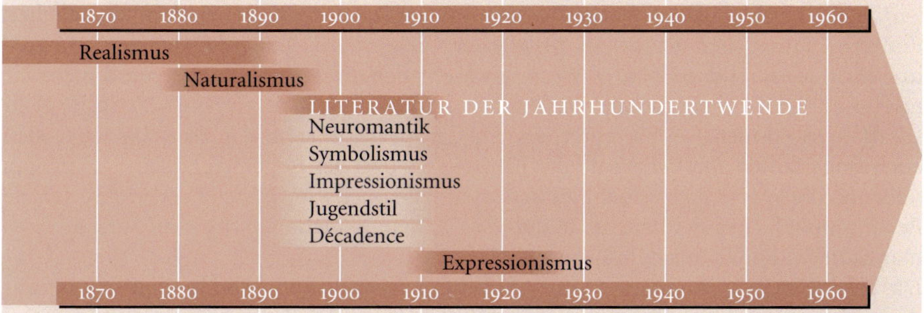

LITERATUR

- 1891 FRANK WEDEKIND: Frühlings Erwachen (Drama)
- 1897 GERHART HAUPTMANN: Die versunkene Glocke (Drama)
- 1900 ARTHUR SCHNITZLER: Leutnant Gustl (Novelle)
- 1901 THOMAS MANN: Buddenbrooks (Roman)
- 1904/06 RAINER MARIA RILKE: Die Weise von Liebe und Tod des Cornets Christoph Rilke (Roman)
- 1910 HERMANN HESSE: Gertrud (Roman)

Ein Autor im Umfeld der Literatur der Jahrhundertwende: 1905 CHRISTIAN MORGENSTERN: Galgenlieder (Gedichte)

11.1 Der Begriff ›Literatur der Jahrhundertwende‹

Zeitliche Einordnung

Die Literatur der Jahrhundertwende entstand in einem relativ kurzen Zeitraum von 1895 bis 1910. Im europäischen Kunstraum sprach man von ›Fin de Siècle‹, ins Deutsche übertragen ›Jahrhundertwende‹.

Merkmale der Literatur der Jahrhundertwende

Die Literatur der Jahrhundertwende ist durch einen **Stilpluralismus** gekennzeichnet. Darunter versteht man das Nebeneinander verschiedener Stilrichtungen (z.B. **Symbo-**

lismus, Impressionismus, Jugendstil, Décadence). Deshalb ist es kaum möglich, gemeinsame Merkmale zu beschreiben. Den Zeitgenossen muss die Vielfalt der literarischen Produktionen als Krisenerscheinung vorgekommen sein, denn sie gingen von der Vorstellung aus, dass sich eine Epoche in einem gemeinsamen Kunststil ausdrückt. Ein verbindendes Element der Literatur der Jahrhundertwende gab es dennoch: das Ziel, den Naturalismus (↗ S. 247 ff.) mit seiner Konzentration auf die objektive Realität und die Darstellung sozialer Konflikte zu überwinden.

11.2 Literarisches Programm

In einem Vortrag zum Thema Poesie und Leben formulierte HUGO VON HOFMANNSTHAL 1896: »*Das Wort als Träger eines Lebensinhaltes und das traumhafte Bruderwort, welches in einem Gedicht stehen kann, streben auseinander und schweben fremd aneinander vorüber, wie die beiden Eimer eines Brunnens.*«

Dieses Bild macht deutlich, wie sich die junge Literatur der Jahrhundertwende von naturalistischen Vorstellungen verabschiedet hatte. Während in der Kunstformel von ARNO HOLZ (↗ literarisches Programm des Naturalismus, S. 248 f.) die Idee formuliert wurde, die Kunst folge der Natur, wurde nun der **Gegensatz zwischen dem Künstlichen und dem Natürlichen** betont. Als ansprechend galt jetzt die **Kunst für sich** genommen – und nicht als Abbild der Natur. Wichtig waren auch die Worte für sich – und nicht die mit ihnen bezeichneten Dinge. Das Empfinden, sich mit Worten eine künstliche Welt schaffen zu können, verlieh einerseits ein Gefühl der Macht. Andererseits zeigte sich auch eine Ohnmacht: Außerhalb des Kunstwerks und der Augenblicke seines Genusses schienen die Worte nichts mehr zu bedeuten. Die poetische Sprache verlor ihre soziale Bedeutsamkeit. Ein Schlüsselwort der Zeit lautete – nicht nur für den jungen Hofmannsthal – ›**Flucht aus dem Leben**‹.

Die Lebensabgewandtheit der Poesie, die Hofmannsthals Bild festhält, zeigt sich bei anderen Autoren in einer entgegengesetzten Tendenz, der **Ästhetisierung** des Lebens. Werden das Wirtschaftsleben oder die neuen Stadtlandschaften als hässlich bezeichnet, so werden sie ästhetisch – und nicht etwa politisch – verurteilt. Gegen das moderne Leben des Kapitalismus protestiert der Künstler der Jahrhundertwende mit seinem guten Geschmack. Seine Rolle findet er im ›**Dandy**‹ (engl. Stutzer, Geck) oder im ›**Bohemien**‹ (frz. böhmisch, zigeunerhaft).

11.3 Stilrichtungen

Neuromantik

Eine Strömung innerhalb der letzten Dekade des 19. Jh. war die Neuromantik. Der Begriff geht auf eine Neubewertung der Romantik (↗ S. 221 ff.) zurück. Das gewachsene Interesse an dieser Epoche zeigte sich in literaturhistorischen Betrachtungen, in Wiederauflagen romantischer Autoren und in neuen Romantikeranthologien.

Dass die Romantik den Zeitgenossen um 1900 als eine besonders interessante Epoche erschien, kann man sich damit erklären, dass es die Romantiker waren, die – ganz im Gegensatz zu den Naturalisten – den Kräften des Unbewussten, den abgründigen Träumen oder Halluzinationen größte Aufmerksamkeit schenkten. Diese Aspekte der Ro-

mantik wurden mit der Entwicklung der **Psychoanalyse** wieder hochaktuell. Hinzu kam die Vorstellung vieler Intellektueller, von der Dynamik technischer Entwicklungen überrollt zu werden und in einen nervösen Zustand zu verfallen, der mit dem Krankheitsbegriff ›Neurasthenie‹ benannt wurde. Nicht zufällig entstand auf diese Weise eine neue Romantik, die als **›nervöse Romantik‹** bezeichnet wird. Was von den einzelnen Autoren, die dieser ›nervösen Romantik‹ zugerechnet werden können, vorgelegt wurde, unterschied sich allerdings so beträchtlich, dass weitere Strömungen unterschieden wurden: Ästhetizismus, Symbolismus (↗ S. 258 f.), Impressionismus (s. u.), Jugendstil (↗ S. 260), Décadence (↗ S. 261).
Insgesamt gab es in der Zeit um 1900 zahlreiche Neuerscheinungen, die in Form und Inhalt auf romantische Traditionen zurückgriffen: **Kunstmärchen, Traumdichtungen** und **Naturlyrik.** Als Vertreter solcher EICHENDORFF-Nachfolge (↗ Lyrik der Romantik, S. 225) gilt insbesondere der junge HERMANN HESSE mit seiner Naturlyrik und seinen ersten Romanen *Peter Camenzind* (1904), *Gertrud* (1910) und *Roßhalde* (1914). Für große Aufmerksamkeit sorgte auch der im Vergleich mit Hesse heute weit weniger bekannte JAKOB WASSERMANN mit seinen Novellen und dem Roman *Die Juden von Zirndorf* (1897). Beeinflusst von der Vorstellung einer Neuromantik war zudem der junge THOMAS MANN.

Impressionismus

Die Bezeichnung für diese Stilrichtung kommt aus der bildenden Kunst und wurde in Frankreich bereits 1879 auf die Literatur übertragen. Das Wort ›Impressionismus‹ (lat. Eindruck) fiel zunächst – und zwar in kritischer Absicht – in Frankreich. Es greift einen Bildtitel des Malers CLAUDE MONET von 1874 auf und wurde für die Kunst weiterer Maler wie EDOUARD MANET, CAMILLE PISSARO, PIERRE AUGUSTE RENOIR u. a. verwendet. Die als impressionistisch bezeichneten Bilder verarbeiten die Eindrücke des großstädtischen Lebens genauso wie Begegnungen mit der Natur. Vor allem im Hinblick auf ihre Form galten sie als revolutionär. Momentane Licht- und Schatteneffekte werden farbenreich wiedergegeben. Reine Farben sind wie Striche nebeneinandergesetzt, sodass der Betrachter erst mit Distanz vom Bild die gemalten Gegenstände ausmachen kann. In der Literatur des Impressionismus sind es Sinneseindrücke, Gefühle und Gedanken in Form von aneinandergefügten Wörtern, Wortgruppen und Sätzen, die dem Leser ein (sprachliches) Bild vermitteln. Wie in der bildenden Kunst soll auch in der Literatur die Welt gezeigt werden, wie sie sich im Auge des Betrachters darstellt. Aus dem Mimesis-Konzept (↗ Mimesis, S. 135 f.) der Annäherung von Darstellung und äußerer Welt wird **Mimesis des Bewusstseins** (↗ S. 136).

■ FRIEDRICH ADOLF AXEL FREIHERR VON LILIENCRON: *Schöne Junitage*

[…] Sonnengrüner Rosengarten,
Sonnenweiße Stromesflut,
Sonnenstiller Morgenfriede,
Der auf Baum und Beeten ruht –
  Flussüberwärts singt eine Nachtigall. […]
(Aus: *Neue Gedichte*) □

Als deutsche Vertreter der ›Eindruckskunst‹, die sich im Unterschied zur skandinavischen Literatur (Herman Bang, Knut Hamsun, Jens Peter Jacobsen) weniger impressionistisch profilierten, gelten neben Richard Dehmel, Eduard von Keyserling, Peter Altenburg u.a. auch der junge Hugo von Hofmannsthal (*Ballade des äußeren Lebens,* 1895) und Arthur Schnitzler. Dessen Novelle *Leutnant Gustl* (1900) stellt den ersten und nahezu einmaligen Versuch dar, die Technik des inneren Monologs (↗ S. 147) zum durchgängigen Erzählverfahren zu machen. Der Leser erlebt die fiktiven Ereignisse nur als Eindruck und Reflexion eines unsympathischen und beschränkten Helden. Nicht die Wirklichkeit der Welt, sondern die Wirklichkeit eines militaristisch lädierten Hirns zeigt sich in dieser Novelle aus einem Offiziersmilieu, das den Anschluss an die moderne Zeit verpasst hat.

Symbolismus

›*Symbolisme*‹ lautete die Formel einer französischen Lyrikergruppe, die sich 1886 der Öffentlichkeit mit einem Programm präsentierte, das sich bereits bei Charles Baudelaire (*Les fleurs du mal,* 1857) finden lässt. Baudelaire, der sich selbst in der Tradition des deutschen Romantikers E.T.A. Hoffmann sah, griff in seiner Lyrik das romantische Verständnis auf, dass die sinnlich wahrnehmbare äußere Wirklichkeit das verrätselte Zeichen (die Hieroglyphe) eines tieferen Seins sei. Die wahrnehmbare Wirklichkeit fasste er als ›Wälder von Symbolen‹ auf. Diese ›Symbolwälder‹ erschlössen sich – wie er meint – im Medium der Fantasie und in synästhetischen Wahrnehmungen (Wahrnehmungen, in der Eindrücke verschiedener Sinne eine Einheit bilden, die oft metaphorisch ausgedrückt wird, z.B. ›goldene Töne‹, ›schreiendes Grün‹). Der Dichter ist für Baudelaire nicht mehr Nachahmer der Realität, sondern wird zu einem Seher, der Zeichen, Verweise und Analogien erkennt, die den Menschen in ihren Alltagsgeschäften entgehen. Die Leistung eines Dichters, der der sozialen Welt in der Haltung eines **Flaneurs** (frz. Müßiggänger, Bummler) begegnet, wird als **Divination** (lat. Sehergabe) benannt. Eine nicht unerhebliche Rolle spielen dabei Visionen, die im Drogenkonsum zustande kommen. Für die Literaten stellt sich das Problem, wie die künstlichen Visionen nach dem Rausch in Sprache umgesetzt werden können.

Radikaler gingen die Lyriker Arthur Rimbaud, Paul Verlaine und Stéphane Mallarmé in der zweiten Hälfte des 19. Jh. mit den Vorgaben Baudelaires um. Im Ergebnis entstand das Projekt einer ***poésie pure***. Dahinter steht die Idee einer **absoluten Dichtung**, die die Sprache von ihrer eigentlichen Funktion befreit und sich dem Außenstehenden als **hermetisch** (lat. luftdicht verschlossen) bzw. unverständlich zeigt.

In Deutschland griffen vornehmlich Autoren wie Stefan George, Hugo von Hofmannsthal, Rainer Maria Rilke, Georg Trakl sowie Gottfried Benn die französischen Ideen auf.

Hugo von Hofmannsthal (eigentlich Hofmann Edler von H., 1874–1929)

H. stammt wie viele der Vertreter der Autorengeneration, die als **Wiener Moderne** oder als ›**Jung Wien**‹ bekannt geworden war, aus einer vermögenden Wiener Familie. Bereits als 16-jähriger Gymnasiast veröffentlichte H. unter einem Pseudonym Gedichte in einer Unterhaltungszeitschrift. Die Resonanz hierauf ermöglichte ihm den Zugang zu den rund zehn Jahre älteren, im legendären Café Griensteidl verkehren-

den Autoren des Jungen Wien wie Hermann Bahr, Arthur Schnitzler oder Richard Beer-Hofmann.
Nach der Publikation des Einakters *Gestern* (1891) im Rufe eines Wunderkindes, studierte H. zunächst Jura, dann bis 1899 Romanistik. Während des Studiums erschienen in Zeitschriften wie den *Blättern für die Kunst* weitere Arbeiten, die seinen Ruhm festigten. Im Dezember 1891 bereits kam es zu einer Begegnung mit Stefan George. Nach seiner Dissertation 1898 intensivierte H. seine literarische Produktion, die sämtliche Gattungen umfasste. In Berlin wurden H.s keineswegs naturalistische Dramen von Otto Brahm (↗ Volksbühnen, S. 251) inszeniert. 1902, ein Jahr nachdem sich H. mit seiner ebenfalls großbürgerlichen Gattin in ein barockes Haus eines Wiener Vororts zurückgezogen hatte, entstand der berühmte *Brief des Lord Chandos* (vgl. ↗ S. 104). Dieses Dokument, vielfach zum Schlüsseltext der **Sprachskepsis** um 1900 erklärt, ist nicht als autobiografisches Eingeständnis einer Schaffenskrise zu verstehen: Im Unterschied zu seiner Figur schrieb H. weiter, nun vor allem dramatische Großformen nach klassischen Mustern. Wichtig ist nach der Zusammenarbeit mit dem angesehenen Berliner Regisseur Max Reinhardt im Jahre 1906 die Bekanntschaft mit dem Komponisten Richard Strauss. Neben Libretti (u. a. *Electra*, Urauff. 1909; *Der Rosenkavalier*, Urauff. 1911) widmete sich H. dem Genre der **Tanzdichtung**, das zu diesem Zeitpunkt hochmodern war. 1911 wurde H.s bis heute erfolgreiches Drama *Jedermann* uraufgeführt, das zum festen Bestandteil der Salzburger Festspiele gehört, die H. gemeinsam mit Reinhardt und Strauss nach dem 1. Weltkrieg gründete. In der Nachkriegsgesellschaft wirkte H. auch in anderen Bereichen kulturpolitisch. In einem 1927 an der Universität München gehaltenen Vortrag prägte er den Begriff der ›**konservativen Revolution**‹, der bald zum Schlagwort der politisch-literarischen Auseinandersetzungen wurde. H. starb an einem Schlaganfall, als er sich zum Begräbnis seines Sohnes begeben wollte, der zwei Tage zuvor freiwillig aus dem Leben geschieden war.

Rainer Maria Rilke (1875–1926)

R. stammte aus Prag. Sein Vater, ein Eisenbahninspektor, sah für seinen Sohn, den die etwas exzentrische Mutter wie ein Mädchen kleidete, eine Offizierskarriere vor und schickte ihn auf ein entlegenes Militärinternat. Dieses konnte R. 1891 wegen ›Kränklichkeit‹ verlassen. Sein Abitur machte er 1895 als Autodidakt. 1897 zog R. nach München und lebte hier im Milieu seiner Freundin, der schillernden Intellektuellen Lou Andreas-Salomé, einer früheren Vertrauten Nietzsches. Mit ihr unternimmt er 1899 und 1900 Russland-Reisen, auf denen *Das Stunden-Buch* (erschienen 1905), das in lyrischer Großform das Hohelied der Kunst singt, entsteht. Zur gleichen Zeit erscheint R.s größter Publikumserfolg *Die Weise von Liebe und Tod des Cornets Christoph Rilke* (erschienen 1904/06). Die 26 Stimmungsbilder dieser Prosadichtung über die erotischen Abenteuer eines jungen Soldaten und seinen Todesrausch auf dem Schlachtfeld wurden in beiden Weltkriegen zur Tornisterliteratur deutscher Soldaten. Für kurze Zeit wurde R. in der Künstlerkolonie Worpswede sesshaft: 1901 heiratete er die Bildhauerin Clara Westhoff, verließ Worpswede aber bereits 1902 (Geburt der Tochter Ruth), um nach Paris zu gehen. Hier machte er die Bekanntschaft berühmter bildender Künstler. Vor allem prägte ihn und seine Arbeitsweise der Kontakt mit dem Bildhauer Auguste Rodin, über den er 1903 eine Monografie schrieb und für den er zwischen 1906 und 1907 als Sekretär arbeitete. Unter dem Einfluss der Pariser Kunsteindrücke (u.a. PAUL CEZANNE) entstanden die *Neuen Gedichte* (erschienen 1907/08) mit dem berühmt gewordenen Text *Der Panther.* Erfahrungen in der Metropole, aber auch die Eindrücke, die er während einer Skandinavien-Reise von dem bewunderten Autor JENS PETER JACOBSEN und dem Philosophen SÖREN KIERKEGAARD gewann, verarbeitete der tagebuchartig erzählte Roman *Die Aufzeichnungen des Malte Laurids Brigge* (1910). In Skandinavien hatte R. zudem Kontakt mit bedeutenden Schulreformern, so mit ELLEN KEY (*Das Jahrhundert des Kindes,* 1900). R.s nächstes poetisches Projekt waren die *Duineser Elegien* (erschienen 1923). An diesen zehn hymnenartigen Gesängen – als Ausdruck von Lebens- und Todesbejahung gleichermaßen gewürdigt – arbeitete R. bis 1923 an verschiedenen europäischen Orten, zumeist als Gast schwerreicher Mäzenatinnen und Mäzenaten. Unterbrochen wurde die für R. zur Normalität gewordene Reisepraxis durch den Weltkrieg, dessen Verarbeitung ihn zum Sympathisanten der bayerischen Räterepublik machte. R. starb Ende 1926, an Leukämie erkrankt, in einem Sanatorium bei Montreux. Wie kaum ein anderer deutscher Autor seiner Zeit wurde er vor allem wegen seiner frühen Werke ekstatisch bewundert. Seine Gedichte wurden zum Zitatenschatz für alle Lebenslagen. Das Rilke-Bild in der Literaturgeschichte fällt, nicht zuletzt wegen eines solchen Kult-Status, widersprüchlicher aus. Von der Nähe zum Kitsch war ebenso die Rede wie von einer Anfälligkeit für Moden. Dennoch gehören Rilkes Texte zu den am meisten interpretierten in der Literaturgeschichte des 20. Jh.

Jugendstil

Beim J. handelt es sich um eine europäische Kunstbewegung (frz. Art nouveau), die sich von historisierenden Stilen (z.B. Neogotik, Neobarock) löste und das Bedürfnis der Künstler widerspiegelte, eine eigene, neue Ausdrucksform zu finden. Ihr Erkennungszeichen in der bildenden Kunst ist die Linie, die an geometrische oder an pflanzliche Formen erinnert. Gegenständliches – z.B. tanzende Körper – wird zu einer flächig wirkenden Dekoration verbunden. Die Tendenz zum **Ornamentalen** (zum Schmückenden) sprengt den Rahmen eines einzelnen Kunstwerks, denn Ornamente können alles Mögliche schmücken: die Kacheln eines Treppenhauses wie die Umschlagseite eines Lyrik-Bandes.

Für die Literatur hatte diese Hinwendung zum Schönen, zum Ästhetischen, zur Natur, zum Märchenhaften und zum Mystischen unterschiedliche Konsequenzen. Bedeutsam war zunächst die zum Teil enge Wechselbeziehung zwischen Malern und Autoren: Elemente (z.B. Reigen, Parallelismen) und Motive (z.B. Lilie, Schwäne, Park, Brunnen) aus Jugendstilbildern finden sich in poetischen Texten wieder, lyrische Texte platzieren ihre Wörter wie Schmuckstücke und literarische Bücher werden mit Jugendstilelementen geschmückt.

Neben den lokalen Kunstszenen waren es **Zeitschriften**, welche die Verbindung von Literatur, Malerei und auch Tanz stärkten. Hierzu zählen vor allem die zwischen 1896 und 1940 erscheinende Münchner Wochenschrift mit dem bezeichnenden Namen *Jugend,* die sehr aufwändig gestaltete Zeitschrift *Pan* (Berlin 1895–1900), *Die Insel* (Leipzig 1899–1902) und mit Abstrichen auch die satirisch ausgelegten Zeitschriften wie vor allem *Simplicissimus* (München 1896–1944).

Décadence

›*Littérature de décadence*‹ heißt ins Deutsche übertragen ›Literatur des Verfalls‹. In der französischen Kunstkritik um die Zeit CHARLES BAUDELAIRES spielte man damit auf eine Parallele zwischen Verfallserscheinungen der römischen Spätantike und einer zeitgenössischen Literatur an, der eine Überfeinerung und ein Hang zum Hässlichen und Perversen vorgehalten wurde. Diese Beurteilung wurde von führenden Autoren in der 2. Hälfte des 19. Jh. umgewertet. Zwar sah man auch in diesen Kreisen D. durchaus als **Krankheit des Jh.**, doch betrachtete man sich in seiner Reizempfindlichkeit, in seiner Abscheu gegen alle Ideologien wirtschaftlicher Tüchtigkeit und in seiner ›Lebensschwäche‹ als Vorkämpfer einer Kultur, die auf den Niedergang zuläuft. An die ***Théorie de la décadence*** in den *Essais de psychochologie contemporaine* (1883) von PAUL BOURGET knüpfte zunächst der literarische Philosoph FRIEDRICH NIETZSCHE an. Nietzsche sah in dem zuvor von ihm bewunderten Komponisten RICHARD WAGNER den *Fall Wagner* (1888), den Repräsentanten der Zeitkrankheit mit dem Namen ›décadence‹. Wie bereits bei Bourget zeigte sich bei Nietzsche eine in sich widersprüchliche Bewertung: Einerseits beherrschen düstere Farben und Ressentiments das Bild, andererseits zeigt sich auch die Faszination, Teil der D. und ihr Aufklärer zu sein: *»Ich bin so gut wie Wagner das Kind dieser Zeit, will sagen ein décadent: nur dass ich das begriff, nur dass ich mich dagegen wehrte«* (aus: Vorwort zum *Fall Wagner*).
Unter den jungen Autoren um 1900 nahmen viele die Schriften Nietzsches enthusiastisch auf. Unter den deutschen Autoren ist es vor allem THOMAS MANN, in dessen Werk sich eine Auseinandersetzung mit Themen der D. findet.

Thomas Mann (1875–1955)

M. stammte aus einer wohlhabenden Lübecker Kaufmannsfamilie. Nach dem Tod seines Vaters wurde die Handelsfirma aufgelöst und die Familie zog nach München, da weder M. noch sein älterer Bruder, der spätere Schriftsteller HEINRICH MANN, als Nachfolger infrage kamen. Während einer kurzfristigen Tätigkeit in einer Versicherung schrieb M. seine ersten Novellen. Seinen Durchbruch als Autor hatte er mit *Buddenbrooks* (1901). Der Roman vom *Verfall einer Familie* (Untertitel) überträgt die Theorie der ›décadence‹ auf das Schema eines Mehrgenerationen-Romans:

■ Von Generation zu Generation mehren sich in der Kaufmannsfamilie die Zeichen der Lebensschwäche, der Nervosität und der Ästhetisierung. Der jüngste Buddenbrook, Hanno, ein begeisterter Musiker, stirbt im Kindesalter an Typhus und ohne männlichen Nachfolger verfällt die Familie der Buddenbrooks. □

Wider Erwarten wurde der voluminöse Roman zu einem Publikumserfolg und internationalem ›Longseller‹ (↗ S. 146). 1929 erhielt M. dafür den Nobelpreis für Literatur. Motive aus *Buddenbrooks* wurden in nachfolgenden Novellen, vor allem *Tonio Kröger* (1903) und *Der Tod in Venedig* (1912) aufgenommen. In beiden Texten, die von der Krise und dem **Außenseitertum einer Künstlerfigur** handeln, macht sich M.s Auseinandersetzung mit eigenen homoerotischen Neigungen bemerkbar. Diese werden in versteckter Form als Ausdruck von décadence und verzehrendem Künstlertum begriffen. Den 1. Weltkrieg begrüßte der inzwischen großbürgerlich verheiratete M. wie viele Autoren als Chance zu einer Überwindung der décadence und geriet hierbei in erbitterten Streit mit dem Bruder Heinrich. M.s noch 1918 publiziertes Großessay *Be-*

trachtungen eines Unpolitischen wendet sich gegen Demokratie und eine Literatur des politischen Engagements. Zwischen 1919 und 1924 arbeitete M. an seinem Roman *Der Zauberberg* (Bildungsroman, ↗ S. 152):

- Der Roman erzählt die Bildungsgeschichte eines jungen Mannes im Vorfeld des Weltkrieges. Seine Bildung erfährt Hans Castorp aber nicht im geschäftigen Leben, sondern in einem Lungensanatorium, dessen freiwilliger Patient er sieben Jahre lang wird. □

Wie der 1. Weltkrieg im Schlusskapitel dieses Romans die Konsequenz einer ›kranken Sache‹ zu sein scheint, werden von M. der aufkommende Faschismus und Hitler als Erscheinungen der décadence gedeutet. Während der Weimarer Republik war M. mehrfach als Redner für die demokratische Sache eingetreten. Anfang 1933 befand sich M. im europäischen Ausland. Noch konnten seine Werke in Deutschland erscheinen. Das mag ein Grund dafür gewesen sein, dass er später als andere Schriftsteller für viele Jahre ins Exil gehen musste. Diese Zeit endete in den USA, von wo aus er mit seinem guten Ruf als Repräsentant des deutschen Exils wirkte. 1943 legte er den letzten Band einer 1933 begonnenen Roman-Tetralogie (eine Romanreihe in vier Bänden) vor, deren Stoff auf die biblische Josephsgestalt zurückgeht. In der Zwischenzeit lieferte er mit *Lotte in Weimar* (1939) einen weiteren historischen Roman um die Figur Goethes. Auf Goethe bezieht sich ebenfalls der 1947 fertiggestellte Roman *Doktor Faustus. Das Leben des deutschen Tonsetzers Adrian Leverkühn, erzählt von einem Freunde.* Das Werk, das als Deutschlandroman verstanden wurde, greift das Motiv des Teufelspakts auf.

Nach Deutschland kehrte M. lediglich als Besucher zurück. Seit Kriegsende wurde er von selbst ernannten ›inneren Emigranten‹ (↗ innere Emigration, S. 297, 303) angefeindet und ging 1952 in die Schweiz. Dort starb er 1955. 1954 erschien noch ein Roman, mit dessen Stoff er sich über 40 Jahre beschäftigt hatte: *Bekenntnisse des Hochstaplers Felix Krull* – ein Roman, in dessen Zentrum die fiktive Figur eines Hochstaplers steht – eine ironische Anspielung auf das Künstlertum, das M. stets auch als Existenzform auf unsicherem Grund erlebt hatte.

11.4 Das Kabarett der Jahrhundertwende

Pionierleistungen gelangen der literarischen Boheme (frz. Zigeunertum) der Jahrhundertwende auf dem Gebiet des **Kabaretts.** Der Begriff ›K.‹ ist die deutsche Übertragung von Cabaret (frz. Schänke). Der Begriff meint eine – oft in einer Gastwirtschaft untergebrachte – **Kleinkunstbühne**, auf der Schauspieler oder die Autoren selbst satirische Balladen (↗ S. 180), Chansons, kurze Szenen, Parodien, Pantomimen oder auch Tanznummern präsentieren. Der Anspruch des K., Kunst und Unterhaltung zu bieten, widersprach den Erwartungen des Bildungsbürgertums an eine ernste Kunst. Die in Paris kurz vor der Jahrhundertwende entstandene Cabaret-Welle fand in Deutschland vornehmlich in den Metropolen Berlin und München Widerhall. 1901 wurden in Berlin das berühmte ›Überbrettl‹ und in München die ›Elf Scharfrichter‹ gegründet. Für das Kabarett wirkten neben etlichen anderen Bohemiens Christian Morgenstern und Frank Wedekind. Morgenstern stand früh in Verbindung mit dem Friedrichshagener Kreis (↗ S. 250), arbeitete als Publizist, Übersetzer und dann vor allem als Lektor. Bereits seit 1895 trat er mit Freunden privat unter dem Namen ›Galgenbrüder‹ auf. Die hier entstandenen Lieder und Gedichte wurden später neben anderen Texten Morgensterns als *Galgenlieder* (1905) im ›Überbrettl‹ dargeboten und mit der Widmung ›Dem Kind im Manne‹ 1905 sehr erfolgreich in Buchform veröffentlicht:

■ *Unter Zeiten*

Das Perfekt und das Imperfekt
tranken Sekt.
Sie stießen aufs Futurum an
(was man wohl gelten lassen kann).
Plusquamper und Exaktfutur
blinzten nur.
(Aus: Morgenstern: *Galgenlieder*) □

Frank Wedekind (1864–1918)

Eine väterliche Erbschaft ermöglichte W. 1888 die Existenz eines freien Schriftstellers, nachdem er zuvor für das Reklamebüro der Firma Maggi tätig gewesen war. Zu diesem Zeitpunkt hatte sich W. hauptsächlich als Lyriker literarisch betätigt. Zwar suchte er Kontakt zu den Berliner Naturalisten, stand deren Produktionen aber skeptisch gegenüber. Als Gegenentwürfe zum naturalistischen Drama lassen sich seine seit 1889 vorgelegten Theaterstücke lesen.

Berühmt und berüchtigt wurde W.s *Frühlings Erwachen. Eine Kindertragödie* (1891), die erst 1906 (und auch dann noch mit Abstrichen der Zensur) uraufgeführt wurde:

■ Das Stück zeigt die verstrickten Schicksale dreier pubertierender Schulkinder, die durch eine fehlende Sexualerziehung ins Unglück geraten. Selbstmord, Verführung, Schulverweis, Tod durch eine Abtreibung sind Stationen dieses Unheils. □

Deutlich zeigte W., dass Praktiken wie Masturbation, Sadismus und Masochismus unter Heranwachsenden durchaus ihre Bedeutung haben. Damit schockierte er ein Publikum, das solche Dinge, zumal bei ›unschuldigen Kindern‹, nicht sehen wollte.

Im Unterschied zum Naturalismus eines Hauptmann arbeitete W. allerdings mit seinem Drama nicht an der Illusion einer Wirklichkeitsdarstellung. Er gibt den Kunstcharakter des Dargestellten klar zu erkennen. Satirisch-groteske Momente (die Lehrerwelt) werden mit tragischen Geschehnissen kombiniert.

Neben seinen zahlreichen dramatischen Arbeiten, die auf der Bühne erst mit den Aufführungen von *Erdgeist* 1902 und von *Frühlings Erwachen* 1906 große Resonanz fanden, war W. als Schauspieler und auch als Autor für die Zeitschriften *Simplicissimus* und *Die Insel* tätig. Ein im *Simplicissimus* abgedrucktes Gedicht, das wenig schmeichelhaft auf den Kaiser anspielte, brachte W. 1898 acht Monate Gefängnis ein. Für das Kabarett ›Elf Scharfrichter‹ trug er nach 1901 seine Gedichte nach eigenen Kompositionen zur Gitarre vor. Obgleich W. nach 1906 zu einem der meistgespielten Bühnenautoren wurde, stieß er immer wieder mit der Zensur zusammen – eine Situation, die sich nach 1914 verschärfte. Wegen seiner Tabubrüche, die die dramatischen und moralischen Konventionen gleichermaßen betrafen, gewann W. insbesondere für die Autoren im Umkreis des Expressionismus eine zentrale Bedeutung. So verwundert es nicht, dass seine Stücke in den liberaleren Zwanzigerjahren eine neue Aufführungswelle erlebten.

12 Expressionismus

POLITIK | WIRTSCHAFT | WISSENSCHAFT

- 1914–1918 1. Weltkrieg

KULTUR | BILDENDE KUNST | MUSIK

- 1905 ›Die Brücke‹ (Künstlergruppe)
- 1910 Der Sturm (Zeitschrift)
- 1911 Die Aktion (Zeitschrift)
- 1912 ›Der Blaue Reiter‹ (Künstlergruppe)
- 1917 MARCEL DUCHAMP: Fountain (Kunstobjekt)

1890 1900 1910 1920 1930 1940 1950

Literatur der Jahrhundertwende
EXPRESSIONISMUS
Dadaismus
Literatur in der Weimarer Republik

1890 1900 1910 1920 1930 1940 1950

LITERATUR

- 1910 ALFRED DÖBLIN: Die Ermordung einer Butterblume (Erzählung)
- 1911 JAKOB VAN HODDIS: Weltende (Gedicht)
- 1911 CARL STERNHEIM: Die Kassette (Drama)
- 1912 GOTTFRIED BENN: Morgue und andere Gedichte (Gedichte)
- 1912 GEORG KAISER: Von morgens bis mitternachts (Drama)
- 1914 WALTER HASENCLEVER: Der Sohn (Drama)
- 1914 ERNST STADLER: Der Aufbruch (Gedichte)
- 1920 KURT PINTHUS (Hg.): Menschheitsdämmerung (Gedichte)
- 1929 ALFRED DÖBLIN: Berlin Alexanderplatz (Roman)

Autoren im Kontext des Expressionismus:
1914 FRANZ KAFKA: Der Prozess (Roman)
1914/18 HEINRICH MANN: Der Untertan (Roman)
1922 FRANZ KAFKA: Das Schloss (Roman)

12.1 Der Begriff ›Expressionismus‹

Zeitliche Einordnung

Der E. (lat. Ausdruck; Ausdruckskunst) ist ein Sammelbegriff für eine Richtung in Malerei, Musik, Theater, Film und Literatur in Deutschland und anderen europäischen Ländern im Zeitraum von 1910 bis ca. 1925.

Merkmale expressionistischer Literatur

In Deutschland fiel der Begriff E. zuerst im Frühjahr 1911. Gebraucht wurde er von einer Gruppe junger Maler der Künstlergruppen ›Die Brücke‹ und ›Der Blaue Reiter‹, die in einer Gemäldeausstellung antiimpressionistische Strömungen in der französischen Malerei benennen wollten. Im selben Jahr wurde der Begriff E. auch von einer neuen Generation von Schriftstellern in Anspruch genommen, die in Opposition gingen zur Literatur des Naturalismus (↗ S. 247 ff.) und Impressionismus (↗ S. 257 f.). Die jungen Autoren verband ein gewisses Unbehagen an der Gesellschaft und dem etablierten Kunstmarkt. Dieses Unbehagen drückte sich ebenso in einem ironischen, einem provozierenden wie auch in einem pathetischen Schreiben aus. Einen Überblick über die stilistische Vielfalt der Texte und Autoren des E. gibt die Anthologie *Menschheitsdämmerung* (1920) von KURT PINTHUS.

12.2 Historischer Kontext

Drei Jahre nach Ausbruch des 1. Weltkrieges beschreibt der Autor HUGO BALL, wie die junge Generation ihre Zeit erlebte:
»[...] die Massenkultur der modernen Großstadt. Das individuelle Leben starb, die Melodie starb. Der einzelne Eindruck besagte nichts mehr. [...] Maschinen entstanden und traten anstelle der Individuen. [...] Eine Welt abstrakter Dämonen verschlang [...] den Privatausdruck, raubte den Namen der Einzeldinge, zerstörte das Ich und schwenkte Meere von ineinandergestürzten Gefühlen gegeneinander. Psychologie wurde Klatsch.«
Während für die Älteren noch die Erkundung der eigenen Seele im Zentrum stand, spielte für die in den **Großstädten** lebenden Jüngeren die Einzelpersönlichkeit eine geringe Rolle. **Maschinen** statt Individuen, **Massenkultur** statt religiöser Versenkung, **Technisierung** statt Menschenkraft – hiervon waren die Alltagserfahrungen geprägt. Man hatte den Eindruck, dass die Politik des Kaiserreiches in ihrer Ausrichtung auf die Vergangenheit der neuen Entwicklung nicht standhalten würde. Nicht zufällig steht der Beginn des **1. Weltkrieges** im Zentrum der expressionistischen Ära. Auch von vielen Expressionisten und ihren Anhängern wurde er zunächst herbeigesehnt. Man verband mit diesem Krieg die Vorstellung einer grundsätzlichen Veränderung der Gesellschaft und des Lebens.

12.3 Literarisches Programm

Im Programm der Expressionisten erhielten nicht die detailgetreue Nachahmung der Wirklichkeit, sondern die künstlerischen Visionen zentrale Bedeutung. Statt einer Fixierung auf Tatsachen (Naturalismus), einer Auslieferung an momentane Eindrücke (Impressionismus) und einer Stilisierung der Wirklichkeit zum Ornament (Jugendstil) wurde nach 1910 in zahlreichen literaturtheoretischen Schriften wieder die **aktive Rolle des Geistigen** betont. Im Unterschied zur Bildung, die als kopiertes, totes Wissen verstanden wurde, galt der Geist, der durchaus auch ein primitiver sein durfte, als etwas Spontanes, Lebendiges und Originelles. So heißt es in einer Rede des Lektors KURT PINTHUS 1918: *»Nicht die so genannte Wirklichkeit formt den Geist und dessen Ideen, sondern der Geist formt die Wirklichkeit nach der Idee.«*
Die Welt wurde als sinnlos empfunden, der einzelne Mensch als Teil einer in Klassen unterteilten Masse begriffen und Wirklichkeitsaussagen und ›Wahrheiten‹ wurden als eine relative Sache betrachtet. Einfluss auf die Schreibformen der Expressionisten hatte deren Wahrnehmung eines zunehmend von der **Großstadt** geprägten Lebens: die Unübersichtlichkeit und Monstrosität, die wachsende Mobilität und ihre Unsicherheiten, aber auch die zunehmende Wahrnehmung der Wirklichkeit über die Massenmedien **Zeitung** und **Film**.

Zum Sinnbild der Zusammenhanglosigkeit wurden die Zeitungsseiten, auf denen nebeneinander zu lesen war, was alles gleichzeitig – simultan – auf der ganzen Welt, aber auch in der eigenen Stadt passierte. Der einzelne Mensch hatte das Gefühl, den Zusammenhang zu verlieren. Sein Eindruck von **Zerfall und Trennung** betraf sowohl den sozialen Bereich als auch das eigene Ich, seine Unverwechselbarkeit und Unaustauschbarkeit sowie die Einheit von Seele und Leib.
Literarisch drückten sich Erfahrungen dieser Art nicht nur in der Auswahl der Stoffe, sondern über alle Gattungen hinweg auch in einer Vorliebe für einen parataktischen (nebenordnenden) Stil aus (↗ Parataxe, S. 46), der das **Unverbundene** deutlich macht.

12.4 Literarisches Leben

Die jungen Autoren des E. sahen sich als **revolutionäre Außenseiter** eines Literaturbetriebs, der von etablierten Autoren der Jahrhundertwende (↗ S. 255 ff.), aber auch von einer massenhaft verbreiteten Heimatliteratur (↗ S. 241 f.) bestimmt wurde. Als ›Randkultur‹ schufen sie sich eigene Gruppen, Zeitschriften und Treffpunkte. In ihrem provozierenden Verhalten setzten sie die Traditionen der **Boheme** (↗ Kabarett der Jahrhundertwende, S. 262 f.) fort. Organisatorisch folgten sie dem Vorbild bildender Künstler, die sich in berühmten Gruppen wie ›Die Brücke‹ (1905) oder ›Der Blaue Reiter‹ (1912) zusammengetan hatten und ihre Werke gemeinsam präsentierten.
In Berlin bildete sich ›Der neue Club‹ um den Essayisten und Lyriker Kurt Hiller. Mit Lesungen des so genannten ›Neopathetischen Cabarets‹ begeisterte er Gleichgesinnte und provozierte Kritiker zu heftigen Äußerungen. Zu seinen Mitgliedern gehörten unter anderem Georg Heym und Jakob van Hoddis.
In Berlin erschien seit 1910 zudem die erste größere expressionistische Zeitschrift *Der Sturm,* die die frühe Lyrik von Gottfried Benn, Else Lasker-Schüler oder von August Stramm öffentlich machte. Die erste Ausgabe dieser Zeitschrift enthielt die Erklärung an die Leser: »*Wir wollen Sie nicht unterhalten. Wir wollen Ihnen Ihr bequemes ernst-erhabenes Weltbild tückisch demolieren.*«
In den bis 1932 erscheinenden Nummern fanden sich grafische und literarische (vornehmlich lyrische) Arbeiten sowie kunstprogrammatische Aufsätze.
Politischer als *Der Sturm* verfuhr die 1911 ebenfalls in Berlin gegründete Zeitschrift *Die Aktion.* Sie begriff sich als Organ eines ehrlichen Radikalismus und wurde zum Forum der **Großstadtlyrik** (↗ S. 269 f.). Neben diesen beiden existierten noch eine ganze Reihe kleinerer Zeitschriften. Mit einer ausgeprägten Gemeinschaftskultur begegneten die Expressionisten der Vereinsamung in der Masse, die sie in ihren Werken beklagten. Einer ihrer prominenten Treffpunkte war in Berlin das Café des Westens, das den spöttischen Spitznamen ›Café Größenwahn‹ trug. Die revolutionäre Haltung der Expressionisten widersprach übrigens vieler ihrer Lebensläufe. So fanden sich in ihren Reihen kaum Angehörige des Proletariats, stattdessen eine größere Zahl von promovierten Akademikern, so der Arzt Benn oder die Juristen Hiller, Heym und Alfred Lichtenstein. Neben Berlin bildeten sich expressionistische Zentren u.a. in München (Hugo Ball, Johannes R. Becher, Erich Mühsam), in Prag, Dresden, Straßburg und Heidelberg. Für die Buchproduktion expressionistischer Autoren war Leipzig ein wichtiger Ort. Hier entstanden die Verlage von Ernst Rowohlt und Kurt Wolff und hier arbeiteten die für die Förderung des E. wichtigen Lektoren Kurt Pinthus und Franz Werfel,

Letzterer auch als Autor von beträchtlicher Wirkung. Pinthus gab 1920 die Lyrik-Anthologie *Menschheitsdämmerung* heraus, die bis heute – in vielen Auflagen erschienen – als die repräsentative Sammlung expressionistischer Lyrik gilt.

Medienkonkurrenz

Bereits 1913 erschien das von Pinthus herausgegebene *Kinobuch*. Die hier zusammengestellten Filmentwürfe expressionistischer Autoren zeigen, dass man sich gegenüber der wachsenden Medienkonkurrenz insgesamt aufgeschlossen zeigte. Über das **Kino** und die von ihm geweckte Schaulust wurde zwar kontrovers debattiert, doch gab es nur wenig Berührungsängste, wie überhaupt der neuen Technik mit Faszination begegnet wurde. Statt den Film pauschal zu verdammen, galt es, so merkte Döblin bereits früh an, vom Kino und seinem Tempo stilistisch zu lernen. Für manche stellte der Film die alles vereinende Kunstform der Zukunft dar.

12.5 Epik des Expressionismus

Romane und Erzählungen

Generell gilt für die Jahre nach 1910, dass expressionistische Schreibformen zwar das Interesse größerer Teile der Literaturkritik fanden und das Lebensgefühl vieler junger Intellektueller trafen. Den Literaturbetrieb beherrschte der E. allerdings zu keiner Zeit. Dies zeigt sich in einer auflagenstarken Romanliteratur, bei der solche Autoren federführend sind, die kaum dem E. zuzuordnen sind, etwa Thomas Mann, Hermann Hesse, Jakob Wassermann oder auch Robert Musil. Von expressionistischer Seite, etwa von Gottfried Benn, gerühmt wurde zwar Heinrich Mann. Von dessen kritischen Romanen gehen jedoch lediglich Einflüsse auf den E. aus. Problematisch ist es auch, die Prosaarbeiten Franz Kafkas und Robert Walsers als ›expressionistisch‹ zu beschreiben. Zum Umfeld des E. zu rechnen ist allerdings Alfred Döblin mit seiner Forderung nach einem **Kinostil** (↗ S. 268).

Döblin, ein promovierter Psychiater und Neurologe, schrieb bereits seit Studententagen an Erzählungen und Romanen und veröffentlichte diese im *Sturm* (↗ S. 266).

Insbesondere gilt Döblins Erzählung *Die Ermordung einer Butterblume* (1910) als Dokument expressionistischer Literatur:

- In einem kontinuierlichen Wechsel von Außen- und Innenperspektive, Präteritum und Präsens wird erzählt, wie die scheinbar unmotivierte Zerstörung einer Butterblume die Selbstbestrafungsfantasien eines verklemmten Bürgers antreibt und diesen in einen undurchschauten – und für den Leser grotesken – Kampf mit seinem Unbewussten treibt. □

Während diese Erzählung zum expressionistischen Kanon (↗ S. 136 f.) zählt, sind die frühen Romane Döblins wie der Roman *Die drei Sprünge des Wang-Lun* (1915), dessen Schauplatz das historische China des 18. Jh. bildet und der es bis 1923 immerhin zu 12 Auflagen brachte, nicht mehr sonderlich präsent.

In hohem Maße bekannt ist allerdings ein späterer – kaum dem Expressionismus zuzurechnender – Roman Döblins, *Berlin Alexanderplatz* (1929):

- Der Roman erzählt vom Ringen des ehemaligen Transportarbeiters und Zuchthausinsassen Franz Biberkopf um ein anständiges Leben im Moloch Berlin. Seinen Kampf führt er gegen die zahlreichen Versuchungen der Stadt und an der Seite des falschen Freundes Reinhold. Unter dessen Einfluss kehrt er zu illegalen Geschäften zurück und wird Zuhälter. Eine falsche Mordanklage – es geht um den Tod seiner Geliebten – zerbricht den geschundenen Menschen Franz nahezu. □

Die Geschichte vom Franz Biberkopf, so der Untertitel, gilt wegen der konsequenten **Montagetechnik**, die mit Vielstimmigkeit arbeitet und die Haltlosigkeit des Einzelnen in der Metropole beschreibt, als *der* deutsche **Großstadtroman** schlechthin. Der mehrfach übersetzte und gut verkaufte Roman wurde bereits 1931 verfilmt (1980 folgte eine viel diskutierte Fernsehfassung von RAINER WERNER FASSBINDER, die zu weiteren Neuauflagen führte).

Kinostil

Der Schriftsteller ALFRED DÖBLIN begründet 1913 den Einsatz des sog. ›Kinostils‹ wie folgt: »*Die Darstellung fordert bei der ungeheuren Menge des Geformten einen Kinostil. […] Der Erzählerschlendrian hat im Roman keinen Platz; man erzählt nicht, sondern baut. […] Rapide Abläufe, Durcheinander in bloßen Stichworten […].*«

In der als expressionistisch geltenden Epik zieht sich der Erzähler zurück. War er im herkömmlichen Roman bislang die Figur, die bestimmte, was erzählt wurde und was nicht, so zeigt sich im **Montage-** oder **Kinostil** keine Instanz mehr, die für Zusammenhänge und (Ein-)Stimmigkeit sorgt. Szenen, deren Abfolge sich dem Leser nicht unbedingt sofort erschließt, werden nicht durch einen Erzählerkommentar verbunden, sondern folgen wie im Filmschnitt unmittelbar aufeinander. Häufig ergibt sich ein Puzzle aus Figuren und Schauplätzen, das während der Lektüre zusammengesetzt werden muss. Auch können Besonderheiten des filmischen Erzählens (↗ S. 165 ff.) simuliert werden, so etwa der Wechsel von Großaufnahme und Totale – z. B. die Handlung der Hauptfigur einerseits und andererseits der unaufhörliche Straßenverkehr auf einer großen Kreuzung.

Besonders dem Entwicklungsroman (↗ S. 152) mit seinem Interesse an der Psychologie des Helden standen die jungen Autoren feindlich gegenüber. Für manche war gar der Roman das Wahrzeichen einer alten Literatur. Spöttisch wurde seine Betulichkeit in einer historischen Situation beschrieben, die für langwierige Lektüren und Produktionen keine Zeit lasse. Knappen Formen, wie sie sich im **Feuilleton** (↗ S. 144) der schnelllebigen Zeitung fanden, sollte der Vorzug gegeben werden. Und wenn schon umfangreichere Romane geschrieben wurden, dann hatten sie in Teile zu zerfallen, die für sich zu lesen waren und nicht erst im Hinblick auf den Gesamttext ihren Sinn erhielten.

12.6 Dramatik des Expressionismus

Das Stationendrama

Im E. wurde das Drama um eine neue offene Form (↗ S. 163 f.), das so genannte **Stationendrama** (ERNST BARLACH, REINHARD JOHANNES SORGE, GEORG KAISER), erweitert. Dessen Merkmal ist eine lockere Reihung von unterschiedlichen Einzelszenen (Stationen), die sich im Gegensatz zur aristotelischen Dramatik (↗ S. 161) nicht zu einem Handlungszusammenhang fügen, der mit dem Ausgang im letzten Akt aufgelöst wird. Statt auf das Finale wird das Interesse des Zuschauers auf das Geschehen selbst gelenkt.

Das Stationendrama gewinnt allerdings erst in der expressionistischen Spätphase an Bedeutung. Dies ist nicht verwunderlich, da sich mit der Aufhebung der Zensur nach dem Zusammenbruch des Kaiserreiches die Aufführungsmöglichkeiten verbesserten. Einer der produktivsten Dramatiker des E. war Georg Kaiser, der 74 Dramen, darunter etliche populäre Lustspiele, verfasste.

Unter seinen vielen Bühnenerfolgen gilt das 1912 entstandene Stück *Von morgens bis mitternachts* als besonders bedeutend:

■ Ein Bankkassierer unterschlägt Geld und sucht, wie die einzelnen Stationen zeigen, das echte Leben der Großstadt. Doch er bleibt isoliert, wird am Ende angezeigt, erschießt sich und sinkt mit ausgebreiteten Armen anspielungsreich gegen ein auf dem Vorhang aufgenähtes Kreuz. □

Stärker noch als bei Kaiser wird in dem Drama *Die Kassette* (1911) von CARL STERNHEIM gezeigt, wie die Attraktion des Geldes die zwischenmenschlichen Beziehungen verformt. Sternheim, der nach einträglicher Heirat in einem Schlösschen bei München, später dann bei Brüssel residierte, verkörperte den Dandy-Literaten (↗ S. 256) und ist nur bedingt den Expressionisten zuzurechnen. Seine auch heute noch gespielten Stücke aus der expressionistischen Ära sind das Lustspiel *Die Hose* (1911), *Der Snob* (1914) sowie *Bürger Schnippel* (1913). Alle diese Stücke behandeln in zeitbezogener Gesellschaftskritik die Lächerlichkeit, aber auch die Bedrohlichkeit bürgerlicher Karrieren.

Neben der **Auseinandersetzung mit dem Bürgertum** nimmt das Thema der **Familienkonflikte** eine besondere Rolle in der expressionistischen Dramatik ein: vor allem die **Rebellion der Jungen** gegen ihre Väter. Als bahnbrechend galt hier *Der Sohn* (1914) von WALTER HASENCLEVER. Im Zentrum des Dramas steht ein Vater-Sohn-Konflikt, der zum Schauplatz eines allgemeinen Freiheitsverlangens wird. Wenig später wandte sich der Autor mit pazifistischen Dramen entschieden gegen den Krieg (*Der Retter,* 1916; *Antigone,* 1917). Den politischen E. repräsentiert auch die Dramatik von ERNST TOLLER. 1914 noch Kriegsfreiwilliger, wurde Toller nach der Erfahrung auf den Schlachtfeldern bei Verdun zum entschiedenen Pazifisten und Sozialisten. Seine führende Rolle in der bayrischen Räterepublik trug ihm 1919 eine fünfjährige Freiheitsstrafe ein. Während der Festungshaft entstanden einige Stücke, die Toller zu einem der auch international bekanntesten Dramatiker der Weimarer Republik machten. Im kurz zuvor fertiggestellten Stationendrama *Die Wandlung* (1919) verkündet Toller, dass Menschlichkeit nicht ohne Revolution Platz greifen kann. 1919 entstand in der Haft *Masse Mensch,* ein Stück, in dem Toller das Dilemma einer humanitären Revolution behandelt, die mit Gewalt gegen die Gewalt der Verhältnisse kämpft und ihre Aktivisten zu Schuldigen werden lässt.

12.7 Lyrik des Expressionismus

Großstadtgedichte

Lyrische Produktionen bestimmten die Frühphase des E. Die Großstadtgedichte von JAKOB VAN HODDIS, ERNST BLASS, ALFRED LICHTENSTEIN u.a. wiesen erhebliche Gemeinsamkeiten auf.

So sprach man mit Blick auf das 1911 veröffentlichte Gedicht *Weltende* (van Hoddis) von einem **Groteskstil**, der die normale Wahrnehmung, wie z.B. die Unterscheidung

von Ding und Mensch, außer Kraft setzt. Aus der ›Perspektive des bösen Blicks‹ wird in Momentaufnahmen das Geschehen beobachtet und beschrieben.
Einen Gegensatz dazu bilden lyrische Texte, die Ausdruck einer für die Zeit charakteristischen **Ekstase** (griech. Außersichgeraten) sind. Dies zeigt sich besonders in den oft langen und pathetischen Versen Ernst Stadlers (z.B. *Der Aufbruch,* 1914). Programmatisch ist dessen Gedicht mit dem viel sagenden Titel *Form ist Wollust.* Es schließt mit den Zeilen:

■ *Und in grenzenlosem Michverschenken / Will mich Leben mit Erfüllung tränken.* □

Stadler, von Beruf Universitätsprofessor für Germanistik, fiel wie viele Autoren des expressionistischen Umfelds, so auch Lichtenstein, bereits zu Beginn des Weltkrieges im Schützengraben.

Reihenstil

Eine Tendenz zur Auflösung der Form zeigte sich im so genannten **Simultangedicht**. Hierunter versteht man eine Lyrik, die im Wesentlichen aus verslangen Hauptsätzen besteht, die weder syntaktisch (↗ Syntax, S. 43 ff.) noch semantisch (↗ Semantik, S. 64 ff.) verbunden sind. Die bloße Aneinanderreihung – man spricht auch von einem **Reihenstil** – dieser Sätze, die ganz unterschiedliche Subjekte haben, kann zu grotesken Effekten führen. Wo nur knapp angedeutet wird, was gleichzeitig nebeneinander passiert, wirkt die dargestellte Welt (oder ihr Autor) leicht verrückt.
Merkmale des Simultangedichts weist in dieser Hinsicht auch der prominenteste lyrische Text des Expressionismus – *Weltende* – auf. Neben den gereihten, zum Teil durch ein Komma getrennten Verssätzen, die am ehesten durch den Gedichttitel verbunden werden, tragen gewollte semantische Verstöße wie »*Dachdecker … gehn entzwei*« (ein Bespiel für die Verdinglichung als poetisches Verfahren) zum Eindruck einer ver-rückten Welt bei. Kennzeichnend für dieses 1911 publizierte frühexpressionistische Gedicht ist die Position des lyrischen Ichs (↗ S. 174 f.), das am ehesten im anonymen Zeitungsleser *(»liest man«)* fassbar wird.

■ Jakob van Hoddis: *Weltende* (1911)

Dem Bürger fliegt vom spitzen Kopf der Hut,
In allen Lüften hallt es wie Geschrei.
Dachdecker stürzen ab und gehn entzwei,
Und an den Küsten – liest man – steigt die Flut.

Der Sturm ist da, die wilden Meere hupfen
An Land, um dicke Dämme zu zerdrücken.
Die meisten Menschen haben einen Schnupfen.
Die Eisenbahnen fallen von den Brücken. □

Lyrik im Krieg

Die Erfahrungen an den Fronten des 1. Weltkriegs machten viele Lyriker zu entschiedenen Kriegsgegnern. Poetisch führte das Engagement gegen den Krieg dazu, dass der Ton immer eindringlicher wurde und sich die Appelle an die Menschheit häuften. Gerade bei Johannes R. Becher, selbst nicht im Krieg, wird der politische Führungsanspruch des Dichters deutlich. Programmatisch heißt es in einem Gedicht aus dem Jahr 1916:

- *Der Dichter meidet strahlende Akkorde. / Er stößt durch Tuben, peitscht die Trommel schrill. / Er reißt das Volk auf mit gehackten Sätzen.* □

Von dieser **Aktionslyrik** hebt sich die Kriegslyrik eines AUGUST STRAMM, im Rang eines Hauptmanns und Kompanieführers, deutlich ab:

- *Sturmangriff*

Aus allen Winkeln gellen Fürchte Wollen
Kreisch
Peitscht
Das Leben
Vor
Sich
Her
Den keuchen Tod
Die Himmel fetzen
Blinde schlächtert wildum das Entsetzen □

Zwar verherrlicht seine Lyrik den Krieg keineswegs, doch erweist sie sich ganz entschieden als Ausdruckskunst, für die das Erlebnis Krieg zu einem Gestaltungsmaterial wird. Zugunsten eines intensivierten Ausdrucks wird die Syntax durch einen **Telegrammstil** aufgelöst.

›O-Mensch-Lyrik‹ oder Messianismus

Die **Krisen- und Untergangserfahrung** der Schriftsteller, die in der Aktionslyrik von BENN oder auch TRAKL deutlich wird, stellt nur einen Teil expressionistischer Lyrik dar. Einen anderen Teil macht die so genannte **›O-Mensch-Lyrik‹** aus. Von ihr ist auch die Rede, wenn vornehmlich nach 1918 von einer Lyrik des **messianischen Expressionismus** gesprochen wird. Der hierfür charakteristische **pathetische Ton** (griech. leidenschaftlich-bewegter Ausdruck) findet sich bei STADLER sowie bereits früh bei FRANZ WERFEL. Werfels überschwängliche Gedichte muten heute eher merkwürdig an, damals aber beeindruckten sie die Zeitgenossen. Deshalb ist Werfel mit den meisten Gedichten in PINTHUS' *Menschheitsdämmerung* (↗ S. 265, 267) vertreten. Einflüsse auf Werfels Lyrik, die der Sohn eines Prager Handschuhfabrikanten bereits mit 21 Jahren unter dem Sammeltitel *Der Weltfreund* (1911) publizierte, gingen von dem amerikanischen Lyriker WALT WHITMAN aus. Dessen Gedichtsammlung *Leaves of Grass* (1855) wurde von JOHANNES SCHLAF (1907) für den Reclam-Verlag ins Deutsche übertragen. Wie Whitman schreibt Werfel langzeilige Verse in freien Rhythmen, in denen er immer wieder seine allumfassende Menschenliebe beschwört:

- *Mein einziger Wunsch ist, dir, o Mensch, verwandt zu sein! / Bist du Neger, Akrobat, oder ruhst du noch in tiefer Mutterhut [...] O, könnte es einmal geschehn, / Dass wir uns, Bruder, in die Arme fallen!* (Aus: *An den Leser*) □

Die bei Werfel anklingende Religiosität verbindet ihn mit einer der extravagantesten Figuren der Berliner Boheme: ELSE LASKER-SCHÜLER. Deren frühe Lyrik beeinflusste besonders die jüngeren Expressionisten. In vielen Gedichten gehen religiöse Motive eine Verbindung mit erotischen ein:

- *Gott, wo bist du?/Ich möchte nah an deinem Herzen lauschen,/Mit deiner fernsten Nähe mich vertauschen.* (Aus: *An Gott*) □

Ihre Neigung, das eigene Leben und ihre jüdische Herkunft zu mythisieren, spiegelt die biografische Angabe wider, die sie für den Anhang der *Menschheitsdämmerung* macht. Hier ist sie charakteristischerweise als einzige Frau vertreten: »*Ich bin in Theben (Ägypten) geboren, wenn ich auch in Elberfeld zur Welt kam im Rheinland. Ich ging bis 11 Jahre zur Schule, wurde Robinson, lebte fünf Jahre im Morgenlande, und seitdem vegetiere ich.*«

Ein sehr pathetischer Ton findet sich in vielen Gedichten von JOHANNES R. BECHER. In der Lyrik dieses Dichters mischten sich religiöse Erlösungssehnsucht und harte Kritik an sozialen Verhältnissen. Das lyrische Ich zeigt die Ekstase eines aufstöhnenden Propheten:

- *Oh meine Jugend du! Blutende du! Empor, empor und/aufstehn, o auferstehn!* (Aus: *De Profundis IX*) □

2 Literatur und Medien

Lyrik der Expressionisten Georg Heym, Gottfried Benn und Georg Trakl

Georg Heym (1887–1912)

Georg Heym gehörte zu den gefeiertsten Berliner Dichtern. Auch seine Lyrik ist geprägt von einem bösen Blick auf die Welt der großen Stadt. Statt groteske Effekte einzusetzen, spielen seine bekanntesten Gedichte mit einer Wiederkehr des **Dämonischen und Mythologischen:**

- *Der Gott der Stadt*

Auf einem Häuserblocke sitzt er breit.
Die Winde lagern schwarz um seine Stirn.
Er schaut voll Wut, wo fern in Einsamkeit
Die letzten Häuser in das Land verirrn.

Vom Abend glänzt der rote Bauch dem Baal,
Die großen Städte knien um ihn her.
Der Kirchenglocken ungeheure Zahl
Wogt auf zu ihm aus schwarzer Türme Meer.

Wie Korybanten-Tanz dröhnt die Musik
Der Millionen durch die Straßen laut.
Der Schlote Rauch, die Wolken der Fabrik
Ziehn auf zu ihm, wie Duft von Weihrauch blaut.

Das Wetter schwelt in seinen Augenbrauen.
Der dunkle Abend wird in Nacht betäubt.
Die Stürme flattern, die wie Geier schauen
Von seinem Haupthaar, das im Zorne sträubt.

Er streckt ins Dunkel seine Fleischerfaust.
Er schüttelt sie. Ein Meer von Feuer jagt
Durch eine Straße. Und der Glutqualm braust
Und frisst sie auf, bis spät der Morgen tagt. □

Baal war einer der babylonischen und phönizischen Hauptgötter und erscheint hier als bedrohlicher heidnischer Gott.
Sehr bekannt wurde auch Heyms durch allgemeine Kriegserwartungen motiviertes Gedicht *Der Krieg* (1912), in dem nach langem Schlafe der personifizierte Krieg erwacht und den »*Mond zerdrückt*« in der »*schwarzen Hand*«.
Heyms Visionen verraten eine **Lust am Untergang**, die sich auch in einer Tagebuchnotiz des Autors zu erkennen gibt. Nachdem er die Ereignislosigkeit seiner Zeit beklagt hat, schreibt er von der Vorstellung, »*mit der Kugel im Herzen den Rausch der Begeisterung spüren zu wollen, sei es auf der Barrikade oder im Krieg*«.

Gottfried Benn (1886–1956)
Noch schockierender als Heyms Visionen wirkte die Lyrik des Arztes Gottfried Benn. Von einer ekelhaften Lust am **Hässlichen** sprachen Rezensionen des nach dem Pariser Leichenschauhaus benannten Gedichtzyklus *Morgue und andere Gedichte* (1912). Hier werden u.a. Bilder aus einer Krankenhausabteilung für Krebspatienten festgehalten. Ein anonymer Mann gewährt einer selbst nicht zu Wort kommenden Frau in dem Gedicht *Mann und Frau gehn durch die Krebsbaracke* schockierende Einblicke:

■ *Sieh, dieser Klumpen Fett und faule Säfte, / das war einst irgendeinem Manne groß / und hieß auch Rausch und Heimat.* □

Das Gedicht schließt mit Bildern der Vergänglichkeit:

■ *Hier schwillt der Acker schon um jedes Bett. / Fleisch ebnet sich zu Land. Glut gibt sich fort. / Saft schickt sich an zu rinnen. Erde ruft.* □

Die frühen Gedichte Benns zeigen allerdings bereits, dass das lyrische Ich, wenn es sich seiner Trostlosigkeit und Einsamkeit bewusst wird, Visionen einer Kunstwelt voller antiker Bilder entwickelt (z.B. *Hier ist kein Trost,* 1913). Dies ist zu bedenken, bevor man in Benn lediglich einen Vertreter der These vom Ich-Zerfall sieht.

Georg Trakl (1887–1914)
Obgleich bereits früh verstorben, zählt Georg Trakl wie Benn zu den Autoren, deren Lyrik über den E. hinaus Anerkennung fand. Expressionistisch sind seine Gedichte v.a. durch eine Tendenz zum Reihenstil sowie durch die ungewöhnliche **Farbmetaphorik** *(»schwarzer Schnee«, »blaue Stille«, »roter Wind«).* Sie ähnelt den künstlichen Bildwelten der Maler aus den Kreisen der ›Brücke‹ und des ›Blauen Reiters‹. Anders als bei den Aktionslyrikern aus Berlin wird bei dem Innsbrucker Trakl das Düstere zumeist als Teil des Subjekts oder als das Ergebnis subjektiver Wahrnehmung präsentiert:

■ *Doch immer ist das Eigne schwarz und nah.* (Aus: *Ein Herbstabend*)
Da macht ein Hauch mich von Verfall erzittern. (Aus: *Verfall*) □

Während Benn über die Modedroge Kokain *(»O, Nacht! Ich nahm schon Kokain«)* hymnisch dichtete, starb der drogenabhängige Trakl nach kurzem Kriegseinsatz an einer – vermutlich wissentlich herbeigeführten – Kokainvergiftung.

Literatur und Medien 2

12.8 Autoren im Kontext des Expressionismus: Robert Musil, Heinrich Mann, Franz Kafka

Robert Musil (1880–1942)

M., in verschiedenen Orten Österreichs aufgewachsen, wurde von seinem Vater ab 1892 für fünf Jahre in Militärinternaten untergebracht. Im Anschluss ließ sich M. zum Ingenieur ausbilden, um danach 1903 ein Studium der Philosophie und Psychologie in Berlin zu absolvieren. Ein Motiv für diese Wende bildete ein Interesse, das M. mit fast allen Autoren seiner Generation teilte: Er war fasziniert von der Philosophie NIETZSCHES. 1905 schloss M. seinen ersten Roman ab. *Die Verwirrungen des Zöglings Törleß,* 1906 erschienen, machte ihn als Autor rasch bekannt:

- Der kurze Roman erzählt die Geschichte eines 16-jährigen Internatsschülers, der als Mitläufer zweier Kameraden an sadistischen Experimenten teilnimmt. Opfer ist ein Mitschüler, zu dem Törleß zeitweilig homoerotische Beziehungen aufbaut. □

Als schonungsloses Dokument einer Krise im Jugendalter verstanden, wurde der Text in die Nähe von WEDEKINDS Drama *Frühlings Erwachen* (↗ S. 263) gerückt, das im selben Jahr seine verspätete Aufführungskarriere begann. Diese und andere Interpretationen übersehen allerdings, dass der Roman auch von der Entfaltung eines künstlerischen Feingeistes – ein solcher wird der gereifte Törleß nämlich – handelt. Dass dessen Entwicklung mit der Abwehr alles Sinnlichen einhergeht, so die Lektion der Internatserfahrung, steht eher im Kontext der **Décadence** (↗ S. 261 f.). Sexualität und Gewalt bleiben allerdings wichtige Themen für den Autor M., der des Weiteren einige Novellen veröffentlichte und 1908 promovierte. M. zog 1911 nach Wien und verdiente dort, nebenher für expressionistische Zeitschriften schreibend, seinen Lebensunterhalt als Bibliothekar. 1914 zog er als Kompanieführer in den von ihm begrüßten Krieg, dessen Ende er als Kriegsgegner erlebt. Bis 1925 konnte M., obgleich mit mehreren Preisen ausgezeichnet, weiterhin nicht von seinen Autoreinkünften leben. Regelmäßig erhielt er von Rowohlt Vorschüsse auf ein großes Romanprojekt. Der erste Band des Romans *Der Mann ohne Eigenschaften* erschien nach quälenden Arbeiten 1930, der erste Teil des zweiten Bandes noch 1933. Der voluminöse, gleichwohl fragmentarische Roman gilt nicht nur als das Hauptwerk seines Autors, sondern als ein zentraler Text der klassischen Moderne:

- Schauplatz ist das Wien von 1917. Der Held Ulrich, ein Mathematiker, will eine einjährige Auszeit nehmen, um eine angemessene Anwendung seiner Fähigkeiten zu suchen. Er reflektiert über die Mechanismen einer in ihre Teile zerfallenden Wirklichkeit und erlebt sich dabei selbst als ›Mann ohne Eigenschaften‹ in einer Welt, in der *»die Verantwortung ihren Schwerpunkt nicht im Menschen, sondern in den Sachzusammenhängen«* hat. □

Der Roman besteht nicht nur aus Reflexionen seines Helden, gleichwohl prägt ihn ein stark **essayistischer** Einschlag mit **gesellschaftssatirischen** Zügen. Bis zu seinem Tod arbeitete M. vergeblich an der Fertigstellung des Romans.

Heinrich Mann (1871–1950)

Heinrich Mann, der ältere Bruder THOMAS MANNS, war für die Expressionisten durch seine **gesellschaftskritischen Romane** und Stellungnahmen, aber auch durch seine im Zeichen des **Schönheitskults** der Jahrhundertwende (Ästhetisierung,

↗ S. 256) stehenden Erzählwerke von Bedeutung. Als Schlüsseltexte zum wilhelminischen Obrigkeitsstaat gelten bis heute die Romane *Der Untertan* (1914, komplettiert 1918) und *Professor Unrat oder Das Ende eines Tyrannen* (1905):

- Der Titelheld von *Professor Unrat* verkörpert den Typus eines lebensfremden Gymnasiallehrers, der sich in einem Korsett aus geliehener Autorität bewegt, bis ihn die Attraktion einer Bar-Tänzerin aus der Bahn wirft. An der Wirkung, die sie bei ihm hinterlässt, spürt er, dass es neben seiner bisherigen eine zweite, sinnliche Welt gibt. Ihr liefert er sich aus, verliert Haltung und Stellung und wird schließlich kriminell. □

An seiner Zentralfigur zeigt der Roman die einsturzbereite Fassade der obrigkeitshörigen Bildungsbürger sowie die Sprengkraft des in die Schmuddelecken abgedrängten Erotischen. Dabei lässt Mann seinen eigentlich *Raat* heißenden Helden nicht zur reinen Spottfigur werden. Vielmehr entlarvt der zum Anarchisten gewandelte Wissenschaftler selbst die Scheinheiligkeit seiner Umgebung. Die weltberühmte Verfilmung unter dem Titel *Der blaue Engel* von 1931 (Buch: Carl Zuckmayer) mit Marlene Dietrich und Emil Jannings entschärft die Schlusswendungen und damit den gesamten Text.

In *Der Untertan* werden ähnliche Erzählverfahren verwendet, wenn es darum geht, angemaßte Autorität in ihrer Brüchigkeit zu zeigen:

- Am Exempel des eigentlich schwächlichen Dietrich Heßling demonstriert der Roman, wie sich von der Kindheit an eine Persönlichkeitsstruktur heranbildet, in der sich Unterwürfigkeit und Tyrannentum zu einer explosiven Mischung vermengen. »*Wer treten wollte, musste sich treten lassen*«, lautet die Maxime des brandgefährlichen Opportunisten, in dem bereits die Züge des zukünftigen nationalsozialistischen Gefolgsmanns hervortreten. □

In die Reden seines Helden montierte Mann Zitate aus Reden Wilhelms II.

Der wegen des Kriegsbeginns 1914 nur in Teilen vorabgedruckte und im November 1918 vollständig erschienene Roman wurde rasch ein gewaltiger Publikumserfolg – sehr zum Ärger des Bruders Thomas, der Heinrichs politisches Engagement öffentlich in halb versteckter Form attackierte. In der Weimarer Republik wurde Heinrich Mann zu einem viel gefragten **Publizisten** und führenden Sprecher der linken Intellektuellen. Seine oft recht lehrhaft gehaltenen Romane aus dieser Zeit waren allerdings poetisch weniger einflussreich. 1931, zum **Präsidenten der Sektion Dichtkunst** bei der Preußischen Akademie der Künste zu Berlin berufen, geriet M. immer mehr in die Schusslinie der völkischen Organisationen und Autoren. Ein gemeinsam mit der Künstlerin Käthe Kollwitz unterzeichneter Aufruf zur Vereinigung von SPD und KPD gegen die NSDAP diente nach der Machtergreifung als Anlass, M. aus der Akademie zu drängen. Rechtzeitig floh der Autor nach Frankreich, wo er den publizistischen Kampf gegen die Nazis fortsetzte. Im Exil entstand sein großer **Geschichtsroman** in zwei Bänden: *Die Jugend des Königs Henri Quatre* (1935) sowie *Die Vollendung des Königs Henri Quatre* (1938).

Die Romanbiografie über den französischen König Henri IV. (1553–1610) zeichnet mit dem Porträt eines in schweren Zeiten toleranten Königs ein Gegenbild zum Führerstaat des NS.

Nach der Kapitulation Frankreichs floh M. in die USA. Eine Rückkehr nach Deutschland und die Übernahme der angetragenen Präsidentschaft der Akademie der Künste in der DDR scheiterte an seinem Tod.

Franz Kafka (1883–1924)

In Prag als Sohn einer jüdischen Kaufmannsfamilie geboren, studierte K. nach dem Abitur auf Drängen der Eltern Jura und arbeitete seit 1908 als Kanzleiangestellter in einer Versicherungsanstalt. Schon vorher betätigte sich K. schriftstellerisch. Erste, von ihm selbst noch als unfertig betrachtete Texte erschienen 1912 im Rowohlt-Verlag. Im selben Jahr entstanden mit *Das Urteil, Der Heizer* und *Die Verwandlung* Arbeiten, die nicht nur thematisch – es geht hier stets um Erlebnisse von Entfremdung und Ausgeliefertsein – charakteristische Kafka-Texte sind. Sie zeichnen sich auch durch eine Schreibweise aus, die als **einsinnig** bestimmt wurde. Der Leser ist, was die fiktiven und durchaus befremdlichen Geschehnisse anbelangt, ausschließlich auf die Perspektive des Helden angewiesen. Dies gilt selbst dann, wenn wie in *Die Verwandlung* der Held, ein Außenseiter in der Familie, in der Figur eines Käfers erwacht. Die Grenze zwischen Realität und fantastischen Eingebungen oder Projektionen bleibt offen.

Die **Romane** Ks. blieben **Fragmente**. *Der Verschollene* (1912), *Der Prozess* (1914) und *Das Schloss* (1922) wurden erst durch seinen Nachlassverwalter MAX BROD öffentlich. Dass diese Romane, die ihr Autor für gescheitert hielt, zu internationalen Klassikern der Moderne wurden, zählt zu den Ironien im Leben K.s.

■ Im Roman *Der Verschollene,* dessen erstes Kapitel die separat veröffentlichte Erzählung *Der Heizer* ist, geht es um den Versuch des von seinen Eltern verstoßenen 16-jährigen Karl Roßmann, in Amerika, dem Land der vermeintlich unbegrenzten Möglichkeiten, eine Zukunft zu finden. Doch der Held bleibt abhängig von scheinbar übermächtigen Instanzen, zunächst vom reichen Onkel und seinem gewaltigen Transportunternehmen, dann von der Verwaltung eines Hotels, in dem er zeitweilig als Liftboy unterkommt, später von der Sängerin Brunelda. □

Während diesem Text, der Mustern eines Entwicklungsromans (↗ S. 152) zu folgen scheint, das Schlusskapitel fehlt, wirkt *Der Prozess* kaum wie ein Fragment. Der Romananfang lässt eine Kriminalerzählung erwarten, verdeutlicht aber auch den eigensinnigen Erzählstil K.s. Figuren- und Erzählerperspektive werden in einer Weise zusammengeschlossen, die auch den Leser mit seinen Vermutungen aufzunehmen scheint:

■ *Jemand musste Josef K. verleumdet haben, denn ohne dass er etwas Böses getan hätte, wurde er eines Morgens verhaftet.* □

Statt der im Schema des Kriminalromans zu erwartenden Aufklärung wendet sich das Geschehen in K.s Roman zunehmend ins Mysteriöse. Rätselhaft sind die Organe der Rechtspflege und rätselhaft ist auch, weshalb sich der Verhaftete nicht wirklich wehrt. Das Gericht, das nicht die Schuld suche, sondern von dieser angezogen werde, scheint nicht über die vertrauten Machtmittel zu verfügen. Es kann offenkundig nur agieren, weil es durch ein Schuldbewusstsein des Helden anerkannt wird.

Für den Leser wird nicht fassbar, was den Prozess eigentlich bewegt. Wie die Vielzahl der Deutungen belegt, wird der Roman aber dennoch ›verstanden‹. So kann man im Verleumder den angeklagten Helden selbst und im Hintergrund dieser Verstrickung den Terror eines familiär oder gesellschaftlich geprägten Schuldgefühls sehen. Man kann den Roman auch abstrakt als Geschichte einer aussichtslosen Suche nach Sinn lesen. Und etwas konkreter darf man auch an die Eigendynamik von sozialen Institutionen denken, die längst die Frage nach ihrer Legitimität und ihrem Sinn aus dem

Blick verloren haben. Mindestens ebenso offen für verschiedene Deutungen ist H.s Roman *Das Schloss:*

- Ausgangspunkt der Handlung ist der Kampf zwischen einem Landvermesser und einer Schlossverwaltung um die Aufnahme in ein Schloss. □

Die Attraktion des Schlosses ist für die Figur des Landvermessers zwar einleuchtend, für den Leser bleibt sie jedoch unklar. Auch für Kafkas Helden ist die Welt ein in seinem Sinn schwer zu entziffernder Text. Wie sich im Roman die sichere Trennung von Innen- und Außenwelt oder Subjekt und Objekt verflüchtigt, verwirrt sich auch die Rollenaufteilung zwischen Erzähler, Figur und Leser.

K.s Texte, neben den erwähnten Romanen vor allem kürzere Prosatexte, haben seit den Dreißigerjahren ein gewaltiges Interesse hervorgerufen; nahezu alle Spielarten literaturwissenschaftlicher Textinterpretationen wurden an K.s Texten erprobt. Bei der Interpretation wurde auch immer wieder K. als Person in den Blick genommen: sein problematisches Verhältnis zum Vater (*Brief an den Vater,* 1919), die unglücklichen Beziehungen zu Frauen, die Tätigkeit in der Versicherung, seine Beziehung zum Judentum oder auch seine sehr stark auf das Schreiben konzentrierte Lebensweise.

12.9 Dadaismus

Beim Dadaismus handelt es sich um eine Bewegung von Künstlern, die aus dem Umfeld des Expressionismus stammten. Ausgangspunkt der dadaistischen Bewegung war das Züricher ›Cabaret Voltaire‹. Hier trafen sich internationale Künstler, die vor dem Krieg in die Schweiz emigriert waren, und hier fand am 14.07.1916 ein erster ›**Dada**‹-Abend statt. Das Wort ›Dada‹, bereits vor 1914 als Markenname für eine Seife im Umlauf, wurde von den Veranstaltern dieses Abends wahrscheinlich gefunden, als sie in einem französischen Wörterbuch nach einem Künstlernamen für eine Sängerin suchten. ›Dada‹, im Deutschen als Bezeichnung für frühkindliche Sprechweisen üblich, bedeutet im Französischen ›Steckenpferd‹ und im Rumänischen ›ja, ja‹. Dass das Wort an Unernsthaftigkeit denken lässt und nicht auf eine ästhetische Position verweist, entspricht dem Anliegen der Dadaisten. Einerseits wollten sie sich einer Kunst widersetzen, die auf klare Sinnzuschreibungen aus ist, andererseits weigerten sie sich, eine Alternative zu definieren. »*Dada bedeutet nichts*« war eine weit verbreitete Stellungnahme von Künstlern, die sich selbst der Bewegung zurechneten.

Dadaistische Zentren und ihre Protagonisten

In Zürich umfasste die Gründungsgruppe u.a. den Frühexpressionisten und Dramaturgen Hugo Ball, den Bildhauer, Maler und Dichter Hans Arp und den rumänischen Dramatiker Tristan Tzara. Entscheidendes Ausdrucksmittel der Gruppe, die sich über Programme nach außen darstellte, war eine Textproduktion, die man als ›Performance‹ (engl. Vorführung) bezeichnen könnte.

In **Lautgedichten** sollten sich die Worte von ihren eingeschliffenen Bedeutungen befreien und gewissermaßen ein Eigenleben zurückgewinnen. Dieser Umgang mit der Sprache orientiert sich nicht nur am kindlichen Lallen, sondern auch an religiösen Litaneien. Der spielerische Zug der Gruppe ›Dada‹ wurde ergänzt durch Elemente eines politischen Kabaretts, dessen aggressiver Witz sich vornehmlich gegen Krieg und bürgerliche Konventionen richtete.

Aus Zürich kehrte der dichtende Psychotherapeut KARL RICHARD HUELSENBECK bereits 1917 nach Berlin zurück, wo er den **Berliner ›Dada‹** ins Leben rief. Die Rolle eines Gurus spielte hier der Happening-Künstler JOHANNES BAADER, ursprünglich ein auf monumentalen Grabmalbau spezialisierter Architekt, der nach einigen bizarren Auftritten bereits 1911 entmündigt worden war. Zum Berliner Kreis zählten zudem WIELAND HERZFELDE (eigentlich Herzfeld), später Leiter des Malik-Verlages (↗ S. 285), sowie sein Bruder JOHN HEARTFIELD (d.i. Helmut Herzfeld), der in der Weimarer Republik die politische Fotomontage bekannt machte, und der Maler und Zeichner GEORGE GROSZ. Der Berliner ›Dada‹ war insgesamt politisch sehr engagiert, wie sich vor allem im Eintreten für die Novemberrevolution zeigte.

In Hannover wirkte mit KURT SCHWITTERS ein Allround-Künstler, der nachhaltig das Bild des Dadaismus bestimmte, obgleich er sich keiner Gruppe anschloss und mit dem Berliner ›Dada‹ aus politischen Gründen zerstritten war. Als Literat wurde Schwitters fast ausschließlich wegen seines 1919 entstandenen Gedichts *An Anna Blume* bekannt, das eine erstaunliche Breitenwirkung erzielte.

Schwitters gab seiner eigenen Kunstproduktion den Namen MERZ-Kunst. Dieses Label entstand im Zuge von Schwitters **Collage-Techniken**: MERZ entstand beim Ausschneiden einer Anzeige der Kom*merz*- und Privatbank. 1919 schrieb Schwitters: *»Die Merzdichtung ist abstrakt. Sie verwendet […] fertige Sätze aus Zeitungen, Plakaten, Katalogen, Gesprächen usw. […] es gibt nur noch Teile des Gedichts.«*

Merkmale dadaistischer Literatur

Die große Gemeinsamkeit des ›**Dada**‹ bestand in dem Anliegen, sich nicht vom Kunst- und Literaturbetrieb vereinnahmen zu lassen und – den Expressionismus eingeschlossen – abzulehnen, was dieser Betrieb hervorgebracht hatte. Die **Haltung der Negation** wird auch gegenüber den eigenen Manifesten gewahrt. So schließt ein *Dadaistisches Manifest* von 1918: *»Gegen dies Manifest zu sein, heißt Dadaist sein.«*

In ihrem Bemühen, Abstand von einer Kunst zu halten, mit der sich die gesellschaftlichen Eliten schmücken, verkörpern die Dadaisten eine Haltung der **Avantgarde** (frz. Vorhut). Mit dieser Metapher aus dem Bereich des Militärischen bezeichnet man seit ca. 1850 alle neuen Kunstströmungen, die sich um Distanz zu jeder institutionalisierten Kunst und zur bürgerlichen Gesellschaft bemühen. Dass letztlich auch die Avantgarde institutionalisiert wurde, die Produkte von Dada-Künstlern zu Exponaten in Museen wurden, zeigt allerdings die Grenzen so genannter Kunst-Revolutionen.

Formal knüpften die Dadaisten an Techniken des Expressionismus und des **Futurismus** an. Beim Futurismus handelt es sich um eine Avantgarde-Bewegung, die in Italien entstand und in Russland ihre Fortsetzung fand (ital. futuro – Zukunft). Im Vorfeld des Weltkrieges forderten die Futuristen den totalen Bruch mit jeder Art von traditioneller Kultur. Die Forderung nach einem Bruch schloss die Vorstellung ein, Kunstsammlungen und Bibliotheken zu zerstören.

In Anlehnung an den Expressionismus und Futurismus arbeitete der Dadaismus mit experimentellen Techniken: **Montage** und **Collage**, Arbeit mit zufälligen Materialien und zufälligen Anordnungen (Zufallsgedichte aus Worten eines Zeitungsartikels), Zerstörung von Syntax und Worten, dadurch Hervortreten von Lauten (Akustik) und Buchstaben (Grafik); **Lautgedichte, Buchstabengedichte, visuelle Poesie.**

■ Hugo Ball

KARAWANE

jolifanto bambla ô falli bambla
grossiga m'pfa habla horem
égiga goramen
higo bloiko russula huju
hollaka hollala
anlogo bung
blago bung
blago bung
bosso fataka
ü üü ü
schampa wulla wussa ólobo
hej tatta gôrem
eschige zunbada
wulubu ssubudu uluw ssubudu
tumba ba- umf
kusagauma
ba - umf

□

Zu den Provokationen gegenüber dem Kunstbetrieb gehörte wesentlich der Umgang mit einem Material, das selbst schon ein Produkt war und nicht für künstlerische Zwecke hergestellt wurde – etwa die Werbeanzeige, die für eine Collage mit Schere und Klebstoff bearbeitet wurde.

Der Umgang mit vorgefundenem Material als Kunst gelang im **Experiment** des so genannten ›***objet trouvé***‹ (frz. gefundener Gegenstand) bzw. des ›***ready-made***‹ (engl. fertig Gemachtes). Ein profaner Gegenstand wird mit den Erkennungszeichen eines Kunstwerks versehen (Titel u. Signatur) und öffentlich als Kunst platziert. Als Schlüsselbeispiel hierfür gilt *Fountain* von MARCEL DUCHAMP, einem Künstler im Umfeld von ›**Dada**‹ New York. Unter dem Titel *Fountain (Springbrunnen)* reichte Duchamp 1917 ein industriell gefertigtes und mit einem Pseudonym signiertes Urinal für eine Kunstausstellung ein.

Die Auseinandersetzung mit dem Werkcharakter der Kunst wurde bei den Dadaisten durch die Strategie ergänzt, Kunst als einmalige, flüchtige Aktion zu präsentieren. Dass dennoch Texte und Bilder gedruckt oder Ereignisse über andere Medien gespeichert und tradiert wurden, zeigt, dass auch die Dadaisten sich dem literarischen Kommunikationssystem nicht entziehen konnten.

13 Literatur in der Weimarer Republik

POLITIK | WIRTSCHAFT | WISSENSCHAFT

- 1918 Ausrufung der Weimarer Republik
- 1929 Weltwirtschaftskrise
- 1933 Machtübernahme durch die Nationalsozialisten

KULTUR | BILDENDE KUNST | MUSIK

- 1918 Weltbühne (Zeitschrift)
- 1920 Kunstlump-Debatte
- 1923 Beginn des Unterhaltungsrundfunks (Hörspiele)
- 1928 BERTOLT BRECHT/KURT WEILL: Die Dreigroschenoper
- 1929 Linkskurve (Zeitschrift)
- 1929/30 Einführung des Tonfilms

1900 1910 1920 1930 1940 1950 1960

Literatur der Jahrhundertwende

Expressionismus

LITERATUR IN DER WEIMARER REPUBLIK

Literatur von 1933 bis 1945

1900 1910 1920 1930 1940 1950 1960

LITERATUR

- 1923 RAINER MARIA RILKE: Duineser Elegien (Gedichte)
- 1924 THOMAS MANN: Der Zauberberg (Roman)
- 1927 BERTOLT BRECHT: Hauspostille (Gedichte)
- 1927 JOSEPH ROTH: Flucht ohne Ende (Roman)
- 1928 LUDWIG RENN: Krieg (Roman)
- 1929 ERICH MARIA REMARQUE: Im Westen nichts Neues (Roman)
- 1931 ERICH KÄSTNER: Fabian (Roman)
- 1931 CARL ZUCKMAYER: Der Hauptmann von Köpenick (Drama)
- 1932 HANS FALLADA: Kleiner Mann – was nun? (Roman)

Autoren im Umfeld der Literatur der Weimarer Republik:
1927 HERMANN HESSE: Der Steppenwolf (Roman)
1930/33 ROBERT MUSIL: Der Mann ohne Eigenschaften (Roman)

13.1 Der Begriff ›Literatur in der Weimarer Republik‹

Zeitliche Einordnung

Der Begriff ›Literatur in der Weimarer Republik‹ umfasst die Literatur, die ab 1918 nach der Auflösung des Kaiserreichs, dem Scheitern der Revolution und der Errichtung der Weimarer Republik geschrieben bzw. veröffentlicht wurde. Die Phase endet mit der Machtübernahme der Nazis 1933.

▼ Spricht man von einer ›Literatur in der Weimarer Republik‹, so wird mit diesem Begriff weniger ein poetischer, als vielmehr ein politisch-historischer Zusammenhang betont. ▽

Merkmale der Literatur in der Weimarer Republik

Wie bereits in der Literatur der Jahrhundertwende (↗ Stilpluralismus, S. 255 f.) lässt sich in der Literatur der W. R. kein einheitlicher ›Stil‹ erkennen. Ihr gemeinsames Merkmal liegt allein in der Entstehungszeit. Die einzigen relativ einheitlichen Strömungen waren die **neue Sachlichkeit** (↗ S. 283 ff.) und mit Abstrichen die **proletarisch-revolutionäre Literatur** (↗ S. 285 f.).

Allerdings kam es in diesen wenigen Jahren zu einer innovativen Produktion in vielen Bereichen. Neue Erzählverfahren entwickelten sich unter dem Einfluss des Films, so z. B. die Collagetechnik in ALFRED DÖBLINS Roman *Berlin Alexanderplatz* (1929) (↗ S. 267 f.). Das Theater findet über das expressionistische Stationendrama zu neuen Formen, so im **epischen Theater** (↗ S. 164 f., 292) BERTOLT BRECHTS. Wie in dessen *Dreigroschenoper* (Urauff. 1928) werden auch anderswo Formen gemischt: Für Kabarett und Theater entstehen so Lieder (Songs), die über Schallplatte und Radio ein großes Publikum erreichen und auch politisch in Gebrauch genommen werden (↗ Gebrauchslyrik, S. 288 f., 291).

Reportage, Essay und **Feuilleton** (↗ S. 144) finden verstärkt Eingang in die erzählende Literatur. Dies gilt in jeweils unterschiedlicher Ausprägung für THOMAS MANNS *Der Zauberberg* (1924), HERMANN HESSES *Der Steppenwolf* (1927) wie für ROBERT MUSILS *Der Mann ohne Eigenschaften* (1930/33). So unterschiedliche Autoren wie JOSEPH ROTH, KURT TUCHOLSKY oder ERICH KÄSTNER wechseln zwischen den Rollen des Feuilletonisten, Reporters und Erzählers. Autorinnen wie VICKY BAUM (*Menschen im Hotel,* 1929), MARIELUISE FLEISSER (*Fegefeuer in Ingolstadt,* Urauff. 1926) und IRMGARD KEUN (*Gilgi – eine von uns,* 1931) gelingen im Zeichen der neuen Sachlichkeit große Erfolge.

13.2 Historischer Kontext

Von den politischen Debatten und Kämpfen der Weimarer Republik blieben die Autoren und in der Folge ihre literarischen Werke nicht unbeeinflusst.

So fand die Nachkriegskrise 1918–1923 mit ihren revolutionären und konterrevolutionären Bewegungen Widerhall in einer avantgardistischen und expressionistischen Literatur. In der Phase der wirtschaftlichen Stabilität von 1923–1929 korrespondierte das wachsende Interesse an technischen Neuerungen mit einer Literatur der neuen Sachlichkeit (↗ S. 283 ff.). Die große **Wirtschaftskrise** 1929–1933, die mit einer Destabilisierung der Weimarer Republik und dem wachsenden Einfluss des Faschismus einherging, brachte eine Welle von Kriegsromanen, sentimentaler und mythischer Literatur sowie proletarisch-revolutionärer Literatur hervor.

Während einige Autoren, unter ihnen die Brüder MANN und GERHART HAUPTMANN, zu öffentlichen Fürsprechern der labilen Republik wurden, ging eine Reihe konservativer Autoren auf Distanz. Zu ihnen gehörte HUGO VON HOFMANNSTHAL. Dessen eher dunkle Redewendung von einer »*konservativen Revolution*« wurde für eine Reihe Intellektueller (wie zum Beispiel ERNST JÜNGER) zu einer Parole, die den nationalistischen Gegnern der Weimarer Republik entgegenkam. Zeitschriften, die diese Linie verfochten, waren zahlreich und besaßen in der Öffentlichkeit ein erhebliches Gewicht.

Die jüngere Schriftstellergeneration, die durch den Krieg und die gescheiterte Revolution geprägt war, konnte im Weimarer Staat keine politische Heimat finden. Nicht we-

nige von ihnen folgten der KPD und weiter links stehenden Organisationen, so Johannes R. Becher oder Erwin Piscator.
Neue verschärfte Gesetze zensierten zwischen 1926 und 1931 vor allem linke Autoren, wie z.B. Becher. Bereits 1925 wurde ein Hochverratsverfahren gegen ihn eröffnet, das erst drei Jahre später im Zuge internationaler Proteste eingestellt wurde. Carl von Ossietzky, der Leiter einer der intellektuell bedeutendsten Zeitschriften, *Die Weltbühne*, wurde 1931 wegen des vermeintlichen Verrats von Militärgeheimnissen zu einer 18-monatigen Haftstrafe verurteilt. Ende 1932 amnestiert, wurde Ossietzky am Tag nach dem Reichstagsbrand verhaftet und ins KZ deportiert. Von Verboten betroffen war auch das Theater. Bereits 1921 kam es, allerdings mit günstigem Ausgang, zu einem Prozess um die Aufführung von Arthur Schnitzlers *Reigen* (entst. 1896/97, Urauff. 1920), dem Unzüchtigkeit zur Last gelegt wurde.

13.3 Literarisches Programm

Von einem gemeinsamen literarischen Programm kann in der Zeit der Weimarer Republik keine Rede sein. Vielmehr zeigen sich völlig unterschiedliche Tendenzen: auf der einen Seite die Fortführung **ästhetizistischer Projekte** (↗ Ästhetizismus, S. 256), etwa im Umfeld des George-Kreises, auf der anderen Seite eine Tendenz zur **Gebrauchsliteratur** (↗ S. 288ff.) und zur Überwindung der Grenzen zwischen **Reportage und Fiktion**. Für diese Tendenz stehen ebenso das **Kabarett**, das politische und **dokumentarische Theater**, die **Zeitungssatire** wie die **Agitprop-Lyrik**. Nicht zu vergessen ist bei aller Betonung neuer Elemente, dass gerade die berühmtesten Autoren der Zeit, wie etwa die Brüder Mann, ihre Schriftstellerkarrieren weit vor 1914 begonnen hatten.

13.4 Literarisches Leben

Das literarische Leben nahm in der Weimarer Republik mit dem Erscheinen neuer **Medien** auch neue Formen an. Zerstreuung durch das Kino, Faszination durch den Schlager, die Begeisterung für große Sportveranstaltungen und Tanzrevuen, die ›Ausländerei‹ auf deutschen Bühnen, die Sensationen der illustrierten Massenpresse – all dies kennzeichnete die Bedürfnisse namentlich der großstädtischen Bevölkerung. Angesichts dieser Entwicklung sprachen Schriftsteller in der zweiten Hälfte der Weimarer Republik sogar von einer **Bücher- und Kulturkrise**. So schrieb der hochgebildete Autor Stefan Zweig 1925 resigniert: »*Der neue Tanz ist von dem plumpsten Dienstmädchen in drei Stunden zu erlernen, das Kino ergötzt Analphabeten und erfordert von ihnen nicht einen Gran Bildung, um den Radiogenuss zu haben, braucht man nur gerade den Hörer vom Tisch zu nehmen und an den Kopf zu hängen und schon walzt und klingt es einem ins Ohr – gegen eine solche Bequemlichkeit kämpfen selbst die Götter vergebens. […] Unsere Bücher erreichen sie nicht mehr, weil sie längst nicht mehr das an kalter Spannung, an kitzliger Erregung zu leisten vermögen, was der Sport und das Kino ihnen verschwenderisch gibt. […]*«
Namhafte Autoren, u.a. auch Hauptmann und T. Mann, wandten sich in einem 1909 gegründeten ›**Schutzverband deutscher Schriftsteller**‹ gegen die ökonomischen Folgen eines vermeintlich nachlassenden Interesses an deutscher Literatur. Insbesondere forderten sie (vergeblich) eine staatliche Unterstützung für die Not leidende Literatur und ihre Produzenten – die geistigen Arbeiter. Die Gründung einer ›**Sektion für Dichtkunst**‹

an der ›Akademie für Künste‹ zu Berlin konnte allerdings kaum den Eindruck mildern, dass der Staat für die Gegenwartsliteratur kein Interesse aufbrachte. Dies lag nicht nur an den geringen Finanzmitteln dieser Einrichtung, sondern auch daran, dass mit Ausnahme T. Manns durch den Kultusminister ausschließlich Mitglieder berufen wurden, die bereits in den 60er-Jahren des 19. Jh. geboren waren.
Die Statistik stützt den Eindruck, dass sich deutschsprachige Bücher damals schlecht verkauften, nur bedingt. Neben dem dauerhaften Erfolg von *Buddenbrooks* (↗ S. 261) wurden u.a. folgende Titel in der 2. Hälfte der 20er-Jahre zu großen Verkaufserfolgen: ERICH MARIA REMARQUES *Im Westen nichts Neues* (1929), STEFAN ZWEIGS *Sternstunden der Menschheit* (1927), LUDWIG RENNS *Krieg* (1928) und THOMAS MANNS *Der Zauberberg* (1924).
Eine große Leserschaft fanden die **Fortsetzungsromane** namentlich in der *Berliner Illustrirten Zeitung* (↗ S. 290). Besonders erfolgreich war hier VICKI BAUM mit dem Roman *Menschen im Hotel* (1929), der auch als Hollywood-Film zu einem Kassenschlager wurde. HEDWIG COURTHS-MAHLER schrieb während der Weimarer Republik 122 so genannte **Frauenromane.** Ihre Texte, die als Muster trivialer Literatur (↗ S. 145 f.) gelten, dürften mit einer Gesamtauflage von rund 30 Millionen (1941) die meistgelesenen der Zeit gewesen sein. Auch in der **Jugendliteratur** verkauften sich nicht nur ältere Titel von KARL MAY, FRIEDRICH GERSTÄCKER, JOHANNA SPYRI oder EMMY VON RHODENS *Trotzkopf* (1913) gut, sondern auch die bis heute berühmten Romane ERICH KÄSTNERS *Emil und die Detektive* (1928) und *Pünktchen und Anton* (1931).

13.5 Literatur der neuen Sachlichkeit

Forderungen nach einer ›neuen Sachlichkeit‹ in der Literatur begegneten den Zeitungslesern seit Beginn der Zwanzigerjahre derart häufig, dass man von einem modischen Schlagwort sprechen kann.
Am Ende der Zwanzigerjahre kippte dieser Trend um und der Begriff wurde in der literarischen Wertung nun eher negativ verwendet.

- Erich Kästner: *Sachliche Romanze* (1929)

Als sie einander acht Jahre kannten
(und man darf sagen: sie kannten sich gut),
kam ihre Liebe plötzlich abhanden.
Wie andern Leuten ein Stock oder Hut.

Sie waren traurig, betrugen sich heiter,
versuchten Küsse, als ob nichts sei,
und sahen sich an und wussten nicht weiter.
Da weinte sie schließlich. Und er stand dabei.

Vom Fenster aus konnte man Schiffen winken.
Er sagte, es wäre schon Viertel nach vier
und Zeit, irgendwo Kaffee zu trinken.
Nebenan übte ein Mensch Klavier.

Sie gingen ins kleinste Café am Ort
und rührten in ihren Tassen.
Am Abend saßen sie immer noch dort.
Sie saßen allein und sie sprachen kein Wort
und konnten es einfach nicht fassen. □

Das Verlangen nach Sachlichkeit in der Literatur war das Ergebnis des Überdrusses am Pathos des späten Expressionismus (↗ ›O-Mensch-Lyrik‹, S. 271 f.). An seine Stelle trat mit der Stabilisierung der ökonomisch-politischen Lage 1924 ein allgemeiner **Habitus des Einverständnisses.** Gemeint ist damit das Bewusstsein, in modernen und anregenden Zeiten zu leben. Impulse dieser Modernität kamen vornehmlich aus den USA. Besonders imposant war hier die Vorstellung von einer perfekt durchgeplanten **Industriegesellschaft** (Taylorismus). Am Beispiel der Autofabrikation Fords wurde sichtbar, wie eine extreme Funktionalität und eine gesteigerte Geschwindigkeit zu enormen Produktionserfolgen führen können. Bildhaft wird dies in der Fließbandarbeit, die eine präzise Verknüpfung maschineller und menschlicher Leistungen verlangt. Passend zur Vorstellung von der **perfekten Organisation** wandelte sich das Menschenbild. Die Konzentration auf das Psychologische wirkte nun veraltet. Stattdessen wurden das Tempo, die Empfänglichkeit für Neues geschätzt. Menschen, die sich für zeitgemäß hielten, besuchten Sportveranstaltungen, in denen trainierte Profis gegeneinander boxten oder Radfahrer im Sechstagerennen ihre Kräfte maßen. Dass vom technisierten Leben auch die Kunst zu lernen habe, war eine naheliegende Konsequenz. So forderte Bertolt Brecht ein Theater, das von den Inszenierungen in den Sportarenen lernen solle.

Tatsachensinn in der Literatur der Sachlichkeit

In seinem Roman-Vorwort zu *Flucht ohne Ende* (1927) vermerkt der viel gelesene Journalist und Romancier Joseph Roth ironisch, was die Literatur der S. unter **Tatsachensinn** versteht: *»Ich habe nichts erfunden, nichts komponiert. Es handelt sich nicht mehr darum, zu ›dichten‹. Das Wichtigste ist das Beobachtete.«*

Diese Absage an die Fiktion ist zwar ihrerseits Fiktion (Roth gehörte spätestens ab 1930 zu den führenden Kritikern der S.), doch das negative Urteil über das Dichten macht die Haltung der Autoren der S. aus. Nachhaltig wirkte sich in dieser Zeit, die an Tatsachen interessiert war, die Orientierung an den schnellen Medien der Presse aus. So wurde der erfolgreiche Journalist Egon Erwin Kisch mit seinem Buchtitel *Der rasende Reporter* (1924) berühmt und zum Bestsellerautor.

Die ablehnende Haltung der S. gegenüber einer ›Dichtkunst‹ schlug sich in allen Gattungen nieder: In der **Lyrik** gab es einen Trend zur ausdrücklichen **Gebrauchsliteratur**, so in Brechts *Hauspostille* (1927) und in *Aus dem Lesebuch eines Städtebewohners* (1930), aber auch in Erich Kästners *Herz auf Taille* (1928) und in der politischen Lyrik Walter Mehrings. Von erheblicher Bedeutung für diese Entwicklung war der anhaltende Erfolg des **Kabaretts** (↗ S. 262 f.), für dessen Berliner Bühnen Kurt Tucholsky – ein noch heute gern rezitierter Autor – zahlreiche Texte lieferte. Mit seinen Beiträgen in der *Weltbühne* (↗ S. 282) war Tucholsky auch ein einflussreicher Kommentator der Kulturszene.

In der **Dramatik** spielen **Formen des Dokumentarischen** bei Erwin Piscator eine bedeutende Rolle. Am meisten vom alten Dichter-Ideal entfernt ist die **Prosa** der neuen Sachlichkeit. Hierzu gehört das neue **Genre des Industrieromans**, für das der frühere Pressesprecher des Krupp-Konzerns ERIK REGER ein interessantes Beispiel lieferte (Tabelle). Viele Romane, Reportagen und Essays setzen sich zudem mit der **Freizeitkultur der Angestellten** auseinander (z.B. FALLADA, KEUN, KÄSTNER). Aber auch das **Thema ›Krieg‹** (↗ S. 286f.) ist für die Romane der S. wichtig (RENN, ROTH).

Autoren und Romane der neuen Sachlichkeit im Überblick	
JOSEPH ROTH	*Flucht ohne Ende* (1927)
ARNOLD ZWEIG	*Der Streit um den Sergeanten Grischa* (1927)
ERNST GLAESER	*Jahrgang 1902* (1928)
LUDWIG RENN	*Krieg* (1928)
LION FEUCHTWANGER	*Erfolg* (1930)
ERIK REGER	*Union der festen Hand* (1931)
ERICH KÄSTNER	*Fabian* (1931)
IRMGARD KEUN	*Gilgi – eine von uns* (1931) *Das kunstseidene Mädchen* (1932)
MARIELUISE FLEISSER	*Mehlreisende Frieda Geier* (1931)
HANS FALLADA	*Kleiner Mann – was nun?* (1932)

13.6 Proletarisch-revolutionäre Literatur

Wie in der Literatur des Naturalismus (↗ S. 247ff.) verfolgten die Sozialdemokraten und nun auch die meisten Mitglieder der neuen KPD in der Weimarer Republik das Ziel, die Arbeiter mit den Werken der Tradition bekannt zu machen. Anders sah das für jene Intellektuellen aus, die im Berliner ›Dada‹ (↗ S. 278) **poetischen Avantgardismus** mit **revolutionärem Engagement** verbanden und denen mit dem Malik-Verlag auch eine Publikationsmöglichkeit zur Verfügung stand. Während hier v.a. neue Prosa erschien, fanden im ›Berliner Proletarischen Theater‹ mit ERWIN PISCATOR **Experimente mit einer neuen Dramatik** statt. Das Konzept lautete: Funktionalisierung jeder künstlerischen Arbeit für das revolutionäre Ziel. Dies konnte allerdings nur kurz erprobt werden. Die im Oktober 1920 gegründete Bühne wurde bereits im April 1921 auf Anordnung des Polizeipräsidenten geschlossen.

Einen Eindruck von den auseinandergehenden Einstellungen zu einer proletarischen Kunst vermittelt die so genannte ›**Kunstlump-Debatte**‹ von 1920. Diese entzündete sich an einer Bemerkung des prominenten expressionistischen Malers OSKAR KOKOSCHKA. Er hatte daran Anstoß genommen, dass ein RUBENS-Bild während einer Straßenschlacht mit 35 Toten beschädigt wurde. Daraufhin nannten ihn GEORGE GROSZ und JOHN HEARTFIELD in einer Schmähschrift einen *»Kunstlumpen«*, der – wie das gesamte Bürgertum – die Kunst höher bewerte als das Leben der gefallenen Arbeiter. Dem Aufruf gegen die *»masochistische Ehrfurcht vor historischen Werten, gegen Kultur und Kunst«* begegnete die KPD-Zeitung *Rote Fahne* mit einer klaren Zurechtweisung. Statt um Vandalismus ginge es für die Kommunisten um die kritische Aufbereitung des bürgerlichen Kulturerbes. Die Haltung der KPD änderte sich erst Mitte der Zwanzigerjahre, als sie durch die Einführung so genannter **Arbeiterkorrespondenten** die schriftstellerische Betätigung ihrer proletarischen Mitglieder förderte. Die Zahl dieser für kommunistische

Organe schreibenden Korrespondenten wird für 1930 auf 15 000 geschätzt. Aus ihren Reihen kommen so erfolgreiche Arbeiterschriftsteller wie WILLI BREDEL (*Maschinenfabrik N. &K. Rosenhofstraße,* 1930) und LUDWIG TUREK (*Ein Prolet erzählt,* 1930). Mit anderen schreibenden Arbeitern und mit etablierten Autoren des linken Bürgertums (u. a. JOHANNES R. BECHER und LUDWIG RENN) wirkten Arbeiterkorrespondenten im ›Bund proletarisch-revolutionärer Schriftsteller‹ (BPRS) zusammen. Organ des BPRS war die Zeitschrift *Die Linkskurve* (1929–1932). Da die meisten Texte in der kommunistischen Presse publiziert wurden, waren kleine Formen mit aktuellen Bezügen besonders gefragt: Gedichte, Lieder, Reportagen und knappe Erzählungen. Große Wirkungen auf das proletarische Publikum gingen vor allem von den politisch agitierenden Zeitgedichten aus, die ERICH WEINERT verfasste und auf Massenversammlungen vortrug. Vergleichbare Effekte hatten die rund 200 Laientheatergruppen der ›**Agitprop**‹ (Kurzwort aus Agitation und Propaganda).

13.7 Epik in der Weimarer Republik

Der Tatsachenroman

Themen der proletarisch-revolutionären Literatur waren vornehmlich die Nachkriegsrevolution und die späteren Arbeiterkämpfe; hier entwickelte sich der Typus des Tatsachenromans, in dem fiktionale Elemente – einzelne Figuren und ihre Schicksale – mit dokumentarischem Material verbunden wurden (Beispiel: KLAUS NEUKRANTZ: *Barrikaden am Wedding,* 1931).

Der Kriegsroman

In den ersten zehn Jahren der Weimarer Republik wurde eine kritische Auseinandersetzung mit dem zurückliegenden Weltkrieg gescheut. So fand LUDWIG RENN 1924 noch keinen Verlag, der bereit war, seinen schließlich 1928 mit Erfolg publizierten Roman *Krieg* zu veröffentlichen. Für das Lesepublikum galt Renns Roman als eine authentische Verarbeitung der Schützengrabenerlebnisse eines einfachen Soldaten. In Wirklichkeit jedoch war Renn nicht der gemeine Mann, wie ihn die *Frankfurter Zeitung* nannte, bevor sie *Krieg* als Fortsetzungsroman (↗ S. 283) publizierte. Hinter dem Pseudonym Renn verbarg sich vielmehr der ehemalige Offizier VIETH VON GOLSSENAU, der allerdings bewusst die Perspektive des schlecht informierten Soldaten wählte, um die Wirklichkeit des Krieges wiederzugeben. Verzichtet wird nicht nur auf große Schlachtenbeschreibungen, sondern auch auf jede nachträgliche Überhöhung des Kriegserlebnisses. Sehr ähnlich verhält es sich mit dem wenig später ebenfalls zunächst als Fortsetzungsroman erschienen Titel *Im Westen nichts Neues* (1929) von ERICH MARIA REMARQUE, der den Autor fast über Nacht weltberühmt und vermögend machte. In 49 Sprachen wurde der in 20 Millionen Exemplaren verkaufte Roman übersetzt und umgehend in den USA verfilmt. In Berlin verbot man dessen Vorführung nach Störungen durch die Nazis:

- Der Soldat Bäumer – ein von der Schulbank eingezogener junger Mann – gibt als Ich-Erzähler seine Sicht auf den Krieg wieder. Er setzt sich von der Welt der Offiziere ab und stellt die entmenschlichende Wirkung der Fronterlebnisse dar. Gleichzeitig schildert er die Kameradschaft der vom gemeinsam erlebten Schrecken solidarisierten Soldaten. □

Obgleich der frühere Motorsport-Journalist Remarque den Jargon der Frontsoldaten wiedergibt, geht auch seine Fiktion nur zum Teil auf eigene Erlebnisse zurück. In seinen groß angelegten Werbekampagnen verbreitete der Ullstein-Verlag zwar die Legende, der Autor habe nach Jahren sein Schweigen über das schmerzlich Erlebte gebrochen und in wenigen Wochen einen authentischen Bericht verfasst. In Wirklichkeit war Remarque jedoch nach sehr kurzer Zeit aufgrund einer Verletzung der Front in Flandern entkommen, an die er erst 1917 verlegt worden war. Dieser Widerspruch wurde von der Rechten publizistisch aufgegriffen, dem Buchabsatz tat deren Hetze aber keinen Abbruch. Ende 1930 ging man bei Ullstein davon aus, dass jeder potenzielle Käufer das Buch mittlerweile erworben habe. Literarisch anspruchsvoller als Remarques Bestseller ist *Heeresbericht* von EDLEF KÖPPEN. Dieser Roman löst sich von der Form einsträngigen Erzählens und operiert mit Mitteln der **Montage**, für die er dokumentarisches Material verwendet. Wie Köppen benutzte auch ARNOLD ZWEIG in seinem 1927 erschienenen und ebenfalls in den USA verfilmten Roman *Der Streit um den Sergeanten Grischa* statt der sonst im Antikriegsroman üblichen Ich- die Er-Perspektive:

- In einem realistischen Erzählstil wird die Geschichte eines Russen erzählt, der aus einem deutschen Gefangenenlager geflohen ist und widerrechtlich von Deutschen liquidiert wird. □

Zu den **Antikriegsromanen** der Weimarer Republik werden noch *Jahrgang 1902* (1928) von ERNST GLAESER und *Vaterlandslose Gesellen* (1903) von ADAM SCHARRER gerechnet, wobei Scharrers ›Kriegsbuch eines Arbeiters‹ (so der Untertitel) aus dem Rahmen fällt, da Krieg und Kapitalismus hier in Beziehung gesetzt sind. Einen besonderen Status nimmt auch JOHANNES R. BECHERS von der Justiz geahndeter Roman *Levsite oder Der einzig gerechte Krieg* (1926) ein. Mit deutlichen Anklängen an expressionistische Erzählweisen wird der vergangene Krieg auch hier als ein von kapitalistischen Interessen gesteuertes Ereignis dargestellt. In Bechers Fiktion folgt auf den Krieg ein internationaler Arbeiteraufstand, dem das Kapital mit einer Militärdiktatur und mit dem Einsatz chemischer Kampfstoffe gegen die Arbeiter begegnet.

Den Antikriegsbüchern stand eine Reihe **kriegsverherrlichender Romane** gegenüber. Von besonderer Bedeutung für diese um 1929/30 auftretende Welle war vor allem ERNST JÜNGERS Roman *In Stahlgewittern*, der schon 1920 mit dem Nebentitel *Aus dem Tagebuch eines Stoßtruppführers* erschien. Auch bei Jünger wird der Krieg keineswegs als Idylle oder in Bildern heroischer Zweikämpfe dargestellt. Und doch ist der Krieg, die Schlacht um das ›Menschenmaterial‹, bei ihm die Stätte, in der ein heroisches Ich – ein Führer – seine Identität im tödlichen Dienst für die Nation findet. An Jünger knüpfte eine Vielzahl von Kriegsbüchern an, mit denen nationalistische Autoren auf die Erfolge von Remarque oder Renn reagierten. Auch in diesen heute vergessenen **Frontromanen** folgten die Autoren dem Schema des Entwicklungsromans (↗ S. 152). Der Krieg ist hier die Extremsituation, in der sich der Einzelne und die Kameradschaft bewähren.

13.8 Dramatik in der Weimarer Republik

Obwohl es berühmte Schauspieler und Regisseure gab wie MAX REINHARDT, LEOPOLD JESSNER und FRITZ KORTNER, sahen maßgebliche Zeitgenossen das Theater in einer Krise, die nicht wenige für den Anfang vom Ende dieser Kunstform hielten. Für ihre Annahme sprach, dass sich die Zeit der expressionistischen Schocks auf der Bühne rasch überlebt hatte. Skandale und Tabubrüche fanden in der **Mediengesellschaft** der W.R. andere Bühnen als die des Theaters. In der Zerstreuungskultur der großen Städte machten Kino, Sportveranstaltungen, Revuen und Operetten dem Theater den Rang streitig. Im Theater selbst entwickelte sich eine Tendenz zum **Regietheater** (↗ S. 328). So versuchte sich der Regisseur Reinhardt an einem ›**totalen Theater**‹, an technisch aufwändigen Massenveranstaltungen, die dem Publikum jede Distanz zum gezeigten Spektakel rauben und das Gefühl vermitteln sollten, Teil eines großen Festes zu sein. Andere bemühten sich um eine neue, nämlich intellektuelle Auseinandersetzung mit den Klassikern. Statt auf Illusionsbildung wurde hier auf einen Zuschauer gesetzt, dem jederzeit klar war, dass er der Aufführung eines Dramas beiwohnte, und der die Inszenierung als Interpretation eines ihm bekannten Stücks begriff. Die Tendenz, neue Stücke von der Bühne fernzuhalten, wurde durch eine Fortsetzung der Zensurpolitik mit anderen Mitteln begünstigt: Bis in die Reihen der Sozialdemokratie wurde angesichts frecher Stücke wirkungsvoll mit dem Entzug staatlicher Förderung gedroht.

Unter den gegebenen Bedingungen war, abgesehen von den Arbeiten BRECHTS (↗ S. 290 ff.), die Neubelebung des **Volksstücks** die größte Leistung der Dramatiker der W.R. Gefeiert wurde unter diesem Aspekt – Ausbruch aus dem bildungsbürgerlichen Theater – CARL ZUCKMAYER mit seinem humorig-volkstümlichen Stück *Der fröhliche Weinberg* (1925). Bemerkenswerter war mit Blick auf seine kritischen Akzente das Drama *Der Hauptmann von Köpenick* (1931), das auch durch seine Verfilmung bis heute bekannt ist. Während Zuckmayers Volksstücke einen Hang zum Versöhnlichen und Betulichen aufweisen, zeigt sich den Zuschauern der Volksstücke von MARIELUISE FLEISSER ein ungeschminkteres Bild des Lebens in der Provinz.

Gegen das idyllisierende Volksstück wenden sich auch die Dramen von ÖDÖN VON HORVÁTH. In Stücken wie *Geschichten aus dem Wiener Wald* (1931) oder *Kasimir und Karoline* (1932) wird die viel gerühmte Gemütlichkeit des einfachen Volkes als Kitschwelt vorgefertigter Sprach- und Denkklischees aufgedeckt.

13.9 Lyrik in der Weimarer Republik

In die Zeit der Weimarer Republik fallen nicht unbeträchtliche Teile der lyrischen Produktion RAINER MARIA RILKES (z.B. *Duineser Elegien,* 1923) oder STEFAN GEORGES (z.B. *Das neue Reich,* 1928). Beide Autoren fanden zweifellos ihr Publikum, gleichwohl entwickelte sich in der W.R. gerade bei Angehörigen der jüngeren Autorengeneration eine Abneigung gegen die hier anzutreffenden Vorstellungen von Dichtung. Ebenso wurden nun die pathetischen Töne der ›O-Mensch-Lyrik‹ (↗ S. 271 f.) des Expressionismus als eher peinlich empfunden. Stattdessen favorisierten die Jüngeren einen sachlichen Ton (neue Sachlichkeit, ↗ S. 283 ff.) und die Rückkehr der Lyrik von der reinen Buchkultur hin zum **Lied** (Song) und **Kabarett**. 1929 stellte ERICH KÄSTNER in der ›Prosaischen Zwischenbemerkung‹ des populären Lyrikbandes *Herz auf Taille* (1928) im Sinne einer **Gebrauchslyrik** kritisch fest: »*Verse, die von den Zeitgenossen nicht in irgendeiner Weise zu brauchen sind, sind Reimspielereien, nichts weiter. […] Die Lyriker haben wieder einen Zweck. Ihre Beschäftigung ist wieder ein Beruf: Sie sind wahrscheinlich nicht so notwendig, wie die Bäcker und die Zahnärzte; aber nur, weil Magenknurren und Zahnreißen* *deutlicher Abhilfe fordern als nichtkörperliche Verstimmungen.«* Derart nüchterne Sichtweisen stießen vor allem nach 1930 auf Widerspruch. Angeregt durch den Lyriker und Lektor Oskar Loerke sammelten sich wiederum junge Autoren gegen die als seelenlos empfundene ›Modelyrik‹ im Umfeld der Zeitschrift *Die Kolonne* (1929–32). Man interessierte sich für die Romantik (↗ S. 221ff.) und entwickelte Vorstellungen von einer in Dichtung zu übertragenden Sprache der Natur. Zu diesem Kreis zählten einige spätere Vertreter der inneren Emigration (↗ S. 297, 303). Neben Peter Huchel, Horst Lange, Elisabeth Langgässer ist hier auch Günter Eich zu nennen, ein Autor, der nach 1945 zu einem der führenden Lyriker in der Frühphase der ›Gruppe 47‹ (↗ S. 314f.) wurde.

13.10 Neue Medienformen in der Weimarer Republik

Rundfunk

Im Hintergrund des Trends zu einer neuen Sachlichkeit (↗ S. 283ff.), zu Technikbegeisterung und Amerikanisierung stehen die Erfahrungen der Menschen mit den **neuen Medien** Hörfunk, Kino und auch der illustrierten Massenpresse. Zunächst war der Rundfunk militärischen Zwecken vorbehalten, Empfangsgeräte waren genehmigungspflichtig. Später führte der Radio-Boom in den USA der frühen 20er-Jahre dazu, dass sich auch die deutsche Elektroindustrie von Einschränkungen frei machen wollte. Erstmals wurde 1923 der so genannte **Unterhaltungsrundfunk** ausgestrahlt. Allein 1924 steigerte sich die Zahl der Rundfunkteilnehmer von 1500 auf 500 000 und 1928 waren es 2,3 Millionen. Die NS-Rundfunkpolitik sorgte dafür, dass 1943 mit 16 Millionen Hörern ein europäischer Spitzenwert erzielt wurde. In seinem Programm folgte der Rundfunk bis 1933 der Nachfrage nach Unterhaltung. Doch auch kulturpolitische Verpflichtungen wurden wahrgenommen. So beteiligten sich Schriftsteller an Radio-Lesungen und wirkten als **Hörspiel-Autoren**, z.B. Alfred Döblin, Bertolt Brecht und der kommunistische Theaterautor Friedrich Wolf. Forderungen nach eigenen Sendeanstalten erhob die **Arbeiter-Radio-Bewegung** mit ihren Radio-Clubs und speziellen Zeitschriften. Von diesem breiten Interesse am Medium ging Brecht aus, als er die Idee von einem Rundfunk entwickelte, der durch den Hörer selbst gestaltet werden sollte.

Film

Bereits 1917 wurde mit der Gründung der **UFA** (Universum Film AG) die deutsche Filmindustrie ins Leben gerufen. Im Laufe der Weimarer Republik erlangte die UFA fast eine Monopolstellung in der Produktion, im Vertrieb und in der Präsentation von Filmen. Die Konzentration auf diesem immer bedeutender werdenden Markt wurde durch die Einführung des Tonfilms 1929/30 begünstigt. Die neue Technik verteuerte die Filmproduktion sehr. Nur die kapitalkräftigsten und von der Schwerindustrie wie von den Banken unterstützten Firmen überlebten. Unter künstlerischen Gesichtspunkten gilt die Zeit bis 1924 als Blüte deutscher Filmproduktion.
Verschiedene deutsche **Stummfilme** entstanden unter dem Einfluss des Expressionismus (↗ S. 264ff.), z.B.: *Das Kabinett des Dr. Caligari* (1920) von Carl Mayer u.a., *Dr. Mabuse, der Spieler* (1922) von Fritz Lang, *Nosferatu – eine Symphonie des Grauens* (1922) von Friedrich Wilhelm Murnau. Ein Klassiker der deutschen Filmgeschichte ist zudem Walter Ruttmanns *Berlin, die Symphonie einer Großstadt*

(1927). Besonders mit dem **Tonfilm** entstand das Genre der **Literaturverfilmung.** Erfolgreich, aber auch umstritten waren unter dem Titel *Der blaue Engel* (1930) die Verfilmung von HEINRICH MANNS Roman *Professor Unrat* (↗ S. 275) durch JOSEPH VON STERNBERG sowie der auf DÖBLINS Roman (↗ S. 267f.) basierende Film *Berlin Alexanderplatz* (1931). Dessen Regisseur PIEL JUTZI hatte bereits 1929 mit *Mutter Krausens Fahrt ins Glück* einen der wenigen Arbeiterfilme gedreht. Zu diesem Genre zählt auch *Kuhle Wampe oder: Wem gehört die Welt* (1932), für den BRECHT das Drehbuch und HANNS EISLER die Musik schrieb (Regie: SLATAN DUDOW). Dass sich Schriftsteller auf eine Kooperation mit dem Tonfilm einließen, war keineswegs die Regel, obgleich die UFA die Dichter ausdrücklich zur Mitarbeit einlud. In Umfragen begründeten Autoren ihre reservierte Haltung vor allem mit dem kommerziellen Charakter der Spielfilme und der Wahrscheinlichkeit, als Autor zurückstecken zu müssen.

Presse

Intensiver gestaltete sich die Beziehung zwischen den **journalistischen Massenmedien** und den Schriftstellern. Hintergrund ist hierfür einerseits die Wechselwirkung von Reportage und Tatsachenroman, andererseits aber auch die Nachfrage nach einer stark angewachsenen Tages- und Wochenpresse. Innovativ war hier die **Illustrierte.** Die Produktion einer mit Fotos illustrierten Zeitschrift in hoher Auflage wurde durch die Einführung neuer und kostensenkender Drucktechniken sowie durch die Entwicklung der Kleinbildkamera möglich. Marktführend wurde die seit 1891 bei Ullstein erscheinende *Berliner Illustrirte Zeitung*, die bereits 1914 in der Auflage von einer Million vertrieben wurde. 1931 betrug die Auflage fast zwei Millionen. Immerhin auf ein Viertel dieser Auflage kam die vom linken Medienunternehmer WILLI MÜNZENBERG gegründete *Arbeiter-Illustrierte Zeitung* (AIZ), für die JOHN HEARTFIELD seine berühmt gewordenen Fotomontagen produzierte.

13.11 Autoren im Kontext der Weimarer Republik: Bertolt Brecht, Hermann Hesse

Bertolt Brecht (1898–1956)

Bertolt Brecht wurde als Sohn eines Augsburger Papierfabrikanten geboren und publizierte bereits als Schüler Prosastücke und Gedichte in der Lokalpresse. Bevor er noch 1918 als Sanitätssoldat im Heimatdienst eingezogen wurde, studierte B. Naturwissenschaft, Medizin und Literatur in München. Dieses Studium setzte er von 1919 bis 1923 fort. Zuvor hatte er sich im Augsburger Soldatenrat engagiert und nebenher Theaterkritiken verfasst. Bereits 1922 erhielt B. auf Initiative des berühmten Kritikers HERBERT IHERING für sein im selben Jahr in München uraufgeführtes und 1919 fertiggestelltes Stück *Trommeln in der Nacht* den anerkannten **Kleistpreis.** Nach 1923 arbeitete B. als Dramaturg, zunächst in München und von 1924 bis 1926 in Berlin am Deutschen Theater unter MAX REINHARDT. In Berlin baute B. seine Kenntnisse in **marxistischen Theorien** aus und gewann die Freundschaft oder Unterstützung wichtiger Personen der Kulturszene wie ARNOLT BRONNEN, ALFRED DÖBLIN, ERWIN PISCATOR oder GEORGE GROSZ. Das in vielen Erinnerungstexten beschworene Charisma B.s führte rasch dazu, dass sich um ihn ein Kreis scharte, der für das junge Multitalent wie eine Ideenfabrik funktionierte. Legendär sind nicht nur die Frauenbeziehungen des Autors, der bereits 1924 drei Kinder von drei verschiedenen Frauen hatte. Bekannt war auch seine Freundschaft mit dem Boxmeister PAUL SAMSON-KÖRNER, zumal B. in bewusstem Widerspruch zum althergebrachten Dichter-Habitus öffentlich forderte, was der jungen Generation der so genannten ›Roaring Twenties‹ gefiel: Die Literatur und das Theater hätten vom Sport zu lernen.

Die 1927 als *Hauspostille* publizierten lyrischen Texte zeigen, wie sehr sich B.s Sprachkunst von den expressionistischen und ästhetizistischen Vorgaben (↗ Expressionismus, S. 264ff.; ↗ Ästhetizismus, S. 256) bestehender Autorenzirkel absetzt. Nicht nur in seinem Titel knüpft der Lyrikband ironisch an MARTIN LUTHERS Predigtsammlung *Kirchen- und Hauspostille* (1527) an. Parallelen finden sich auch zum Teil in kompositorischer Hinsicht (z.B. Übernahme liturgischer Muster). Vor allem aber sollte die Literatur und also auch Lyrik nach Auffassung des Autors ähnlich wie Luthers ›Postille‹ (Erbauungsbuch, Predigtsammlung) für ihren ›Benutzer‹ einen **Gebrauchswert** haben.

Die Nähe der Balladen (↗ S. 180) und Songs zu **populären musikalischen Genres** wie der Bar- und Tanzmusik, zur Schnulze und zur Folklore bescherten der Gedichtsammlung einen anhaltenden Erfolg beim Publikum. Hierbei ist allerdings zu beachten, dass der Nähe im Tonfall keine Nähe im Inhalt oder in der ›Botschaft‹ der Texte entspricht.

Die bis heute viel und kontrovers interpretierten Beiträge der *Hauspostille* sind schwer in den Zusammenhang einer Weltanschauung zu rücken. Wo dies versucht wird, ist zumeist von einem grundlegenden Nihilismus die Rede. Dies kann allerdings in die Irre führen, wenn man hierunter die Vorstellung einer sinn- und gottlosen Welt und die Abwesenheit jeglicher Werte versteht. B.s Lyrik der *Hauspostille* beruht zwar auf der Annahme, dass kein Jenseits Rettung und Geborgenheit bietet. Diese Vorstellung wird allerdings nicht wie im Nihilismus der Jahrhundertwende (↗ S. 255ff.) heroisch bejaht, sondern eher nüchtern als Voraussetzung eines auf sich gestellten Lebens mitbedacht. Wenn es kein Jenseits – kein Morgen – gibt, so entfällt auch der Grund für die Angst, nach dem Tod für ein zu wildes Leben zur Rechenschaft gezogen zu werden. Dies verdeutlicht das Gedicht im Schlusskapitel der Postille *Gegen Verführung:*

1
Laßt euch nicht verführen!
Es gibt keine Wiederkehr.
Der Tag steht in den Türen;
Ihr könnt schon Nachtwind spüren:
Es kommt kein Morgen mehr.

2
Laßt euch nicht betrügen!
Das Leben wenig ist.
Schlürft es in schnellen Zügen!
Es wird euch nicht genügen
Wenn ihr es lassen müßt!
[…]

4
Laßt euch nicht verführren
Zu Fron und Ausgezehr!
Was kann euch Angst noch rühren?
Ihr sterbt mit allen Tieren
Und es kommt nichts nachher. Ⓡ □

Mit seinem 1928 im Theater am Schiffbauerdamm uraufgeführten Stück *Die Dreigroschenoper* gelang B. ein Publikumserfolg, der den Namen ›Brecht‹ auch international bekannt machte. B. griff für seine Oper auf eine englische Vorlage aus dem frühen 18. Jh. zurück: *The Beggar's Opera* von JOHN GAY, deren versteckte Gesellschaftskritik B. mit Blick auf den modernen Kapitalismus noch verschärfte. Dramaturgisch setzte B. auf sein neues Konzept eines **epischen Theaters** (↗ S. 164f.): Der Spielcharakter sollte erkennbar bleiben, die Songs sollten Raum zum Nachdenken bieten und Aspekte einführen, die nicht im engen Rahmen der Handlung angesprochen werden konnten. Obwohl diese Strategie wenig Erfolg beim zeitgenössischen Publikum hatte, wurde die *Dreigroschenoper* zu einem populären Werk. Obgleich im Vorfeld der Uraufführung über die Ungenießbarkeit der Musik KURT WEILLS gelästert worden war, zeigte sich rasch, dass die Anleihen, die Brechts musikalischer Partner in der populären Musik machte, fruchteten: Die **Songs** der *Dreigroschenoper* wurden rasch Schlager. *Mackie Messer,* hinter dessen Ganoventum das Stück die verlogene bürgerliche Moral zum Vorschein bringen will, wurde eine populäre Figur. B. versuchte früh, sich gegen die Vereinnahmung seines Stücks durch die Unterhaltungswelt der **Goldenen Zwanzigerjahre** zu stemmen.

Auf die Zusammenarbeit mit Weill geht auch die Oper *Aufstieg und Fall der Stadt Mahagonny* (1930) zurück. Wie die *Dreigroschenoper* mischt sie Songs und dramatische Szenen und widerspricht damit deutlich den Erwartungen an eine konventionelle Oper:

- Die »*Netzestadt*« Mahagonny verkörpert in amerikanischem Kolorit die kleinbürgerliche Utopie von einer Stadt der totalen Freizeit. Bis zur Katastrophe ist hier alles erlaubt, was Männerfantasien antreibt – vorausgesetzt, man bleibt zahlungskräftig. □

Die Uraufführung vor einem Leipziger Opernpublikum zeigte, welche Provokation von B.s epischer Dramatik ausging. Die Aufführung zählte zu den größten Theaterskandalen der Weimarer Republik. Gleichwohl waren die Schallplatten mit den Songs der Oper wiederum ein großer Verkaufserfolg.

Nüchterner gerieten die **Lehrstücke** B.s, die häufig in Kooperation mit dem Komponisten HANNS EISLER entstanden. Zu diesen werden vor allem gezählt: das Radiolehrstück *Ozeanflug* (1929), *Der Jasager und der Neinsager* (1930), *Die Maßnahme* (1930), *Die Ausnahme und die Regel* (1930) und gelegentlich auch *Die heilige Johanna der Schlachthöfe* (1929–31). Die Lehrstücke gehen nicht nur auf B.s zunehmende Beschäftigung mit marxistischer Literatur zurück. Sie erforschen auch Wege für ein neues Theater, das als Alternative zum Film Bestand haben sollte. Zentral ist dabei der Gedanke, die Trennung zwischen der Zuschauerrolle und der Rolle des Schauspielers aufzuheben. Während B. im **Schaustück** vorwiegend an die Wirkung auf ein Publikum denkt, soll das **Lehrstück** auch ohne Publikum auskommen können und auf den (Laien-)Darsteller wirken, der sich spielend und handelnd erprobt. Das Lehrstücktheater verzichtet auf individuell ausgestaltete Charaktere. Ihm geht es vielmehr um allgemeine Verhaltensweisen, um die Reflexion grundlegender Entscheidungssituationen. Für den Autor handelte es sich bei den Lehrstücken um Probestücke, die nach Diskussionen oder Befragungen wieder verändert wurden.

Dass die meisten Lehrstücke zunächst als Laientheaterprojekte realisiert wurden, liegt einerseits am Konzept. Andererseits hatte sich ab 1930 die politische Situation so weit verschärft, dass B.s Stücke zunehmend abgewiesen wurden. Aufführungen der *Maßnahme* wurden noch vor der Machtübernahme durch die Nazis verboten. Von politischen Verboten betroffen war auch *Die heilige Johanna der Schlachthöfe,* eines der heute meistrezipierten Stücke B.s, das erst nach dem Tod des Autors eine Aufführung erlebte.

In die Emigration ging B. unmittelbar nach dem Reichstagsbrand am 27.02.1933. Bis 1939 hielt er sich überwiegend in Dänemark auf, wo zahlreiche literarische und publizistische Arbeiten entstanden. Über Schweden (1939) und Finnland (1940/41) flüchtete B. in die USA, die er 1947 nach Verhören vor dem Ausschuss zur Untersuchung unamerikanischer Betätigung (McCarthy) in Richtung Schweiz verließ. 1948 wurde ihm die Einreise nach Westdeutschland nicht genehmigt. B. ließ sich schließlich im Ostsektor Berlins nieder. Hier gründete er mit seiner Frau, der Schauspielerin Helene Weigel, 1949 das Berliner Ensemble, dessen feste Bühne ab 1954 das Theater am Schiffbauerdamm wurde. Obgleich B. bis zu seinem Tod in der DDR wohnhaft blieb, erwarben er und Helene Weigel 1950 die österreichische Staatsbürgerschaft. In der BRD wurden B. und seine Anhänger – vor allem nach dem 17. Juni 1953 sowie nach dem Mauerbau von 1961 – scharf attackiert. Dies verhinderte nicht, dass B. seit den 60er-Jahren auch im Westen als richtungsweisender Dramatiker und Lyriker des 20. Jh. wahrgenommen wurde. Nach anfänglichem Boykott erschienen seine Stücke auf den Bühnen und schließlich auch in den Lehrplänen der Schulen. Die DDR, zu deren Führung B. ein zwiespältiges Verhältnis hatte, erklärte ihn nach seinem Tod zum **Nationaldichter** und widmete der Pflege seines Werkes eine – allerdings politisch auswählende – Aufmerksamkeit.

Von den wirkungsmächtigsten Texten B.s sind wesentliche im Exil entstanden und in Deutschland z.T. erst nach 1945 aufgeführt worden. Dazu gehören die Szenenfolge *Furcht und Elend des Dritten Reiches* (1938) und die Theaterstücke *Leben des Galilei* (1938/39), *Mutter Courage und ihre Kinder* (1939), *Der gute Mensch von Sezuan* (1942), *Herr Puntila und sein Knecht Matti* (1940), *Der aufhaltsame Aufstieg des Arturo Ui* (1941) und *Der kaukasische Kreidekreis* (1944). Die kollektive Arbeit an der Inszenierung von *Mutter Courage und ihre Kinder* bildete von 1949 bis 1955 das zentrale Modell für die Theaterarbeit Brechts.

Die lyrische Produktion B.s während des Exils ist beachtlich. Hierbei handelt es sich zum großen Teil um **politische Lyrik**, so die Sammlung der *Svendborger Gedichte* (1937/38). Sie enthält das berühmte Gedicht *Fragen eines lesenden Arbeiters.* In der DDR entstanden u.a. die *Buckower Elegien* (1953/54), welche die Ereignisse um den 17. Juni 1953 reflektieren.

Das auflagenstärkste Buch B.s sind die *Kalendergeschichten* (1948/49). Der Sammeltitel für die zumeist früher entstandenen Prosatexte und Gedichte – hierunter die *Geschichten vom Herrn Keuner* (1926–1948) und *Die unwürdige Greisin* (1939) – knüpft an volkstümliche Erzähltraditionen an, wobei in der Forschung besonders die Parallele zu Johann Peter Hebels *Schatzkästlein des Rheinischen Hausfreundes* (1811) (↗ S. 160) betont wird.

Hermann Hesse (1877–1962)

Wie viele der heute kanonischen Autoren (↗ Kanon, S. 136 f.) nimmt auch die Literatur von H. eher einen Sonderstatus ein. H. stammte aus einer protestantischen Familie, wuchs in Calw auf und flüchtete im Alter von 14 Jahren aus der Klosterschule, die ihn auf ein Theologiestudium vorbereiten sollte. Mit seinem erfolgreichen Prosawerk *Peter Camenzind* (1904) etablierte er sich als Autor und beachteter Kommentator der Literaturszene. Kindheitserfahrungen und die Kritik am Erziehungswesen fanden ihren Niederschlag in dem Roman *Unterm Rad* (1906). Künstler- und Eheromane folgten. Sein publizistisches Engagement nutzte H. zum öffentlichen Eintreten gegen den Krieg und für Völkerfreundschaft. Dies führte zu heftigsten Anfeindungen. Familiäre Probleme – u.a. die Trennung von seiner gemütskranken ersten Frau – und die bitteren Attacken gegen seine Person stürzten ihn in eine Krise, aus der er sich mit therapeutischer Hilfe löste. Die Kenntnis von psychoanalytischen Modellen (Carl Gustav Jung) machte sich in späteren Prosaarbeiten bemerkbar. Unter einem Pseudonym erschien 1919, an die Kriegsheimkehrer gerichtet, *Demian: die Geschichte einer Jugend.*

H.s Auseinandersetzung mit ostasiatischer Philosophie findet vor allem in dem Band *Siddharta* (1922), der Buddha-Legenden verarbeitet, ihren Ausdruck. Mit dem Roman *Der Steppenwolf* (1927) kehrte H. in die Welt der europäischen Metropolen, in die eigene Zeit und in ihre Versuchungen zurück. *Narziß und Goldmund* (1930), ein Künstlerroman mit aktuellen Bezügen, spielt dann wieder im Mittelalter. *Das Glasperlenspiel* gilt als H.s 1943 in der Schweiz erschienenes Alterswerk, ein Roman über einen imaginären Gelehrtenstaat und ein weltliches Kloster – und in vielfacher Hinsicht eine zunächst als selbstgenügsam, später dann als engagiert entworfene Gegenwelt zu einer von Faschismus und Krieg geprägten Realität.

1946 erhielt H. den **Nobelpreis für Literatur**. Neben seinen **Romanen**, seinen außerordentlich zahlreichen **Literaturkritiken** und **Stellungnahmen** enthält H.s Lebenswerk auch (eine ziemlich konventionelle) **Lyrik** und eine umfangreiche Sammlung von **Kurzprosa**. Während die Literatur nach 1945 zunächst kaum an H. anknüpfte, erlebten seine Texte in der Rezeption durch die Hippiebewegung der 60er-Jahre ein überraschendes Comeback. Über den Umweg der USA wurde H.s Prosa – als Aussteigerliteratur verstanden – auch zu einer bevorzugten Lektüre westdeutscher Jugendlicher.

14 Literatur von 1933 bis 1945

POLITIK | WIRTSCHAFT | WISSENSCHAFT

- 1933 Reichstagsbrand
- 1933 Bücherverbrennung
- 1939 Überfall auf Polen: Beginn des 2. Weltkrieges
- 1942 Wannsee-Konferenz
- 1945 Kapitulation der deutschen Wehrmacht

KULTUR | BILDENDE KUNST | MUSIK

- 1935 Internationaler Schriftstellerkongress ›Zur Verteidigung der Kultur‹ in Paris
- 1937 Ausstellung ›Entartete Kunst‹ in München

LITERATUR

- 1935 ALFRED DÖBLIN: Pardon wird nicht gegeben (Roman)
- 1935/38 HEINRICH MANN: Henri Quatre (Roman)
- 1936 KLAUS MANN: Mephisto (Roman)
- 1937/38 BERTOLT BRECHT: Svendborger Gedichte
- 1938 JOSEPH ROTH: Die Kapuzinergruft (Roman)
- 1938/39 BERTOLT BRECHT: Das Leben des Galilei (Drama)
- 1939 BERTOLT BRECHT: Mutter Courage (Drama)
- 1939 THOMAS MANN: Lotte in Weimar (Roman)
- 1940 LION FEUCHTWANGER: Exil (Roman)
- 1942 ANNA SEGHERS: Das siebte Kreuz (Roman)

14.1 Der Begriff ›Literatur von 1933 bis 1945‹

Zeitliche Einordnung

Mit der Literatur von 1933 bis 1945 wird eine Etappe schriftstellerischer Produktion beschrieben, die in die Zeit der Machtübernahme und Machtausübung durch die Nazis fällt – eine Epoche, deren Verfolgungspolitik viele Schriftsteller in die äußere und innere **Emigration** (↗ S. 299 ff., S. 303) trieb.

Merkmale der Literatur von 1933 bis 1945

Die Literatur in diesem anhand von politischen Daten definierten Zeitabschnitt war geprägt von **Gleichschaltung** und Verfolgung, von Anpassung und Widerstand. Neben der kriegsverherrlichenden NS-Literatur mit ihrem Hang zur Inszenierung und zum Massenspektakel entstand eine Literatur im **Exil**, die sich in offener oder verdeckter Form, im Zeitroman oder im historischen Roman als Beitrag zum internationalen Widerstand gegen den Faschismus verstand. Über Deutschland hinaus bekannt wurden neben THOMAS MANN Exilautoren wie HEINRICH MANN, LION FEUCHTWANGER, ANNA SEGHERS, BERTOLT BRECHT und FRANZ WERFEL.

14.2 Historischer Kontext

Nach HITLERS Ernennung zum Reichskanzler am 30.01.1933 zeichnete sich rasch eine Machtübernahme in der Kulturpolitik ab. Bereits zuvor war ein so genannter ›**Kampfbund für deutsche Kultur**‹ unter Führung des Nationalsozialisten ALFRED ROSENBERG gegründet worden, der gegen den ›Kulturbolschewismus‹ moderner Künstler agitierte.
HEINRICH MANN, der mit der Künstlerin KÄTHE KOLLWITZ einen Aufruf für eine Einheitsfront der Linken unterschrieben hatte, wurde im Februar 1933 zum Rücktritt aus dem Vorsitz der ›Sektion Dichtkunst der Preußischen Akademie der Künste‹ (↗ S. 282 f.) gezwungen und emigrierte als einer der ersten deutschen Autoren. Nach ihm übernahm GOTTFRIED BENN die kommissarische Leitung und legte den Mitgliedern der Sektion einen Text zur Unterschrift vor, in der den neuen Machthabern Loyalität und Unterstützung erklärt wurde. ALFRED DÖBLIN, THOMAS MANN, RICARDA HUCH und andere traten daraufhin aus der Sektion aus, andere liberale Autoren wurden ausgeschlossen, sodass die Sektion im Mai 1933 fast ausschließlich aus NS-Autoren und einigen Vertretern der konservativ-völkischen Heimatliteratur bestand.
Der ›Schutzverband deutscher Schriftsteller‹ (SDS, ↗ S. 282 f.) wurde nach starkem Druck auf den Vorstand und auf regimekritische Autoren im Juni 1933 in den ›**Reichsverband deutscher Schriftsteller**‹ (RDS) überführt und gleichgeschaltet. 1935 wurde der RDS in die berüchtigte und vom **Propagandaministerium** kontrollierte **Reichsschrifttumskammer** (RSK) eingegliedert. Für Autoren, aber auch für Verleger und Buchhändler, bestand eine Zwangsmitgliedschaft. Voraussetzung dieser Mitgliedschaft war ab 1935 neben dem Bekenntnis zum NS-Staat das so genannte Ariergutachten. Aus der RSK konnte man nicht nur ausgeschlossen werden, es konnten auch Publikationsverbote erteilt werden. Betroffen hiervon war unter den 5000 schreibenden Mitgliedern auch Gottfried Benn, der zunächst für die Nazis geworben und die Exilautoren öffentlich diskriminiert hatte.
Nach dem Reichstagsbrand (27.02.1933) traf der Terror der SA auch die Linke unter den Autoren. CARL VON OSSIETZKY, KURT HILLER, WILLI BREDEL u.a. wurden in Konzentrationslagern misshandelt, anderen Verfolgten wie Döblin oder BRECHT glückte die Flucht ins Ausland. Am 10. Mai 1933 führten nationalsozialistische Studierende in fast allen deutschen Universitätsstädten öffentliche **Bücherverbrennungen** durch. ›Den Flammen übergeben‹ wurden hier u.a. Bücher von Heinrich Mann und ERICH KÄSTNER. Führende Hochschulprofessoren hielten bei diesen Spektakeln zustimmende Reden. Parallel zu diesen demonstrativen Aktionen wurden jeweils vom Propagandaministerium und vom ›Kampfbund‹ Rosenbergs Listen mit vermeintlich volksfeindlichen Autoren vorgelegt, um Bibliotheken und den Buchmarkt zu *»säubern«*. Koordinationsprobleme bewirkten, dass eine Zeit lang auch noch Titel jüdischer Autoren verkauft werden konnten. Auch der sich im Ausland aufhaltende Thomas Mann war bis 1934 mit Neuerscheinungen auf dem Literaturmarkt präsent. Spätestens ab 1935 wurde die Zensur- und Verfolgungspolitik perfektioniert. Rosenberg stand nun mit der ›**Reichsstelle**

zur Förderung des deutschen Schrifttums‹ einer Kontrollbehörde vor, die im Jahr 1940 1400 Zensoren beschäftigte.

14.3 Literarisches Programm

In ihrer Programmatik – wie auch personell – schloss die **NS-Literatur** an die antimoderne, rechtsorientierte Literatur aus der Weimarer Republik an. Im Sinne der **Gleichschaltung** wurde der Gedanke an eine Unabhängigkeit der Dichtung aufgegeben, der Dichter vielmehr in den Dienst der ›völkischen‹ Sache genommen. Im November 1936 ordnete GOEBBELS ein **Verbot jeglicher Literaturkritik** in den Zeitungen an, nachdem zuvor Kritik als ›jüdisch‹ in Verruf gebracht wurde. Damit gingen auch die letzten Chancen eines von der NS-Politik unabhängigen literarischen Lebens in Deutschland verloren.

Von einem gemeinsamen literarischen Programm der Autoren der **inneren Emigration** (↗ S. 303) konnte unter diesen Vorzeichen nicht die Rede sein. Was hier blieb, war die Flucht ins Private – in Gespräche, Briefe und Tagebücher.

In Diskussionen zwischen den **Exilautoren** (↗ S. 299 ff.) ging es, den Umständen gemäß, eher um Politik als um Fragen der literarischen Programmatik. In den Bemühungen, vom Exil aus auf die Situation in Deutschland einzuwirken, spielte die Frage nach einer einheitlichen Position aller Autoren eine bedeutende Rolle. Zu einer dauerhaften Kooperation zwischen so genannten bürgerlichen Autoren wie THOMAS MANN und solchen Autoren, die der KPD angehörten oder nahestanden, kam es jedoch nicht. Selbst in den letzten Jahren des Exils scheiterten in den USA Bemühungen um eine gemeinsame Haltung gegenüber der Zukunft eines befreiten Deutschlands. Literarische Debatten wurden unter diesen Bedingungen vor allem in kleineren Zirkeln geführt (↗ Expressionismusdebatte, S. 300) oder im Kontext der literarischen Öffentlichkeit der Exilstaaten, wie Frankreich, Sowjetunion oder USA. Dies führte auch dazu, dass der vereinheitlichende Begriff der ›Exilliteratur‹ nicht von jedem Autor geschätzt wurde. Zwar befand man sich in einer gemeinsamen Lage, musste jedoch deswegen nicht zu einer gemeinsamen Literatur gelangen, so wie man das aus guten Gründen auch vor 1933 nicht getan hatte.

14.4 NS-Literatur

Epik der NS-Literatur

Historische Romane und Bauernromane

Markige Helden bestimmten die zahlreichen **historischen Romane** im Nationalsozialismus. Mit ihnen sollten Vorbilder und Identifikationsfiguren im Sinne der NS-Ideologie geschaffen werden. Zu den historischen Romanen zählen auch die vielen **Kriegsromane**. Aufgegeben wurde hier allerdings im Laufe der Zeit die Hervorhebung der Frontgemeinschaft im Unterschied zur »*verräterischen Etappe*« (das waren jene ›Feiglinge‹, die nicht an die Front mussten) und der Heimatfront. Im Sinne der Ideologie der Volksgemeinschaft und in Vorbereitung auf den Krieg bedurfte es nun aller ›Volkskräfte‹. Da bei den **Zeitromanen** der Nazis vor 1933 der SA-Roman dominierte, führte die Entmachtung der SA nach dem so genannten Röhm-Putsch zu einem gewissen Vakuum. Der Unsicherheit, wie die Gegenwart literarisch und politisch genehm zu bearbeiten sei, wich man vielfach aus, indem man sich mit **Bauernromanen** auf ein Genre stützte, in dem die Zeit gewissermaßen stehen blieb. Berücksichtigt man die Auflagenzahlen der im NS verbreiteten Titel, so fällt allerdings auf, dass im Verkauf die vor 1918 entstandene Erzählprosa dominierte.

Dramatik der NS-Literatur

Dem Theater wurde unter dem propagandistischen Aspekt der ›Volkserziehung‹ große Bedeutung beigemessen und es wurde eine entsprechend ausgerichtete Förderung betrieben. Dies betraf den gleichgeschalteten ›**Reichsverband Deutsche Bühne**‹, die Organisierung von Theaterwochen und die Unterstützung einzelner Dramatiker.
Über eine **Reichstheaterkammer** und durch ein **Theatergesetz** (1934) kontrollierte der NS-Staat die Theaterlandschaft nahezu total.
Stofflich knüpfte das NS-Theater vornehmlich an die völkische **Kriegsliteratur** aus den letzten Jahren der Weimarer Republik an. Effektvoll und aktionsreich geschah dies durch den früheren Expressionisten HANNS JOHST in *Schlageter* (1933):

- Ein Ex-Offizier unternimmt 1923 während der Zeit der Ruhrbesetzung durch französische und belgische Truppen als Freicorpssoldat Terroranschläge gegen die Franzosen und wird zum Tode verurteilt. Er selbst gibt den Feuerbefehl zu seiner Exekution und verbindet ihn mit dem Aufruf »*Deutschland erwache*«. □

Auch sonst lieferte Johst jene derb-zynischen Sprüche, die das faschistische Bild des Männlichen prägten: »*Wenn ich Kultur höre [...], entsichere ich meine Browning.*«
In seiner Aktionsdramatik kopierte Johst die Strategien der linken Dramatiker, wie sie etwa in Stücken FRIEDRICH WOLFS entwickelt wurden.
Gefördert wurden zudem die **Massenspektakel** des Thingspiels, mit dem vermeintlich altgermanische Traditionen (Thing: Volksversammlung), aber auch antike Vorbilder wiederbelebt werden sollten. Zumeist im Freien und an ›heiligen deutschen Stätten‹ mit gewaltigem Aufwand inszeniert, lief das **Thingspiel** als rituelles Massenereignis mit bis zu 20000 agierenden Teilnehmern ab. Die dramatischen Mittel des Thingspiels kennzeichnen auch das **NS-Hörspiel**, auf dessen agitatorische Wirkung das Propagandaministerium vornehmlich in den ersten Jahren setzte.
Nach 1937 nimmt die Förderung des Massentheaters ab. Stattdessen wurde wieder verstärkt auf die Form der **Tragödie** und einen ›hohen Stil‹ zurückgegriffen. Diese Wende stand mit der Vorbereitung auf den Krieg in Verbindung. Es ging um die Propagierung eines Helden, der den Mut zum ›Verhängnis‹ und zu seiner Selbstzerstörung aufbringt.

Lyrik der NS-Literatur

Aus naheliegenden Gründen war im NS das **Gemeinschaftslied** – insbesondere das Marschlied – die wichtigste lyrische Form. Gegen die Expressionisten und ihre Nachfolger griff man im Gedicht auf klassische Formen wie Ode (↗ S. 180) oder Sonett (↗ S. 180) zurück. Besonders ausgezeichnet wurde in dieser Hinsicht die Lyrik von JOSEF WEINHEBER, der die Orientierung an strengen Formen zum Inbegriff der Rechten erklärte, während die Weigerung, der ewig gültigen Form gehorsam zu folgen, kennzeichnend für das Chaotische der Linken sein sollte.

14.5 Literatur des Exils und der ›äußeren Emigration‹

Stationen des Exils

Die Zahl der Schriftsteller, die ins Exil (lat. Verbannung) gehen mussten bzw. zuvor aus Nazi-Deutschland emigrierten (lat. auswandern), betrug mehr als 2000 namentlich bekannte Personen. Aufnahme suchten die Flüchtenden zunächst im benachbarten Ausland, vor allem in Frankreich und in der Tschechoslowakei. Viele der Autoren setzten darauf, dass das Hitler-Regime bald zusammenbrechen und eine Heimkehr nach Deutschland möglich sein würde. Mit dem so genannten Anschluss Österreichs (1938), der Einverleibung der Tschechoslowakei (1939) und der Besetzung Frankreichs (1940) wurden diese Hoffnungen jedoch zerschlagen. Die ohnehin schwierigen Lebensbedingungen verschlechterten sich weiter. So fielen zum Beispiel in Frankreich zahlreiche Autoren einer Masseninternierung von Deutschen zum Opfer – eine Maßnahme, mit der Frankreich auf die deutsche Aggression reagierte. Über abenteuerliche Wege begann für viele eine zweite Phase der Flucht, die nun aus Europa nach Übersee führte. Die Sowjetunion bot vornehmlich marxistisch orientierten Schriftstellern Asyl und Publikationsmöglichkeiten. Dabei wurden die deutschen Autoren in die innersowjetischen Auseinandersetzungen einbezogen und Opfer der stalinschen Unterdrückungspolitik (»*Säuberungen*«, Schauprozesse, Überwachung). In den USA versuchten sich einige der prominentesten Schriftsteller wie BERTOLT BRECHT mit geringem Erfolg als Drehbuchautoren. Viele andere mussten froh sein, durch Aushilfsjobs ein karges Auskommen zu haben. Die Verzweiflung über die Lage in Deutschland und die Bedingungen im Exil kosteten nicht wenige Leben: KURT TUCHOLSKY nahm sich 1935 in Schweden das Leben, 1939 erhängte sich ERNST TOLLER in einem New Yorker Hotel. Auf der Flucht vor den deutschen Besatzern und ihren Helfern töteten sich 1940 in Frankreich Autoren wie der Philosoph und Publizist WALTER BENJAMIN. In Brasilien wählte STEFAN ZWEIG 1942 den Freitod.

Literarisches Leben im Exil

Unter den vielen Exil-Autoren fanden sich die unterschiedlichsten politischen Strömungen – christliche, konservative, royalistisch gesinnte, liberale und linke. Allen war eine Schwierigkeit gemeinsam: Durch das Exil und durch die Gleichschaltung des öffentlichen Lebens in Deutschland hatten sie auf einen Schlag alle Institutionen des literarischen Marktes und vor allem ein großes Publikum verloren.
Frühzeitig bauten sie neue Strukturen im Ausland auf, die den Wegfall der deutschen Leserschaft aber natürlich nicht ausgleichen konnten. In Zürich waren etliche Dramaturgen und Schauspieler am privat geführten Schauspielhaus untergekommen, sodass sich v.a. hier so etwas wie eine Bühne des **Exiltheaters** entfalten konnte. In derselben Stadt war mit der ›Pfeffermühle‹ auch ein Kabarett (u.a. ERIKA MANN, THERESE GIEHSE) ansässig, das erfolgreiche Tourneereisen bestritt. In Amsterdam entschieden sich zwei holländische Verlage, deutschsprachige Programme aufzubauen, die von exilierten Lektoren betreut wurden. Hier erschien auch die von KLAUS MANN, dem Sohn THOMAS MANNS, geleitete Zeitschrift *Die Sammlung*. Bereits 1933 wurde das Blatt ein literarisches Forum der Exilliteratur. Eine stärker auf die Linke ausgerichtete Zeitschrift wurde paral-

lel in Prag produziert. Die Prager *Neuen Deutschen Blätter* wurden 1935 zugunsten der in Moskau erscheinenden Zeitschrift *Das Wort* eingestellt. Dieses Organ, in dessen Redaktion zunächst u. a. BERTOLT BRECHT wirkte, sollte ein Sammelbecken für sämtliche Exilliteraten werden. Dieses Vorhaben scheiterte jedoch bereits durch Absagen liberaler Autoren wie z. B. der Brüder Mann. Als die Zeitschrift dann von der Moskauer Säuberungswelle gegen vermeintliche Trotzkisten betroffen wurde, büßte sie ihre Unabhängigkeit gänzlich ein. 1939 wurde sie eingestellt. Zuvor jedoch war sie noch ein bedeutendes Forum der **Expressionismusdebatte**. Im Wesentlichen drehte sich der Streit um die Verantwortung expressionistischer und avantgardistischer Literatur für die Faschisierung Deutschlands.

Bis 1940 war Frankreich der Hauptzufluchtsort der Exilautoren. Vor allem die prominenteren (und wohlhabenderen) Autoren wie LION FEUCHTWANGER oder Thomas Mann bildeten in dem südfranzösischen Städtchen Sanary-sur-Mer eine Kolonie deutscher Exilliteraten. In Paris formierte sich nicht nur der SDS (Schutzverband deutscher Schriftsteller, ↗ S. 282 f.) wieder, sondern hier wurde auch die einzige deutschsprachige Tageszeitung als Medium aller Exilanten herausgegeben sowie eine Bibliothek der Exilliteratur aufgebaut. 1935 organisierte man hier einen **internationalen Schriftstellerkongress**, der auf die Verletzung der Menschenrechte in Deutschland und auf die Unterdrückung der Kultur aufmerksam machte. Neben vielen anderen sprach auch JAN PETERSEN, ein in Deutschland im illegalen Widerstand kämpfender Autor. Petersen, dessen Rede von dem berühmten französischen Autor ANDRÉ GIDE übersetzt wurde, musste sich bei seinem Vortrag durch eine Maske tarnen.

Epik im Exil

Historische Romane und Zeitromane

Im Exil entstanden auffallend viele **historische Romane**. Diese erfüllten verschiedene Funktionen: Mit ihnen vergewisserten sich die Autoren ihres Platzes in der deutschen Geschichte. Die Romane spielten im historischen Kostüm auf Verhältnisse im Faschismus an. Gleichzeitig versuchten sie, das Interesse des internationalen Publikums zu wecken – der historische Roman war schließlich ein beliebtes Genre. Die **Zeitromane**, die die Situation in Deutschland, aber auch die Bedingungen des Exils zum Thema hatten, warben um Verständnis für die bittere Lage der Exilanten. Darüber hinaus sollten sie einen Beitrag zum internationalen Widerstand gegen den Faschismus liefern. Vielen dieser Romane fällt auch heute noch die Aufgabe zu, an das schlimmste Kapitel deutscher Geschichte zu erinnern und Widerstand gegen jede Unterdrückung von Minderheiten anzumahnen.

Manche der Gegenwartsromane des Exils knüpfen an den **Tatsachenstil** der Weimarer Republik an (↗ Tatsachensinn in der Literatur der Sachlichkeit, S. 284 f.). Andere Texte, oft als **Deutschlandromane** bezeichnet, machen in realistischer Darstellung die Schicksale der Opfer deutlich. Eine wichtige Rolle spielten für den Zeitroman des Exils aber auch Erzählungen über Flucht und Emigrantenleben. Nicht selten orientierte man sich dabei am Entwicklungsroman (↗ S. 152): Im Mittelpunkt mehrerer Romane steht ein schöngeistiger, eigentlich unpolitischer Held, der erst im Exil und im Kontakt mit den politischen Aktivisten ein Bewusstsein für die aktuelle Situation entwickelt. In mehreren Romanen wird auch der spanische Bürgerkrieg thematisiert.

Dramatik im Exil

Abgesehen von Zürich (↗ S. 299) taten sich die deutschsprachigen Bühnen im Ausland mit Theaterstücken der Exilautoren schwer. Wegen befürchteter oder tatsächlicher Vergeltungsmaßnahmen der Nazis hielt man sich in den Theatern der Tschechoslowakei und in Österreich allgemein zurück. Eine Ausnahme bildete das Exildrama *Professor Mamlock* von FRIEDRICH WOLF. 1934 wurde das Stück in jiddischer Sprache von einem Warschauer Theater uraufgeführt und stand in der folgenden Zeit häufig auf dem Spielplan:

- *Professor Mamlock* schildert das Schicksal eines jüdischen Chefarztes. Geblendet durch eine nationalkonservative Gesinnung kann es Mamlock nicht fassen, wie der Staat und sein altes Autoritätsgefüge unter den Nazis einbrechen. Entlassen und von einem ehemaligen Assistenten gedemütigt, begeht er schließlich im letzten Akt Selbstmord. □

Während Wolfs Drama später in Moskau über 400 Aufführungen erlebte, setzte der Erfolg von CARL ZUCKMAYERS *Des Teufels General* (1943–45) erst nach dem Krieg ein. Im Mittelpunkt stehen hier die Figur des Fliegergenerals Harras und der Widerstand innerhalb der Wehrmacht. In *Jacobowsky und der Oberst* (1941/42) folgte FRANZ WERFEL zwei grundverschiedenen Figuren auf ihrer Flucht vor den Deutschen in Österreich. Als Höhepunkt der Exildramatik gelten aus der Sicht der Literaturhistoriker die Stücke von BERTOLT BRECHT (↗ S. 290 ff.).

Lyrik im Exil

Der Hauptteil der lyrischen Arbeiten des Exils erschien in Buchpublikationen erst nach 1945. Während des Exils stand die Produktion von Lyrik vor besonderen Problemen, war sie doch vor allem von den eingeschränkten Möglichkeiten der Veröffentlichung betroffen. Den Lyrikern blieben zumeist nur **Exilzeitschriften**. Immerhin zählt die Forschung noch ca. 200 im Exil publizierte Gedichtbände, die allerdings zumeist in kleinster Auflage im Umlauf waren.

Im Ausland setzte sich die agitatorische Dichtung etwa eines ERICH WEINERT (↗ proletarisch-revolutionäre Literatur in der Weimarer Republik, S. 285 f.) fort. Die Chancen, einen innerdeutschen Widerstand zu stimulieren, waren allerdings schlecht. Dies änderte sich erst, als Erich Weinert und JOHANNES R. BECHER im Krieg für Radio Moskau arbeiteten.

Während Weinert und Becher traditionelle Lyrik-Formen für ihre Arbeiten bevorzugten, blieb BRECHTS Lyrik auch im Exil experimentell. Die Auseinandersetzung mit dem Faschismus und mit der Person HITLERS trägt dabei häufig satirische Züge.

Nur indirekt wird das Leid des Exils in der Lyrik erfahrbar. So bei ELSE LASKER-SCHÜLER und der 1966 mit dem Nobelpreis ausgezeichneten, nur knapp dem KZ entkommenen NELLY SACHS. Lasker-Schüler verallgemeinert in ihren Gedichten (z. B. in dem Gedichtband *Mein blaues Klavier,* 1943) die in der Emigration erlittenen Kontaktverluste als existenzielles Lebensgefühl. In der Lyrik von Nelly Sachs wird das Grauen der Vernichtungslager ins Bild gesetzt:

- *O die Schornsteine/Auf den sinnreich erdachten Wohnungen des Todes,/Als Israels Leib zog aufgelöst in Rauch/Durch die Luft –.* (Aus: *In den Wohnungen des Todes*) □

Autoren und Werke des Exils im Überblick

Historische Romane des Exils	Titel und Inhalt
Bruno Frank	*Cervantes* (1934)
Stefan Zweig	*Triumph und Tragik des Erasmus von Rotterdam* (1934) *Castellio gegen Calvin* (1936)
Klaus Mann	*Symphonie Pathétique* (1935) (über Tschaikowski)
Joseph Roth	*Die hundert Tage* (1936) (über Napoleon)
Gustav Regler	*Die Saat* (1936) (über den Bauernkrieg)
Lion Feuchtwanger	*Die Söhne* (1935); *Der Tag wird kommen* (1942/45) (über den jüdischen Geschichtsschreiber Flavius Josephus) *Der falsche Nero* (1936)
Heinrich Mann	*Die Jugend des Königs Henri Quatre* (1935) *Die Vollendung des Königs Henri Quatre* (1938)
Bertolt Brecht	*Die Geschäfte des Herrn Julius Caesar* (1938/39)
Thomas Mann	*Joseph und seine Brüder* (1933–1943) *Lotte in Weimar* (1939) (über den alten Goethe)
Hermann Broch	*Der Tod des Vergil* (1945)

Zeitromane des Exils	Titel und Inhalt
Lion Feuchtwanger	*Die Geschwister Oppenheim* (später: Oppermann) (1933) (Schicksal einer jüdischen Familie von 1932 bis 1933) *Exil* (1940) (Entwicklung im Exil)
Wolfgang Langhoff	*Die Moorsoldaten* (1935) (KZ-Bericht)
Willi Bredel	*Die Prüfung* (1935) (KZ-Bericht und Widerstandsroman)
Alfred Döblin	*Pardon wird nicht gegeben* (1935) (Auseinandersetzung mit der Vorgeschichte des deutschen Faschismus)
Arnold Zweig	*Erziehung vor Verdun* (1935) (Auseinandersetzung mit der Vorgeschichte des deutschen Faschismus) *Das Beil von Wandsbek* (1943) (Roman über die Sozialpsychologie des Faschismus)
Bernard von Brentano	*Theodor Chindler* (1936) (Auseinandersetzung mit der Vorgeschichte des deutschen Faschismus)
Klaus Mann	*Mephisto* (1936) (Roman über einen Mitläufer, Züge des Schlüsselromans: Gustav Gründgens) *Der Vulkan. Roman unter Emigranten* (1939)
Oskar Maria Graf	*Anton Sittinger* (1937) (Kleinbürger und Nazitum)
Ödön von Horváth	*Jugend ohne Gott* (1937); (Auseinandersetzungen mit der Vorgeschichte des deutschen Faschismus und der Anfälligkeit Jugendlicher)
Joseph Roth	*Die Kapuzinergruft* (1938) (Auseinandersetzung mit der österreichischen Vorgeschichte des dt. Faschismus)
Gustav Regler	*Das große Beispiel* (1940) (Roman zum spanischen Bürgerkrieg)
Anna Seghers	*Das siebte Kreuz* (1942) (KZ- und Widerstandsroman) *Transit* (1944) (Roman über Flucht im Exil)

14.6 Literatur des Widerstands und der ›inneren Emigration‹

Unter den Bedingungen der Naziherrschaft blieben den Schriftstellern, die nicht ins Exil gingen und im Widerspruch zum Regime standen, wenige Möglichkeiten, ihre Überzeugung öffentlich zu machen. Der wohl einzige Roman eines Widerstandskämpfers, der unverschlüsselt die Situation schildert, stammt von Jan Petersen und konnte natürlich nicht in Deutschland erscheinen. Der Roman *Unsere Straße*, 1936 in Bern und Moskau veröffentlicht, schildert die gesellschaftlichen Veränderungen in den ersten Jahren des Nationalsozialismus am Beispiel einer Berliner Arbeiterstraße.
Weniger Risiken nahmen Autoren in Kauf, die sich nach 1945 **›innere Emigranten‹** nannten. Dieser Begriff sollte von Beginn an von Vorwürfen der Mittäterschaft und des Anpassertums entlasten. Frank Thiess bezeichnete sich zuerst öffentlich in einer Auseinandersetzung mit dem noch in den USA weilenden Thomas Mann als ›innerer Emigrant‹. Für Thiess bestand das Verdienst der inneren Emigration darin, gegen Hitler einen inneren Raum zu sichern. In diesem Sinne redeten viele andere auch von einer **geistigen Opposition**, die die einzige Möglichkeit eines Widerstandes gegen die Nazis gewesen sei. Für eine solche Oppositionshaltung sprechen unveröffentlichte Manuskripte oder publizierte Texte, die über einen historischen Stoff verdeckte – und von der Nazi-Zensur unverstandene – Kritik am Regime erkennen lassen.
Zu den ›inneren Emigranten‹ gehören Autoren wie Benn und Thiess, die zunächst als Befürworter des NS auftraten, dann aber vom Ausmaß der Unterdrückung selbst betroffen waren. Christliche Autoren, die im Sinne der bekennenden Kirche wirkten, zählen ebenso dazu. Eine dritte Gruppe besteht aus weltabgewandten Autoren, die der Politik ganz ausweichen wollten. Wie bei diesen gab es auch in den Texten der religiösen inneren Emigration die Tendenz, die Zeitgeschichte zu meiden und einen überzeitlichen, häufig mythologisch (↗ Mythos, S. 155) geprägten Raum zu suchen.
Auch ästhetizistischen Schreibformen (↗ Ästhetizismus, S. 256) kann man einen Oppositionscharakter zuerkennen, da diese immerhin von einer Distanz zum Sprachstil der NS-Propaganda zeugten.

Autoren der inneren Emigration	
Gertrud von Le Fort	1876–1971
Hans Carossa	1878–1958
Rudolf Alexander Schröder	1878–1962
Oskar Loerke	1884–1941
Gottfried Benn	1886–1956
Ernst Wiechert	1887–1950
Frank Thiess	1890–1977
Werner Bergengruen	1892–1964
Ernst Jünger	1895–1998
Friedrich Georg Jünger	1898–1977
Elisabeth Langgässer	1899–1950
Erich Kästner	1899–1974
Reinhold Schneider	1903–1958
Stefan Andres	1906–1970

15 Literatur in der DDR

POLITIK | WIRTSCHAFT | WISSENSCHAFT

- 1949 Gründung der DDR
- 1953 Aufstand gegen das Ulbricht-Regime in der DDR
- 1961 Errichtung der Mauer in Berlin
- 1971 Ablösung Walter Ulbrichts
- 1976 Ausbürgerung Wolf Biermanns
- 1989 Öffnung der Mauer

KULTUR | BILDENDE KUNST | MUSIK

- 1945 Kulturbund zur demokratischen Erneuerung Deutschlands
- 1959 ›Bitterfelder Weg‹
- 1981 ›Berliner Begegnung‹ (Schriftsteller und Künstler aus Ost und West)

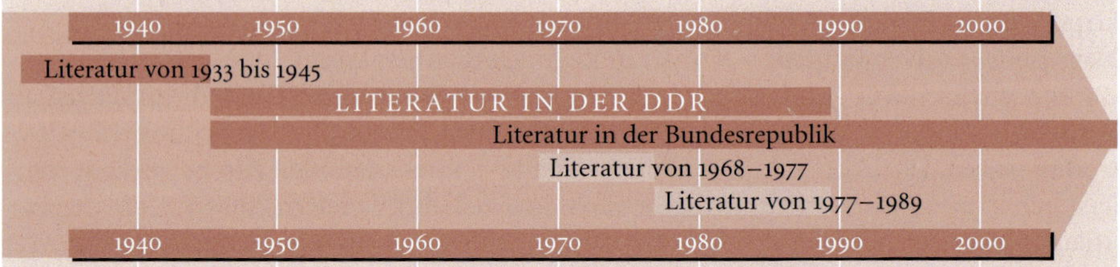

LITERATUR

- 1949 ANNA SEGHERS: Die Toten bleiben jung (Roman)
- 1956/61 HEINER MÜLLER: Die Umsiedlerin (Drama)
- 1958 BRUNO APITZ: Nackt unter Wölfen (Roman)
- 1963 PETER HUCHEL: Chausseen, Chausseen (Gedichte)
- 1964 ERIK NEUTSCH: Spur der Steine (Roman)
- 1968 CHRISTA WOLF: Nachdenken über Christa T. (Roman)
- 1972/73 ULRICH PLENZDORF: Die neuen Leiden des jungen W. (Drama/Roman)
- 1973 HEINER MÜLLER: Zement (Drama)
- 1982 SARAH KIRSCH: Erdreich (Gedichte)
- 1983–92 ERWIN STRITTMATTER: Der Laden (Roman)

15.1 Der Begriff ›Literatur in der DDR‹

Zeitliche Einordnung

Zur Literatur in der DDR werden literarische Produktionen gezählt, die im Zeitraum von 1945 bis 1989 entstanden. In dieser Datierung wird eine Epoche erfasst, die in der sowjetischen Besatzungszone (1945–1949) beginnt und über die Gründung der DDR 1949 bis hin zur Auflösung der sozialistischen Staatsstruktur im Jahr 1989 reicht.

▼ Gelegentlich werden Unterschiede gemacht zwischen den Bezeichnungen ›Literatur der DDR‹, ›DDR-Literatur‹ und ›Literatur in bzw. aus der DDR‹. Während ›DDR-Literatur‹ am deutlichsten die Assoziation an eine staatliche Literatur hervorruft, ist die Bezeichnung ›Literatur in der DDR‹ am offensten: Sie umfasst ebenso die offizielle wie die inoffizielle Literaturszene, in der DDR gedruckte und nicht gedruckte Autoren. ▽

Merkmale der Literatur in der DDR

Der **sozialistische Realismus** wurde in der DDR der frühen 1950er-Jahre zum verbindlichen künstlerischen Programm erklärt. Die ideologische Zielsetzung des sozialistischen Realismus war die Abbildung der Wirklichkeit in ihrer revolutionären Entwicklung. Dabei spielten Prinzipien wie sozialistische Parteilichkeit und Volksverbundenheit eine wichtige Rolle. Grundlagen des neuen Menschenbildes in der Literatur waren der wissenschaftliche Kommunismus nach sowjetischem Vorbild und die marxistische Auffassung von der sozialistischen Persönlichkeit. Dieses für die Autoren verbindliche Programm führte zu erheblichen Einschränkungen der schriftstellerischen Freiheit. Allerdings ist im Einzelnen zwischen Phasen der Härte und der Lockerungen – insbesondere in den 1980er-Jahren – zu unterscheiden. Die Orientierung am sozialistischen Realismus schloss eine Wertschätzung des so genannten **›bürgerlichen Erbes‹** nicht aus. Mit den Mitteln der Kulturpolitik wurden die Weimarer Klassiker (↗ S. 212 ff.) gepflegt und auch bürgerliche Exil-Autoren wie insbesondere Thomas Mann hofiert.

In einzelnen Fällen hatten Zensur und Festnahmen regimekritischer Autoren zur Folge, dass Schriftsteller das Land verließen (Reiner Kunze, Erich Loest, Günter Kunert, Ernst Bloch, Hans Mayer u. a.).

Zu den renommiertesten Autoren aus der DDR, die auch heute noch international Anerkennung finden, zählen u. a. Christa Wolf, Stefan Heym, Stephan Hermlin, Heiner Müller, Christoph Hein, Volker Braun, Elke Erb oder Günter de Bruyn.

15.2 Historischer Kontext

Nach der bedingungslosen Kapitulation des NS-Staates im Jahre 1945 teilten die Alliierten Streitkräfte (USA, Frankreich, England und Russland) Deutschland in vier **Besatzungszonen** auf. Ostdeutschland wurde sowjetische Besatzungszone und geriet in starke Abhängigkeit zur Sowjetunion. Hiervon war die Kulturpolitik nicht ausgenommen. Mit der Gründung der DDR im Jahre 1949 änderte sich diese Situation nicht. Erst nach dem Tod Stalins im März 1953 und nach dem Arbeiteraufstand im Juni 1953 fand eine gewisse Öffnung statt, an der auch Johannes R. Becher seinen Anteil hatte. 1954 war er zum ersten Kulturminister der DDR ernannt worden. 1955 wurde unter seinem Namen in Leipzig das ›Literaturinstitut Johannes R. Becher‹, eine Schreibhochschule für angehende Schriftsteller, gegründet. Erster Direktor war der aus Moskau zurückgekehrte stalinistische Hardliner Alfred Kurella. Dennoch konnte sich unter den Teilnehmern ein vergleichsweise offenes Arbeitsklima entwickeln. Als Dozenten wirkten hier zwei undogmatische Professoren, von denen eine erhebliche Wirkung auf die Autoren der neuen Generation ausging: Ernst Bloch und Hans Mayer.

Das ›Tauwetter‹ von 1953 hatte allerdings nicht lange Bestand. Zu einem Kurswechsel veranlasste die Führung um ULBRICHT eine Krise, die von der Entstalinisierung im Frühjahr 1956 ausging und die sich im Herbst durch den Ungarn-Aufstand verschärfte. Die Intellektuellen, die sich zunehmend gegen die politische Instrumentalisierung ihrer Arbeiten wehrten, wurden als potenzielle Gefährdung angesehen. Das Ministerium für Staatssicherheit begann sich für sie zu interessieren. An den Universitäten mehrten sich die Repressionen gegen Bloch und Mayer, sodass sie schließlich die DDR verließen. Der kritische Jungautor ERICH LOEST, Teilnehmer der Schreibhochschule in Leipzig, wurde 1957 ohne offizielle Begründung zu sieben Jahren Haft verurteilt. Andere Autoren entzogen sich der Verfolgung durch Flucht. Der Leiter des Aufbau-Verlags und ehemalige Spanienkämpfer WALTER JANKA wurde in einem Schauprozess, dem u.a. ANNA SEGHERS und WILLI BREDEL beiwohnen mussten, als konterrevolutionärer Verschwörer zu fünf Jahren Zuchthaus verurteilt.

Ausbürgerung Wolf Biermanns

In späteren Jahren trafen die SED-Funktionäre Entscheidungen, die auf die Kulturpolitik und die Einstellung der Schriftsteller zum Staat nachhaltige Auswirkungen haben sollten. So wurde im November 1976 dem DDR-Lyriker Wolf Biermann während einer Tournee in der BRD die Staatsbürgerschaft entzogen. Äußerer Anlass war ein live im Fernsehen ausgestrahltes Konzert in Köln. In dessen Verlauf hatte der Liedermacher Praktiken der DDR-Führung kritisiert, zugleich aber auch die DDR als ein kostbares Gut gelobt. Die Reaktion auf diese langfristig geplante Bestrafung des unbequemen Autors war ungewöhnlich: Auf Initiative STEPHAN HERMLINS protestierten bereits einen Tag nach der Aktion des SED-Politbüros zwölf renommierte DDR-Autoren in einem offenen Brief gegen die Ausbürgerung. Viele weitere Künstler folgten diesem Schritt, sodass die wenigen bekannten Autoren, die der Parteiführung auch in dieser Angelegenheit folgten, so HERMANN KANT und ANNA SEGHERS, vergleichsweise isoliert waren. Auf den Protest reagierte die SED einerseits mit verschärften Zwangsmaßnahmen, andererseits wurden nun in zahlreichen Fällen Ausreisen und Westreisen genehmigt. So kam es zu einer **Auswanderungswelle** bekannter, vor allem jüngerer Intellektueller, u.a. Schriftsteller, Theatermacher, Schauspieler, Musiker, Maler. Obschon die Zahl der emigrierten Autoren sich auf mehr als 100 belief, blieb mit CHRISTA WOLF, STEFAN HEYM, STEPHAN HERMLIN, HEINER MÜLLER, CHRISTOPH HEIN, VOLKER BRAUN, ELKE ERB oder GÜNTER DE BRUYN eine stattliche Reihe renommierter Autoren in der DDR und war hier weiter literarisch tätig. Für einige von ihnen waren – wie im Fall des unbeugsamen Stefan Heym – jedoch nur noch Publikationen im Westen möglich. In den letzten Jahren vor der politischen Wende entwickelte sich eine inoffizielle Literaturszene vorwiegend jüngerer Lyriker, die an einem Dialog mit der Staatsführung kaum mehr interessiert waren.

Die politische Wende 1989

Mit der politischen Wende nach 1989 änderten sich die Arbeitsbedingungen für die ehemaligen Autoren in der DDR gravierend. Einerseits konnten sie mehr publizieren, andererseits führte die Einführung der Marktwirtschaft auch zur Übernahme und zur Abwicklung zahlreicher DDR-Verlage. Während in der bundesrepublikanischen Publizistik DDR-Autoren vor 1989 noch relativ wohlwollend als potenzielle

Systemkritiker betrachtet wurden, entzündete sich nach 1989 in den Zeitungen ein so genannter **deutsch-deutscher Literaturstreit**. Anlass hierfür war eine 1979 geschriebene und 1989 überarbeite Erzählung CHRISTA WOLFS mit dem viel sagenden Titel *Was bleibt*. Die autobiografisch geprägte Erzählung über einen Tag aus dem Leben einer von der Stasi bewachten Autorin erschien im Juni 1990. Positive wie negative Beurteilungen dieser Erzählung provozierten in der Presse weitere Stellungnahmen, die den Text zum Anlass nahmen, über den Wert der bislang anerkannten Literatur aus der DDR insgesamt zu streiten. Ebenfalls aus der Publizistik dieser Jahre kam die Forderung nach einem **Wende-Roman**. Dieses Etikett wurde auf eine Reihe von Prosa-Texten bezogen, z.B. auf INGO SCHULZES *Simple Storys* (1998) ebenso wie auf GÜNTER GRASS' *Ein weites Feld* (1995).

15.3 Literarisches Programm

In der Kulturpolitik der SED setzte man nach sowjetischem Vorbild auf einen **sozialistischen Realismus** in der Literatur. Der Begriff geht auf STALIN und den Kulturtheoretiker ANDREJ SHDANOW zurück. Dieser Realismus sollte die Aufgabe haben, die Wirklichkeit widerzuspiegeln. Widerspiegelung hieß hierbei nicht Abbildung, etwa nach dem Muster der Fotografie. Nach Meinung des Literaturtheoretikers und Philosophen GEORG LUKÁCS komme es darauf an, die objektiven Bestimmungen in der Totalität des Lebens aufzudecken und kunstvoll zu gestalten. Was jene objektiven Bestimmungen waren, konnte in Broschüren der sozialistischen Klassiker nachgelesen werden, an denen sich die SED-Funktionäre orientierten. Der sozialistische Realismus hatte eine erzieherische Aufgabe zu erfüllen. Er sollte eine Literatur hervorbringen, die parteilich und volkstümlich war und am Beispiel ihrer Helden dem Leser eine Wende zum Positiven vorführte. In diesem Sinne wurden die Schriftsteller auch als ›Ingenieure der menschlichen Seele‹ bezeichnet. Als potenzielle Volkspädagogen wurden sie von der Staatsführung nicht nur hofiert, sondern auch kontrolliert und zensiert.

Auf Dauer konnte ein solches Programm, das hinter die Konzeption der dokumentarischen Literatur des BPRS (Bund proletarisch-revolutionärer Schriftsteller, ↗ S. 286) zurückfiel, allerdings kaum Bestand haben. In vielerlei Hinsicht erinnerten die literarischen Erzeugnisse des sozialistischen Realismus an eine Unterhaltungsliteratur, die gerade von linken Intellektuellen als Kitsch verspottet wurde. Dass vom Marxismus kein einfacher Weg zur Herausbildung eines entsprechenden Bewusstseins führte, verdeutlichten undogmatische Marxisten wie BERTOLT BRECHT. Bereits früh hatte er gerade die Marxisten davor gewarnt, das Volk für ›tümlich‹ zu halten.

In Frontstellung ging die SED-Kulturpolitik zum Expressionismus (↗ S. 264ff.) in der Literatur. Die ablehnende Haltung war auf die **Expressionismusdebatte** (↗ S. 300) während der Exilzeit und die Positionen kommunistisch geprägter Autoren zurückzuführen. 1951 wurden diese Positionen auf einem Parteitag der SED wiederbelebt und zu einer Kampagne gegen jeden Formalismus in der Kunst genutzt. Gemeint war damit eine Dominanz der Form über den Inhalt, wie sie zum Beispiel in der abstrakten Malerei erkannt wurde. Obgleich ebendiese Kunst von den Nazis als entartet verfolgt worden war, rückte man sie jetzt mit abenteuerlichen Argumenten in die Nähe des Faschismus. Auf dem Parteitag fiel der bezeichnende Satz des SED-Generalsekretärs WALTER ULBRICHT: »*Es gab schon vor Hitler Entartete!*«

Gleichzeitig trieb die SED ihre Bemühungen um eine Literatur der sozialistischen Produktion voran. 1959 organisierte der Mitteldeutsche Verlag im Industrieort Bitterfeld eine Konferenz, auf der zahlreiche Berufsschriftsteller mit schreibenden Arbeitern zusammentrafen. Hier wurde der berühmte, wenngleich kurzlebige ›**Bitterfelder Weg**‹ der Literaturpolitik verkündet: Autoren sollten in die Betriebe gehen, um hier ihre Stoffe zu finden, und die Arbeiter sollten selbst zur Feder greifen. Die Ergebnisse dieses Programms blieben insgesamt dürftig: Zu wenige bekanntere Autoren beteiligten sich und ein Dialog zwischen den Gruppen entstand nur in Ansätzen. Zudem entwickelten sich auch die Arbeiterschriftsteller politisch nicht im gewünschten Sinne.

15.4 Literarisches Leben

Wichtige Impulse für das literarische Leben gingen von Anfang an vom ›**Kulturbund zur demokratischen Erneuerung Deutschlands**‹ aus, der am 4.7.1945 gegründet wurde. Zur Mitarbeit eingeladen waren keineswegs nur marxistische Intellektuelle. Aufgerufen wurden alle, die sich als Antifaschisten verstanden und in Deutschland *»auf geistig-kulturellem Gebiet ein neues, sauberes, anständiges Leben«* aufbauen wollten. Gemeint waren nicht nur die Schriftsteller des Exils, sondern auch die Autoren der so genannten ›inneren Emigration‹ (↗ S. 303), die während des Krieges im Lande verblieben waren. Nachdrücklich warb der Verbandspräsident JOHANNES R. BECHER etwa um die Mitarbeit von GERHART HAUPTMANN und HANS FALLADA. Mit dem **Aufbau-Verlag** erhielt der Kulturbund im August 1945 eine eigene Publikationsstätte, die zunächst besonders Werke der Exilliteratur in hoher Auflage herausbrachte. Zum Aufbau-Verlag gehörte auch eine gleichnamige Zeitschrift, ab 1946 mit dem *Sonntag* auch eine Wochenzeitung. Die erhoffte Ausstrahlung in die Westzonen kam jedoch nicht zustande. Nach 1947 verlor der Kulturbund seine Lizenz im Westen Berlins. Zuvor hatten schon einige der konservativeren Autoren die sowjetische Besatzungszone (SBZ) verlassen.

Zu den Exilautoren, die sich in der 1949 gegründeten DDR niederließen, gehörten zunächst die früheren Aktivisten des ›Bundes proletarisch-revolutionärer Schriftsteller‹ (BPRS, ↗ S. 286) wie WILLI BREDEL. Zum überwiegenden Teil waren sie aus Moskau zurückgekommen und übernahmen nun häufig politische Aufgaben. Dazu gesellten sich aber auch zahlreiche Autoren, die nicht der KPD angehörten, zum Beispiel ARNOLD ZWEIG und BERTOLT BRECHT. Publizistisch gefördert wurden darüber hinaus die Arbeiten solcher Exil-Autoren, die nicht in die DDR kamen, sondern an den Orten des Exils blieben oder in andere Länder gingen. Dies gilt insbesondere für die Werke der Brüder MANN oder für LION FEUCHTWANGER.

Auf Distanz ging der Kulturbund zu Autoren, deren Schreibweisen nicht als realistisch galten. Unvollständig oder erst verspätet erschienen Werke von Autoren wie ROBERT MUSIL, JOSEPH ROTH, KLAUS MANN oder WALTER BENJAMIN.

Oft ist die DDR entgegen der Vorstellung von einem totalitären Staat als eine Nischengesellschaft bezeichnet worden. Dies trifft auch für das Lesepublikum zu. So kursierten über Umwege nicht nur Werke der modernen Weltliteratur, die in der DDR in besonders kleinen Auflagen vertrieben wurden. Auch Texte und Lieder regimekritischer Autoren, die nicht publiziert werden durften, fanden eine interessierte Leser- bzw. Hörerschaft. Vielfach ließ gerade die Gefährdung des freien Wortes das Interesse am Geschriebenen und insbesondere an gewagten Texten wachsen.

15.5 Epik in der DDR

Romane der Exilautoren und Ankunftsliteratur

Maßgeblich bestimmt wurde die Romanliteratur der frühen Jahre durch Werke von Exilautoren wie ANNA SEGHERS (z.B. *Die Toten bleiben jung,* 1949) oder WILLI BREDEL (Romantrilogie *Verwandte und Bekannte,* 1941–1953), die Schreibweisen aus der Zeit vor 1945 weiterentwickelten. Erst relativ spät erschien ein Werk des früheren BPRS-Autors (↗ Bund proletarisch-revolutionärer Schriftsteller, S. 286) und Häftlings im KZ Buchenwald BRUNO APITZ, das neben Seghers' Exil-Roman *Das siebte Kreuz* (1942) zu dem international wirkungsvollsten Roman über das Leben im KZ werden sollte. 1958 wurde *Nackt unter Wölfen* veröffentlicht:

■ Der Roman *Nackt unter Wölfen* erzählt in spannender Weise von dem erfolgreichen Versuch inhaftierter Kommunisten, ein jüdisches Kind im Konzentrationslager Buchenwald zu verstecken und damit vor seiner Ermordung zu retten. □

Von dem Roman wurden 1960 in der DDR bereits 400 000 Exemplare verkauft. Dessen Verfilmung durfte in der BRD bis 1968 nur in geschlossenen Gesellschaften gezeigt werden. Später wurde *Nackt unter Wölfen* in 25 Sprachen übersetzt und erreichte eine Millionenauflage.

Mit dem Bau der Mauer 1961 entwickelte sich bis zur Ablösung WALTER ULBRICHTS auf dem 8. Parteitag der SED im Dezember 1971 eine Phase, in der sich liberalere Tendenzen mit neuen Maßnahmen der Unterdrückung vermischten. Nur teilweise entstand eine Literatur, die – wie von der Parteiführung gewünscht – von der Meisterung des sozialistischen Fortschritts erzählte und zur Formung sozialistischer Menschen beitrug. Dennoch findet man eine Reihe von Romanen, die sich aus der Perspektive individueller, oft jugendlicher Helden mit dem Alltag der DDR auseinandersetzen. Eingeordnet wurden sie unter dem Schlagwort ›**Ankunftsliteratur**‹, das von einer romanhaften Erzählung BRIGITTE REIMANNS herrührt. Dabei geht es um Titel wie *Der geteilte Himmel* (1963) von CHRISTA WOLF, *Die Aula* (1964) von HERMANN KANT, *Spur der Steine* (1964) von ERIK NEUTSCH oder *Ole Bienkopp* (1963) von ERWIN STRITTMATTER.

■ In *Ankunft im Alltag* (1961) erzählt Brigitte Reimann die Geschichte der drei Abiturienten Recha, Curt und Nikolaus, die vor der Aufnahme ihres Studiums ein praktisches Jahr als Werktätige auf einer Großbaustelle zubringen. Die zwei jungen Männer und die junge Frau durchleben in klassischer Dreieckssituation Liebeskonflikte. Für deren Lösung spielen die jeweils neuen und zum Teil konfliktreichen Erfahrungen im Betriebskollektiv ihrer Brigade eine nicht unbedeutende Rolle. Am Ende verliert auch der hochmütige Curt seine ironische Distanz und kommt in der sozialistischen Gemeinschaft an. □

Die sich hier abzeichnende Tendenz zum Entwicklungsroman (↗ S. 148) alter Schule begünstigte die Entstehung einer Literatur, in der der einzelne Mensch – auch im Widerspruch zur Gesellschaft – hervortrat. In den 70er-Jahren fanden in die Romanliteratur Themen Eingang, die bisher tabu waren. So machten Brigitte Reimann, MAXI WANDER und Christa Wolf u.a. Krankheit und Tod zum Gegenstand ihrer Literatur. Körperliche Schmerzen stehen hier auch bildhaft für das Leiden des sensiblen Individuums in der Gesellschaft. Mit Autoren wie JOHANNES BOBROWSKI, JUREK BECKER, GÜNTER DE BRUYN, GÜNTER KUNERT, RAINER und SARAH KIRSCH, REINER KUNZE,

Volker Braun, Wolf Biermann, Helga M. Novak, Christa Reinig, Klaus Schlesinger, Irmtraud Morgner und vielen anderen mehr entstand eine neue Autorengeneration, die auch international und insbesondere in der BRD Anerkennung fand. Obgleich in der Prosa und in der Lyrik die DDR als Heimat behandelt und auf diese Weise ein ›Angekommensein‹ der Literatur signalisiert wurde, tat sich der Staat auch mit diesen Texten schwer. Einige der genannten Autoren konnten verschiedene ihrer Bücher nicht in der DDR publizieren. Bereits vor dem Prager Frühling von 1968 und der Ausbreitung einer undogmatischen Linken in den westlichen Ländern entstand die kuriose Situation, dass einige DDR-Schriftsteller praktisch nur für den Literaturmarkt des Westens produzierten. 1965 wurde ein ›Büro für Urheberrechte‹ eingerichtet, das den Export literarischer Texte organisierte und für gewünschte Deviseneinkünfte sorgte.

15.6 Dramatik in der DDR

Heiner Müller (1929–1995) und Ulrich Plenzdorf (geb. 1934)

Zu den bekanntesten Dramatikern der DDR gehörte bis 1956 Bertolt Brecht, später machten Peter Hacks und Heiner Müller von sich reden. Aufgrund seiner gesellschaftskritischen Stücke (z. B. *Die Umsiedlerin,* 1961) wurde Heiner Müller früh aus dem Schriftstellerverband ausgeschlossen und konnte zeitweilig weder publizieren noch aufführen. Nach dem Wechsel in der Staatsführung (an die Stelle von Walter Ulbricht trat Erich Honecker) wurde auf dem 8. Parteitag der SED vom Juni 1971 eine **kulturpolitische Wende** angekündigt. Mit ihr trat ein Autor in Erscheinung, dessen Stück im Sommer 1972 an vierzehn Bühnen der DDR gespielt wurde: Ulrich Plenzdorf. Nach Aussage des Autors war die Erzählvorlage *»eigentlich für die Schublade«* geschrieben: *Die neuen Leiden des jungen W.* Der Text spielt in mancherlei Hinsicht auf Themen und Motive aus Goethes berühmtem Briefroman *Die Leiden des jungen Werthers* (↗ S. 209 f.) an:

■ Im Zentrum des Stücks steht Edgar, ein jugendlicher Aussteiger und unglücklich Verliebter. Nach Konflikten mit seinem autoritären Lehrmeister verlässt er den Ausbildungsplatz in der Malerbrigade. Beim Basteln an einem neuen Spritzgerät kommt er durch einen Stromstoß ums Leben. □

Die Hintergründe seines Todes bleiben bewusst offen. Nach der Aufführung des Stückes wurde heftig diskutiert: um das Interesse am einzelnen Menschen im Kollektiv und um Edgars so genannte **Jeanssprache**. Dass dies öffentlich auch unter Beteiligung der FDJ (Freie Deutsche Jugend) geschah, musste als großer Fortschritt der Kulturpolitik erscheinen. Weitere Liberalisierungen folgten: Einige Bücher, die zuvor nur in der BRD erscheinen durften, wurden nun in Programme von DDR-Verlagen aufgenommen. Andere Arbeiten, so zum Beispiel Volker Brauns *Unvollendete Geschichte,* konnten allerdings nicht veröffentlicht werden.

15.7 Lyrik in der DDR

Bekanntester Lyriker der Nachkriegszeit war bis zu seinem Tod im Jahr 1956 Bertolt Brecht. In Naturgedichten wie z. B. den *Buckower Elegien* brachte er seine politische Haltung zum Ausdruck. Zu den Lyrikern, die immer im Konflikt mit dem DDR-System

standen, gehörten Sarah Kirsch, Reiner Kunze und Peter Huchel. Huchel wurde schon vor dem Jahr 1965, das mit der 11. Tagung des Zentralkomitees (ZK) der SED den Druck auf die Kulturschaffenden weiter verschärfte, kaltgestellt. Seit 1949 wirkte er als Chefredakteur der von Johannes R. Becher mitgegründeten Zeitschrift *Sinn und Form* und bemühte sich hier mit Erfolg darum, den Blick auf die Literatur der internationalen Moderne zu erweitern. 1962 wurde Huchel mit Unterstützung einiger Schriftsteller aus der alten Garde der Moskauer Exilautoren abgesetzt. Bis 1972 lebte Huchel, von allen Publikations- und Auftrittsmöglichkeiten ausgeschlossen und in Dauerüberwachung, bei Potsdam. Erst dann genehmigte man ihm die Ausreise in die BRD. Ein Auftritts- und Ausreiseverbot traf ebenso den Lyriker und Liedermacher Wolf Biermann (↗ Ausbürgerung Wolf Biermanns, S. 306), dessen in Westberlin publizierte Schallplatten als illegale Tonbandaufnahmen dennoch in der DDR kursierten. Während Biermann bis zu seiner Ausbürgerung 1976 jedes Ansinnen, die DDR zu verlassen, verweigerte, setzten sich andere wie zum Beispiel Helga M. Novak in den Westen ab.
Zu den Lyrikern, die im Zeichen der neuen Subjektivität der 1970er-Jahre persönliches Befinden zum Gegenstand ihrer Dichtung machten, zählte Eva Strittmatter. Auch sie fand, wie die Lyriker Durs Grünbein (Büchner-Preisträger), Volker Braun, Elke Erb, Steffen Mensching und Uwe Kolbe in der DDR wie im Westen Anerkennung.

16 Literatur in der Bundesrepublik

POLITIK | WIRTSCHAFT | WISSENSCHAFT

- 1961 Errichtung der Mauer in Berlin
- 1968 Höhepunkt der Studentenrevolte in der BRD
- 1977 ›Deutscher Herbst‹
- 1989 Öffnung der Mauer

KULTUR | BILDENDE KUNST | MUSIK

- 1945 Kulturbund zur demokratischen Erneuerung Deutschlands
- 1947 Gründung der ›Gruppe 47‹
- 1962 ›Spiegel‹-Affäre
- 1981 ›Berliner Begegnung‹ (Schriftsteller und Künstler aus Ost und West)

1930 1940 1950 1960 1970 1980 1990 2000 2010 2020

Literatur von 1933 bis 1945

Literatur in der DDR

LITERATUR IN DER BUNDESREPUBLIK

1930 1940 1950 1960 1970 1980 1990 2000 2010 2020

LITERATUR

- 1947 Wolfgang Borchert: Draußen vor der Tür (Drama)
- 1953 Ingeborg Bachmann: Die gestundete Zeit (Gedichte)
- 1957 Hans Magnus Enzensberger: verteidigung der wölfe (Gedichte)
- 1958 Max Frisch: Biedermann und die Brandstifter (Drama)
- 1959 Günter Grass: Die Blechtrommel (Roman)
- 1962 Friedrich Dürrenmatt: Die Physiker (Drama)
- 1963 Heinrich Böll: Ansichten eines Clowns (Roman)
- 1965 Peter Weiss: Die Ermittlung (Drama)
- 1968 Siegfried Lenz: Deutschstunde (Roman)
- 1976 Botho Strauss: Trilogie des Wiedersehens (Drama)
- 1983 Elfriede Jelinek: Die Klavierspielerin (Roman)
- 1985 Patrick Süskind: Das Parfum (Roman)
- 1995 Bernhard Schlink: Der Vorleser (Roman)
- 1999 Durs Grünbein: Nach den Satiren (Gedichte)

16.1 Der Begriff ›Literatur in der BRD‹

Zeitliche Einordnung

Zur Literatur in der BRD (vgl. Literatur in der DDR, S. 304ff.) werden literarische Produkte gezählt, die zwischen 1945 und 1989 im Westen Deutschlands und nach 1989 im vereinten Deutschland entstanden.

▼ Einheitliche Periodisierungen für die Geschichte der Literatur in der BRD existieren nicht. Zum Teil kennzeichnen literarische Trends eine bestimmte Phase, zum Teil werden Zeitabschnitte auf Daten aus der politischen Geschichte bezogen. ▽

Merkmale der Literatur der Bundesrepublik

Die Literatur der Nachkriegszeit setzte sich mit den Erfahrungen des Krieges und des Lebens in den zerstörten Städten auseinander. In den 1950er-Jahren wurde die Suche nach der eigenen Identität ein wichtiges Thema. Nachhaltig prägte die ›**Gruppe 47**‹ bis in die Mitte der 1960er-Jahre die Literaturentwicklung der BRD. Zu ihr gehörten Autoren wie Alfred Andersch, Heinrich Böll, Günter Grass, Siegfried Lenz, Günter Eich, Ilse Aichinger und Ingeborg Bachmann. Neue Zäsuren wurden mit der Studenten-Revolte 1968 gesetzt. **Dokumentarische Texte** und **Reportageliteratur** (Günter Wallraff) erschienen jetzt als die geeigneten Mittel, um auf die Probleme der Zeit zu reagieren. Seit 1977 bis in die Gegenwart stehen moderne **Schreibexperimente** neben Formen des einfachen **realistischen Erzählens.**

16.2 Historischer Kontext

Die Literaturgeschichte der ›alten‹ BRD von 1945 bis 1989 ist auch ein Stück politische Geschichte dieses Staates.

Das Kriegsende und die Zerschlagung des NS-Staates stellten für die Literatur und Kulturpolitik eine Zäsur dar. Erfahrungen aus **Krieg und Kriegsgefangenschaft** prägten die Themen der ersten nach 1945 entstandenen poetischen Texte weit stärker als die Auseinandersetzung mit den Gräueltaten im NS. Eine erhebliche Rolle spielte die Reaktion auf die zeitweilig in den USA vertretene These einer **kollektiven Schuld** aller Deutschen. Ganz praktische Auswirkungen auf die Literatur hatten die Papierknappheit, die zeitweilige Ausschaltung der ›Alt-Verleger‹, die Lizenzpolitik der Alliierten oder die Zerstörung von Theatern. Ein Neuanfang, eine ›**Stunde null**‹ in der Literatur wurde insbesondere in den Westzonen von Autoren gefordert, die sich gegen die ›inneren Emigranten‹ (↗ S. 303) und die Autoren des Exils (↗ Literatur des Exils, S. 299 ff.) als junge Generation zu profilieren suchten. Dennoch bestimmten vertraute literarische Stile und Sprachen den Eintritt in die Nachkriegszeit. Von den vermeintlich neuen Autoren hatte so mancher bereits zwischen 1933 und 1945 geschrieben und publiziert.

Mit der **Studentenbewegung** veränderte sich im Jahr 1968 die Bundesrepublik nachhaltig. Nicht nur an den Universitäten ging es um die Beseitigung alter Zöpfe und um die Infragestellung von Autoritäten – in der Öffentlichkeit und ihren Institutionen wie in den Familien ebenso. Die Reaktionen des Staates und der rechtsgerichteten Massenpresse auf die Proteste der Studenten zwangen die Intellektuellen, Stellung zu beziehen. Was die Studierenden in der Auseinandersetzung forderten, war eine Literatur, die sich nicht an den schönen Künsten orientiert, sondern wie das Flugblatt oder die Industriereportage in die Politik eingreift.

Das Jahr 1977 führte durch Terrorakte der ›**Roten Armee Fraktion**‹ (RAF) und durch Reaktionen des Staates und der Presse, durch eine außerordentliche Fahndungspolitik der Sicherheitsbehörden und zunehmende Verdächtigungen vermeintlicher Sympathisanten zu einem Klima, das prominente Autoren wie Heinrich Böll, Günter Grass, Nicolaus Born, Siegfried Lenz und Martin Walser dazu bewegte, in einem ge-

meinsamen Band Briefe zur Verteidigung der Republik zu publizieren. Im selben Jahr kam es auch zu dem gemeinsamen Filmprojekt *Deutschland im Herbst*, an dem sich die künstlerisch angesehensten Regisseure wie z. B. RAINER WERNER FASSBINDER und VOLKER SCHLÖNDORFF beteiligten.
Für die Literaturgeschichte stellt **1989** ein **Schwellenjahr** dar. Der Anfang vom Ende der DDR leitete auch das Ende der Existenz zweier deutscher Literaturen ein.

16.3 Literarisches Programm

Die vier Jahre vor der Bildung von DDR und BRD 1949 werden vor allem unter dem Aspekt eines literarischen Neuanfangs in der Literatur betrachtet. Während die Kulturpolitiker in der SBZ (Sowjetische Besatzungszone) vor allem die Exilliteraten (↗ Literatur des Exils, S. 299 ff.), aber auch die ›inneren Emigranten‹ (↗ S. 303) willkommen hießen, forderten im Westen junge Schriftsteller eine Literatur des Neubeginns. Die Quelle dieser Literatur sollte in der Erfahrung von Krieg und Zertrümmerung liegen. WOLFGANG WEYRAUCH lieferte ein bis heute wirkungsvolles Schlagwort für diese Position: **Kahlschlag.** Gemeint war damit die Lösung von allen Traditionen, ein bewusster Verzicht auf alle vertrauten poetischen Mittel – auf Metaphorik, Ausschmückungen und schöne Illusionen. Stattdessen sollte es in einer kargen Sprache vor allem um ›die Wahrheit‹ gehen. Gleichwohl zeigte sich bald, dass die Idee vom Neuanfang unrealistisch war. Weder gab es eine neue Sprache noch ein neues Publikum. Die so genannte **Trümmerliteratur** (↗ S. 316) um 1945 konnte ihren Anspruch auf einen poetischen Neuanfang nicht einlösen. Jedoch gelang es den Autoren dieser Generation, die Literaturentwicklung der BRD bis 1968 nachhaltig zu prägen. Entscheidend war hier die ›**Gruppe 47**‹. Hierbei handelte es sich zunächst um einen lockeren Autorenkreis aus dem Umfeld der von den Amerikanern geförderten Zeitschrift *Der Ruf*. Die von HANS WERNER RICHTER und ALFRED ANDERSCH herausgegebene Zeitschrift trug den Untertitel *Unabhängige Blätter der jungen Generation.* Als die Herausgeber sich kritisch mit der alliierten Politik und mit der Zukunft des Kapitalismus auseinandersetzten, wurden sie 1947 abgelöst. Von nun an versammelte Richter zweimal im Jahr Autoren zu einem Treffen, auf dem aus aktuellen Produktionen vorgelesen wurde. Über ein gemeinsames literarisches Programm verfügte die ›Gruppe 47‹ nicht. Im Gegenteil: Nicht nur politische, auch literaturkritische Debatten, die über die Bewertung einzelner Texte hinausgingen, wurden von Richter unterbunden. Der positive Effekt dieses Tabus bestand darin, namentlich in den 1960er-Jahren eine starke Pluralität in den Schreibweisen zu gewährleisten. Mit BACHMANN und AICHINGER lasen in der Gruppe Autoren, die zusammen mit Schriftstellern wie BÖLL oder LENZ einen gemäßigt modernen Realismus pflegten. Mit WOLFGANG HILDESHEIMER meldete sich in diesem Personenkreis ein Autor, der stark an einer absurden Literatur interessiert war. HELMUT HEISSENBÜTTEL vertrat vornehmlich die Minderheitenposition einer experimentellen Literatur. Am französischen ***Nouveau Roman*** (frz. neuer Roman) orientierte sich eine Gruppe um DIETER WELLERSHOFF, während vor allem PETER WEISS das politische Theater neu belebte.
Mit der Studentenbewegung verbreitete sich der Einfluss, den philosophische Autoren wie THEODOR W. ADORNO, HERBERT MARCUSE und auch ERNST BLOCH auf die Literaturkritik ausübten. Als eine Gegenreaktion zu dieser oft den Leser sehr fordernden Literatur wurde in den 1980er- und 1990er-Jahren der Ruf laut, zum Erzählen zurück-

zukehren. Gute Literatur müsse in erster Linie unterhalten, meinte der Fernsehkritiker MARCEL REICH-RANICKI, der zuvor unter anderem in der ›Gruppe 47‹ wirkte, aber auch eine junge Generation, die im Zeichen der Postmoderne (↗ S. 146) die Kluft zwischen trivialer und seriöser Literatur überwinden wollte.

▼ Wichtig war in den Sitzungen der ›**Gruppe 47**‹ die Dramaturgie: Der Vortragende wurde von den Kollegen aus dem Stand kritisch kommentiert und musste dazu auf seinem ›elektrischen Stuhl‹ schweigen. In den fünfziger Jahren lud Richter ausgewählte Berufskritiker und Verleger hinzu. Zudem wurde ein Preis verliehen, dessen Ansehen sich durch die öffentlichen Erfolge früher Gewinner wie Böll steigerte. Zu den Preisträgern gehörte neben z.B. Ilse Aichinger, Heinrich Böll, Ingeborg Bachmann auch GÜNTER GRASS, der auf der Herbsttagung 1958 das erste Kapitel eines Romans vortrug, der zu einem nahezu einzigartig gebliebenen Welterfolg westdeutscher Literatur werden sollte: *Die Blechtrommel* (erschienen 1959).
Zu Beginn der sechziger Jahre spielte die Gruppe 47 für viele die Rolle einer intellektuellen Opposition gegen den CDU-Staat. Das öffentliche Interesse an den Tagungen der Gruppe wuchs, Rundfunk und Fernsehen berichteten davon. Dieser Situation war die Gruppe nicht gewachsen: Junge Autoren, die u.a. durch den Vietnam-Krieg politisiert waren, gerieten in Konflikt mit denen, die als Schriftsteller unpolitisch bleiben wollten. Autoren wie z.B. Peter Weiss, die sich der Protestbewegung anschlossen, distanzierten sich von der Gruppe 47. 1967 stellte Richter seine Einladungen zu den Treffen ein. ▽

16.4 Literarisches Leben

Die Verlagslandschaft der BRD wurde zunächst durch die Westalliierten geprägt. Einzelne Verleger wurden über Lizenzvergaben und Papierzuteilung besonders gefördert. Die erste Lizenz erhielt HEINRICH-MARIA LEDIG-ROWOHLT, um den Rowohlt-Verlag neu zu gründen. Wie andere auch konzentrierte sich Rowohlt zunächst auf Titel und Autoren des westlichen Auslands, deren Texte im Nationalsozialismus nicht zugänglich gewesen waren. Legendär ist seine 1946 umgesetzte Idee, Romane im Zeitungsverfahren zu drucken. In sehr hoher Auflage und zu einem knapp kalkulierten Preis erschienen als Rowohlts Rotations-Romane (kurz: RO-RO-RO) Werke von ERNEST HEMINGWAY und anderen begehrten ausländischen Autoren. Neu aufgelegt wurde aber auch KURT TUCHOLSKY. Aus den Zeitungsromanen wurde nach dem Vorbild der 1935 ›erfundenen‹ Penguin-Books ab 1950 ein **Taschenbuchprogramm**. Um den Preis der Bücher zu drücken, wurde z.B. Zigarettenwerbung mitten in die Texte gesetzt. Andere Verlage folgten Rowohlt, indem sie eigene Taschenbuchprogramme bildeten oder sich an dem 1961 aufgebauten Gemeinschaftsprojekt eines Deutschen Taschenbuch Verlags (dtv) beteiligten. Der sich seit Mitte der fünfziger Jahre in Firmen- und Programmaufkäufen abzeichnende Konzentrationsprozess wurde durch Unternehmen bestimmt, die ihre Erlöse in dem seit 1950 ausgebauten Buchgemeinschaftsgeschäft machten. Mit diesen Erträgen kauften **Großunternehmen** wie die Holtzbrinck-Gruppe oder Bertelsmann viele Verlage auf, die bis dahin im Familienbesitz waren, so z.B. S. Fischer, Rowohlt, Kindler, Knaur oder Goldmann.
Der Trend zur Konzentration erfasste wie im übrigen Einzelhandel auch die Buchhandlungen. Große Ketten spielen mit ihren Filialgeschäften eine wachsende Rolle.

Literatur in der Medienkonkurrenz

In den Nachkriegsjahren konkurrierte das Buch besonders mit dem Spielfilm und dem Radio. Spätestens seit Anfang der Sechzigerjahre gilt das **Fernsehen** als Bedrohung der Lesekultur. In den ersten Jahrzehnten der BRD widmete der ausschließlich öffentlich-rechtlich organisierte Rundfunk der Literatur einen breiten Raum; er sicherte zahlreichen Autoren ein Einkommen und etablierte mit dem **Hörspiel** (↗ S. 170 ff.) eine innovative Gattung. Das Fernsehen hingegen wurde von Beginn an nur selten als Partner der Literatur wahrgenommen. Anders als das Kino ›außer Haus‹ sind der Fernsehkonsum und die Buchlektüre Aktivitäten, die gewöhnlich in den eigenen vier Wänden stattfinden. Deshalb stellt das Fernsehen eine weit stärkere Konkurrenz zum Buch dar als das **Kino**: Wer abends zum Buch, zu einer Zeitschrift oder zu einem Romanheftchen greift, um sich zu zerstreuen, findet im Fernsehprogramm eine Vielzahl alternativer Angebote, die dasselbe Bedürfnis befriedigen. Nicht in gleichem Maße gilt das für die Leser anspruchsvoller Literatur. Dazu gehörte stets nur eine Minderheit – 1991 etwa elf Prozent der erwachsenen Bevölkerung.

Das **öffentlich-rechtliche Fernsehen** nimmt seit seiner Gründung mit seinen kulturpolitischen Aufgaben Einfluss auf den literarischen Betrieb. Dies geschieht durch Informationssendungen und durch **Literaturverfilmungen** (↗ S. 170). In beiden Fällen sind die Effekte erheblich: Bücher, die im ›Literarischen Quartett‹ – einer Kultursendung des Fernsehens – besprochen wurden, waren nachweislich stärker gefragt. Romane verkaufen sich nach TV-Verfilmungen erheblich besser. Wunderwirkungen gehen allerdings vom Fernsehen nicht aus. Eine Studie der ARD/ZDF-Medienkommission stellte nach Auswertung empirischer Daten 1991 fest: Leser wird man kaum durch das Fernsehen, Fernsehen ist aber auch nicht der »*Fressfeind des Buches*«.

Ob der Computer bzw. das **Internet** eine mediale Konkurrenz für die Literatur darstellen oder sich zu einer Plattform neuer Poetik (Hyper-Fiction) entwickeln werden, ist heute kaum vorauszusagen. Nicht zu unterschätzen ist aber bereits der Austausch im Internet über solche Literatur, die in den Feuilletons eher ausgespart wird.

2 Literatur und Medien

16.5 Literatur von 1945–1968

Epik

Kurzgeschichten und Romane

Nach Kriegsende setzten sich die Schriftsteller in der so genannten **Trümmerliteratur** eindrucksvoll mit der Wirklichkeit um 1945 auseinander. Bevorzugtes Genre waren hier Kurzgeschichten, zum Teil jenen Short Stories ähnlich, wie sie amerikanische Autoren, darunter ERNEST HEMINGWAY, bekannt gemacht hatten. Aufgegriffen wurden aber auch andere Traditionen. So zeigten sich expressionistische Einflüsse in WOLFGANG BORCHERTS Kurzgeschichten und dem 1947 uraufgeführten Theaterstück *Draußen vor der Tür*. Neben Borchert gehören HEINRICH BÖLLS frühe Erzählungen zum Kanon der unmittelbaren Nachkriegsliteratur. Nur auf den ersten Blick folgen diese Kurzgeschichten der Forderung nach einer einfachen, nüchternen Literatur. Beim zweiten Hinsehen entgehen dem Leser nicht die sentimentalen Erzählerkommentare, die symbolträchtigen Schilderungen sowie fantastische und melodramatische Momente.

Zu Beginn der 1950er-Jahre fand die Figur des Deserteurs Eingang in die Literatur. In der Auseinandersetzung mit dem NS-System idealisierten viele Intellektuelle die Einstellung des Fahnenflüchtigen: Der Deserteur verkörperte eine existenzielle Freiheit und eine Haltung des ›Ohne mich‹, indem er sich vom politischen System und dessen Ideologien abgrenzt.

Zum Leitthema in Romanen der 50er- und der frühen 60er-Jahre wurde die **Suche nach der eigenen Identität.** Eine Identität zu finden, heißt auch immer, sich die eigene Geschichte erzählen zu können. Dies verbindet den Prozess einer individuellen Selbstfindung mit den Erzählproblemen des Romans, namentlich des Entwicklungsromans (↗ S. 148), der von der Entstehung einer mehr oder weniger gefestigten Persönlichkeit erzählt. Beispielhaft für die Thematik der Identitätssuche ist der Erfolgsroman *Stiller* (1954) des Schweizer Autors MAX FRISCH.

Der Eingangssatz lautet: »*Ich bin nicht Stiller.*« Die unsichere Identität des Titelhelden wird im Roman durch den Wechsel der Perspektive und den Bruch in der Chronologie der Handlung betont. Wie in einer gerichtlichen Rekonstruktion werden fiktive Dokumente oder Zeugenaussagen zusammengetragen, um aus den Teilen ein Bild der Figur Stiller zu gewinnen.

Auch GRASS' Roman *Die Blechtrommel* (1959) wird zum Spiegelbild einer unsicheren Identität seines Helden. Dieser gibt sich gleich im ersten Satz als Insasse einer Heil- und Pflegeanstalt zu erkennen. Grass spielt mit dem Muster des **Entwicklungsromans**, indem er seinen Helden Oskar im Alter von drei Jahren das Wachstum verweigern lässt.

Das Thema der unsicheren Identität behandelt auch der Roman *Mutmaßungen über Jakob* von UWE JOHNSON. Er erschien 1959, kurz nach *Die Blechtrommel.* Wie bei *Stiller* trägt die Suche nach der Identität des verstorbenen Titelhelden Züge des Detektivischen. Für den Leser bleibt es bei Mutmaßungen. Aus einem unübersichtlichen Geflecht unterschiedlicher Informationen, die unter anderem das Leben des Helden in beiden deutschen Staaten betreffen, kann er sich nur in Annäherungen ein Bild machen. Johnsons 1961 erschienener Roman *Das dritte Buch über Achim* nimmt das Thema der schwer zu erfassenden Biografie wieder auf: Ein Autor scheitert an dem Versuch, ein Buch über das Leben eines DDR-Radfahreridols zu schreiben.

1960, 1966 und 1973 erschienen die drei Bände der *Kristlein-Trilogie* MARTIN WALSERS: *Halbzeit, Das Einhorn* und *Der Sturz.* Auch hier geht es um den krisenhaften Zusammenhang von Individualität und Gesellschaft und um die Schwierigkeiten, eine soziale Welt zu erfassen, die immer undurchsichtiger wird.

Einen besonderen Akzent auf die Thematik der Identität setzte die Österreicherin INGEBORG BACHMANN v.a. mit ihrem einzigen zu Lebzeiten erschienenen Roman *Malina* (1971) aus dem unvollendeten Zyklus *Todesarten.* Hier geht es um die geschlechtliche Prägung von Identität: »*Bin ich nicht ganz eine Frau, was bin ich überhaupt?*«

Die Wirtschaftswundergesellschaft und ihre moralischen Defizite sind Themen bei Heinrich Böll. In *Ansichten eines Clowns* (1963) – und nicht nur dort – verbindet er das Muster der Liebesgeschichte mit dem des Zeitromans:

- Die Titelfigur Hans Schlier ist der Sohn eines Bonner Industriellen und kommt aus bester ›Wirtschaftswunder‹-Familie. Statt ein erfolgreicher deutscher Unternehmer oder Karriere-Politiker zu werden, wird der sensible, künstlerisch veranlagte junge

Mann vom Rhein ein Clown. Als Künstler mit Scharfblick für seine Umwelt stößt er im ›dunklen‹ Bonn überall auf Unverständnis. Er scheitert – bei seinen Eltern und deren Wertvorstellungen, bei den Bonner Katholiken und bei seiner Freundin Marie. Der Clown und Moralist Hans Schlier wird zum Außenseiter in einer Gesellschaft, die sich auf das Geldverdienen und das Vergessen eingestellt hat und dafür den päpstlichen Segen erhält. Am Ende sitzt er verzweifelt auf der Treppe des Bonner Hauptbahnhofs und muss zusehen, wie ihm die Bonner Bürger ein paar Groschen zuwerfen. □

Avancierter wurde bereits zwischen 1951 und 1954 in einer Roman-Trilogie WOLFGANG KOEPPENS erzählt: *Tauben im Gras* (1951), *Das Treibhaus* (1953) und *Tod in Rom* (1954).

In *Tauben im Gras* reduziert der Autor die erzählte Zeit (↗ S. 149) auf einen einzigen Tag im Jahr 1951, verwendet hierbei aber fast dreißig simultan angeordnete Figurenperspektiven. Gezeigt wird die spannungsgeladene Normalität nach 1945 im amerikanisch besetzten München. Die Simultantechnik (↗ Expressionismus, S. 266, 272) lässt deutlich werden, dass die irritierten und mit ihren Schicksalen beschäftigten Menschen kaum mehr verbindet als die Zeit, in der sie leben.

Konventioneller gestaltet ist Koeppens *Das Treibhaus:*

■ Im Zentrum stehen Beobachtungen zur Bonner Republik aus der Perspektive eines politischen Außenseiters. Dem Abgeordneten Keetenheuve, der unter dem Geklüngel seiner politischen Freunde und Gegner leidet und dem weder politisch noch privat der Anschluss an die neuen Lebensverhältnisse der Nachkriegszeit gelingt, bleibt am Ende nur der tödliche Sprung von einer Brücke, um seine Freiheit zu finden. □

Während der Bonn-Roman u.a. mit Motiven aus KÄSTNERS *Fabian* (1931) und BÜCHNERS *Lenz* (1839 aus dem Nachlass) spielt, greift der Rom-Roman bereits im Titel und im Schlusssatz auf die Novelle *Der Tod in Venedig* (1912) von THOMAS MANN zurück. Im Zentrum dieses Textes, der sich wie die beiden Vorgänger mit der Problematik der deutschen Nachkriegszeit auseinander setzt, steht mit dem im internationalen Waffenhandel tätigen SS-General Judejahn eine Figur, die deutlich macht, wie wenig das Vergangene vergangen ist.

Um die **Auseinandersetzung mit der** in die Gegenwart hineinreichenden **Vergangenheit** geht es auch im erfolgreichsten Buch von SIEGFRIED LENZ, dem 1968 erschienenen Roman *Deutschstunde:*

■ Der Roman *Deutschstunde* handelt von dem Jungen Siggi Jepsen, Insasse einer Anstalt für schwer erziehbare Jugendliche. In einer Deutschstunde wird ihm die Aufgabe gestellt, über *Die Freuden der Pflicht* einen Aufsatz zu schreiben. Aus dem Aufsatz wird schließlich eine ganze Geschichte, in der sich Siggi mit seiner Vergangenheit und vor allem der Vergangenheit Deutschlands auseinandersetzt. Er erinnert sich an den Konflikt zwischen seinem Vater und dem Maler Max Ludwig Nansen. Als Dorfpolizist der Nazis führt der Vater besessen den Auftrag aus, die Einhaltung eines Berufsverbotes für den Kunstmaler zu überwachen. Sein Sohn mag dessen Bilder und rettet sie vor dem Zugriff des Vaters. Dieser kann sich auch nach dem Kriegsende nicht aus seiner Rolle lösen. Dies gilt ebenso für Siggi, der weiterhin glaubt, Nansens Bilder schützen zu müssen. Als er sie illegal aus einer Ausstellung entfernt, wird er wegen Diebstahls in eine Anstalt für schwer erziehbare Jugendliche eingewiesen. Dort füllt er Heft um Heft mit seinen Aufzeichnungen. □

Dramatik

Tragische Komödie

Schon 1945 belebte sich die Theaterlandschaft im besetzten Deutschland. Gespielt wurden Stücke ausländischer Autoren wie JEAN PAUL SARTRE, ALBERT CAMUS, THORNTON WILDER und TENNESSEE WILLIAMS. Das meistgezeigte deutschsprachige Drama war bis in die 50er-Jahre *Des Teufels General* (Urauff. 1946) von ZUCKMAYER. Ebenfalls gespielt, allerdings deutlich weniger häufig als Zuckmayers Drama, wurde BORCHERTS *Draußen vor der Tür* (Urauff. 1947). Während sich in Prosa und Lyrik die Generation der frühen ›Gruppe 47‹ durchsetzte, tat man sich in Westdeutschland mit der dramatischen Produktion schwer.

Beherrscht wurde die deutschsprachige Dramatik in den 50er- und frühen 60er-Jahren von den Schweizer Autoren MAX FRISCH und FRIEDRICH DÜRRENMATT. Von den Dramen Frischs fanden *Biedermann und die Brandstifter* (Urauff. 1958) und *Andorra* (Urauff. 1961) den größten Zuspruch. Beide Dramen knüpfen an BRECHTS Lehrstücke an, liefern in ihrer Kritik aber keine Perspektive einer besseren Gesellschaft und sind, so der Untertitel von *Biedermann und die Brandstifter*, *»Lehrstück ohne Lehre«*.

Auch Dürrenmatt setzte bei Brecht an, wandte sich aber zunehmend gegen dessen Auffassung, dass die Welt durch den Menschen verändert werden könne. Diese Auffassung sei angesichts von Bevölkerungsexplosion, Nukleartechnik und Maschinisierung des Lebens illusionär. Die poetische Konsequenz war für ihn die Neubegründung der **Komödie** (↗ S. 162 f.). Während die Tragödie (↗ S. 162) nach aristotelischem Schema auf dem schuldhaften Verhalten eines einzelnen Helden basiere, bestehe in der gegenwärtigen Gesellschaft gar nicht mehr die Gelegenheit zu individueller Schuld. Zu dominant sei die Verstrickung der Einzelnen in die kollektive *»Wurstelei unseres Jahrhundert«*. Diese soziale Tragödie könne nur noch mit den Mitteln einer (allerdings bitteren) Komödie in Szene gesetzt werden. Letztere schaffe immerhin Distanz zum Geschehen.

Ausdruck findet dieses Konzept vor allem in *Die Physiker* (1962):

■ Im Zentrum dieser grotesken Komödie steht die fiktive Figur des Kernphysikers Wilhelm Möbius. Er flieht in eine Anstalt für Geisteskranke, nachdem ihm klar geworden ist, wie verheerend es sein würde, wenn seine Entdeckung – die Weltformel – in die Hände der Menschen fiele. In der Anstalt trifft er auf zwei weitere als Irre getarnte Physiker, die für die Geheimdienste der Supermächte spionieren. Möbius überzeugt seine Kollegen von den Risiken, die eine Veröffentlichung der Entdeckungen bedeutete. Es nützt letztlich nichts. Die einzige wirkliche Irre der Anstalt, die Ärztin, kennt Möbius' Geheimnisse und will mit ihnen die Welt beherrschen. □

Den zweiten Handlungsstrang bildet eine Kriminalgeschichte: Die drei Physiker werden von einem Kommissar bezichtigt, drei Krankenschwestern ermordet zu haben. Im zweiten Akt gibt der Polizist seine Vorwürfe auf. Dabei geht es nicht um die Taten als solche, sondern um Verantwortung in einer Zeit, in der *»die Gerechtigkeit Ferien«* mache. Dürrenmatts Komödie ist u. a. auch eine Antwort auf Brechts Drama *Galileo Galilei* (1938/39), das trotz aller Betonung sozialer und historischer Gewalten den Blick auf das Verhalten des Einzelnen – Galilei – richtet. Obgleich Dürrenmatts Drama bewusst die Fiktion eines Ernstfalls sein soll, sorgen die grotesken Momente da-

2 Literatur und Medien

für, dass dem Zuschauer nicht der Schreck in die Glieder fährt. Da nach Dürrenmatts Auffassung vom Einzelnen nichts geändert werden kann, bliebe ein solcher Schock auch ohne didaktische Funktion. Wie in manchen Grotesken expressionistischer Lyrik (↗ S. 269 f.) zeigt sich auch bei Dürrenmatt eine gewisse Lust am Untergang.

Weltberühmt wurde Dürrenmatt bereits vor den *Physikern* mit seinem Kriminalroman *Der Richter und sein Henker* (1952) und v.a. mit einer tragischen Komödie, die 1964 sogar in Hollywood verfilmt wurde: *Der Besuch der alten Dame* (1955):

- Hier nimmt er das Mitläufertum und die materiellen Begierden seiner Zeitgenossen aufs Korn. Er schildert, wie eine ganze Stadt bereit ist, einen Menschen zu opfern, da dies ihr das Geld einer steinreichen alten Dame einbringt. □

Dokumentarstücke

Die Tradition eines dokumentarischen Theaters (↗ S. 284 f.) setzte neben dem 1959 aus der DDR zurückgekehrten Heinar Kipphardt vor allem Rolf Hochhuth fort. Bekannt wurde Hochhuth 1963 mit seinem Stück *Der Stellvertreter:*

- Auf der Basis historischer Dokumente, aber auch mit Mitteln des Geschichtsdramas Schillers wird Papst Pius XII. angeklagt, die Augen vor dem Holocaust verschlossen gehalten zu haben. □

Wie auch in seinen späteren Dramen übertraf die politisch-moralische Wirkung die literarische. Immerhin wurde das Theater wieder – wie einst von Schiller gefordert – als ›moralische Anstalt‹ wahrgenommen.

Auf Distanz zu einem Theater, das den Zuschauer in die Illusion versetzt, einem realen Geschehen beizuwohnen, gingen die Dokumentarstücke von Peter Weiss, so *Die Ermittlung* (1965). Der Text montiert Material aus dem Frankfurter Auschwitz-Prozess zu einem Oratorium in elf Gesängen. *Die Ermittlung* wurde 1965 gleichzeitig an 17 Bühnen in der BRD und der DDR uraufgeführt.

Von einem politischen Theater wich Peter Handke mit seinen so genannten **Sprechstücken** ab, die Dramen ohne Handlung, Rollen oder Requisiten waren. Das bekannteste dieser Experimente war *Publikumsbeschimpfung* (1966).

Lyrik

Hermetische Lyrik

Nach der kurzen Phase des **Kahlschlags** (↗ S. 314) war es Gottfried Benn, dessen Texte die Erwartungen des Leserpublikums an Lyrik erfüllten. Seine Gedichte formulierten ein Ich-Gefühl, das dem Empfinden vieler Intellektueller entsprach. Es ist die Rolle des Einsamen, der geistvoll und etwas traurig auf Distanz zur Welt der Waren und der Politik geht: »*Wo alles sich durch Glück beweist/und tauscht den Blick und tauscht die Ringe/im Weingeruch, im Rausch der Dinge –/Dienst du dem Gegenglück, dem Geist*«, heißt es in der letzten Strophe des viel zitierten Gedichts *Einsamer nie* von 1948. Die angestrebte ›Überzeitlichkeit‹ seiner Texte ist ein Grund, weshalb Benn häufig als beispielhaft für eine **klassische Moderne** bezeichnet wird. Dahinter steht die Vorstellung, in der Kunst eine eigene, nicht in die Alltagssprache rückübersetzbare Welt zu bilden oder zu finden. Entsprechend hoch gehalten wird von Benn und anderen der Begriff der Form. In diesem Zusammenhang werden auch Marie Luise Kaschnitz, Nelly Sachs, Günter Eich oder auch Karl Krolow genannt.

Zum Kreis der Moderne gehört auch PAUL CELAN, ein 1942 von den Nazis aus Czernowitz (heute Ukraine) deportierter Jude, der nach 1948 in Paris lebte. Dort nahm er sich 1970 das Leben. Celan schrieb 1944/45 das Gedicht *Todesfuge*, in dem die furchtbare Erfahrung des KZ, für den nicht informierten Leser kaum identifizierbar, in eine Sprache düsterer Metaphorik übersetzt wird. Das Gedicht musste seit den 50er-Jahren in fast allen Schullesebüchern dazu herhalten, das Phänomen **hermetischer Lyrik** (lat. luftdicht, abgeschlossen – sich einem Verständnis verweigernd) zu illustrieren, obgleich das Wissen über die Hintergründe gerade dieses Textes allgemein verbreitet war und von einer tatsächlichen Hermetik infolgedessen keine Rede sein konnte. Als ›hermetisch‹ wurden auch die Gedichte der Österreicherin INGEBORG BACHMANN angesehen. Ihr erster Gedichtband *Die gestundete Zeit* (1953) brachte ihr den **Preis der Gruppe 47** (↗ S. 314f.) ein. Bachmann wurde rasch zu einem Star des Literaturbetriebs. Dazu trug vor allem die Bilderwelt ihrer eigentlich düsteren Gedichte bei. Die Unheil kündenden Bilder bleiben vage, sodass ihnen etwas Visionäres anhaftet, das kaum in die Alltagssprache übersetzt werden kann. Die zeitgenössische Literaturkritik begriff ihre Gedichte als Überwindung der Gegenwart durch den Glanz der Sprache. Bachmann fühlte sich missverstanden und verstärkte in weiteren Gedichten den pessimistischen Ton, um dann mit dem beziehungsreichen Poem *Keine Delikatessen* von der Lyrik ganz Abschied zu nehmen.

Im Vergleich zu Bachmann sprechen bereits die ersten Lyrikbände (*verteidigung der wölfe*, 1957; *landessprache*, 1960) von HANS MAGNUS ENZENSBERGER politischen Klartext, so etwa im Gedicht *Aussicht auf Amortisation*, das die mörderischen Konsequenzen neuer Kriegstechnologien voraussagt.

Konkrete Poesie

Der Begriff ›konkrete Poesie‹ hat sich als Sammelname für eine **sprachexperimentelle Lyrik** eingebürgert. Die Sprache ist in diesen Experimenten kein im gewohnten Sinn kommunikatives Medium. Sie ist ein Material, das akustisch (wie im Lautgedicht) oder visuell (wie z.B. in der Collage und im Piktogramm) genutzt wird. Unverkennbar knüpfen diese Arbeiten an die Provokationen des **Dadaismus** (↗ S. 277ff.) an, besitzen aber weniger Sprengkraft. Vorbildern aus der bildenden Kunst folgte EUGEN GOMRINGER, als er Mitte der 50er-Jahre Wörter zu Flächen und Linien bzw. zu Piktogrammen gruppierte.

Zum selben Zeitpunkt entwickelte sich Wien zum Zentrum der konkreten Poesie. Gegen die konservative Literaturszene der Stadt bildete sich eine kleine Avantgarde (↗ S. 278), die als ›**Wiener Gruppe**‹ auf sich aufmerksam machte. In enger Beziehung zur ›Wiener Gruppe‹ stehen ERNST JANDL und FRIEDERIKE MAYRÖCKER, die von 1954 an Arbeits- und Lebensgefährten waren. Der erste Gedichtband des langjährigen Gymnasiallehrers Jandl erschien 1956. Während diese Gedichte noch an BRECHT erinnerten, führte der Kontakt mit der ›Wiener Gruppe‹ Jandl dazu, auf den Spuren des Dadaismus zu experimentieren. Eine größere Öffentlichkeit erreichte er damit erst 1966, als er die für ihn so charakteristischen Formen bereits gefunden hatte: u.a. die Vertauschung von Wörtern und vor allem den Austausch einzelner Buchstaben sowie die Eliminierung von Silben. Durch diese Technik entsteht ein **Sprachwitz**, der Jandls Texte auch für ein größeres Publikum attraktiv machte. Von den experimentellen Texten Jandls und auch Mayröckers mit ihrem vielseitigen Material und den montagehaften Vernetzungen ging ein bedeutender Einfluss auf jüngere Autoren aus (z. B. THOMAS KLING, MARLENE STREERUWITZ):

- *und eingewindelt in ihre Miniröcke Bermudashorts/die jungen Frauen höchstöcklig behindert/der junge Neger zur Seite getreten seitlich zur Wand wie/um zu urinieren nämlich die Krawatte zu binden nämlich/für diese Intimität unter den Torbogen des Hauses getreten/sich meinen forschenden Blicken solchermaßen entzogen/schließlich in einer Mauernische hockend Schwall/von männlichem Schweiß das Scharmützel/im Lichthof oder karrenweise der Schutt das Unerwartete mit/bewegender Kraft: im Verschnitt der Sprache/im Parlandogebrauch* (Aus: Mayröcker: *Das besessene Alter*, 1992) □

Mayröcker, die auch Kinderbücher veröffentlichte, erhielt 2001 den **Büchner-Preis.**

16.6 Literatur von 1968–1977

Epik

Dokumentarische Texte

Mit der Revolte im Jahr 1968, dem Aufstand der Studenten gegen die etablierte bürgerliche Gesellschaft, wurde auch in der Literatur eine Zäsur gesetzt, die nicht ohne Auswirkungen auf die Themen und die Schreibweise der Autoren blieb. So wuchs das Interesse an **dokumentarischen Texten.** Viel beachtet wurde der 1968 erschienene Band *Bottroper Protokolle* von ERIKA RUNGE. Er enthält eine Sammlung von Tonbandmitschnitten mündlicher Erzählungen und einer Betriebsversammlung. In den Erzählungen, die von der Autorin im Stil eines Dokumentarfilms zusammengeschnitten sind, geht es um die Lebenserfahrungen der so genannten einfachen Leute. Hintergrund sind die Zechenschließungen und die Wirtschaftkrise im Ruhrgebiet. Runge arbeitete in verschiedenen Organisationen zur Förderung einer Literatur der Arbeitswelt mit.

Einzelgängerischer und provokativer als Runge ging GÜNTER WALLRAFF mit seiner **Reportageliteratur** vor. Seine Hauptmethode bestand darin, sich mit falschem Namen zu tarnen und als Undercover-Autor in Firmen einstellen zu lassen, über deren Praktiken er dann auf der Basis eigener Erfahrung berichtete. Bereits die ersten Reportagebände wurden Taschenbuch-Bestseller. Die späteren Bücher *Der Aufmacher* (1977) und vor allem *Ganz unten* (1985) entwickelten sich zu sensationellen Erfolgstiteln:

- Im *Aufmacher* schildert Wallraff seine Erlebnisse als Reporter der Boulevardzeitung BILD und in dem bis dahin erfolgreichsten BRD-Bestseller *Ganz unten* die Erfahrungen, die er in der Rolle des türkischen Leiharbeiters ›Ali‹ machte. □

Bis in die 1980er-Jahre blieb Wallraff in seinen Publikationen seiner Reportagenmethode treu.

Neue Subjektivität

Zunehmend persönlich wurden in den 1970er-Jahren die Texte vieler Autoren, die sich zu Vertretern einer politischen Lyrik entwickelt hatten oder für einen politischen Realismus des Romans eingetreten waren. Die Literaturkritik verzeichnete deshalb einen Trend zu ›**neuer Innerlichkeit**‹ oder ›**neuem Subjektivismus**‹. Was damit gemeint war, kann in einem Roman mit dem viel sagenden Titel *Die erdabgewandte Sei-*

te der Geschichte (1976) studiert werden. NICOLAS BORN schildert hier das Milieu der jüngeren Intellektuellen in Westberlin um 1967. Dies geschieht aus der Sicht eines gehemmten und in Beziehungskrisen verstrickten (fiktiven) Autors, dessen Perspektive von zunehmendem Ekel bestimmt wird. Der Roman enthält Anklänge an die Romantik (↗ S. 221 ff.). Allerdings wurde gerade die Hochschätzung der Romantik von der Studentenbewegung attackiert. Ein Slogan von 1968 lautet in Anspielung auf Novalis: »*Schlagt die blaue Blume tot …*« Auf Resonanz in jüngeren Leserkreisen stieß bereits 1973 die Erzählung *Lenz* des ehemaligen Studentenaktivisten PETER SCHNEIDER. Ihm war die Einstellung in den Schuldienst im Rahmen der ›Berufsverbote‹ verweigert worden. Die Erzählung knüpft nicht nur mit dem Namen des Titelhelden an BÜCHNERS Novelle (↗ Dramatik der Restaurationszeit, S. 233 f.) an. Sie zieht auch eine Parallele zwischen der psychischen Situation eines jungen Linken der frühen 1970er-Jahre und der des kranken Sturm-und-Drang-Dichters.

Frauenliteratur

Zwischen Politisierung und neuer Subjektivität entstand eine neue Frauenliteratur, deren Feminismus sich in Auseinandersetzung mit SIMONE DE BEAUVOIRS Buch *Das andere Geschlecht* (1949) entwickelte. Als Beleg einer spezifisch weiblichen Schreibweise galt vielen der Prosaband *Häutungen* (1975) von VERENA STEFAN. Unter der Sammelbezeichnung **Frauenliteratur**, die bald die großen Verlage in eigenen Reihen aufgriffen, wurden auch herkömmliche Titel geführt, sodass der Begriff schließlich kaum noch mehr aussagte, als dass es sich um eine Literatur mit weiblicher Perspektive handelt.

Dramatik

Auf dem Theater wurde BOTHO STRAUSS zu einem viel gespielten Autor. Seine Texte, oft eine Folge von Dialogen, zeigen die subjektiven Verstörungen, die vor allem im Umfeld des Krisenjahrs 1977 das Lebensgefühl der intellektuellen Linken bestimmten.

Lyrik

Liebeslyrik und Snapshots

Auch lyrische Texte boomten nach 1968. Hier ist es vor allem der im englischen Exil verbliebene Autor ERICH FRIED, der auf reges Interesse der zumeist Jüngeren stieß. Zunächst fand seine politische Lyrik mit knapp gesetzten Pointen viele Anhänger, später (1979) waren es die Liebesgedichte, in denen sich viele mit ihren Erfahrungen wiederzufinden glaubten. Zeitweilig noch verbreiteter waren die Gedichte von WOLF WONDRATSCHEK, die sich an den Stil amerikanischer Rock-Songs anlehnten.

- Erich Fried: *Dich*

Dich nicht näher denken
und dich nicht weiter denken
dich denken wo du bist
weil du dort wirklich bist

Dich nicht älter denken
und dich nicht jünger denken
nicht größer nicht kleiner
nicht hitziger und nicht kälter

Dich denken und mich nach dir sehnen
dich sehen wollen
und dich lieb haben
so wie du wirklich bist □

1975 verstarb mit ROLF DIETER BRINKMANN noch jung ein Autor, der wie wenige die amerikanische **Pop- und Undergroundliteratur** (z. B. Allen Ginsberg) verarbeitet hatte. Scharf wandte er sich gegen die Autorengeneration der ›Gruppe 47‹ (↗ S. 314 f.) und gegen eine Literatur, die sich der Autorität ihrer Geschichte unterwirft. Stattdessen redete er einem Spontaneismus das Wort. In der banalen Wirklichkeit entstünden die einmaligen Bilder, die es festzuhalten gelte. Die Mediengrenzen durchbrach er mit Text-Bild-Collagen und mit Foto-Schnappschüssen (Snapshots) in Gedichtbänden. Mit seinen Attacken auf das Kultur-Establishment und mit seinen (damals) provokanten Annäherungen an die Bildwelten von Kino und Massenmedien wurde er rasch zu einem Kultautor. Ihm folgten eine Reihe von Autoren, die sich in diesen Jahren einer so genannten **Alltagslyrik** verschrieben.

16.7 Von 1977 bis zur Gegenwart

Epik

Die Romane von Martin Walser und Günter Grass

Über die Jahre nach 1977 lässt sich mit Blick auf den Roman kein einheitliches Bild skizzieren. Auf der einen Seite nehmen die Debatten um eine Postmoderne (↗ S. 146) Einfluss auf die Schreib- und Rezeptionsweisen, auf der anderen Seite ergibt sich ein Rückgriff auf die Form des einfachen realistischen Erzählens.

Martin Walser (geb. 1927)

Für ein **realistisches Erzählen** steht ein Autor wie Martin Walser. Noch 1972 hatte er sich in *Die Gallistl'sche Krankheit* um eine Erzählweise bemüht, die in der Form einer Anamnese (Vorgeschichte einer Krankheit) dem Leser die Konflikte eines schreibenden Ichs vorsetzte. Seine von der Kritik gefeierte Novelle *Ein fliehendes Pferd* (1978) zeigt eine Trendwende. Nun dominieren bei Walser Themen wie das Leben in der Provinz, die Probleme des Alterns und die Schwierigkeit des Kleinbürgers, in einer Welt zu leben, die Kleinbürgerlichkeit als spießig ächtet. In ihrer Gesamtheit bieten Walsers Romane einen Beitrag zur deutschen Geschichte, indem sie mehr oder weniger alltägliche Biografien mit politischen Ereignissen verweben. Von Bedeutung sind auch die Debatten, die der Autor auslöste. So provozierte der frühere Linke das Lesepublikum mit Thesen zur deutschen Einheit zu einem Zeitpunkt, als die Wende von 1989 noch nicht absehbar war. Für großen Streit sorgte er 1998 mit seiner Rede zum Erhalt des **Friedenspreises des Deutschen Buchhandels.** Hier wandte er sich gegen die vermeintliche »*Dauerpräsentation unserer Schande*« (gemeint war Auschwitz) in den Medien.

Günter Grass (geb. 1927)

Eine andere politische Haltung, aber auch eine andere Schreibweise als WALSER kennzeichnen das Werk Günter Grass'. 1999 erhielt er als zweiter BRD-Autor nach HEINRICH BÖLL (1972) den **Nobelpreis für Literatur**. Von der Literaturkritik wurde Grass selbst in den 1990er-Jahren noch immer an seinem Romanerstling *Die Blechtrommel* (↗ S. 317) gemessen, der mit der Novelle *Katz und Maus* (1961) und dem Roman *Hundejahre* (1963) die *Danziger Trilogie* bildet. Dabei legte Grass noch etliche andere Werke vor, zu denen neben essayistischen auch lyrische Beiträge und Dramen gehören. Während der Roman *Örtlich betäubt* (1969) die Schwierigkeiten des Autors mit der nachwachsenden Schüler- und Studentengeneration verdeutlicht, verarbeitet *Aus dem Tagebuch einer Schnecke* (1972) die politischen Erfahrungen, die Grass als Wahlkämpfer für die SPD und WILLY BRANDT machte. Das Tagebuch mischt unterschiedliche Genres, ist also kein politisches Manifest im engen Sinne.

Über den Tag hinaus sind vor allem die Reflexionen über die Beziehung zwischen **Utopie und Melancholie** interessant. An romantische Konzepte der Universalpoesie (↗ S. 223) erinnert *Der Butt* (1977), der einen zeitlichen Erzählrahmen von der Jungsteinzeit bis in die Gegenwart umspannt. Eine indirekte Auseinandersetzung mit der ›Gruppe 47‹ liefert die Erzählung *Das Treffen in Telgte* (1979/81), die eine fiktive Zusammenkunft deutscher Barockautoren im Jahre 1647 schildert.

Unter dem Eindruck **nuklearer Bedrohungen** entstand der 1986 erschienene Roman *Die Rättin.* Unterschiedliche Erzählstränge werden durch eine nukleare Katastrophe verbunden. Deren Ausgang führt zu einer menschenlosen Welt, in der die überlebenden Ratten zu zerstörerischen Rattenmenschen mutieren, die das Rad der Geschichte wieder in Bewegung setzen.

War dieser Roman bereits umstritten, so steigerten sich die heftigen Töne noch 1995 bei dem von einigen als **Wende-Roman** (↗ S. 307) wahrgenommenen Roman *Ein weites Feld.* In beiden Fällen war es vor allem MARCEL REICH-RANICKI, der den Autor in einer Weise angriff, die – auch im Ausland – zu Klagen über den Zustand der deutschen Literaturkritik Anlass bot:

■ In *Ein weites Feld* erinnert Grass an den Autor Fontane, der in der Figur des Fonty eine Art Wiedergeburt in der DDR und in der Zeit der Wende erlebt. □

Grass mischt auch hier Gegenwart mit Kulturgeschichte, Fantastisches mit Realistischem und unterbricht die erzählte Fabel durch Zeitbetrachtungen, in denen politische Kommentare durchschimmern, die an Grass' eigene politische Stellungnahmen erinnern.

Die Skepsis, mit welcher der Autor die Auflösung der DDR in der BRD betrachtete, stand dem Zeitgeist der frühen 90er-Jahre völlig entgegen und hatte kritische Reaktionen zur Folge.

Der Roman in der jüngeren BRD-Literatur

Bis Mitte der 90er-Jahre wurde beklagt, dass die jüngere BRD-Literatur im Ausland keine Rolle spiele und dass Romanübersetzungen dem Publikumsinteresse im Inland eher entgegenkämen als die Werke deutschsprachiger Autoren. Diese würden nicht auf das Bedürfnis des Publikums nach Unterhaltung eingehen. Unter kommerziellen Gesichtspunkten war diese Klage verständlich. Allerdings gab es neben GRASS und WALSER auch Autoren, die mit ihren Büchern beim internationalen Publikum ankamen. Ganz besonders erfolgreich (jeweils in weit über 20 Sprachen übersetzt) waren zwei sehr unterschiedliche Romane: *Das Parfum* (1985) von PATRICK SÜSKIND und *Der Vorleser* (1995) von BERNHARD SCHLINK. Süskind arbeitete nach seinem Studium vor allem an Drehbüchern für das Fernsehen. Erfolgreich wurde er in diesem Genre erst, nachdem er 1981 mit der Komödie *Der Kontrabass* ein Theaterstück vorgelegt hatte, das zeitweilig das meistgespielte an deutschen Bühnen war. Im Fernsehen wurde man durch zwei Unterhaltungsserien auf ihn aufmerksam: *Monaco Franze* (1984) und *Kir Royal* (1986).

Schlink wirkt bis heute als Universitätsprofessor an einer juristischen Fakultät. Als Autor war er bis zu seinem Roman *Der Vorleser* lediglich durch raffinierte Krimis hervorgetreten.

Das Parfum von Patrick Süskind ist ein **historischer Roman** mit fantastischen Anleihen. Die Handlung erinnert an einen Krimi:

- Erzählt wird die Geschichte eines Serienmörders im Frankreich des 18. Jh. Der wegen seines unglaublich verfeinerten Geruchssinns geniale Parfummischer Jean-Baptiste Grenouille tötet Jungfrauen, um aus ihren Ausdünstungen einen unübertrefflichen Duft zu gewinnen. Auf dem Höhepunkt seiner Macht wird Grenouille mit seinen Gaben zum Manipulator und zum Verführer der Massen. Als er in der berühmten Parfum-Stadt Grasse hingerichtet werden soll, erscheint er, mit Tropfen seines genialen Parfums benetzt, den zehntausend Schaulustigen plötzlich in der Maske eines Engels, der die verborgensten erotischen Begierden freisetzt. Statt zur Bestrafung des Täters kommt es zu einem gewaltigen Gelage. Mit dieser Erfahrung seiner Massenwirkung ausgestattet, macht sich Grenouille auf den Weg zur Weltherrschaft nach Paris. Vor den Kriminellen und jugendlichen Außenseitern, die sich nach Mitternacht hier auf einem Friedhof tummeln, erweist sich die magische Kraft des erotisierenden Duftes als selbstmörderisch: Grenouilles Ausstrahlung reizt die Masse derart stark, dass sie ihn buchstäblich verschlingt. □

Das Motiv des Künstlers als Verführer verweist auf Künstlerromane im Stile THOMAS MANNS (z. B. in *Dr. Faustus,* 1947): Gezeigt wird das Genie auf dem gefährlichen und skrupellosen Weg zu Ruhm und künstlerischer Erfüllung. An manchen Stellen entwickelt sich die Geschichte hierbei auch zu einer politischen Allegorie (↗ S. 102). Viele Leser sahen in der literarischen Figur eine Anspielung auf GOEBBELS. Erzählt wird die Geschichte Grenouilles geradlinig und in einer Anschaulichkeit, die an den Realismus (↗ S. 237 ff.) des 19. Jh. erinnert. Der Kenner kann in diesem Roman allerdings eine Fülle von intertextuellen Anspielungen (↗ Intertextualität, S. 132) erkennen, die neben Mann von der Bibel über KLEIST zu Grass reichen.

Auch Schlinks Roman *Der Vorleser* prägen kriminalistische Momente:

- Im Alter von 15 Jahren findet der Ich-Erzähler, Michael Berg, in der 36-jährigen Hanna Schmitz seine erste Geliebte. Er soll ihr aus Werken der Weltliteratur vorlesen, weil sie des Lesens nicht mächtig ist. Das aber ahnt der Jugendliche nicht. Nachdem der Kontakt zu ihr abgerissen ist, erkennt Berg, der als Jura-Student Zuschauer in einem KZ-Prozess ist, in einer der Angeklagten Hanna wieder. Deren Analphabetismus erkennt er erst, als sie eine sie belastende Falschaussage macht, die ihre Schwäche verbergen soll. Hanna wird zu lebenslanger Haft verurteilt. Berg schließt sein Studium ab, heiratet und wird Vater. Nachdem er von seiner Frau geschieden worden ist, wird er wieder zum Vorleser. Kassettenaufnahmen des Vorgelesenen schickt er Hanna regelmäßig. Nach vier Jahren erhält er von ihr, die in der Haft lesen und schreiben lernt, eine erste Karte in ungelenker Schrift. Berg setzt seine Lesungen fort, besucht aber die inzwischen alte Hanna erst, als diese begnadigt werden soll. Als er sie schließlich am Entlassungstag abholen will, erfährt er, dass sich Hanna erhängt hat. In ihrer Zelle findet er Literatur über den Holocaust. □

Schlink gestaltet seinen Roman als Versuch des Erzählers, mit seiner und Hannas Geschichte ins Reine zu kommen. Zentrales Thema ist die Auseinandersetzung mit der Schuldfrage. In dieser Auseinandersetzung zeigt der Autor Hanna nur mittelbar, nämlich als Angeklagte, in der Rolle der Täterin: Im Blickwinkel des Ich-Erzählers erscheint sie selbst als Opfer (Analphabetismus) und als Sympathieträgerin. Gleichzeitig ist wichtig, dass der Erzähler selbst von Schuldgefühlen belastet ist. Als Gymnasiast fühlt er sich schuldig, weil er die ›unmögliche Geschichte‹ mit Hanna nicht öffentlich werden lässt und Hanna schließlich aufgibt. Als geschiedener Vater fühlt er sich der Tochter gegenüber schuldig. Mit seiner Tätigkeit in der Justiz verbindet er Schuldgefühle, nachdem er in Hannas Prozess Zeuge des Justizirrtums wurde. Und schließlich muss er sich noch einmal gegenüber Hanna schuldig fühlen, als die Gefängnisdirektorin ihm eröffnet, dass die Tote immer auf einen Brief von ihm gewartet habe. Aus solcher Verkettung von Schuld und Zuneigung gewinnt der Roman seine Faszinationskraft. Die Allgegenwart der Schuld, wie sie der Erzähler wahrnimmt, sollte aber nicht dazu verführen, die KZ-Verbrechen als eine Untat unter vielen zu bagatellisieren. Vielmehr kann eine Leseerfahrung darin bestehen, sich angesichts des Ausmaßes vergangener Verbrechen an die eigene Schuldfähigkeit zu erinnern.

Die Entdeckung der Langsamkeit (1983)

SÜSKIND und SCHLINK gehören von ihrem Alter her zur so genannten **68er-Generation**. Sie traten erst relativ spät als Autoren hervor. Ähnliches gilt für STEN NADOLNY. Sein Roman *Die Entdeckung der Langsamkeit* gehört ebenfalls zu den wenigen deutschsprachigen Titeln, die auch im Ausland erfolgreich waren. Ähnlich wie Süskind nutzt Nadolny das Genre des **historischen Romans** für eine Entwicklungsgeschichte. Noch eine weitere Parallele lässt sich erkennen: Wie Süskinds Grenouille ist auch Nadolnys Held, der Polarforscher Franklin (1786–1847), eine versehrte und isolierte Figur, die aus ihrer Behinderung eine Gabe werden lässt. Während dies bei Süskind zu mörderischen Konsequenzen führt, nimmt bei Nadolny der Entwicklungsprozess einen anderen, positiven Verlauf, sodass der Held für den Leser Züge eines Vorbilds gewinnt:

- Franklins Defekt ist eine Langsamkeit, die als Reaktionsschwäche bereits in der Kindheit zum Problem wird. Doch trotz der Einschränkungen schafft er es, dass er zur Schule gehen darf, dass er auf einem Schiff aufgenommen wird, um dort als Matrose anzuheuern. Im Laufe seiner Entwicklung lernt Franklin, mit seiner Langsamkeit zu leben. Er kommt immer dann zurecht, wenn er sich nicht an den Zeitvorstellungen anderer misst, sondern innerhalb seines ihm eigenen Zeitmaßes handelt. So gelingt es ihm, ein eigenes Schiff zu kommandieren und in brisanten, andere zu Hektik verführenden Situationen schnell zu sein. □

Während sich die historische Welt, die der Roman nachzeichnet, zunehmend auf Perfektion, Geschwindigkeit und auf kollektive Zeitmaßstäbe (Arbeitszeiten) einstellt, ist Franklin erfolgreich, indem er seine Fehler akzeptiert und dadurch Individualität gewinnt.

Populäre Belletristik

Mit den 90er-Jahren vollzieht sich ein Einstellungswandel gegenüber der Literatur. In so genannten ›**Poetry-Slams**‹, einer Idee aus der US-amerikanischen Pop- und Underground-Szene, wird Literatur live erlebt. Die Slams (slam: u.a. mies machen, zuschlagen) unterscheiden sich von traditionellen Lesungen dadurch, dass mehrere Autoren ihre Texte vortragen und die Zuhörer die Rolle einer lautstarken Jury übernehmen. Was Mitte der 1990er-Jahre begann, hat sich in der Zwischenzeit zu verschiedenen Literatur-Szenen weiterentwickelt. Häufig ist die Grenze zwischen Comedy und Literatur schwer zu ziehen, so zum Beispiel bei Benjamin von Stuckrad-Barre. Aus der neuen Literaturszene ist eine junge Autorengeneration hervorgegangen, die nicht zuletzt den Wünschen der Buchverleger nach populärer Belletristik entgegenkommt. Die Medien fördern diesen Prozess. So wird in Zeitschriften beispielsweise immer wieder von einem ›**neuen Fräuleinwunder**‹ in der Literatur geschrieben. Gemeint sind junge Autorinnen, bewertet wird attraktives Aussehen. Der Begriff ›Fräuleinwunder‹ geht auf ein Schlagwort zurück, das bereits in den 1920er-Jahren und vor allem in der Zeit nach dem 2. Weltkrieg kursierte.

Dramatik

Das Regietheater

Eine gewichtige Rolle spielte das deutschsprachige Gegenwartsdrama nach 1977 nicht. Für diesen Umstand wird häufig die Entwicklung zum so genannten ›Regietheater‹ verantwortlich gemacht. Gemeint ist ein Prozess, in dem der Regisseur als Theaterproduzent wichtiger wird als der Autor. Brillieren können Regisseure vornehmlich, indem sie Stücke – besonders Klassiker –, die bereits von anderen inszeniert wurden, in origineller Weise neu interpretieren. Solche Neuinterpretationen laufen häufig auf Verfremdungseffekte oder auf satirische Verarbeitung hinaus, können aber auch das Ziel haben, dem Original des dramatischen Textes näher als bisherige Aufführungen zu kommen. Das Hervortreten von Star-Regisseuren, denen ein eigener Stil zugesprochen wird, ist ein Kennzeichen des Regietheaters. Zu den bekannteren Regisseuren zählen seit den 70er-Jahren Peter Stein, Peter Zadek, Hansgünther Heyme, Jürgen Flimm. Hinzu kommen vor allem in der Folge der Biermann-Ausweisung (↗ S. 306) Regisseure aus der DDR wie Matthias Langhoff, Einar Schleef oder Adolf Dresen.

Botho Strauß (geb. 1944)

Zu einem der meistgespielten (und vor allem von Peter Stein inszenierten) zeitgenössischen Autoren an deutschen Theatern entwickelte sich in den 70er- und 80er-Jahren Botho Strauß. Charakteristisch für die Form vieler seiner Stücke und die Stücke anderer Zeitgenossen ist die Absage an eine durchgehende Handlung. Überwiegend Alltägliches wird bewusst fragmentarisch und mit einem starken Maß an

Künstlichkeit vorgeführt. Identitäten und Persönlichkeiten erscheinen zerrissen oder austauschbar und damit nichtig.

Thomas Bernhard (1931–1989) und Elfriede Jelinek (geb. 1946)

Die dramatischen Arbeiten des Österreichers Thomas Bernhard wurden besonders durch Aufführungen unter der Intendanz CLAUS PEYMANNS in Bochum und Wien berühmt. Bis in den sprachlichen Ausdruck hinein dominiert in den Stücken die Wiederholung bzw. der Wiederholungszwang und führt oft zu grotesken Effekten. Häufig steht der Typus des alternden Künstlers oder Kunstkenners im Mittelpunkt, der rechthaberisch und in einem manischen Sprechzwang die Ignoranz seiner Umwelt beklagt. Zunehmend entwickelten sich Bernhards **Künstlerdramen** zu Tragikomödien (↗ S. 163), die bei aller Verbitterung auch höchst unterhaltsam sein können. Sein letztes Stück *Heldenplatz* wurde 1988 ein erfolgreicher Theaterskandal. Es zeigt die Hintergründe, die zum Freitod eines jüdischen Emigranten führen, der, nach Österreich zurückgekehrt, mit den alten faschistischen Vorurteilen konfrontiert wird und daran zerbricht.

Ebenso wie Bernhards Stücke stellt die radikale Dramatik der feministischen Autorin Elfriede Jelinek eine kritische Auseinandersetzung mit Österreich dar. Bei Jelinek, die mit Romanen wie *Die Klavierspielerin* (1983) bekannt wurde, tritt immer wieder der Zusammenhang von Politik, Gewalt und Sexualität in den Vordergrund. Einen Einblick in ihre Art, Texte für das Theater zu schreiben, vermittelt *Ein Sportstück,* das 1998 von EINAR SCHLEEF am Wiener Burgtheater inszeniert wurde. Aufschlussreich sind erklärende Sätze, die sie vorab an die Regie richtet: *»Die Autorin gibt nicht viele Anweisungen, das hat sie inzwischen gelernt. Machen Sie, was Sie wollen.«*

Franz Xaver Kroetz (geb. 1946)

Anklänge an eine naturalistische Dramatik (↗ S. 252 f.) und mehr noch an die Volksstücke der 20er-Jahre finden sich bei Franz Xaver Kroetz. Kroetz' sozialkritische Dramen beschäftigen sich mit den Sorgen der so genannten einfachen Leute, so z. B. das Drama *Furcht und Hoffnung der BRD* (1984), das fünfzehn Szenen aus dem deutschen Alltag des Jahres 1983 vorführt und dabei Themen wie Arbeitslosigkeit, Existenzangst und Isolation behandelt. Gezielt setzt Kroetz in zahlreichen Stücken den (bayrischen) Dialekt ein, um die Denk- und Artikulationsweisen seiner Hauptfiguren bei der Arbeit oder in der Familie zu zeigen.

Junges Theater

Auch in der Dramatik zeichnet sich seit den 90er-Jahren ein Generationswechsel ab. Auffallend ist bei jüngeren Autoren die Neigung, an Fernseherfahrungen anzuknüpfen. Einflüsse gehen zudem vom **britischen Gegenwartstheater** aus, dessen Sozialkritik den Blick auf Milieus richtet, die im Schatten der Mediengesellschaft stehen. Dieser sozialkritische Blick wird häufig mit einem Humor verbunden, der für die notwendigen Schock-Effekte sorgt. Dies kann an einem viel gerühmten Theaterstück aus dem Jahr 1999 studiert werden:

- *King Kongs Töchter* von THERESIA WALSER führt in die Welt eines Altersheims und in die Traumwelt dreier frustrierter Pflegerinnen. Bedenkenlos bringen die drei bei runden Geburtstagen die Heiminsassen um. □

Lyrik

Nach dem Trend zu Subjektivität und Alltag in den 70er-Jahren zeigt sich in der Lyrik nach 1980 wieder eine stärkere Betonung der Form (z. B. bei Karl Krolow), vor allem aber eine deutliche Rückorientierung auf gängige Themen und Bilder. Dies wurde, wie im Fall von Ulla Hahn, von der Kritik zuweilen als epigonal (↗ S. 231) empfunden. Zeiterfahrungen haben dennoch Auswirkungen auf die Gedichte: Die zunehmende Sorge um die Ökologie veränderte die **Naturlyrik**, wie sich in den Gedichten der aus der DDR übergesiedelten Sarah Kirsch zeigt. Universale **Untergangsstimmungen** verbreiten die Gedichte von Günter Kunert, eine Tendenz, die sich sogar zeitweilig bei Hans Magnus Enzensberger findet. 1978 legte dieser mit *Untergang der Titanic* eine Verserzählung vor, die er in Anspielung auf Dürrenmatt und auf Dante ›Komödie‹ nennt. Die berühmte Schiffskatastrophe wird zum Sinnbild der Katastrophe des Fortschrittsdenkens. Anders als bei Kunert geht es bei Enzensberger, der strenge Form und lakonischen Ton mischt, auch in der Katastrophe immer irgendwie weiter:

■ *Alles, heule ich, wie gehabt, alles schlingert, alles/unter Kontrolle, alles läuft, die Personen vermutlich ertrunken/im schrägen Regen, schade, macht nichts, zum Heulen, auch gut,/undeutlich, schwer zu sagen, warum, heule und schwimme ich weiter.* □

Mit viel beachteten Essays und weiteren Gedichtbänden bleibt Enzensberger auch über die 90er-Jahre hinaus in der literarischen Öffentlichkeit präsent. Dies gilt auch für Peter Rühmkorf, der seine liedhafte Lyrik zeitweilig mit den Jazz-Musikern Michael Naura und Wolfgang Schlüter vortrug. Auch wenn sich seine jüngeren Gedichte vielfach mit der Thematik des Alterns beschäftigen, bleibt Rühmkorf bei seiner Neigung zu lässigen, oft selbstironischen Tönen:

■ *[...] Dies als Kunstgesetz gesamt gesehen:/Ein Gedicht, das auf sich hält,/das lässt sich gehen.//Und je tiefer ich empfinde, umso seichter/schmiere ich mich aus,/dann fällt der Abschied leichter.* (Aus: *Wenn – aber dann*, 1999). □

Während Rühmkorfs Gedichte in ihrem Erzählton auf Anhieb verständlich sind, gilt dies kaum für den als Spätaussiedler aus Rumänien nach Deutschland gekommenen Oskar Pastior. Pastiors Lyrik kombiniert häufig alte Versformen mit einem modernen Sprachmaterial, bei dem es zunächst auf das Klangerlebnis ankommt. Ähnliches gilt für den weit jüngeren Thomas Kling, der darüber hinaus an Brinkmanns Ideen zu einer Pop-Literatur anknüpft. Durs Grünbein, in der DDR aufgewachsen und bereits 1995 mit dem renommierten **Büchner-Preis** ausgezeichnet, gilt manchen Kritikern als die Lichtgestalt der deutschen Gegenwartslyrik. Die Themen seiner Texte sind Alltags- und Reiseerfahrungen. Stadtbilder (v. a. Berlin) werden ebenso verarbeitet wie z. B. Zeit- und Literaturgeschichte oder Medizin.

Teil 3: Formen und Methoden sprachlichen Arbeitens

1 Interpretierendes Schreiben

Ein großer Teil des Deutschunterrichts betrifft das Verstehen und Interpretieren von Texten (↗Hermeneutik, S. 139 ff.). Im Mittelpunkt stehen literarische Texte, die viel Beachtung beim Lesepublikum fanden und kulturgeschichtlich als bedeutsam gelten. Zunehmend sind aber auch Sachtexte Gegenstand des Deutschunterrichts. Dazu gehören z. B. Rezensionen (↗S. 144), Kommentare (↗S. 139, 143) sowie informierende Darstellungen aus Fachbüchern. Sachtexte werden häufig herangezogen, um bestimmte Aspekte literarischer Werke zu vertiefen, zu erörtern oder zu klären. Im Unterricht werden sie oft auch als Ausgangspunkt für argumentative Auseinandersetzungen genutzt (↗Erörtern anhand eines Sachtextes, S. 365 ff.).

1.1 Texte analysieren und interpretieren

Das Analysieren (↗S. 142) und Interpretieren (↗S. 141 f.) stehen in engem Zusammenhang. Beim Analysieren sollen die Elemente eines Textes und ihre Beziehungen untereinander genau erfasst werden, um eine Grundlage für die fundierte und differenzierte **Deutung** zu haben. Der Begriff ›analysieren‹ betont das Systematische des Vorgehens und rückt es in die Nähe wissenschaftlicher Analyseverfahren in anderen Disziplinen.
Das Analysieren beginnt bereits beim intensiven Lesen, indem man einzelne Sätze mehrfach und langsam liest, Wortgruppen unterstreicht und Abschnitte voneinander abgrenzt. Der Eindruck, der dabei im Kopf des Lesers entsteht, ist der Ausgangspunkt der Interpretation. Diese schließt sich an die Analyse an und besteht vor allem in Schlussfolgerungen im Hinblick auf das, was indirekt gesagt werden soll.

Sachtexte

Sachtexte erfordern nach gründlichem Lesen (↗Lesestrategien, S. 381 ff.) vor allem Strategien der **Textbeschreibung:**

- Welcher Funktion dient der Text (↗Organon-Modell, S. 71 f.)? Vermittelt er vor allem Informationen, lässt er sich als Appell verstehen oder eher als Ausdruck persönlicher Gedanken und Gefühle?
- Welcher Adressat ist vorgesehen? Wie wird er angesprochen?
- Welcher Anlass und welches Ziel lassen sich erkennen? Warum und wozu wurde der Text geschrieben?
- Welche Besonderheiten des Stils und der Darstellung fallen auf? Wie lässt sich die Sprache beschreiben: Ist sie eher abstrakt oder konkret, persönlich oder unpersönlich, informativ oder wertend, behauptend oder argumentierend?
- Lässt sich eine Argumentationsstrategie erkennen? Wenn argumentiert wird: Sind die Argumente stichhaltig? Werden Beispiele gegeben?

Literarische Texte

Literarische Texte (↗ Begriff ›Literatur‹, S. 127) erfordern besonders große Aufmerksamkeit. Unter Berücksichtigung ihrer Entstehungsgeschichte und -bedingungen (Produktionsseite), ihrer poetischen Qualität und ihrer Aufnahme durch Leser (Rezeptionsseite), die manchmal sehr kontrovers ist, soll ein begründetes Textverständnis erreicht werden. Dies fordert vom Leser, sich mit vieldeutigen (polyvalenten) Aussagen (↗ S. 127) auseinanderzusetzen und belegbare Wahrnehmungen der dargestellten Konflikte, Probleme und Widersprüche zu formulieren.

Die allgemeinste Frage an den Text ist: Worum geht es? In diesem Zusammenhang darf der Leser nicht vergessen, dass er es mit einer fiktionalen (↗ S. 128), konstruierten Welt zu tun hat. Diese weist zwar Bezüge zur Realität auf, stellt diese aber abstrahierend (z. B. durch typisierende Figurengestaltung) und aus einer bestimmten Sicht heraus dar.

Das Verstehen literarischer Texte erfordert verschiedene **Strategien**, die eine begründete Interpretation (↗ S. 331) als Ausdruck eines vertieften Textverständnisses zum Ziel haben. Dazu gehören das Lesen des Textes (↗ S. 382 ff.), das Notieren und Klären von unbekannten Begriffen und unverstandenen Textstellen, das Sammeln von Beobachtungen (z. B. zur inhaltlichen Struktur, zu intertextuellen Bezügen, ↗ S. 132 zu Motiven und Stoffelementen, ↗ S. 132 f. zur sprachlichen Gestaltung) und die Einordnung in textübergreifende Kontexte (↗ S. 131 f., 383). Diese können aus anderen Texten bestehen, aus literaturhistorischen Konstruktionen, der Biografie des Autors, aber auch z. B. aus eigenen Leseerfahrungen.

Die Deutung beginnt bereits mit dem ersten Lesen. Aber erst, wenn die spontanen Deutungen auch durch Beobachtungen am Text belegt werden können, sind die Voraussetzungen für eine in sich stimmige, für andere nachvollziehbare Interpretation gegeben. Überinterpretationen ergeben sich dann, wenn persönliche, vom Text losgelöste Assoziationen oder ein einzelner Aspekt des Textes gegenüber anderen zu stark in den Vordergrund gerückt werden.

Der schulische **Interpretationsaufsatz** (s. u.) verlangt, den Verstehensprozess unter Beachtung und Benennung der jeweiligen Gestaltungselemente epischer, lyrischer und dramatischer Texte strukturiert und detailliert darzulegen. Er dient der Diskussion unterschiedlicher Verstehensmöglichkeiten und -bedingungen von Texten, ferner der Auseinandersetzung mit den kulturellen Grundlagen einer Gesellschaft und letztlich auch der Aneignung poetischer Aussageweisen als Bereicherung der eigenen Ausdrucksmöglichkeiten.

Das Interpretieren setzt an Textbeobachtungen an. Das folgende Schema verdeutlicht das Vorgehen beim Verfassen einer schriftlichen Interpretation.

Vorarbeit

Lesen

↓

ersten Eindruck gewinnen, Hypothese stichwortartig formulieren, Leitfragen entwickeln

↓

Untersuchungsaspekte finden, entsprechend Textbeobachtungen sammeln und analysieren

Interpretationsaufsatz

Interpretationshypothese ausformulieren

↓

Interpretation der Textbeobachtungen auf der Basis der gewählten Untersuchungsaspekte, Überprüfung der Interpretationshypothese am Text

↓

Fazit unter Rückbezug auf die Interpretationshypothese

1.2 Schritte zum Interpretationsaufsatz

Eine Hypothese entwickeln und Leitfragen finden

Der **erste Eindruck** von einem Text mag zunächst recht emotional sein. Er kann ablehnend oder auch zustimmend sein. Manche Texte hinterlassen eine zwiespältige Wirkung, lösen Verwirrungen oder Irritationen aus. Geht man diesen spontanen Reaktionen auf einen Text nach und sucht nach Gründen dafür im Text, ist man bereits auf dem Weg zu einem vertieften Textverständnis.

Aus den Eindrücken, die beim ersten und zweiten Lesen entstehen, lässt sich eine **Hypothese** in Bezug auf den Text ableiten. Hypothesen sind noch ungesicherte Annahmen. Sie skizzieren ausgehend vom ersten Textverständnis und den ersten Textbeobachtungen eine Interpretationsrichtung.

Zur Überprüfung der Hypothese lassen sich **Leitfragen** entwickeln. Damit klärt man das **Ziel der Untersuchung**. Entsprechend den Leitfragen werden im Text **Schlüsselstellen** gesucht. Steht z. B. die Frage nach dem Generationskonflikt im Mittelpunkt, sucht man zunächst Wortgruppen, die ihrer Bedeutung nach dazu passen.

Denkbar ist im Übrigen auch, dass man zunächst mit einer Leitfrage an den Text herangeht und dann eine Hypothese formuliert.

Textbeobachtungen sammeln und ordnen sowie Untersuchungsaspekte finden

Das Sammeln von Textbeobachtungen richtet sich nach dem Untersuchungsziel. Entsprechend wird eine Auswahl getroffen. Wenn also im Folgenden Untersuchungsaspekte aufgelistet werden, sind sie keinesfalls so zu verstehen, dass sie Schritt für Schritt abgearbeitet werden müssen. Bei einer Textuntersuchung in Aufsatzform wird man sich immer auf die Elemente konzentrieren, deren Untersuchung für den jeweils vorliegenden Text besonders ergiebig ist.

Wird z. B. der innere Konflikt einer Figur durch personales Erzählen (↗ S. 148) vermittelt, wird die Erzählperspektive (↗ S. 148 f.) ein Untersuchungsaspekt sein. Will man Nähe und Distanz des Erzählers zum Erzählten feststellen, ist ebenfalls die Frage nach der Erzählperspektive interessant: Kommentiert der Erzähler von außen oder präsentiert er das Innere einer Figur und lässt ihre Wahrnehmung gleichsam sprechen? Mit welcher Wirkung auf den Leser? Mehrere Kategorien sind zusammenzunehmen, wenn ein Text einer Epoche zugeordnet oder gattungsspezifisch gelesen werden soll. Traditionell werden Gattungen bestimmte Formmerkmale zugeordnet.

Für die ungezielte **Stoffsammlung** bieten sich drei Zuordnungsbereiche an, die als konventionell gelten können. Sie sind durch folgende Fragen zu erschließen:

- Worum geht es inhaltlich im Text und wie ist der Inhalt strukturiert?
- Welche sprachlichen Gestaltungselemente fallen auf?
- Welche Formmerkmale sind für den Text konstitutiv?

Durch Markierungen und Randkommentare lassen sich die Antworten vorbereiten. Bei umfangreichen Texten ist es ratsam, die Notizen zu den Stichworten Inhalt/Struktur, Sprache und Form auf drei Blättern zu sammeln und Bezüge durch farbige Markierungen hervorzuheben.

Sprache	Inhalt/Struktur	Form
	Interpretation	

Fachbegriffe strukturieren und präzisieren die Textbeobachtungen. Sie lassen sich den o.g. Bereichen zuordnen. Vor allem zur Kennzeichnung der Form werden jeweils spezifische Begriffe verwendet.
Grundsätzlich sollte man sich bewusst machen, ob ein eigenständiger Text oder ein Auszug vorliegt. Im letzteren Fall ist zu bedenken und zu notieren, welcher Stelle des Gesamttextes der Auszug entnommen wurde und welche Rückverweise und Vorausdeutungen festzustellen sind. Das Herstellen von Bezügen zu textübergreifenden Kontexten (↗ S. 383) kann z. B. klären, welche Elemente sozialhistorisch oder biografisch bedingt sind oder auf literarische Vorlagen verweisen.

Eine Interpretationshypothese formulieren

Die Interpretationshypothese lässt sich als Ergebnis einer ersten vertiefenden Auseinandersetzung mit einem Text verstehen. Sie wird thesenhaft als Aussagesatz formuliert und gibt Auskunft darüber, was der Schreibende für die Aussageintention des Textes hält. Im Interpretationsaufsatz bildet die Interpretationshypothese die Gelenkstelle zwischen Einleitung und Hauptteil.

1.3 Einen epischen Text untersuchen

Beim Erzählen (↗ Epik, S. 146 ff.) wird gleichsam eine Welt erschaffen, mitsamt ihren Figuren, Raum-Zeit-Beziehungen, einer Handlung usw. Die Sicht des Lesers auf diese Welt wird durch den Erzähler gesteuert, der unterschiedliche Perspektiven einnehmen kann. Er kann sich als selbstständig wertende Stimme äußern, sich neutral zurückhalten, die Perspektive einer oder mehrerer Figuren einnehmen. Er kann gleichsam von außen erzählen, indem er sich auf äußere Vorgänge und Handlungen bezieht, und er kann von innen erzählen, indem er die Gedanken und Gefühle der Figuren präsentiert.

Aspekte für die Untersuchung epischer Texte

Inhalt	– Thema/Situation – zentrale Figuren, ihre Eigenschaften sowie ihre Beziehungen zueinander

	– Orientierung in Raum und Zeit (Hauptschauplätze, Innen-/Außenräume, Zeitangaben, Vor- und Nachgeschichten) – Handlung (ein Handlungsstrang oder mehrere, chronologisch-linearer oder diskontinuierlicher Verlauf, Rahmen- und Binnenhandlungen, Parallelhandlungen)
Struktur	– Erzählschritte (Indikatoren: Ortswechsel, Zeitsprünge, neue Personen, neue Handlungsabschnitte) – Erzählweise (Vorausdeutung, Rückblende, Spannungsaufbau, Wende-/Höhepunkt, Pointe)
Sprache (↗Teil I)	– Wortverwendung (Abstrakta/Konkreta, auffällig verwendete Wortarten, Schlüssel-/Signalwörter, Wortfelder) – Bildlichkeit (Vergleiche, Metaphern, Symbole) – Syntax (Satzformen, Wortstellung) – rhetorische Mittel (Appell, rhetorische Figuren)
Gattungsmerkmale/ Form (↗Epik, S. 146 ff.)	– Erzählperspektive (Ich-Erzähler, auktorialer Erzähler, personaler Erzähler) – Sichtweise (Außensicht auf die Figuren: Äußeres, Handeln, Situationen; Innensicht der Figuren: Wahrnehmungen, Gedanken, Gefühle) – Figurenrede (Dialog bzw. szenisches Erzählen, direkte Rede, indirekte Rede, innerer Monolog/ erlebte Rede) – Textsorte (Epos und Roman als Großformen; Novelle, Kurzgeschichte, Märchen, Sage, Fabel, Parabel, Anekdote als Kurzformen)

■ Peter Bichsel: *San Salvador* (1964)

Er hatte sich einen Füllfederhalter gekauft.

Nachdem er mehrmals seine Unterschrift, dann seine Initialen, seine Adresse, einige Wellenlinien, dann die Adresse seiner Eltern auf ein Blatt gezeichnet hatte, nahm er einen neuen Bogen faltete ihn sorgfältig und schrieb: »Mir ist es hier zu kalt«, dann, »ich gehe nach Südamerika«, dann hielt er inne, schraubte die Kappe auf die Feder, betrachtete den Bogen und sah, wie die Tinte eintrocknete und dunkel wurde (in der Papeterie garantierte man, dass sie schwarz werde), dann nahm er seine Feder erneut zur Hand und setzte noch seinen Namen Paul darunter.

Dann saß er da.

Später räumte er die Zeitung vom Tisch, überflog die Kinoinserate, dachte an irgendetwas, schob den Aschenbecher beiseite, zerriss den Zettel mit den Wellenlinien, entleerte seine Feder und füllte sie wieder. Für die Kinovorstellung war es jetzt zu spät.

Die Probe des Kirchenchores dauert bis neun Uhr, um halb zehn würde Hildegard zurück sein. Er wartete auf Hildegard. Zu all dem Musik aus dem Radio. Jetzt drehte er das Radio ab.

Auf dem Tisch, mitten auf dem Tisch, lag nun der gefaltete Bogen, darauf stand in blauschwarzer Schrift sein Name Paul.

»Mir ist es hier zu kalt«, stand auch darauf.

Nun würde also Hildegard heimkommen, um halb zehn. Es war jetzt neun Uhr. Sie läse seine Mitteilung, erschräke dabei, glaubte wohl das mit Südamerika nicht, würde dennoch die Hemden im Kasten zählen, etwas müsste ja geschehen sein.
Sie würde in den ›Löwen‹ telefonieren.
Der ›Löwe‹ ist mittwochs geschlossen.
Sie würde lächeln und verzweifeln und sich damit abfinden, vielleicht.
Sie würde sich mehrmals die Haare aus dem Gesicht streichen, mit dem Ringfinger der linken Hand, beidseitig der Schläfe entlangfahren, dann langsam den Mantel aufknöpfen.
Dann saß er da, überlegte, wem er einen Brief schreiben könnte, las die Gebrauchsanweisung für den Füller noch einmal – leicht nach rechts drehen –, las auch den französischen Text, verglich den englischen mit dem deutschen, sah wieder seinen Zettel, dachte an Palmen, dachte an Hildegard.
Saß da.
Und um halb zehn kam Hildegard und fragte: »Schlafen die Kinder?«
Sie strich sich die Haare aus dem Gesicht.
(Aus: Peter Bichsel: *Eigentlich möchte Frau Blum den Milchmann kennen lernen. 21 Geschichten*) □

Variante 1: Interpretation zum Thema Tagtraum und Alltag
– Nach dem ersten Lesen Wörter oder Wortgruppen unterstreichen oder herausschreiben, die Hinweise auf das Thema geben: z. B. »*Südamerika*«: Die Seltenheit entsprechender Wörter weist auf eine Spannung zwischen der von der Überschrift erzeugten Erwartungshaltung und dem tatsächlichen Geschehen hin.
– Leitfrage entwickeln: Welcher Anlass für einen Tagtraum lässt sich im Alltag entdecken?
– Interpretationshypothese formulieren: Ein in Routine erstarrter Alltag scheint der Anlass für den Tagtraum zu sein.
– Textbeobachtungen sammeln: Hauptfigur wird nicht näher vorgestellt, nur ihr Vorname genannt, am Anfang steht das Personalpronomen ›er‹, im Mittelpunkt stehen Gedanken und Fantasien der Figur; Titel steht symbolisch für Gegenwelt zu eintönigem Alltag; personales Erzählen (↗ S. 148), vorwiegend erlebte Rede (↗ S. 147), Anfang des 6. Absatzes Wechsel zum Präsens (Bewusstseinsstrom, ↗ S. 147); Gedanken von Paul geben Einblick in Leere des Alltags, der aus Warten besteht.

■ Struktur für einen Interpretationsaufsatz
Einleitung: *In der Kurzgeschichte ›San Salvador‹ von Peter Bichsel aus dem Jahr 1964 geht es um einen Mann, der beim Warten auf seine Frau anfängt, sich ein anderes Leben auszumalen …* (Inhaltsangabe)
Hauptteil: *Es soll untersucht werden, wie Tagtraum und Alltag zueinander in Beziehung stehen. Nach dem ersten Lesen scheint es, als helfe der Traum, den Alltag zu bewältigen/als sei der Traum eine Gegenwelt zum tristen und ungeliebten Alltag.* (Interpretationshypothese)
Die zentrale Figur Paul wird recht unvermittelt eingeführt … (Interpretation)
Schluss: *Als Fazit lässt sich ziehen, dass der Traum den Alltag nicht verändert/dass der Traum Bedürfnisse aufzeigt, die im Alltag zu wenig Raum finden.* □

Variante 2: Interpretation zum Thema Geschlechterbeziehung
Für die Interpretation zum Thema Geschlechterbeziehung ergeben sich etwas andere Untersuchungsaspekte. Zum Teil überschneiden sie sich mit denen der Interpretation zum Thema Tagtraum und Alltag.
– Beim Lesen erste Fragen stellen: Wer ist Paul? Was erfahren wir über ihn? Wie? Wer ist Hildegard? Was erfahren wir über sie? Wie? Was passiert zwischen den beiden? Was bedeutet der Titel?
– Interpretationshypothese formulieren: Die Beziehung zwischen Paul und Hildegard erscheint gestört.
– Leitfragen entwickeln: Welche Störungen präsentiert der Text? Wie?
– Textbeobachtungen sammeln: Männliche Figur im Mittelpunkt, weibliche Figur (mit Ausnahme der letzten beiden Sätze) nur in Wahrnehmung des Mannes vorgestellt, der sich Gedanken über ihre Handlungen und Gefühle macht; Konjunktiv II lässt diese Gedanken hypothetisch erscheinen; Andeutung von Fluchtfantasien durch den Titel, der sich symbolisch verstehen lässt; Betonung der Aussage »Mir ist es hier zu kalt« durch Wiederholung, Deutung im übertragenen Sinn möglich: Aussage über die Gefühlslage des Mannes.

1.4 Einen lyrischen Text untersuchen

Anders als der epische Text (↗ S. 146 ff.) entwirft der lyrische Text (↗ S. 172 ff.) meist keine Handlung in einer fiktionalen Welt (Ausnahme: Balladen, ↗ S. 180), sondern verdichtet in der Regel subjektive Wahrnehmungen und Empfindungen oder Gedanken auf sprachlich-formal ungewöhnliche Weise. Der Leser ist dazu eingeladen, sich mit seinen Assoziationen darauf einzulassen, neben bildhaften auch klangliche Elemente wahrzunehmen und einen Sinnzusammenhang zu konstruieren.

Aspekte für die Untersuchung lyrischer Texte

Inhalt	Thema/Situation
Kommunikationssituation	Lyrisches Ich oder 3. Person, Dialogsituation, monologisches Sprechen, Ansprechen eines fiktiven Gegenübers
Struktur	Sinnabschnitte (Indikatoren: Bereiche, Situationen, Stimmungen, Redehaltungen, z. B. beschreibend, erzählend, preisend, reflektierend, appellierend, klagend, kritisch, ironisch)
Sprache	↗ Untersuchungsaspekte für epische Texte, S. 334 f.
Gattungsmerkmale/ Form (↗ Lyrik, S. 172 ff.)	– Metrum (Jambus, Trochäus, Daktylus, Anapäst) – Reim (Endreim, Paarreim, Kreuzreim, umarmender Reim, Schweifreim) – Zeilensprung (= Enjambement) – Einteilung in Strophen (regelmäßig/unregelmäßig) – Textsorte (Ballade, Epigramm, Ode, Sonett, Volkslied, Rollengedicht)

▼ Moderne Gedichte weisen häufig nur wenige Merkmale der gebundenen Sprache auf. Gerade aber in der Absage an bestimmte Formmerkmale bzw. in der unregelmäßigen Verwendung tradierter Formen kann auch eine bestimmte Wirkungsabsicht gesehen werden. ▽

■ Johann Wolfgang von Goethe: *Gefunden* (1815)

Ich ging im Walde
So für mich hin.
Und nichts zu suchen,
Das war mein Sinn.

Im Schatten sah ich
Ein Blümchen stehn,
Wie Sterne leuchtend,
Wie Äuglein schön.

Ich wollt' es brechen,
Da sagt' es fein:
Soll ich zum Welken
Gebrochen sein?

Ich grub's mit allen
Den Würzlein aus.
Zum Garten trug ich's
Am hübschen Haus.

Und pflanzt' es wieder
Am stillen Ort;
Nun zweigt es immer
Und blüht so fort.

□

Variante 1: Interpretation als Naturgedicht

– Mehrmaliges Lesen des Gedichts

– Notieren eines ersten Eindrucks: Einfachheit der Sprache, ungewöhnliche Personifizierung des »Blümchens«

– Markieren oder Herausschreiben von Wörtern, die auf Natur verweisen: »*Walde*«, »*Blümchen*«, »*Welken*«, »*Würzlein*«, »*zweigt*«, »*blüht*«

– Leitfrage entwickeln: Was sagt das Gedicht über die Beziehung zwischen Mensch und Natur aus?

– Strukturierung nach Sinnabschnitten:

1. Einführung in die Situation (1. Strophe)
2. Auseinandersetzung über Absicht, Blume zu pflücken (2. und 3. Strophe)
3. Änderung der ursprünglichen Absicht (4. und 5. Strophe)

– Beobachtungen zur Form sammeln: 5 Strophen mit jeweils vier kurzen Versen, Reim: nur 2. und 4. Vers jeder Strophe reimen sich – Kombination von Regelmäßigkeit und Unregelmäßigkeit

– Beobachtungen zur Sprache sammeln: das Zufällige der Situation wird betont; Bruch mit Selbstbezug durch »*Blümchen*«; Besonderheit des »*Blümchens*« wird betont durch Vergleiche, die Bereiche des Endlichen (des Menschen) und Unendlichen (des Himmels) in Verbindung bringen; Steigerung durch Personifizierung, die durch wörtliche Rede erreicht wird, der Dialog stellt die Absicht des Betrachters infrage; im Folgenden Akzentverschiebung: nicht mehr Blick und Absicht des Betrachters stehen im Mittelpunkt, sondern die Handlungen des lyrischen Ichs (↗ S. 174 f.), die eine Art Kompromiss zwischen Wünschen des Betrachters und Bedürfnissen der Pflanze darstellen

Variante 2: Interpretation im biografischen Kontext

Das Gedicht kann auch als Verarbeitung der ersten Begegnung Goethes mit seiner späteren Frau Christiane gelesen werden. Dann ergeben sich etwas andere Schritte:

– Informationen über Goethes erste Begegnung mit Christiane Vulpius sowie über den Zeitpunkt des Schreibens und der Veröffentlichung des Gedichts beschaffen

– Nach dem ersten Lesen nach Wörtern und Wortgruppen suchen, die sich auf die Begegnung beziehen können: die Vergleiche, die das »*Blümchen*« beschreiben, die Personifizierung, das Bringen zum »*hübschen Haus*« (Hinweis auf Goethes Gartenhaus)

– Unterscheidung einzelner Entwicklungsschritte der Beziehung in der Struktur des Gedichts:

1. Strophe: Konzentration des lyrischen Ichs auf sich selbst (↗ Pronomen, S. 35 ff.)

2. Strophe: Bruch mit dieser Konzentration durch Entdecken der Blume als Objekt des Begehrens

3. Strophe: Interaktion und Bruch mit der Absicht der zerstörerischen Aneigung

4. und 5. Strophe: stattdessen konstruktive Aktivitäten, die das Objekt des Begehrens erhalten

– Sprachliche Beobachtungen: Übertragung des Bereichs der pflanzlichen Welt auf menschlichen Bereich durch Wortwahl, damit Liebesbegegnung in Analogie zu organischer Entwicklung gesetzt; symbolische Ebene im Gedicht vor allem durch Personifizierung der Blume angedeutet

1.5 Einen dramatischen Text untersuchen

Die Dramatik (↗ S. 161 ff.) präsentiert wie die Epik eine Handlung in einer fiktionalen Welt (↗ S. 128). Allerdings sind die Mittel der Erzeugung dieser Welt andere: Die Funktion des Erzählens übernehmen im Drama Dialog und Monolog sowie die Regieanweisungen. Zu dem, was die Figuren sagen, tritt hinzu, wie sie körperlich agieren. Die fiktionale Welt entfaltet sich also wesentlich im Reden und Handeln der Figuren. Man erfährt über sie nur das, was sie auf diese Weise darstellen. Insofern ist ein dramatischer Text offener für Interpretationen als ein epischer.

Aspekte für die Untersuchung dramatischer Texte

Inhalt	– Thema/Situation – zentraler Konflikt – zentrale Figuren (direkte/indirekte Charakterisierung, ihr sozialer Status/Rang, Figurenkonstellation) – Handlung (ein Handlungsstrang oder mehrere; verdeckte Handlung, Beziehung zwischen Handlungsablauf, Räumen/Schauplätzen und Zeitablauf)
Struktur	Handlungsabschnitte (Indikatoren: Schauplatz-/Figurenwechsel, Etappen der Konfliktentfaltung, Formen der Figurenrede)
Sprache	↗ Untersuchungsaspekte für epische Texte, S. 334 f.

Gattungsmerkmale/ Form (↗ Dramatik, S. 161ff.)	– Einteilung in Akte (Aufzüge) und Szenen (Indikatoren: Schauplatz-/Figurenwechsel) – geschlossene Form, offene Form, lockere Szenenfolge – Funktionen der Figurenrede (Darstellung äußerer und innerer Vorgänge) – Formen der Figurenrede (Dialogarten: Auseinandersetzung, Information über Handlungsvoraussetzungen und Motive, Aneinandervorbeireden, Gegeneinanderreden; Monologarten: Selbstcharakterisierung, Information über Vorgeschichte der Handlung, Darstellung von Gefühlen, Reflexion, Entschluss – erzählerische Einlagen (Botenbericht, Mauerschau)

■ Friedrich Dürrenmatt: *Die Physiker* (1962/1980) (Ausschnitt aus dem 2. Akt)

Der geniale Kernphysiker Möbius hat die Weltformel gefunden und sich, weil er eine verheerende Verwertung seiner Erkenntnisse fürchtet, als Verrückter getarnt und in eine Anstalt für Geisteskranke zurückgezogen. Er gibt vor, dass ihm der König Salomo erscheine. Zwei Agenten konkurrierender Geheimdienste, die unter dem Vorwand, sich für Einstein bzw. Newton zu halten, in der Anstalt leben, hat Möbius bereits überzeugt, dass seine Entdeckungen geheim gehalten werden müssen. Die Enthüllungen der Anstaltsleiterin geben dem Stück im 2. Akt eine überraschende Wende.

FRL. DOKTOR *feierlich:* Auch mir ist der goldene König Salomo erschienen.

Die drei starren sie verblüfft an.

MÖBIUS: Salomo?

FRL. DOKTOR: All die Jahre.

Newton lacht leise auf.

FRL. DOKTOR *unbeirrbar:* Zuerst in meinem Arbeitszimmer. An einem Sommerabend. Draußen schien noch die Sonne, und im Park hämmerte ein Specht, als auf einmal der goldene König heranschwebte. Wie ein gewaltiger Engel.

EINSTEIN: Sie ist wahnsinnig geworden.

FRL. DOKTOR: Sein Blick ruhte auf mir. Seine Lippen öffneten sich. Er begann mit seiner Magd zu reden. Er war von den Toten auferstanden, er wollte die Macht wieder übernehmen, die ihm einst hienieden gehörte, er hatte seine Weisheit enthüllt, damit in seinem Namen Möbius auf Erden herrsche.

EINSTEIN: Sie muß interniert werden. Sie gehört in ein Irrenhaus.

FRL. DOKTOR: Aber Möbius hat ihn verraten. Er versuchte zu verschweigen, was nicht verschwiegen werden konnte. Denn was ihm offenbart worden war, ist kein Geheimnis. Weil es denkbar ist. Alles Denkbare wird einmal gedacht. Jetzt oder in Zukunft. Was Salomo gefunden hatte, kann einmal auch ein anderer finden, es sollte die Tat des goldenen Königs bleiben, das Mittel zu seiner heiligen Weltherrschaft, und so suchte er mich, seine unwürdige Dienerin.

EINSTEIN *eindringlich:* Sie sind verrückt. Hören Sie, Sie sind verrückt.

FRL. DOKTOR: Der goldene König hat mir den Befehl gegeben, Möbius abzusetzen. Ich gehorchte. Ich war Ärztin und Möbius mein Patient. Ich konnte mit ihm tun, was ich wollte. Ich betäubte ihn, jahrelang, immer wieder, und photokopierte die Aufzeichnungen Salomos, bis ich auch die letzten Seiten besaß.

NEWTON: Sie sind übergeschnappt! Vollkommen! Begreifen Sie doch endlich! *Leise* Wir alle sind übergeschnappt.

FRL. DOKTOR: Ich bin behutsam vorgegangen. Ich beutete zunächst nur wenige Erfindungen aus, das nötige Kapital anzusammeln. Dann gründete ich Riesenwerke, erstand eine Fabrik um die andere und baute einen mächtigen Trust auf. Ich werde das System aller möglichen Erfindungen auswerten, meine Herren.

MÖBIUS *eindringlich:* Fräulein Doktor Mathilde von Zahnd: Sie sind krank. Salomo ist nicht wirklich. Er ist mir nie erschienen.

FRL. DOKTOR: Sie lügen.

MÖBIUS: Ich habe ihn nur erfunden, um meine Entdeckungen geheimzuhalten.

FRL. DOKTOR: Sie verleugnen ihn.

MÖBIUS: Nehmen Sie Vernunft an. Sehen Sie ein, daß Sie verrückt sind.

FRL. DOKTOR: Ebensowenig wie Sie.

MÖBIUS: Dann muß ich der Welt die Wahrheit entgegenschreien. Sie beuteten mich all die Jahre aus. Schamlos. Sogar meine arme Frau ließen Sie noch zahlen.

FRL. DOKTOR: Sie sind machtlos, Möbius. Auch wenn Ihre Stimme in die Welt hinausdränge, würde man Ihnen nicht glauben. Denn für die Öffentlichkeit sind Sie nichts anderes als ein gefährlicher Verrückter. Durch Ihren Mord. [...] Ⓡ □

Variante 1: Interpretation zum Thema Machtbeziehungen

– Lesen des Textausschnitts
– Ausschnitt in den Kontext des gesamten Dramas einordnen (Vorgeschichte, Folgen)
– Markieren/Herausschreiben von Wortgruppen, die auf Macht hinweisen: *»er wollte die Macht übernehmen«*, *»Weltherrschaft«* Salomos, *»Befehl«*, Möbius *»machtlos«*
– Interpretationshypothese formulieren: In dem Ausschnitt aus Dürrenmatts Drama *Die Physiker* geht es um die Problematisierung von Macht.
– Leitfragen entwickeln: Was bedeutet Macht für Zahnd? Was für die anderen?
– Sammeln von sprachlichen und formalen Beobachtungen, die sich darauf beziehen: Aneinandervorbeireden und zuletzt Gegeneinanderreden von Zahnd und den anderen; Dissens über Salomo als den, der zur Macht befugt: für Möbius Salomo fiktiv, für Zahnd real; Verwendung von übertriebenen und stilisierten Bildern bei Zahnd (*»Engel«* für Salomo, *»Magd«* für sich selbst) verweist auf Versuch, Machtstreben gleichsam religiös zu rechtfertigen

Variante 2: Interpretation zum Thema Verrücktsein und Normalität

Das Thema ›Verrücktsein und Normalität‹ führt eher dazu, Textstellen daraufhin zu untersuchen, was die einzelnen Figuren meinen und beabsichtigen, wenn sie andere als verrückt bezeichnen. Darüber hinaus wird man sich mit der Frage befassen, was für diese Figuren Wahrheit ist und welche Angebote dem Zuschauer gemacht werden, die Frage zu entscheiden.

1.6 Interpretationsaufsatz

Vor allem in der Oberstufe wird regelmäßig verlangt, dass eine Interpretation schriftlich ausformuliert wird. Zentrale Elemente sind neben der bereits erwähnten **Interpreta-**

tionshypothese (↗ S. 334), in welcher die vermutete Textintention formuliert wird, die Verknüpfung von Textbeobachtungen und Deutungen sowie gegebenenfalls eine Wertung.

Das Ableiten von **Deutungen** aus Beobachtungen hat als Bezugspunkt die Interpretationshypothese, die die Gelenkstelle zwischen Einleitung und Hauptteil bildet. Die **Textbeobachtungen** werden danach ausgewertet, wie sie sich mit der Interpretationshypothese verbinden lassen. Dabei bieten sich zwei Vorgehensweisen an: Entweder folgt man der Textstruktur, oder man wendet das so genannte **aspektorientierte Verfahren** an. In letzterem Fall sind allgemeine Gliederungsaspekte notwendig, die den Aufsatz strukturieren (z. B. ›Handlungsverlauf‹, ›Erzählperspektive‹, ↗ S. 148, ›Metaphorik‹, ↗ S. 101 f.). Die schriftliche Interpretation ist jedoch immer argumentativ anzulegen, d. h., Deutungen müssen durch Textbeobachtungen belegt werden. Das kann u. a. durch Zitate geschehen. Dem Leser der Interpretation soll ein Gedankengang präsentiert werden, den er nachvollziehen kann.

Die eigene **Wertung**, d. h. eine persönliche begründete Stellungnahme, gibt den eigenen Standpunkt gegenüber dem Dargestellten wieder. Der Interpret oder die Interpretin bringt die persönliche Sicht, eigene Eindrücke und Empfindungen in die Interpretation ein. Pauschalurteile wie »*Der Dichter hat seine Gedanken anschaulich vermittelt ...*« sagen wenig über die persönliche Beziehung zu einem Text aus. Ein Ansatzpunkt für eine Wertung kann die Fremdheit eines Textes sein. Zum Beispiel wird man heute die Gefühlssprache des Sturm und Drang (↗ S. 207 ff.) eher als irritierend empfinden. Davon ausgehend kann man überlegen, was an dieser Sprache heute noch bedeutsam ist, oder sie ganz ablehnen und eine Gegenposition aufbauen. In jedem Fall ist ein eigener Standpunkt zu finden, der begründet wird, damit die persönliche Wertung nachvollziehbar ist. Wertungen können sich sowohl auf Inhaltliches beziehen (Konflikte, Probleme, Figuren, ihre Motive) wie auch auf Darstellungsaspekte (z. B. Erzählverhalten, Wortwahl, Bildlichkeit).

Bezüge zu textübergreifenden Kontexten (↗ S. 131 f., 383) werden dargelegt, wenn sie für die Deutung relevant sind. Für Texte können ganz verschiedene **Kontexte** von Bedeutung sein. ›Kontext‹ bedeutet wörtlich ›umgebender Text‹. Der Begriff ›Kontext‹ kann zum einen auf Texte verweisen, die mit dem untersuchten Text in einem Zusammenhang stehen (z. B. zusätzliche Informationen geben), zum anderen auf Sachverhalte, die mit den im Text behandelten Inhalten verbunden sind. Zum Beispiel können sozialhistorische Texte dazu beitragen, die gesellschaftlichen Verhältnisse, die in einem Text dargestellt sind, besser zu verstehen (z. B. Beziehungen zwischen Herr und Vasall in mittelalterlichen Texten). Literaturgeschichtliche Texte und Begriffswörterbücher geben Auskunft über Formelemente (z. B. Aufkommen des inneren Monologs in der Literatur der Moderne) oder auch über die Bevorzugung bestimmter Themen und Motive zu bestimmten Zeiten (Zivilisationskritik im Expressionismus, soziale Ungerechtigkeit im Vormärz).

Darüber hinaus können Informationen über die kommunikativen und institutionellen Zusammenhänge, in denen ein Text erschienen ist, erhellend sein. Dazu gehören Informationen über die Existenzbedingungen von Autoren und ihre Publikationsmöglichkeiten (Verlagswesen, Zeitschriften, Aufführungsbedingungen am Theater), Leserschaft (Interessen, Bildungsstand, gesellschaftliche Situierung), politische und ideologische Einflussnahme (Zensur) und Debatten.

Zusatzinformationen lassen sich z.B. durch Lektüre von lexikalischen Werken und Fachliteratur gewinnen.

Zusammenfassung: Vorbereiten eines Interpretationsaufsatzes

- Gründliches Lesen des Textes (↗ Lesestrategien, S. 381 ff.), der interpretiert werden soll: Auffälligkeiten markieren (↗ S. 386) und kommentieren (↗ S. 354 ff.); Zusatzinformation zur Klärung von Unbekanntem/Unverstandenem heranziehen; evtl. Ersatz- und Weglassproben (↗ S. 46 f.) anwenden
- Erste Eindrücke, Fragen und Emotionen notieren
- Hypothese stichwortartig formulieren
- Leitfragen (↗ S. 386) entwickeln, nach Verknüpfungen mit Vorgaben der Aufgabenstellung suchen
- Schlüsselstellen (↗ S. 387) heraussuchen
- Struktur des Textes (↗ S. 386 f.) kennzeichnen: Abschnitte unterscheiden
- Textbeobachtungen sammeln und stichwortartig notieren, passende Zitate auswählen und mit genauer Seiten-/Zeilenangabe aufschreiben
- Interpretationshypothese (↗ S. 334) ausformulieren
- Gliederung stichwortartig entwerfen: der Textstruktur folgend oder aspektorientiert; Textbeobachtungen zuordnen

Aufbau eines Interpretationsaufsatzes

- In der **Einleitung** zum Thema (entweder vorgegeben oder aus Frageinteresse abzuleiten) hinführen, dieses erläutern und mit kurzer inhaltlicher Vorstellung des Textes bzw. Auszugs verbinden; knapp auf sozialgeschichtlichen, literaturgeschichtlichen und biografischen Kontext eingehen, sofern er für die Deutung relevant ist (solche Kontextbezüge sind aber auch im Hauptteil unmittelbar mit der Interpretation zu verknüpfen, z.B. das Motiv der Nacht in einem romantischen Gedicht, das ohne den Epochenkontext banal wirken kann)
- Zwischen Einleitung und Hauptteil die **Interpretationshypothese** formulieren, die für die weiteren Ausführungen als roter Faden dient
- Daran anschließend evtl. die **Beschreibung der Struktur** der Textvorlage; Zeilenangaben zur Kennzeichnung der Struktur als Hilfsangaben in Klammern setzen
- Im Weiteren **Textbeobachtungen** entweder der Textstruktur folgend oder aspektorientiert; inhaltliche, sprachliche und formale Beobachtungen sowie Zitate als Belege für **Deutungen** verwenden; Deutungen auf argumentative Weise formulieren, d.h. Begründungen aus Textbeobachtungen ableiten: *Dass es sich hier um eine Fantasie handelt, zeigt sich daran, wie … An … ist zu erkennen, dass … Die strenge Sonettform erscheint im Widerspruch zum Inhalt, der … darstellt. Die Metapher betont …/ stellt Bezüge zwischen den Bereichen X und Y her/verdeutlicht/zeigt …*
- Am Schluss Bezug auf die Interpretationshypothese nehmen und ein **Fazit** ziehen, dabei neue Erkenntnisse in Bezug auf den Ausgangspunkt aufgreifen: *Abschließend lässt sich genauer als zu Beginn der Lektüre feststellen, wie … Alles in allem kann bestätigt werden, dass … Allerdings ist auch deutlich geworden, welche …*
- Anschließend an das Fazit: weitergehende Überlegungen; Einordnen der Ergebnisse in einen textübergreifenden Kontext; persönliche begründete Stellungnahme (↗ S. 361 f.), die eine Wertung formuliert

Textvergleich

Ein Textvergleich stellt Gemeinsamkeiten und Unterschiede in Texten fest. Durch eine kontrastive Betrachtung können Besonderheiten leichter erfasst werden, wie es auch im Alltag der Fall ist, wenn zwei Objekte auf ihre Funktionalität hin verglichen werden. Auch im wissenschaftlichen Bereich ist der Vergleich ein verbreitetes methodisches Verfahren, z. B. um Ähnlichkeiten zwischen Strukturen festzustellen.

Werden Texte im Unterricht verglichen, sind unterschiedliche Realisierungen möglich:

– **Thematischer Vergleich,** z. B. gleiches Motiv (Heimkehrmotiv in der Bibel und bei KAFKA), gleiche Figurenkonstellation (Vater-Tochter-Beziehung in LESSINGS *Emilia Galotti* und HEBBELS *Maria Magdalena*), gleiche Thematik (Beziehung Mensch – Natur in SCHILLERS *Die Räuber* und KLEISTS *Erdbeben in Chili*)

– **Formaler Vergleich:** z. B. gleiche Gattungsform (*Sterntaler-Märchen* bei den Brüdern GRIMM und in BÜCHNERS *Woyzeck*)

– **Vergleich von Fassungen** und Versionen, z. B. Gedichtvarianten (die zwei Fassungen von GOETHES Gedicht *Willkommen und Abschied*, GERNHARDTS Verwendung von Vorlagen Goethes für eigene Gedichte)

Beim Schreiben eines Textvergleichs werden alle Bezugstexte vorgestellt. Der Vergleich selbst kann durch Gegenüberstellung der Texte unter ausgewählten Aspekten erfolgen oder indem beide nacheinander analysiert und interpretiert werden. Dann allerdings sollte ein Text als zentraler Bezugstext gewählt werden und der andere nur punktuell unter bestimmten Vergleichsaspekten herangezogen werden.

2 Gestaltendes Schreiben

Eine Intention beim Schreiben kann sein, **persönliche Gedanken, Gefühle und Fantasien** einem Leser nachvollziehbar zu präsentieren. Dafür bieten sich unterschiedliche Formen an.

Als Schreiber kann man z. B. schildernd ein bestimmtes Situationsbild vermitteln. Schriftsteller verdeutlichen das Erleben einer Figur, indem sie den Leser an deren Wahrnehmung ihrer Situation teilhaben lassen. In Reportagen geben schildernde Passagen den persönlichen Eindruck wieder, den der Verfasser von einer Situation hat. Diese Passagen verbinden sich dabei mit beschreibenden und berichtenden Abschnitten. Außerdem werden so genannte O-Töne (Original-Töne) eingefügt: Aussagen von Zeugen und Betroffenen zum Gegenstand der Reportage. Beim Erzählen einer Geschichte hingegen kommt es stärker darauf an, eine Handlung zu gestalten und sie unterhaltsam zu präsentieren.

Als freieste und persönlichste Form gestalterischen Schreibens kann das kreative Schreiben (↗ S. 346 f.) gelten. Es kann entweder von einem Impuls (Musik, Bilder) oder von persönlichen Assoziationen zu einem oder mehreren Begriffen, von einem Thema oder einer Situation ausgehen. Man kann zwar jedes schriftliche Schildern und Erzählen auch als kreatives Schreiben auffassen, so wie es z. T. im angloamerikanischen Raum geschieht, aber im deutschen Sprachraum hat sich der engere Begriff eingebürgert.

Eine Besonderheit des gestaltenden Schreibens stellt das gestaltende Interpretieren dar. Von den anderen Formen unterscheidet es sich insofern, als es auf eine Textvorlage Bezug nimmt, die es zu erschließen gilt, und weil persönliche Haltungen eher zurückzunehmen sind.

2.1 Schildern

Beim schildernden Schreiben werden persönliche Gedanken und Gefühle mit der Beschreibung einer Situation verbunden. Im Unterschied zur reinen Beschreibung strebt die Schilderung aber nicht Vollständigkeit und objektiv überprüfbare Genauigkeit an. Stattdessen wird dem Leser eine subjektive Auswahl unterschiedlicher Eindrücke nachvollziehbar präsentiert. Diese Eindrücke beziehen sich auf eine räumlich und zeitlich begrenzte Situation. Der Leser soll sich die Situation gleichsam als Momentaufnahme vorstellen können, als hätte eine Kamera für kurze Zeit einen bestimmten Ort aufgenommen.

Zum Beispiel lassen sich während einer Stunde auf dem Wochenmarkt Beobachtungen notieren, die alle Sinneswahrnehmungen betreffen: Sehen, Hören, Riechen, Tasten, Schmecken. Dazu hält man seine Gedanken und Gefühle fest. Anschließend ordnet man sie so, dass sich Verknüpfungen von Einzelbeobachtungen ergeben. Ein Ordnungsprinzip kann der Blick sein, der von einem bestimmten Punkt aus umherschweift und die Situation gleichsam aufzeichnet. Möglich ist auch die Orientierung an der räumlichen Erstreckung oder am zeitlichen Ablauf des Marktbesuchs. Entsprechend wählt man aus den Notizen aus.

Die sprachliche Gestaltung profitiert von dem Bemühen, das Besondere der Situation zu vermitteln. Hilfreich dabei sind Adjektive und Partizipien, die Details veranschaulichen, und Verben, die Bewegungen verdeutlichen. Darüber hinaus lässt sich die Anschaulichkeit durch Metaphern und Vergleiche steigern: Unter ›kreischenden Farben‹ kann sich der Leser mehr vorstellen als unter ›bunten Farben‹. Eine übertriebene Verwendung kann allerdings unfreiwillig komisch wirken. Im Hinblick auf den Satzbau sind Parataxen (nebengeordnete Hauptsätze) empfehlenswert.

2.2 Erzählen

Erzählanlässe bieten sich auf unterschiedliche Weise: Wer, bildlich gesprochen, eine Reise tut, also das Gewohnte verlässt, hat ebenso etwas zu erzählen wie der, der sich von seiner nächsten Umgebung oder Büchern und Filmen inspirieren lässt. Bei einem im weiten Sinne ›literarischen‹ Erzählen werden solche Stoffe durch Erdachtes und Erfundenes erweitert. Als Zweck des Erzählens gilt allgemein die Unterhaltung anderer. Nach traditionellem Verständnis soll das Erzählen aber auch informieren und belehren.

Das schriftliche Erzählen im Unterricht zielt darauf ab, sowohl die eigene Vorstellungskraft zu entwickeln als auch Formen des Erzählens beherrschen zu lernen. Schulische Aufgabenstellungen fordern z.B. dazu auf, zu einer Bildergeschichte zu erzählen, eine vorgegebene Geschichte nachzuerzählen, einen vorgegebenen Erzählkern (z.B. eine Zeitungsmeldung) zu gestalten oder Anfang und Schluss einer Geschichte zu erfinden. Dabei lebt das Erzählte vor allem von der Spannung zwischen Alltäglichem und Ungewöhnlichem.

Gestaltungselemente:
- Erzählperspektive (Ich-Erzählung, Erzählung in der 3. Person oder wechselnde Perspektiven unterschiedlicher Figuren, ↗ S. 148 f.)
- Anordnung der Erzählschritte zu einer Spannungskurve, die auf einen Höhe-/Wendepunkt zuläuft
- Orientierende Einleitung (Wer? Wo? Wann?), abrundender Schluss
- Einhaltung einer Zeitform, Verwendung entsprechender Zeitformen für Vorzeitigkeit und Zukunftsausblicke
- Vorausdeutungen, die Spannung aufbauen
- Wörtliche Rede, Gespräche zur szenischen Vergegenwärtigung
- Evtl. Redezusammenfassung in indirekter Rede
- Abwechslung von Außensicht (Äußeres der Figuren, Handeln, Situationen) und Innensicht (Gedanken und Gefühle der Figuren)
- Verwendung von Erzählerkommentaren, die Situationen und Verhalten von Figuren bewerten, evtl. eine Art Moral formulieren

Wird in Verbindung mit einer Textvorlage geschrieben, muss auf deren Inhalt Rücksicht genommen werden, z. B. auf die zentralen Figuren, ihre Charaktere und ihre Beziehungen, auf Raum-Zeit-Bezüge, Handlungsverlauf etc.

▼ Um den Leser beim Erzählen optimal zu erreichen, ist es günstig, als allgemeine Kriterien vor allem Schlüssigkeit, Logik und Wahrscheinlichkeit zu beachten. Eine Besonderheit stellt hierbei allerdings die Fantasiegeschichte dar. Bei ihr ist weniger die Wahrscheinlichkeit von Bedeutung als die gelungene Verbindung von Möglichem und Fantastischem. ▽

2.3 Kreatives Schreiben

›Kreatives Schreiben‹ ist ein schillernder Begriff und schwer zu definieren. Im engeren Sinne lässt sich darunter ein Schreiben verstehen, das hauptsächlich von der Vorstellungskraft des Schreibenden lebt und von vorgegebenen Formen losgelöst ist. Ursprünglich bedeutet das aus dem Lateinischen stammende Verb ›creare‹ ›schaffen‹, ›erschaffen‹, ›zeugen‹, ›gebären‹. Der kreativ Schreibende ist demnach derjenige, der etwas Neues erfindet, Dinge neu sieht und denkt und dieses anderen zugänglich macht.

Kreatives Schreiben kann zum einen durch äußere Impulse (Bilder, Musik, Wörter) angeregt werden, zum anderen aber ist es als freies Schreiben möglich. Bezieht man sich auf eine bestimmte Situation, zeigt sich seine Verwandtschaft mit dem schildernden Schreiben; wird über ein Erlebnis oder ein Geschehen geschrieben, ergibt sich eine große Nähe zum Erzählen.

Beim **Schreiben nach Impulsen** kommt es darauf an, sich ganz auf die sich einstellenden persönlichen Gedanken, Gefühle und inneren Bilder zu konzentrieren und sich dazu Notizen zu machen. Überlegungen zu Fragen der Form, Logik und Grammatik spielen in dieser Phase keine Rolle. Aus den Notizen lässt sich dann ein Text entwickeln. Ob der Schreibende dabei ein Gedicht verfasst, einen essayistischen Gedankentext, einen Brief oder anderes, entscheidet er selbst. Auch erzählende Texte sind möglich.

Das **freie Schreiben** folgt ganz den subjektiven Impulsen, wie z. B. auch das Tagebuchschreiben. Die fertigen Texte kann man noch einer kritischen Prüfung unterziehen, bevor man sie anderen vorstellt. Im Unterricht werden die Texte häufig in Schreibkonfe-

renzen diskutiert. Man erhält ein Feedback auf Gelungenes und Anregungen für Verbesserungen. Möglich ist aber auch, nur für sich selbst zu schreiben.
Verfahren, die einen Einstieg in das kreative Schreiben ermöglichen, sind das Clustering (↗ S. 385) und das automatische Schreiben (↗ Free Writing, S. 385 f.).

2.4 Gestaltendes Interpretieren

Das gestaltende Interpretieren ist der Versuch, literarische Texte durch gezielte produktive Veränderungen zu erschließen, wobei man an den Text die Frage richtet: Was wäre, wenn ...? So kann z. B. durch einen Perspektivenwechsel die Handlung eine Ergänzung erfahren, die implizit Angelegtes explizit macht: Gedanken und Gefühle einer Figur können entwickelt werden, über die der Leser ursprünglich nichts erfährt. Als Orientierung für den Schreibenden eignen sich dabei die Figurenkonzeption (Charakteristik) in der Textvorlage sowie das Handlungsgeschehen, in das verändernd eingegriffen wird. Schwierig ist die sprachliche Seite der gestaltenden Interpretation, da in der Regel der ursprüngliche Stil nicht einfach imitiert werden soll. Eine Lösung kann darin bestehen, dass nur ausgewählte Stilelemente (z. B. Wiederholung, Ironie) übernommen werden.
Allgemein stellt sich beim gestaltenden Interpretieren die Frage, ob die produktiven Veränderungen den Intentionen des Ausgangstextes nicht zuwiderlaufen.

3 Informierendes Schreiben

Das informierende Schreiben richtet sich an einen Adressaten, der etwas Neues über einen Sachverhalt erfahren will bzw. soll. Derjenige, der informiert, verfügt über ein Wissen, das dem anderen nützlich sein kann. Aber auch für sich selbst kann man Sachverhalte formulieren, z. B. als Gedächtnisstütze während einer Reise oder um etwas für sich zu klären. Entsprechend seinem Zweck fordert das informierende Schreiben einen sachlichen und genauen Stil, der auf guten Sachkenntnissen basiert und Wertungen zurückhaltend einsetzt.
Zu den Formen sprachlichen Arbeitens im Unterricht, die dem informierenden Schreiben zugerechnet werden, gehören vor allem das **Berichten** und **Beschreiben**. Das Berichten bezieht sich auf Ereignisse und Erlebnisse (z. B. Unfall, Reise, Praktikum). Gegenstände des Beschreibens finden sich in allen Lebensbereichen, ob Alltag oder Wissenschaft, als Vorgänge, Objekte oder Personen.

3.1 Berichten

Ein Bericht stellt ein reales Geschehen mit dem Zweck dar, darüber zu informieren. Eine wesentliche Voraussetzung dafür ist das Sammeln möglichst vieler Beobachtungen, die genau notiert werden.
Berichte können je nach Zweck ganz unterschiedlich ausfallen. Ein Bericht über einen Unfall kann z. B. Ursachen und Verantwortlichkeit klären. Ein Zeitungsbericht ist an ein aktuelles Ereignis gebunden, das für Leser interessant ist. Ein Reisebericht dokumentiert

Gesehenes und Erlebtes und will eventuell Neugier wecken. Je nach Zielrichtung und Adressat fallen Berichte knapper oder ausführlicher aus und enthalten anschauliche ausschmückende Passagen, Interpretationen und Wertungen.
Beim Schreiben zu beachten:
- Wer ist der Adressat? Welche Erwartungen hat er an den Bericht?
- Welchem Zweck dient der Bericht? Klärung? Orientierung? Vermittlung von Fakten?
- Wie kann der Bericht gegliedert werden? Umgekehrtes Pyramidenprinzip (s.u.)? Chronologische Abfolge?
- Welche Sprache ist angemessen? Ist ein sachlich-distanzierter Stil angebracht? Sind beschreibende Passagen notwendig, Wertungen sinnvoll?

Im Unterricht sollen vorgegebene Schreibanlässe dazu befähigen, über zukünftige reale Anlässe (z.B. Praktikum) informativ schreiben und Texte anderer kritisch beurteilen zu können.

Unfallbericht

Berichtet man über einen Unfall, kommt es darauf an, den Hergang genau zu rekonstruieren und exakte Angaben über Ort, Zeit, Beteiligte, äußere Umstände, Verlauf und Resultat vorzulegen.

■ Unfallbericht eines Zeugen

Am Montag, dem 17.2.2003, besuchten meine Freundin Annette Schröder, das Unfallopfer, und ich die Eisbahn im Müggelstadion. Etwa um 15:40 Uhr waren wir so weit, dass wir die Eisbahn betreten konnten. Wir gingen durch den Eingang am Südende. Als meine Freundin vorsichtig auf die Eisbahn glitt, wurde sie im gleichen Moment von einer schnell vorbeilaufenden jungen Frau mitgerissen. Annette fiel zu Boden und konnte nicht mehr allein aufstehen. Ich habe sofort um Hilfe gerufen, und sie wurde innerhalb einer halben Stunde zur Ambulanz ins Elisabeth-Krankenhaus gebracht. Ich begleitete sie und erfuhr dort, dass ihr Knöchel angebrochen war. □

▼ Auch wenn die sachlich präzise Darstellung im Vordergrund steht, ist ein wertender Abschlusssatz möglich, der z.B. einen persönlichen Kommentar zu den Ursachen eines Unfalls enthält. ▽

Zeitungsbericht

Im Unterschied zur knappen Meldung geht ein Zeitungsbericht ausführlich auf Umstände, Verlauf und Folgen eines Geschehens ein. Er lässt sich als Langform der Nachricht verstehen. In der Regel folgen Zeitungsberichte dem **umgekehrten Pyramidenprinzip**. Die vom Verfasser als am wichtigsten eingestuften Informationen stehen am Anfang. Dann folgen Zusatzinformationen, die den Hintergrund erläutern. Am Schluss stehen Details. **W-Fragen** (Wer? Wo? Wann? Was?) dienen als Orientierung beim Schreiben. Über die Auswahl der Informationen, die in den Zeitungsbericht aufgenommen werden, entscheidet der Verfasser.

Reisebericht

Reiseberichte sind die klassische Form des Berichts. Je nach Adressat enthalten sie mehr oder weniger persönlich gefärbte Beobachtungen über die besuchten Orte, deren Lage, die dort lebenden Menschen, kulturelle, wirtschaftliche und geografische Besonderheiten, soziale Normen u.a.

Zur Zeit der großen Entdeckungen war es für die Auftraggeber der Entdeckungsreisenden äußerst wichtig, über die Gegebenheiten informiert zu werden. Denn dann konnten den Entdeckungen Eroberungen folgen und wirtschaftliche Beziehungen aufgenommen werden. Diese Reiseberichte formulieren häufig auch einen Standpunkt gegenüber dem ›Entdeckten‹, auch Neugier und Verunsicherung.

3.2 Beschreiben

Ähnlich wie beim Berichten geht es beim Beschreiben um Genauigkeit, die Auswahl von zentralen Informationen und den Bezug auf einen konkreten Adressaten. Anders als beim Bericht ist weniger das Einmalige Gegenstand als **das Typische,** das exakt erfasst werden soll.

Personen beschreiben

Die Personenbeschreibung dient dazu, ein möglichst genaues Bild einer Person zu vermitteln. Die Person soll wiedererkennbar sein. Stichwortartig finden sich Personenbeschreibungen in Vermisstenanzeigen und auf Fahndungsplakaten. Im Alltag stellt man sich z.B. einem Brief- oder E-Mail-Partner vor. In literarischen Texten verstärken Personenbeschreibungen die Anschaulichkeit der dargestellten Probleme und Konflikte. Je nach Zweck des Schreibens entscheidet man, inwieweit man subjektive Eindrücke einfließen lässt, z.B. auf Wirkung und Ausstrahlung einer Person eingeht.

Beim Schreiben zu beachten:

- Adressat und Zweck der Beschreibung klären
- Gliederung entwickeln, z.B. vom Gesamteindruck zu Einzelheiten übergehen, vom Auffälligen ausgehen
- Beobachtungen zu einzelnen Merkmalen miteinander verknüpfen, z.B. im Hinblick auf ihre Wirkung
- Auf Abwechslung bei Verben und Adjektiven achten: *haben* und *sein* möglichst sparsam verwenden. Alternativen: *Die Person wirkt … Man sieht, dass … Ihre Kleidung lässt erkennen, dass … Sie trägt …, darüber befindet sich … X passt gut zu Y. Z rundet das Erscheinungsbild ab.*

Personen charakterisieren

Beim Charakterisieren wird das Typische einer Person weniger in ihrer äußeren Erscheinung gesucht als in ihren persönlichen **Eigenschaften** und ihrem **Verhalten.** Dabei kann man sich an Vorlieben, Abneigungen, Beziehungen zu anderen, Selbstaussagen, Aussagen anderer und Reaktionen in bestimmten Situationen orientieren. Für die Nachvollziehbarkeit der Beobachtungen ist wichtig, dass sie durch konkrete Beispiele belegt werden.

Jenseits des Unterrichts kommt das Charakterisieren z.B. in der Zeitung vor, wenn ein Fußballer oder Schauspieler porträtiert wird. Bei der Analyse literarischer Texte, vor allem von Dramen, hilft die systematische Erschließung der Charaktere, die Bedeutung der Figurenkonstellation zu verstehen.

Beim Schreiben einer Charakteristik verfährt man ähnlich wie bei der Personenbeschreibung, nur dass man sich nicht nur auf das Erscheinungsbild, sondern auch auf

Eigenschaften und Verhalten bezieht und Beobachtungen durch Belege stützt: *Der Ehrgeiz des Fußballers X zeigt sich darin, dass … Seine Entschiedenheit in kritischen Situationen wird daran deutlich, wie … Darüber hinaus lassen seine Äußerungen erkennen, dass es ihm um … geht.*

Gegenstände beschreiben

Das Beschreiben von Gegenständen vermittelt sprachlich, was sonst ein Foto ausdrücken würde (z.B. in Kaufangeboten und Verlustanzeigen). Der betreffende Gegenstand muss, ähnlich wie bei der Personenbeschreibung, wiedererkannt werden können. Detaillierte Beschreibungen von Gegenständen sind in Lexika enthalten.

Beim Schreiben zu beachten:
- Äußere Form des Gegenstandes kennzeichnen
- Typische und wichtige Bestandteile nennen, dabei Fachausdrücke verwenden
- Gliederung entwickeln, z.B. vom Gesamteindruck zum Besonderen oder räumlich von der Mitte zu den Rändern, von oben nach unten
- Adjektive und Partizipien zur Veranschaulichung von Details suchen (Hilfsmittel: Synonymwörterbuch)

Vorgänge und Handlungen beschreiben

Handlungs- und Vorgangsbeschreibungen dienen meistens als Anleitung für Aktivitäten. Zu ihnen zählen Wegbeschreibungen, Kochrezepte, Gebrauchsanweisungen, Spielanleitungen. Die Beschreibungen orientieren sich im Allgemeinen am Zeitablauf des Vorgangs. Man nennt zuerst, was zeitlich die Voraussetzung für die folgenden Handlungen bildet.

■ *Zunächst wird das Öl erhitzt, dann werden die Zwiebeln hinzugegeben.* □

Als Vorarbeit zum Schreiben ist eine grafische Darstellung hilfreich, z.B. eine Übersicht zur Chronologie der Abläufe.

Beim Schreiben zu beachten:
- Aussagekräftige Verben für die einzelnen Handlungen finden
- Satzverknüpfungen verwenden, die die kausale, konditionale und temporale Logik der Handlungsschritte verdeutlichen
- Präsens verwenden

Bilder beschreiben

Die Bildbeschreibung erfordert das genaue Wahrnehmen der Elemente eines Bildes, ihrer räumlichen Beziehungen sowie der Bedeutung von Farben und Formen für die Wirkung. Die Beschreibung ersetzt gleichsam das Bild selbst. Bildbeschreibungen finden sich u.a. in Büchern zur Kunstgeschichte und Ausstellungskatalogen. Wie Bilder lassen sich auch Räume, Bühnenbilder und Kleidungsstile beschreiben.

Anlass für eine Bildbeschreibung im Unterricht kann sein, dass man andere über ein bestimmtes Bild, das einem besonders gefällt, informiert und in ein Gespräch darüber kommt. Darüber hinaus lassen sich Verarbeitungen eines Themas in Bild und Text vergleichen, z.B. Darstellungen von Träumen.

Beim Schreiben zu beachten:
- Adressat und Zweck der Bildbeschreibung klären
- Einen ersten Eindruck in Bezug auf die Wirkung des Bildes formulieren

– Beobachtungen sammeln, die die Wirkung verstehen helfen (Elemente, Formen, Farben, Material)
– Gliederung entwickeln, z. B. ausgehend vom Gesamteindruck zur Komposition des Bildes: Wo liegt das Zentrum des Bildes? Woraus besteht es? Welche Bildaufteilung ist zu beobachten? Gibt es horizontale, vertikale oder diagonale Achsen, die das Bild gliedern? Welche Beziehungen bestehen zwischen den Elementen des Bildes (Kontraste, Nähe)? Wie wirken Farben und Formen an der Komposition mit?
– Abrundenden Schluss formulieren, der den ersten Eindruck aufgreift

4 Zusammenfassendes Schreiben

Zusammenfassendes Schreiben kann sich sowohl auf Sachtexte als auch auf literarische Texte beziehen. Die Anlässe sind vielfältig: Inhalte von Texten werden zusammengefasst, um z. B. in einer Buchrezension oder in einem Klappentext andere zu informieren. Auch Textinterpretationen enthalten Zusammenfassungen, die den Inhalt einer Textvorlage knapp wiedergeben. Des Weiteren werden Inhalte von Texten zusammengefasst, um referierend Wissensbestände auszubauen. Gemeinsam ist allen Zusammenfassungen, dass sie verkürzen und verknappen sowie Einzelheiten abstrahierend auf Oberbegriffe bringen. Voraussetzung dafür ist eine Haltung der sachlichen Distanz gegenüber den Inhalten. Da aber eine individuelle Auswahl der Inhalte getroffen wird, ist immer auch ein persönlicher Zugang gegeben.

4.1 Inhaltsangabe von literarischen Texten

Eine Inhaltsangabe zu einem literarischen Text dient dazu, einem Leser, der diesen Text nicht kennt, knapp das inhaltlich Wichtigste zu vergegenwärtigen.
Solche Wiedergaben sind z. B. sinnvoll, wenn aus mehreren Lektüren eine ausgewählt werden soll. Auch Leseanregungen lassen sich so vermitteln. In einem längeren Interpretationsaufsatz dient die Wiedergabe eines Textinhalts der Orientierung der Leser.
Die reine Inhaltsangabe ist ein schulisches Produkt. Außerhalb des Unterrichts findet man sie als Bestandteil von anderen Textsorten (↗ Buchrezension, S. 144, Theaterkritik).
Das Verkürzen und Verdichten bedeutet, dass Ausschmückungen und veranschaulichende Einzelheiten weggelassen werden. Man konzentriert sich auf die Handlung sowie auf Fragen und Probleme, die daraus abzuleiten sind. Die Hauptschwierigkeit besteht darin, dass man eigene Gefühle und Vorstellungen zurückstellen muss, um den Inhalt sachlich wiedergeben zu können.
Zu Beginn der Inhaltsangabe wird in der Regel das Thema der Textvorlage genannt. Manchmal wird auch gefordert, gleich das zentrale Problem des Textes als Antwort auf die Frage »Worum geht es?« zu benennen.

■ Inhaltsangabe von *Spaghetti für zwei* von Federica de Cesco
Federica de Cescos Kurzgeschichte ›Spaghetti für zwei‹ von 1986 handelt von der Begegnung zweier Jugendlicher, die sich nicht kennen. Es geht darum, wie sich einer der beiden aufgrund seiner Vorurteile blamiert.

Diesen jeweils stark zusammenfassenden Sätzen lassen sich einzelne Handlungsschritte zuordnen.

1. *Der Jugendliche Heinz kauft sich in einer Kantine einen Teller Suppe.* 2. *Nachdem er seinen Teller für kurze Zeit stehen gelassen hat, um sich einen Löffel zu holen, verwechselt er seinen Platz beim Zurückkommen mit dem eines Schwarzen und glaubt, dieser wolle ihm seinen Teller Suppe stehlen.* 3. *Er setzt sich zu diesem und löffelt die Suppe, die er für seine hält.* 4. *Der andere äußert sich nicht dazu und teilt sogar mit ihm den nächsten Gang, die Spaghetti.* 5. *Erst am Schluss des Essens bemerkt Heinz, dass seine Suppe auf dem Nachbartisch steht und er den Platz verwechselt hat.* 6. *Der andere beendet die von Heinz als peinlich empfundene Situation, indem er sich ihm vorstellt und ihm eine Verabredung für den nächsten Tag vorschlägt.*

Ergebnis der Handlung: *Heinz ist irritiert. Seine Vorurteile sind infrage gestellt.* □

Beim Schreiben zu beachten:
- Nach Nennung von Autor, Titel des Textes und Textsorte einleitend das Thema nennen und in einem Satz formulieren, worum es im Text geht
- Zentrale Personen in ihren individuellen Eigenschaften so kennzeichnen, wie sie für die Handlung bedeutsam sind
- Handlungsschritte des Textes erfassen und darlegen
- Ergebnis der Handlung formulieren
- Im Präsens und Perfekt schreiben
- Direkte Rede in indirekte Rede umwandeln

4.2 Inhalte von Sachtexten wiedergeben

Die Wiedergabe eines Sachtextes in geraffter Form kann schriftlich als Informationstext oder mündlich als Referat erfolgen. Dabei können zum einen ergänzende Informationen zu einem Wissensgebiet vermittelt werden, zum anderen kann Wissen über ein unbekanntes Gebiet aufgebaut werden. Bei der Auswahl der Informationen sollte man darauf achten, welches Vorwissen die Zuhörer bzw. Leser mitbringen, um daran anzuknüpfen: Welche Begriffe und Informationen sind bekannt?

Bei der Wiedergabe des Inhalts eines Sachtextes (↗Sachstrukturen erfassen, S. 386 f.) kann man sich zunächst an **Schlüsselwörtern** orientieren und so Zugang zu den **Hauptaussagen** des Textes gewinnen. Möglicherweise gewinnt man damit schon zentrale Oberbegriffe zur Strukturierung des Informationstextes bzw. Referats, eventuell aber müssen Einzelinformationen noch zu solchen zusammengefasst werden. Sind die Oberbegriffe bestimmt, kann man sie mit ihren Beziehungen zueinander in einer Grafik darstellen. Bei der Zusammenfassung kann man sich an logischen Beziehungen (Grund – Folge, Ursache – Wirkung, Bedingung – Ergebnis, Gegenüberstellungen) oder chronologischen Abfolgen orientieren. Allerdings sollte man vermeiden, sich zu sehr an der Chronologie des Textes zu orientieren, und eher der Logik der dargestellten Inhalte bzw. der Argumentationsstruktur (↗Argument, S. 82 ff.) folgen.

Beim Schreiben zu beachten:
- Möglichst ein Problem bzw. Thema an den Anfang stellen, aus dem sich eine Frage ableiten lässt: Thema: *Liebe und Ehe in der höfischen Gesellschaft und in der höfischen Literatur.* Abzuleitende Frage: *Wie verhalten sich Liebe und Ehe in der höfischen Gesellschaft und in der höfischen Literatur zueinander?*

- Textmaterial, das als Grundlage dient, bearbeiten (Schlüsselwörter und Oberbegriffe finden) und daraufhin befragen, welche Informationen es zum Thema enthält, und diese exzerpieren (↗S. 374 f.)
- Gliederung finden (z. B. Veränderung in einem bestimmten Zeitraum)
- Informationen entsprechend dem Material und der Gliederung zusammenfügen
- Grafiken und Bilder zur ergänzenden Veranschaulichung einsetzen
- Am Schluss Hauptaussagen knapp zusammenfassen, evtl. Schlussfolgerungen ziehen

4.3 Thesenpapier

Ein Thesenpapier begleitet in der Regel ein **Referat** und enthält in Form von behauptenden Aussagen (Thesen) die zentralen Aussagen des Referats. Diese werden dann mündlich erläutert und argumentativ gestützt. Die Zuhörenden haben den Vorteil, mithilfe des Papiers schnell einen Überblick zu bekommen, sich Notizen machen und Fragen notieren zu können.

5 Meinungsäußerndes Schreiben

Textarten, die vorrangig der Darstellung der persönlichen Meinung dienen, gehören häufig zum journalistischen Bereich. Die bekanntesten dieser Textsorten sind **Leserbrief, Kommentar** und **Rezension**. Alle drei bieten die Möglichkeit, den persönlichen Standpunkt einer größeren Öffentlichkeit vorzustellen und ihn in die öffentliche Diskussion einzubringen.
Für die Schule sind diese Textarten vor allem interessant, weil sie dazu veranlassen, die eigene Position einem größeren Adressatenkreis darzulegen und dabei rhetorisch variantenreich vorzugehen. Das sonst fast immer im Unterricht geltende Gebot der Sachlichkeit tritt hier zurück.

5.1 Einen Leserbrief schreiben

Ein Leserbrief zeigt eine zustimmende oder ablehnende Reaktion auf einen Zeitungsartikel. Der Leser formuliert darin seine Meinung zum Inhalt eines Artikels. Möglich ist aber auch, dass er den Stil des Artikels angreift oder würdigt. Rhetorische Mittel (direkte Anrede, Appell, Analogie) steigern die Wirksamkeit des vertretenen Standpunkts. Viele Verfasser unterstützen außerdem ihr Anliegen, indem sie angeben, in welcher Rolle sie schreiben (z. B. Expertin, Betroffener …).
Gedruckt wird aus Platzgründen stets nur eine Auswahl der eingesandten Briefe, meistens in gekürzter Form. Leserbriefe, die kurzfristig ein aktuelles Thema aufgreifen, haben die größten Chancen, veröffentlicht zu werden. Die anderen Leserbriefe erhalten oft eine Antwort der Redaktion.
Manchmal wird in Leserbriefen über einen längeren Zeitraum eine kontroverse Debatte geführt. Die strittige Einführung der Rechtschreibreform z. B. löste heftige Diskussionen unter der Leserschaft aller Zeitungen und Zeitschriften aus.

Leserbrief als Aufsatz

Im Unterricht ist für einen Leserbrief in Aufsatzform häufig eine **argumentierende Stellungnahme** (↗S. 361 f.) gefordert. Dann reicht eine reine Meinungsäußerung, wie im journalistischen Bereich üblich, nicht aus.

Beim Schreiben zu beachten:

- Verdeutlichen, auf welchen Aspekt eines Artikels sich der Leserbrief hauptsächlich bezieht (eine oder mehrere Aussagen, stilistische Aspekte?)
- Verstehen auch Leser, die den Artikel nicht kennen, worum es geht?
- Eigene Rolle klarlegen (Betroffener? Experte?)
- Argumente und eigenen Standpunkt logisch und sachlich aufeinander abstimmen
- Argumente durch Beispiele konkretisieren
- Neue Aspekte aufgreifen

■ Fremdsprachenangebot an Grundschulen

Anrede: *Sehr geehrte Redaktion, …*

Bezugnahme: *… in Ihrem Artikel vom 3.3.2000 geht es um die Folgen der zunehmenden Verbreitung von Englisch auch in der Grundschule.*

Eigener Standpunkt/These: *Sie zeigen auf, dass das Alternativangebot Französisch immer mehr verdrängt wird. Nach meinen Erfahrungen als Französischstudent ist diese Entwicklung für die fremdsprachliche Kompetenz der Schüler fatal.*

1. Argument: *Wird Französisch als erste Fremdsprache gelernt, steht mehr Zeit zur Festigung der Kenntnisse zur Verfügung. Das hat zur Folge, dass die Schüler ihre Sicherheit in der Sprache grundsätzlich nicht verlieren, selbst wenn die Sprache während einer längeren Zeit nicht gesprochen wird.*

Entkräftung eines möglichen Gegenarguments: *Der Bezug zum Englischen bleibt in jedem Fall erhalten, denn dafür sorgt schon die Popmusik.*

2. Argument + Beispiel: *Außerdem ist es falsch, anzunehmen, dass Englisch viel leichter zu lernen sei als Französisch. Zwar muss man im Französischen z. B. auch jeweils den Artikel zum Nomen lernen, während es im Englischen immer »a« oder »the« heißt, betrachtet man aber z. B. den Wortschatz beider Sprachen, wird klar, dass man im Französischen nicht mehr und nichts Schwierigeres lernen muss als im Englischen.*

Rhetorische Frage: *Warum also das Englische so sehr bevorzugen?*

Appell: *Lasst uns die Politiker stärker unter Druck setzen, damit sie endlich gegensteuern – zumal, wenn man an die wirtschaftlichen und kulturellen Beziehungen zwischen Deutschland und Frankreich denkt.* □

5.2 Kommentieren

Kommentieren bedeutet, subjektiv und wertend die persönliche Meinung zu einem Thema zu äußern, das entweder allgemein bekannt ist oder z. B. in einem Zeitungsbericht behandelt wurde. Anlässe eines Kommentars können aktuelle Ereignisse, Meinungsäußerungen, Entwicklungen und Trends sein. Kommentare zeigen Folgen auf, spitzen Widersprüche zu, verbinden Hintergrundinformationen mit einem Thema.

Strategien beim Kommentieren

Struktur und Stil eines Kommentars sind höchst individuell und folgen keinem festen Muster. Allerdings gibt es bestimmte Strategien:

– Informationen und Tatsachen, die die eigene Meinung bestätigen, gezielt auswählen und präsentieren
– Sich selbst durch Verwendung der Wir-Form zum Vertreter der Leserschaft stilisieren
– Argumente anführen (↗ Argumentationstypen, S. 358 f.)
– Vorteile der befürworteten Entwicklung bzw. des Ziels darlegen
– Nachteile und schädliche Folgen der abgelehnten Entwicklung bzw. des Ziels darlegen
– Andere Positionen abwerten

Kommentar als Aufsatz

Für einen Kommentar, der in der Schule als Aufsatz geschrieben wird, lassen sich aufgrund seines individuellen Charakters nur sehr wenige Hinweise geben.
Beim Schreiben zu beachten:
– Themenbezug deutlich herausstellen
– Meinung und Wertung klar aufeinander abstimmen
– Strategien zur Profilierung der eigenen Meinung nutzen
– Wertende Adjektive und Adverbien einsetzen
– Rhetorische Mittel (↗ S. 97 ff.) zur Unterstützung wertender Aussagen verwenden (Appell, rhetorische Frage, Anspielung, Antithese, Analogie)

▼ Ein beliebtes rhetorisches Mittel in Kommentaren ist die Übertreibung. Eine zu häufige Verwendung beeinträchtigt allerdings die Wirksamkeit des Kommentars. Er erscheint möglicherweise lächerlich. ▽

■ Kommentar des Politikers WOLFGANG SCHÄUBLE zur Debatte um Sinn und Zweck der Expo 2000 in Hannover:
Wortspiel: *Es geht nicht um die Wurst – es geht um die Welt.*
Rhetorische Fragen (Später wird erkennbar, dass diese sich auf die Argumentation für die Gegenposition beziehen.): *Was kostet eine Bratwurst? Sind die Preise für eine Bahnfahrt nach Hannover angemessen? Und wie viele Besucher werden es wohl weniger als die der Kalkulation zugrunde gelegten 40 Millionen?*
Themenbezug: *So ungefähr sind die Themen, mit denen sich die veröffentlichte Meinung in Deutschland im Zusammenhang mit der Expo zu befassen scheint.*
Ablehnung der Gegenposition: *Die Debatte ist so kleinmütig geblieben wie am Anfang. [...] Kann sich Deutschland im Jahre 2000 überhaupt eine Weltausstellung leisten? Und dürfen dafür gar Steuergelder verwendet werden? So fing es an, und leider ist davon zu viel geblieben.*
In-Frage-Stellung der Gegenposition: *Ist das wirklich alles, was uns zur Expo einfällt?*
Verallgemeinerung der persönlichen Position durch Wertung: *Wer die Expo besucht hat, so viel steht fest, ist beeindruckt.* (Argument: Expo = interessantes Angebot)
Antithesen zur Konkretisierung der persönlichen Wertung: *Eine Sicht der Welt im Jahre 2000 und der Perspektiven am Beginn des neuen Jahrhunderts in all ihrer Vielfalt – bedrückend, faszinierend, Angst machend und auch hoffnungsvoll.*
Weitere Antithesen zur Konkretisierung der Position: *Und erst die Menschen – aus aller Herren, pardon, auch Damen Länder – bunt, jung, viele Familien, interessiert und engagiert. Staatsoberhäupter und Rucksacktouristen. Und Events ohne Ende, von der Blaskapelle bis zur zehnstündigen Faust-Aufführung.*

In-Frage-Stellung der Gegenposition: *Was will man mehr? Eine bessere Marketingstrategie und Öffentlichkeitsarbeit? Aber: Ist das wirklich alles?*
Fortführung der Darlegung der persönlichen Position: *Anhand der Expo lassen sich die Debatten führen über die großen Themen unserer Zeit und unserer Einen Welt – ...*
Analogie zur Veranschaulichung: *... Debatten, die unser Land so dringend braucht wie unsere Fußballnationalmannschaft einen neuen Motivationsschub.*
Beispiele zur Konkretisierung: *Die modernen Kommunikationstechnologien an der Schwelle zur künstlichen Intelligenz, und auf der anderen Seite das Ringen um widerstandsfähigere Gräser, gegen Wüstenausdehnung in der Sahelzone. Die Rettung der Artenvielfalt in den tropischen Regenwäldern und der Blick aus der Raumfähre auf unsere alte Erde. [...]*
Berufung auf ein Denkmuster, das von einer größeren Gruppe geteilt wird: *Weil Qualität wichtiger ist als Quantität, ...*
Abwertung der Gegenposition: *... sollten wir aufhören, nur über Zahlen und Kosten zu nörgeln.*
Appell: *Wir sollten stattdessen die inhaltliche Chance nutzen, uns den Problemen unserer Welt zu stellen, den Herausforderungen und Chancen, mit all der Vielfalt und allen Widersprüchen. Dazu regt die Expo an. Lassen wir uns anstecken! [...]*
(In: *Tagesspiegel* vom 20. 7. 2000) □

5.3 Eine Rezension schreiben

Rezensionen (↗ S. 144) setzen sich kritisch mit Büchern auseinander und geben die persönliche Meinung des Rezensenten wieder. Dieser legt einer größeren Öffentlichkeit dar, warum er ein Buch für lesenswert bzw. nicht lesenswert hält. Rezensionen können sich sowohl auf literarische Texte als auch auf Sachbücher beziehen. Häufig stellen sich Verfasser einer Rezension als Stellvertreter einer größeren Gruppe dar und schreiben wie Kommentatoren in der Wir-Form.
Rezensionen leisten mehreres: Sie informieren eine größere Öffentlichkeit über neue Bücher, versuchen Interesse an ihnen zu wecken, provozieren eventuell Debatten oder greifen in solche ein, geben Modelle für Wertungen, deuten Interpretationen an. Kennzeichnend ist in jedem Fall, dass eine **persönliche Haltung** gegenüber einem Buch zum Ausdruck kommt.

Rezension als Aufsatz

Im Unterricht wird in der Regel über die kritische Auseinandersetzung hinaus erwartet, informierend auf den Inhalt eines gelesenen Buchs einzugehen und, je nach Vorkenntnissen, auch auf den Publikationsvorgang, den Autor und thematisch verwandte Werke. Wertend kann z. B. auf Handlungsführung, Spannungsaufbau, Charaktere, Sprache und Stil eingegangen werden. Wie beim Kommentar ist die sprachliche Gestaltung einer Rezension sehr individuell.
Beim Schreiben zu beachten:
– Sich vorstellen, welche Informationen der Leser über das gelesene Buch braucht, damit er weiß, worum es geht (Ausgänge spannender Geschichten können ausgespart bleiben)
– Die eigene Position klar durch entsprechende Wertungen vermitteln

– Hervorheben, was einem besonders gefallen bzw. missfallen hat
– Beispiele zur Konkretisierung der persönlichen Wertung geben
– Wertende Adjektive und Adverbien verwenden sowie rhetorische Mittel (↗ S. 97 ff.) nutzen, wie z. B. Appell, Wortspiel, Anspielung, Analogie.

■ Wertungen aus Rezensionen über den Roman *Crazy* von BENJAMIN LEBERT
– *Der Ton stimmt, die Konstruktion stimmt, die Geschichte stimmt.* (ELKE HEIDENREICH: *Ein Autogramm von Gott.* In: *Der Spiegel* vom 15. 2. 1999)
– *[…] ein so unausgereiftes wie langweiliges Produkt […]*
– *Im Grunde handeln »Fünf Freunde« oder »Hanni und Nanni« von nichts anderem.* (MANUEL BRUG: *Gemachte Wunder gibt es immer wieder. »Crazy« oder das verrückte Beispiel Benjamin Lebert.* In: *Die Welt* vom 1. 3. 1999)
– *ein kleines Kunstwerk in einer knappen schnörkellosen Sprache* (INGRID MÜLLER-MÜNCH: *Strahlender Verlierer. Ein Erstlingswerk, das aus dem Rahmen fällt.* In: *Frankfurter Rundschau* vom 10. 3. 1999) □

6 Argumentierendes Schreiben

Dem argumentierenden Schreiben liegt die Fähigkeit zugrunde, überzeugende, d. h. nachvollziehbare und stichhaltige **Begründungen** für eine Behauptung, Forderung, Bitte, einen Vorschlag usw. zu formulieren. Argumentation nennt man das sprachliche Verfahren, durch das der Geltungsanspruch der Behauptung, Forderung, Bitte usw. entweder begründet oder bestritten wird.
In der Schule wird argumentierendes Schreiben vor allem beim **Stellungnehmen** und **Erörtern** gefordert. Vom meinungsäußernden Schreiben ist es nicht scharf zu trennen. Häufig werden Schreibanlässe, die zur Meinungsäußerung veranlassen, mit der Aufforderung zu argumentieren verknüpft.

6.1 Argumentieren

Mit Argumenten bestreiten oder stützen wir Sprechakte (↗ S. 73 ff.) aller Art: Behauptungen, Vorwürfe, Forderungen, Beschwerden, Bitten, Vorschläge usw. Argumente lassen sich sowohl strategisch zur gezielten Beeinflussung anderer als auch in klärender Funktion verwenden, um eine Entscheidung zu treffen, ein Problem zu lösen oder einen Sachverhalt zu entfalten. So können sie bei der Lösung von einfachen Alltagsfragen helfen (z. B. bei der Festlegung eines Reiseziels oder bei einer Kaufentscheidung).
Von großer Bedeutung ist Argumentieren für die **Rhetorik** (↗ S. 95 ff.), vor allem in der Gerichts- und in der politischen Rede. Vor Gericht streiten Ankläger und Verteidiger argumentativ um Schuld oder Unschuld bzw. eingeschränkte Schuldfähigkeit des Angeklagten. Im angelsächsischen System stellt der Verteidiger die Argumente des Anklägers infrage, um so bei den Geschworenen Zweifel an der Schuld des Angeklagten zu wecken. Politiker argumentieren, um für ihre Vorhaben zu werben und Mehrheiten zu gewinnen. Mündliches und schriftliches Argumentieren verbinden sich hier, da in Form der Rede argumentiert wird, die allerdings in der Regel schriftlich vorbereitet ist.

Die ideale Argumentationssituation ist u.a. dadurch geprägt, dass die Beteiligten für neue Argumente aufgeschlossen sind und ein ernsthaftes Interesse am Gegenstand mitbringen.

Argumentationstypen

Die Argumentationslehre stammt aus der Antike. ›Argument‹ heißt im Lateinischen der Grund, durch den man etwas beweist. Ursprünglich war die Argumentationslehre ein Teil der Rhetorik. Folgende Argumentationstypen sind zu unterscheiden:

Verwendung von Aussagen von Fachleuten und Autoritäten

Die Aussagen der Fachleute und Autoritäten müssen überprüfbar sein und dürfen nicht sinnentstellend wiedergegeben werden.

■ Gegen die Fortführung der Rechtschreibreform
Verwendete Aussage: *Der frühere Bundeskanzler Helmut Kohl sowie der frühere Bundespräsident Roman Herzog haben festgestellt, dass die Rechtschreibreform überflüssig wie ein Kropf sei.*
Schlussfolgerung: *Man sollte sie rückgängig machen.* □

▼ Die Kompetenz der Fachleute und Autoritäten muss allgemein anerkannt sein und außer Zweifel stehen. ▽

Berufung auf Topoi und Normen

Topoi sind anerkannte Denkmuster, die von einer größeren Gruppe geteilt werden. Als Normen gelten allgemein akzeptierte Regeln und Gebote bzw. Verbote als Grundlagen des gesellschaftlichen Lebens.

■ Für die Rechtschreibreform
(1) Topos: *Was lange währt, wird endlich gut.* (2) *Über die Reform ist lange diskutiert worden.*
Schlussfolgerung: *Die Reform sollte jetzt eingeführt werden.* □

▼ In einer pluralistischen Gesellschaft ist die Zustimmung nicht generell zu erwarten. ▽

Verweis auf Fakten, Daten, Statistiken, Forschungsergebnisse

■ Für Maßnahmen zur Klimaverbesserung
Forschungsergebnis: *Die Forschung beweist eine zunehmende Schädigung des Erdklimas durch CO_2-Abgase.*
Schlussfolgerung: *CO_2-Abgase sollten reduziert werden.* □

▼ Fakten, Daten usw. müssen überprüfbar sein. Eine Verallgemeinerung aufgrund weniger Fälle kann die Geltung des Arguments einschränken. ▽

Verwendung von Analogien

Ein Beispiel aus einem anderen Lebensbereich wird herangezogen.

■ Für Qualitätssteigerungen im Bildungsbereich
Analogie im Fußballsport: *Nur wer die Spitze fordert und die Breite fördert, erhält langfristig Qualität.*
Schlussfolgerung: *Bildungspolitik muss sowohl etwas für die Elite als auch für die Masse tun.* □

▼ Unterschiede zwischen den Bereichen müssen bedacht werden. ▽

Berufung auf Erfahrung

■ Gegen das Verbot des Inlineskatings auf Straßen
Erfahrung: *Das Nebeneinander von Autofahrern und Inlineskatern hat nach meinen Beobachtungen bisher reibungslos funktioniert.*
Schlussfolgerung: *Das Inlineskating auf Straßen sollte uneingeschränkt erlaubt sein.* □

▼ Persönliche Erfahrungen sind nicht unbedingt verallgemeinerbar und können durch gegenteilige Erfahrungen entkräftet werden. ▽

Bei allen oben genannten Typen der Argumentation werden ausdrücklich oder nicht ausdrücklich **logische Schlussfolgerungen** verwendet. Logische Schlüsse können entweder **induktiv** oder **deduktiv** sein (↗ S. 82 f.). Beim Syllogismus, dem häufigsten Verfahren, handelt es sich um ein deduktives Verfahren. Hier wird von der Regel auf den Einzelfall geschlossen. Die Schlussfolgerung wird in drei Schritten entwickelt.

■ Oberprämisse: *Es ist im Rennsport unfair, andere zu behindern.*
Unterprämisse: *Fahrer S. hat einen anderen Fahrer behindert.*
Konklusion: *Fahrer S. hat unfair gehandelt.* □
Im umgekehrten Fall wird vom Einzelfall auf die Regel geschlossen, d.h. auf induktive Art eine Schlussfolgerung gezogen.

■ Einzelfälle: *Ich habe beim Inlineskaten auf Straßen keine Konflikte mit Autofahrern gehabt. Meine Freunde haben dieselbe Erfahrung gemacht.*
Konklusion/Verallgemeinerung: *Inlineskaten auf Straßen führt nicht zu Konflikten zwischen Autofahrern und Skatern.* □

▼ Bei der Argumentation auf der Grundlage eines literarischen Textes oder mit Bezug auf einen literarischen Text kann man sich stützen auf
- einzelne Aussagen der Figuren oder des Erzählers,
- Handlungen und Reflexionen der Figuren,
- Handlungsverlauf,
- Kommentare des Verfassers,
- Interpretationen und Rezensionen. ▽

Argumentationskette

Werden Argumente verknüpft, spricht man von einer Argumentationskette oder -folge. Das **Fünfsatzschema** bietet dafür ein Grundgerüst. Zwar ist es ursprünglich für die gedankliche Strukturierung eines Redebeitrags gedacht, kann aber, je nach Schreibanlass, auch für das schriftliche Arbeiten verwendet werden.

Im ersten Satz werden zunächst Ausgangssituation und Zielgruppe genannt. Dabei wird z.B. das Thema benannt, man kann sich auch auf den Vorredner beziehen oder generell auf das, was andere zum Thema gesagt oder festgestellt haben. Die folgenden Sätze begründen den Zweck der Rede und führen auf den Zielsatz hin. Sie enthalten Argumente und Beispiele. Im Zielsatz wird der eigentliche Zweck der Rede genannt und der Redebeitrag abgeschlossen. In längeren argumentierenden Texten kann der Mittelteil aus mehreren ausgearbeiteten Argumenten bestehen und der Zielsatz die zentrale Schlussfolgerung enthalten.

Das Grundgerüst kann grundsätzlich **linear** oder **dialektisch** sein (↗ Strukturmuster des Erörterns, S. 363). Als Varianten des dialektischen Aufbaus ergeben sich die Modelle **Vergleich** und **Kompromiss**.

Lineare Argumentationsfolge

Anlass: *Immer mehr Schriftsteller wenden sich gegen die Rechtschreibreform.*
These: *Die Rechtschreibreform muss abgelehnt werden.*

1. Argument + Beispiel + Schlussfolgerung	*Dafür spricht z. B., dass …* *Folgendes Beispiel verdeutlicht dies: …* *Also ist festzustellen, dass …*
2. Argument + Beispiel + Schlussfolgerung	*Darüber hinaus zeigt auch die Erfahrung, dass …* *Schaut man sich beispielsweise … an, dann …* *Daraus ergibt sich, dass …*
3. Argument + Beispiel + Schlussfolgerung	*Zuletzt ist auch zu berücksichtigen, dass …* *Dies wurde ja bereits durch mehrere Untersuchungen bestätigt: …* *Deswegen kann man also sagen, …*
Zusammenfassende Schlussfolgerung und Redeziel	*Ingesamt lässt sich ableiten, dass …* *Daher ist zu fordern, dass …*

Vergleich

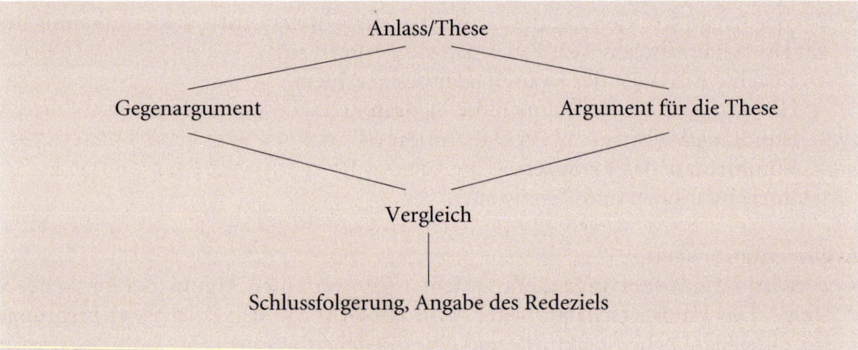

Kompromiss

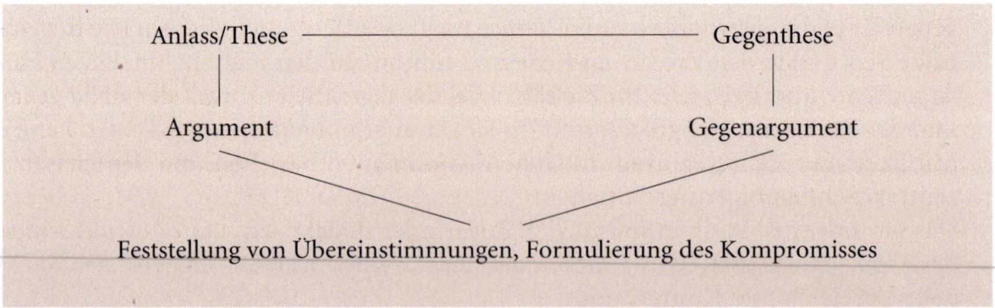

Beim Schreiben zu beachten:
- Sich konsequent und logisch stimmig auf Thema und These beziehen
- Argumente durch Beispiele und Belege konkretisieren
- Verbindung des Arguments mit der These aufzeigen
- Inhalte der einzelnen Argumente deutlich voneinander abgrenzen (optische Trennung durch Absätze)
- Sprachliche Mittel verwenden, die die logische Struktur der Aussagen verdeutlichen (z. B. Konjunktionen und Adverbien)
- Kausale, finale und konsekutive Konjunktionen und Adverbien verwenden, um Argumente zu formulieren und sie auf die These zu beziehen: *wenn …, dann …, also, allerdings, aber, dagegen, denn, daher, deswegen, weil, insofern als*
- Übergänge zu neuen Argumenten durch reihende Adverbien herstellen: *ferner, darüber hinaus, schließlich*
- Für das Fazit Einleitungswörter verwenden: *alles in allem, abschließend, zusammenfassend*

6.2 Stellung nehmen

Stellung nehmen bedeutet, den **persönlichen Standpunkt** zu einer Position oder zu einem Sachverhalt deutlich zu machen und diesen anderen Personen plausibel und überzeugend zu **begründen**.
Erforderliche Denkoperationen:
1. Bildung einer These, die den eigenen Standpunkt ausdrückt
2. Entwicklung von Argumenten, um andere vom eigenen Standpunkt zu überzeugen bzw. eine sachliche Klärung zu fördern

Damit dies gelingt, müssen die Argumente nachvollziehbar und eindeutig auf die These zu beziehen sein. Beispiele können die Argumente veranschaulichen. Da Stellungnehmen in kommunikativen Zusammenhängen stattfindet, muss auf den Adressaten Bezug genommen werden.
Als **Statement** (Erklärung, Behauptung) hat die Stellungnahme vor allem in Diskussionen eine große Bedeutung. Aber auch in schriftlicher Form gehört sie zum Alltag, z. B. als Leserbrief, Beschwerde, Kommentar, Bitte und Vorschlag. Schon in einfachen Aussagen darüber, was man gut oder schlecht findet, sind Grundzüge des Stellungnehmens enthalten.

Der Schreibanlass bestimmt den Stil der Stellungnahme. Wird in Form eines Leserbriefs Stellung genommen, ist es günstig, rhetorische Mittel (↗ S. 97 ff.) einzusetzen (z. B. Übertreibung, Ironie, rhetorische Fragen), damit die Aufmerksamkeit möglichst vieler Leser erreicht wird. Anders bei der Beschwerde: Bei ihr steht die Überzeugung in der Sache im Vordergrund. Für die schriftliche Form gelten die allgemeinen Anforderungen an das argumentierende Schreiben.
Eine wesentliche Voraussetzung für die Wirksamkeit des eigenen Standpunkts ist die Klärung der kommunikativen Situation: In welcher Rolle äußert sich der Sprecher bzw. eine Gruppe? Wer ist der Adressat? Welche Erwartungen, Einstellungen, Kenntnisse sind zu vermuten? In welchem Verhältnis steht der Sprecher bzw. eine Gruppe zum Adressaten?

Strukturmuster des Stellungnehmens

1. Bezug auf den Anlass für die Stellungnahme: eine Position bzw. ein Sachverhalt; evtl. kurze Erläuterung, ggf. Einordnung in den übergreifenden Kontext
2. Darlegung des eigenen Standpunkts in einer These (Behauptungssatz)
3. Begründung des eigenen Standpunkts durch Argumente:
– 1. Argument (ggf. + Beispiel)
– 2. Argument (ggf. + Beispiel)
– …
4. Fazit/Schlussfolgerung und Bekräftigung des eigenen Standpunkts

Beispiel für eine Stellungnahme: Beschwerdebrief

Wird in Form einer Beschwerde begründet Stellung genommen, können sowohl persönliche Anliegen als auch Gruppeninteressen Gegenstand sein.

■ Eine Schulklasse beschwert sich beim Tiefbauamt darüber, dass die Sicherheit der Schüler auf der Straße vor der Schule gefährdet ist.

These: *Auch wenn noch nichts passiert ist, sind wir stellvertretend für die gesamte Schule der Meinung, dass mehr Sicherheitsvorkehrungen für uns Schüler getroffen werden sollten.*

1. Argument:	*Wir erleben Tag für Tag, dass auf der vierspurigen Straße vor unserer Schule mit überhöhter Geschwindigkeit gefahren wird, …*
+ Beleg:	*…, wie schuleigene Messungen bestätigen.*
2. Argument:	*Zusätzlich sind kreuzende Autos aus den Seitenstraßen eine Gefahr.*
+ Beispiel:	*Erst vor einer Woche hätte es fast einen Unfall gegeben, als ein Autofahrer einen Schüler übersah.*

Fazit und Redeziel: *Deshalb fordern wir, dass unsere Sicherheit unbedingt verbessert wird. Eine Möglichkeit ist eine Ampelanlage, die nur zu bestimmten Zeiten in Betrieb ist.*

□

6.3 Erörtern

Erörtern heißt, sich mit einem komplexen, häufig strittigen Thema oder Problem auseinanderzusetzen. Es ist ein Instrument zur Entscheidungsfindung, Meinungsbildung und **Problemlösung.** Ziel ist es, einen eigenen begründeten Standpunkt zu entwickeln. Erforderliche Denkoperationen:

1. In **Thesen** werden mögliche Positionen zu einem Thema oder Antworten auf eine Problemfrage formuliert.
2. **Argumente** dienen der Begründung der Thesen und lassen sich durch Beispiele stützen. Durch die Argumentation wird der Geltungsanpruch der Thesen überprüft.

Je nachdem, ob die Argumentation in Gegensätzen aufgebaut wird (z. B. Pro- und Kontra-Argumentation) oder ob nur für *eine* Position argumentiert wird, spricht man von dialektischem Erörtern oder linear-entfaltendem Erörtern.

Für die Oberstufe und das Abitur ist die Aufgabenart der Problemerörterung verbindlich. In der Regel wird die Struktur durch die Aufgabenstellung bestimmt. Aus ihr soll hervorgehen, ob dialektisch oder linear-entfaltend erörtert werden soll.

Grundlegende Bedeutung hat das Erörtern sowohl in Alltagssituationen (z.B. Entscheidungsfindung bei der Berufswahl, Meinungsbildung in Diskussionsrunden) als auch für wissenschaftliches Arbeiten (z.B. Auseinandersetzung mit Forschungspositionen). Erörtert wird darüber hinaus in Debatten und im Streitgespräch. Allerdings verteilen sich hierbei kontroverse Auffassungen auf unterschiedliche Personen. Ähnlich verhält es sich bei der Urteilsfindung vor Gericht: Der Ankläger liefert Argumente für die Schuld des Angeklagten (Pro-Argumentation), der Verteidiger argumentiert dagegen (Kontra-Argumentation).

Strukturmuster des Erörterns

Gegenüberstellung der Strukturmuster

Dialektisches Erörtern	Linear-entfaltendes Erörtern
Problemfrage: *Soll Teamfähigkeit benotet werden?*	Sachfrage: *Welche Bedeutung hat Teamfähigkeit in der Schule?*
Thesenbildung, Andeutung des eigenen Standpunkts möglich	
These – Gegenthese	1. These 2. These …
Argumentation für These bzw. Gegenthese mit Beispielen; entweder als Gegenüberstellung von Pro und Kontra oder in Gegensätzen (z.B. privat – öffentlich)	Argumentation für die einzelnen Thesen unter unmittelbarer Berücksichtigung von Einwänden; ggf. Widerlegung oder Zurückweisung dieser Einwände
Ergebnis	
Differenzierte und begründete Entscheidung nach Abwägen der kontroversen Argumente	Formulierung des Standpunkts aufgrund von Schlussfolgerungen aus der Argumentation

Dialektisches Erörtern

Sinn und Zweck des dialektischen Erörterns ist die Beleuchtung eines strittigen Themas oder Problems aus gegensätzlichen Blickwinkeln. So soll eine Entscheidung oder Klärung erreicht werden.

Die Anordnung der Argumente in der schriftlichen Ausarbeitung richtet sich nach dem Ziel, das der Verfasser anstrebt. Ob man sich für die Gegenüberstellung von **Pro-** und **Kontra-Argumenten** entscheidet oder zunächst alle Pro-Argumente aufführt und die Kontra-Argumente anschließt, hängt davon ab, ob sich Argumente jeweils unmittelbar durch Gegenargumente entkräften lassen. Letzteres setzt voraus, dass sich die Argumente auf einen gemeinsamen Aspekt beziehen. Häufig jedoch ist dies nicht der Fall, und dann ist es besser, Pro- und Kontra-Argumente jeweils in einem Block anzuordnen. Argumente stützen und rechtfertigen die These oder Gegenthese, indem sie Begründungen anführen. Für die Wirksamkeit der Argumenta-

tion ist vor allem entscheidend, dass die Argumente logisch verknüpft und konsequent auf die These bezogen sind.
Bei der Entscheidung als Ergebnis der Argumentation kommt es darauf an, dass sie nachvollziehbar abgeleitet wird. Sowohl Aspekte der Pro-Argumentation als auch solche der Kontra-Argumentation werden dabei berücksichtigt. Das Ergebnis kann auch in einem Kompromiss zwischen der Pro- und Kontraposition bestehen.

Problemfrage: *Ist es sinnvoll, das Mindestalter für Wähler auf 16 Jahre zu senken?*	
Pro	Kontra
These: *Ja, auch junge Wähler ab 16 Jahren sollen die Möglichkeit haben, an politischen Wahlen teilzunehmen.*	Gegenthese: *Nein, das Mindestalter sollte bei 18 Jahren bleiben.*
Argumentation: *Das Interesse von Jugendlichen an der Politik würde gefördert. Jugendliche würden mit ihren Bedürfnissen und Interessen in der Politik ernster genommen.*	Argumentation: *Das Urteilsvermögen ist mit 16 Jahren noch nicht voll ausgeprägt. Politischer Einfluss lässt sich auch anders als über das Wahlrecht nehmen.*
Ergebnis: *Das Mindestalter für Wähler sollte bei bestimmten Wahlen, nämlich bei den Kommunalwahlen, auf 16 Jahre gesenkt werden.*	

Linear-entfaltendes Erörtern
Stärker als beim dialektischen Erörtern besteht beim linear-entfaltenden Strukturmuster das Ziel darin, Bedeutung und Facettenreichtum eines Sachverhalts zu erschließen. Auch hier gilt für die Anordnung, dass die Argumentation logisch einwandfrei und der Bezug zur These immer erkennbar sein sollte. Das Ergebnis enthält die Schlussfolgerungen aus der Argumentation. Dabei werden die entfalteten Aspekte gewichtet und ein abschließender Standpunkt formuliert. Ergänzen lassen sich eine persönliche Stellungnahme sowie offene Fragen.

Sachfrage:	*Welche Bedeutung hat das Internet für den Schulunterricht?*
These:	*Die Rolle des Internets im Schulunterricht wird immer bedeutender.*
1. Argument:	*Die technischen Voraussetzungen werden zunehmend und zügig ausgebaut.*
+ Beispiel:	*Alle Schulen verfügen inzwischen über einen Internetzugang.*
+ Einschränkung:	*In vielen Schulen gibt es aber nur wenige entsprechende Arbeitsplätze.*
+ Widerlegung/ Zurückweisung:	*Schüler haben jedoch auch außerhalb der Schule Zugang zum Internet und können dort recherchieren.*
2. Argument:	*Die Kompetenzen von Lehrern und Schülern in Bezug auf das Internet wachsen schnell.*
+ Beispiel:	*Viele können private Erfahrungen einbringen.*
+ Einschränkung:	*Häufig beziehen sich diese Kenntnisse allerdings nur auf Teilbereiche. Notwendig wäre eine systematische Förderung.*

3. Argument: + Beispiel:	*Neueste Informationen können schneller beschafft werden.* *Der Zugriff auf Inhalte von Zeitungen und Zeitschriften ist ohne aufwändige Bibliotheksrecherche möglich.*

Schlussfolgerung: *Das Internet wird vor allem deswegen immer wichtiger für den Schulunterricht, weil sich neue Informationsquellen auf einfache Weise erschließen lassen.*

Formen des Erörterns

Neben den beiden Strukturmustern (dialektisches und linear-entfaltendes Erörtern) gibt es unterschiedliche Formen des Erörterns. Sie richten sich danach, ob ein Sachtext oder ein literarischer Text einbezogen wird oder ob frei erörtert werden soll:

- Erörtern anhand eines Sachtextes (textgebundenes Erörtern)
- Erörtern anhand eines literarischen Textes (literarisches Erörtern)
- Freies Erörtern (z. B. auch in Form eines Leserbriefs, Kommentars usw.)

Freies Erörtern

Bei dieser Form des Erörterns kann es um ein Sachthema gehen, das eine Entscheidung verlangt, um ein Problem, das gelöst werden soll, oder um die Auseinandersetzung damit, welche Bedeutung ein Sachverhalt, ein Begriff, bestimmte Normen in einem bestimmten Zusammenhang haben. Hierbei kann sowohl das dialektische als auch das linear-entfaltende Strukturmuster angewendet werden.

■ Frage: *Ist es sinnvoll, mehrmals im Jahr autofreie Sonntage einzuführen?* (dialektisches Erörtern, auf eine Entscheidung ausgerichtet)

Frage: *Welche Bedeutung hat heute soziales Engagement für Jugendliche?* (lineares Erörtern, das auf die Entfaltung dieser Bedeutung abzielt) □

Auseinandersetzungen dieser Art können mit Kommunikationssituationen verknüpft werden, die eine Argumentation verlangen (z. B. Leserbrief, Kommentar, Rezension).

Erörtern anhand eines Sachtextes (textgebundenes Erörtern)

Die Besonderheit dieser Form des Erörterns liegt darin, dass die These oder mehrere Thesen sowie auch Argumente einer Textvorlage entnommen werden. Eigene Thesen und Argumente ergänzen bzw. widerlegen die Ausführungen des Textes. Sinn und Zweck dieser Form des Erörterns ist die kritische Auseinandersetzung mit den Gedanken eines Autors. Diese müssen präzise erfasst und auf sachliche und logische Stimmigkeit hin überprüft werden. Voraussetzung dafür ist ein genaues Textverständnis. Entsprechend sorgfältig ist der Text zu analysieren. Der Problemgehalt, die These des Verfassers sowie die Argumentationsstruktur sind herauszuarbeiten. Als Textgrundlage eignen sich alle argumentativen Sachtexte. Beim Schreiben ist darauf zu achten, dass eigene Gedanken und diejenigen der Textgrundlage deutlich zu unterscheiden sind.

Grundtypen der kritischen Auseinandersetzung

– Begründeter Widerspruch: Gegenargumente entwickeln, Argumente entkräften, Prämissen infrage stellen, Schlüssigkeit der Verknüpfung von These und Argument angreifen

– Teilweise Übereinstimmung: Kritik durch begründeten Widerspruch sowie durch Einschränkungen, Zustimmung z. B. durch weitere stützende Argumente
– Begründete Zustimmung: weitere stützende Argumente entwickeln, mögliche Gegenpositionen entkräften
– Weiterführende Problematisierung: kritische Auseinandersetzung in größeren Zusammenhang stellen, neue Aspekte diskutieren und Argumentation erweitern
Dieser Form der Auseinandersetzung liegt das Strukturmuster des linear-entfaltenden Erörterns zugrunde. Eine andere Variante des textgebundenen Erörterns besteht in der Gegenüberstellung zweier kontroverser Texte. Dann führt man die kritische Auseinandersetzung mit jeder der beiden Argumentationsfolgen durch und wendet die o. g. Grundtypen an.

Beispiel für eine textgebundene Erörterung
Im folgenden Auszug aus Ruth Klügers Vortrag *Frauen lesen anders* ist die Kernaussage bereits im ersten Satz enthalten. Auf diesen Satz, der eine Behauptung von großer Allgemeinheit ausdrückt, beziehen sich konkretisierend, erläuternd und argumentierend alle folgenden Aussagen. Daher ist dieser Satz als These einzustufen. Der These lassen sich mehrere Argumente zuordnen, die Gründe für ihren Wahrheitsanspruch enthalten. Beispiele erläutern wiederum diese Argumente. Für einen Aufsatz, der textgebundenes Erörtern verlangt, ist zunächst diese Struktur von These, Argumenten und Beispielen herauszuarbeiten (↗ Lesen von Sachtexten, S. 382 f.). Sie bildet die Grundlage der kritischen Auseinandersetzung, die um eigene Argumente bzw. Gegenargumente ergänzt wird.

■ *Frauen lesen anders* von Ruth Klüger: Analyse der Textgrundlage

These:	*Bücher wirken anders auf Frauen als auf Männer.*
Erläuterung der These:	*Dies sollte kein heikles Thema sein. Doch fürchten Frauenrechtlerinnen, dass eine solche Behauptung den weiblichen Geschmack und die weibliche Denkfähigkeit in Frage stellt, und ihre Gegner fürchten einen weiteren Angriff auf den literarischen Kanon.*
1. Argument:	*Und doch: Längst haben wir von der Rezeptionsästhetik gelernt, dass das Wort, der Text, der Roman oder das Gedicht kein Ding an sich ist, dessen werkimmanenter Sinn sich den vertrauensvoll Lesenden bedingungslos erschließt und immer gleich bleibt. Jeder und jede von uns liest anders, wie kein Leben mit einem anderen identisch ist und sich jedermanns und jeder Frau Weltverständnis von jedem anderen unterscheidet.* (Argument: Die Rezeptionsästhetik hat nachgewiesen, dass das Verständnis eines literarischen Textes von den Erfahrungen des Lesers abhängt.)
+ Beispiel:	*Es ist uns eine Selbstverständlichkeit, dass wir einen japanischen Roman mit weniger Einfühlung lesen können als, sagen wir, Fontanes ›Effi Briest‹, wobei andererseits gerade das Exotische des japanischen Werks zum Lesevergnügen beiträgt. Der Einheimische liest mit weniger Erstaunen, dafür kritischer und genauer, also anders. So gibt es auch innerhalb derselben Kultur Differenzen, die das Leseverständnis beeinflussen, wie die zwischen den gesellschaftlichen Schichten oder Klassen, die sich in einer Demokratie allerdings immer mehr vermischen. […]*

2. Argument:	*Fest steht: Es gibt eine Mädchen- und eine Jungenliteratur. Sie ist nicht streng und absolut geschieden, doch lesen Mädchen eher Jungenbücher als umgekehrt. Ein Grund dafür ist sicher die Sozialisierung.* (Argument: Die Lesesozialisation prägt das Leseverhalten von Jungen und Mädchen im Sinne der gesellschaftlichen Normen mit der Folge, dass eine Asymmetrie zugunsten der Mädchen entsteht.)
+ 1. Beispiel:	*Jungen werden eher von ihren Altersgenossen verspottet, wenn sie ›Pippi Langstrumpf‹ oder ›Heidi‹ lesen, während Mädchen es sich erlauben können, mit einem Band Karl May in der Hand gesehen zu werden.*
+ 2. Beispiel:	*Dazu kommen in den vergangenen zwei Jahrzehnten, in Amerika wie in Deutschland, Romane, die sich ausdrücklich mit den Problemen heranwachsender Mädchen beschäftigen, also von vornherein einen ausschließlich weiblichen Markt anvisieren, was natürlich weder für noch gegen die Qualität dieser Werke spricht. […]*
3. Argument:	*Da man die Einfühlung in den männlichen Problemkreis Leserinnen als eine Tugend anrechnet, jedoch das Umgekehrte von Lesern nur selten erwartet, der literarische Kanon aber das Werk von Männern ist, so werden selbst angesehene Schriftstellerinnen, über deren Kompetenz kein Zweifel herrscht, an Schulen und Universitäten nur beschränkt rezipiert.* (Argument: Gesellschaftlich geprägte Rollenerwartungen führen dazu, dass Frauen sich stärker in ›männliche‹ Themen und Fragestellungen einfühlen als umgekehrt Männer in ›weibliche‹. Dies führt zu einer Dominanz des ›männlichen‹ Kanons.)
+ Beispiel:	*Der Kampf um den Kanon dauert ja nun schon einige Jahre, aber er ist noch lange nicht ausgekämpft. Sprechen Sie einmal gebildete deutsche Leser darauf an, Ihnen drei oder vier Gedichte von Droste-Hülshoff auf Anhieb zu nennen. […]*

Klüger bezieht in ihrem Vortrag eine klare Position, zu der man sich unterschiedlich verhalten kann: Man kann sie unterstützen, ablehnen oder ihr auch eingeschränkt zustimmen. □

- Kritische Auseinandersetzung mit Ruth Klügers Vortrag *Frauen lesen anders*

Gegenthese:	*Es gibt keinen relevanten Unterschied zwischen Frauen und Männern in der Art und Weise, wie sie literarische Texte rezipieren.*
Entkräftung des 1. Argument:	*Im Vortrag selbst gibt es Hinweise darauf, dass Unterschiede in der Rezeptionsweise vorwiegend mit der Zugehörigkeit zu einer bestimmten Kultur oder zu einer bestimmten Schicht zu tun haben. Unabhängig vom Geschlecht wird ›Effi Briest‹ in Japan grundsätzlich anders rezipiert als im deutschen Raum, aufgrund einer anderen Geschichte, einer anderen Gesellschaftsstruktur, anderen Normen und Werten.*

Schlüssigkeit der Verknüpfung von These und Argument angreifen:	*Die Lesesozialisation spricht weniger für ein ›anderes‹ Lesen der Mädchen als mehr für ein ›anderes‹ Lesen der Jungen. Wie Klüger selbst behauptet, mögen Jungen und Mädchen häufig die gleichen Jugendbücher, vor allem Abenteuerbücher und spannende Geschichten. Man könnte höchstens feststellen, dass Jungen weniger als Mädchen lesen oder andere Textsorten bevorzugen.*
Erweiterung der These:	*Frauen und Männer haben jeweils spezifische Leseinteressen und -fähigkeiten.*
+ Argument:	*Die PISA-Studie von 2001 hat nachgewiesen, dass Jungen und Mädchen unterschiedliche Stärken und Schwächen in Bezug auf das Lesen haben: Jungen zeigen eher Stärken im Umgang mit Tabellen, Grafiken, Formularen u. Ä., Mädchen eher im Umgang mit Erzählungen und Darlegungen.*
Geltung des 3. Arguments einschränken:	*Frauen brauchen keinen Kanon, der Autorinnen stärker berücksichtigt. Frauen finden sich ebenso in Frauen- wie Männerfiguren bekannter Autoren wieder (z. B. in Goethes Werther), gerade weil nicht nur geschlechtsspezifische Faktoren eine Rolle spielen, sondern vor allem auch psychologische, gesellschaftliche, geschichtliche u. Ä.*

Stimmt man den Argumenten der Textvorlage weitgehend zu, sind weitere stützende Argumente anzuführen und neue Aspekte zu diskutieren. Ergänzen ließe sich, dass Frauen manche Bücher bevorzugen und offensichtlich ein besonderes Leseinteresse haben, was die an Frauen adressierten Verlagsangebote belegen. Man kann hinzufügen, dass es sich bei diesen Angeboten oft um Romane handelt, die aus weiblicher Perspektive verfasst sind. □

Erörtern anhand eines literarischen Textes (literarisches Erörtern)
Diese Form der Erörterung bezieht sich auf einen oder mehrere literarische Texte. Ausgangspunkt kann z. B. eine Frage sein, die sich aus einem Werk ergibt *(Finden sich die Anschauungen von Gräfin Orsina aus Lessings Drama ›Emilia Galotti‹ über Frauen und Männer auch in anderen Werken des letzten Drittels des 18. Jahrhunderts wieder?)*, oder die Aussage eines Literaturwissenschaftlers über ein Werk.
Funktion dieser Form der Erörterung ist die kritische Auseinandersetzung mit dem Bedeutungsgehalt literarischer Texte. Grundlage ist die gründliche Kenntnis des Bezugswerkes, vor allem des Inhalts (Personen: Charakterzüge, Beziehungen, Handlungsablauf, zentraler Konflikt bzw. Problematik), der sprachlichen und formalen Besonderheiten (z. B. Symbolik, Motive, Gattungsaspekte) sowie des kulturellen und gesellschaftlichen Kontextes.
Eine dialektisch angelegte Problemerörterung kann sich z. B. auf einen Interpretationsansatz zu einem Werk beziehen *(›Buddenbrooks‹ – ein Décadence-Roman?)*, auf einzelne Aspekte der Handlung *(Der Schluss von Kleists ›Erdbeben in Chili‹ – ein Happyend?)* oder einzelne Figuren *(Woyzeck – Opfer oder Täter?)*. Häufig werden auch Bezüge zwischen theoretischen Aussagen und literarischen Werken gefordert *(Literatur nach 1945 – ›Kahlschlagliteratur‹ im Sinne Weyrauchs?)*. Möglich ist auch

die Gegenüberstellung von konträren Interpretationsansätzen, zu denen ein Standpunkt gefunden werden soll.
In linear-entfaltender Form kann es darum gehen, Hintergründe und Entwicklungen aufzuzeigen (z.B. Veränderungen der Gesellschaftsdarstellung in literarischen Texten vom Sturm und Drang bis zum Realismus).

Checkliste zum Vorbereiten und Schreiben einer Erörterung

Das Erörtern wird im Unterricht regelmäßig verlangt, sei es als argumentative Entfaltung eines Problems, sei es als kritische Auseinandersetzung mit einem Text. Die folgende Checkliste soll helfen, diese Aufgabenart in schriftlicher Form umzusetzen.

Vorbereiten einer Erörterung

- Den Sachverhalt, mit dem man sich auseinandersetzt, gründlich kennen lernen; Materialsammlung anlegen: Fakten, strukturelle Kennzeichen, aussagekräftige Zitate, ggf. Bewertungen anderer
- Begriffe des Themas und der Aufgabe klären: Definitionen suchen, Synonyme bilden, Umschreibungen finden
- These bzw. Gegenthese formulieren
- Argumente suchen: zunächst spontane Einfälle zu These bzw. Gegenthese großzügig verteilt auf verschiedene Blätter notieren, dann Oberbegriffe suchen, die geeignet sind, einzelne Ideen und Details zu bündeln; mögliche Einwände ergänzen
- Beispiele zur Veranschaulichung und Stützung der Argumente suchen
- Argumentation in Tabellenform entwerfen; auf die logisch schlüssige Verknüpfung mit der These achten sowie darauf, dass die Argumente deutlich voneinander abgegrenzt sind; prüfen, ob sich Argumente direkt gegenüberstellen lassen
- Mögliches Ergebnis skizzieren: Ergeben sich gegenüber der ersten Einschätzung neue Erkenntnisse?

Aufbau einer Erörterung

Einleitung:

- Knapp und präzise Thema und zentrale Begriffe der Aufgabenstellung erläutern und evtl. in größere Zusammenhänge stellen (z.B. aktuelle Entwicklungen und Probleme, epochale Bedingungen bei literarischen Texten, ethische Fragen)
- Falls auf Texte Bezug zu nehmen ist, zentrale inhaltliche Aspekte zusammenfassen: Worum geht es? Was ist daran relevant? Was ist problematisch? Problemfrage ableiten

Hauptteil:

- These bzw. Gegenthese entwickeln, dabei nicht den Wortlaut der Aufgabenstellung wiederholen, sondern mit anderen Worten ausdrücken, evtl. um den eigenen Ansatz ergänzen
- Sinnvoll im Hinblick auf den Leser, aber nicht notwendig: einen Überblick über die zentralen Gesichtspunkte der Argumentation geben
- Strukturmuster dialektisches Erörtern: Argumente falls möglich gegenüberstellen oder nacheinander folgen lassen
- Strukturmuster linear-entfaltendes Erörtern: deutlich zwischen Argument und Einschränkung bzw. Einwand unterscheiden

Schluss:
– Fazit ziehen: begründete Entscheidung für eine bestimmte These, Formulierung eines begründeten Standpunkts aufgrund von Schlussfolgerungen aus der Argumentation
– Beim dialektischen Erörtern in der Regel eine Entscheidung treffen, die Einwände berücksichtigt *(Das Tragen eines Fahrradhelms ist wichtig, aber eine Vorschrift sollte auf Kinder beschränkt sein.)*
An das Fazit kann anschließen:
– eine weitergehende Überlegung
– eine begründete persönliche Stellungnahme
– ein Ausblick auf mögliche oder reale Entwicklungen/Folgen

Hinweise zum Formulieren
Die Richtung des Argumentierens sollte für den Leser immer deutlich sein, daher ist immer wieder der Bezug zur These herzustellen:
Ein weiteres Argument für/gegen … ist, dass … Als Begründung für die These, dass …, lässt sich außerdem/darüber hinaus/ferner anführen … Als letztes Argument für … ist zu nennen, dass …
Die Argumente sind untereinander zu verknüpfen (↗ Argumentationskette, S. 363 ff.):
Schaut man auf …, so ergibt sich ein neues Argument. Weil/Insofern es dabei auch um … geht, lässt sich die Schlussfolgerung ziehen, dass auch … Doch ist dagegen einzuwenden, dass …
Es sollten Adverbien und Konjunktionen verwendet werden, die Bedingungen, Gründe, Folgen und Einschränkungen angeben, wie z. B. *wenn, weil, da, deshalb, deswegen, damit, dagegen, zwar, denn, doch, aber, obwohl, obgleich, wenngleich, also, sodass, jedoch, allerdings.*

7 Gesprächsformen

Ein Gespräch setzt mehrere Teilnehmer und einen Gegenstand voraus, auf den sich die Äußerungen mehr oder weniger streng beziehen. Gesprächsformen lassen sich nach Anzahl der teilnehmenden Personen, Anlass bzw. Situation und Ziel des Gesprächs unterscheiden.

Anlass/Situation	Teilnehmerzahl	Ziele
Elternteil – Kind	2	Kontakt, Aufbau einer persönlichen Beziehung, Austragen eines Konflikts
Abteilungskonferenz, Kleingruppe, Gruppenarbeit	3–7	Planung, Entscheidung, Klärung, Projektentwicklung
Unterrichtsgespräch	8–50	Information, Erarbeitung, Klärung, Bewertung

7.1 Streitgespräch

Im Streitgespräch versuchen die Teilnehmer, Interessen und Standpunkte, die im Widerspruch zueinander stehen, gegeneinander durchzusetzen. Ein Streitgespräch kann eher emotional in Form von Beschuldigungen und Vorwürfen ablaufen oder eher sachlich in Form von Argumenten.

7.2 Klärungsgespräch

Im Klärungsgespräch suchen die Teilnehmer nach Möglichkeiten, unterschiedliche Interessen und Standpunkte auszugleichen, zu einer gemeinsamen Lösung oder einem Kompromiss zu kommen. Um zu Lösungsansätzen zu kommen, ist echtes Interesse am strittigen Gegenstand und Respekt vor der Position des anderen notwendig. Besonders gefragt sind die Fähigkeit zuzuhören und die Bereitschaft, einander entgegenzukommen. Hilfreich ist, die Gründe (Warum?) und Ziele (Wozu?) der einzelnen Positionen zu betrachten. Gelingt die sachliche Klärung nicht, kann Metakommunikation (↗ S. 79) dem Gespräch eine Wende geben. Dabei reflektieren die Teilnehmer gemeinsam den Gesprächsverlauf und ihr Gesprächsverhalten (z. B. Unterbrechungen, nonverbal gezeigtes Desinteresse, mangelnde Bereitschaft, auf den anderen einzugehen).

7.3 Bewerbungsgespräch

Im Zentrum des Bewerbungsgesprächs steht die Entscheidung über eine berufliche Einstellung. Bewerber und Arbeitgeber haben die Gelegenheit, sich ein Bild voneinander zu machen.

Von Arbeitgeberseite aus werden meist folgende Aspekte angesprochen:
- Motive der Bewerbung: Warum gerade dieser Ausbildungsplatz/dieser Betrieb?
- Fachliche Eignung: Welche Kenntnisse und Fähigkeiten kann der Bewerber einbringen?
- Person: Freizeitinteressen, besonderes Engagement, z. B. in einem Verein, Lieblingsfächer, auch Stärken und Schwächen (man sollte sich vorher eine ›harmlose‹ Schwäche überlegen!) und Selbstcharakteristik *(Halten Sie sich für einen ›Macher‹?)*

Natürlich kann und sollte der Bewerber selbst auch Fragen stellen:
- Organisation der Ausbildung: Welche Betreuer gibt es?
- Innerbetriebliche Weiterbildung
- Aussichten auf mögliche Übernahme nach der Ausbildung

Ausführliche Informationen erhält man am besten durch offene Fragen (Wer? Was? Wie?).

7.4 Prüfungsgespräch

Ein Prüfungsgespräch wie die mündliche Abiturprüfung verlangt, auf Fragen, Thesen und Einwände der Prüfer einzugehen.

Inhaltlich kann gefordert werden:
- Vertiefung der Ausführung des Prüflings *(Erläutern Sie, an welchen Adressaten sich Heines Gedicht ›Die schlesischen Weber‹ richtet!)*

- Diskussion von Behauptungen des Prüflings *(Welche Gründe für Ihre Feststellung … können Sie anführen?)*
- Aufforderung zur Bewertung *(Ist Frischs ›Andorra‹ noch zeitgemäß?)*

Sprachliche Anforderungen

- An die Aussagen der Prüfer anknüpfen
- Sachlich und begrifflich klar formulieren
- Gedanken logisch verknüpfen (nicht assoziativ aneinanderreihen)
- Einen argumentativen Stil verwenden (Konjunktionen: *weil, denn, deshalb, insofern als, also*)

7.5 Präsentation

Bei einer Präsentation erfolgt die Vermittlung von Arbeitsergebnissen mithilfe von veranschaulichenden Medien (Overheadprojektor, Tafel, Plakat, Beamer), die Tabellen, Grafiken, Skizzen, Bilder und Statistiken zeigen. Das kann z.B. am Ende einer Gruppenarbeit im Unterricht oder am Ende einer langfristigen Projektarbeit geschehen. Die zentrale Bedeutung der **Visualisierung** unterscheidet die Präsentation vom Referat. Eine Präsentation kann auch Bestandteil einer Prüfung sein.

Aufbau einer Präsentation

Zu Beginn wird das Thema genannt und eventuell die Gliederung kurz vorgestellt.

■ *Ich spreche über die Beziehungen der Figuren in Schillers Drama ›Kabale und Liebe‹. Zunächst gehe ich auf die Hauptpersonen und deren Familien ein, dann auf die Rolle der Nebenfiguren.* □

Im Blickkontakt mit den Zuhörern wird dann eine entsprechende Strukturskizze schrittweise erläutert. Am Schluss können eine Wertung, eine Zusammenfassung oder offene Fragen stehen.

Sprachliche Anforderungen (siehe auch Prüfungsgespräch)

- Umgangssprache vermeiden
- Fachbegriffe verwenden
- Beim Thema bleiben
- Gedanken verknüpfen

7.6 Diskussion

Eine Diskussion findet zwischen mehreren Gesprächsteilnehmern statt und hat eine Streitfrage zum Gegenstand. Es sollen möglichst viele Gesichtspunkte zusammengetragen und der eigene Standpunkt überzeugend vertreten werden. Gruppendiskussionen haben einen Diskussionsleiter.

Der **Diskussionsleiter**

- führt in die Diskussion ein (z.B. durch Anknüpfung an eine aktuelle Situation) und benennt das Thema,
- führt die Rednerliste,
- bringt zur Anregung evtl. neue Gesichtspunkte ein,

– spitzt zu *(Hier sehe ich einen Widerspruch zwischen X und Y …)*,
– fasst am Ende zusammen (z. B. indem er die Hauptpositionen benennt).

Die **Gesprächsteilnehmer**
– knüpfen an die Aussagen anderer an (bestätigend/zustimmend, ergänzend oder widersprechend/angreifend),
– bringen Argumente zur Stützung der eigenen Position ein bzw. entkräften Argumente anderer,
– leiten aus ihren Argumenten Zielvorstellungen ab (z. B. Forderungen),
– hören einander zu.

▼ Eine besondere Diskussionsform ist die Podiumsdiskussion, bei der Experten eine Streitfrage kontrovers erörtern, indem sie Pro- und Kontra-Argumente einander gegenüberstellen. Der Diskussionsleiter lenkt die Diskussion, indem er gezielt bestimmte Teilnehmer zu einem Beitrag aus ihrer besonderen Sicht auffordert. Manchmal können sich nach zwei bis drei Runden auch die Zuhörer beteiligen. ▽

7.7 Debatte

In der Debatte endet die Diskussion mit einer **Abstimmung** (z. B. Debatte zur Lesung eines Gesetzes im Bundestag). Eine Debatte folgt einem festgelegten Ablauf: Mehrere Vertreter der beiden Grundpositionen führen Pro und Kontra einer Streitfrage aus. Die Redner sollen nicht nur überzeugende Argumente anführen, sondern auch die Argumente des Gegners entkräften. Sie sollen sinnvoll an die Vorredner anknüpfen, ohne dass es zu Wiederholungen kommt. Wichtig ist auch, schlagfertig zu reagieren.

8 Wissenschaftspropädeutisches Schreiben

Wissenschaftspropädeutisches Schreiben (propädeutisch: einführend) umfasst die Formen des Schreibens, die auf die schriftlichen **Anforderungen des Hochschulstudiums vorbereiten**. In allen Studienfächern kommt der wissenschaftlichen Schreibkompetenz zentrale Bedeutung zu. Sie dient dazu, sich systematisch Fachwissen anzueignen und die erworbene Qualifikation in Form von Seminar- und Abschlussarbeiten nachzuweisen.

Eine Reihe grundlegender Arbeitstechniken, die auf die Erfordernisse des akademischen Schreibens vorbereiten, betrifft im Wesentlichen die Informationsverarbeitung. Hierzu zählen das Exzerpieren, das Mitschreiben und das Protokollieren. Beim Protokollieren werden Unterrichtsinhalte schriftlich festgehalten und dokumentiert. In allen Fällen handelt es sich um die Aufnahme und komprimierte Wiedergabe von mündlich oder schriftlich vermittelten Wissensinhalten. Man spricht bei Mitschrift, Exzerpt und Protokoll daher auch von ›sekundären‹ Textformen.

Darüber hinaus gehört das Produzieren von ersten (vor)wissenschaftlichen Texten in den Bereich des wissenschaftspropädeutischen Arbeitens. Im Zentrum steht die Fach- bzw. Seminararbeit (↗ S. 378 ff.). Sie bietet die Gelegenheit, die sprachlichen und formalen Besonderheiten des akademischen Schreibens kennen zu lernen und anhand eines überschaubaren wissenschaftsbezogenen Themas selbstständig anzuwenden.

8.1 Exzerpieren

Der Begriff ›exzerpieren‹ stammt aus dem Lateinischen und bedeutet ›herausklauben‹, ›auslesen‹. Ein Exzerpt ist also ein schriftlicher **Auszug** aus einem Text. Beim Exzerpieren werden gezielt Informationen aus einem Text gefiltert und in komprimierter Form schriftlich fixiert. Die Entnahme von Wissenselementen dient dazu, sich Kenntnisse anzueignen und sie systematisch aufzubauen. Exzerpiert werden vornehmlich informative Sach- und Fachtexte, deren Ziel die Weitergabe von Wissen ist. Das Exzerpieren ist immer dann besonders sinnvoll, wenn man sich in kurzer Zeit viel Wissen aneignen, es behalten oder weiterverarbeiten möchte.
Wichtig beim schriftlichen Verarbeitungsprozess ist zum einen, dass die Fülle der Informationen reduziert und dadurch überschaubar gemacht wird, und zum anderen, dass die Inhalte eigenständig formuliert werden und dadurch für das Lernen und das eigene Schreiben aufbereitet und nutzbar sind.

Funktion des Exzerpierens in der Schule

Das Exzerpieren dient dem Lernenden dazu, im jeweiligen Fach die für ihn wichtigen und neuen Informationen aus Fachtexten zu verarbeiten, um so sein Fachwissen systematisch zu erweitern und sich z. B. auf Prüfungsarbeiten vorzubereiten.
Bei Referaten wird das Exzerpt zur Erschließung von Fachliteratur eingesetzt, z. B. zur Auswertung von Sekundärliteratur zu literarischen Werken.
Eine ähnliche Funktion hat das Exzerpt auch für die Fach- bzw. Seminararbeit (↗ S. 378 ff.). Hier gilt es, Fachliteratur eigenständig so zu verarbeiten, dass damit die Wissensvoraussetzungen für die Bearbeitung des Themas geschaffen sind und fachliche Begründungen für die eigene Argumentation bereitstehen.
Im Rahmen großer arbeitsteiliger Gruppenprojekte helfen Exzerpte, eine gemeinsame Wissensbasis zu erarbeiten, indem man die Ergebnisse der eigenen Lektüre den anderen in komprimierter und übersichtlicher Form zur Verfügung stellt.

Formen von Exzerpten

Zwei Formen von Exzerpten lassen sich unterscheiden: objektives und subjektives Exzerpt.
Beim **objektiven Exzerpt** wird ein Text als Ganzer reproduziert, d. h., alle wesentlichen Inhalte werden knapp schriftlich festgehalten. Das entsprechende Exzerpt ist dann eine komprimierte Wiedergabe bzw. Zusammenfassung des gelesenen Textes. In dieser Form wird das Exzerpieren vor allem dann angewendet, wenn man nur geringe Vorkenntnisse in einem Wissensbereich hat und neue Kenntnisse systematisch aufbauen will. Natürlich ist auch diese Form des Exzerpts nicht streng ›objektiv‹, weil ja die Entscheidung darüber, welches die wesentlichen Informationen des Ausgangstextes sind, stets auch auf subjektiven Interessen und Wertungen beruht.
Beim **subjektiven Exzerpt** geht man hingegen gezielt mit ganz bestimmten Fragestellungen an einen Text heran und filtert diejenigen Aussagen heraus, die eine Antwort auf diese Fragen geben. Man exzerpiert also im Gegensatz zur oben genannten Form nicht den ganzen Text, sondern nur einzelne Teile. Diese Vorgehensweise setzt voraus, dass man in dem Wissensbereich, in dem man arbeitet, bereits einige Kenntnisse hat, die man gezielt erweitern möchte.

Formale und sprachliche Merkmale

Der Schreibende ist, wenn er das Exzerpt nur für den eigenen Gebrauch erstellt, nicht an besondere Vorgaben gebunden. Jedoch sind im Hinblick auf die Weiterverwendbarkeit folgende Punkte zu empfehlen, insbesondere, wenn die erarbeitete Textzusammenfassung weitergegeben wird:

- Im Kopfteil des Exzerpts alle notwendigen bibliografischen Angaben notieren
- Bei der Darstellung der wichtigsten Inhalte entweder der Chronologie des Textes oder einer eigenen Strukturierung/Gliederung folgen
- Diese Inhalte sprachlich eigenständig in kurzen Sätzen und Stichworten formulieren, wobei durch die Umformulierung die Bedeutung der Aussagen nicht verändert werden darf
- Wichtige Fachbegriffe übernehmen; zentrale Textstellen, insbesondere Definitionen, Thesen oder Ergebnisse wörtlich zitieren (in Anführungszeichen mit Seitenzahl)
- Beim Exzerpieren längerer Texte alle notierten Inhalte, nicht nur die Zitate, belegen (Angabe der Seitenzahlen am Rand)
- Zur übersichtlichen Gestaltung Exzerpt gliedern, Gliederungspunkte nummerieren und die entsprechenden Überschriften unterstreichen, zentrale Begriffe hervorheben, zusammengehörige Einzelaspekte durch Spiegelstriche ordnen und grafische Zeichen zur Veranschaulichung von Beziehungen (Grund, Folge, Fazit) einsetzen
- Die eigentliche Zusammenfassung evtl. durch einen persönlichen Kommentar ergänzen (Fragen, Bewertung, Gegenargumente). Dieser kann am Rand des Exzerpts oder in einem abschließenden Absatz formuliert werden, muss sich aber formal eindeutig vom Exzerpt abheben.

8.2 Mitschreiben

Der Ausdruck ›mitschreiben‹ verweist darauf, dass es sich um eine begleitende schriftliche Tätigkeit handelt, die an eine andere Form sprachlicher Kommunikation gebunden ist. Mitschreiben orientiert sich an mündlicher Rede, an einem Vortrag oder einer Diskussion. Damit ist es an das Hauptmerkmal gesprochener Sprache gebunden, nämlich die schnelle Vergänglichkeit des gesprochenen Worts. Hören bzw. Verstehen und Schreiben verlaufen weitgehend parallel mit nur geringer zeitlicher Verschiebung. Die Verarbeitung des Gehörten muss sozusagen sofort erfolgen. Anders als beim Exzerpieren, wo der Schreibende seine Lese- und Schreibgeschwindigkeit selbst bestimmen kann, muss er sich beim Mitschreiben anpassen.

Grundlegendes Ziel des Mitschreibens ist, mündlich dargebotene Inhalte schriftlich festzuhalten. Dadurch stehen sie auch über einen längeren Zeitraum hinweg für den Wissenserwerb zu Verfügung. Das Mitschreiben ist besonders wichtig, wenn es sich um Inhalte handelt, die noch nicht schriftlich vorliegen, also nicht einfach nachgelesen werden können. Das betrifft nicht nur reines Faktenwissen, sondern auch komplexe Wissenszusammenhänge, kritische Reflexionen und Wertungen, die z. B. durch den Lehrer vorgetragen oder im Unterrichtsgespräch gemeinsam erarbeitet werden.

Funktion des Mitschreibens im Unterricht

Das Mitschreiben im Unterricht dient dazu, die wichtigen und neuen Inhalte einer Unterrichtsstunde für sich selbst zu dokumentieren. Man entscheidet im Wesentlichen selbst, wann und wie ausführlich man mitschreibt. Besondere Beachtung verdient all das, was vom Lehrer an die Tafel geschrieben oder über den Overheadprojektor projiziert wird. Die Notizen ergänzen das Lehrbuch und bilden eine Grundlage des Lernens.

Das Mitschreiben fördert auch die Konzentration und damit das Verstehen. Allerdings muss man ein Gefühl dafür entwickeln, ob das intensive Schreiben nicht das Zuhören und die mündliche Beteiligung am Unterrichtsgespräch beeinträchtigt.

Eine besondere Funktion übernimmt das Mitschreiben im Hinblick auf das Protokollieren. Die Mitschrift ist die notwendige erste Verarbeitungsstufe eines Protokolls. Wichtig ist hierbei, möglichst Wesentliches vollständig mitzuschreiben, um im Nachhinein den Unterrichtsablauf und die wichtigsten neuen Erkenntnisse im Protokoll zuverlässig rekonstruieren zu können.

Formale und sprachliche Merkmale

Da eine Mitschrift in den meisten Fällen nur für den eigenen Gebrauch bestimmt ist, kann der Schreibende durchaus individuelle Darstellungstechniken entwickeln. Er ist, anders als beim Protokollieren, nicht an formale Vorgaben gebunden. Gleichwohl sind im Hinblick auf die Wiederverwendung der Notizen folgende Punkte zu berücksichtigen:

– Im Kopfteil die notwendigen allgemeinen Angaben über die mitgeschriebene Unterrichtsstunde festhalten (Thema der Stunde, Datum)

– Der Übersichtlichkeit wegen die Mitschrift grafisch strukturieren (Überschriften, Nummerierungen, Unterstreichungen, Einrückungen)

– Auf ganze Sätze eher verzichten, es sei denn, es handelt sich um zentrale Aussagen (z. B. Definitionen), die in Satzform und ggf. auch als wörtliches Zitat (in Anführungszeichen) notiert werden

– Auf Verständlichkeit der individuellen Abkürzungen achten; zweckmäßig sind auch grafische Zeichen, die logische Beziehungen anzeigen, z. B.: = (Entsprechung), > (Folge), < (Grund)

– Beim Mitschreiben auch Nichtverstandenes bzw. Lücken markieren; so können diese im Nachhinein gezielt durch Nachfragen oder Nachschlagen ergänzt werden. Das ist vor allem mit Blick auf ein Protokoll von Bedeutung.

8.3 Protokollieren

Das Protokoll kommt in den unterschiedlichsten institutionellen Zusammenhängen zum Einsatz. Ein Sitzungsprotokoll z. B. dokumentiert Tagesordnungspunkte und Ergebnisse von offiziellen Besprechungen, Konferenzen u. a. Ein Gerichtsprotokoll hält wortgetreu die Prozessschritte bis zur Urteilsfindung und -begründung fest. Ein Unfallprotokoll enthält die Aussagen von Beteiligten über Ursachen, Hergang und Folgen eines Unfalls. Ein Versuchsprotokoll beschreibt Anordnung, Verlauf und Ergebnisse einer experimentellen Untersuchung. Ein Unterrichtsprotokoll dokumentiert den Ablauf einer Unterrichtsstunde und die dort vermittelten oder erarbeiteten Erkenntnisse.

Je nachdem, ob der Akzent auf dem Ablauf der dokumentierten Vorgänge oder auf deren Ergebnissen liegt, unterscheidet man zwischen **Verlaufsprotokoll** und **Ergebnisprotokoll**.

Unterrichtsprotokoll

Ein Unterrichtsprotokoll wird häufig als Mischung aus Verlaufs- und Ergebnisprotokoll angelegt. Es enthält die vorgetragenen oder erarbeiteten Wissensinhalte als Ergebnis einer Unterrichtsstunde und macht gleichzeitig deutlich, auf welchem Weg diese Erkenntnisse gewonnen wurden.
Werden Unterrichtsstunden regelmäßig protokolliert, die Protokolle gesammelt und allen Schülern zugänglich gemacht, entsteht eine systematische inhaltliche Dokumentation der Unterrichtsinhalte. Im Gegensatz zu dem im Lehrbuch enthaltenen Stoff sind diese Inhalte stets auf die besondere kommunikative Unterrichtssituation, den aktuellen Wissensstand und die spezifischen Schwierigkeiten der Klasse sowie die Interessenschwerpunkte von Lehrern und Schülern bezogen. Sie bieten somit den Schülerinnen und Schülern Gelegenheit, den Stoff in sehr gezielter und effektiver Weise zu rekapitulieren. Wer Unterrichtsstunden versäumt hat, findet zudem die Möglichkeit, die entstandenen Wissenslücken selbstständig zu schließen.
Vom Protokollanten verlangt das Protokollieren besondere Aufmerksamkeit im Unterricht und eine zuverlässige inhaltliche und sprachliche Verarbeitung des Vermittelten. Stärker als beim Exzerpieren und Mitschreiben ist man beim Protokollieren gehalten, daran zu denken, dass man Wissen an andere weitergibt.

Arbeitsschritte

Der Protokollant hat eine komplexe Aufgabe zu lösen, die er in zwei aufeinander folgenden Arbeitsschritten ausführt. Erster Schritt ist das möglichst umfassende und genaue Mitschreiben während der Unterrichtsstunde. In einem zweiten Verarbeitungsprozess zu Hause muss das Mitgeschriebene auf seine inhaltliche Richtigkeit und Genauigkeit überprüft und eventuell ergänzt werden. Die thematischen Schwerpunkte müssen erfasst und strukturiert, d. h. zu Gliederungspunkten verarbeitet werden. Im Rahmen dieser übergeordneten Aspekte müssen die Inhalte geordnet, gebündelt und verschriftlicht werden.

Formale und sprachliche Merkmale

Entsprechend dem (halb)offiziellen Dokumentcharakter des Protokolls ergeben sich für die zweite Verarbeitungsstufe formale und sprachliche Konventionen, an die der Protokollant gebunden ist:
- Im Kopfteil erscheinen die notwendigen dokumentarischen Angaben: Unterrichtsfach, Name des Lehrers, Datum, Thema der Unterrichtsstunde, ggf. Angabe der verwendeten Unterrichtsmaterialien, Name des Protokollanten.
- Dem eigentlichen Protokoll vorangestellt ist eine Übersicht über die thematischen Schwerpunkte.
- Dann folgt der Protokolltext, der unter den einzelnen Gliederungspunkten die ausgewählten Inhalte zusammenfasst. Fachbegriffe, Daten und Zahlen müssen korrekt wiedergegeben werden. Tafelanschriften sollten direkt übernommen werden.
- Die Inhalte werden nicht in Stichpunkten, sondern in sprachlich zusammenhängender Form dargestellt. Als Zeitform ist, je nach Thema und Gegenstand, entweder das Präsens oder das Präteritum angemessen.
- Im Unterricht eingesetzte Folien oder Arbeitsblätter können als Kopien im Anhang beigefügt werden.

■ Kopfteil und thematische Übersicht eines Unterrichtsprotokolls

Heinrich-Heine-Gymnasium
Grundkurs Deutsch K 12
Deutschstunde vom 20. 1. 2003
Deutschlehrerin: Frau Müller
Thema der Stunde: Der ›Prolog im Himmel‹ aus Goethes ›Faust I‹
Protokollantin: Karin Schulze

Protokoll
1 Lektüre der Szene mit verteilten Rollen
2 Partnerarbeit: Erarbeitung von texterschließenden Fragen
3 Textbetrachtung anhand gemeinsam ausgewählter Fragenschwerpunkte
4 Zusammenführende Diskussion
4.1 Die Rolle der Engel
4.2 Die Kontrahenten Gott und Mephistopheles
4.3 Ihre Sicht vom Menschen
4.4 Die Wette
4.5 Die Funktion der Szene für den Fortgang des Dramas
5 Ideen für die szenische Gestaltung
6 Hausaufgabe

□

8.4 Eine Fach- bzw. Seminararbeit schreiben

Bei der Fach- bzw. Seminararbeit handelt es sich um eine **(vor)wissenschaftliche Hausarbeit,** in der ein Thema unter Einbeziehung entsprechender Fachliteratur und unter Berücksichtigung wissenschaftlicher Arbeits- und Darstellungsformen selbstständig zu bearbeiten ist. Hauptsächlich geht es dabei darum, zu lernen, wie man wissenschaftliche Arbeitstechniken funktionsgerecht einsetzt. Die Facharbeit ist nicht an das Fach Deutsch gebunden, sondern kann grundsätzlich in allen Fächern geschrieben werden.

Anforderungen an eine Fach- bzw. Seminararbeit

Die Anforderungen an die Komplexität des Themas sowie die Wissenschaftlichkeit und den Textumfang sind in den Bundesländern unterschiedlich. Verlangt wird meist eine 10- bis 15-seitige Arbeit zu einem begrenzten, klar umrissenen Thema.
Dadurch werden folgende Fertigkeiten und Fähigkeiten gefördert und geübt:
- Techniken der Informationsbeschaffung erwerben
- Sich in neue Wissensgebiete einarbeiten
- Arbeitsschritte planen
- Gliederung einer Arbeit entwerfen
- Methoden des jeweiligen Fachgebiets reflektieren und anwenden
- Lösungen anschaulich darstellen und sprachlich angemessen formulieren

Die Anforderungen, die sich daraus ergeben, liegen im Einzelnen darin, dass man unter Vorgaben und mit Unterstützung des Lehrers
- ein auf die eigenen Interessen abgestimmtes Thema auswählt und die Themenstellung präzise formuliert,

– geeignete Fachliteratur auffindet und zusammenstellt, dabei die Seriosität der Literatur und die Verlässlichkeit der verwendeten Quellen (z. B. Internet) richtig einschätzen lernt,
– die einschlägige Fachliteratur verarbeitet, indem man das Gelesene mit der Themenstellung in Beziehung setzt sowie die wesentlichen Informationen reduziert und bündelt, dabei in Ansätzen auch unterschiedliche Positionen in der Fachliteratur aufzeigt,
– sich selbstständig mit Primärtexten auseinandersetzt, gegebenenfalls empirische Untersuchungen, Befragungen oder Experimente durchführt und die Ergebnisse richtig auswertet,
– das angeeignete Wissen ordnet und zu einer Gliederung verarbeitet, die logisch aufgebaut und formal einheitlich ist,
– im Text die Zielsetzung der Arbeit verdeutlicht und darauf bezogen einen strukturierten Gedankengang, eine gezielte Argumentationsstruktur (einen roten Faden) entwickelt,
– klar und sachlich formuliert, dabei entsprechende Fachbegriffe richtig einsetzt und Formen alltäglicher Wissenschaftssprache verwendet,
– das erarbeitete Fachwissen in Form von Zitaten und Verweisen in den eigenen Text integriert und die Quellen im Text selbst oder in Fußnoten bzw. Anmerkungen belegt,
– die benutzte Literatur in einem Literatur- bzw. Quellenverzeichnis systematisch auflistet,
– verwendete Materialien ggf. in einem Anhang zusammenstellt.

Arbeitsschritte
Folgende Arbeitsschritte führen zur Fach- bzw. Seminararbeit:
1. Themengewinnung und -erschließung
2. Recherche und Auswertung des Materials
3. Erarbeiten einer Gliederung/Konzeption
4. Formulieren des Entwurfs/der Rohfassung

Pause – Abstand zur eigenen Arbeit gewinnen

5. Überarbeitungen des Entwurfs (inhaltlich, strukturell, sprachlich)
6. Fertigstellen der Endfassung

■ Arbeitsplan für eine Fach- bzw. Seminararbeit im Fach Deutsch
Termin der Abgabe: …
Zur Verfügung stehende Zeit: 15 Wochen

Arbeitsschritte	Woche vom … bis …	Methoden	geplante/benötigte Std.	Bemerkungen
1. Themengewinnung und -erschließung	(1 Woche)	Clustern Befragung	…/…	
2. Recherche und Auswertung des Materials	(3 Wochen)	Internet Stadtbibliothek Exzerpieren	…/…	

Arbeitsschritte	Woche vom ... bis ...	Methoden	geplante/benötigte Std.	Bemerkungen
3. Erarbeiten einer Gliederung/Konzeption	(2 Wochen)	Mind-Map Standardgliederung	.../...	
4. Formulieren des Entwurfs	(4 Wochen)	Einleitung Hauptteil Schluss	.../...	
Pause	(1 Woche)			
5. Überarbeiten des Entwurfs	(3 Wochen)	Inhaltlich, strukturell, sprachlich	.../...	
6. Fertigstellen der Endfassung	(1 Woche)	Layout Abbildungen	.../...	

□

Das schriftliche Verarbeiten der Fachliteratur (↗ Exzerpieren, S. 374 f.) und das Schreiben in mehreren Phasen (Rohfassung und Überarbeitungen) bringen für den Schreibenden mehrere entscheidende Vorteile:

- Durch das **Exzerpieren** werden nicht nur die Inhalte eines Textes verarbeitet, sondern wird auch eine Schreibvorleistung erbracht, indem man die wichtigsten Informationen und Argumente in eine knappe und eigenständige sprachliche Form bringt. Dadurch erfolgt eine sprachliche Loslösung vom gelesenen Text, ein Schritt, der eine wesentliche Voraussetzung bei der Aufnahme und Integration fremder Gedanken in den eigenen Text ist.
- Beginnt man das eigentliche Schreiben der Arbeit mit dem Ziel, zunächst nur eine **Rohfassung** zu erstellen, kann man sich auf die zentralen inhaltlichen und strukturellen Fragen konzentrieren und sich von Detailproblemen vorerst frei machen. Außerdem kann man den Vorgang des Schreibens zur Klärung und Präzisierung von noch unfertigen Gedankengängen einsetzen, indem man die heuristische (erkenntnisfördernde) Funktion des Schreibens nutzt.
- Beim **Überarbeiten** ist man dann von den großen Schreibaufgaben entlastet, insbesondere von der Angst vor dem leeren Blatt, die sehr belastend sein kann und mitunter zu Blockaden führt. Man kann sich auf spezifische inhaltliche Fragen konzentrieren, eventuell noch einmal einen gezielten Blick in die Fachliteratur werfen und offene Fragen klären. Man wird vor allem an der sprachlichen Darstellung arbeiten, Formulierungen präzisieren, Satzstrukturen übersichtlich und variabel gestalten, rhetorische Figuren einarbeiten und auf sprachliche Korrektheit achten.

Problem der Zielklärung

Erleichtert wird das Schreiben einer Fach- bzw. Seminararbeit auch dadurch, dass man ein erstes Verständnis dafür entwickelt, was Ziel und Zweck wissenschaftlicher Textproduktion ist, denn nur so können die standardisierten Anforderungen verstanden und richtig umgesetzt werden.

Voraussetzung für wissenschaftliches Schreiben ist eine systematische fachliche Informationsbasis, die vor allem auf der Erschließung der zum Thema vorliegenden Fachliteratur beruht.
Im eigenen Text soll an jeder Stelle deutlich werden, was übernommene und was eigene Erkenntnisse sind. Dem Leser muss darüber hinaus die Möglichkeit gegeben werden, die Ausführungen in allen Schritten nachzuvollziehen und ihre inhaltliche Richtigkeit zu überprüfen. Dies bedingt einerseits die Form des wissenschaftlichen Apparats (Zitate, Belege, Fußnoten, Anmerkungen, Literaturverzeichnis) und andererseits die Notwendigkeit einer detaillierten, sachbezogenen, schlüssig aufgebauten Darstellung.
Das Schreiben eines wissenschaftlichen Textes ist keine private Angelegenheit, sondern ein sozialer kommunikativer Akt, bei dem es letztlich darum geht, das gesellschaftliche Wissen in systematischer Weise zu vermehren. Es findet im Rahmen einer Gemeinschaft statt, der ›Scientific Community‹, und bezieht sich auf diese. Diesen besonderen Zweck der wissenschaftlichen Kommunikation zu erfahren und dabei zu erkennen, in welcher Weise die typischen Schreibweisen der Wissenschaften von diesem Zweck geprägt sind, ist zwar nicht die eigentliche Aufgabe der Fach- bzw. Seminararbeit, kann jedoch den wissenschaftspropädeutischen Verstehens- und Lernprozess in entscheidender Weise stützen.

Anregungen für die Fach- bzw. Seminararbeit im Fach Deutsch
Themen im Fach Deutsch können sehr verschiedenen Bereichen entnommen werden. Im Mittelpunkt können z. B. stehen: Literaturgeschichte, Poetik (Gattungsspezifik, Erzähltechnik), Verarbeitung geschichtlicher Ereignisse, literarische Figuren, literarische Motive, Kinder- und Jugendliteratur, Literatur von/über Frauen, Rezeption von Literatur, literarisches Leben, Literatur und Theaterpraxis, Literatur und Film, Literatur und Musik, Literatur und bildende Kunst, Kommunikations- und Sprachtheorie, Sprachgebrauch, Auseinandersetzung mit Medien. Auch kreative Aufgaben können im Zentrum einer Fach- bzw. Seminararbeit stehen.

9 Lese- und Schreibstrategien nutzen

Lese- und Schreibstrategien unterstützen das Verstehen von Texten sowie das Schreiben eigener Texte. Strategien sind Schrittfolgen, die einem Wenn-dann-Muster folgen. Sie werden in Abhängigkeit von dem jeweiligen Ziel, das erreicht werden soll, ausgewählt.

- *Wenn* man auf das genaue Verständnis eines Textes angewiesen ist, *dann* müssen alle unbekannten Wörter geklärt werden. □

9.1 Lesestrategien

Allgemein gilt Lesen als Fähigkeit, Buchstabenfolgen als Sinnzusammenhang zu verstehen. Dabei bewegt sich der Leser zwischen zwei Bereichen: Auf der einen Seite steht der Text mit seinen Aussagen, auf der anderen Seite stehen die persönlichen Vorstellungen,

Erwartungen und das Vorwissen des Lesers. Je nachdem, in welcher persönlichen Situation gelesen wird, welche Erwartungen an einen Text gerichtet und welche Erfahrungen bzw. welches Vorwissen mitgebracht werden, ergeben sich unterschiedliche Wahrnehmungen eines Textes und verschiedene Verfahrensweisen mit ihm. Liest man einen Text über ein Thema, zu dem man schon Vorwissen besitzt, kann man gleich mit dem schnellen Lesen beginnen. In jedem Fall aber sind das Verstehen von Texten und das Reagieren darauf auf genaues Lesen angewiesen.
Folgende Strategien lassen sich, unabhängig davon, ob es sich um einen literarischen Text oder einen Sachtext handelt, anwenden:

- Überfliegendes Lesen, um gezielt nach Informationen zu suchen
- Selektives Lesen: sich auf Abschnitte konzentrieren, die zu einem bestimmten Thema oder einer Frage Informationen enthalten
- Orientierendes Lesen: sich einen Überblick verschaffen (z.B. durch das Lesen von Überschrift und Klappentext)
- Einfaches Lesen zur Textaufnahme
- Beim Lesen unbekannte Wörter herausschreiben und klären
- Markierendes Lesen: Auffälliges, Schlüssel- oder Signalwörter, Kernaussagen, Problematisches, ›Fragwürdiges‹ mit Bleistift unterstreichen; Alternative: Herausschreiben zentraler Aussagen
- Kommentierendes Lesen: persönliche Beobachtungen, Fragen, Reaktionen am Rand notieren
- Strukturierendes Lesen: beim Lesen Sinnabschnitte unterscheiden und markieren sowie Stichworte zum Inhalt dieser Abschnitte am Rand notieren
- Inhaltssicherndes Lesen: W-Fragen an den Text stellen und beanworten (Wer sind die Hauptpersonen? Wann und wo ist die Handlung angesiedelt?)
- Spickzettel verfassen, der Schlüsselwörter und ausgewählte Nebeninformationen enthält

Das Lesen von Sachtexten

Die Lektüre von Sachtexten ist davon bestimmt, welches Interesse der Leser hat und welchen Zweck er verfolgt. Danach richtet sich, wie man mit einem Text verfährt: Will man zentrale Aussagen zusammenfassen, will man Stellung zu ihnen beziehen? Vor allem informierende Texte lassen sich mit der 3-Schritt-Lesemethode oder der ›SQ3R‹-Methode erschließen.
Folgende Schritte gehören zur **3-Schritt-Lesemethode:**

- Einfaches Lesen zur Orientierung
- Lesen mit dem Bleistift in der Hand, um wichtige Aussagen (gemessen am Thema, Vorwissen oder an den Erwartungen) zu unterstreichen
- Lesen mit dem Marker in der Hand, um in den wichtigen Aussagen die Schlüsselbegriffe zu markieren

Zur **SQ3R-Methode** gehören die Schritte

- Survey (gewinne einen Überblick: Titel, Verfasser, Textsorte u.a.),
- Question (stelle Fragen),
- Read (lies),
- Recite (beantworte Fragen, ziehe Bilanz),
- Review (wiederhole das Gelesene, evtl. in zeitlichem Abstand).

Das Lesen argumentativer Texte erfordert darüber hinaus die Unterscheidung von Thesen und Argumenten (↗S. 81 ff.). Innerhalb der Argumentation lassen sich Prämissen und Konklusionen unterscheiden (↗S. 82).

Das Lesen literarischer Texte

Bei literarischen Texten werden besonders das Vorstellungsvermögen und die Gefühle des Lesers angesprochen. Für ein genaues Lesen empfiehlt sich besonders
- langsames und wiederholtes Lesen,
- Notieren von Randbemerkungen (↗kommentierendes Lesen, S. 382),
- Konzentration auf Textstellen, die uneindeutig oder auffällig sind.

Kontexte literarischer Texte klären

Das Verstehen von Texten stößt gelegentlich auf Hindernisse. Gerade in älteren Texten sind häufig Begriffe oder einzelne Textstellen nicht unmittelbar zugänglich. Manchmal ist auch die gesamte Problematik eines Textes ohne Zusatzinformationen nicht zu verstehen. Zahlreiche Informationsquellen geben Auskunft über historische Bedeutungen von Begriffen, über den sozial-, kultur- oder geistesgeschichtlichen Kontext eines Textes, über die Wirkungsabsicht des Verfassers und über die Funktion eines Textes in literarischen Kommunikationszusammenhängen. Um verlässliche Ergebnisse zu erhalten, sollte man mehrere Quellen heranziehen und darauf achten, dass sie aktuelle Erkenntnisse enthalten, die auch belegt werden.
Begriffe findet man in Wörterbüchern, Lexika sowie auf CD-ROMs erklärt.

■ Wenn in GOETHES *Faust I* Gretchen als »*Dirne*« bezeichnet wird, so bedeutete dies im damaligen Sprachgebrauch ›Jungfrau‹, ›Mädchen‹. Die Bedeutung ›Prostituierte‹ ist erst in neuerer Zeit entstanden. □

Einzelne Textstellen, bestimmte Problematiken oder auch die Wirkungsabsicht des Autors, soweit sie durch seine Aussagen konkretisiert werden kann, werden durch Erläuterungen in kommentierten Ausgaben, speziell aufbereiteten Materialien der Schulbuchverlage und Zusatzinformationen aus kultur- und sozialhistorischen Darstellungen verständlicher.

■ Konflikte um Moralvorstellungen, z. B. die Verurteilung von außerehelichen sexuellen Beziehungen in Texten des 18. und 19. Jahrhunderts (thematisiert z. B. in *Die Soldaten* von LENZ, *Maria Magdalena* von HEBBEL, *Die Marquise von O.* von KLEIST, *Effi Briest* von FONTANE), werden in ihrer Brisanz erst nachvollziehbar, wenn man weiß, dass solche Beziehungen Frauen den Ruf von Prostituierten einbrachten. □

Manchmal ist es hilfreich, die stofflichen Grundlagen eines Textes zu recherchieren.

■ Verarbeitungen mythologischer Stoffe, wie Goethes Gedicht *Prometheus* (entst. 1774), sind oft erst zu verstehen, wenn der Mythos, auf den angespielt wird, bekannt ist. Erst so erfährt man, was weggelassen und was verändert wurde. Bei Goethe z. B. wird der Schwerpunkt auf Prometheus' Rolle als ›Menschenmacher‹ gelegt. Seine Bedeutung als Feuerbringer spielt für das Gedicht keine Rolle. □

Veränderungen und Ergänzungen erproben

Sind Textstellen deswegen unklar, weil sie mehrere Bedeutungen zulassen oder eine Bedeutung auf den ersten Blick nicht erkennbar ist, sind Strategien wie z. B. die Ersatz- und Weglassprobe hilfreich.

Bei der **Ersatzprobe** werden einzelne Wörter oder Wortgruppen durch andere ersetzt, um zu prüfen, worin die besondere Qualität einer sprachlichen Wendung besteht.
Wenn z.B. in BRECHTS Gedicht *Erinnerung an die Marie A.* vom »*blauen Mond September*« die Rede ist, so kann man *blau* leicht durch *gelb* oder *weiß* ersetzen und hat eine halbwegs realistische Farbangabe. Allerdings wurde offenbar bewusst auf Wirklichkeitsnähe verzichtet. Stattdessen werden mit dem Wort *blau* Assoziationen wie ›Nacht‹ oder ›Weite‹ geweckt.
Bei der **Weglassprobe** wird die Funktion eines Worts oder einer Wortgruppe innerhalb eines größeren Sinnzusammenhangs überprüft: Wenn nur die Zeitangabe »*September*« gegeben würde, würde der Eindruck eines Berichts entstehen. Die bewusste Entscheidung für ein sprachliches Bild gibt Auskunft über die beabsichtigte Wirkung auf den Leser. Möglicherweise wollte der Verfasser auf eine romantisches Motiv anspielen, möglicherweise die Ungenauigkeit der Erinnerung betonen.

Leseprotokoll
Zur Systematisierung von Textbeobachtungen gerade zu umfangreicheren Texten, z.B. Romanen und Novellen, ist ein Leseprotokoll geeignet. Es begleitet die Lektüre und hält Beobachtungen zur Handlung und zu den Personen sowie Fragen und Wertungen fest. Es dient als Gedächtnisstütze und hilft, sich ein eigenes Bild vom Gelesenen zu machen. So können Interpretationshypothesen (↗S. 334) gewonnen werden. Außerdem sind damit gute Voraussetzungen für die persönliche Meinungsbildung über ein Buch gegeben, wie sie z.B. eine Buchkritik (↗Rezension, S. 356f.) verlangt.

Aufbau eines Leseprotokolls

Kapitel	Ort/Zeit	Zentrale Figuren	Handlung/ Probleme	Persönlicher Kommentar
…	…	…	Wie verändert sich die Situation? Wie verändert sich das Verhältnis der Figuren zueinander?	…

Szenarium
Beim Lesen eines Dramas kann man sich den Handlungsverlauf anhand einer tabellarischen Übersicht vergegenwärtigen und so zu einer Interpretationshypothese gelangen.

Aufbau eines Szenariums

Akt	Ort/Zeit	Hauptfiguren	Handlung/ Probleme	Persönlicher Kommentar
…	…	…	…	…

9.2 Strategien zur Aktivierung von Vorwissen

Jeder Leser bzw. Schreiber verfügt über Sach- und Sprachwissen, das zu verschiedenen Themen unterschiedlich umfassend ausgeprägt sein kann. Folgende Methoden können helfen, sich das Sachwissen bewusst zu machen bzw. unterschiedliche thematische Zugänge zu erproben.

Clustering

Beim Clustering (Clustern) geht man von einem Wort aus, das man in die Mitte seines Blatts schreibt und einkreist. Dann notiert man weitere Wörter, die einem spontan dazu einfallen, in einer Art Kette ebenfalls auf dem Blatt, kreist sie ein und verbindet sie. Bricht eine **Assoziationskette** ab, beginnt man mit der nächsten.

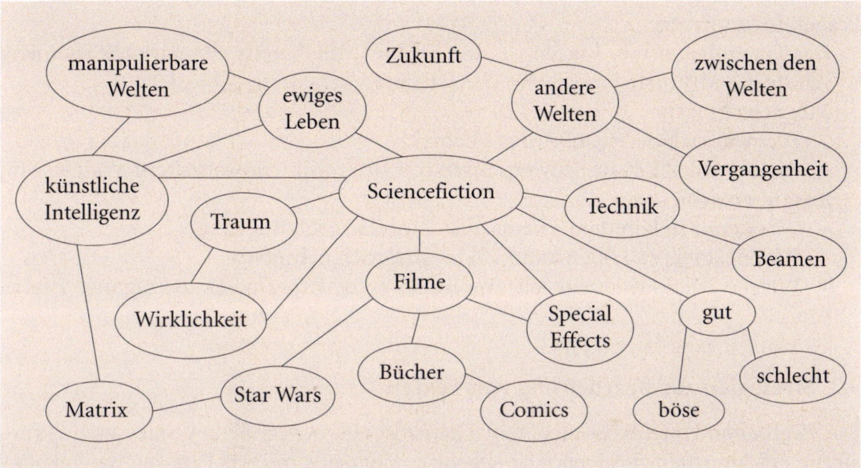

Möglich ist auch, die Wörter, die einem einfallen, rund um das Ausgangswort zu schreiben und mit ihm zu verbinden.

Wenn einem nichts mehr einfällt, beginnt man auszuwählen, welche Assoziationen man aufgreifen möchte. Anschließend fängt man an, einen Text zu schreiben, dessen Form man selbst wählt und den man eventuell noch überarbeitet. Den fertigen Text kann man gleichsam als Einblick in die eigene persönliche Welt anderen präsentieren oder als Mittel nutzen, sich selbst näher kennen zu lernen, oder auch als Ideenreservoir für die Auseinandersetzung mit einem gegebenen Thema verwenden.

Free Writing

Das ›Free Writing‹ ist eine Technik, die mit dem freien und automatischen Schreiben verwandt ist. Teilweise werden die Begriffe synonym gebraucht. Das automatische Schreiben wurde schon von den Surrealisten zu Beginn des 20. Jahrhunderts praktiziert, um Schichten des Unbewussten für den Schreibprozess freizulegen.

Das Free Writing setzt auf die Intuition des Schreibenden und verlässt sich auf die bereits vorhandenen Schreiberfahrungen. Der Schreibende ist aufgefordert, ohne über das Thema bzw. den Schreibprozess nachzudenken, seiner ›inneren Sprache‹ zu trauen und erste Gedanken spontan und zugleich zusammenhängend festzuhalten. Dabei schreibt man ca. fünf Minuten einfach drauflos. Wichtig ist, den Stift nicht abzusetzen. Fällt einem für einen Moment nichts ein, malt man Kringel aufs Blatt oder wiederholt Worte, die man schon geschrieben hat. Günstig ist es, einen so breiten Rand zu lassen, dass man darauf noch etwas schreiben kann. Ist man fertig, schaut man, welche Themen oder inhaltlichen Schwerpunkte sich gebildet haben. Mit diesen kann man weiterarbeiten. Beispielsweise lässt sich so ein Zugang zu einem sperrigen Thema oder Problem gewinnen, Schreibhemmungen lassen sich überwinden, Interpretationshypothesen finden. Man kann das Ergebnis des Schreibens aber auch einfach als persönliches Schreibprodukt anderen vorstellen und als Anlass nutzen, um ins Gespräch zu kommen.

Fragen formulieren

Das Formulieren von Fragen ist eine Technik, die bereits ein gewisses Themenverständnis und Vorstellungen von der Themenbearbeitung voraussetzt.
Mögliche Fragen:
- Was weiß ich bereits über das Thema?
- Welche inhaltlichen Schwerpunkte soll bzw. will ich bearbeiten? Welche Fragen formuliere ich?
- Wer kennt sich in dem Thema aus? Wen kann ich fragen?
- Welche anderen Hilfen kann ich in Anspruch nehmen?
- Welche Methoden will ich anwenden (z.B. Experiment, Befragung, Beobachtung)?

9.3 Strategien zur Bearbeitung von Texten

Das Bearbeiten von Texten zu einem Thema ist eine wesentliche Voraussetzung für das eigene erfolgreiche Schreiben. Dabei geht es einerseits um das Erfassen des Inhalts der Texte (Sachstruktur), andererseits um das Erfassen der sprachlichen Gliederung und Gestaltung (Textstruktur).

Sachstrukturen erfassen

Unterstreichen und Markieren der wesentlichen Informationen
- Kennzeichnen zentraler Begriffe mithilfe eines Textmarkers, sparsames Unterstreichen
- Finden eines eigenen Arbeitsstils, Farben und Symbole für das Unterstreichen festlegen, z.B. Rot (wichtig), Blau (Definition), Grün (Literaturhinweis), ! (wichtig), ? (Frage)
- Unterstrichenes kann zum Ausgangspunkt für das Schreiben werden (z.B. für eine Zusammenfassung oder eine Mind-Map)

Arbeitsschritte für Stichpunkte und Spiegelstrichdarstellungen
- Lesen des Textes
- Unterstreichen unbekannter Wörter (später die Bedeutung aus dem Kontext oder mithilfe von Nachschlagewerken klären)

– Gliedern des Textes in Sinnabschnitte
– Formulieren der Kernaussage des Abschnitts in Form eines Satzes oder einer Teilüberschrift
– Formulieren der wesentlichen Aussagen in Form von Stichpunkten (↗Exzerpieren, S. 374 f.)

Gliedern einer Textvorlage

Umfangreiche Texte werden im Allgemeinen im Interesse der Lesbarkeit und Übersichtlichkeit in Kapitel, Unterkapitel und Abschnitte gegliedert.
Die Formulierung der Überschriften sollte auf Wesentliches hinweisen. Wiederholungen von Formulierungen übergeordneter Überschriften sollten vermieden werden.
Zur Gliederung des Textganzen in Kapitel, Unterkapitel und Abschnitte hat sich eine fortlaufende gestufte Abschnittsnummerierung mit arabischen Ziffern durchgesetzt:
– Die **Kapitel** einer Arbeit werden beginnend mit 1 fortlaufend nummeriert.
– Jedem Kapitel können beliebig viele **Unterkapitel** bzw. **Abschnitte** (mindestens zwei) zugeordnet werden, die ebenfalls fortlaufend nummeriert werden. Diese Kennzeichnung steht dann jeweils hinter der Kapitelangabe. Beide Angaben werden durch einen Punkt getrennt (z. B. 1.1, 1.2 usw.).
– Dieses Verfahren kann auf weitere Untergliederungen übertragen werden, allerdings sollte im Interesse der guten Lesbarkeit und Überschaubarkeit auf zu viele kleine Unterkapitel verzichtet werden.

Erarbeiten einer Mind-Map

Das Erarbeiten einer Mind-Map ist ein grafisches Ordnungs- und Strukturierungsverfahren, das es erlaubt, die logische Struktur von Informationen zu visualisieren. Es geht nicht allein um freie Assoziation (↗Clustern, S. 385), sondern um die Schaffung einer Struktur. Eine Mind-Map kann u. a. der **Veranschaulichung von Textstrukturen** dienen. Der Inhalt von Texten kann mithilfe von Schlüsselbegriffen (zentralen Begriffen) so dargestellt werden, dass anstelle einer linearen Textstruktur eine räumliche und hierarchische Ordnung entsteht. Betont wird die logische Ordnung zwischen den einzelnen Textteilen (↗Mind-Map, S. 389).
Arbeitsschritte:
– Lesen des Textes
– Markieren der Schlüsselwörter
– Erarbeiten der Mind-Map: Ausgangspunkt für die Themenerschließung ist oft ein Schlüsselbegriff des Textes (ein zentraler Begriff). Es wird in die Mitte des Blattes geschrieben. Um den Schlüsselbegriff herum werden auf ›Ästen‹ Begriffe angeordnet, die dem Schlüsselbegriff logisch zuzuordnen sind, z. B. Autoren, Themen, Motive, typische Gestaltungsmittel. Diesen Ästen lassen sich auf ›Zweigen‹ jeweils passende Unterbegriffe zuordnen.

Erarbeiten einer Tabelle

Das Erarbeiten einer Tabelle ist eine Technik, die immer dann sinnvoll erscheint, wenn es um die systematische und übersichtliche Anordnung von Fakten geht. Für die Darstellung komplexer logischer Zusammenhänge sind Tabellen nicht geeignet.

Erarbeiten eines Schemas bzw. einer Grafik

Das Erarbeiten eines Schemas bzw. einer Grafik ist eine Technik, die besonders gut geeignet ist, Entwicklungen und Zusammenhänge darzustellen. Zur einprägsamen Veranschaulichung kann man die aus einem Text entnommenen Informationen in einem Schema oder in einer Skizze präsentieren.

9.4 Schreibstrategien

Jeder Schreiber wendet bei der Anfertigung von Texten bewusst oder unbewusst bestimmte Strategien an, von denen einige hier vorgestellt werden.

Versionen schreiben

Um einen Text schrittweise verbessern zu können, schreibt man zunächst eine vorläufige Fassung oder mehrere vorläufige Versionen. In der Schule wird vor der **Reinschrift** oft eine **Vorschrift** angefertigt.

Texte als Muster verwenden

Texte anderer Verfasser können in ihrem Aufbau und Stil als Muster für die eigene Textproduktion verwendet werden. Man versucht, in den Mustertexten Strukturierungsprinzipien zu erkennen und diese auf das eigene Schreiben zu übertragen. Dieses Vorgehen bietet sich besonders bei **Textsorten** an, die eine klare Struktur erkennen lassen, z. B. Geschäftsbrief oder Lebenslauf.

Orientierung an allgemeinen Strukturhilfen

Eine Gliederung für den eigenen Schreibprozess zu finden, ist auch möglich, indem man sich an allgemeinen Strukturhilfen orientiert und diese dann unter Berücksichtigung der kommunikativen Bedingungen auf das eigene Thema überträgt.

Strukturhilfen für das vergleichende Beschreiben	
Einleitung:	– Begründen der Notwendigkeit des Vergleichs
Hauptteil:	– Darstellung des Sachverhalts A – Darstellung des Sachverhalts B – Herausarbeiten von Gemeinsamkeiten und Unterschieden zwischen A und B
Schluss:	– Zusammenfassung des Vergleichs
oder	
Einleitung:	– Begründen der Notwendigkeit des Vergleichs
Hauptteil:	– Erarbeiten/Darstellen von Vergleichsaspekten – Vergleich von Sachverhalt A und Sachverhalt B in Bezug auf Vergleichsaspekt 1 – Vergleich von Sachverhalt A und Sachverhalt B in Bezug auf Vergleichsaspekt 2
Schluss:	– Zusammenfassung des Vergleichs

Texte überarbeiten

Die Überarbeitung des eigenen Textes kann in mehreren Schritten erfolgen: Einer inhaltlich-sachlichen Prüfung (z. B. Kontrolle von Aufbau, Thesen, Argumenten, Bezügen) folgt eine stilistische, die z. B. auf Wiederholungen, Satzbau und Wortwahl achtet. Zuletzt werden Rechtschreibung, Grammatik und Zeichensetzung kontrolliert. Nicht nur beim Schreiben am Computer, auch bei handschriftlichen Aufsätzen sollte der Text nochmals überarbeitet werden.

9.5 Wissen aus anderen Texten verwenden

Das Verstehen von Texten ist häufig leichter, wenn man über Zusatzinformationen verfügt und diese mit dem eigenen Wissen verbindet. Dazu gibt es verschiedene Verfahren, deren Beherrschung sehr wichtig ist, z. B. das Zitieren und Belegen (↗ S. 390 ff.).

Literatur suchen

Mind-Map (↗ S. 387) Literatursuche

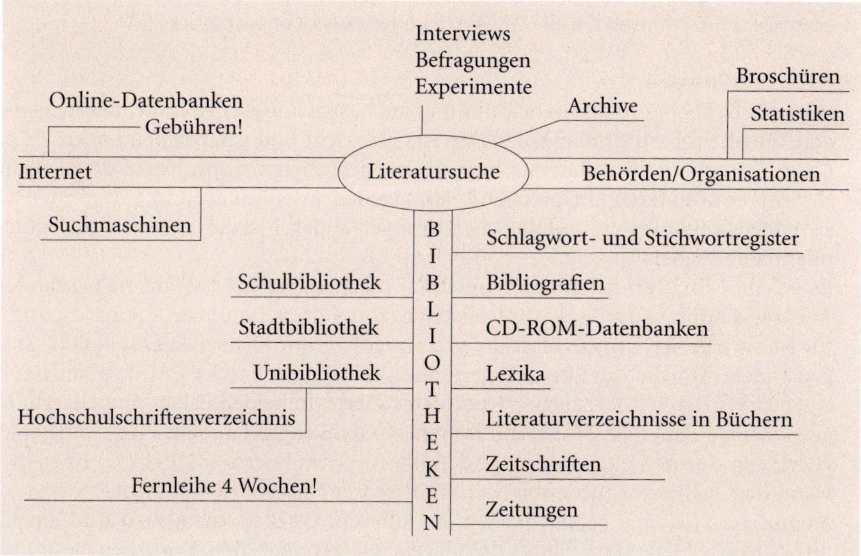

Literatur auswählen

Im Allgemeinen gibt es zu jedem Thema, das in Facharbeiten oder Referaten bearbeitet werden soll, eine Fülle von Literatur, aus der man auswählen muss. Deshalb sollte man unterschiedliche **Lesestrategien** (↗ S. 381 ff.) anwenden:

– Zuerst sollte man sich einen Eindruck von der jeweiligen Veröffentlichung verschaffen (orientierendes Lesen). Manchmal genügt schon ein Blick auf den Klappentext, das Vorwort, das Inhaltsverzeichnis oder die Zusammenfassung, um zu entscheiden, ob die Veröffentlichung den eigenen Erwartungen entspricht und intensiv gelesen werden soll oder nicht.

– Manchmal reicht es schon aus, nicht das gesamte Buch/den gesamten Artikel zu lesen, sondern nur das zu überfliegen, was mit dem eigenen Untersuchungsgegenstand in engem Zusammenhang steht. Auch hier lässt sich anschließend entscheiden, ob eine vertiefende Textarbeit sinnvoll ist.
– Hat man eine nützliche Quelle gefunden, beginnt das systematische Lesen. Es wird z. B. untersucht, welche grundsätzlichen Gedanken der Autor darstellt, welche Methoden er verwendet, wie er vorgeht, ob seine Vorgehensweise erklärt und ausreichend begründet wird, auf welche Informationsquellen er sich stützt, ob der Text verständlich geschrieben ist und ob offene Fragen nach dem Lesen zurückbleiben. Da es nicht immer möglich ist, sofort abzuschätzen, ob eine Veröffentlichung für die eigene Arbeit wichtig ist, empfiehlt es sich, zumindest eine Zusammenfassung des Gelesenen zu erstellen.
– Hat man Texte oder Textteile gefunden, die für das eigene Thema von Bedeutung sind, beginnt die intensive Textarbeit. Dazu kopiert man meist die Texte, um mit Markierungen und Randnotizen arbeiten zu können. An die intensive Textarbeit schließt sich meistens eine produktive Auseinandersetzung mit den Inhalten des Textes an, z. B. in Form eines Exzerpts (↗ S. 374 f.), einer Mind-Map (↗ S. 387, 389), einer Textzusammenfassung (↗ S. 351 ff.) oder eines Thesenpapiers (↗ S. 353).

Zitieren und Belegen

Wissenschaftliches Arbeiten heißt immer auch, sich darüber zu informieren, was andere zu einem bestimmten Thema bereits geforscht und geschrieben haben. Es geht beim Erarbeiten eines Referats bzw. einer Facharbeit darum, Texte und sonstiges Informationsmaterial entsprechend den eigenen Intentionen und Fähigkeiten auszuwählen, auszuwerten und die Ausführungen anderer in die eigenen Überlegungen mit einzubeziehen.

Es ist unbedingt erforderlich, deutlich zu machen, welche Gedanken von anderen Autoren stammen und welche die eigenen sind. Eine wesentliche Voraussetzung dafür ist der richtige Umgang mit der gelesenen Literatur. Dabei ist es möglich, Aussagen anderer wörtlich zu übernehmen (**direktes Zitat**) oder die Gedanken anderer mit eigenen Worten wiederzugeben (**indirektes Zitat**). In beiden Fällen muss darauf hingewiesen werden, dass es sich um fremdes Gedankengut handelt. Zitate müssen den jeweiligen Autoren zugeordnet werden können. Am leserfreundlichsten ist es meist, wenn die Quellenangabe jeweils in unmittelbarer Nähe des Zitats steht.

Es gibt verschiedene Möglichkeiten, zu zitieren, Quellen anzugeben und ein Literatur- bzw. Quellenverzeichnis anzulegen, die oft auch den Vorlieben bestimmter Fachrichtungen und Modetrends unterliegen. Deshalb ist es ratsam, sich in einschlägiger Literatur über die jeweiligen Anforderungen an ein Literaturverzeichnis zu informieren. Hat man sich für eine Form entschieden, ist es im Sinne der Leserfreundlichkeit und Übersichtlichkeit notwendig, diese konsequent einzuhalten. Für welche der zahlreichen Gestaltungsmöglichkeiten sich der Autor entscheidet, liegt in seinem Ermessen.

Folgende **Grundsätze** für das Zitieren müssen jedoch beachtet werden:
– Zitate müssen überprüfbar und einwandfrei nachvollziehbar sein.
– Zitate dürfen nicht aus dem Zusammenhang gerissen werden. Der vom Autor beabsichtigte Sinn der Aussage muss erhalten bleiben.

Wörtliches (direktes) Zitat

Die Ausführungen des Autors werden wörtlich, d.h. buchstabengetreu, übernommen. Wörtliche Zitate beginnen und enden mit Anführungszeichen und werden in den eigenen Text eingearbeitet.

■ In der PISA-Studie wird Lesekompetenz als »aktive Auseinandersetzung mit Texten« aufgefasst. (Deutsches PISA-Konsortium (Hg.): PISA 2000. Basiskompetenzen von Schülerinnen und Schülern im internationalen Vergleich. Opladen 2001, S. 70) □

Jede Auslassung wird durch drei Punkte in eckigen Klammern [...] deutlich gemacht.

■ Dazu wird festgestellt: »Lesen ist [...] aktive (Re)konstruktion der Textbedeutung.« (Ebd. S. 71) □

Sollte es erforderlich sein, Veränderungen an einem Zitat vorzunehmen (z.B. Flexionsendungen), so sind diese in eckigen Klammern auszuweisen. Grundsätzlich sollte aber möglichst so zitiert werden, dass solche Änderungen nicht erforderlich sind.

■ Des Weiteren wird erklärt, dass die »Auseinandersetzung mit einem Text [...] sich als ein Akt der Bedeutungsgenerierung verstehen [lässt], bei dem das Vorwissen der Leser und die objektive Textwiedergabe interagieren.« (Ebd. S. 71) □

Anführungszeichen im Original („“) werden im Zitat durch ›halbe‹ Anführungszeichen (‚‘) ersetzt.

Druckfehler oder besondere Schreibweisen werden so übernommen, wie sie im Original erscheinen. Man macht sie durch ein Ausrufezeichen in eckigen Klammern [!] oder durch den Hinweis auf das Original [sic!] (lat. wirklich so) kenntlich.

Besondere textgestalterische Mittel im Original, z.B. Hervorhebungen durch Kursiv- oder Fettdruck, werden grundsätzlich übernommen.

Wörtliche Zitate, die umfangreicher als ca. drei Zeilen sind, werden im Allgemeinen eingerückt und engzeilig geschrieben.

Zur besseren Übersichtlichkeit kann man umfangreiche Zitate kursiv schreiben.

Sinngemäßes (indirektes) Zitat

– Die Ausführungen des Autors werden mit eigenen Worten sinngemäß wiedergeben.

– Sinngemäße Zitate werden häufig als Ergebnis der Literaturauswertung verwendet.

– Das indirekte Zitat wird nicht durch Anführungszeichen gekennzeichnet.

– Das indirekte Zitat muss durch die sprachliche Wiedergabe in seinem Gehalt und Umfang zu erkennen sein. Das geschieht vor allem durch den Gebrauch des Konjunktivs in der indirekten Rede.

Quellenangabe oder Quellenverweis

Abgekürzte Quellenangabe/Kurzbeleg

Unmittelbar im Anschluss an das Zitat wird in runden Klammern die Quelle angegeben. In der Regel nennt man den Nachnamen des Autors, das Jahr, in dem das zitierte Buch/der zitierte Artikel erschienen ist, und die Seite, auf der das Zitat nachzulesen ist, z.B. (Müller 2004, 17). Die vollständige Literaturangabe erfolgt im Literaturverzeichnis am Ende der gesamten Arbeit.

Fußnote als Quellenangabe

Unmittelbar im Anschluss an das Zitat wird durch eine hochgestellte Ziffer auf eine Fußnote aufmerksam gemacht. Die Fußnote befindet sich in der Regel auf derselben Seite. Jetzt gibt es mehrere Möglichkeiten der Realisierung:
- Die Fußnote enthält nur die verkürzte Quellenangabe. Die vollständige Quellenangabe ist in diesem Fall in das Literaturverzeichnis aufzunehmen.
- Die vollständige Quellenangabe wird bereits in der Fußnote angegeben. Die Angabe der Quelle im Literaturverzeichnis entfällt in diesem Fall.

Mehrere Verweise auf dieselbe Quelle in Folge

Wird in einem Text mehrmals hintereinander auf dieselbe Quelle verwiesen, so ist es üblich, dies mit ebenda bzw. abgekürzt ebd. anzugeben. Steht nur der Hinweis ›ebd.‹, so findet sich die zitierte Stelle im selben Werk auf derselben Seite.
Bezieht sich das Zitat zwar auf dieselbe Quelle, ist jedoch nicht auf derselben Seite zu finden, so steht ein Hinweis: wie ebd. 70 oder ebd. S. 70

Fußnoten

Fußnoten werden für die Wiedergabe von Informationen verwendet, die den Haupttext ergänzen oder erläutern, die aber für das Verständnis des Textes nicht unbedingt erforderlich sind. Der Leser kann entscheiden, ob er die Zusatzinformationen der Fußnoten nutzt oder seine Lektüre auf den Haupttext beschränkt.
Fußnoten enthalten im Allgemeinen:
- Quellenangaben (s. o.)
- Definitionshinweise, Begriffsabgrenzungen
- Kommentare
- weitere Literaturempfehlungen

Die Ziffer, die auf eine Fußnote verweist, wird
- neben dem Wort platziert, wenn sich die Fußnote direkt auf das Wort bezieht;
- am Ende eines Satzes/Abschnitts platziert, wenn sich die Anmerkung auf den Satz/den Abschnitt bezieht.

Jede Fußnote beginnt mit einem Großbuchstaben und endet mit einem Punkt, falls der Satz vollständig ist.

Literaturverzeichnis erstellen

In der Regel werden im Literaturverzeichnis nur die Werke angegeben, die auch im Text direkt oder indirekt zitiert werden.
Bei der Erstellung des Literaturverzeichnisses setzt sich die Unterscheidung in **selbstständig** und **unselbstständig erschienene Quellen** durch, da dies die Literatursuche in Bibliotheken erheblich erleichtert, denn Bibliotheken katalogisieren in der Regel nur selbstständig erschienene Werke.

Selbstständig erschienene Quellen

Selbstständig erschienene Quellen sind Veröffentlichungen, die über ein eigenes Titelblatt verfügen und eigene Angaben zu Verlagsort, Verlag und Jahr sowie eine eigene Seitenzählung aufweisen. Sie werden meistens nach dem Grundmuster Autor – Jahr – System (s. u.) zitiert.

Werke mit nur einem Autor

Name, Vorname (Jahr): Titel. Untertitel. Auflage. Verlagsort: Verlag (Reihe)

■ Gaarder, Jostein (2000): Maya oder das Wunder des Lebens. Übs. Gabriele Haefs. München/Wien: Carl Hanser

Kruse, Otto (1999): Keine Angst vor dem leeren Blatt. Ohne Schreibblockaden durchs Studium. 7. Auflage. Frankfurt a.M. / New York: Campus

Lebert, Benjamin (1999): Crazy. 13. Aufl. Köln: Kiepenheuer & Witsch

Lightman, Alan (1998): Und immer wieder die Zeit. Einstein's Dreams. Übs. Friedrich Griese. München: Heyne (Heyne Allgemeine Reihe Nr. 01/10700) □

Werke mit bis zu drei Autoren

Name, Vorname des 1. Autors/Name, Vorname des 2. Autors/Name, Vorname des 3. Autors (Jahr): Titel. Untertitel. Auflage. Verlagsort: Verlag (Reihe)

■ Eicke, Ulrich/Eicke, Wolfram (1996): Medienkinder. Vom richtigen Umgang mit der Vielfalt. München: Knaur □

Werke mit mehr als drei Autoren

Name, Vorname des 1. Autors (u.a.) (Jahr): Titel. Untertitel. Auflage. Verlagsort: Verlag (Reihe)

■ Korte, Hermann (u.a.) (1998): Deutsch Sekundarstufe II. Literatur. Ein Lese- und Arbeitsbuch. Berlin: Volk und Wissen □

Sammelband/herausgegebenes Werk

Name, Vorname des Herausgebers (Hg.) (Jahr): Titel. Untertitel. Auflage. Verlagsort: Verlag (Reihe)

■ Ivo, Hubert/Wardetzky, Kristin (Hg.) (1997): ... aber spätere Tage sind als Zeugen am weisesten. Zur literarisch-ästhetischen Bildung im politischen Wandel. Berlin: Volk und Wissen □

Unselbstständig erschienene Quellen

Unselbstständig erschienene Veröffentlichungen sind in der Regel Texte, bei denen der Autor bzw. die Autoren bekannt sind, die über einen eigenen Titel, aber kein eigenes Titelblatt verfügen. Sie erscheinen meist ohne eigene Angaben zu Verlagsort, Verlag und Jahr und verfügen in der Regel nicht über eine eigene Seitenzählung. Auch für sie ist das Grundmuster Autor – Jahr – System gängig.

Aufsätze in Sammelbänden, Zeitschriftenaufsätze

Name, Vorname (Jahreszahl): Titel. Untertitel. In: Name, Vorname (Hg.): Titel. Untertitel. Auflage. Verlagsort: Verlag (Reihe), Seitenangabe

■ Köster, Juliane (1997): Nähe und Fremdheit. In: Ivo, Hubert/Wardetzky Kristin (Hg.): ... aber spätere Tage sind als Zeugen am weisesten. Zur literarisch-ästhetischen Bildung im politischen Wandel. Berlin: Volk und Wissen, S. 78–83 □

Aufsätze in Zeitschriften

Name, Vorname des Autors (Jahr): Titel. Untertitel. In: Titel der Zeitschrift und Bandnummer, Seitenangabe

oder:
Name, Vorname des Autors: Titel. Untertitel. In: Titel der Zeitschrift und Jahrgang, Nummer des Hefts, Seitenangabe

- Esser, Barbara (u.a.) (2000): Die romantischen Realisten. Jugend 2000. In: Focus 12, S. 63–74 □

Artikel in Zeitungen
Name, Vorname des Autors (Jahr): Titel. Untertitel. In: Titel der Zeitung, Erscheinungsdatum, Seitenangabe

- Schulz-Ojala, Jan (2002): Mythos und Marke. Hannibal 3, Harry Potter 2 und Bond 21: Das Kino lebt wie nie zuvor von Fortsetzungen. Warum unsere Fantasie ein Stammkunde ist. In: Tagesspiegel, 10. 11. 2002, S. 27 □

Zitieren von Internetquellen
Im Zeitalter der neuen Medien wird zunehmend auf Informationen aus dem Internet zurückgegriffen. Allerdings bieten elektronische Medien nicht die Sicherheit wie Printmedien, wenn der Rezipient ein Zitat aufsuchen oder überprüfen will, da Veröffentlichungen – insbesondere im Internet – sehr schnelllebig sein können.
Deshalb empfiehlt es sich, beim Zitieren aus dem Internet die Seriosität der Anbieter zu prüfen und sich einen Ausdruck der zitierten Informationen mit dem Datum der Abfrage zu machen. Darauf kann im Bedarfsfall verwiesen werden.
Name, Vorname (Jahr): Titel. URL: Angabe der URL (Stand: Datum der Abfrage)

- Kurz, Reinhard (2001): Facharbeit – erste empirische Erfahrungen.
URL: www.nibis.ni.schule.de/~vdsg/Seiten/unterr/Facherf/htm (Stand: 10. 3. 2002) □
Institution (Jahr): Titel. URL: Angabe der URL (Stand: Datum der Abfrage)
- Ministerium für Kultus, Jugend und Sport Baden-Württemberg (2001): Die neue gymnasiale Oberstufe in Baden-Württemberg. URL: www.kultusministerium.baden-wuerttemberg.de/foren/oberstufe/index.htm (Stand: 10. 3. 2002) □

9.6 Einen Arbeitsplan anlegen

Schreiben ist ein langfristiger Prozess, dessen Aufwand oft unterschätzt wird. Eine Voraussetzung für langfristige Erfolge beim Schreiben ist es, in Bezug auf die einzelnen **Arbeitsschritte** und deren **Zeitaufwand** Erfahrungen zu sammeln. Wenn man diese auch noch schriftlich festhält, kann man sie bei der nächsten Projektplanung berücksichtigen und langfristig zu einem eigenen Arbeitsstil finden.

Schritte für die Planung des Schreibprozesses: Grobplanung

– Zuerst sollte man klären, aus welchen Arbeitsschritten der Schreibprozess jeweils besteht und welche Methoden man einsetzen will.
– Ausgehend vom Termin der Abgabe wird die zur Verfügung stehende Zeitspanne ermittelt.
– Dann überlegt man, wie viel Zeit vermutlich die einzelnen Schritte in Anspruch nehmen werden.
– Die einzelnen Arbeitsschritte werden nun den zur Verfügung stehenden Wochen zugeordnet (↗ Fach- bzw. Seminararbeit, S. 378 ff.).

Wochenplanung

Neben der Grobplanung empfiehlt sich eine überschaubare Wochenplanung, mit der die Arbeitsschritte konkretisiert und zeitlich festgelegt werden. Zum Ausgangspunkt können die verbindlichen Zeiten werden. Dazu zählen feste Unterrichtszeiten und regelmäßig geplante Freizeitaktivitäten. Darum herum sollten die sich ändernden Verpflichtungen gruppiert werden. Ausgehend von individuellen Erfahrungen (Wann kann ich am besten arbeiten?) sollten auch relativ feste Hausaufgabenzeiten eingeplant werden. Längerfristige Aufträge müssen zeitlich gesondert eingeordnet werden, damit sie nicht im Alltagsstress in Vergessenheit geraten oder auf die lange Bank geschoben werden. Im Allgemeinen geht man bei der Planung davon aus, dass maximal vier Stunden konzentrierte Arbeit am Stück (mit entsprechenden Pausen) möglich sind. Nach ca. 30 Minuten intensiver Arbeit sollte eine Kurzpause von ca. fünf Minuten eingelegt werden, und nach 1 1/2 Stunden intensiver Arbeit ist eine Pause von ca. 20 Minuten zur Entspannung sinnvoll. Am Ende der Woche empfiehlt sich ein **Vergleich** von geplantem und tatsächlichem Aufwand mit dem Ableiten von Schlussfolgerungen für die weitere inhaltliche, methodische und organisatorische Arbeit.

Während der Arbeit ist es sinnvoll, sich seine Erfahrungen, Gedanken, Gefühle bewusst zu machen und sie festzuhalten. Sie können später eine Hilfe zur Reflexion des Schreibprozesses und für künftige Planungen sein.

■ *Woche vom 8. 11. 2004 bis 12. 11. 2004*
Schwerpunkt: Belegarbeit Deutsch
Rahmenthema: Untersuchen einer Fernsehsendung
Themenpräzisierung:
›Big Brother‹ – der einfache Weg zum schnellen Geld?!
›Big Brother‹ – Show und Wirklichkeit: Beobachtungen zum Containeralltag
Methoden: Cluster, Internetrecherche, Befragung zu »BB« in verschiedenen Altersgruppen, Einschaltquoten, Vermarktung

Zeit	Mo.	Di.	Mi.	Do.	Fr.	Sa.	So.
8– 9		*Mathe-*	*Unter-*	*Unter-*	*Unter-*		
9–10		*Klausur*	*richt*	*richt*	*richt*		
10–11	*Unter-*					*Facharb.*	
11–12	*richt*					*Deutsch*	
12–13		*Unter-*				*Frage-*	
13–14		*richt*				*bogen m.*	
14–15						*Toni,*	*Video*
15–16			*Facharb.*	*Stadt*		*Britt u.*	*BB!*
16–17	*Vorb.*	*HA*	*Deutsch*			*Chris*	
17–18	*Mathe-*		*Cluster*				
18–19	*Klausur*		*Internet*	*HA*			
19–20		*Fitness*				*Video*	
20–21	*Kino*					*BB!*	
21–22		*Vokabeln*	*HA*			*Tanzen*	

□

Arbeitstagebuch/Schreibjournal

Das Schreiben eines Arbeitstagebuchs hilft, den Schreibprozess zu reflektieren und damit planbar zu machen. Erfahrungen beim Schreiben bleiben besser in Erinnerung und können bei künftigen Schreibaufgaben berücksichtigt werden.

Am Ende eines Arbeitstags oder Arbeitsschritts werden dazu die wichtigsten Erfahrungen, Gedanken und Gefühle aufgeschrieben. Anfangs kann man sich an folgenden Fragen orientieren:

- Welche Erfahrungen habe ich in Bezug auf die einzelnen Schritte der Themenbearbeitung gemacht? Welche Methoden liegen mir besonders?
- Welche Erfahrungen habe ich in Bezug auf die Arbeitsorganisation gemacht?
- Was ist gut gelungen?
- Welche Probleme sind aufgetaucht? Welche Ideen habe ich, sie zu lösen? Wer kann mir helfen?
- Welche Schlussfolgerungen ziehe ich?

Anhang

Personen- und Werkregister

Textquellen

S. 270 Jakob van Hoddis: Weltende. Aus: Weltende. Die zu Lebzeiten veröffentlichten Gedichte. Hrsg. von Paul Raabe. Arche Verlag, Zürich, Hamburg 2001
S. 283 f. Erich Kästner: Sachliche Romanze. Aus: Gesammelte Schriften, Bd. 1: Gedichte. Kiepenheuer & Witsch, Köln, Berlin 1965, S. 126
S. 291 f. Bertolt Brecht: Gegen Verführung. Aus: Werke. Große kommentierte Berliner und Frankfurter Ausgabe. Bd. 11: Gedichte. Suhrkamp Verlag und Aufbau Verlag, Frankfurt/M., Berlin 1981, S. 116
S. 323 f. Erich Fried: Dich. Aus: Liebesgedichte. Wagenbach, Berlin 1986, S. 10
S. 335 f. Peter Bichsel: San Salvador. Aus: Eigentlich möchte Frau Blum den Milchmann kennen lernen. Suhrkamp Verlag, Frankfurt/M. 1993
S. 340 f. Friedrich Dürrenmatt: Die Physiker. Aus: Die Physiker. Eine Komödie in zwei Akten. Diogenes Verlag, Zürich 1980

Bildquellen

S. 114 Peter Kast, Schwerin
S. 195 Johann Michael Dilherr: Heilig-Epistolischer Bericht / Licht / Geleit und Freud. Das ist: Emblematische Fürstellung / Der Heiligen Sonn- und Festtäglichen Episteln [...]. Nürnberg / In Verlegung Johann Andreas Endtern / und Wolffgang deß Jüngern Seel. Erben. M.DC.LXIII. (1; S. 131)
S. 279 Hugo Ball, Gesammelte Gedichte. Hg. v. Annemarie Schütt-Hennings © 1963 by Verlags AG Die Arche, Zürich

Sachregister